le Guide du **routard**

Directeur de collection
Philippe GLOAGUEN

Cofor...
Philippe GLOAGU...

Rédac...
Pierr...

Rédacteur...
Benoît LUCCHIN...

Directrice de la coordination
Florence CHARMETANT

Rédaction
Yves COUPRIE, Olivier PAGE,
Véronique de CHARDON, Amanda KERAVEL,
Isabelle AL SUBAIHI, Anne-Caroline DUMAS,
Carole BORDES, Bénédicte BAZAILLE,
André PONCELET, Jérôme de GUBERNATIS,
Marie BURIN DES ROZIERS et Thierry BROUARD

BRETAGNE NORD

2001
2002

Hachette

Hors-d'œuvre

Le *GDR,* ce n'est pas comme le bon vin, il vieillit mal. On ne veut pas pousser à la consommation, mais évitez de partir avec une édition ancienne. D'une année sur l'autre, les modifications atteignent et dépassent souvent les 40 %.

Chaque année, en juin ou juillet, de nombreux lecteurs se plaignent de voir certains de nos titres épuisés. À cette époque, en effet, nous n'effectuons aucune réimpression. Ces ouvrages risqueraient d'être encore en vente au moment de la publication de la nouvelle édition. Donc, si vous voulez nos guides, achetez-les dès leur parution. Voilà.

Nos ouvrages sont les guides touristiques de langue française les plus souvent révisés. Malgré notre souci de présenter des livres très réactualisés, nous ne pouvons être tenus pour responsables des adresses qui disparaissent accidentellement ou qui changent tout à coup de nature (nouveaux propriétaires, rénovations immobilières brutales, faillites, incendies...). Lorsque ce type d'incidents intervient en cours d'année, nous sollicitons bien sûr votre indulgence. En outre, un certain nombre de nos adresses se révèlent plus « fragiles » parce que justement plus sympa ! Elles réservent plus de surprises qu'un patron traditionnel dans une affaire sans saveur qui ronronne sans histoire.

Les tarifs mentionnés dans ce guide ne sont qu'indicatifs et en rien contractuels. Ici un menu aura augmenté de 10 F, là une chambre de 25 F. Il faut compter 5 mois entre le moment où notre enquêteur passe et la parution du *GDR. Grosso modo,* en tenant compte de l'inflation, de la température à Moscou et de l'âge du capitaine, les prix que nous donnons auront grimpé de 5 à 10 %. En France, les prix sont comme les petits oiseaux, ils sont libres, tant pour les hôtels que pour les restaurants.

Spécial copinage

– *Restaurant Perraudin :* 157, rue Saint-Jacques, 75005 Paris. ☎ 01-46-33-15-75. Fermé le samedi midi, le dimanche, le lundi midi et la 2e quinzaine d'août. À deux pas du Panthéon et du jardin du Luxembourg, il existe un petit restaurant de cuisine traditionnelle. Lieu de rencontre des éditeurs et des étudiants de la Sorbonne, où les recettes d'autrefois sont remises à l'honneur : gigot au gratin dauphinois, pintade aux lardons, pruneaux à l'armagnac. Sans prétention ni coup de bâton. D'ailleurs, c'est notre cantine, à midi.

Le bon truc pour voyager malin ! Hertz vous propose deux remises exceptionnelles en France :
   100 F de réduction immédiate sur les Forfaits Week-ends et 200 F sur les Forfaits Vacances standard Hertz.
   Offre valable sur présentation de votre *Guide du routard* jusqu'au 31 décembre 2001 à l'agent de comptoir Hertz.
Comment bénéficier de cette offre ? Au moment de la réservation, merci d'indiquer votre **numéro Hertz CDP 967130** et de rappeler les remises citées ci-dessus.
Informations et réservations : ☎ 01-39-38-38-38.

IMPORTANT : le 36-15, code ROUTARD, a fait peau neuve ! Pour vous aider à préparer votre voyage : présentation des nouveaux guides ; « Du côté de Celsius » pour savoir où partir, à quelle saison ; une boîte à idées pour toutes vos remarques et suggestions ; une messagerie pour échanger de bons plans entre routards.

Nouveau : notre rubrique « Bourse des vols » permet désormais d'obtenir en un clin d'œil tous les tarifs aériens (charters et vols réguliers). On y recense tous les tarifs de 80 voyagistes et 40 compagnies pour 400 destinations. Fini le parcours du combattant pour trouver son billet au meilleur prix ! Et notre rubrique « Docteur Routard ! » ! Vaccinations, protection contre le paludisme, adresses des centres de vaccination, conseils de santé, pays par pays.
Et toujours les promos de dernière minute, les voyages sur mesure, les dates de parution des *GDR,* une information détaillée sur ROUTARD Assistance.

Le contenu des annonces publicitaires insérées dans ce guide n'engage en rien la responsabilité de l'éditeur.

TABLE DES MATIÈRES

LES CÔTES-D'ARMOR

NOS NOUVEAUTÉS

CHINE DU SUD (avril 2001)

Depuis Tintin et *le Lotus Bleu*, on rêve de la Chine. Avec l'ouverture économique de l'empire du Milieu et la baisse des tarifs aériens, voyager librement et en routard dans cet immense pays est désormais une réalité à la portée de tous. Un peu de ying, un peu de yang et en route pour le Tao ! La Grande Muraille, la Cité interdite de Pékin, le palais d'Été, l'armée impériale en terre cuite de Xian, les paysages d'estampes de Guilin, Shanghai, la trépidante vitrine en pleine explosion et aussi Hong Kong, le grand port du Sud, Canton et la Rivière des Perles sans oublier Macao, la ville des casinos et du jeu. Avec notre coup de cœur : le Yunnan, la grande province du Sud-Ouest, « Au sud des Nuages », une région montagneuse, sauvage, habitée par de nombreuses minorités ethniques. Toute la Chine ne tiendra pas dans un seul *Guide du routard*, mais un seul routard peut tenir à la Chine plus qu'à nul autre pays.

PARIS CASSE-CROÛTE (paru)

Parce qu'un mauvais sandwich, c'est un scandale ! Pourtant on n'a pas tous les jours envie de se mettre vraiment à table. Et puis, les McDo et autres fast-food de la grande distribution n'ont jamais été notre tasse de thé. Parce que les vrais casse-dalle, les bons vieux casse-croûte, ça se mérite. Nous nous devions donc d'aller jeter un œil sur toutes les boulangeries, sur tous les bars à vin et autres sandwicheries de la capitale, des plus connus aux plus anonymes. Voici ce qui se fait de mieux à Paname, pour casser une graine sympa, le nez au vent ou sur une fesse, entre deux courses ou deux musées, tranquille à une terrasse ou à l'ombre d'un square. Alors, à la santé des jambons-beurre, falafels et autres tartines périgourdines, à vos marques, prêt, bon appétit !

LES GUIDES DU ROUTARD
2001-2002

(dates de parution sur le 36-15, code ROUTARD)

France

- Alpes
- Alsace, Vosges
- Aquitaine
- **Ardèche, Drôme (mars 2001)**
- Auvergne, Limousin
- Banlieues de Paris
- Bourgogne, Franche-Comté
- Bretagne Nord
- Bretagne Sud
- Châteaux de la Loire
- Corse
- Côte d'Azur
- Hôtels et restos de France
- Junior à Paris et ses environs
- Languedoc-Roussillon
- Lyon et ses environs
- Midi-Pyrénées
- Nord, Pas-de-Calais
- Normandie
- Paris
- Paris à vélo
- **Paris balades (mars 2001)**
- **Paris casse-croûte (nouveauté)**
- Paris exotique
- **Paris la nuit (juin 2001)**
- Pays basque (France, Espagne)
- Pays de la Loire
- Poitou-Charentes
- Provence
- Restos et bistrots de Paris
- Le Routard des amoureux à Paris
- Tables et chambres à la campagne
- Vins à moins de 50 F
- Week-ends autour de Paris

Amériques

- Argentine, Chili et île de Pâques
- Brésil
- Californie et Seattle
- Canada Ouest et Ontario
- Cuba
- **Équateur (fév. 2001)**
- États-Unis, côte Est
- Floride, Louisiane
- Guadeloupe, Saint-Martin, Saint-Barth
- Martinique, Dominique, Sainte-Lucie
- Mexique, Belize, Guatemala
- New York
- Parcs nationaux de l'Ouest américain et Las Vegas
- **Pérou, Bolivie (fév. 2001)**
- Québec et Provinces maritimes
- Rép. dominicaine (Saint-Domingue)

Asie

- Birmanie
- **Chine du Sud (avril 2001)**
- Inde du Nord
- Inde du Sud
- Indonésie
- Israël
- Istanbul
- Jordanie, Syrie, Yémen
- Laos, Cambodge
- Malaisie, Singapour
- Népal, Tibet
- Sri Lanka (Ceylan)
- Thaïlande
- Turquie
- Vietnam

Europe

- Allemagne
- Amsterdam
- **Andorre, Catalogne (fév. 2001)**
- Angleterre, pays de Galles
- Athènes et les îles grecques
- Autriche
- **Baléares (mars 2001)**
- Belgique
- Écosse
- Espagne du Centre
- Espagne du Sud, Andalousie
- Finlande, Islande
- Grèce continentale
- Hongrie, Roumanie, Bulgarie
- Irlande
- Italie du Nord
- Italie du Sud, Rome
- Londres
- Norvège, Suède, Danemark
- Pologne, République tchèque, Slovaquie
- Portugal
- Prague
- Sicile
- Suisse
- Toscane, Ombrie
- Venise

Afrique

- Afrique noire
  Mauritanie
  Mali
  Burkina Faso
  Niger
  Côte-d'Ivoire
  Togo
  Bénin
- Égypte
- Île Maurice, Rodrigues
- Kenya, Tanzanie et Zanzibar
- Madagascar
- **Marrakech et ses environs (nouveauté)**
- Maroc
- Réunion
- Sénégal, Gambie
- Tunisie

et bien sûr...

- Le Guide de l'expat
- Humanitaire
- Internet
- Des Métiers pour globe-trotters

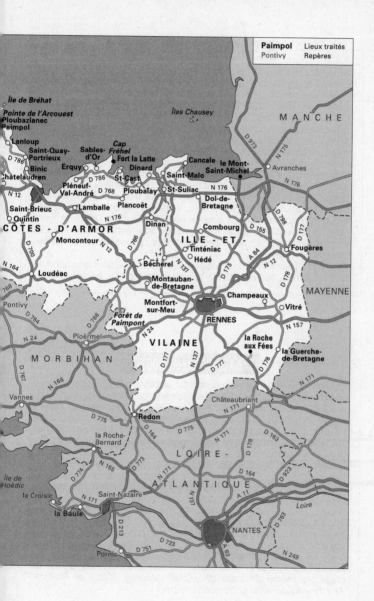

LA BRETAGNE NORD

NOS NOUVEAUTÉS

ARDÈCHE, DRÔME (mars 2001)

Pas étonnant que les premiers hommes de la création aient choisi l'Ardèche comme refuge. Ils avaient bon goût! Une nature comme à l'aube des temps, intacte et grandiose. Des gorges évidemment, à découvrir à pied, à cheval ou mieux, en canoë-kayak.

Grottes à pénétrer, avens à découvrir, musées aux richesses méconnues, une architecture qui fait le grand écart entre les frimas du Massif central et les cigales de la Provence. Enfin, pour mettre tout le monde d'accord, une bonne et franche soupe aux châtaignes.

Entre Alpes et Provence, la Drôme a probablement du mal à choisir. La Drôme, c'est avant tout des paysages sans tapage, harmonieux, sereins, des montagnes à taille humaine... À la lumière souvent trop dure et trop crue de la Provence, elle oppose une belle lumière adoucie, des ciels d'un bleu plus tendre. Voici des monts voluptueux, piémonts aux accents italiens comme en Tricastin et en Drôme provençale. Tout ce qui au sud se révèle parfois trop léché, se découvre ici encore intact! Quant aux villes, elles sont raisonnables, délicieusement accueillantes.

Pour finir, l'Histoire, ici, avec un grand « H » : refuge pour les opprimés de tous temps, des protestants pourchassés aux juifs persécutés.

BALÉARES (mars 2001)

Oui, le tourisme de masse a envahi cet archipel, mais non, ce n'est pas une raison pour ne pas y aller. Les Baléares ce n'est pas que la bétonnite aiguë et les plages bondées (sous le soleil exactement...). On y trouve encore des petits coins typiques et des paysages carte postale en veux-tu en voilà, qui valent vraiment le voyage. Les calanques de Majorque sont les plus époustouflantes de l'archipel et pour certains, de la Méditerranée. Rien que ça!

Les hippies sur le retour qui veulent fuir la cohue mettront le cap sur Formentera, la plus petite des îles de l'archipel, la mieux préservée et donc la plus sauvage. Les amateurs de bonne chère trouveront leur bonheur sur l'île de Minorque, réputée pour ses spécialités culinaires. N'oublions pas que c'est dans la ville de Mahon, située sur cette île, que fut inventée la mayonnaise!

Mais les Baléares c'est avant tout Ibiza avec ses nuits folles et comme souvent en Espagne, ici on ne dort jamais! Une foule hétéroclite et avide de techno a remplacé les babas des années 1960. Faire la fête jusque tard dans la matinée est ici une véritable institution, à vous de choisir le thème de votre débauche : *Mousse, Sacré et Profane, Attache-moi...* Faites gaffe quand même!

SPÉCIAL DÉFENSE DU CONSOMMATEUR

Un routard informé en vaut dix ! Pour éviter les arnaques en tout genre, il est bon de les connaître. Voici, par ordre alphabétique, un petit vade-mecum destiné à parer aux coûts et aux coups les plus redoutables (coup de bambou, coup de fusil et même... coup du sous-marin !).

Accueil : aucune loi n'oblige un hôtelier ou un restaurateur à recevoir aimablement ses clients. On imagine d'ailleurs assez mal une amende pour accueil désagréable. Là encore, chacun fait ce qu'il peut et reçoit comme il veut. Selon la conscience professionnelle, l'aptitude à rendre service et le caractère de chacun, l'accueil peut varier du meilleur au pire... Une simple obligation incombe aux hôteliers et aux restaurateurs : ils doivent renseigner correctement leurs clients, même par téléphone, sur les prix des chambres et des menus, sur le niveau de confort et le genre de cuisine proposé.

Affichage des prix : les hôtels et les restos sont tenus d'informer les clients de leurs prix, à l'aide d'une affichette, d'un panneau extérieur, ou de tout autre moyen. Ça, c'est l'article 28 de l'ordonnance du 1er décembre 1986 qui l'impose à la profession. Donc, vous ne pouvez contester des prix exorbitants que s'ils ne sont pas clairement affichés.

Arrhes ou acompte ? Au moment de réserver votre chambre (par téléphone ou par écrit), il n'est pas rare que l'hôtelier vous demande de verser à l'avance une certaine somme, celle-ci faisant office de garantie. Il est préférable de parler d'arrhes et non d'acompte. Légalement, aucune règle n'en précise le montant. Toutefois, ne versez que des arrhes raisonnables : 25 à 30 % du prix total, sachant qu'il s'agit d'un engagement définitif sur la réservation de la chambre. Cette somme ne pourra donc être remboursée en cas d'annulation de la réservation, sauf cas de force majeure (maladie ou accident) ou en accord avec l'hôtelier si l'annulation est faite dans des délais raisonnables. Si, au contraire, l'annulation est le fait de l'hôtelier, il doit vous rembourser le double des arrhes versées : l'article 1590 du Code civil le dit très nettement, et ce depuis 1804 !

Commande insuffisante : il arrive que certains restos refusent de servir une commande jugée insuffisante. Le garçon ou le patron fait la moue. Il affirme même qu'il perd de l'argent. Cependant, le restaurateur ne peut pas vous pousser à la consommation. C'est illégal.

Eau : une banale carafe d'eau du robinet est gratuite, à condition qu'elle accompagne un repas.

Hôtels : comme les restaurants, ils ont interdiction de pratiquer la subordination de vente. C'est-à-dire qu'ils ne peuvent pas vous obliger à réserver plusieurs nuits d'hôtel si vous n'en souhaitez qu'une. Dans le même ordre d'idée, on ne peut vous obliger à prendre votre petit déjeuner ou vos repas dans l'hôtel où vous dormez ; ce principe est illégal et constitue une subordination de prestation de service condamnable par une amende. L'hôtelier reste cependant libre de proposer la demi-pension ou la pension complète. Bien se renseigner avant de prendre la chambre dans les hôtels-restaurants. À savoir aussi, si vous dormez en compagnie de votre « moutard », il peut vous être demandé un supplément.

Menus : très souvent, les premiers menus (les moins chers) ne sont servis qu'en semaine et avant certaines heures (12 h 30 et 20 h 30 généralement). Cela doit être clairement indiqué sur le panneau extérieur : à vous de vérifier.

Sous-marin : après le coup de bambou et le coup de fusil, celui du sous-marin. Le procédé consiste à rendre la monnaie en plaçant dans la soucoupe (de bas en haut) : les pièces, l'addition puis les billets. Si l'on est pressé, on récupère les billets en oubliant les pièces cachées sous l'addition.

Vins : les cartes des vins ne sont pas toujours très claires. Exemple : vous commandez un bourgogne à 50 F (7,6 €) la bouteille. On vous la facture 100 F (15,2 €). En vérifiant sur la carte, vous découvrez qu'il s'agit d'une demi-bouteille. Mais c'était écrit en petits caractères illisibles.
La bouteille doit être obligatoirement débouchée devant le client, sinon il n'est pas sûr qu'il y ait adéquation entre le vin annoncé et le contenu de la bouteille.

Nous tenons à remercier tout particulièrement Mathilde de Boisgrollier, François Chauvin, Gavin's Clemente-Ruiz, Grégory Dalex, Michèle Georget, Fabrice Jahan de Lestang, Pierrick Jégu, Géraldine Lemauf-Beauvois, Bernard-Pierre Molin, Jean Omnes, Patrick de Panthou, Jean-Sébastien Petitdemange, Benjamin Pinet, Anne Poinsot et Alexandra Sémon pour leur collaboration régulière.

Et pour cette chouette collection, plein d'amis nous ont aidés :

Cécile Abdesselam
Isabelle Alvaresse
Didier Angelo
Marie-Josée Anselme
Philippe Bellenger
Laurence de Bélizal
Cécile Bigeon
Yann Bochet
Anne Boddaert
Philippe Bordet et Edwige Bellemain
Gérard Bouchu
Nathalie Boyer
Benoît Cacheux et Laure Beaufils
Guillaume de Calan
Danièle Canard
Jean-Paul Chantraine
Bénédicte Charmetant
Franck Chouteau
Sandrine Copitch
Christian dal Corso
Maria-Elena et Serge Corvest
Sandrine Couprie
Franck David
Laurent Debéthune
Agnès Debiage
Monica Diaz
Tovi et Ahmet Diler
Raphaëlle Duroselle
Sophie Duval
Flora Etter
Hervé Eveillard
Pierre Fayet
Didier Farsy
Alain Fisch
Carole Fouque
Dominique Gacoin
Bruno Gallois
Cécile Gauneau
Adélie Genestar
Alain Gernez
David Giason
Adrien Gloaguen et Côme Perpère
Hubert Gloaguen
Olivier Gomez et Sylvain Mazet

Isabelle Grégoire
Jean-Marc Guermont
Xavier Haudiquet
Claude Hervé-Bazin
Bernard Houlat
Christian Inchauste
Carine Isambert
Catherine Jarrige
François Jouffa
Sandrine Kolau
Jacques Lanzmann
Vincent Launstorfer
Raymond et Carine Lehideux
Jean-Claude et Florence Lemoine
Valérie Loth
Jean-Luc Mathion
Pierre Mendiharat
Xavier de Moulins
Alain Nierga et Cécile Fischer
Michel Ogrinz et Emmanuel Goulin
Franck Olivier
Alain et Hélène Pallier
Martine Partrat
J.-V. Patin
Odile Paugam et Didier Jehanno
Bernard Personnaz
Jean-Alexis Pougatch
Michel Puysségur
Jean-Luc Rigolet
Guillaume de Rocquemaurel
Philippe Rouin
Benjamin Rousseau
Martine Rousso
Ludovic Sabot
Jean-Luc et Antigone Schilling
Guillaume Soubrié
Régis Tettamanzi
Marie Thoris et Julien Colard
Thu-Hoa-Bui
Christophe Trognon
Isabelle Verfaillie
Stéphanie Villard
Isabelle Vivarès
Solange Vivier

Direction : Isabelle Jeuge-Maynart
Contrôle de gestion : Dominique Thiolat et Martine Leroy
Direction éditoriale : Catherine Marquet
Édition : Catherine Julhe, Anne-Sophie du Cray, Peggy Dion et Carine Girac
Préparation-lecture : Muriel Lucas
Cartographie : Cyrille Suss et Fabrice Le Goff
Fabrication : Gérard Piassale et Laurence Ledru
Direction artistique : Emmanuel Le Vallois et Stephan Lencot
Direction des ventes : Francis Lang
Direction commerciale : Michel Goujon, Cécile Boyer, Dominique Nouvel, Dana Lichiardopol et Sylvie Rocland
Informatique éditoriale : Lionel Barth
Relations presse : Danielle Magne, Martine Levens et Maureen Browne
Régie publicitaire : Florence Brunel et Monique Marceau
Service publicitaire : Frédérique Larvor et Marguerite Musso

LA CHARTE DU ROUTARD

À l'étranger, l'étranger c'est nous ! Avec ce dicton en tête, les bonnes attitudes coulent de source.

– Les us et coutumes du pays

Respecter les coutumes ou croyances qui semblent parfois surprenantes. Certains comportements très simples, comme la discrétion et l'humilité, permettent souvent d'éviter les impairs. Observer les attitudes des autres pour s'y conformer est souvent suffisant. S'informer des traditions religieuses est toujours passionnant. Une tenue vestimentaire sans provocation, un sourire, quelques mots dans la langue locale sont autant de gestes simples qui permettent d'échanger et de créer une relation vraie. Tous ces petits gestes constituent déjà un pas vers l'autre. Et ce pas, c'est à nous visiteurs de le faire. Mots de passe : la tolérance et le droit à la différence.

– Visiteur/visité : un rapport de force déséquilibré

Le passé colonial ou le simple fossé économique peut entraîner parfois inconsciemment des tensions dues à l'argent. La différence de pouvoir d'achat est énorme entre gens du Nord et du Sud. Ne pas exhiber ostensiblement son argent. Éviter les grosses coupures, que beaucoup n'ont jamais eues entre les mains.

– Le tourisme sexuel

Il est inadmissible que des Occidentaux utilisent leurs moyens financiers pour profiter sexuellement de la pauvreté. De nouvelles lois permettent désormais de poursuivre et de juger dans leur pays d'origine ceux qui se rendent coupables d'abus sexuels, notamment sur les mineurs des deux sexes. C'est à la conscience personnelle et au simple respect humain que nous faisons appel. Combattre de tels comportements est une démarche fondamentale. Boycottez les établissements favorisant ce genre de relations.

– Photo ou pas photo ?

Renseignez-vous sur le type de rapport que les habitants entretiennent avec la photo. Certains peuples considèrent que la photo vole l'âme. Alors, contentez-vous des paysages, ou bien créez un dialogue avant de demander l'autorisation. Ne tentez pas de passer outre. Dans les pays où la photo est la bienvenue, n'hésitez pas à prendre l'adresse de votre sujet et à lui envoyer vraiment la photo. Un objet magique : laissez-lui une photo Polaroïd.

– À chacun son costume

Vouloir comprendre un pays pour mieux l'apprécier est une démarche louable. En revanche, il est parfois bon de conserver une certaine distanciation (on n'a pas dit distance), en sachant rester à sa place. Il n'est pas nécessaire de porter un costume berbère pour montrer qu'on aime le pays. L'idée même de « singer » les locaux est mal perçue. De même, les tenues dénudées sont souvent gênantes.

– À chacun son rythme

Les voyageurs sont toujours trop pressés. Or, on ne peut ni tout voir, ni tout faire. Savoir accepter les imprévus, souvent plus riches en souvenirs que les périples trop bien huilés. Les meilleurs rapports humains naissent avec du temps et non de l'argent. Prendre le temps. Le temps de sourire, de parler, de communiquer, tout simplement. Voilà le secret d'un voyage réussi.

– Éviter les attitudes moralisatrices

Le routard « donneur de leçons » agace vite. Évitez de donner votre avis sur tout, à n'importe qui et n'importe quand. Observer, comparer, prendre le temps de s'informer avant de proférer des opinions à l'emporte-pièce. Et en profiter pour écouter, c'est une règle d'or.

– Le pittoresque frelaté

Dénoncer les entreprises touristiques qui traitent les peuples autochtones de manière dégradante ou humiliante et refuser les excursions qui jettent en pâture les populations locales à la curiosité malsaine. De même, ne pas encourager les spectacles touristiques préfabriqués qui dénaturent les cultures traditionnelles et pervertissent les habitants.

Remerciements

Pour ce guide, nous remercions tout particulièrement :

– Anne DONKEUR, du pays d'accueil touristique du Centre-Finistère
– Patricia HAMON, de la communauté des communes du pays d'Iroise
– Jean-Luc JOURDAIN, du Comité départemental du tourisme du Finistère
– Jean-François LE GUENNEC, du pays touristique des Enclos et des monts d'Arrée
– Gilles LE MAREC, du pays du Haut-Léon
– Laurence et Valérie, de l'Office du tourisme de Brest
– Danielle QUEMENEUR, d'Océanopolis, Brest
– Jean-Louis JOSSIC
– Et toutes celles et ceux qui, croisés sur la route, ont bien voulu nous faire partager leur amour de cette région (et nous ouvrir leurs carnets d'adresses)

Le *Guide du routard* remercie l'Association des Paralysés de France de l'aider à signaler les lieux accessibles aux personnes à mobilité réduite. Cette attention est déjà une victoire sur le handicap.

NOS NOUVEAUTÉS

PARIS BALADES (mars 2001)

Paris est chargée d'histoire. Chaque quartier raconte des histoires, petites ou grandes, sordides ou magnifiques, mais toujours passionnantes. Découvrez-les au cours d'itinéraires pédestres thématiques. Avec, comme toujours, la recherche de l'inédit et de l'insolite, de l'anecdote peu connue, voire du scoop qui donne une couleur, un intérêt surprenant à la visite.

Le principe est simple : on débarque à une station de métro et on repart par une autre. Durée des itinéraires : de une à trois heures. L'un d'entre eux fait 482 m, le plus long 3 km. Pour tous les goûts, au rythme de chacun. Thèmes variés des parcours : la Révolution française, Mai 68, les villas cachées du XIXe arrondissement, la Commune de Paris, le Montparnasse des écrivains américains, les derniers vestiges de la Bastille, le Paris égyptien... Il y en a pour tous les fantasmes (avec, bien sûr, quelques itinéraires coquins !). Voici donc une nouvelle façon de découvrir Paris. À pied, le nez en l'air, à un rythme humain, l'histoire en bandoulière. Un guide d'atmosphères.

COMMENT ALLER EN BRETAGNE NORD ?

PAR LA ROUTE

L'autoroute A11, l'Océane

Un nom très tonique pour une superbe quatre-voies qui fonce tout droit vers l'océan et les embruns. De Paris à Rennes, compter quatre heures grand maximum. On évite Le Mans et Laval. L'autoroute traverse les bons vieux pays : champs de blé de la Beauce, collines ondulées du Perche, bois de pins autour du Mans, campagne de la Mayenne, étonnamment bien conservée même si le monstre du remembrement a largement obéré les bocages. En direction de Rennes, on arrive alors au péage fatidique, 15 km avant la bretelle de Vitré. Une allure de poste frontière où l'on paie pour les kilomètres que l'on vient de faire, pas pour ceux qui viennent. Le péage est symboliquement installé à la limite même du duché de Bretagne. Certains séparatistes farfelus prévoient, en cas d'indépendance, de transformer l'endroit en poste de douane. De l'autre côté, on est en Bretagne. L'autoroute ne s'appelle plus autoroute mais voie express. C'est une quatre-voies, gratuite sur l'ensemble du réseau breton.

Les petites routes tranquilles

➤ *Pour le nord de la Bretagne :* le Mont-Saint-Michel (hélas, en Normandie), Saint-Malo et Dinard. La classique N12 est une brave et bonne route, autrefois celle des diligences, aujourd'hui celle des automobilistes diligents. Nuance! Passez par Verneuil, L'Aigle, Alençon, Domfront. Arrêtez-vous là! C'est à Domfront, à la cour du château (reste un donjon), que Chrétien de Troyes rédigea son fameux cycle arthurien mettant en scène Lancelot du Lac et les chevaliers de la Table Ronde. À savoir par cœur avant de poser les pieds en sol breton. Mais Domfront est encore en Normandie. La Bretagne est toute proche. Et le Mont-Saint-Michel, phare de l'Occident médiéval, dessine déjà sa silhouette pointue à l'horizon.

➤ *Pour la haute Bretagne* (c'est-à-dire l'Ille-et-Vilaine, par opposition à la basse Bretagne bretonnante) *et le pays de Fougères :* sortez de l'autoroute à Laval, si vous venez de Paris. Prenez la départementale 798. C'est une petite route chargée d'histoire qui traverse un bocage digne du XIXe siècle, époque où Hugo et Balzac flânèrent dans cette région de « marches ». Inspirés par les épisodes de la chouannerie, ils écrivirent respectivement *Quatre-vingt-treize* et *Les Chouans*. Novembre 1793, des dizaines de milliers de Vendéens, affamés, poursuivis par les républicains, forment un immense cordon de misère tentant de s'échapper par la Manche. C'est cette fameuse et dramatique « virée de galerne » qui passa par Ernée, au nord de la Mayenne. C'est au cœur des bois et des landes de cette région que Jean Chouan livra bataille avec ses hommes contre les Bleus.

➤ *Pour le Finistère :* la voie express qui relie Rennes à Brest par Saint-Brieuc est le chemin le plus rapide. La route la plus belle, c'est celle du Centre encore une fois : Loudéac, Mur-de-Bretagne, Huelgoat. Deux voies assez larges, peu de tournants vicieux, et surtout des échappées formidables sur l'Argoat, pays des bois et des rivières à saumons.

EN TRAIN

Venant de Paris

Les trains pour la Bretagne partent de la gare Montparnasse (M. : Montparnasse-Bienvenüe).

➤ *Paris-Rennes :* 16 TGV A/R directs par jour en moyenne. Meilleur temps de parcours : 2 h 03.

➤ *Paris-Brest :* 8 TGV A/R par jour en moyenne. Meilleur temps de parcours : 4 h 06.

➤ *Paris-Saint-Malo :* 10 A/R par jour en moyenne, avec changement à Rennes. Meilleur temps de parcours : 3 h 06.

➤ *Paris-Saint-Brieuc :* 8 A/R par jour en moyenne. Meilleur temps de parcours : 2 h 52.

Venant de province

➤ Liaisons directes pour Rennes depuis Lille (3 h 50), Lyon (4 h 30)... mais aussi depuis les gares Aéroport Charles-de-Gaulle, Marne-la-Vallée-Chessy et Massy-TGV.

Pour préparer votre voyage

– *Bilets à domicile :* commandez votre billet par téléphone, par Minitel ou par Internet, la SNCF vous l'envoie à domicile. Vous réglez par carte bancaire (pour un montant supérieur à 10 F soit 1,52 €) au moins 4 jours avant le départ (7 jours si vous résidez à l'étranger).

– *Service Bagages :* appelez le : ☎ 0803-845-845 (1,09 F/mn soit 0,17 €), la SNCF prend en charge vos bagages, où vous souhaitez et vous les livre là où vous allez. Délai à compter du jour de l'enlèvement à 17 h, hors samedi, dimanche et fêtes. Soumis à conditions.

Pour voyager au meilleur prix

La SNCF propose de nombreuses offres vous permettant d'obtenir jusqu'à 50 % de réduction.

– *Pour tous :* Découverte J 8 et J 30 (de 25 à 50 % de réduction si vous réservez votre billet jusqu'à 8 ou 30 jours avant le départ), Découverte Séjour (-25 % de réduction), Découverte à deux (-25 % de réduction).

– *Pour les familles :* Découverte Enfant (-25 % de réduction), Carte Enfant+ (de 25 à 50 % de réduction).

– *Pour les jeunes :* Découverte 12-25 (-25 % de réduction), Carte 12-25 (de 25 à 50 % de réduction).

– *Pour les seniors :* Découverte Senior (-25 % de réduction), Carte Senior (de 25 à 50 % de réduction).

Toutes ces offres sont soumises à conditions.

airfrance.fr

faire du ciel le plus bel endroit de la terre

AIR FRANCE

NEW YO... MOSKVA

Tarifs Tempo. Envolez-vous ‹ petits prix.

Membre de SKYTEAM

Les renseignements SNCF

– *Ligne directe :* ☎ 08-36-35-35-35 (2,21 F/mn) tous les jours, de 7 h à 22 h.
– *Internet :* • www.sncf.fr •
– *Minitel :* 36-15 ou 36-16, code SNCF (1,29 F/mn). Les gares, les boutiques SNCF et les agences de voyages agréées.

Lignes intérieures

Le dépaysement est garanti, comme on dit. Un trajet inattendu par monts et par vaux, de gare en gare.
– Pour 50 F (7,6 €), le *Pass Bretagne* vous permet de parcourir la région les samedis pendant les mois de juillet et août, en empruntant les trains et cars TER.
– Vous souhaitez disposer d'une voiture ou d'un vélo à votre arrivée ? Les services « location de voitures » et « train + vélo » vous proposent des formules à prix très attractifs.

EN AVION

Avec Air France

Brest, Lorient, Quimper, Rennes et *Nantes* sont desservies au départ de Paris avec plusieurs vols quotidiens.

– *Air France :* 119, av. des Champs-Élysées, 75008 Paris. M. : George-V. Renseignements et réservations : ☎ 0820-820-820 (0,79 F/mn) de 8 h à 21 h. • www.airfrance.fr • Minitel : 36-15 ou 36-16, code AF (1,29 F/mn). Et dans les agences de voyages.

– *Air France* propose une gamme de tarifs très attractifs sous la marque *Tempo* :
➢ Les tarifs *Tempo 1* (le plus souple), *Tempo 2*, *Tempo 3*, *Tempo 4* (le moins cher) sont accessibles à tous. Un conseil : plus vous réservez tôt, plus il y a de choix de vols et de tarifs aux meilleures conditions.
➢ Les *Tempo Famille* (à partir de 2 personnes), *Tempo Senior* (à partir de 60 ans) et les *Tempo Évasion* (porteurs de cartes Évasion) avec, pour ces *Tempo*, possibilité d'achat en aller simple et de modification de billet et d'achat jusqu'au dernier jour.
➢ Enfin, les *Tempo Jeunes* (pour les moins de 25 ans) sont les moins chers et les plus souples de la gamme *Tempo*. Sans oublier la carte Formule Jeunes Fréquence (gratuite et valable jusqu'au 25e anniversaire) qui, pour 100 F (15,2 €), donne droit à une réduction de 50 F (7,6 €) sur chaque vol au tarif *Tempo Jeunes* et permet de bénéficier d'un vol gratuit sur les lignes Métropole d'Air France après 6 vols.

Avec Air Liberté

Liaisons sur *Lannion* au départ de Paris-Orly-sud 2 ou 3 fois par jour.
– *Renseignements et réservations :* Air Liberté, ☎ 0803-805-805. • www.air-liberte.fr • Minitel : 36-15, code AIR LIBERTÉ (1,29 F/mn).
La compagnie a été reprise récemment par des investisseurs, ces informations sont donc susceptibles d'être modifiées.

Avec Brit Air

La compagnie régionale frappée des motifs du triskèle et de l'hermine. Basée à l'aéroport de Morlaix-Ploujean, 29600 Morlaix.
Elle rayonne au départ de Brest, Nantes et Rennes vers Londres, Lyon, Strasbourg, Le Havre, Paris, Nice, Toulouse et Marseille.
– au départ de Nantes vers Londres, Strasbourg, Marseille et Brest.
– au départ de Rennes vers Lyon, Le Havre, Paris, Londres, Nice et Toulouse.
– *Renseignements et réservations :* ☎ 0802-802-802.

Avec Finistair

Une petite compagnie qui relie tous les jours **Brest** à l'*île d'Ouessant* : ☎ 02-98-84-64-87. Idéal pour découvrir la côte bretonne. Les avions n'ont que neuf places. Prix raisonnables.

Sortez des sentiers battus

Découvrez les charmes des régions de France avec les hôtels Best Western

Avec 200 hôtels 3 et 4 étoiles, Best Western vous offre partout en France des haltes au confort et au charme authentique. Chacun de nos hôtels est unique et un accueil personnalisé vous y sera à chaque fois réservé. Vous y apprécierez également nos bonnes tables inspirées des traditions culinaires locales.

Recevez gratuitement notre guide : appelez le 01 49 02 00 00

Réservez au ▶ N° Vert 0 800 90 44 90
ou sur www.bestwestern.fr

Hôtels Best Western
Le plaisir de la différence

Les poissons de mer parlent breton.

Jack Kerouac, *Big Sur*.

« La Bretagne est l'élément résistant de la France », pensait l'historien Jules Michelet. Il voyait juste : ici, la terre et les hommes affrontent depuis des siècles les assauts furieux de la nature et les vicissitudes de l'histoire.

Quel est donc ce curieux trident, découpé et hérissé comme aucune autre région connue, qui s'avance telle une gueule inquiétante au milieu de l'océan Atlantique ? C'est la Bretagne, le Vieux Pays, comme l'appelaient les anciens.

Regardez le Massif armoricain sur votre atlas, entouré de ses trois mers : Atlantique, Manche et... Atlantique et Manche mélangées. « Ici a commencé, il y a bien longtemps, un dialogue immense entre terre et vagues où se sont façonnés les hommes », nous dit Michel Le Bris, écrivain passionné par cette Bretagne à la fois vécue et rêvée.

Partout, la terre et la mer se rencontrent d'étrange manière. Ainsi les abers, anciennes vallées fluviales remontées deux fois par jour par les marées, comme à Lannilis ou à l'Aber-Ildut. Et les insolites flèches sableuses comme le sillon du Talbert (Pleubian) qui part tout droit vers le large. Et les îles : Bréhat, Batz, Ouessant, etc., autant d'univers à l'échelle humaine où le temps s'écoule au rythme des marées, tout simplement.

« La bonne façon de connaître notre pays, c'est de lui faire l'amour à vélo », disait Morvan Lebesque.

Ami routard, rien ne va ici à-la-vitesse-du-cheval-vapeur-au-galop ! Alors, bride ton moteur, mets tes nouilles ou tes Pataugas et laisse-toi mener de colline en vallée, dans la grande métamorphose celtique des parfums de l'air, des landes et de la mer, qui fera naître à chaque aune sous tes pas ton épopée arthurienne à toi, la plus chouette évidemment.

Venu de passage, tu repartiras *Breton a galon*, « Breton de cœur ».

Avant le départ

ADRESSES UTILES

À Paris

■ **Maison de la Bretagne :** 203, bd Saint-Germain, 75007. ☎ 01-53-63-11-50. • www.tourismebretagne .com • Minitel : 36-15, code BRETAGNE. M. : Rue-du-Bac. Informations touristiques. Excellente librairie sur la Bretagne.

■ **Gîtes de France :** 59, rue Saint-Lazare, 75009. ☎ 01-49-70-75-75. • www.gites-de-france.fr • Minitel :

36-15, code GITES DE FRANCE. M. : Trinité.

■ **Ti Ar Vretoned** (autrefois appelée la *Mission bretonne*) **:** 22, rue Delambre, 75014. ☎ 01-43-35-26-41. • www.tav.trad.org • M. : Montparnasse-Bienvenüe, Vavin ou Edgar-Quinet. L'association la plus active sur Paris.

■ **Librairie Breizh :** 10, rue du

Avec Ouest-France vivez la Bretagne au quotidien

Quoi de plus efficace pour vivre la Bretagne, que de lire Ouest-France !

Dans Ouest-France, partez chaque jour, y compris le dimanche, à la découverte de la vie culturelle et sportive de nos villes, bourgs, quartiers au travers des rubriques "Vivre", "En Bref", "Aujourd'hui" ...

Maine, 75014. ☎ 01-43-20-84-60. M. : Montparnasse-Bienvenüe, Edgar-Quinet ou Gaîté. Fermée le dimanche. Très riche fonds de livres, de disques, journaux et périodiques bretons, souvenirs, jolies cartes postales, etc. Accueil hyper sympa, ça va de soi !

En Bretagne

■ *Association bretonne des relais et itinéraires (ABRI) :* 4, rue Ronsard, 35000 Rennes. ☎ 02-99-26-13-50. Fax : 02-99-26-13-54. ● www. abri.asso.fr ● Ouvert toute l'année du lundi au vendredi de 9 h à 12 h et de 14 h à 19 h. Une adresse indispensable à qui veut obtenir toute information sur les randonnées pédestres, équestres, à deux-roues, en canoë...

■ *Comité régional de tourisme :* 1, rue Raoul-Ponchon, 35069 Rennes Cedex. ☎ 02-99-28-44-30 ou 02-99-

■ *Pour découvrir la Bretagne par ses canaux :* renseignements au ministère des Transports, direction des Transports terrestres, Arche de la Défense, pilier sud, 92055 La Défense Cedex. ☎ 01-40-81-13-24. M. : Arche-de-la-Défense.

36-15-15 pour demander des brochures. Fax : 02-99-28-44-40. ● www. tourismebretagne.com ●

■ *Comités départementaux de tourisme :* se reporter aux chapitres correspondants.

■ *Institut culturel de Bretagne :* 6, rue de la Porte-Poterne, 56000 Vannes. ☎ 02-97-68-31-10. Fax : 02-97-68-31-18. Ouvert du lundi au vendredi de 8 h 30 à 12 h et de 13 h 30 à 17 h 30. Tous renseignements sur la culture bretonne. Petite bibliothèque à disposition.

AUBERGES DE JEUNESSE

– Il n'y a pas de limite d'âge pour séjourner en AJ. Il faut simplement être adhérent.
– La FUAJ (association à but non lucratif, eh oui ça existe encore) propose un guide gratuit répertoriant les adresses des AJ en France.
– La FUAJ offre à ses adhérents la possibilité de réserver depuis la France, grâce à son système IBN (International Booking Network) 6 nuits maximum et jusqu'à 6 mois à l'avance, dans certaines auberges de jeunesse situées en France, mais aussi à l'étranger (la FUAJ couvre près de 50 pays). Gros avantage, les AJ étant souvent complètes, votre lit (en dortoir, pas de réservation en chambre individuelle) est réservé à la date souhaitée. Vous réglez le montant, plus des frais de réservation (environ 17 F, soit 2,6 €). L'intérêt, c'est que tout cela se passe avant le départ, en francs ou en euros ! Vous recevrez en échange un reçu de réservation que vous présenterez à l'AJ une fois sur place. Ce service permet aussi d'annuler et d'être remboursé. Le délai d'annulation varie d'une AJ à l'autre (compter 33 F, soit 5 € pour les frais).

POUR OBTENIR LES CARTES DES AUBERGES DE JEUNESSE

En France

■ *La Fédération unie des auberges de jeunesse (FUAJ) :* FUAJ (centre national), 27, rue Pajol, 75018 Paris. ☎ 01-44-89-87-27. Fax : 01-44-89-87-10. ● www.fuaj.org ● M. : La Chapelle, Marx-Dormoy, ou Gare-du-Nord (RER B et D).

■ *AJ d'Artagnan :* 80, rue Vitruve,

75020 Paris. ☎ 01-40-32-34-56. Fax : 01-40-32-34-55. ● paris.le-dartagnan@fuaj.org ● M. : Porte-de-Bagnolet.
– Et dans toutes les auberges de jeunesse et points de vente FUAJ en France.

Sur place : présenter une pièce d'identité et 70 F (10,7 €) pour la carte moins de 26 ans et 100 F (15,2 €) pour les plus de 26 ans.

Par correspondance : envoyer une photocopie recto-verso d'une pièce d'identité et un chèque (ajouter 5 F, soit 0,8 €) de plus pour les frais de transport de la FUAJ. On conseille de l'acheter en France car elle est moins chère qu'à l'étranger.

– La FUAJ propose aussi une **carte d'adhésion « Famille »**, valable pour les familles de deux adultes ayant un ou plusieurs enfants âgés de moins de 14 ans. 150 F ou 22,9 €. Fournir une fiche familiale d'état civil ou une copie du livret de famille.

– La carte donne également droit à des réductions sur les transports, les musées et les attractions touristiques de plus de 60 pays mais ces avantages varient d'un pays à l'autre, ce qui n'empêche pas de la présenter à chaque occasion, cela peut toujours marcher.

En Belgique

Son prix varie selon l'âge : entre 3 et 15 ans, 100 Fb (2,5 €) ; entre 16 et 25 ans, 350 Fb (8,7 €) ; au-delà de 25 ans, 475 FB (11,8 €). Renseignements et inscriptions :

■ **À Bruxelles :** LAJ, rue de la Sablonnière, 28, 1000. ☎ 02-219-56-76. Fax : 02-219-14-51. ● www.laj.be ● info@laj.be ●

■ **À Anvers :** Vlaamse Jeugdherbergcentrale (VHJ), Van Stralenstraat 40, B 2060 Antwerp. ☎ 03-232-72-18. Fax : 03-231-81-26. ● www.vjh.be ●

– La carte donne droit à une nuitée gratuite dans une des auberges de Wallonie ou à 100 Fb de réduction à Bruxelles ou en Flandre.

– On peut également se la procurer via le réseau des bornes *Servitel* de la CGER.

En Suisse

Renseignements et inscriptions :

■ **Schweiser Jugendherbergen (SH) :** service des membres des Auberges de jeunesse suisses, Schasfhauserstr. Postfach 161, 14, 8042 Zu-

rich. ☎ (01) 360-14-14. Fax : (01) 360-14-60. ● bookingoffice@youth-hostel.ch ● www.youthhostel.ch ●

Au Canada

■ **Canadian Hostelling Association :** 205, Catherine Street, bureau

400, Ottawa, Ontario, Canada K2P 1C3. ☎ (613) 237-78-84.

Au Québec

Elle coûte 25 $Ca pour 1 an, 35 $Ca pour 2 ans et 175 $Ca à vie (22,9, 32 et 160 €). Pour les moins de 18 ans, la « carte junior » (vaut 12 $Ca ou 9,2 €).

■ **Tourisme Jeunesse :** 4008, Saint-Denis, Montréal CP 1000, H1V 3R2. ☎ (514) 844-02-87.

CARTES DE PAIEMENT

– La carte **Eurocard MasterCard** permet à son détenteur et à sa famille (si elle l'accompagne) de bénéficier de l'assistance médicale rapatriement. En

cas de problème, contacter immédiatement le : ☎ 01-45-16-65-65. En cas de perte ou de vol (24 h/24) le : ☎ 01-45-67-84-84 en France (PCV accepté) pour faire opposition. ● www.mastercardfrance.com ● Sur Minitel : 36-15 ou 36-16, code EM (1,29 F/mn) pour obtenir toutes les adresses de distributeurs par pays et villes dans le monde entier.
– Pour la carte *Visa*, en cas de vol, composez le : ☎ 0836-690-880 (2,21 F/mn), ou le numéro communiqué par votre banque.
– Pour la carte *American Express*, téléphoner en cas de pépin au : ☎ 01-47-77-72-00.

CARTE INTERNATIONALE D'ÉTUDIANT

Elle permet de bénéficier des avantages qu'offre le statut étudiant dans le pays où l'on se trouve. Cette carte ISIC donne droit à des réductions (transports, musées, logements, change...). En France, elle peut être très utile à des étudiants étrangers, d'autant que tous les organismes dépendant du CROUS la reconnaissent (restaurants universitaires, etc.). Et vous trouverez la liste complète des points de vente et des avantages ISIC régulièrement mis à jour sur leur site internet ● www.isic.tm.fr ●

Pour l'obtenir en France

– Se présenter dans l'une des agences des organismes mentionnés ci-dessous.
– Donner un certificat prouvant l'inscription régulière dans un centre d'études donnant droit au statut d'étudiant ou élève, ou votre carte du CROUS.
– Prévoir 60 F (9,2 €) et une photo.
On peut aussi l'obtenir par correspondance (sauf au CTS). Dans ce cas, il faut envoyer une photo, une photocopie de votre justificatif étudiant, une enveloppe timbrée et un chèque de 60 F (9,2 €).

■ *OTU :* central de réservation, 119, rue Saint-Martin, 75004 Paris. ☎ 01-40-29-12-12.
■ *USIT :* 6, rue de Vaugirard, 75006 Paris. ☎ 01-42-34-56-90. Ouvert de 10 h à 19 h.

■ *CTS :* 20, rue des Carmes, 75005 Paris. ☎ 01-43-25-00-76. Ouvert de 10 h à 18 h 45 du lundi au vendredi et de 10 h à 13 h 45 le samedi.

En Belgique

Elle coûte environ 350 Fb (8,7 €) et s'obtient sur présentation de la carte d'identité, de la carte d'étudiant et d'une photo auprès de :

■ *CJB l'Autre Voyage :* chaussée d'Ixelles, 216, Bruxelles 1050. ☎ 02-640-97-85.
■ *Connections :* renseignements au ☎ 02-550-01-00.

■ *Université libre de Bruxelles* (service « Voyages ») *:* av. Paul Héger, 22, CP 166, Bruxelles 1000. ☎ 02-650-37-72.

En Suisse

Dans toutes les agences SSR, sur présentation de la carte d'étudiant, d'une photo et de 15 Fs (9,3 €).

GÉNÉRALITÉS

■ *SSR :* 3, rue Vignier, 1205 Ge-
nève. ☎ (022) 329-97-35.

■ *SSR :* 20, bd de Grancy, 1006
Lausanne. ☎ (021) 617-56-27.

Pour en savoir plus

Les sites Internet vous fourniront un complément d'informations sur les
avantages de la carte ISIC.
Site français : ● www.isic.tm.fr. ●
Site international : ● www.istc.org ●

LES MONUMENTS NATIONAUX À LA CARTE

Le Centre des monuments nationaux propose un laissez-passer nominatif,
valable un an, pour plus de 100 monuments publics répartis dans toute la
France (dont la maison d'Ernest Renan à Tréguier et le grand cairn de Barnenez, en Bretagne Nord). Avantages : pas de file d'attente et gratuité des
expos dans les monuments répertoriés. Coût : 280 F (42,7 €). L'achat
s'effectue dans les lieux culturels concernés ou par correspondance au
Centre des musées nationaux : centre d'informations, 62, rue Saint-
Antoine, 75186 Paris cedex 04. ☎ 01-44-61-21-50.

TÉLÉPHONE

Pour vous simplifier la vie dans tous vos déplacements, les *Cartes France
Telecom* vous permettent de téléphoner en France et depuis plus de 90 pays
étrangers à partir de n'importe quel téléphone (d'une cabine téléphonique,
chez des amis, d'un restaurant, d'un hôtel...) sans souci de paiement immédiat. Les communications sont portées et détaillées sur votre facture téléphonique personnelle.
Pour appeler, vous composez directement le n° d'accès au service, le
numéro de votre carte, puis votre code confidentiel, suivi du numéro de votre
correspondant.
Les *Cartes France Telecom* s'obtiennent sans abonnement et n'ont pas de
limite de validité. Plusieurs formules sont proposées. Par exemple, pour les
routards qui voyagent souvent à l'étranger, la *carte France Telecom Voyage*
vous fait bénéficier en plus de 15 à 25 % d'économies pour vos appels inter-
nationaux (France métropolitaine/étranger, étranger/étranger, étranger/
France).
Pour en savoir plus, composez le n° Vert : ☎ 0800-202-202 ou consultez le
site internet : ● www.cartefrancetelecom.com ●

TRAVAIL BÉNÉVOLE

■ *Concordia :* 1, rue de Metz,
75010 Paris. ☎ 01-45-23-00-23.
Fax : 01-47-70-58-27. ● concordia
@wanadoo.fr ● M. : Strasbourg-
Saint-Denis. Travail bénévole. Logé,
nourri. Chantiers très variés d'avril à
septembre ; restauration du patri-

moine, valorisation de l'environnement, travail d'animation... Places limitées.
ATTENTION : voyage à la charge du
participant et droit d'inscription obligatoire.

Les Bretons de Paris

Montparnasse! Tout le monde descend! Et tous les Bretons descendirent sur les quais avant de jeter l'ancre dans le quartier de la gare. Tel fut le début de l'histoire : celle de migrants pauvres chassés par l'exode rural. Un peu à la manière des Asiatiques du XIIIᵉ arrondissement, les Bretons du début du XXᵉ siècle formèrent des clans, ouvrirent des cafés au nom de leur ville d'attache, fondèrent cercles, amicales et associations folkloriques (aujourd'hui culturelles), maintinrent en vie les traditions du pays.

Montparnasse : terminus! Montparnasse : symbole du départ et de l'arrivée, comme cette rue du Départ qui répond à cette rue de l'Arrivée, au pied de la tour. Sous l'immense dalle de béton du parvis, bien des gens ignorent que c'est grâce à un Breton d'Uzel, Fulgence Bienvenüe, que le grand chantier du métro a pu se faire sous la capitale il y a juste 100 ans.

Le climat breton

Est-ce parce que le climat est réputé pour ses caprices que le mot utilisé en breton, *an amzer,* est un mot féminin? Nulle part ailleurs le ciel ne change aussi rapidement : gris et nuageux un jour, d'un bleu pur le lendemain. Brumeux à l'aube, clair à midi, parfait dans la soirée. Nulle part ailleurs le ciel n'a d'aussi belles couleurs. Car ici, le temps marche avec les marées et suit les cycles de la lune. « Il pleut toujours en Bretagne », dit-on. Comme s'il ne pleuvait pas ailleurs! Erreurs, clichés et préjugés défavorables ont dessiné une Bretagne promontoire archi-humide de l'Europe occidentale. Il y pleut, bien sûr. Mais il y fait beau aussi. Très beau même, quand le vent l'a décidé. Curieusement, il tombe moins de pluie à Rennes qu'à Toulouse, à Brest qu'à Biarritz. Entourée par deux mers, la Manche et l'Atlantique, la péninsule armoricaine jouit d'un vrai climat océanique, doux et tonique. Il ne fait jamais très froid, ni trop chaud. L'air du littoral est si riche en iode que le seul fait de le respirer est déjà une cure de bien-être. Allez-y en arrière-saison, si vous le pouvez. Vous aurez un temps souvent exceptionnel. C'est en hiver que la Bretagne subit ses plus fortes tempêtes. Par ses coordonnées, la Bretagne connaît en été une durée du jour plus longue que partout ailleurs : en raison de la latitude, plus on va vers le nord plus les jours durent, et comme l'heure légale est fixée à Paris, la longitude ouest accorde presque une heure de lumière en plus.

– *La côte nord :* moins de 15 jours de gelée par an. Les vents dominants viennent du nord-ouest sur la côte du Finistère, avec des secteurs abrités comme l'île de Bréhat (639 mm de pluie en 163 jours; Toulouse : 665 mm en 139 jours), où passe le Gulf Stream, un courant chaud favorable à la création de microclimats.

– *Stations climatiques classées :* Perros-Guirec, Sables-d'Or-les-Pins, Saint-Quay-Portrieux, Le Val-André, Dinard, Paramé, Saint-Briac-sur-Mer, Saint-Lunaire, Saint-Malo.

■ *Répondeurs météo :* prévisions de chaque centre départemental. ☎ 0836-680-229 pour le Finistère. ☎ 0836-680-222 pour les Côtes-d'Armor. ☎ 0836-680-235 pour l'Ille-et-Vilaine. Météo marine : ☎ 0836-680-808; prévisions jusqu'à 20 milles des côtes.

Coiffes et costumes

Ne remontant qu'au XVIᵉ siècle, les origines du costume breton sont relativement récentes. On recense près de 70 costumes et coiffes, qui représentaient des communautés aux personnalités différentes (à l'échelle d'un pays ou d'une paroisse), au sein même d'une identité bretonne plus large. On utilise ici le passé, puisque leur usage a aujourd'hui quasiment disparu. Seules quelques femmes de la région de Plougastel-Daoulas les arborent encore quotidiennement, et les cercles celtiques les ressortent le temps de manifestations folkloriques. Et si l'image de la bigouden est très répandue, c'est que, outre l'aspect spectaculaire de la coiffe, cette mode a perduré dans le pays bigouden plus longtemps qu'ailleurs. En tout cas, ne vous attendez pas à croiser des Bretons en costume à tous les coins de rue, vous aurez plus de chances d'en voir dans les *festou-noz*.

Les contes et légendes de Bretagne

« La Bretagne est un pays de légendes ». Combien de fois n'a-t-on pas lu ou entendu ce slogan ? La publicité s'est donc parfois emparée de la dimension mystérieuse de la Bretagne, que ce soit pour vanter la saveur des galettes Saint-Michel qu'on se procurerait grâce à des distributeurs installés dans des menhirs (!), ou simplement pour y attirer le touriste avide de mysticisme. Sous ces légèretés se cache une réelle propension des Bretons à s'inventer des récits et des croyances. Légendes locales ou grands thèmes communs à tous les pays bretons, tous nourrissent profondément l'imaginaire des peuples. Quelques grands écrivains bretons se sont attelés à la collecte de ces contes et légendes ; citons Anatole Le Braz (1859-1926) et François-Marie Luzel (1821-1895), par exemple.

L'Ankou

Voilà quelqu'un qu'on vous souhaite de ne pas rencontrer au détour d'un chemin, ce serait là votre dernière balade. Ce charmant squelette armé d'une faux est la représentation de la mort dans la tradition armoricaine. Il circule la nuit sur son *karrig an Ankou,* le char de l'Ankou, et y embarque les morts vers l'au-delà. Celui qui entend le grincement des roues de ce « convoi de malheur » doit s'attendre à la mort prochaine d'un proche, et jamais personne n'a réchappé d'une rencontre avec lui. Dans certaines régions du littoral, c'est sur le *bag noz,* bateau de nuit, que l'Ankou accomplit sa funèbre besogne.

Les korrigans

Ces « petits » nains (*Korr* signifie nain, et le suffixe *ig* petit), très présents dans les contes traditionnels, vivent dans la nature et installent généralement leurs repaires dans des grottes ou des dolmens. Ils y amasseraient d'immenses richesses dont ils feraient profiter les humains les jours de bonté. En revanche, ils seraient aussi capables de sévères punitions pour ceux qui les mépriseraient. Si vous voyagez beaucoup, vous risquez de rencontrer d'autres lutins, proches « cousins » de nos korrigans, comme les trolls en Suède.

Les légendes arthuriennes

Dans la littérature du Moyen Âge, l'origine des romans bretons constituait la « matière de Bretagne ». Parmi ces récits communs à tout le monde breton (îles Britanniques et Armorique), les légendes du cycle arthurien (ou de la

Table ronde) ont été localisées en forêt de Brocéliande à partir du XIe siècle, même s'il semble que ces aventures se soient déroulées en Grande-Bretagne et en Bretagne continentale. Les chevaliers de la Table ronde (dont les plus célèbres sont Arthur, Lancelot et Perceval), Merlin l'enchanteur, Viviane, la fée Morgane (...), tous ces « esprits » hantent aujourd'hui Brocéliande.

Voir aussi le chapitre sur la forêt de Paimpont.

– *À lire :* Le Guide de la Bretagne, Bretagne mystérieuse, de Gwenc'hlan Le Scouëzec, éd. Coop Breizh, 1997.

La cuisine bretonne

On s'est longtemps accordé à louer la qualité et la fraîcheur des produits bretons, tout en niant presque l'existence d'une gastronomie, réputée fruste et sans finesse. Pourtant, *Armor* et *Argoat* ont de tout temps fourni quantité de produits permettant une alimentation extrêmement variée et équilibrée. Mieux que ça, les recettes collectées ont montré l'influence de saveurs exotiques, épices et aromates que les marins rapportaient : safran, vanille, rhum, pruneaux... Ce même goût pour l'exotisme et les produits nouveaux a aussi fait que les Bretons ont très vite intégré le blé noir (au XVIe siècle) et la pomme de terre (au XVIIIe) à leur alimentation de base.

Dans les années 1960, l'agriculture et l'élevage intensifs sont apparus à tout le monde comme la panacée. Aujourd'hui, on paye le prix de cette course folle avec une surproduction, un effondrement des cours, une terrible pollution...

Un peu plus tard, on a compris que l'image de la Bretagne était porteuse et qu'il fallait tirer parti de cette valeur ajoutée. Certains artisans et producteurs ont senti que cela n'avait de sens qu'à condition de respecter ces racines et ce terroir ; qu'il ne suffit pas de mettre un triskèle sur une andouille ou une Bigouden en coiffe sur un *kouing amann* pour les rendre bons... Mais qu'un produit de qualité ferait leur fierté et leur fortune. Idem dans la restauration. D'un côté, à cause du tourisme, ont proliféré de médiocres crêperies-grill-pizzeria-fruits-de-mer et, de l'autre côté, des cuisiniers ont ouvert leur carnet, retrouvé les goûts de leur enfance et planché sur une mise en valeur de leur immense patrimoine culinaire. Ils en ont fait une des cuisines les plus modernes qui soient. Des produits frais et sains, cuisinés sans artifice, mais avec talent et passion. Maintenant en route pour le marché...

– ***Les crêpes et galettes :*** trouver une bonne crêperie relève maintenant de l'exploit, quant aux vraiment excellentes, on en compte à peine une quarantaine. En haute Bretagne, on appelle crêpe celle au froment, et galette celle au sarrasin. En basse Bretagne, seule compte l'épaisseur, indépendamment de la farine choisie. Et c'est bien là qu'elle atteint le sublime, quand le cœur reste moelleux et la surface croustille après s'être gorgée de beurre salé frémissant. À ce sujet, un tuyau pratiquement infaillible pour dénicher une bonne crêperie : avant de rentrer, respirez autour de vous ; s'il s'exhale une bonne odeur de beurre et de pâte à crêpe, entrez en confiance, sinon, fuyez... Produit apparemment simple, il demande une rigueur extrême. Dans le choix des produits tout d'abord (beurre de synthèse et lait UHT sont à proscrire), dans le choix de la recette ensuite et bien sûr dans le coup de main de la crêpière.

– ***Les fars et bouillies :*** en basse Bretagne, le far est la façon la plus traditionnelle de préparer farines de sarrasin et de froment. On trouve des versions sucrées comme le célèbre far aux pruneaux, ou le *pouloudig*, du pays Léon (blé noir, lait et rhum), et des versions salées comme le *farz gwad* de Ouessant (au sang de porc). Parfois même des fars sucrés-salés : le pruneau, le raisin ou même le sucre et la cannelle entrent alors dans leur composition. Nature ou saupoudré de sucre, émietté ou en tranches, on mangeait le far en accompagnement de viandes.

Le plat le plus célèbre est le *kig ha farz*, typique du pays Léon. Grosse potée paysanne, on y trouve des légumes (chou, carotte, rutabaga...), de la viande de porc (essentiellement du lard et de la saucisse fumée, mais aussi des morceaux plus nobles, selon les circonstances) et bien sûr le far, qui cuit dans le bouillon, dans un sac de toile. La mode du terroir a relancé ce plat quelque peu délaissé. Aujourd'hui de nombreux restos à touristes le proposent tout l'été sur leur carte, pour faire local sans doute...

– **Les fruits de mer :** qui n'a pas rêvé d'un plateau de fruits de mer, le regard perdu vers le large et le nez plongé dans un bon verre de muscadet ? Assister à une vente à la criée vous mettra à coup sûr l'eau à la bouche : crabes, tourteaux, araignées, étrilles, cigales de mer, galatées, crevettes et bien sûr le homard... Roi des crustacés et crustacé des rois, il n'a pas fini de faire couler de l'encre, ni de faire parler de lui. Le meilleur vient de Bretagne, tout le monde est bien d'accord. Quant à la recette, les tenants du homard à « l'Armoricaine » et ceux du homard à « l'Américaine » n'ont pas fini de se chamailler et de se disputer la paternité. Même Curnonsky a failli y perdre son latin et a changé plusieurs fois d'avis au cours de sa vie. On l'aurait improvisé dans les cuisines d'un paquebot effectuant la traversée entre la France et les États-Unis ; il aurait aussi été inventé inopinément par Pierre Fraisse, un célèbre chef parisien, en 1880, pour des clients américains arrivés en retard. Le problème, c'est que l'on retrouve en Bretagne, dès le XIXe siècle, une recette plus simple mais similaire. Tous les ingrédients sont en tout cas réunis pour en faire un plat breton (la tomate étant arrivée au XIXe, c'est-à-dire en même temps qu'en Provence). De plus, cela fait maintenant plus d'un siècle qu'on le mange en Bretagne à « l'Armoricaine » ; peut-être serait-il temps de clore le débat...

– **Les moules et coquillages :** les moules et les huîtres sont deux coquillages rois en Bretagne. Quelques « crus » sont particulièrement réputés : baie du Mont-Saint-Michel (Vivier-sur-Mer), Pénestin... pour les moules ; Cancale, Carantec (Prat ar Coum), Penherf, Belon, golfe du Morbihan... pour les huîtres. Les moules, en marinière, au lard ou en mouclade, se trouvent sur toutes les cartes de restos en été. Les huîtres se dégustent toute l'année, même hors des mois en « r ». Maigres ou grasses, c'est ensuite le goût qui parle. Les huîtres plates sont beaucoup moins grasses que les creuses, c'est bon à savoir... On ne peut évidemment pas faire l'impasse sur les coquilles Saint-Jacques, dont les plus fameuses proviennent d'Erquy. Une belle assiette se doit de comporter également bulots, bigorneaux, clams, palourdes, praires, rigadeaux (coques), pétoncles, amandes de mer... Avec un peu de chance, vous trouverez sur le marché de l'ormeau, n'hésitez pas, c'est une merveille malheureusement trop rare.

– **Le poisson :** sardine, maquereau, thon, roussette, daurade, lotte, turbot, hareng... la liste des poissons de mer est infinie. Les rivières et marais fournissent aussi en bonne quantité saumon, anguille, grenouilles, truite, sandre et brochet (volontiers servis avec un beurre blanc nantais). S'il se suffit à lui-même, avec juste un peu de beurre, il se prête aussi à toutes les folies. C'est sans doute là que vous apprécierez le plus la nouvelle cuisine bretonne. La soupe de poisson, elle, est rarement merveilleuse, mais la cotriade, par contre, n'a rien à envier à la bouillabaise. Le principe en est le même : les poissons du jour, cuits dans un court bouillon au vin, bien assaisonné. Il y a autant de recettes que de villages, de familles et même de jours dans l'année.

– **Les sardines à l'huile :** l'incontournable du panier à pique-nique. On doit à un confiseur nantais la première conserve au XIXe siècle. Aujourd'hui, *Connétable, Capitaine Cook, La Belle Îloise, la Croisicaise...* travaillent encore à l'ancienne des produits de qualité. Oubliez-les dans votre placard pendant quelques années, tout en pensant à les retourner régulièrement pour que la sardine confise doucement.

– *L'andouille :* un des grands classiques de l'Argoat. La plus célèbre, l'andouille de Guémené, doit être fumée, moelleuse mais pas trop grasse. Ses cercles concentriques sont dus à sa technique particulière de fabrication : l'embauchage des chaudins. Victime de son succès, on trouve le pire comme le meilleur (on se permet de vous conseiller celle de M. Quidu). Tout aussi exceptionnelle, l'andouille de Baye, ou andouille au lard : un vrai régal. Plus claire que la précédente, dans son cœur se cache... un morceau de lard. Mais partout en Bretagne, les petits charcutiers de village vous proposeront leur andouille maison, dite de campagne. Très proche de l'andouille de Vire, c'est un pur délice au petit déjeuner sur une bonne tartine de beurre salé. Dans tous les cas, préférez les qualités artisanales ; l'andouille ne supporte ni le plastique ni la médiocrité.

– *Les viandes, volailles et autres charcuteries :* autrefois, peu de bœuf sur les tables bretonnes. Le porc, tué une fois l'an, le remplaçait avantageusement, le plus souvent sous la forme de pâtés, de rillettes, de saucisses, de boudins, de tripes. On mangeait aussi beaucoup de viandes blanches et les volailles faisaient la fierté de la Bretagne (qui en « exportait » la plus grosse partie aux Parisiens) : chapon et poulet de Janzé, poule coucou de Rennes, canard et foie gras des plaines de Lanvaux... Une autre merveille : l'agneau de pré-salé. Le plus recherché est celui du Mont-Saint-Michel, bientôt transformé en fameux gigot à la bretonne (aux haricots cocos). N'oublions pas non plus le gibier (avant qu'Obélix ne mange tous les sangliers...).

– *Les fruits et légumes :* la France occupée a découvert pendant la guerre l'immense richesse de la Bretagne, pays prodigue et nourricier, qui lui a inlassablement expédié toutes sortes de victuailles. L'Argoat est aujourd'hui une des premières régions agricoles françaises. Des groupements de producteurs ont permis de sauvegarder puis de développer des légumes traditionnels et se battent de façon intelligente pour la promotion de leurs produits. On pense par exemple à *Prince de Bretagne*, coopérative d'exploitants qui ne se cantonne plus depuis longtemps à l'artichaut et au chou-fleur. Ils ont réussi à faire passer le délicieux coco de Paimpol en AOC et se battent maintenant pour l'oignon de Roscoff et les lentins de St-Pol (un délicieux petit champignon qui devrait supplanter sous peu le champignon de Paris). Mais les richesses du sol breton ne se limitent pas à ça. Pommes de terre primeurs de l'île de Batz, fraises de Plougastel, melon petit-gris de Rennes, châtaigne (teillouse) de Redon, sont d'une grande qualité gustative, dommage que leur diffusion reste si confidentielle.

– *Le beurre :* symbole fort et produit phare en Bretagne, il était autrefois offert en guise de bienvenue avec le pain et le couteau qui « allaient avec ». Le sel permettait simplement de le conserver (d'où le prestige du beurre doux de Normandie, qui était, avant tout, le signe qu'on avait les moyens d'en acheter souvent). Aujourd'hui, malgré le frigo, on le trouve sur toutes les tables, tant il paraît inimaginable de se passer de ce petit goût salé qui vous titille la langue et vous fait saliver (mieux encore, le beurre au sel de Guérande, où le grain de sel fond dans la bouche...). Traditionnellement, le beurre pouvait être remplacé certains jours, ou pour certains plats, par de la graisse de porc salée. Encore fabriquée par quelques charcutiers, elle n'a rien à voir avec le saindoux. Confite et délicieuse, c'est sur un simple bout de pain que vous vous en rendrez le mieux compte.

– *Le sel :* Gwenn Ran, le pays blanc ; on ne présente plus le sel de Guérande, l'un des premiers produits du terroir à devenir à la mode. Il n'y a qu'à voir l'inflation du prix de l'os à moelle dans les restos parisiens, dès lors que trois grains de fleur de sel viennent le décorer ! Sur place, vous le trouverez vendu par kilos à un prix très correct. Les marais de Guérande offraient un triste spectacle, il y encore vingt ans, avant que de jeunes paludiers (dont beaucoup de fous venus de Paris) décident de remettre les œillets en état de marche : vase et algues avaient tout bouché et il a fallu s'armer de patience en attendant la première récolte. Pari gagné. Et le sel breton doit aujourd'hui plus son succès à sa qualité, qu'à une quelconque dispense de gabelle ! Reste à parler d'une petite algue, poussant dans les eaux saumâtres du marais, la salicorne, qui, marinée au vinaigre, remplace avantageusement le cornichon.

– **Les gâteaux et pâtisseries :** le *kouign amann*. Adopté sans réserve par les touristes et les locaux, pour le meilleur et pour le pire. Non ! Un bon *kouign amann* n'est ni trop gras, ni trop sucré (enfin ne rêvez pas, les calories sont là !). Et comme on ne veut pas tomber dans les excès du purisme, on vous signale qu'on en trouve des bons ailleurs qu'à Douarnenez (la patrie d'origine). Il s'agit en fait d'une pâte à pain améliorée de beurre et de sucre, que l'on replie plusieurs fois sur elle-même (c'est ce qui va lui donner sa légèreté). Qualité des produits et coup de main font le reste. Légèrement réchauffé, quand le beurre salé fond dans la bouche, c'est une pure merveille ! Tout aussi incontournables : les *Traou-Mad* et les galettes de Pont-Aven, les galettes de Pleyben, de St-Michel, les craquelins de Plumaudan, les crêpes dentelle de Quimper, le gâteau breton avec ou sans pruneaux, le gotchtial de St-Armel, la fouace et le gâteau du pays nantais, et bien sûr le quatre-quarts...

Boissons du cru

– **Le cidre :** fermier, artisanal, bouché, traditionnel, pasteurisé, il y a bien de quoi se perdre au pays du cidre. À chaque terroir correspond une variété de cidre, à chaque producteur correspond un assemblage. Résultat, il est dur de trouver un cidre fermier qui fasse l'unanimité. Les crus les plus réputés sont ceux du pays de Fouesnant, et ceux de Cornouaille viennent de passer AOC. Mais cela n'empêche pas d'en trouver de très bons partout ailleurs, y compris dans les cidres bouchés, genre *Kerisac*. Nous avons beaucoup aimé le Manoir du Kinkiz de Hervé Seznec et le Ty Glas de M. Séhédic, mais n'hésitez pas à partir sur la route du cidre et à faire vos propres expériences. Le cidre se décline en eau-de-vie et en alcool, en lambig et en pommeau, et la cuisine au cidre, en vogue, marie agréablement le goût de la pomme aux viandes et aux poissons.

– **Les bières et cervoises :** en pleine mode celtique, on s'est rendu compte que la Bretagne était le seul pays parmi ses frères à ne plus brasser de bière. Il y avait bien eu dans l'antiquité druidique une quelconque cervoise, puis plus tard quelques moines persévérants. Mais elle ne devait pas valoir la *Guinness* et les dernières brasseries familiales fermèrent leurs portes au début du XXe siècle. Conscients de cette terrible injustice, quelques fous se sont lancés il y a dix-quinze ans dans l'aventure. Résultat : aujourd'hui, on ne compte pas moins de 15 brasseries en Bretagne. Et le pire, c'est qu'ils font de la bonne bière ! Amateurs de *pils*, passez votre chemin, ici on brasse de la bière artisanale bretonne, peu filtrée, peu pasteurisée et plutôt alcoolisée. La plus célèbre, la *Coreff* de Morlaix, ambrée et fortement houblonnée, reste bien traditionnelle. Bernard Lancelot, l'autre poids lourd, a pris, quant à lui, le parti des bières spéciales. Outre sa *Cervoise* légèrement miellée, il propose une bière au sarrasin (la *Telenn Du*), une bière blanche (la *Blanche Hermine*).

– **Le chouchen :** nom breton pour l'hydromel (*chamillard* en gallo). Il était la boisson des dieux, des druides et des jeunes mariés. Sa mauvaise réputation dans le pays vient de ce que les vieux Bretons ont tous un souvenir de cuite au *chouchen* à raconter, en général un mauvais souvenir... À l'époque, on trouvait dans le précieux liquide d'infimes traces de venin d'abeille. Dans le meilleur des cas, on se réveillait avec d'atroces migraines, mais souvent le sens de l'équilibre était atteint et l'on se retrouvait à marcher en crabe. On a même vu des marins costauds tomber à la renverse, foudroyés par le venin !

Pour cette raison, certains bars avaient installé des crochets au comptoir auxquels s'arrimer avec sa ceinture. Le *chouchen* a été remis au goût du jour par quelques apiculteurs passionnés (et ne le nions pas, Dominique Lavanant alias Imogène, qui a été sa meilleure ambassadrice). Mais ne vous inquiétez plus, de la bonne eau, du bon miel et des levures naturelles sont les seuls ingrédients à entrer dans la composition d'un *chouchen* digne de ce nom. Traditionnellement doux et titrant plus de 14°, les amateurs se tournent aujourd'hui plus volontiers vers des *chouchen* plus secs, plus délicats. Il devient difficile de trouver des *chouchen* élaborés à partir de miel de sarrasin, mais certaines marques proposent des produits typés à défaut d'être typiques, assez intéressants, comme le *Chouchen du Pêcheur* ou le *Pétillant* de Pierre Dassonville... Les grands classiques sont le *Yann Gamm* de Coray, le *Lozachmeur* de Baye. Nous, on aime bien le *Rucher Fleuri* de Rochefort-en-Terre. Les chefs s'intéressent de plus en plus à lui et aux parfums qu'il peut apporter en cuisine, ainsi qu'à un produit dérivé, *l'Aigriade de miel*, un vinaigre de *chouchen*, un pur nectar...

Les druides

C'est au pays de Galles, sur l'île d'Anglesey (autrefois Mona), que se situait le saint des saints du druidisme ancien. Jules César en parle déjà dans *La Guerre des Gaules*. Ce qui ne l'empêcha pas de massacrer les druides qui y habitaient. Des druides, des bardes et des ovates, on en trouvait dans tous les pays de langue brittonique et gaélique : Irlande, Écosse, Cornouailles, Devon, île de Man et, bien sûr, dans notre chère Bretagne péninsulaire.

Les druides étaient placés au sommet de la hiérarchie sociale, avant le roi celte. Ils étaient tout à la fois prêtres, juges et professeurs. D'où l'origine de leur nom : *druwi-des*, c'est-à-dire « les très voyants, les très savants ». Interprètes de la volonté divine, ils étaient chargés des sacrifices à Ésus, à Teutatès, à Taranis, à Bélénus (dieu solaire, d'où les nombreux Bel-Air que l'on trouve sur la carte), les principales divinités du panthéon druidique.

Ils avaient sacralisé la nature, les arbres et les plantes. C'est ainsi que le chêne, arbre supérieur, était vénéré des druides comme représentation celtique de Jupiter. Vêtu d'une robe blanche, le druide grimpe à l'arbre et, armé d'une faucille d'or, recueille le gui dans un linge blanc. Au gui l'an neuf ! L'expression vient de là.

C'est une erreur de croire que les druides ont dressé les dolmens et les menhirs. Ces mégalithes existaient déjà bien avant l'arrivée des Celtes. Les druides les ont peut-être utilisés pour leur rituel.

Les nouveaux druides d'aujourd'hui sont très discrets et ne souhaitent pas être dérangés pour rien. Pourtant, ils sont bien là : un million en Grande-Bretagne, 60 000 en France, toutes tendances confondues. Beaucoup de chapelles dissidentes, de branches sectaires, de rameaux fanatiques. Reste la branche traditionnelle du *Gorsedd* breton, le Collège des druides, des bardes et des ovates de Petite Bretagne.

Économie

Péninsule bordée de 1 200 km de côtes, la Bretagne est une terre à vocation naturellement rurale et maritime, aujourd'hui heureusement désenclavée grâce au TGV (Paris-Rennes-Brest), à l'autoroute et au plan routier breton qui vient d'être achevé. Rennes, la capitale régionale, est en train de se doter d'un métro automatique qui sera mis en service en 2002. Le secteur de la recherche privée est actif en Bretagne et se partage entre l'électronique (34 %), le médical (14 %) et l'agroalimentaire (8 %). Avec un taux de chômage légèrement inférieur à la moyenne nationale, la Bretagne n'est pas à plaindre. Le bâtiment, par exemple, connaît en ce moment un regain d'activité, mais manque de main-d'œuvre qualifiée. Avis aux amateurs...

L'agriculture et la pêche

La Bretagne est la première région agricole de France avec moins de 10 % d'actifs dans le secteur. Les élevages de porcs (les premiers de France), veaux, bœufs et poulets représentent les trois quarts de la production agricole régionale. Cette région ignore pratiquement les éleveurs herbagers. Le long de la façade atlantique de la Bretagne Nord s'étendent les cultures légumières avec – petite consolation face au « tout intensif » de l'élevage – une première place nationale pour la production de légumes biologiques. Excellents et réputés sont les choux-fleurs, artichauts, pommes de terre, tomates et haricots verts produits entre Saint-Malo et Cancale, et sur la Ceinture dorée de Roscoff.

La pêche en Bretagne Nord est essentiellement artisanale, pratiquée le long de la côte entre Saint-Malo et Brest. Elle apporte baudroies, bars, lieux jaunes, soles, araignées, seiches, tourteaux, langoustines, et coquilles Saint-Jacques en saison. Sur cette côte sont également ramassées les algues qui servent à la fabrication de produits de beauté et de plantes cuisinées.

L'industrie

Les industries agro-alimentaires – abattage d'animaux, charcuteries et salaisons, produits laitiers, aliments pour animaux, conserveries de légumes et de poissons et de plats cuisinés – découlent naturellement de l'agriculture. Elles restent performantes malgré la crise de la vache folle et celle du porc dont les cours jouent au yoyo depuis 1998. L'Ille-et-Vilaine se distingue par ses productions laitières, bovines, porcines et avicoles (les volailles) et les Côtes-d'Armor par le porc dont Lamballe est la capitale. Quant à la production agro-alimentaire du nord du Finistère, elle se cantonne dans les conserveries de poissons et les biscuiteries.

Le secteur de l'électronique et des télécommunications est dopé ici par une forte capacité de recherche. Le site Rennes-Atalante est une technopole où sont nés, entre autres, le réseau Transpac (transfert de paquets de données), le Minitel et les services Numéris. Les Côtes-d'Armor détiennent aussi leur espace d'innovations avec Anticipa, le pôle électronique Télécommunication de Lannion-Trégor. Une troisième technopole, Brest-Iroise, est la capitale européenne des sciences et techniques de la mer. De grands manufacturiers sont présents en Bretagne Nord (Alcatel TTITN Answare, Matra, Mitsubishi, Canon et Sagem/SAT). Sont également présentes les usines Citroën à Rennes et les constructions navales à Brest.

La lutte contre la pollution et contre la malbouffe

Le phénomène de concentration des parcelles agricoles a entraîné la disparition progressive des entreprises familiales et d'immenses hangars à bestiaux ont fleuri dans le paysage. Dans les années 1980, des spécialistes de l'environnement ont mis en évidence les effets nocifs de l'agriculture intensive, notamment sur les eaux (y compris des eaux littorales et marines) et les sols entraînant une pollution de l'eau avec une nette augmentation des niveaux de nitrates, phosphates et pesticides. Un programme de maîtrise des pollutions d'origine agricole, entré en vigueur en 1994, a pour mission de lutter entre autres contre les pollutions provenant des élevages, en réduisant les surfaces d'épandage (la fertilisation avec du fumier). Aujourd'hui encore les implantations de nouvelles porcheries industrielles (plus de 1 000 porcs) dans les Côtes-d'Armor provoquent des levées de boucliers. Régulièrement, des manifestants portant des masques de cochon protestent dans les rues de Guingamp, demandant la révision des plans d'épandage. Les associations bretonnes de lutte contre la malbouffe ne sont pas en reste non plus. Elles ont réussi à faire bannir la nourriture contenant des OGM dans les crèches, les écoles et les restaurants municipaux de grandes villes.

Le secteur tertiaire

C'est incontestablement le tertiaire (administrations, armée, commerce, transports, services, tourisme) qui génère le plus d'emplois en Bretagne : 60 % des actifs.

Le commerce, durant les cinquante dernières années, a fait sa petite révolution ici et les hypermarchés se sont multipliés autour des principales agglomérations, Landerneau (Finistère) étant le berceau des Leclerc.

Le tourisme est dynamique en Bretagne Nord avec les capacités d'accueil les plus importantes dans les Côtes-d'Armor. On ne s'étonnera pas que la région soit devenue la 2e destination de vacances estivales, avec une très forte fréquentation d'Européens.

Emblèmes et symboles bretons

L'hermine

L'hermine est devenue emblème de la Bretagne au début du XIIe siècle grâce au mariage d'Alix, héritière du duché de Bretagne, avec Pierre de Dreux, dit Mauclerc, un duc capétien. En plus de ses armes, Mauclerc portait en brisure une hermine pour se distinguer des autres membres de sa famille. Bizarrement, Alix adopta les armes de son mari (et son hermine) et non celles de sa propre famille. Bientôt, les pièces de monnaie furent frappées de l'hermine. La Bretagne s'est aussi inspirée de l'hermine pour sa devise : « Plutôt la mort que la souillure ». Depuis toujours, il est dit que ce petit animal blanc immaculé préfère en effet mourir plutôt que de se salir. Selon la légende, la duchesse Anne de Bretagne observa un jour une hermine poursuivie par des chasseurs accepter la mort plutôt que de traverser une mare de boue. La duchesse obtint la grâce de l'animal auprès des chasseurs, et prêta sa devise à la Bretagne. On retrouve bien sûr le symbole de l'hermine sur le drapeau breton.

Le drapeau breton

Le fameux *gwenn ha du* (blanc et noir). Créé en 1923 par Morvan Marchal, fondateur et militant du mouvement nationaliste *Breizh Atao*, il fut déclaré drapeau national breton en 1927 au premier congrès du Parti autonomiste breton. Ses cinq bandes noires représentent les évêchés de haute Bretagne (c'est-à-dire le Rennais, le Nantais, le Dolois, le Malois, le Penthièvre) et ses quatre bandes blanches les évêchés bretonnants de basse Bretagne (à savoir Cornouaille, Léon, Trégor et Vannetais). Le quart gauche est occupé par onze mouchetures d'hermine. Différentes interprétations accompagnent ce chiffre onze : il rappellerait les onze ducs ou duchesses qui furent à la tête de la Bretagne ou il correspondrait au nombre de lettres du « slogan » *Breizh Dieub* (Bretagne libre). En réalité, il n'en serait rien. Le nombre de mouchetures d'hermine n'aurait pas de signification contrairement au nombre d'étoiles du drapeau américain. La tradition veut que l'on porte ce drapeau droit au-dessus de la tête.

Le premier drapeau breton date de la troisième croisade (1188), lorsqu'il fut décidé de distinguer les croisés selon leur nationalité. Les Bretons se battaient sous une bannière ornée d'une croix noire sur fond blanc, le *Kroaz Du*. Au XIIIe siècle, sous le règne de Pierre Mauclerc, apparut le drapeau ducal blanc complètement « tapissé » d'hermines noires. Plus tard, croix et hermines furent mêlées sur les bannières. À la fin du XIXe siècle, le drapeau à hermines sur fond blanc refit surface en même temps qu'un certain renouveau identitaire breton. Pour plusieurs raisons, notamment son aspect un peu moyenâgeux et sa ressemblance avec le drapeau royaliste français (fleurs de lis sur fond blanc), il ne convenait pas aux militants, en majorité républicains. Le *gwenn ha du* de Morvan Marchal allait rallier la majorité des suffrages de ces militants, représentant bien la géographie bretonne (avec sa symbolique des bandes), conservant les couleurs de base de la Bretagne et l'incontournable hermine. Interdit après la Seconde Guerre mondiale, symbole fort lors de la vague autonomiste des années 1970, il a aujourd'hui complètement gagné la reconnaissance des Bretons et n'a pas fini de flotter sur le pays et ailleurs (Jean-Loup Chrétien, célèbre astronaute breton, n'a d'ailleurs pas manqué de le faire voyager dans l'espace).

La triskèle (ou le *triskell*)

Outre le drapeau, c'est, avec l'hermine, le symbole le plus répandu en Bretagne. Sorte de croix formée de trois jambes en spirales réunies par un triangle auquel elles donnent un sens giratoire. Ces branches représentent les trois éléments : l'eau, l'air et le feu. D'abord utilisée comme motif décoratif par les Celtes (sur les casques et les boucliers notamment), la triskèle fut reprise à partir de la fin du Moyen Âge dans l'art religieux et dans l'ornement du mobilier rustique. Plus récemment, au cours du XXe siècle, la triskèle a souvent pris une connotation nationale, de nombreux partis politiques et mouvements druidiques la choisissant pour emblème. C'est aussi l'un des motifs favoris des créateurs de bijoux de Bretagne (bagues et pendentifs en particulier).

La croix celtique

Symbole essentiel du christianisme, la croix est, en pays celte, inscrite dans un cercle. On peut assimiler ce dernier au « cercle druidique » (où se tiennent les rites), mais également au symbolisme de la roue, très présent dans la tradition celtique. La roue illustre notamment la notion de temps (pour les Bretons, le temps tourne mais ne passe pas, et beaucoup d'expressions se rapportent à cette idée). D'ailleurs, si les croix celtiques débordent du cercle, cela n'était pas le cas des toute premières, qui y tenaient entièrement.

Figures

Quelques personnalités de Bretagne Nord

Il y eut la duchesse Anne de Bretagne, la plus célèbre de l'histoire de la province, qu'elle apporta en dot au roi de France. Tout le monde se souvient des Surcouf, Chateaubriand, Laennec, Ernest Renan, Louison Bobet... Au fait, Jack Kerouac, le poète écrivain de la *beat generation,* était d'ascendance bretonne. Et puis il y a des personnages contemporains qui n'évoluent pas dans le microcosme politique, et dont on rappelle ici l'origine bretonne. Ce choix est tout à fait subjectif et par ordre alphabétique.

– *Bernard Besret :* né à Loudéac en 1935, prieur à 29 ans. Avec audace, il rénove l'abbaye de Boquen du temps de Vatican II. Démissionné, 5 ans plus tard, pour « hérésie », il est aujourd'hui chargé de mission à la Cité des sciences de la Villette.

– *Fulgence Bienvenüe :* né en 1852, à Uzel (Côtes-d'Armor), dernier d'une famille de 13 enfants, ingénieur de Polytechnique et des Ponts-et-Chaussées, invente et réalise le métropolitain parisien. Le seul à donner son nom à une station de métro de son vivant (Montparnasse-Bienvenüe).

– **Louison Bobet :** né en 1925 à Saint-Méen. Gagne trois fois de suite le Tour de France avant de créer la thalassothérapie de Quiberon puis celle de Biarritz.

– **Hervé Bourges :** l'ex-super P.-D.G. de France 2 et France 3, président du CSA, né à Rennes en 1933, est un vrai Breton, comme son prénom l'indique.

– **Jean-Michel Caradec :** chanteur de charme originaire de Morlaix, disparu prématurément en 1981 ; auteur-compositeur, on a dit qu'il était un Rimbaud habillé comme Bob Dylan.

– **Céline** (*Louis-Ferdinand Destouches*, 1894-1961) **:** s'installa comme médecin à Rennes, avant de beaucoup voyager.

– **Jean-Loup Chrétien :** né en 1938 à Morlaix, il a volé dans l'espace avec les Soviétiques et les Américains.

– **Étienne Daho :** né le 14 janvier 1957, l'étudiant rennais est entré dans le show-biz. Ses copains de fac disent qu'il n'a pas attrapé la grosse tête.

– **Patrick Dupond :** né à Rennes, danseur étoile et ancien directeur de la danse à l'Opéra de Paris.

– **Maryvonne Dupureur :** de Saint-Brieuc, médaille d'argent du 800 m aux Jeux olympiques de Tokyo, toujours prof de gym dans sa ville natale.

– **Paul Féval :** né à Rennes en 1816 (et mort à Paris en 1887), ce feuilletoniste de talent reste l'immortel auteur du *Bossu,* prototype du roman de cape et d'épée.

– **Glenmor** (« Terre-mer » ; *Émile Le Scanv) :* né à Maël-Carhaix en 1931, il a eu le courage de populariser la chanson bretonne en lui donnant un ton politique. Il aurait été un grand recteur sous Nominoë, ou chef chouan plus récemment.

– **Alexis Gourvennec :** en 1961, il assiège la sous-préfecture de Morlaix à la tête d'un commando de jeunes paysans léonards mécontents. Il préside le Crédit Agricole du Finistère avant de fonder la compagnie maritime Brittany Ferries.

– **Xavier Grall :** né à Landivisiau en 1930, poète et journaliste, ancien rédacteur en chef de la *Vie catholique.* Défenseur de la culture bretonne, cet écrivain défendit de son vivant des positions très tranchées avec un lyrisme fou. À lire ou à relire.

– **Claude Haley :** né à Lehon près de Dinan, sculpteur et graveur de plus de 600 timbres pour 23 pays.

– **Louis Hémon :** né à Brest en 1880, ce journaliste sportif partit vivre à Londres puis à Montréal avant de trouver la célébrité grâce à son roman best-seller *Maria Chapdeleine.*

– **Jean-Jacques Henaff :** s'octroie 20 % du marché du pâté en boîte. Ginette, sa femme, est conseillère au ministère du Commerce extérieur.

– **Miou Miou** *(Sylvette Herry) :* née le 22 février 1950, elle a fait une entrée fracassante dans le cinéma avec *Les Valseuses...* Elle est toujours bien classée au box-office !

– **Bernard Hinault :** né en 1954 à Yffiniac, il fut la grande vedette du cyclisme mondial de 1975 à 1986. Aujourd'hui reconverti dans l'industrie, et définitivement de retour au pays, on le voit encore pédaler d'un rendez-vous à un autre.

– **Père Michel Jaouen, S.J. :** né à Ouessant, aumônier à Fresnes, embarque tous les ans sur son voilier *Bel-Espoir* des jeunes drogués qu'il va soigner aux Antilles.

– **Alfred Jarry :** né à Laval, le précurseur du surréalisme a passé son enfance à Saint-Brieuc, où le folklore breton lui inspire ses premières poésies. Au lycée de Rennes, il expérimente le théâtre de l'absurde en créant le personnage d'Ubu, inspiré par son professeur de physique. Autre invention géniale : la pataphysique, science des solutions imaginaires, mise en pratique par l'inénarrable docteur Faustroll...

– **Louis Jouvet :** né à Crozon en 1887. Comédien monstre sacré, professeur de tant de générations d'artistes.

– **Jack Kerouac :** de son vrai nom *Jacques Lebris de Kerouac,* l'auteur de *Sur la route* était issu d'une famille bretonne partie s'installer au Canada.

– **Olivier de Kersauzon de Pennendreff :** né en 1944 près de Morlaix, vicomte finistérien, ex-photographe, chauffeur-livreur, etc., mais tellement grand navigateur qu'on le surnomme « l'amiral ». Une grande figure en effet : fort en gueule, gourmand et marrant. En 1997, il bat le record du Tour du Monde en équipe à la voile. Arrivée triomphale à Brest !

– **Dominique Lavanant :** originaire de Morlaix, comédienne et écrivain très attachée à sa province.

– **Michel Le Bris :** né en 1944 à Plougasnou. Écrivain, philosophe, critique littéraire, biographe de Stevenson, éditeur, ce Breton barbu, grand découvreur de talents, a lancé en France au début des années 1980 le « mouvement » des écrivains-voyageurs, faisant connaître Chatwin, Théroux, Bouvier, Lapouge, O'Hanlon et bien d'autres à travers la revue *Gulliver* et des collections chez Payot, Phébus et Flammarion. On lui doit aussi le festival « Étonnants Voyageurs » de Saint-Malo. Il a également consacré un beau récit à sa terre natale : *Un hiver en Bretagne* (Nil Éditions).

– **Jean-Marie Gustave Le Clézio :** né à Nice le 13 avril 1940, est d'origine bretonne, comme son nom l'indique. Écrivain pudique, mystérieux même, il vit pour la littérature et par la littérature comme conseiller littéraire chez Gallimard.

– **Patrick Le Lay :** de Saint-Brieuc, patron de la chaîne TF1 et secrétaire général du colosse Bouygues BTP.

– **Michel-Édouard Leclerc :** maître en communication, a fréquenté les crypto-marxistes de la Sorbonne pour obtenir une licence de philo, un doctorat en sciences éco suivi d'un DEA de sciences politiques.

– **Christophe Miossec :** révélé en 1995 avec le disque « À boire », ce chanteur brestois est vite devenu le chouchou de la nouvelle chanson française. Ce qu'on sait moins, c'est que ce digne héritier de Gainsbourg a commencé comme nègre... chez Gallimard.

– **Jean Picollec :** éditeur passionné par sa Bretagne natale.

– **François Pinault :** né à Évran. Parti de rien en 1963, il s'est constitué un empire dans la filière du bois et se trouve maintenant à la tête de la Redoute, de la Fnac et du Printemps. Étonnante réussite de cet ami de Chirac. A financé le reboisement de la forêt de Brocéliande après l'incendie de l'été 1990.

– **Yann Queffélec :** né à Brest, a reçu le prix Goncourt pour *Noces barbares.* Sa sœur Anne est une pianiste virtuose.

– **Alain Robbe-Grillet :** né en 1922 à Brest, père du « nouveau roman », également cinéaste.

– **Victor Ségalen :** né à Brest (en 1878), mort à Houelgoat (en 1919), voilà un écrivain tout ce qu'il y a de plus breton ! Médecin de marine, il passa pourtant une grande partie de sa vie à l'étranger, d'abord en Polynésie (où il arrive à la mort de Gauguin et dont il rapporte son premier chef-d'œuvre : *Les Immémoriaux*), puis en Chine, où il soigne le fils du président, rencontre Claudel et entreprend d'importantes fouilles archéologiques. Ami de Debussy, il rêve de consacrer un opéra à Bouddha. Toute son œuvre (dont la philosophie est résumée dans le superbe *Essai sur l'exotisme*) est une leçon d'humilité, d'altruisme et de sagesse. Un modèle pour tous les voyageurs.

– **Charles Vanel :** né à Rennes. Le comédien aux 200 films !

Caricatures de Bretons et de Bretonnes

– **Astérix et Obélix :** ils ont fait sourire la France puis le monde entier, toutes catégories d'âges et de cultures confondues. Ils sont gaulois/armoricains, personnages mythiques nés du génie d'Uderzo et de Goscinny, qui connaissaient parfaitement l'histoire, la vraie. La preuve en est que nos auteurs n'ont jamais soumis la Bretagne à Rome. Même si Astérix a un comportement étrange, il campe un vrai caractère de Breton : résistant, libertaire et fort en gueule !

– **Bécassine :** taxée d'être la caricature la plus infamante de la Bretagne, elle est née en 1905 de l'imagination de Caumery et du pinceau de Pichon et n'a cessé, depuis, de séduire des millions de Français. Car malgré sa bouille ronde, sa mine enfarinée aux joues roses, son œil morne et son allure pataude, cette gouvernante aux idées rétro, née à Clocher-les-Bécasses, village fictif près de Quimper, déborde de bon sens et d'amour. Même sa prétendue sottise ne trompe personne, et surtout pas les Bretons en tête des abonnés à *La Semaine de Suzette,* dans les années 1930-1940. N'est pas naïf qui croit, et c'est bien plutôt elle qui lance des traits cinglants aux Parisiens.

Géographie

Poing du continent européen tendu vers l'Atlantique, la Bretagne apparaît sur le globe terrestre comme une péninsule, grande comme la Belgique (34 200 km^2) et pas très haute : 384 m au Tuchen Gador, le sommet de cette chaîne montagneuse (n'ayons pas peur des mots !) qui va de Brest à Lamballe. Parallèle à la côte sud, la Montagne Noire va de Locronan à Malestroit en s'aplatissant. Entre les deux, une succession de cuvettes : Châteaulin, Loudéac, Rennes.

Le Massif armoricain est aussi vieux que les Vosges ou les Ardennes. Les schistes constituent les deux tiers de sa surface. Le granit et le gneiss, les micaschistes, les quartzites forment le reste d'une croûte terrestre aux formes très arrondies mais parfois bien marquées. Les petites routes tortueuses de l'Argoat en sont la conséquence. Même au fin fond de la campagne centrale, on n'est jamais à plus de 100 km de la mer, dont l'influence se fait sentir partout (voir, précédemment, la rubrique « Climat »).

La côte, battue par les marées, supporte un marnage de 10 à 12 m en Manche et de 5 à 6 m en Atlantique. Le littoral a connu des variations du niveau de la mer à plusieurs reprises au cours des âges géologiques. La dernière transgression marine, dite flandrienne, n'est pas si vieille, puisque la mer a noyé des sites déjà occupés par l'homme, par exemple le quai du Conquet près de Brest. Les zones basses du Mont-Saint-Michel ont été noyées. Les estuaires des fleuves, désormais envahis par la mer, pénètrent loin dans la terre. Caps et plages alternent sur une côte en festons qui fait tout le charme du littoral breton.

Handicapés

Chers lecteurs, nous indiquons désormais par ♿ les établissements qui possèdent un accès ou des chambres pouvant accueillir des personnes handicapées. Certaines adresses sont parfaitement équipées selon les critères les plus modernes. D'autres, plus simples, plus anciennes aussi, sans répondre aux normes les plus récentes, favorisent leur accueil, facilitent l'accès aux chambres ou au resto. Évidemment, les handicaps étant divers, des lieux accessibles à certaines personnes ne le seront pas pour d'autres. Appelez toujours auparavant pour vous informer si l'équipement de l'hôtel ou du resto est compatible avec votre niveau de mobilité.

Malgré les combats permanents menés par de nombreuses associations, l'intégration des handicapés à la vie de tous les jours est encore balbutiante en France. Il tient à chacun de faire changer les choses. Nous sommes tous concernés par cette prise de conscience nécessaire.

Histoire

Quelques dates importantes

– *Vers 2200 av. J.-C. :* le peuple, mal connu, des bâtisseurs de mégalithes, élève les menhirs, dolmens et allées couvertes.

– *IVe-Ier siècles av. J.-C. :* expansion des Celtes en Armorique. Le pays est partagé entre plusieurs tribus : Osismes et Curiosolites au nord, Vénètes, Redones et Namnètes au sud.

– *56 av. J.-C. :* victoire des soldats de Jules César sur les Vénètes et occupation romaine de l'Armorique.

– *Vers 400 apr. J.-C. :* pourchassés par les Angles et les Saxons, les Bretons de l'île de Bretagne (l'actuelle Grande-Bretagne) traversent la Manche et s'établissent en Petite Bretagne où ils fondent des ermitages, ébauches des futures paroisses.

– *831 :* destitution du comte de Vannes, Wido, remplacé par Nominoë.

– *846 :* constitution de la monarchie, Charles le Chauve reconnaît l'indépendance de la Bretagne et Nominoë comme souverain.

– *939 :* arrêt des invasions normandes par Alain Barbe-Torte. On parle le breton dans toute l'Armorique.

– *1341-1365 :* la guerre de Succession entre les Blois et les Montfort ravage la Bretagne et se termine par l'accession d'un Montfort, Jean IV, au trône ducal.

– *1399-1442 :* règne du duc Jean V, le père du siècle d'or breton ; la marine bretonne est la plus puissante du monde ! Couronné à Rennes, il règne à Nantes dans son magnifique château. Il bat monnaie, nomme des ambassadeurs auprès du pape, lève sa propre armée, donne à son pays un essor formidable.

– *1406 :* naissance de Gilles de Rais, à Machecoul, le « Barbe-Bleue » réputé pour des crimes atroces, qu'en fait il n'aurait pas commis.

– *1488 :* défaite de l'armée bretonne à Saint-Aubin-du-Cormier, en Ille-et-Vilaine, et signature du regrettable traité du Verger qui place la Bretagne sous la houlette d'une France pourtant saignée par la guerre de Cent Ans.

– *1491 :* Anne de Bretagne devient reine de France en épousant Charles VIII.

– *1498 :* ce dernier meurt, elle épouse Louis XII.

– *1514 :* mort d'Anne de Bretagne. Sa fille, Claude de France, hérite du duché et épouse le futur François Ier, qui n'est encore que comte d'Angoulême et duc de Valois.

– *1532 :* en août, à Vannes, les États de Bretagne signent l'acte d'union de la Bretagne à la France, laquelle promet de respecter les privilèges bretons, mais ne tiendra qu'à moitié ses engagements.

– *1675 :* révolte des Bonnets rouges à la suite de l'impôt sur le papier timbré. Répression brutale par le duc de Chaulnes, gouverneur de la province.

– *XVIe, XVIIe et XVIIIe siècles :* apogée de l'art religieux et populaire en Bretagne. On construit d'innombrables églises, chapelles, calvaires, croix, fontaines en granit.

– *1718 :* le marquis de Pontcallec participe à un complot pour la « défense des libertés bretonnes ». Il sera décapité en 1720.

– *1768 :* naissance à Saint-Malo de Chateaubriand qui deviendra écrivain, diplomate, ministre.

– *1789 :* révolution en Bretagne. Les représentants de la province fondent le Club breton qui deviendra le club des Jacobins.

– *1793-1799 :* la chouannerie se développe autour de ses chefs historiques : Cadoudal, La Rouërie, du Boisguy. La dramatique virée de galerne des Vendéens s'achève par le massacre de Savenay, près de Pontchâteau.

– *1828 :* naissance de Jules Verne à Nantes.

– *1919-1939 :* renaissance du mouvement nationaliste breton : création du journal *Breiz Atao,* du parti autonomiste breton (1927) et du parti nationaliste breton (1932). Premiers attentats autonomistes (1932).

– *1940-1945 :* environ 150 hommes de l'île de Sein répondent à l'appel du 18-Juin et gagnent Londres à bord de leurs bateaux de pêche.

– *1957 :* Mouvement pour l'organisation de la Bretagne (MOB) et constitution du Comité d'étude et de liaison des intérêts bretons.

– *1966 :* premiers plastiquages par le Front de libération de la Bretagne (FLB).

– *1970-1980 :* complète renaissance culturelle et économique. Alan Stivell et Pierre Jakez Helias font un tabac dans le monde entier.

– *1972 :* rattachement discutable de la Loire-Atlantique à la région des Pays de la Loire.

– *7 mai 1989 :* explosion de l'hôtel de région de Nantes.

– *Mars 1992 :* élections régionales. Les Verts entrent en politique pour associer écologie et identité culturelle dans la préparation du XIe plan.

– *Septembre 1996 :* le pape Jean-Paul II célèbre une messe à Sainte-Anne-d'Auray, réunissant plus de 100 000 personnes. Un événement qui confirme le renouveau religieux de ces dernières années en Bretagne.

Le pays de Galles est-il à l'origine de la Bretagne ?

On l'a oublié. À l'origine, les Bretons sont des *boat-people,* autrement dit des réfugiés chassés de leur terre (l'île de Bretagne, aujourd'hui appelée Grande-Bretagne) en période de guerre et contraints de s'embarquer dans des rafiots pourris pour chercher un monde meilleur.

C'est une très vieille histoire, qui montre que la Bretagne a été fondée en grande partie par des émigrés venus du pays de Galles.

Tout a commencé vers le Ve siècle apr. J.-C. À l'époque, l'île de Bretagne est essentiellement peuplée de Bretons. Ils y vivent depuis des siècles. Les dernières légions de l'Empire romain, incapables de résister aux pressions des « Barbares » qui s'exercent sur les immenses frontières de l'Empire, abandonnent les territoires les plus éloignés. Les Romains refluent, laissant la voie libre aux Pictes et aux Scots (au nord) et aux Saxons sur les côtes orientales de l'île. Peu à peu, les envahisseurs repoussent les Bretons dans les régions montagneuses de Cambrie (ancien nom du pays de Galles), de Cornwall (Cornouailles, où s'illustra le légendaire roi Arthur), ou dans le Devon (Domnonée). Beaucoup préfèrent s'enfuir en franchissant la « mer bretonne » (la Manche) pour se réfugier en Armorique (l'actuelle presqu'île de Bretagne, en France). Au départ, les émigrants déguerpissent pour fuir la guerre et la violence. D'autres vagues d'émigration suivront, constituées d'aventuriers à la recherche de terres libres où s'établir. Les clans se reforment. Cette grande migration a duré plus de 150 ans, à partir de 450 jusqu'à 600 environ. Chrétiens débarqués en Armorique, ils baptisent « Bretagne » cette nouvelle terre à la pointe de l'Europe occidentale, en souvenir du pays qu'ils ont laissé derrière eux. La grande majorité arrive de Cornwall ou des côtes sud du pays de Galles.

Réflexe naturel chez des émigrés convertis au christianisme : en Bretagne, ils créent les premiers monastères, construisent des ermitages, fondent des paroisses, en leur donnant les mêmes noms qu'en Galles. De là vient la similitude frappante entre les actuels noms de lieux bretons et gallois. De nos jours, beaucoup de noms de communes du pays de Galles commencent, comme en Bretagne Nord par la particule « Llan », « Tre » ou « Aber ». Les migrants du Ve siècle parlaient tous la même langue, le breton. Aujourd'hui, en raison de l'évolution linguistique, un Breton comprendra à peine la langue galloise alors qu'un Gallois pourra encore saisir le sens d'une phrase bretonne.

Pour maintenir le flambeau religieux, on fit venir l'élite spirituelle des monastères gallois. De nombreux moines-baroudeurs deviendront les saints les plus célèbres de Bretagne : David (le saint patron du pays de Galles), Samson (« Samzun » en breton), Malo (qui fonda la ville de Saint-Malo), Brieuc (Saint-

Brieuc), Guirec (qui a donné son nom à Perros-Guirec). Sans oublier d'autres saints aventuriers : Gwenolé, Tugdual (l'un des 7 saints fondateurs d'évêchés bretons), Goueznou, Iltud (découvreur de l'Aber-Ildut), Goneri, Gildas (Gweltaz), Méen, Thelo (au pays de Galles, on compte 25 *Llan-Deilo*). De nombreux villages et villes de Bretagne ont ainsi été fondés à l'origine par ces Bretons insulaires, venus au VIe siècle de notre ère du sud du pays de Galles.

— À Saint-Malo, il existe une rue Mac-Law (qui est devenu Malo), du nom du fondateur de cette ville. Saint Malo est natif du sud du pays de Galles, de la région de Gwent (seconde moitié du Ve siècle). Il fréquenta l'école monastique de Llancarvan, un monastère d'où tant de saints (bretons) partirent pour l'Armorique.

— L'Aber-Ildut (Finistère) porte le nom de saint Iltud, né au pays de Galles au Ve siècle. Fondateur de l'école monastique de Landwit (dans le Pembrokshire), où de nombreux saints bretons furent formés, il émigra en Armorique. Un de ses disciples, nommé Lunaire, débarqua en 535, non pas sur la lune, mais près de l'actuel Dinard (actuelle Ille-et-Vilaine), d'où naquit la ville de Saint-Lunaire.

— Saint-Pol-de-Léon (Finistère) porte le nom de Paul (surnommé Aurélien) qui naquit vers 492, à Penohen (tête de bœuf), dans le Clamorgan (Galles du Sud). Il émigra en Armorique, accompagné de plusieurs de ses disciples, dont Tégonec (Coneg ou Conog).

— La station balnéaire de Perros-Guirec (Côtes-d'Armor) doit son nom à saint Guirec (Kireg), un pauvre breton natif du pays de Galles, qui traversa la mer avec un groupe de 60 moines triés sur le volet.

— La ville de Saint-Brieuc (Côtes-d'Armor) a été fondée par un *boat-people* du nom de Brieg (Brigomaglos), né près d'Aberystwyth (Galles).

— Saint David (Dewi), le plus populaire des saints au pays de Galles, n'a jamais traversé « la mer bretonne » mais a donné son nom à Saint-Divy (Finistère).

— La ville de Landerneau (Finistère), d'où est originaire notre collaborateur Olivier Page, aurait été fondée au Ve siècle par un Gallois du nom de Ténénan, dit aussi Tinidor. Arrivé dans un rafiot, il remonta la rivière (Elorn), et baptisa son nouveau monde « Lan-Tenedor ».

Les langues bretonnes

Il y a le *breton* à l'ouest, le *gallo* à l'est. Et ce n'est pas tout, car le pays bretonnant se partage entre le Vannetais et le Léonard, plus quelques subdivisions... Aux origines de la Bretagne, on trouve des colonies d'émigrants bretons, venus de Grande-Bretagne au Ve siècle et pourchassés par les Angles et les Saxons. Comme le gallois et le cornique, le breton est issu du brittonique, lui-même rameau historique du celtique. Outre-Manche, la branche gaélique a donné naissance à l'irlandais, au manxois (île de Man) et au gaélique d'Écosse. C'est du Ve au IXe siècle, époque du vieux breton, que datent la toponymie et les patronymes d'aujourd'hui. En 1464, Jehan Lagadeuc écrit le premier dictionnaire breton-français-latin. Curieusement, on n'a jamais parlé le breton à Rennes ou à Nantes, pourtant capitale historique du duché. En revanche, on le parlait dans presque toute la haute Bretagne, à l'ouest d'une ligne Le Mont-Saint-Michel – Pornic, du IXe au XIe siècle. Il y avait également des « colons » bretons en Mayenne, en Normandie et à Jersey.

En même temps et au même endroit, on pouvait aussi s'exprimer en gallo (*gallec* : l'étranger = français en breton) qui, comme le francien, le picard ou le normand, est une langue romane dérivant du latin populaire, un riche rameau de l'ancien parler d'oïl. Le gallo n'est pas une création récente, puisqu'il apparaît déjà dans les textes du duc Jean IV en 1371. Le breton serait ainsi une langue d'importation par rapport au gallo. C'est bon à savoir, n'est-ce pas ?

Depuis la III⁰ République, les instituteurs imposant le français partout, le breton et le gallo reculent simultanément en effectifs et en aires d'influence. Actuellement, 665 000 personnes, surtout à l'ouest d'une ligne Paimpol-Vannes, déclarent comprendre le breton. Le bretonnant d'aujourd'hui a plus de 40 ans, il est agriculteur ou retraité, et vit dans les Côtes-d'Armor ou le Finistère.

Il existe maintenant un breton académique enseigné à Rennes et à Brest : 1 000 candidats passent une épreuve de breton au bac, contre seulement 800 pour le gallo (sur 32 700 élèves), beaucoup moins utilisé.

La signalisation routière bilingue est accueillie favorablement, les écoles privées *Diwan* (le Germe) ont été intégrées à l'Éducation nationale, il existe des journaux et des chansons de rock en breton. De plus, la redécouverte récente du *Barzaz-Breizh,* recueil de chants populaires immortalisés en 1839 par Hersart de La Villemarqué, alimente maintes émissions à la télévision régionale (qui n'émet rien en gallo pour l'instant).

La langue bretonne a des sonorités rocailleuses, mélange d'anglais chuinté et d'allemand guttural. Il est assez difficile d'assimiler une grammaire et un vocabulaire aussi singuliers. Voici plus bas quelques éléments... à toutes fins utiles.

■ *Office de la Langue bretonne (Ofis ar Brezhoneg) :* 10, rue Nantaise, 35000 Rennes (Roazhon). ☎ 02-23-44-04-30. Fax : 02-23-44-04-39. ● ofisr.bzh@wanadoo.fr ● Cette dynamique association s'est fixée pour objectifs de promouvoir la langue bretonne au quotidien, de collecter un maximum de données et de sauvegarder le patrimoine linguistique (entre autres). Son personnel, très serviable, nous a aidés à traduire les noms des communes pour ce guide.

Quelques mots usuels de breton

Aber	estuaire dans le Finistère nord et *aven* dans le Finistère sud
Anken	le mort-né (*maro* : la mort de vieillesse)
Ankou	la mort (subite et violente)
Avel	vent
Bara	pain (*bara mar plij* : du pain, s'il vous plaît)
Bihan	petit (Le Bihan est un patronyme très fréquent)
Braz	grand (*Mor-Braz* : l'océan, par opposition à *Mor-Bihan*)
Breizh	Bretagne ; *Mor-Breizh* : la Manche
Coat	bois, forêt
Coz	vieux (*ar tad koz* : le grand-père)
Dour	eau
Enez	île (*Enez Eusa* : Ouessant)
Feunteun	fontaine
Gast !	putain ! (juron le plus répandu)
Gwin	vin (*gwin ru* : vin rouge)
Heol	soleil
Hir	long, *menhir* signifiant « pierre longue »
Huel	haut
Iliz	église
Izel	bas (*Breizh izel* : la Bretagne occidentale)
Kastell	château

Kenavo	au revoir
Ker	le toponyme le plus répandu en Bretagne. Signifie « village », « hameau », « groupe de maisons ». Il y en a 18 000.
Lan	lieu sacré, monastère, ermitage
Lann	lande, ajonc (et Dieu sait s'il y en avait ici)
Loc	lieu isolé, ermitage, fondation religieuse
Mad	bon (*bloavez mad :* bonne année; *digemer mad :* bienvenue)
Men	pierre, rocher
Menez ou *méné*	colline érodée; arrondie au sommet : *Menez Bré*
Meur	grand, vaste (*botmeur* = grand buisson)
Mor	mer (*ar moraer :* le marin; *ar morzen :* la sirène)
Nevez	neuf
Penn	bout, tête (*Penn Ar Bed :* le bout de la terre = le Finistère)
Pesk	poisson (*ar toul pesked :* la soupe de poisson).
Plou, pleu,	paroisse. Le toponyme le plus répandu avec *ker.* Le *plou*
plo, plu	est l'organisation du territoire cultivé, cf. *plough :* « charrue » en anglais. Il regroupe de nombreux hameaux dispersés dans la campagne. Son origine remonte à la colonisation de l'Armorique par les Bretons au Ve siècle.
Roc'h	crête, rocher de schiste; le contraire du *menez*
Taol	a donné *tol,* et *dol.* Table, dolmen, table de pierre
Tref, trev, tre	trève, division de paroisse
Traez henn	plage (*an draezhenn :* la grève)
Ti	maison individuelle (*pen ti :* cabanon des Marseillais, en mieux!; *ti an aod :* la maison côtière)
War-raok	en avant
War sav	debout
Yar-mat!	à votre santé!

Noms propres (quelques exemples)

Briand	ce nom signifiait « élévation », « privilège »; très courant en Bretagne
Le Gall	ce nom vient de *gallus,* gaulois
Le Goff	signifie « forgeron », « personnage aux pouvoirs magiques »
Morvan	vient de *meur man* qui signifie « grand esprit ».

Expressions d'origine bretonne en français

« Bande de ploucs » : « plouc » vient du toponyme *plou* (voir ci-dessus). Un « plouc », terme forgé par les non-Bretons évidemment, désigne un niais, un sot, un type mal dégrossi. Éminemment péjoratif, ça va de soi.

« Y voir que dalle » : ne rien y voir (*dall* signifie « aveugle »).

Livres de route

– **Deux vagabonds en Bretagne,** de Pierre Josse et Bernard Pouchèle (éd. Terre de Brume, 2000). Une histoire d'amour avec la Bretagne en 200 photos noir et blanc pleines de nostalgie, souvent insolites, illustrant des textes à l'humour décalé et bourrés de tendresse. Une Bretagne très fantasmée, mais si vraie, à découvrir et à déguster sans modération !

– **Le Cheval d'orgueil,** de Pierre Jakez Helias (éd. Terre humaine/Plon, 1975, et Presses Pocket, 1982). Les mémoires d'un Breton du pays bigouden. Un des incontournables de la littérature bretonne, vendu à plus de 2 000 000 exemplaires.

– **Pêcheurs d'Islande,** de Pierre Loti (éd. Folio, 1988). Beaucoup de force romanesque mais surtout une description fidèle de la rude vie des pêcheurs d'Islande fin XIXe-début XXe siècle. Le départ en campagne de pêche, l'attente de la femme amoureuse et inquiète, les naufrages, etc.

– **L'Île des capitaines,** de Jean Bulot (éd. Jean Bulot, 1988). Chroniques maritimes et sociales d'une île du ponant du XVIIe au XXe siècle. Jean Bulot, ancien commandant de l'*Abeille Flandre,* un des plus puissants remorqueurs de haute mer du monde, basé à Brest, fait ici référence à son île natale, l'île d'Arz, dans le golfe du Morbihan, qui a engendré nombre de carrières brillantes dans la marine.

– **La Légende de la Mort chez les Bretons armoricains,** d'Anatole Le Braz (éd. Coop Breizh/Champion, 1989). Un des plus célèbres écrivains et collecteurs de légendes bretonnes nous décrit ici l'importance de la mort et de sa personnification, l'Ankou, dans l'imaginaire breton.

– **Le Pain de mer, ou la Vie des goémoniers bretons en 1950,** de Lucien Breton (éd. Nature et Bretagne, 1995). Description sensible de la rude vie des « moissonneurs de la mer » de la côte du Léon, en Finistère nord.

– **Âmes d'Occident,** d'Anatole Le Braz (éd. Terre de Brume, 1996). Sept contes recueillis par Anatole Le Braz qui, de son écriture forte et pénétrante, fait découvrir au lecteur les méandres de l'âme bretonne.

– **Des îles et des hommes,** de Françoise Péron (éd. de la Cité et Ouest-France, 1993). Cette géographe, professeur à l'université de Bretagne occidentale à Brest et spécialiste de l'insularité, présente ici l'évolution récente des îles du ponant (de Chausey à Yeu en passant par toutes les îles bretonnes). Approche scientifique très humaine et sensible.

– **Rencontrer la mer,** de Philip Plisson (éd. Hachette, 1996). La mer bretonne dans tous ses états avec pour témoin l'objectif de Philip Plisson, ce photographe « pêcheur d'images » nommé peintre officiel de la Marine en 1993.

– **L'Or des mers,** de Jean Epstein (éd. La Digitale). L'histoire d'une pêche miraculeuse à Ouessant...

– **Mémoires d'un paysan bas-breton,** Jean-Marie Déguignet (éd. An Here, 1999). À travers le récit de la vie d'un homme, c'est le quotidien breton de l'époque qui nous est rapporté par cet écrivain du XIXe siècle.

– **La Tradition celtique en Bretagne armoricaine,** de Jean Markale (éd. Payot, 1984). Un des ouvrages les plus complets de ce grand spécialiste de l'histoire et de la mythologie celte.

La mer... et les Bretons

Bizarrement, dans beaucoup de régions côtières de Bretagne, les autochtones furent longtemps aussi étrangers à l'univers maritime que des Grenoblois. Très peu d'îles bretonnes se consacrèrent à la pêche (l'exemple de l'île de Batz est saisissant : la seule activité traditionnelle de cette petite île est l'agriculture !). Une bonne partie des Finistériens du nord, et en particulier les habitants de la fameuse côte du pays pagan, ne mettaient les pieds dans l'eau que pour piller les épaves ou pour ramasser le goémon utilisé comme engrais. Pour beaucoup de Bretons, la mer ne peut être que source de malheur et, pour vivre en paix, il est préférable de lui tourner le dos (vous allez réagir bruyamment : « et Saint-Malo, et Cancale... ? » ; oui, bien sûr, mais tout ça ne forme pas une majorité !).

Aussi, lorsqu'au début du XXᵉ siècle commença à apparaître la vogue des sports nautiques, et en particulier la voile, le moins que l'on puisse dire est qu'il ne s'agissait pas d'un grand mouvement d'adhésion populaire. Seules les familles bourgeoises ayant leur résidence secondaire sur la côte s'adonnaient aux joies de la glisse. Et le Front populaire n'y change rien. Lorsque, dans les années 1950, la plaisance à voile et le dériveur deviennent une véritable mode dans les beaux milieux, lorsque les jeunes gens dans le vent, à Saint-Malo ou à Dinard, s'enthousiasment pour la gîte et les bords de près, tout cela reste étranger au bon peuple breton. Seulement voilà : en 1964, un jeune homme très bien (il est officier de marine) a l'idée saugrenue d'aller battre les Anglais dans une course anglaise, la fameuse « Transat ». Éric Tabarly, jeune Breton, devient non seulement une gloire nationale mais, vis-à-vis des médias, le symbole d'une certaine identité bretonne, glorieuse et modeste. Voilà le déclic. Tous les Bretons dans leurs chaumières se sentent concernés et sont pris en flagrant délit de regarder l'océan. Et d'autres gloires bretonnes suivent, prises dans le mouvement : les Kersauzon, Poupon, Riguidel, Caradec, Morvan ou Peyron peuplent les années 1970 et 1980 de beaux rêves pour les petits Bretons. Transats, tours du monde, records mythiques, Jules Verne est battu à plates coutures...

Désormais, le moindre club de voile du fin fond du Finistère est pris d'assaut par ces petits Bretons qui rêvent. En plein hiver, qu'il pleuve, qu'il vente ou qu'il neige, ils y vont, avalent les vagues de face, engloutissent des médailles olympiques, mais ne s'arrêtent pas là. C'est l'océan et ses mythes qu'ils veulent.

Les Bretons et la mer, c'est aussi la pêche à pied. Autrefois un des moyens de subsistance pour des populations pauvres, cette activité est devenue un loisir pour autochtones et touristes. Quel enfant en vacances en Bretagne n'a pas traqué la crevette ou le crabe dans le moindre creux de rocher ? Mais attention, cette pêche n'est pas anodine et demande de l'expérience. Chaque port ou village abrite ainsi son « champion », qui connaît chaque rocher de son estran, qui joue avec les horaires de marée, pour être au bon endroit au bon moment. Et celui-là, comme le cueilleur de champignons, garde jalousement ses secrets. Le vrai pêcheur prélève avec parcimonie ce que la nature lui offre et entretient son « jardin » en laissant grandir les coquillages avant de les pêcher, en remettant bien en place les rochers retournés...

Goémon et goémoniers

Les goémoniers traditionnels, mi-marins mi-paysans, existent toujours mais ils sont peu nombreux. En revanche, une nouvelle génération de goémoniers est apparue, sur la côte du Léon, un des lieux les plus découpés et les plus rocheux de Bretagne qui fournit 80 % de la production française. Depuis les années 1950, le métier a beaucoup changé : tracteurs et remorques ont remplacé chevaux et charrettes. Le goémon de rive, lui, n'a pas changé. Ce fameux *Fucus vesiculosus* a des bulles que les gosses font éclater entre leurs doigts. Il constitue l'essentiel de la récolte et on l'utilise comme engrais. On récolte d'autres types d'algues, dont la *laminaire.* Ce géant des côtes bretonnes peut atteindre 5 m de long. Impressionnant ! Il pousse en mer où on le ramasse à l'aide d'un scoubidou, sorte de grande pince hydraulique, mue comme une grue à bord des bateaux.

Aujourd'hui, les usines se chargent de brûler les algues ; des cendres on tire la soude pour en extraire l'iode. Il faut 100 t de soude pour extraire une seule tonne d'iode. D'où la nécessité de grosses récoltes. Les directeurs d'usines se frottent les mains devant les perspectives d'avenir. Après les engrais et les bains d'algues, les chercheurs concoctent actuellement des produits alimentaires comestibles avec les algues brunes, vertes ou rouges. Le Centre d'algologie de Pleubian, en liaison avec l'INRA à Quimper, a mis au point des recettes de pains, pâtés, saucissons, plats composés, etc. Il est temps de parler bonne bouffe !

La musique bretonne

Histoire condensée

La musique bretonne est intimement liée à l'histoire de la Bretagne. Sa survivance est toujours apparue comme un signe de résistance. Et c'est sans doute grâce à cette mobilisation générale que la Bretagne a su garder une culture vivace, et que sa musique se porte aussi bien. Mais attention, de même qu'il est difficile de parler de Bretagne au singulier, il est impossible de parler d'une « musique bretonne ». Quand on se penche un peu sur le sujet, quand on a assisté à deux-trois concerts, à deux-trois festoù-noz, il est facile de se rendre compte à quel point elle est variée. Selon les circonstances déjà ; on chantait différemment à une noce, à une veillée ou à un *fest-noz*. La *gwerz*, par exemple, est une complainte que l'on chantait le plus souvent *a capella* les soirs de veillée, elle véhiculait les histoires, toujours tragiques, une sorte de colportage de l'actualité. Didactiques à l'époque, les *gwerziou* sont pour nous aujourd'hui d'extraordinaires témoignages de la vie quotidienne et du légendaire. D'autres chansons et mélodies (*soniou*) plus gaies étaient bien sûr chantées comme partout ailleurs. L'autre technique particulière et propre à la Bretagne est le *kan ha diskan*, le chant à répondre, à « réponner » ou chant tuilé. Il est difficile de trouver une traduction capable de représenter ce couple de chanteurs, se répondant, phrase à phrase, le second empiétant sur la phrase du premier. C'est le chant qui accompagne les danses dans les noces et les *festoù-noz*. On retrouve le même principe chez le couple de sonneurs, la bombarde finissant la phrase du biniou au temps fort. Ils étaient d'ailleurs bien mieux considérés que les chanteurs, mieux payés aussi et on n'hésitait pas à les faire venir de loin. C'était un signe extérieur de richesse que de pouvoir s'offrir un couple de sonneurs. Ils venaient également sonner à l'occasion des pardons, et interprétaient des marches, tout en suivant la procession, et s'affrontaient en concours. Celui de Gourin est toujours un événement, avec ses stars comme Baron et Anneix ou Crépillon et Bigot. Une création récente, puisqu'elle date de l'après-guerre, est le *bagad*, conçu sur le modèle du *pipe band* écossais, en ajoutant la bombarde aux cornemuses et aux percussions. Les plus connus sont le bagad militaire de Lann Bihoué et celui de Quimper. La tradition changeait aussi selon l'espace, on chantait en breton en basse Bretagne et en gallo en haute Bretagne, de même que l'on jouait plus volontiers bombarde, biniou et *treujenn-gaol* en basse Bretagne et vielle, violon, accordéon et veuze en haute Bretagne.

Mais la force de la musique bretonne, ce qui explique aussi sa pérennité, c'est d'avoir su évoluer dans le temps. La musique comme l'ensemble de la culture bretonne est un immense métissage fait d'apports extérieurs et d'intégration, d'assimilation. Ainsi, on ne connaît aucun instrument proprement breton : la harpe était jouée sous l'antiquité pharaonique, la vielle, la veuze et la bombarde ont été ramenées d'Orient après les croisades, le *treujenn-goal* n'est que la version baroque de la clarinette, le violon fut importé d'Italie et l'accordéon d'Autriche, tout comme le rock a récemment introduit la guitare électrique et la batterie. Ceux qui défendent l'idée d'une culture pure et innée, d'une tradition figée, ne sont que des escrocs intégristes. La richesse d'une culture vient de sa capacité à s'inventer chaque jour, il faut que tradition rime avec création, sinon elle tombe dans le folklo ringard et meurt. C'est justement ce que la Bretagne a su éviter, en continuant constamment à inventer sa tradition. L'idée avait été lancée, localement et timidement après la Seconde Guerre avec la création des cercles celtiques et des *bagadou*, mais l'identité bretonne était sortie exagérément ternie de la collaboration, il y avait du travail ! C'est dans les années 1960, autour d'événements politiques et dans un climat d'agitation autonomiste, que la Bretagne s'est trouvée portée sur le devant de la scène, et que sa musique s'est retrouvée médiatisée. Glenmor, Stivell, commencent à faire parler d'eux, suivis de Servat et des Tri Yann. Contre l'avis des aînés et des puristes trad, ils ont réveillé la tradition bretonne. Trente ans après, ils sont toujours là, à leurs côtés, Dan Ar Braz, Yann-Fanch Kemener, Didier Squiban, Erik Marchand, Mélaine Favennec... Dans le genre rigolo, les chansons du groupe Les goristes (100 kg en moyenne !), avec Yvon Etienne, vieux briscard de la truculence mise en musique. Quelques CD où la déconnade (comme ils disent) n'exclue pas une critique sociale et politique parfois explicite ; Le Jean rigole (avec *À bord du Charlez ar gall*), *À Table* et *Les Goristes* (à savourer : *La Curaille* et *le Rouquin*). La musique bretonne ne s'est jamais mieux portée qu'aujourd'hui, les artistes créent et inventent de nouveaux textes, de nouvelles mélodies, de nouveaux rythmes, de nouveaux métissages. Mais on ne peut pas parler de mode pour autant. Évidemment, ceux qui profitent de la vague celte par pur intérêt ne feront pas de vieux os ; pour le reste, la Bretagne continuera à chanter et à sonner, comme elle l'a toujours fait, intemporelle et universelle. Surtout que la relève semble assurée avec Denez Prigent, Annie Ebrel (petite-fille des célèbres sœurs Goadec), Kristen Nicolas, mais aussi les E.V. et quantité de bons groupes de fest-noz qui continueront à faire les beaux jours des nuits bretonnes.

Les instruments et les musiciens

– *La veuze :* cornemuse bretonne à un bourdon du pays nantais, proche de la cornemuse médiévale.

– *Le fiddle :* violon utilisé de façon traditionnelle en Irlande et en Écosse. Revient à la mode depuis quelques années.

– *Le biniou-koz* est l'instrument le plus représentatif de la musique bretonne. Il est constitué d'une poche gonflée à l'aide d'un tuyau par le sonneur qui joue sur une sorte de petit tuyau comprenant 6 trous.

– *Le biniou-braz* est similaire à la cornemuse écossaise, en plus petit et en plus aigu, mais sa popularité en Bretagne ne remonte qu'aux années 1940.

– *La bombarde*, ancêtre du hautbois, est un instrument très ancien venu tout droit du Moyen-Orient. Elle comporte six trous et une ou plusieurs clés. Il faut pincer l'anche avec les lèvres et souffler simultanément.

– *Les tambours* et *grosses caisses* sont généralement utilisés dans les *bagadou* (voir définition ci-dessous).

– *La vielle à roue* est identique à celle du Berry.

– *La harpe celtique* connaît un retour en grâce avec Alan Stivell.

– *La clarinette* (ou *treujenn-gaol* en breton) est pratiquée depuis la fin du XVIIIe siècle en Bretagne.

– Un couple de *sonneurs* est généralement constitué d'un joueur de *biniou-koz* et d'un *tabalarder* (joueur de bombarde), ou alors de deux *tabalarders*.

– **Un bagad** (pluriel : *bagadou*) est un ensemble de joueurs de bombarde, de *biniou-braz* et de percussions. Les *bagadou* sont regroupés dans la B.A.S. *(Bodadeg Ar Sonerien),* assemblée des sonneurs.
– **Un cercle celtique** se compose de musiciens, danseurs et chanteurs.
– **Le kan ha diskan** est un chant à refrain pour danser.
– **L'orgue** est également pratiqué en Bretagne, souvent avec une bombarde.

Où écouter de la musique et découvrir le vrai folklore ?

Lors de la grande vague folk au milieu des années 1970, les *bistrofolk* font leur apparition en Bretagne. La musique bretonne y côtoie celle des autres pays celtiques frères, comme au **Festival interceltique de Lorient,** en Bretagne Sud qui se déroule durant la 1re quinzaine d'août.
Un autre festival, pas spécifiquement breton mais qui mérite le détour : la **fête du Chant marin** (1re quinzaine d'août). Durant 3 jours et 3 nuits, des groupes musicaux, avant tout bretons et britanniques mais également de toutes les mers du monde, se succèdent sur différents podiums et « bateaux musique » ancrés dans un port. À cette occasion, nombreuses expositions et démonstrations ayant trait à la marine à voile. Renseignements à la revue *Chasse-Marée* de Douarnenez dès janvier : ☎ 02-98-92-66-33.
N'hésitez pas à entrer dans la danse, car des gens plus expérimentés ne refuseront pas de vous donner quelques conseils. Une recommandation toutefois : les chaussures de ville genre talons hauts ne sont pas des plus conseillées.

Danse et fest-noz

La danse a connu une évolution parallèle à celle de la musique. C'est paradoxalement au XVIe siècle qu'elle va se singulariser, c'est-à-dire au moment même où la Bretagne est rattachée à la France. Jusque-là, on jouait la même musique partout en Europe, avec les mêmes instruments et les mêmes danses : branles, rondes, tioris... Les distinctions étaient avant tout sociales ; on avait d'un côté le « chant des villes », plus universel, et de l'autre côté le « chant des champs », plus local. Le *fest-noz* (ou *fest-deiz* pendant la journée) est un terme propre aux montagnes, mais cela n'empêchait pas de danser partout en Bretagne... le plus souvent à l'occasion de fêtes communautaires, où l'on se retrouvait pour chanter, danser et manger, mais aussi à l'occasion de réunions plus occasionnelles comme les moissons ou le tassage des sols.
La danse était un ciment essentiel de la vie villageoise. Un couple de sonneurs ou de chanteurs animait la soirée et tout le monde dansait. Dans une joyeuse ambiance et surtout dans une délicieuse cacophonie, car ne rêvons pas, les instruments étaient loin d'être aussi fiables qu'aujourd'hui : ils étaient mal accordés, les musiciens étaient le plus souvent des amateurs ayant appris à jouer à l'oreille et à qui on demandait de jouer pendant des heures (ils avaient juste le droit de boire !), et il suffit d'observer les gravures anciennes pour s'apercevoir que les pas des danseurs étaient rarement coordonnés... Surtout, on se limitait aux danses du coin, et le choix était finalement très restreint et le bal très répétitif.
Les grands classiques sont la gavotte, le *plinn* et la *fisel* du pays des montagnes, l'*an dro*, l'*hanter dro* et les laridés du pays vannetais, sans oublier le *kost er c'hoad*, la danse Léon, le rond de Saint-Vincent, de Loudéac, la dérobée de Guingamp et les innombrables variantes. Arrivées en Bretagne au XIXe siècle pour la plupart, quelques danses de couple, bien loin de la tradition bretonne, sont néanmoins pratiquées : scottishs, valses, valses écossaises, polkas, champenoises...
La grande révolution s'opère dans les années 1960, avec le regain d'intérêt pour la musique et les instruments traditionnels. Les cours se multiplient,

améliorant de façon singulière la qualité des musiciens amateurs, sans parler des nombreux groupes professionnels qui virent le jour à cette époque. L'autre phénomène fondamental est l'urbanisation du fest-noz, qui a été synonyme, pour une fois, de promotion et d'enrichissement. En ville, tous les danseurs se sont retrouvés et chacun a appris à danser la danse du voisin. Aujourd'hui, un fest-noz digne de ce nom comporte facilement une trentaine de danses différentes.

Ce qui frappe la première fois que l'on se rend à un fest-noz, c'est tout d'abord son côté collectif et multigénérationnel. C'est ensuite son caractère gai et vivant. Il est aussi manifeste que l'on ne danse plus à un fest-noz comme il y a cent ans, car les pas et la technique même ont évolué, accompagnant en cela la musique : la danse s'est faite plus sensuelle, plus légère et elle a su conquérir un nouveau public. Tout cela sans perdre une once de son âme, car elle est restée comme autrefois, avant tout, une danse collective : on danse en chaîne, ouverte ou fermée, soudés les uns aux autres pour que l'énergie de chacun se transmette au voisin.

Pendant votre séjour, vous aurez l'occasion d'assister à un fest-noz. Ce jour-là, n'hésitez pas à entrer dans le cercle, vous trouverez toujours quelqu'un pour guider vos pas. Car elle n'est pas, sauf rares exceptions, une danse d'exhibition. Il faut absolument danser pour la comprendre et la vivre. Faites-en même plusieurs, vous verrez les différences qui existent encore malgré tout d'un pays à l'autre, d'une ville à l'autre, d'un groupe à l'autre. Car il est sûr que l'on ne « swingue » pas de la même manière sur des groupes comme Sonnerien Du, Ar re Yaouank, ou Carré Manchot, que sur un couple de sonneurs plus traditionnel. C'est justement la chance du danseur breton que de pouvoir s'éclater que ce soit sur une musique « pure-trad », rock, afro, orientale ou même techno ! On est bien loin de l'image folklo de la « fête au village » et des danseurs en costumes ; la danse bretonne est bien vivante et, même si on peut le regretter, les baskets et le jean ont définitivement remplacé les sabots et les *bragou braz* !

Le nationalisme breton

Militants autonomistes qui bataillent pour l'indépendance de la Bretagne, défenseurs de la langue et de la culture bretonnes, barbouilleurs de panneaux routiers, dynamiteurs de perceptions ou de pylônes électriques, les nationalistes bretons n'ont qu'un symbole de ralliement : le *gwenn ha du* ! En français : le blanc et noir, c'est-à-dire le drapeau breton aux 5 bandes noires, qui symbolisent les évêchés de haute Bretagne parlant le français, et aux quatre bandes blanches pour ceux de basse Bretagne (Cornouaille, Léon, Trégor, Vannetais, qui parlent le breton). Ce drapeau a pavoisé pour la première fois la Maison de la Bretagne à Paris, le 30 juillet 1937. Dans les défilés, il se porte à bout de bras au-dessus de la tête.

Éclaté et multiforme, le militantisme breton est insaisissable car c'est une nébuleuse effervescente constituée ou reconstruite de groupuscules parfois rivaux et dont l'existence est souvent éphémère. Les légalistes sont essentiellement représentés par l'Union démocratique bretonne (UDB), qui a beaucoup flirté avec le parti socialiste. L'Armée révolutionnaire bretonne (ARB ; officiellement dissoute) reste le bastion de la lutte armée. Entre eux, on trouve : *Diwan,* animateur de l'école en breton ; *Stourm-ar-Brezhoneg,* qui prône le bilinguisme officiel ; *Emgann,* qui rassemble des rénovateurs ; *Kendalc'h,* qui enseigne la musique et la danse bretonnes, etc.

La télévision et les radios diffusent des émissions en langue bretonne. Dans le Finistère et les Côtes-d'Armor, les panneaux routiers sont bilingues, le drapeau breton flotte sur quelques bâtiments officiels, et bon nombre de voitures portent la plaque BZH pour *Breizh* : « Bretagne ». Voilà quelques expressions du nationalisme breton, qui a sa littérature, sa presse, ses mouvements culturels plus ou moins engagés politiquement. Il n'est pas facile de faire la distinction entre le régionalisme de bon aloi et le nationalisme exacerbé. Pour en savoir plus, s'adresser aux Renseignements généraux.

Toutefois, il est clair que devant la crise économique on a assisté ces dernières années à une poussée identitaire. Pour preuve, la création à Rennes, en 1996, du Comité consultatif de l'identité bretonne, afin de valoriser toute forme d'expression régionale.

Religion

Les pardons

Aucune terre d'Europe ne possède autant de monuments religieux que la Bretagne. Car entre les Bretons et Dieu, pendant longtemps, il n'y eut pas l'ombre d'un nuage... Alors, on édifia des églises dont les clochers étaient de vrais morceaux de bravoure, on sculpta des calvaires et des croix comme autant de prières. C'est de ce fonds religieux, transmis depuis des siècles, que les pardons découlent naturellement. Leur but : rendre hommage annuellement et collectivement au saint local, véritable intercesseur entre les hommes et la transcendance. Chaque paroisse a le sanctuaire de son éponyme, parfois plusieurs, disséminés dans la campagne, au hasard des chapelles. Aussi les pardons sont-ils nombreux et variés. Certains ont gardé un ton franchement religieux, d'autres beaucoup moins. À chacun ses goûts, à chacun ses dévotions !

Quelle que soit leur tendance, les pardons ont tous connu un regain d'affluence au cours de ces dernières années.

Les grands pardons de Bretagne Nord

Parmi les plus typiques, originaux, fervents, de longue tradition, classés par ordre chronologique :

– *Jeudi de l'Ascension :* Notre-Dame-de-Délivrance, Quintin (Côtes-d'Armor).

– *3e dimanche de mai :* pardon des Chevaux, Saint-Herbot (Finistère) ; grand pardon (international) de la fête de saint Yves, Tréguier (Côtes-d'Armor).

– *Dimanche et lundi de Pentecôte :* Saint-Mathurin, Moncontour (Côtes-d'Armor).

– *Dimanche de la Trinité :* Notre-Dame-de-Callot, Carantec (Finistère) ; Notre-Dame-de-Tout-Remède, Rumengol (Finistère).

– *Dernier dimanche de juin :* pardon de Saint-Pierre-Saint-Paul, Plouguerneau (Finistère).

– *13, 14 et 15 juillet :* pardon de l'île de Goudelin (Finistère), baignade des chevaux.

– *2e dimanche de juillet :* Notre-Dame-de-Bon-Secours, Guingamp (Côtes-d'Armor).

– *3e dimanche de juillet :* Saint-Carantec, Carantec (Finistère).

– *4e dimanche de juillet :* pardon islamo-chrétien, Le Vieux-Marché (Côtes-d'Armor).

– *15 août :* Notre-Dame-de-la-Clarté, Perros-Guirec (Côtes-d'Armor) ; Notre-Dame-du-Roncier, Rostrenen (Côtes-d'Armor).

– *1er dimanche de septembre :* grand pardon du Folgoët (Finistère ; 2e dimanche quand le 8 est un dimanche).

– *Dernier dimanche de septembre :* pardon de la Saint-Michel, Plouguerneau (Finistère).

Le Tro Breizh

Ce « tour de Bretagne » est en fait un pèlerinage passant par les sept villes fondées par les saints fondateurs de la chrétienté en Bretagne : Vannes, Quimper, Saint-Pol-de-Léon, Tréguier, Saint-Brieuc, Saint-Malo et Dol-de-Bretagne. Datant du haut Moyen Âge (IXe siècle), il permet à ces pèlerins, selon la tradition, de gagner le paradis à coup sûr, tandis que les autres, après leur mort, doivent effectuer cette distance au purgatoire, avançant de la longueur de leur cercueil tous les sept ans ! Très suivi aux XIIe et XIIIe siècles, il disparut plus ou moins à la fin du Moyen Âge, avant d'être réhabilité depuis 1994 par deux associations.

■ *La route historique du Tro Breizh :* association basée bd Hérault, 22000 Saint-Brieuc. ☎ 02-96-33-10-22. Son but est surtout de réhabiliter tous les sites liés au Tro Breizh, chapelles...

■ *Les Chemins du Tro Breizh :* à Saint-Pol-de-Léon. ☎ 02-98-69-16-53. Une autre association qui organise chaque année un pèlerinage entre deux villes étapes du Tro Breizh.

Sites Internet

Parmi les innombrables sites internet sur la Bretagne, certains ont retenu notre attention, grâce à leur originalité, leur humour ou leur spécialité.
● www.bretagnenet.com ● c'est le serveur Internet des Bretons.
● www.bigouden.fr.st ● pour tout apprendre sur les Bretons, leurs coiffes, leur accent, leurs meilleurs bars... grâce au clan des Bigoudens qui ne manque ni d'imagination ni de blagues.
● www.tourismebretagne.com ● un site très riche en infos pratiques où l'on peut commander le guide des chambres d'hôtes et un tas d'autres brochures et documents.
● www.kervarker.org ● que vous soyez Français, Anglais, Allemand, Espagnol ou autre, ce site est là pour vous apprendre le breton. Dédiées à cette langue, les 19 leçons sont accompagnées d'un fond sonore et de différentes méthodes.
● www.multimania.com/lesmoules ● un site uniquement consacré à nos amies les moules. Avis aux amateurs...
● www.le-lann.com/Phil-Ouest/indexTimbres.htlm ● la philatélie au service de la Bretagne ! Une recherche approfondie par département, par année ou par sujet de timbres. Extra.
● perso.wanadoo.fr/matinal/ouessant.html ● site consacré à l'île d'Ouessant. Infos et photos sur ce petit bout de continent.
● www.multimania.com/mrrosko ● site intéressant sur la vie quotidienne à Roscoff et dans ses environs. On y trouve toutes sortes d'infos comme des plans, la météo et les marées, la presse locale...

Les sports

Les randonnées en Bretagne

Au Moyen Âge, tout Breton qui faisait son *Tro Breizh* (tour de Bretagne de 500 km, à pied bien sûr) était certain de gagner le paradis. Il fallait suivre un itinéraire précis dit « pèlerinage des Sept Saints », à savoir : Brieuc, Malo, Sanson (Dol), Patern (Vannes), Corentin (Quimper), Pol (de Léon), Tugdual (Tréguier). C'est un beau circuit, que nous recommandons.
La Bretagne dispose de 5 000 km de sentiers à parcourir à pied. Il faut distin-

guer différents types d'itinéraires : GR34, sentier du littoral, côtier ou des douaniers (c'est le même) ; sentiers de Grande Randonnée ou GR ; tours de pays ou GRP ; et Promenades et Randonnées ou PR d'une journée. Certains de ces chemins en boucle longent les canaux en empruntant les anciens chemins de halage, dans le pays des Trois Rivières ou au pays de Redon.

– *Le sentier du littoral ou des douaniers (GR34)* a été repris par la loi du 31 décembre 1976 et fait l'objet d'une protection particulière de la part du Conservatoire du littoral sur certains secteurs. Il est soumis à des règlements de fréquentation lors des traversées de réserves ornithologiques comme au cap Fréhel ou au cap Sizun. Il oblige les riverains du domaine public maritime à laisser un passage de 3 m entre la limite de leur propriété et celle des plus hautes eaux.

– *Les sentiers de Grande Randonnée bretons (GR3, 34, 341, 342, 37, 38, 39)* sont balisés de blanc et de rouge. Ils vont d'un point à un autre, mais le retour sur le même sentier permet d'apprécier la différence de paysage, notamment sur le littoral.

– *Les sentiers de pays (GRP)* sont balisés en jaune et rouge. Ils sont en boucle et permettent une connaissance plus culturelle du pays sur un trajet d'une semaine environ. Citons en exemple le tour du pays gallo autour de Loudéac, le tour des monts d'Arrée au départ de Huelgoat, le tour des Montagnes Noires autour de Gourin, le tour de la forêt de Brocéliande près de Rennes, etc.

– Les très nombreux *sentiers de Promenades et Randonnées (PR)* sont balisés de jaune ou parfois d'autres couleurs à thème. Ils proposent des circuits au départ des points touristiques ou des gîtes d'étape. Leur durée va d'une heure environ à la journée au maximum. Ce sont les sentiers idéaux pour être suivis en famille ou par des petits marcheurs. Pour tous ces sentiers, la durée de l'itinéraire est estimée selon une marche de 4 km à l'heure sans les arrêts. Et n'oubliez pas les haltes photos !

■ *Comité régional du tourisme de Bretagne :* 1, rue Raoul-Ponchon, 35069 Rennes cedex. ☎ 02-99-28-44-30. Fax : 02-99-28-44-40.
■ *Fédération française de la randonnée pédestre (FFRP) :* édite de nombreux topoguides avec l'aide du comité FFRP de Bretagne. Centre d'information : 14, rue Riquet, 75019 Paris. ☎ 01-44-89-93-93. Minitel : 36-15, code RANDO. M. : Riquet.
■ *Association bretonne des relais et itinéraires :* coordonne près de 130 gîtes d'étape le long de ces sentiers. Elle édite également de nombreux topoguides. *Maison de la Randonnée, ABRI :* 4, rue Ronsard, 35000 Rennes. ☎ 02-99-26-13-50.
■ Les associations locales s'occupant de randonnées se pressent sur les sentiers. Renseignez-vous auprès des deux adresses précédentes, sans oublier les visites organisées par le *parc naturel régional d'Armorique :* Menez-Meur, BP 35, 29460 Hanvec cedex ☎ 02-98-81-90-08. Fax : 02-98-52-48-44.

Le cheval

Il n'est pas interdit – ni impossible en général – d'aller à cheval là où l'on passe à pied. Pour tout ce qui concerne l'équitation, voici quelques adresses.

■ *Ligue équestre de Bretagne :* 17, rue du 62e-R.I., 56103 Lorient cedex. ☎ 02-97-84-44-00.
■ *Délégation régionale d'équitation sur poney Bretagne :* P.C. de Fenicat, 35170 Bruz. ☎ 02-99-41-16-30. Fax : 02-99-41-29-13.
■ *Association de tourisme équestre de Bretagne :* 33, rue Laennec, 29710 Ploneis. ☎ 02-98-91-02-02.

■ *Association des Cavaliers d'extérieur des Côtes-d'Armor :* Kertau, 22190 Plérin. ☎ 02-96-74-68-05.

Le vélo

La Bretagne est très agréable à parcourir à bicyclette, que ce soit sur la route ou en tout-terrain. Voici des adresses où vous trouverez tout ce que vous voulez savoir sur le cyclotourisme et le VTT en Bretagne Nord.

– **Côtes-d'Armor :** *Comité départemental de Cyclotourisme,* ☎ 02-96-43-76-67.
– **Finistère :** *Comité départemental de cyclotourisme,* 47 *bis,* rue F.-Leroy, 29000 Quimper. ☎ et fax : 02-98-95-33-24.

– **Ille-et-Vilaine :** *Comité départemental de cyclotourisme,* Maison des Sports, 13 *bis,* av. de Cucillé, 35065 Rennes cedex. ☎ 02-99-54-67-67.

Sur les canaux

La Bretagne, avec ses 500 km de canaux et rivières navigables, possède un réseau fluvial exceptionnel, qui sillonne la région d'est en ouest et du nord au sud. Tout n'est que couleurs en Bretagne : les rivières façonnées dans le granit, les grès roses et les schistes pourpres ; et le contraste avec les écluses fleuries n'en est que plus saisissant.

■ *Paris Canal-Quiztour :* bassin de La Villette, 19-21, quai de la Loire, 75019 Paris. ☎ 01-42-40-81-60. Fax : 01-42-40-77-30. M. : Jaurès. Pour découvrir une Bretagne insolite, Paris Canal-Quiztour vous invite à louer un bateau (de 2 à 12 personnes) à la base de Messac, sur la Vilaine.

La pêche en rivière

Malgré la pollution catastrophique des cours d'eau, il est encore possible, grâce au travail d'associations comme « Eaux et Rivières », basée à Lorient, de pêcher saumons et truites.
Pour le saumon, l'Élorn (Finistère) arrive en tête du palmarès, suivi par le Trieux (Côtes-d'Armor), l'Aulne dans son cours inférieur (Finistère). Pour la truite, en plus des rivières précitées, s'ajoutent la Penzé (Finistère) et le Léguer (Côtes-d'Armor).

Les sports de glisse

Le vent n'agite plus guère les ailes des moulins sur la côte bretonne. Mais il pousse désormais des quantités d'engins sur l'eau : base de vitesse de la rade de Brest, ou sur le sable pour la plus grande joie des fanas de la glisse ! Les grandes étendues de grève découvertes à marée basse : baie de Saint-Brieuc ou golfe normand-breton, et ces anses où le vent n'a pas le temps de soulever les vagues, ni même de former la houle, sont propices à l'exercice de sports nouveaux. On pratique le char à voile et la planche à voile sur roulettes pneumatiques à Cherrueix, à Erquy ou à Saint-Michel-en-Grève. Le surf s'avère possible à Plouescat ou à Sables-d'Or. Dans les pages suivantes on signale les meilleurs *spots* de la côte avec *shore break* ou *peak.* Patrice Belbeoc'h, Anne Herbert, Hervé Piegelin, les stars bretonnes du funboard, vous attendent.

La plongée sous-marine

À l'eau, les p'tits canards !

Pourquoi ne pas profiter de votre escapade dans ces régions maritimes pour vous initier à la plongée sous-marine ? Quel bonheur de virevolter librement en compagnie des poissons, animaux les plus chatoyants de notre planète, de s'extasier devant les couleurs vives de cette vie insoupçonnée... Pour faire vos premières bulles, pas besoin d'être sportif, ni bon nageur. Il suffit d'avoir plus de 8 ans et d'être en bonne santé. Sachez que l'usage des médicaments est incompatible avec la plongée. De même, nos routardes enceintes s'abstiendront formellement de toute incursion sous-marine. Enfin, vérifier l'état de vos dents, il est toujours désagréable de se retrouver avec un plombage qui saute pendant les vacances. Sauf pour le baptême, un certificat médical vous est demandé, et c'est dans votre intérêt. L'initiation des enfants requiert un encadrement qualifié dans un environnement adapté (eau tempérée, sans courant, matériel adapté).

Non, la plongée ne fait pas mal aux oreilles ; il suffit de souffler en se bouchant le nez. Il ne faut pas forcer dans cet étrange « détendeur » que l'on met dans votre bouche, au contraire. Et le fait d'avoir une expiration active est décontractant, puisque c'est la base de toute relaxation.

Être dans l'eau modifie l'état de conscience car les paramètres du temps et de l'espace sont changés : on se sent (à juste titre) ailleurs. En contrepartie de cet émerveillement, respectez impérativement les règles de sécurité, expliquées au fur et à mesure. En vacances, c'est le moment ou jamais de vous jeter à l'eau... de jour comme de nuit !

Attention : pensez à respecter un intervalle de 12 à 24 h avant de prendre l'avion, afin de ne pas modifier le déroulement de la désaturation.

Les centres de plongée

En France, la grande majorité des clubs est affiliée à la Fédération Française d'Études et de Sports Sous-Marins (FFESSM). Les autres sont rattachés à l'Association Nationale des Moniteurs de Plongée (ANMP) ou encore au Syndicat National des Moniteurs de Plongée (SNMP). L'encadrement – équivalent quelle que soit la structure – est assuré par des moniteurs brevetés d'État ou fédéraux, véritables professionnels de la mer, qui maîtrisent le cadre des plongées et connaissent tous leurs spots « sur le bout des palmes ». Aussi, les routard(e)s s'adresseront à eux en priorité.

Un bon centre de plongée est un centre qui respecte toutes les règles de sécurité, sans négliger le plaisir. Méfiez-vous d'un club qui vous embarque sans aucune question préalable sur votre niveau ; il n'est pas « sympa », il est dangereux. Regardez si le centre est bien entretenu (rouille, propreté...), si le matériel de sécurité – obligatoire – (oxygène, trousse de secours, radio...) est à bord. Les diplômes des moniteurs doivent être affichés. N'hésitez pas à vous renseigner car vous payez pour plonger. En échange, vous devez obtenir les meilleures prestations... Enfin, à vous de voir si vous préférez un club genre « usine bien huilée » ou une petite structure souple.

Prix de la plongée : de 150 à 220 F (22,9 à 33,5 €) en moyenne. Ajouter le coût de la licence annuelle : autour de 250 F (38,1 €).

C'est la première fois ?

Alors, l'histoire commence par un baptême ; une petite demi-heure pendant laquelle le moniteur s'occupe de tout et vous tient la main. Laissez-vous aller au plaisir ! Même si vous vous sentez harnaché comme un sapin de Noël déraciné, hors saison, tout cet équipement s'oublie complètement une fois dans l'eau. Vous ne devriez pas descendre au-delà de 5 m. Pour votre confort, sachez que la combinaison doit être ajustée au maximum afin d'éviter les poches d'eau qui vous refroidissent. Compter de 150 à 220 F (22,9 à 33,5 €) pour un baptême. Puis l'histoire se poursuit par un apprentissage progressif...

Formation et niveaux

Les clubs délivrent des formations graduées par niveaux.
– Avec le niveau I, vous descendez à 20 m, accompagné d'un moniteur. À partir de 1 500 F (228,6 €).
– Avec le niveau II, vous êtes autonome dans la zone des 20 m, mais encadré jusqu'à la profondeur maxi de 40 m. À partir de 1 800 F (274,2 €).
– Passez ensuite le niveau III, et vous serez totalement autonome, dans la limite des tables de plongée (65 m). À partir de 1 500 F (228,6 €).
– Le niveau IV prépare les futurs moniteurs à l'encadrement...
Sachez encore que le passage de tous ces brevets doit être étalé dans le temps, afin de pouvoir acquérir l'expérience indispensable. Demandez conseil à votre moniteur (il y est passé avant vous !).
Enfin, les clubs délivrent un « carnet de plongée » indiquant l'expérience du plongeur, ainsi qu'un « passeport » mentionnant ses brevets.

Reconnaissance internationale

Indispensable, si vous envisagez de plonger à l'étranger. Demandez absolument l'équivalence CMAS (Confédération Mondiale des Activités Subaquatiques) ou CEDIP (European Committee of Professional Diving Instructions) de votre diplôme. Le meilleur plan consiste à faire évaluer votre niveau par un instructeur PADI (Professional Association for Diving Instructors, d'origine américaine), pour obtenir le brevet le mieux reconnu du monde ! En France, certains moniteurs ont la double casquette (FFESSM et PADI, par exemple), profitez-en. Sachez aussi que les brevets NAUI (National Association of Underwater Instructors) et SSI (Scuba Diving International) jouissent d'une reconnaissance internationale intéressante...
À l'inverse, si vous avez fait vos premières bulles à l'étranger, vos aptitudes à la plongée seront jugées, en France, par un moniteur qui – souvent après quelques exercices supplémentaires – vous délivrera le niveau correspondant.

En Bretagne Nord

Véritable « mer de prédilection » pour la plongée, l'océan Atlantique offre aux côtes bretonnes les fabuleuses richesses de sa vie sous-marine. En contrepartie, l'humilité est de rigueur pour aborder les innombrables spots de la région, car tempêtes, marées et courants ne pardonnent ni l'inconscience, ni même la négligence. Plonger en Bretagne nécessite ainsi – même pour les « hommes-grenouilles » confirmés – un apprentissage technique très sérieux.
– *La météo :* le beau temps s'impose pour plonger (lapalissade ! ?). Période idéale : entre juin et septembre, avec température de 17 °C environ, en surface (au fond, l'eau est plus froide). Certaines régions ont des spots abrités en fonction de chaque régime météo. Attention à la forte houle d'ouest.

■ *Répondeur Météo France :* ☎ 08-36-68-08 suivi du numéro du département.

– *La profondeur :* la moyenne est de 15 à 20 m. Les plongées dépassent rarement 30 m, réduisant ainsi les risques d'accidents de décompression. Ce n'est pas une raison pour faire n'importe quoi !

– *La visibilité :* en moyenne, 5 à 6 m. Elle peut être réduite aux abords des côtes (brassage du sédiment), mais comparable à la Méditerranée (20 m) quand on plonge sur des roches au grand large. De même, l'eau est plus claire autour des îles (Ouessant, Sept-Îles) que sur le littoral. Visibilité limitée sur les épaves.

– *Les marées :* facteur essentiel avec lequel il faut jongler. En général, on plonge à l'étale (moment où la mer ne monte ni ne descend) pour éviter les violents courants de marée. À l'étale de haute mer, visibilité meilleure (eaux claires venues du large), et poissons plus nombreux. L'étale de basse mer permet de gagner au moins 5 m de profondeur sur un spot (paliers de décompression réduits).

– *Les courants :* violents dans la région et engendrés par les marées, ils sont amplifiés par la géographie du site (Ouessant, Brest). Danger !

– *Matériel recommandé :* une combinaison de 5 mm d'épaisseur minimum, avec cagoule, s'impose. Des gants pour protéger vos « patounes » sur les épaves (tôles coupantes), et s'accrocher aux roches dans le courant (en cas d'urgence). La boussole est aussi indispensable, tout comme la lampe-torche pour voir les couleurs, fouiller dans les trous, et être remarqué de vos équipiers. Les plongeurs confirmés emporteront également un parachute de palier, au cas où ils ne retrouvent plus l'ancre du bateau. Et éventuellement un système de sécurité, visuel : type feu à main-fumigène (2 en 1), ou sonore (« dive alert »), branché sur la bouteille.

– *Vie sous-marine :* riche et très variée. Votre moniteur vous familiarisera avec les beautés et les pièges des fonds bretons, tout en dégotant les choses intéressantes à voir. Certaines espèces affichent une présence systématique sur les spots : laminaires, alcyons, anémones, éponges, tacauds, congres, bars, lieus, vieilles, tourteaux, galatées, oursins... Règle d'or : respectez cet environnement fragile. Ne prélevez rien, et attention où vous mettez vos palmes !

– *Derniers conseils :* en plongée, restez absolument en contact physique avec vos équipiers. Attention aux filets abandonnés sur les roches ou les épaves. Sachez enfin qu'en cas de pépin (il faut bien en parler !), votre bateau de plongée dispose d'oxygène (c'est obligatoire), et qu'il existe un caisson hyperbare à Brest.

– *Quelques lectures :*

– *250 belles plongées en Atlantique*, par Yves Gladu, éd. Océans.

– *Découvrir l'Atlantique, la Manche et la mer du Nord*, par Steven Weinberg, éd. Nathan.

– *Fonds sous-marins de la Bretagne*, par Yves Turquier, Camille Luxerdi et Maurice Loir, éd. Ouest France.

– *Épaves des côtes de France*, par Bernard Sciboy, éd. Ouest France.

– *Plongée subaquatique*, par Philippe Molle et Pierre Rey, éd. Amphora.

– En presse, les magazines : *Plongeurs International* ; *Océans*.

Les sports traditionnels bretons

– *L'essieu de charrette :* il s'agit d'un essieu de charrette légère ou de char à bancs, d'arbre carré de section et d'un poids d'environ 47 kg. Il est présenté sur deux rondins ou deux pierres de même épaisseur, entre lesquels se tient l'athlète. Le jeu consiste à lever l'essieu à bout de bras au-dessus de la tête, le plus grand nombre de fois possible en 2 mn. Entre chaque lever, l'athlète doit obligatoirement reposer l'essieu sur les rondins sans le lâcher des mains.

– *Lancer de la pierre lourde :* c'est en réalité un poids de meunier de 20 kg. Le lanceur dispose d'un élan de 2 à 13 m et il peut lancer à une ou deux mains, mais sans se servir de l'anneau. Chaque concurrent a droit à trois essais mais ne doit pas mordre sur la marque qui lui est imposée.

– *Bâton de bouillie :* le jeu se pratique entre deux adversaires qui s'affrontent selon un tirage au sort préalable. Le bâton est une pièce de bois de 50 à 60 cm de longueur, de section cylindrique. La planche est fixée de chant sur le sol, elle a 2 m de longueur, 20 cm de hauteur. Les joueurs sont assis par terre, face à face, de part et d'autre de la planche, les pieds à plat contre elle. Une partie se fait en deux manches, plus éventuellement la belle. Le vainqueur est celui qui fait passer la planche à son adversaire ou qui lui fait lâcher le bâton. Rien ne vaut la pratique pour une meilleure compréhension.

– *Lever de la perche :* elle est d'acier éprouvé, cylindrique et d'une longueur de 6 m, munie d'un curseur de 23 cm. Le jeu consiste à lever la perche à la verticale et à la maintenir dans cette position pendant au moins 3 secondes afin que le bas bout pénètre légèrement dans le sol. Une fois ce bas bout au sol, l'essai est terminé, le joueur se saisit de la perche et la pose à terre. Chaque concurrent a droit à trois essais par point fixe du curseur. Ce curseur est déplacé d'une distance appréciée par l'arbitre après chaque essai réussi.

– *Tir à la corde :* d'une longueur de 25 à 32 m, d'un diamètre de 45 mm. Un témoin central : un ruban jaune de 30 cm et deux témoins latéraux situés chacun à 3,50 m de part et d'autre du témoin central. Il y a deux équipes de 6 tireurs chacune plus un hisseur et un remplaçant. Le hisseur ne peut jamais toucher la corde pendant le jeu ni servir de remplaçant. Le remplacement d'un tireur se fait au cours d'un match mais jamais pendant un tiré. Les tireurs sont pieds nus, il leur est interdit de tirer couché ou assis ; si quelqu'un tombe, il doit lâcher la corde et se relever avant de la reprendre. Le fait de creuser des trous dans le sol ou de marquer celui-ci à coups de talon disqualifie. Par ailleurs, le dernier tireur n'est pas autorisé à s'enrouler la corde autour du corps.

– *Relais avec charge de 50 kg :* chaque équipe comprend 6 hommes sans remplaçant et chaque concurrent parcourt 120 m avant de transmettre le sac de 50 kg à son équipier. La charge doit être remise derrière le piquet de départ, et tout sac tombé à terre doit être relevé par le coureur sans aucune aide. Les concurrents franchissent leur obstacle dans leur couloir, et le fait de jeter la charge n'importe où et n'importe comment disqualifie. Elle doit être posée debout, au lieu indiqué.

Télévision

TV Breizh est avant tout la chaîne des Bretons, qu'ils soient en Bretagne, en France ou n'importe où en Europe. Cette télévision parle aux Bretons, de la Bretagne, de son actualité, de ses problèmes, de ses aspirations, de ses rêves, de son histoire et de sa culture.

TV Breizh nourrit une ambition culturelle européenne : celle de se consacrer au développement de la culture celtique, richesse des populations de l'extrême Ouest Européen : Écosse, Irlande, pays de Galles, Bretagne, Galice, culture qui, depuis vingt siècles, a été laminée ou occultée par le poids des civilisations gréco-latines ou saxonnes, et qui pourtant a survécu. Preuve de sa force et de sa vitalité.

TV Breizh est une chaîne moderne, jeune, ouverte sur la vie, la culture, les voyages, les films, et bien sûr la musique, facteur déterminant de la culture bretonne. Pour en savoir plus : • www.tvbreizh.com •

Visites

Notre sélection de musées en Bretagne Nord

– **Brest** : *Océanopolis,* aquarium et centre scientifique et technique de la mer.
– **Dinan** : le *donjon du château.* Le site et le mobilier valent une visite et la rencontre avec les souvenirs d'Anne de Bretagne.
– **Landévennec** : musée d'une architecture ultra-moderne, dans un site superbe, qui présente l'histoire du peuplement celtique.
– **Montfort-sur-Meu** : *écomusée* très éclectique, de la minéralogie à l'architecture, touche à tout avec génie.
– **Pleumeur-Bodou** : tourisme technique de haut niveau. *Station de télécommunications* où l'on peut, sous un radôme, revivre leur histoire.
– **Rennes** : *musée de Bretagne.* Préhistoire et histoire régionales, meubles, costumes, objets, tableaux. En rénovation jusqu'en 2003.
– **Rennes-Sud** : *écomusée La Bintinais,* route de Châtillon-sur-Seiche. 10 ha où l'agriculture du passé et d'aujourd'hui est mise en scène.

Les villes d'art et d'histoire

DINAN (Côtes-d'Armor)
FOUGÈRES (Ille-et-Vilaine)
RENNES (Ille-et-Vilaine)

SAINT-MALO (Ille-et-Vilaine)
VITRÉ (Ille-et-Vilaine).

Les petites cités de caractère

BÉCHEREL (Ille-et-Vilaine)
CHÂTEAUGIRON (Ille-et-Vilaine)
CHÂTELAUDREN (Côtes-d'Armor)
COMBOURG (Ille-et-Vilaine)
GUERLESQUIN (Finistère)
JUGON-LES-LACS (Côtes-d'Armor)

MONCONTOUR-DE-BRETAGNE (Côtes-d'Armor)
PONTRIEUX (Côtes-d'Armor)
QUINTIN (Côtes-d'Armor)
ROSCOFF (Finistère)
TRÉGUIER (Côtes-d'Armor).

Les communes du patrimoine rural

Des petits villages bénéficient d'un label particulier pour la qualité du site, de l'habitat, de leur animation typique. Il s'agit de **Saint-Juvat, Bulat-Pestivien** et **Tréfunel** (Côtes-d'Armor), **Plouvin-lès-Morlaix, Commana, Plougonven, Lanildut** et **Ploeven** (Finistère).

L'Ille-et-Vilaine sera peut-être votre premier contact avec la Bretagne Nord. Et, d'emblée, une surprise : « Comment! Pas d'enclos paroissiaux? Pas de calvaire? Remboursez! ». Pas de panique, ça vient. En remplacement des calvaires, ce département a bien des choses à proposer, et pas des moindres : Rennes, la capitale, séduisante ville d'art et d'histoire; Saint-Malo, la miraculée, port d'attache de nos corsaires; une côte superbe de Dinard au Mont-Saint-Michel; des itinéraires insolites à travers une campagne charmante, jonchée d'églises et de chapelles magnifiques (renfermant cent richesses et vitraux admirables); des châteaux romantiques, austères, orgueilleux, en ruine parfois, pour tous les goûts... Le tout rythmé de solides balises gastronomiques.

Adresses utiles

■ *Comité régional du tourisme :* 1, rue Raoul-Ponchon, 35069 Rennes cedex. ☎ 02-99-28-44-30 ou 02-99-36-15-15 pour demander des brochures. Fax : 02-99-28-44-40. ● www.tourismebretagne. com ●
■ *Comité départemental du tourisme :* 4, rue Jean-Jaurès, BP 60149, 35101 Rennes cedex 03. ☎ 02-99-78-47-47. Fax : 02-99-78-33-24. ● www.bretagne35.com ● Pour toutes les infos concernant le

département. Autre lieu d'accueil, *Point 35 (plan de Rennes, B3) :* 1, quai Chateaubriand. ☎ 02-99-79-35-35. Fermé le dimanche. Ouvert le lundi de 13 h à 18 h, du mardi au vendredi de 9 h à 18 h, et le samedi de 9 h à 12 h. Fermé le samedi en juillet et août. « Cyberpoint » en libre accès. Compétent et sympathique.
■ *Gîtes de France :* 8, rue Coëtquen, 35000 Rennes. ☎ 02-99-78-47-57. Fax : 02-99-78-47-53.

RENNES *(ROAZHON)* (35000)   212 500 hab.

Où l'on s'aperçoit que peu de gens connaissent vraiment Rennes. On arrive souvent ici avec l'idée de trouver une grande ville un peu austère, sans monuments éblouissants et ne possédant pas d'image de marque précise du genre : « Quimper, ah, oui, la cathédrale! » En fait, c'est une heureuse surprise de découvrir une ville intéressante sur le plan architectural, révélant une riche vie culturelle (Rennes, laboratoire du rock en France), et proposant le prestigieux festival des Tombées de la nuit, l'été.
Contre toute attente, Rennes est aussi devenue l'une des villes les plus animées de France, comme en témoigne cette concentration inhabituelle de bons bars au mètre carré (jetez donc un coup d'œil à la rubrique « Où boire un verre? »).

Rennes dans l'histoire

D'abord, il était une fois un petit village gaulois du nom de Condate. Rennes ne commença vraiment à faire parler d'elle qu'au XIe siècle, à cause de sa résistance aux Normands. Bien que située en pays gallo, elle apparut peu à peu comme capitale de la Bretagne. C'est ici, en 1337, que Bertrand Du Guesclin se fit connaître en gagnant nombre de tournois de chevalerie. Rennes s'entoura de murailles. À la fin du XVᵉ siècle, elles servirent lorsque les troupes françaises vinrent faire le siège de la ville, y maintenant Anne de Bretagne prisonnière. Comme tout problème trouve toujours une solution, elle épousa Charles VIII en 1491. Cette alliance, suivie en 1532 du traité d'Union, consacra la fin de l'indépendance de la Bretagne, mais beaucoup de franchises et de privilèges subsistèrent.

Avec la création du parlement de Bretagne, en 1561, et l'arrivée de nombreux nobles, administrateurs, artistes, etc., Rennes fut définitivement consacrée capitale de la Bretagne. La construction du parlement, à partir de 1618, entraîna, bien sûr, celle d'hôtels particuliers prestigieux.

En 1720, cependant, un énorme incendie détruisit pratiquement tout le centre-ville, les maisons à pans de bois favorisant le sinistre. Comme le grand incendie de Chicago, en 1871, qui imposa la recherche de nouveaux matériaux et de nouvelles techniques, celui de Rennes, qui dura une semaine, bannit à jamais le bois et imposa la pierre. De plus, des normes architecturales très strictes, empêchant toute fantaisie, amenèrent la création de nouveaux quartiers à l'aspect uniforme, dur, rigide, ce qui fit beaucoup dans la future réputation d'austérité de la ville. La couverture partielle de la Vilaine contribua aussi à dépoétiser le paysage urbain. Mais vous verrez, ce n'est qu'une première impression ! En effet, le centre-ville, pour qui sait fouiner, propose nombre de placettes croquignolettes, ruelles insoupçonnées, arrière-cours au charme champêtre... C'est aussi dans le centre que vous découvrirez feu le parlement de Bretagne, dévoré par les flammes lors des grèves des pêcheurs début 1994. L'édifice, symbole de la ville, est à nouveau ouvert au public et abrite la Cour d'appel, après de vastes travaux de rénovation.

Pour finir, ville universitaire depuis le XVIIIᵉ siècle, Rennes compte aujourd'hui 45 000 étudiants. Elle s'est dotée aussi, au fil des ans, d'une importante infrastructure industrielle, notamment avec les usines Citroën. Rennes est également fière d'être le siège de *Ouest France,* le journal le plus important de France par son tirage... et sa prospérité. C'est donc une ville active, culturelle et au riche passé, que vous allez être amené à visiter. Vous ne serez pas déçu !

Adresses et infos utiles

■ *Comité régional du tourisme breton :* 1, rue Raoul-Ponchon, 35069 Rennes Cedex. ☎ 02-99-28-44-30 ou 02-99-36-15-15 pour demander des brochures. Fax : 02-99-28-44-40. ● www.tourismebretagne.com ● Fait une excellente pub sur la région, connaît tout, renseigne sur tout. Merci et bravo !

🛈 *Office du tourisme* (plan A3) : 11, rue Saint-Yves (cœur historique), C.S. 26410, 35064 Rennes Cedex. ☎ 02-99-67-11-11. Fax : 02-99-67-11-10. ● info@tourisme-rennes.com ● En saison, ouvert du lundi au samedi de 9 h à 19 h et le dimanche de 11 h à 18 h ; hors saison, ouvert du lundi au samedi de 9 h

à 18 h, et le dimanche de 11 h à 18 h. Installé dans la superbe chapelle Saint-Yves. Accueil par des Rennaises souriantes et performantes. Des expos et plein de doc. Consulter également le séduisant programme des visites à thèmes.

■ *Association bretonne des relais et itinéraires (ABRI) :* 4, rue Ronsard. ☎ 02-99-26-13-50. Fax : 02-99-26-13-54. ● www.abri.asso.fr ● Ouvert toute l'année du lundi au vendredi de 9 h 30 à 12 h 30 et de 14 h à 18 h. Une adresse indispensable à qui veut obtenir toute information sur l'hébergement, les randonnées pédestres, équestres, à deux roues, en canoë...

RENNES

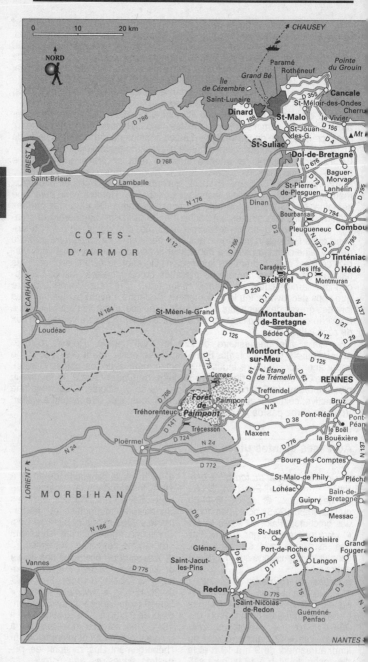

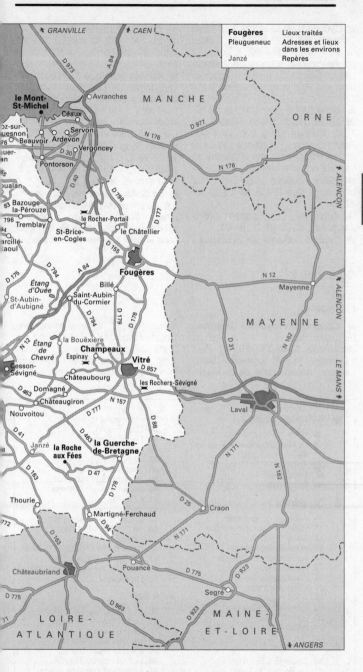

RENNES

L'ILLE-ET-VILAINE

RENNES

■ *Cybernet on Line :* 22, rue Saint-Georges. ☎ 02-99-36-37-41. Autour de 40 F (6,1 €) l'heure.

⊠ *Poste* *(plan B3) :* pl. de la République. Ouvert du lundi au vendredi de 8 h à 19 h et le samedi de 8 h à 12 h.

🚇 *Gare SNCF* *(plan B4) :* ☎ 08-36-35-35-35 (2,23 F/mn). Grâce au TGV, Rennes est à 2 h de Paris. Pour l'occasion, la gare a fait peau neuve. Pour Paris, une quinzaine de liaisons quotidiennes.

🚌 *Gare routière* *(plan B4) :* tout près de la gare SNCF. ☎ 02-99-30-87-80.

✈ *Aérogare de Rennes Saint-Jacques :* ☎ 02-99-29-60-00.

■ *Théâtre national de Bretagne :* 1, rue Saint-Hélier. ☎ 02-99-31-12-31. Fermé de fin juillet à fin août. Situé en centre-ville, à côté de la gare.

■ *Rennes Musique :* rue du Maréchal-Joffre. Un des rares disquaires de France encore indépendant. Accueil rock' n roll sans le sourire. Mais leurs conseils ont fait naître les Daho, Niagara et Gamins en Folie.

■ *Allô Stop :* 37, bd de Beaumont. ☎ 02-99-67-34-67. Du lundi au vendredi de 9 h à 13 h et de 14 h à 18 h, et le samedi de 10 h à 17 h.

■ *La Griffe :* le journal culturel gratuit qu'on trouve dans les bars et autres lieux culturels. Concerts, spectacles, expos, cinéma, tout y est pour réussir ses nuits rennaises.

Où dormir ?

Camping

🛏 *Camping municipal des Gayeulles :* parc des Bois, à 1 km à l'est du centre-ville. ☎ 02-99-36-91-22. Pour s'y rendre : bus n° 3 direction Saint-Laurent ; départ place de la Mairie.

Ouvert du 1er avril à mi-octobre. Compter environ 40 F (6,1 €) pour 2. Dans un superbe parc, aménagé avec intelligence. Belles pelouses, beaucoup d'arbres et piscine proche.

■ **Adresses utiles**

🛈 Office du tourisme
🛈 Comité départemental du tourisme (Point 35)
⊠ Poste
🚇 Gare SNCF
🚌 Gare routière

🛏 **Où dormir ?**

10 Auberge de jeunesse
11 Hôtel La Tour d'Auvergne
12 Hôtel de Léon
13 Hôtel d'Angleterre
14 Au Rocher de Cancale
15 Garden Hotel
16 Hôtel Lanjuinais
17 Hôtel des Lices
18 Hôtel Angelina
19 Hôtel M.S. Nemours
20 Hôtel Le Riaval
21 Hôtel Astrid

|●| **Où manger ?**

30 Crêperie L'Épi d'Or
31 Le Bocal-P'ty Resto

33 Au Marché des Lices
34 Café Breton
35 Le Petit Sabayon
36 Le Gange
37 Le Khalifa
38 Léon Le Cochon
39 Auberge du Chat-Pitre
40 Auberge Saint-Sauveur
41 L'Ouvrée
42 La Biscorne
43 Crêperie Le Boulingrain
44 Le Saint-Germain des Champs
46 Salon de thé-chocolatier Durand
47 Thé au Fourneau
48 Salon de thé-restaurant « Mrs Dalloway »

★ **À voir**

50 La cathédrale Saint-Pierre
51 Le Parlement de Bretagne
52 L'hôtel de ville
53 L'église Saint-Germain
54 L'église Notre-Dame
55 Les jardins du Thabor
56 Le musée des Beaux-Arts

RENNES

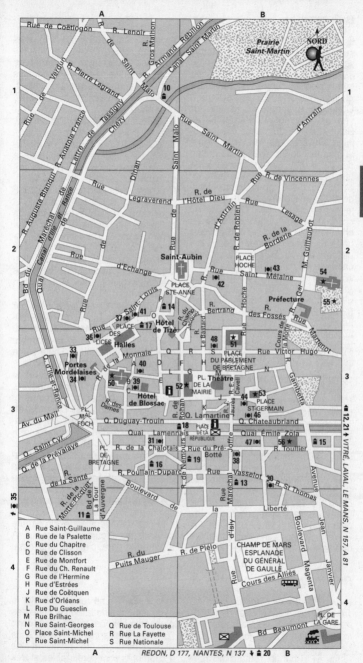

A   Rue Saint-Guillaume
B   Rue de la Psalette
C   Rue du Chapitre
D   Rue de Clisson
E   Rue de Montfort
F   Rue du Ch. Renault
G   Rue de l'Hermine
H   Rue d'Estrées
J   Rue de Coëtquen
K   Rue d'Orléans
L   Rue Du Guesclin
M   Rue Brilhac
N   Rue Saint-Georges
O   Place Saint-Michel
P   Rue Saint-Michel
Q   Rue de Toulouse
R   Rue La Fayette
S   Rue Nationale

Bon marché

🛏 **Auberge de jeunesse** (plan A1, 10) : 10-12, canal Saint-Martin. ☎ 02-99-33-22-33. Fax : 02-99-59-06-21. Au nord de la ville, pas très loin à pied du centre historique. De la gare, bus nᵒˢ 2, 20 ou 22 ; arrêt à Coëtlogon-Auberge de jeunesse ; l'AJ est à l'intersection de la rue Saint-Malo et du canal. Belle bâtisse. Ouvert toute l'année, et toute la journée, de 7 h à 23 h. La nuitée de 72 F (11 €) en chambre de quatre sans drap avec petit déjeuner à 135 F (20,6 €) en chambre individuelle avec les draps et le petit déjeuner. Accueil sympa. Carte des AJ obligatoire. Une centaine de lits en chambres de 1, 2, 3 ou 4. Fait aussi halte nautique pour les bateaux qui passent devant. Dispose d'une belle cafétéria et d'une cuisine.

🛏 **Hôtel La Tour d'Auvergne** (plan A4, 11) : 20, bd de La Tour-d'Auvergne. ☎ 02-99-30-84-16. Fax : 02-23-42-10-01. Pas loin de la cité judiciaire, au 1er étage de la belle brasserie Le Serment de Vin. Ouvert toute l'année. La double avec lavabo seulement à 150 F (22,8 €), puis de 185 à 220 F (28,2 à 33,5 €) selon le confort. Chambres simples et absolument nickel, avec ou sans douche. L'aubaine ! Le genre de pension de famille rêvée pour les petits budgets. Téléphone dans toutes les chambres et grande gentillesse de la patronne, Mme Bordais. Cette dernière vous servira votre petit déjeuner en chambre car elle n'a pas de salle pour cela. Une très bonne adresse.

🛏 **Hôtel de Léon** (hors plan par B3, 12) : 15, rue de Léon. Sur l'île posée sur la Vilaine, accrochée au quai Richemont. ☎ 02-99-30-55-28. Ouvert toute l'année. Chambre double avec lavabo à 135 F (20,5 €),

avec douche à 185 F (28,2 €). Petit hôtel en retrait, calme, sortant des banalités récurrentes en terme de mobilier hôtelier. De gentils meubles rétro à souhait. Propreté impeccable. Sur présentation du GDR, café offert.

🛏 **Hôtel d'Angleterre** (plan B3, 13) : 19, rue du Maréchal-Joffre. ☎ 02-99-79-38-61. Fax : 02-99-79-43-85. Rive sud, pas loin de la place de la République. Fermé le dimanche après-midi jusqu'à 18 h. Chambre double de 165 à 225 F (25,1 à 34,3 €). Assez central. Petit hôtel simple, très bien tenu, dans un bel immeuble bourgeois, avec imposante montée d'escaliers et immenses couloirs. Les patrons sont vraiment sympas. Chambres classiques et spacieuses, certaines meublées plutôt rétro. Bon rapport qualité-prix.

🛏 **Hôtel Le Riaval** (hors plan par B4, 20) : 9, rue Riaval. ☎ 02-99-50-65-58. Fax : 02-99-41-85-30. De 140 à 205 F (21,3 à 31,2 €) la chambre double selon le confort. Toute petite adresse, sans prétention, qui allie l'avantage de ses prix modestes et de sa situation juste derrière la gare. Cela dit, le quartier a du charme et l'accueil est adorable. De gros efforts de rénovation sont faits et l'entretien est parfait. Chambres modernes, colorées et lumineuses et certaines plus rustiques avec tapisserie marron à médaillons. Pour les fauchés (ou les nostalgiques), il y en a encore avec lavabo et bidet. Sur rue ou à l'arrière, toutes sont très calmes. Côté jardin, c'est mieux : on a le nez dans le tilleul et on écoute pousser les légumes du voisin. À 5 mn de la gare, c'est plutôt sympa.

Prix moyens

🛏 **Au Rocher de Cancale** (plan A2, 14) : 10, rue Saint-Michel. ☎ 02-99-79-20-83. Fermé les samedi et dimanche ainsi que 15 jours en août. La chambre double autour de 220 F (33,5 €). Pour le routard noctambule, on ne peut rêver meilleure si-

tuation. Dans une rue médiévale, la fameuse « rue de la Soif », l'une des plus animées de la ville, et donc l'une des moins calmes, ça va sans dire ! L'hôtel a été refait, et les 4 chambres sont confortables et très coquettes. Excellent rapport qualité-prix donc, et bon resto au rez-de-chaussée.

■ **Garden Hotel** *(plan B3, 15)* : 3, rue Duhamel (angle av. Jean-Janvier). ☎ 02-99-65-45-06. Fax : 02-99-65-02-62. Ouvert toute l'année. La chambre double à 340 F (51,8 €) avec douche ou bains et toilettes, à 260 F (39,6 €) avec douche uniquement. Hôtel de charme et de bon ton, à proximité de la gare et du vieux Rennes. Petit jardin intérieur et cafétéria pimpante. Accueil agréable. La patronne est une lectrice du *GDR*. Très belles chambres personnalisées, et décorées dans des couleurs fraîches. On a bien aimé celles du rez-de-jardin. Quelques quadruples aussi. Jetez un coup d'œil à l'immeuble voisin, décoré dans le plus pur style Art nouveau par Odorico, mosaïste célèbre à l'époque. Sur présentation du *GDR*, 10 % de réduction sur le prix de la chambre en juillet et août.

■ **Hôtel Astrid** *(hors plan par B3, 21)* : 32, av. Louis-Barthou. ☎ 02-99-30-82-38. Fax : 02-99-31-88-55. ● hotelastrid@wanadoo.fr ● Fermé uniquement la nuit de la Saint-Sylvestre. La chambre double tout confort de 265 à 350 F (40,4 à 53,3 €). Le week-end, 20 % de baisse sur les tarifs. Idéalement situé dans le quartier de la gare, mais à 10 mn seulement à pied du centre-ville. Un joli petit hôtel chic, un rien sérieux, qui invite plus le VRP que le routard égaré à pousser sa porte. Cela dit, l'accueil fort sympathique, les chambres modernes, suffisamment vastes et bien équipées (certaines avec meubles de rotin), et la tranquillité qui règne ici font de cet hôtel une halte plaisante. Salon des petits déjeuners donnant sur un mini-jardin. Entretien nickel. Une adresse sûre, tenue par une charmante jeune femme très professionnelle. 10 % de remise sur le prix de la chambre sur présentation du *GDR* hors vacances scolaires, non cumulable avec le rabais du week-end.

■ **Hôtel Lanjuinais** *(plan A3, 16)* : 11, rue Lanjuinais. ☎ 02-99-79-02-03. Fax : 02-99-79-03-97. Ouvert toute l'année. La chambre double à 275 F (41,9 €) avec douche et toilettes, à 295 F (44,9 €) avec bains et toilettes. Central lui aussi, dans une petite rue donnant sur le quai Lamennais, entre la place de Bretagne et la poste. Hôtel calme et bien entretenu. Bon accueil. Chambres au confort standard et suffisamment grandes. Les chambres donnent sur la rue sauf quelques rares donnant sur cour, presque borgnes. Prix allégés le week-end et les jours fériés hors saison.

■ **Hôtel des Lices** *(plan A2, 17)* : 7, pl. des Lices. ☎ 02-99-79-14-81. Fax : 02-99-79-35-44 ☒ ● hotel.lices@wanadoo.fr ● Ouvert toute l'année. La chambre double à 290 F (44,2 €) avec douche et toilettes, à 310 F (47,2 €) avec bains et toilettes. Sur l'une des plus belles places de la vieille ville. Un hôtel qui sent bon le neuf, le propre, et où souffle un petit vent de jeunesse et de modernité, ça n'est pas si courant. Établissement baigné de lumière, chambres refaites, vraiment agréables (avec balcon) et bonnes prestations générales. Des derniers étages, belle vue sur les toits du vieux Rennes. Accueil collant parfaitement à l'établissement, dynamique, jeune et efficace. Une adresse sûre.

■ **Hôtel Angelina** *(plan A-B3, 18)* : 1, quai Lamennais. ☎ 02-99-79-29-66. Fax : 02-99-79-61-01. ● angelinarennes@aol.com ● Ouvert toute l'année. La chambre double entre 260 et 300 F (39,6 et 45,7 €) avec douche ou bains et toilettes. Que le grand immeuble un peu triste dans lequel se situe cet hôtel ne vous rebute pas. L'endroit n'a rien du palace austère et vieillot, mais ressemble plus à un grand appartement. La réception est au 3e étage, l'accueil est familial, et les chambres, impeccables, sont vastes et dotées de tout le confort, même si toutes ne sont pas encore refaites. Salle des petits déjeuners calme et lumineuse, ça change des coins sombres aménagés derrière la réception. Sur présentation du *GDR*, 10 % de réduction sur le prix de la chambre le week-end, et douzième nuit... offerte.

Plus chic

🛏 *Hôtel M.S. Nemours* (plan B3, 19) : 5, rue de Nemours. ☎ 02-99-78-26-26. Fax : 02-99-78-25-40. Ouvert toute l'année. La chambre double autour de 265 F (40,4 €) avec douche et toilettes, de 295 à 345 F (45 à 52,6 €) avec bains et toilettes. Central, à proximité de la place de la République. Cet hôtel est équipé du plus petit ascenseur que nous ayons jamais vu, somme toute bien pratique pour les jambes fatiguées. Un mur entier de la réception est recouvert de feuilles mortes, c'est superbe. Sur les autres murs, le patron affiche l'objet de sa passion, les vieux gréements. Photos, gravures ou maquettes exposées sous verre comme de précieux papillons de collection. Côté chambres, c'est mignon et tout propre. Sur cour, c'est bien sûr un peu plus calme (et un peu plus sombre aussi). Accueil vraiment sympa, que l'on soit routard, voileux ou marin d'eau douce. Réduction de 10 % sur le prix de la chambre en été, rabais les week-ends, sur présentation du *GDR*.

Où dormir ? Où manger dans les proches environs ?

🛏 🍴 *Germinal :* 9, cours de la Vilaine, Cesson-Sévigné (5 km du centre historique). ☎ 02-99-83-11-01. Fax : 02-99-83-45-16. ● info @le-germinal.com ● ♿ Restaurant fermé le dimanche soir et le lundi en saison. La chambre double à 470 F (71,6 €) avec toilettes et bains. Menus en semaine à 140 F (21,3 €), puis de 185 à 395 F (28,2 à 60,2 €). Hôtel-restaurant installé dans un moulin du siècle dernier, au bord de la Vilaine. Dommage que les chambres manquent de personnalité car l'endroit est vraiment charmantissime et le village est propret et mignonnet comme dans une sit com. Bon restaurant. Salle à manger confortable et terrasse avec paisible vue. Poissons particulièrement bien travaillés. Crème d'araignée et ses mouillettes de cabillaud fumé maison, rognon de veau en cocotte et son jus à l'infusion de réglisse, croustillant de fraise au pollen de fleurs ou pastilla de chocolat noir aux fruits secs. Comme vous le voyez, il y a de la recherche dans les plats proposés. Calme assuré. Accueil professionnel et sympathique. Café offert à nos lecteurs ou 10 % de remise sur le prix de la chambre le week-end sur présentation du *GDR*.

Où manger ?

Vous n'aurez que l'embarras du choix : un consciencieux a recensé plus d'une centaine de crêperies et quelque 45 pizzerias...

Bon marché

🍴 *Restaurant Le Bocal-P'ty Resto* (plan A3, 31) : 6, rue d'Argentré. ☎ 02-99-78-34-10. Fermé les dimanche et lundi ainsi que la 1re quinzaine de janvier et d'août. Formules à partir de 65 F (9,9 €). À deux pas du quai Lamennais. Un p'tit resto plein d'idées. Déco sympa, claire et colorée, avec des bocaux remplis de plein de choses, et des petits joints (pas des cigarettes qui font rire ; des joints de bocaux) collés jusque sur la porte des toilettes. Sur l'ardoise, on choisit un plat sympa, par exemple un copieux muffin au poulet, bacon et poivre vert, une fricassée de volaille aux épices ou une « minute » de saumon mi-fumé. En dessert s'impose le délicieux moelleux au chocolat de Claire, la menue patronne. Pour accompagner ces bonnes petites recettes, une judicieuse sélection de vins à prix serrés, tous servis au verre. Clientèle cool, un brin branchée. Décidément, ce jeune couple en a dans le bocal !

I●I Crêperie L'Épi d'Or *(plan B3, 30)* **:** 2, rue Saint-Thomas ; près du lycée Émile-Zola. ☎ 02-99-78-23-49. Fermé le samedi midi, le dimanche, ainsi qu'une semaine en février et 2 semaines en mai. Menu du midi à 42 F (6,4 €). Sans conteste l'une des meilleures crêperies de la ville... et par ailleurs l'une des moins chères. La Brestoise, avec andouille bretonne et pommes cuites au beurre, la Belle-Île en mer ou l'Épi d'or sont succulentes. Le midi, le menu rapide vous offre trois crêpes et une bolée de cidre ! Apéritif offert sur présentation du *GDR*.

I●I Au Marché des Lices *(plan A3, 33)* **:** 3, pl. du Bas-des-Lices (place du Marché). ☎ 02-99-30-42-95. Ouvert de 12 h à 14 h et de 19 h 30 à 22 h. Fermé le dimanche et la 1re quinzaine d'août. Plat du jour à 40 F (6,1 €), et menus à 65 F (9,9 €). Cadre rustique, relax et sympa. Bonnes salades composées et galettes. Bon cidre. Feu de cheminée l'hiver, ce qui réchauffe l'atmosphère. Apéritif offert sur présentation du *GDR*.

I●I Café Breton *(plan A3, 34)* **:** 14, rue Nantaise. ☎ 02-99-30-74-95.

Prix moyens

I●I Le Petit Sabayon *(hors plan par A4, 35)* **:** 16, rue des Trente. Donne sur le quai de la Prévalaye (à proximité de la cité judiciaire). ☎ 02-99-35-02-04. Fermé le samedi midi, le dimanche soir et le lundi. Menu du midi à 78 F (11,8 €), puis de 111 à 161 F (16,9 à 24,5 €). L'une des très bonnes tables de la ville. Service diligent et souriant. Salade aux deux foies gras, tournedos de sardines au jus de porto, marquise au chocolat sauce arabica. Bonne sélection de vins à prix doux... Tout ça à des prix des plus décents.

I●I La Biscorne *(plan B2, 42)* **:** 8, rue Saint-Melaine. Parking place Hoche. ☎ 02-99-38-79-77. Fermé

Ouvert tous les jours sauf le samedi soir, le dimanche et le lundi soir. Fermé les 3 premières semaines d'août. Formule du midi à 70 F (10,6 €). Cadre très stylé et chaleureux, à cheval entre le salon de thé et le *coffee-shop* américain. On compose son repas de petites choses fort bien réalisées, comme des tartes salées, des gratins ou un plat garni (lapin à la moutarde, palette de porc au cidre). Un bric-à-brac bien étudié et qui tient ses promesses. Réserver est plus prudent.

I●I Crêperie Le Boulingrain *(plan B2, 43)* **:** 25, rue Saint-Melaine. ☎ 02-99-38-75-11 ou 02-99-79-64-62. Ouvert tous les jours sauf le dimanche midi et quelques jours pour les fêtes de fin d'année. Formule express à 48 F (7,3 €) puis menus de 70 à 140 F (10,6 à 21,3 €). À côté de la place Hoche. Plusieurs bonnes raisons de pousser la porte de cette crêperie. Tout d'abord l'excellent accueil du jovial patron à tous ses clients. Aussi pour la petite salle au charme intimiste, toute en longueur, avec une grande cheminée, bois et pierre omniprésents. Et puis de bonnes galettes ou crêpes, traditionnelles et bien garnies. Crêpe à la frangipane maison succulente. Endroit tout recommandé pour manger bien et rapidement entre deux visites. Apéro, café ou digestif offert aux routards.

le dimanche et lundi soir, ainsi que 2 semaines en août. Formule déjeuner à 60 F (9,1 €), puis plusieurs menus de 75 à 195 F (11,4 à 29,77 €). Tiercé gagnant pour ce restaurant rennais : accueil adorable, cuisine soignée et prix serrés. Cadre rustique et chaleureux, en jaune et rose. Bois partout et grosse cheminée sur laquelle sont exposés les « trophées » du chef. Des récompenses bien méritées, car les plats proposés sont aussi bien pensés que réalisés. La formule du déjeuner est déjà une vraie performance. La carte tourne au gré des saisons car ici, on travaille avec des produits frais. Les vins sont aussi à prix très raisonnables. Café offert sur présentation du *GDR*.

|●| *Le Gange (plan A3, 36)* : 34, pl. des Lices (face au marché couvert). ☎ 02-99-30-18-37. Fermé le dimanche. Menu du midi en semaine à 52 F (7,9 €), puis à 85 et 110 F (13 et 16,8 €). Réservation conseillée en fin de semaine. Cadre superbe, accueil souriant. Le menu du déjeuner en semaine permet déjà un agréable plongeon dans la délicatesse d'une cuisine typique et soignée. Le soir, même tard, on dépense un peu plus bien sûr, mais la qualité est toujours au rendez-vous, et on prend volontiers son temps, confortablement installé sur les sièges moelleux à dossier. Classiques *curries*, *nans* chauds et croustillants... Apéritif offert à nos lecteurs.

|●| *Léon Le Cochon (plan B3, 38)* : 1, rue du Maréchal-Joffre. ☎ 02-99-79-37-54. Ouvert tous les jours midi et soir, fermé le dimanche en juillet et août. Menu à 130 F (19,8 €) et formule du midi à 69 F (10,5 €). Voici une manière moderne et généreuse à la fois de penser un restaurant. Raffiné et authentique, ce qui n'est pas facile. Arbres desséchés, murs de piments, vitrines de feuilles... servent de décor à la dégustation d'un bon plat de terroir, solide, préparé sans chichis ni faux-semblants. Queue de bœuf du chef fondante et goûteuse, pied de Léon croustillant, filet de bœuf sauce curry, et délicieux foie gras maison. À la carte, les prix grimpent raisonnablement. Si vous ne voulez pas faire la queue (en tire-bouchon), il est prudent de réserver. Apéritif offert sur présentation du *GDR*.

|●| *Le Saint-Germain des Champs (plan B3, 44)* : 12, rue Vau-Saint-Germain. ☎ 02-99-79-25-52. Face à

l'église Saint-Germain. Fermé le dimanche toute la journée et les soirs du lundi au mercredi. Compter entre 70 et 100 F (10,6 et 15,2 €) pour un repas. Pour sauver ta peau, mange bio ! À l'époque de la vache folle, du poulet à la dioxine, du bœuf à la mort-aux-rats et du maïs génétiquement modifié, voici l'adresse tout indiquée. Pour certains, c'est aussi l'occasion de découvrir que l'on peut faire un bon repas sans viande, et en mangeant bio. Et pas besoin d'antidépresseur car ici on ne mange pas triste, bien au contraire. On fait même des découvertes intéressantes : graines germées, algues, saveurs et consistances nouvelles. Une cuisine colorée, goûteuse, copieuse et qui fait du bien. Bref, ça nous a plu. Vins et jus de fruits bio aussi. Salle vitrée sur rue et agréable deuxième salle sur jardin. Accueil adorable (ces jeunes gens ne feraient pas de mal à un bœuf, c'est pour dire !). Coin librairie et documentation. Apéro offert sur présentation du *GDR*.

|●| *Le Khalifa (plan A2, 37)* : 20, pl. des Lices (dans le haut de celle-ci). ☎ 02-99-30-87-30. Ouvert jusqu'à 23 h 30. Fermé le lundi, le mardi midi et le samedi midi. Formule unique à midi à 52 F (7,9 €). À la carte, compter 100 F (15,2 €). Que diriez-vous, pour changer, de manger les artichauts (bretons) à la mode marocaine ? Alors, direction *Le Khalifa*, pour déguster des couscous savoureux et très parfumés ou des *tajines* d'agneau ou de poulet au citron, le tout dans un décor typiquement marocain. La découverte est dans l'arôme, et non dans une longue carte. Service très agréable. Pour les amateurs (il y en a encore quelques-uns), digestifs ravageurs.

Plus chic

|●| *Auberge Saint-Sauveur (plan A3, 40)* : 6, rue Saint-Sauveur (derrière la cathédrale Saint-Pierre). ☎ 02-99-79-32-56. Fax : 02-99-78-27-93. Fermé le samedi midi, le dimanche et le lundi midi. Formule du déjeuner en semaine à 78 F (11,8 €), puis trois menus de 109 à 296 F (16,6 à

45,1 €). Dans une belle demeure de chanoines du XVIᵉ siècle, au cadre chaleureux, intime et raffiné. Parmi les plats : rôti de lotte au chou, homard breton grillé, très bon foie gras de canard... Le midi, excellente formule pour profiter du cadre sans se ruiner. Bonne adresse pour inviter à dîner sa petite amie ou un vieux copain. Café offert à nos lecteurs.

l●l *L'Auberge du Chat-Pitre (plan A3, 39)* : 18, rue du Chapitre. ☎ 02-99-30-36-36. Ouvert le soir uniquement. Fermé le dimanche et tout le mois d'août. Premier menu à 68 F (10,3 €), sinon entre 124 et 164 F (18,9 et 25 €) selon votre faim et votre soif. Dans le quartier de la cathédrale, une mignonne auberge médiévale « dans son jus ». Trois petites salles superposées. Jusque-là, rien d'insolite. Pourtant, à peine franchi le pas de la porte, un serveur habillé en costume moyenâgeux vous souhaite la bienvenue dans un vieux français évoquant plus le film *Les Visiteurs* qu'un cours de linguistique à la fac de Rennes. Vous allez pouvoir festoyer et ripailler. On commence, à l'apéritif, par un cruchon d'*hypocras* (sangria médiévale où les fruits sont remplacés par de la cannelle et des clous de girofle) puis on s'offre à la carte un *faulx grenon* (civet de foie de volaille aux épices douces), un rustique *pâté aux pruneaux* (la terrine reste sur la table tant que l'on veut). Puis on finit en douceur avec un *blanc-manger* (entremet aux amandes). Rien de fin et délicat, ça n'était pas la mode à l'époque, mais tout est bon et les portions sont vraiment copieuses. Le repas est agréablement interrompu par un ménestrel, un jongleur ou quelques saltimbanques. Précisons aussi que gueux et nobles mangent ici accoudés à des tables d'hôte, ce qui crée une ambiance carrément conviviale. Entre copains, c'est génial, en couple aussi, sauf si vous recherchez le calme. Réservation plus que recommandée. Apéro, café ou chouchen offert aux routards.

l●l *L'Ouvrée (plan A2, 41)* : 18, pl. des Lices. ☎ 02-99-30-16-38. Fermé le lundi, le samedi midi, et le dimanche soir ainsi que 15 jours début août et 1ʳᵉ semaine de Pâques. Trois menus de 84 à 200 F (12,8 à 30,4 €). À la carte, compter 250 F (38,1 €). L'un des restaurants les plus chic de la ville. Atmosphère très feutrée et coquette, dans un décor bourgeois mais qui évite l'écueil de l'ostentation. Cuisine tout en subtilité et très belle sélection de vins. Quelques spécialités à la carte : cassolette de langoustines, risotto de Saint-Jacques ou encore turbot en mouclade. Tout cela bien ficelé et bien servi : du beau travail de professionnel.

Des salons de thé où l'on mange (très) bien

l●l *Chocolatier Durand (plan B3, 46)* : 5, quai Châteaubriand. ☎ 02-99-78-10-00. Ouvert de 10 h à 20 h sauf le dimanche. Fermé 3 semaines sur juillet et août. Plats du jour ou tartes salées autour de 60 F (9,1 €), pâtisseries et gâteaux à 26 F (4 €). Face au musée des Beaux-Arts, dans un bel immeuble à façade ouvragée. Un salon de thé chic, sobre et de bon goût où l'on ne se sent pas particulièrement à l'aise en rangers dégueux, mais où il faut absolument se rendre pour déguster les produits salés ou sucrés, et les chocolats sortant du laboratoire. À toute heure, on peut donc s'offrir une tarte salée, par exemple au thon frais, tomates et aubergines, ou au *brocciu* (fromage frais corse au lait de brebis) et herbes fraîches. Pourquoi pas une assiette de saumon fumé au saté accompagné d'une salade d'algues et de lentilles germées. Envie de sucré ? Un sublime gâteau au chocolat ou une merveilleuse tarte aux abricots confectionnée (et c'est là qu'elle devient exceptionnelle) avec les amandes des abricots. Un vrai chocolat chaud pour se réchauffer, un thé pour se désaltérer (fait dans les règles, chrono en mains, et servi filtré). Également de divins chocolats, aux épices, aux herbes, à la fleur de sel ou aux fruits pour autant de plaisirs. Accueil sympathique et bons conseils si besoin. Agréable salle en mezzanine donnant sur un jardinet. Fait aussi vente à emporter.

l●l *Thé au Fourneau (plan B3, 47)* : 6, rue du Capitaine-Alfred-Dreyfus.

RENNES

☎ 02-99-78-25-36. Ouvert tous les jours de 10 h à 19 h sauf le dimanche. Fermé les samedi et dimanche en été ainsi que la 1re quinzaine d'août. L'endroit rêvé pour passer un moment comme à la maison, même si ce craquant salon de thé ne ressemble pas forcément à chez soi. Atmosphère douce, musique d'ambiance choisie. Tapis de coco au sol, sympathique bric-à-brac un peu partout, chaises dépareillées donc assorties à la vaisselle, le tout dans un décor jaune pastel. On mange ici les meilleures pâtisseries maison de la ville. Crumble aux mûres et cassis, tarte au chocolat, ou aux pommes et citron, etc. Si bonnes qu'on imagine une brigade de grand-mères bienveillantes s'affairant en cuisine pour nous régaler. L'équipe est féminine, jeune et franchement adorable. Clientèle cool et multiple. À l'heure du déjeuner, tartes salées, salades et croques originaux. Aux beaux jours, thé et café glacé, lait au café frappé. Vente à emporter également.

|●| *Mrs Dalloway* (plan B3, *48*) : 5, rue Nationale. ☎ 02-99-79-27-27. Fermé le dimanche. Ouvert du lundi au vendredi de 11 h à 18 h, le samedi de 13 h à 18 h. Compter aux alentours de 80 F (12,1 €) pour un repas complet. Décor *typically british*, service B.C.B.G. et clientèle un rien snobish (bourgeoisie rennaise à grosses bagues) pour ce salon de thé en plein centre-ville. Moquette vert sapin, meubles en pin anglais et murs jaune paille avec plein de tableaux, cadres et miroirs. Niches et étagères chargées de vaisselle et de boîtes anciennes. On choisit l'objet de sa gourmandise en feuilletant d'amusants cahiers d'écolier. Belle carte de thés et çafés et choix de desserts anglais. Également de bons plats salés comme du *chicken pie* (tourte au poulet), des salades et gratins de légumes. Précisons que les portions sont copieuses et que tout est cuisiné maison avec des produits frais.

Où boire un verre ?

Deux constats préalables : à Rennes, il y a environ 45 000 étudiants pour 200 000 habitants, d'où une ambiance jeune ; deuxième constat (voir plus bas « Les Transmusicales »), la ville est devenue une sorte de paradis du rock. Conclusion, comment voulez-vous que Rennes ne soit pas aussi un paradis des bars ? Et c'est un fait. Contre toute attente, vous y trouverez sans doute l'une des plus belles concentrations de bars en Europe ! Tous les styles sont représentés, de l'ambiance jazz feutrée jusqu'au rock métallique en passant par la new wave, l'underground, l'acid jazz, la techno, le funk, la soul ou le reggae. Vous vous attendiez peut-être à une petite ville de province endormie et sans relief ? Eh bien non ! Il y a plus de monde rue Saint-Michel, rue Saint-Malo ou place Saint-Michel à 1 h qu'à midi ! Et le jeudi soir, c'est déjà de la folie complète... Un vrai campus en délire.
Commençons tout d'abord par vous dresser un tableau d'ensemble. Pour résumer, trois rues se partagent les hauts lieux, à quelques exceptions près. La *rue Saint-Georges (plan B3)* et la *rue Saint-Michel (plan A2)*, les plus courues, vous proposent un bar tous les 3 mètres. Aucun n'est résolument inintéressant, le jeu amusant consiste à essayer de les faire tous ! La plupart des bars cités ci-dessous, et même les autres, proposent régulièrement des concerts. Le prix d'entrée oscille entre rien du tout et 30 F (4,6 €), parfois 50 F (7,6 €), jamais plus. Et puis c'est le genre de lieux où l'on fait des rencontres sympas. Ami leveur de coude et camarade dragueur (ou dragueuse), au boulot ! Un peu plus à l'écart, la *rue de Saint-Malo (plan A2)*, plus rugueuse, tendance « rock alternatif », accueillera les purs et durs à partir de minuit (c'est vrai que c'est l'heure de l'apéro, pour certains...).

▼ La place Saint-Michel vous a déjà mis en appétit, engagez-vous rue Saint-Michel, la fameuse « rue de la Soif ». Sur la gauche, au n° 11, le **Sympatic Bar,** pour les amateurs de rock bien dur. À droite, au n° 4, le **Barantic,** l'une des valeurs sûres de la beuverie locale. On y voit de temps en temps de bons bœufs de la musique bretonne. Un rien plus loin, toujours sur la droite (bien ouvrir l'œil), le **Taxi Brousse,** en descendant au fond du petit escalier, le rendez-vous des amateurs de musique tendance afro-zouc, reggae... dans une ambiance tamisée. Poussez encore un peu plus loin, et le **Zèbre** vous chauffera les oreilles à coups de tubes tendance funky... Que ceux à qui la crasse fait peur se rassurent : 20 m plus loin, sur le trottoir de gauche, l'**Autre Monde** les attend, soigné, feutré, plein de jeunes gens tout à fait bien intentionnés.

Et pour vous autres branchés qui voulez rester un peu à l'écart de ce flot humain, au bout de la rue Saint-Michel, prenez à gauche la rue Saint-Louis, et vous tomberez, au n° 5, sur le **Bistrot de la Cité,** un des musts de la branchouille locale, ambiance graffiti et underground

▼ De la rue Saint-Michel, traversez la place Sainte-Anne, et vous tombez sur la légendaire rue de Saint-Malo, temple de l'ambiance anarcho-rock typiquement rennaise. Le jour, cette rue fait plutôt « dead zone ». Mais dès 22 h l'endroit retrouve toute son identité (sauf les dimanche soir et lundi soir). Au milieu de la rue, vous y voilà, les noms des bars vous mettent déjà dans l'ambiance. Au n° 40, la **Bernique Hurlante** (☎ 02-99-38-70-09), fermé les dimanche et lundi : juste ce qu'il faut de crasse, de rock râpeux et de gays pour faire de l'endroit un must, avec un sympathique décor de glaces et de coquillages. C'est aussi le siège du très sérieux parti politique « Le Rut », dont l'objectif est de faire de la politique comme on fait de l'art, par création, perturbation et dérision. Bibliothèque, prêts de littérature gay.

En face, l'**Ozone** (au n° 9) et la **Trinquette** (au n° 26) trônent eux aussi en maîtres de l'anarcho-rock. Les aventuriers nous en diront des nouvelles. Un peu plus loin, l'incontournable **Déjazey Jazz Club,** pour les amateurs de jazz latino (voir « Où sortir ? »).

La plupart des bars ci-dessus ferment à 1 h ; on assiste alors à une véritable scène de transhumance, l'ensemble du troupeau se dirigeant vers les bars très prisés ayant le privilège de rester ouverts après 1 h. Parmi eux, deux sortent du lot.

▼ **Le Chatham :** 5, rue de Montfort. C'est tout droit en quittant la « rue de la Soif ». ☎ 02-99-79-55-48. Ouvert de 18 h à 3 h. Fermé le dimanche. Une institution. Passage obligé pour apprécier une ambiance typiquement rennaise, mariage réussi entre le pub anglais et le bar français. Y pénétrer, c'est entrer dans le ventre enfumé d'un bateau. Déco irréprochable. Des bois somptueusement vernis, des demi-coques, des tortues de mer, des palans évoquant les grands voiliers d'antan, de belles gravures de mer... Ambiance noctambule un rien dandy (un rien seulement). L'étroit chenal central permet de bien « mater » avant d'accéder au deuxième bar au fond.

Musique rock. En fin de semaine, placez-vous avant 1 h ; après, vous ne pourrez plus entrer sans vous faire marcher sur les pieds.

▼ **O'Connell's :** 6-7, pl. du Parlement-de-Bretagne. ☎ 02-99-79-38-76. Ouvert tous les jours de 10 h à 1 h. Beau décor, plancher de bois, excellente atmosphère. Manque la sciure pour se croire là-bas. Possibilité de se restaurer, au coin du poêle, avec de bons plats, souvent à base de bière (Irish stew, magret ou pièce de bœuf à la Guiness). Bon crumble aussi. Bon choix de bières et Guinness crémeuse à souhait. Pour nos lecteurs, *happy hours* de 20 h 30 à 21 h 30 les lundi et jeudi.

▼ **L'Aventure :** 7, allée Rallier-du-

RENNES

Baty, qui donne dans la rue du même nom. ☎ 02-99-79-37-44. Dans une cour, au fond d'une impasse (cependant voisin de tous les autres bars). De 17 h à 3 h. Fermé le dimanche. Consos de 25 à 60 F (3,8 à 9,1 €). Ce n'est pas un repaire de brigands, mais plutôt le style jean-collier de perles et frange blonde. Ici, ce ne sont pas les gens, mais l'endroit lui-même qui vaut le détour. Bar de nuit grand, chaleureux, style baroque exotique : abat-jour de tripots, hauts miroirs, trophée de chasse, quelques tentures, plantes, un piano, gadgets vieille Amérique... Bar principal à gauche, le second est dans une pièce mi-relais de chasse, mi-bibliothèque en goguette. Bonne musique rock jazzy. Et boîte de nuit dans la cour à l'intérieur d'une ancienne prison.

♟ *Le Nabuchodonosor :* 12, rue Hoche (derrière la place du Palais). ☎ 02-99-27-07-58. Ouvert de midi à 1 h. Fermé le dimanche et la 1re quinzaine d'août. À partir de 75 F (11,4 €) pour un repas. Quelques hautes marches depuis la rue, et hop! ami leveur de coude, voici le bar à vin ocre patiné et gris des étudiants des Beaux-Arts. Bergerac, madiran, saumur, des vins de propriétaires choisis avec soin et facturés à des prix honorables, sans oublier quelques vieux millésimes vendus à la bouteille. Admirez la patronne qui vous sert au pif un 8 cl ou un 15 cl, car décidément les verres gradués, c'est trop fragile. Suggestions pour caler une petite faim, affichées sur des ardoises : chèvre grillé sur toast, pâté maison, tarte à

la brousse de brebis et basilic, et, pour les douceurs, *apple crumble* ou gâteau au chocolat et amandes. Bouteilles à emporter si vous voulez avoir la même chose à la maison. Un haut lieu, on vous dit. Et sans l'oppressant « boum-boum » rencontré ailleurs. À propos, le mercredi soir, deux guitaristes vous tiennent compagnie.

♟ *Le Picca Bar :* place de la Mairie. ☎ 02-99-78-17-17. L'endroit idéal pour manger à n'importe quelle heure de la nuit. On peut aussi y retrouver les artistes de passage, après leurs concerts. Vers 7 h du matin, on met tout le monde dehors, pour faire le ménage. Il fait jour et c'est le marché place des Lices. C'est reparti à la galette saucisse-vin blanc!

♟ *Le Chantier :* 18, carrefour Jouanst. ☎ 02-99-31-58-18. En bas de la place des Lices. Fermé le dimanche en hiver. Ouvert de 11 h à 1 h du matin. Le bar techno. Avec un *DJ*, tous les soirs derrière ses platines et des soirées spéciales le week-end. Un bon endroit pour avoir de l'info sur les before et les after raves. Expositions d'artistes locaux, à l'intérieur dans un décor de chantier! Pour nos lecteurs, le deuxième verre est offert.

♟ *Le Café des Beaux-Arts :* 3, rue Hoche. ☎ 02-99-36-28-75. Ouvert du lundi au samedi de 11 h (15 h le samedi) à 1 h. Fermé le dimanche et les jours fériés. Face au *Nabuchodonosor*. Ambiance bien dans la lignée rock râpeux et artistes décalés, très rennais quoi. Fait partie du « top ten » inévitable de ceux qui pulsent fort.

De l'autre côté de la Vilaine, c'est nettement plus calme, mais on vous a tout de même dégoté un petit coin hyper-sympa. Franchement moins rock, un peu moins jeune (c'est-à-dire pas exclusivement 18-25 ans).

♟ *Elsa Popping :* 19, rue Poullain-Duparc. ☎ 02-99-78-31-71. Ouvert tous les jours sauf le dimanche de 9 h à 1 h, sauf le samedi de 17 h à 1 h. Fermé en août. Un petit bar comme on les aime. Clientèle plutôt

gaucho de 17 à 77 ans. Décor « qui a vécu » comme il faut et toujours quelqu'un avec qui parler au bar. Rendez-vous de quelques musicos, artistes locaux. Musique live le mercredi soir.

Où sortir ? Où écouter de la musique ?

– **Le Théâtre national de Bretagne :** à l'angle de l'avenue Jean-Janvier et de la rue Saint-Hélier. ☎ 02-99-31-55-33. Fermé de fin juillet à fin août. Grand complexe offrant toute l'année, dans ses trois salles, de nombreux spectacles de tout genre et de grande qualité.

– **Le Bacchus :** 23, rue de la Chalotais. ☎ 02-99-78-39-93. Derrière la Poste, vers la place de Bretagne. Entrée : 70 F (10,7 €). Réductions étudiants et chômeurs. Ambiance plus rive gauche dans ce café-théâtre qui accueille des artistes locaux et parisiens. Spectacles fréquents. Téléphoner pour se renseigner sur la programmation.

– **Le Chat Qui Pêche :** 2, rue des Francs-Bourgeois. ☎ 02-99-79-63-64. Deux entrées : une sur la place Saint-Germain, une sur le quai Chateaubriand. Entrée gratuite mais consos à peine majorées. Pour écouter du bon jazz dans une ambiance décontractée où se mêlent étudiants et jazzeux de tous âges. Apéro offert sur présentation du *GDR*.

– **Le Déjazey Jazz Club :** 54, rue de Saint-Malo. ☎ 02-99-38-70-72. De 17 h à 3 h. Fermé le dimanche. Pour « s'abreuver » de jazz ou d'un cocktail dans une petite salle de concert qui a un petit air de cave. Deux concerts par semaine. Certains sont gratuits, avec prix des consommations majoré. La programmation est au niveau des bonnes boîtes de jazz parisiennes.

– **L'Ubu :** 1, rue Saint-Hélier (collé au Théâtre national de Bretagne). ☎ 02-99-30-31-68. C'est le lieu culte de toute l'activité rock de Rennes, géré par les organisateurs des Transmusicales. Une programmation de toute première qualité, très branchée, dans une ambiance des plus sympathiques. À droite de l'entrée, les programmes ont été collés sur le mur et des noms comme Arno, Minimal contact, poésies noires, Celtas Corto font encore vibrer la scène.

– **Salle de la Cité :** 10, rue Saint-Louis. ☎ 02-99-79-10-66. Concerts de rock, jazz et autres musiques dans une petite salle à taille humaine.

À voir

LE VIEUX RENNES

Balade très agréable à pied car la circulation et le stationnement sont devenus très difficiles. Certaines rues piétonnes présentent encore des alignements assez homogènes de maisons médiévales. Le grand incendie de 1720 épargna fort heureusement le quartier de la cathédrale. Le contraste avec celui du parlement de Bretagne, reconstruit après cet incendie, est, bien entendu, l'un des aspects insolites de cette randonnée urbaine.

★ **La cathédrale Saint-Pierre** *(plan A3, 50)* : rue de la Monnaie. Ouvert de 9 h à 12 h et de 14 h à 17 h. Enfin une église que l'on n'est pas obligé de décrire en termes dithyrambiques ! Construite sur le site d'un ancien temple gallo-romain. Il ne reste rien des deux édifices précédant le XVIe siècle. La façade, commencée en 1560, ne fut achevée qu'un siècle plus tard. Au sommet, le soleil de Louis XIV, visant à bien marquer l'hégémonie de la France. Au XVIIIe siècle, l'église s'effondra en grande partie. Elle fut reconstruite et achevée vers 1850. Ne subsistent donc de la période classique que les deux tours à balustrades. Résultat : un certain manque d'unité, relayé par la déception que provoque la décoration intérieure. La sobriété de l'architecture néo-classique disparaît sous les ors et les stucs, ornementation lourde rajou-tée dans la seconde moitié du XIXe siècle et typique du « bon goût » de la bourgeoisie triomphante de l'époque. Seul point d'intérêt : dans la nef à droite, un splendide retable de l'école anversoise du XVIe siècle. Belles scènes en costumes médiévaux racontant la Nativité.

★ *La rue de la Psalette :* ruelle longeant la cathédrale. Adorable rangée de vieilles demeures basses. *Rue Saint-Sauveur,* d'autres vénérables maisons. Au n° 3, *rue Saint-Guillaume,* la plus séduisante d'entre elles. À l'angle des rues de la Psalette et du Chapitre, remarquables poutres sculptées.

★ *Les portes mordelaises* (plan A3) : l'un des rares vestiges des remparts du XVe siècle, dont les abords ont été récemment aménagés. Porte princi-pale de la ville au fond d'une ruelle partant de la rue de la Monnaie. C'est par là qu'entraient les ducs de Bretagne pour se faire couronner, après avoir prêté serment de toujours se battre pour l'indépendance de leur pays.

★ *La place des Lices* (plan A3) : la grande place où se déroulaient les tour-nois du Moyen Âge. Du Guesclin y aurait rompu quelques lances. Au XVIIe siècle, elle s'orna de belles demeures bourgeoises et d'hôtels parti-culiers. On admirera, bien sûr, le remarquable alignement de hautes mai-sons à colombages et toits en carène de navire (entre la rue des Minimes et celle des Innocents). Par la même occasion, on adressera la médaille de l'esthétique urbaine à ceux qui ont laissé s'édifier l'immeuble moderne en alvéoles qui bouche tout l'horizon...
Le samedi matin, la place s'anime bruyamment et abrite l'un des plus grands marchés de France. Être à Rennes un samedi et ne pas y assister (on utilise le mot « assister » car c'est un véritable spectacle) relève de la faute grave ! À bon entendeur...

★ Pittoresques et paisibles **rue des Dames** et **rue Saint-Yves** tout en courbes qui suivent scrupuleusement le tracé de l'ancienne muraille du XIVe siècle. Bordées d'hôtels particuliers et de séduisantes demeures bour-geoises. À l'angle de la rue Lebouteiller, la chapelle Saint-Yves (1494), où est installé l'office du tourisme.

★ *La rue du Chapitre* (plan A3) : quelques beaux morceaux d'architecture médiévale. Au n° 22, façade sculptée de 1580. Au n° 6, *hôtel de Blossac.* Splendide portail, cour intérieure intéressante et, à gauche (dans la cour), monumental escalier avec élégante rampe en fer forgé. Rue de Clisson, *basilique Saint-Sauveur* qui fut épargnée par le grand incendie de 1720. Gabriel Fauré y officia avant de partir pour Paris, à l'église de la Madeleine. Mais à Rennes, personne ne semble s'en souvenir (pas même une plaque commémorative).

★ À la frontière du vieux Rennes et de la « ville classique » de 1720, angle des rues Le Bastard et Champ-Jacquet, bel **hôtel particulier** avec tourelle d'angle. À 100 m, la place du Champ-Jacquet présente, du n° 11 au n° 15, d'admirables *façades* complètement de guingois. À côté, au n° 5, un *hôtel particulier* de 1660 montre clairement déjà la transition qui s'effectue entre l'utilisation du bois et de la pierre.

★ *La rue Saint-Michel,* très homogène au point de vue architectural et fort bien rénovée, mène à la gentille place Sainte-Anne. On y trouve, au n° 19, la belle *maison de Leperdit,* maire de Rennes à la Révolution française, et l'*église Saint-Aubin.*

LA VILLE CLASSIQUE

★ *Le Parlement de Bretagne* (plan B3, 51) : place du Parlement. Entrée : 40 F (6,1 €) et 20 F (3 €) pour les 7-15 ans et étudiants. Édifice majeur du patrimoine rennais, dessiné par Salomon de Brosse, il relève de l'histoire de la Bretagne. Brûlé en février 1994, aujourd'hui restauré, il abrite à nouveau la Cour d'appel et est ouvert à la visite. Appeler le : ☎ 02-99-67-11-11 pour réserver une visite guidée.

★ *L'hôtel de ville (plan B3, 52) :* place de la Mairie. Ouvert du lundi au vendredi de 8 h 30 à 17 h et le samedi de 8 h 30 à 12 h. Fermé les dimanche et jours fériés. Entrée libre. Œuvre de Jacques III Gabriel (père de Jacques IV qui réalisa le Petit Trianon à Versailles et conçut le plan de la place de la Concorde). Un clocher à lanternon surmonte un fronton sculpté, soutenu par quatre colonnes qu'encadrent deux pavillons incurvés.
Une anecdote : vous aurez remarqué la grande niche vide sous le fronton. Une sculpture personnifiant l'union de la Bretagne et de la France y trôna longtemps. La Bretagne, sous les traits d'une femme à genoux, tenait les mains du roi, quant à lui assis ! Cette situation inégale et humiliante fut toujours dénoncée par les Bretons. En 1932, pour le quatrième centenaire de l'acte d'Union, une charge d'explosifs, posée par une organisation autonomiste, fit disparaître ce symbole de l'oppression. *La Cohue* à Vannes a subi le même sort.
Possibilité d'accéder à l'ancienne chapelle, au grand escalier orné de tapisseries et à la salle des mariages.
Face à la mairie, le *Grand Théâtre,* de facture néo-classique, élevé en 1831.

★ Dans le prolongement de la place de la Mairie, la **rue Saint-Georges** demeure, côté est, l'une des rares rescapées du grand incendie. Harmonieuse confrontation de tous les styles, maisons à pans de bois côtoyant de beaux hôtels particuliers. Chaque édifice mérite une étude attentive.

★ *L'église Saint-Germain (plan B3, 53) :* place Saint-Germain. Ouvert de 9 h à 12 h et de 14 h à 18 h ; le dimanche de 16 h à 18 h. Édifiée au XVᵉ siècle et ancienne paroisse des marchands-merciers. Façade ouest de style flamboyant. À l'intérieur, beau *vitrail* de la même époque, racontant l'histoire de la Vierge et la Passion.
La nuit, les rues autour prennent des tons blafards dans le halo des pâles lumières, avant de déboucher dans l'éclatante rue Saint-Georges. La rue Corbin, quant à elle, mène à l'ancien *palais abbatial Saint-Georges,* de 1670 (à l'intersection avec la rue Gambetta).

★ *L'église Notre-Dame (plan B2, 54) :* place Saint-Melaine. Ouvert tous les jours de 9 h à 12 h et de 15 h à 19 h. Ancienne église d'abbaye du XIᵉ siècle, rebâtie au XIVᵉ. Élégante façade classique plaquée, en 1672, sur une vieille tour romane. À l'intérieur, de la période romane subsiste également la croisée de transept aux larges et sobres arches en plein cintre.

★ *Les jardins du Thabor (plan B2, 55) :* jouxtant l'église, l'ancien parc de l'abbaye fournit l'occasion, depuis le XVIIIᵉ siècle, d'une agréable promenade dans de beaux jardins à la française. Accès libre.

★ *La cité judiciaire :* bd de La Tour-d'Auvergne. Loge dans un immeuble ultra-moderne en forme de champignon de verre et d'acier. On n'est pas des fanas des grands ensembles type mégalopolis, c'est pourquoi il n'y a rien d'original à signaler à propos du nouveau quartier du Colombier, à côté du Champ-de-Mars ! Juste une sculpture moderne à remarquer : l'*Unité,* au coin du bd de la Liberté et de la rue Tronjolly.

RIVE SUD

★ *Le musée des Beaux-Arts (plan B3, 56) :* dans le même bâtiment que le musée de Bretagne, mais au 1ᵉʳ étage. ☎ 02-99-28-55-85. Ouvert tous les jours sauf les mardi et jours fériés de 10 h à 12 h et de 14 h à 18 h. Entrée payante : 20 F (3 €). Réductions. Riches collections. Archéologie égyptienne et grecque. Section des peintres bretons avec une salle consacrée à la peinture de Pont-Aven. Quelques primitifs italiens et diverses sculptures du XIXe siècle complètent un ensemble assez éclectique. Pour la peinture du XIXe siècle : un beau Corot *(Passage du gué),* plus les académiques, les pompiers, etc. Du XVIIIe siècle : Chardin, Van Loo. Du XVIIe siècle : Le Brun *(Descente de croix),* Philippe de Champaigne *(Madeleine repentante).* Et puis le chef-d'œuvre du musée : *Le Nouveau-Né,* de Georges de La Tour, à la lumière très expressive. Pour finir, allez jeter un œil ou deux aux expos temporaires qu'organise régulièrement le musée.

★ *L'écomusée du pays de Rennes (ferme de la Bintinais) :* route de Châtillon-sur-Seiche, à environ 4 km du centre. ☎ 02-99-51-38-15. ♿ Accès en bus au départ de Rennes : ligne 14, arrêt « Le Gacet » (ligne 1 le dimanche, arrêt « Tage ») ; ou par la ligne 61, arrêt « Le Hil-La Bintinais ». Ouvert d'avril à fin septembre de 9 h à 18 h en semaine et de 14 h à 18 h le samedi, et de 14 h à 19 h le dimanche. D'octobre à fin mars, de 9 h à 12 h et 14 h à 18 h en semaine. Mêmes horaires pour les week-ends. Fermé le lundi et jours fériés. Entrée payante : 30 F (4,6 €). Réductions.

Au travers de l'histoire d'une ancienne ferme située en ce lieu même et connue sous le nom de La Bintinais, on a constitué un très bel écomusée qui se propose, grâce à une exposition permanente et à la remise en culture d'une partie des terres de l'ancienne exploitation, de faire comprendre les relations que l'homme entretient avec son milieu en pays de Rennes du XVIe siècle à nos jours. Vous y découvrirez les changements socioculturels au travers de l'architecture, du costume, de l'aménagement des maisons (très belles reconstitutions de cuisines), du langage et des loisirs, au moyen de mises en scène particulièrement réussies et de diaporamas. Sans oublier l'histoire des productions et des techniques agricoles reconstituées grandeur nature sur 20 ha d'espace cultivé. Ces espaces cultivés permettent d'ailleurs de présenter un important cheptel d'animaux domestiques propres à la région, et qui étaient il y a peu de temps encore en voie de disparition. Ainsi, c'est grâce au dynamisme des concepteurs que vous écarquillerez vos mirettes devant la poule coucou de Rennes (que l'on retrouve à présent sur l'étal de nombreux volaillers et bouchers, ainsi qu'à la carte de quelques restaurants), la vache bretonne pie noire, le mouton des Landes de Bretagne, et on en passe... Agréable parcours fléché qui vous mènera jusqu'à l'étable, la porcherie, la bergerie, etc. Dans le musée, diaporamas, outils, habitat, traditions... Expositions temporaires et animations autour de différents thèmes. Compter deux bonnes heures de visite minimum. À voir plus particulièrement si vous vous trouvez à Rennes fin novembre : la *fête du pommé.* Pendant tout un dimanche, on épluche des pommes, on les découpe, puis on les fait cuire lentement et longuement dans un chaudron, dans la cheminée, avec du jus de pomme, jusqu'à l'obtention d'une pâte semi-épaisse aux parfums subtils : le *pommé.* À cette occasion sont organisés des dégustations, bal, concerts de musique traditionnelle ou non, lectures...

★ *Tourisme technique :* il faut rappeler l'existence de l'usine *Citroën* inaugurée en 1961 à La Janais, route de Lorient, et de l'imprimerie d'*Ouest France,* quotidien du Grand Ouest qui tire à 790 000 exemplaires (le plus fort tirage des journaux quotidiens français). Dans les deux cas, on peut visiter, mais la demande est importante et longue est la liste d'attente. Ces visites s'adressent principalement aux groupes. Citroën : ☎ 02-23-36-38-05. Visite gratuite de 2 h, uniquement sur rendez-vous. Ouest France : ☎ 02-99-32-60-00.

★ *La rue Vasselot :* vestige de la ville basse ancienne. Bien restaurée. Ne manquez pas au n° 34, dans la cour, le superbe escalier extérieur en bois, du XVIIe siècle. À côté, l'*église de Toussaints,* du XVIIe siècle.

★ *Le lycée Émile-Zola :* avenue Janvier. Ce n'est pas son architecture très originale qui attirera votre attention, mais ce qu'il symbolise. Ici eut lieu un événement social et politique d'une portée considérable : le deuxième procès du capitaine Alfred Dreyfus en août 1899, après le retentissant *J'accuse,* de Zola. Il faut imaginer l'atmosphère de l'époque, les affrontements des dreyfusards (intellectuels, militants de gauche, antimilitaristes, humanistes et libéraux) et des anti-dreyfusards (droite cléricale et antisémite). Une France coupée en deux. Malheureusement, l'histoire se répète encore et, un siècle après, les délires racistes et antisémites font toujours autant de ravages...

★ *Les mosaïques Odorico :* la ville de Rennes a été marquée par l'arrivée, à la fin du siècle dernier, de deux frères italiens, artisans mosaïstes. De nombreux architectes leur ont confié la décoration de divers édifices. Immeubles d'habitation, commerces, piscine, poste, cité universitaire... Avis aux amateurs d'Art déco ! Si vous avez aimé Gaudí à Barcelone, vous ne serez pas insensible aux frères Odorico. L'office du tourisme organise une visite guidée dans Rennes pour découvrir leur œuvre.

Fêtes et manifestations

– *Le festival des Tombées de la nuit :* il se déroule pendant une semaine début juillet. Sa programmation est délibérément tournée vers la création régionale avec, cependant, une ouverture à d'autres régions de France, d'Europe ou du monde. Il évite ainsi que les artistes bretons n'aient comme seule alternative, pour exister et percer, que de « monter à Paris ». Le festival est éclaté en plus d'une centaine de lieux et prend possession de toute la ville. Tous les genres s'y expriment : chanson, poésie, danse, théâtre, café-théâtre, mime, cinéma, bande dessinée, etc.
Pour cela, les vieilles rues et places offrent un cadre exceptionnel en permettant l'intégration du riche patrimoine architectural de Rennes. Grandes places propices aux productions importantes, petites places et cours adaptées aux spectacles intimistes (poésie, marionnettes, vieux contes, etc.), églises pour certains concerts, rues offertes aux clowns, mimes, bateleurs, théâtre de rue, etc.
– *Association des Transmusicales (ATM) :* ☎ 02-99-31-12-10. Chaque année, la 1re semaine de décembre, se tiennent pendant 3 jours les *Transmusicales,* fantastique festival de rock qui rassemble groupes et chanteurs de France et de l'étranger. En quelques jours, c'est l'occasion unique de voir concrètement tout ce qui se fait de nouveau, d'avoir un panorama quasi complet de toutes les tendances, modes, recherches musicales... avec l'espoir jamais déçu de voir aussi surgir des révélations, des talents jusqu'alors inconnus. Le public est curieux, enthousiaste, tolérant... Bref, un grand événement. À ne pas rater !
On peut dire que, grâce à ce festival désormais célébrissime, Rennes est devenu une sorte de paradis du rock. Après avoir enfanté Marquis de Sade, Étienne Daho, Niagara, Marc Seberg ou les saxophonistes géniaux Pinpin et Pabœuf, Rennes est désormais l'une de ces très rares villes françaises où le rock est partout. Depuis les bars (voir plus haut) déclinant toutes les tendances possibles jusqu'aux nombreux lieux de répétition ou d'enregistrements mis à la disposition des groupes, comme la « Fun House », ou le « Balloon Farm Studio »... Merci donc aux Transmusicales !
Cela dit, les puristes vous diront que ces « Trans » sont devenues un rendez-vous du show-biz rock, une machine de guerre au service des grandes maisons de disques. Bref, ce n'est plus tout à fait ce que c'était, et la fonction humble de « découverte de petits groupes régionaux de derrière les fagots » n'est pas toujours remplie. Les purs et les durs avaient alors créé les *Folies rennaises,* festival renouant avec la folie initiale des Transmusicales, pendant lequel les groupes les plus frappés se repassaient le flambeau dans les bars les plus chauds de la ville (voir rubrique « Où boire un verre ? »). Mais

d'importants problèmes financiers ont eu raison de ces Folies... jusqu'à nouvel ordre ! À suivre donc...

– **Traveling :** festival de cinéma sur le thème des villes. Également un « spécial enfant », à la même période. Tous les ans, pendant la seconde semaine de mars, dans les cinémas et lieux de culture. Berlin, Madrid, Québec, Le Caire, les villes imaginaires, Dublin en 2001...

– **Le Marché des Lices :** sur la place du même nom, tous les samedis, pour rencontrer les Rennais, tous les Rennais, mais aussi les gens de passage et les étudiants. Une vraie fourmilière, avec des artistes de rue, etc.

Dans les environs

RENNES

★ *CHÂTEAUGIRON*

À 15 km au sud-est de Rennes, en direction de La Guerche et d'Angers. Une petite cité de caractère, encore préservée du flot touristique. Le *château* médiéval est étonnamment vivant et somptueux avec ses imposants remparts et ses deux belles tours encadrant un corps de logis classique.

Dans le château, la mairie fournit très aimablement toutes sortes de renseignements. Elle organise sur demande des visites guidées du château, les week-ends d'été.

La rue principale, la *rue de la Madeleine,* révèle de nombreuses maisons à pans de bois (XVIe-XIXe siècles). En contrebas, un étang de ville, très fleuri et très propre, est agréable pour la baignade.

🛏 |●| *L'Auberge du Cheval Blanc :* 7, rue de la Madeleine ; dans le centre. ☎ 02-99-37-40-27. Fax : 02-99-37-59-68. Chambre double à 280 F (42,6 €). Menus du déjeuner à 80 F (12,2 €), puis de 110 à 140 F (16,7 à 21,3 €). Demi-pension autour de 230 F (35 €) par jour et par personne. Hôtel-restaurant tout en bois, ancien relais de poste du XVIIe siècle, aux bons soins de la famille Cottebrune depuis quatre générations. Les chambres sous les toits, rustiques et simples, sont le plus confortables, avec de belles poutres apparentes. Le restaurant est tout à fait satisfaisant, offrant une cuisine classique, copieuse et soignée. Apéritif ou café offert sur présentation du *GDR.*

À VOIR DANS LES ENVIRONS DE CHÂTEAUGIRON

★ *Nouvoitou :* à 3 km à l'ouest de Châteaugiron. Ses habitants se livraient jusqu'en 1950 au tissage de la toile à voile. Les fermes, où étaient produits le chanvre et le lin, travaillaient elles-mêmes leur production. L'hiver, les femmes filaient les écheveaux puis tissaient sur les métiers.
L'église renferme un très beau retable de la fin du XVe siècle.

★ *Le moulin à farine du Tertron :* près de Nouvoitou, en direction de Saint-Armel puis d'Épron. Poursuivre jusqu'au hameau et prendre le chemin qui plonge sur la droite de l'Ourmais. Il fonctionne toujours. Balade sympa sur les bords de la Seiche.

★ *Le musée du Cidre Louis-Raison :* dans le village de **Domagné**, à une dizaine de kilomètres à l'est de Châteaugiron, par la D34. Bien indiqué depuis le centre du village. ☎ 02-99-00-08-80. ♿ Ouvert de 9 h à 12 h et de 14 h à 18 h 30 sauf les samedi et lundi matin (hors saison) ; ouvert dimanche et jours fériés de 14 h à 18 h 30. Fermé de décembre à mars. Entrée payante : 20 F (3 €) avec une bolée de cidre. Toute l'histoire de la famille Raison, grande entreprise de cidre de la région. Sympathique musée où sont réunis tous les outils et machines anciennes liés à la production du cidre : alambics divers, pressoir à étreinte, tour à piler, laveuse à bouteilles, broyeur à pommes... Nouveauté : on vous raconte l'histoire du mariage du cidre et de la galette de sarrasin. Également la reconstitution de quelques commerces d'autrefois. Compter 2 bonnes heures de visite. 10 % de remise sur présentation du *GDR*.

★ *Le musée de la Ferme d'autrefois : Le Grand-Beaumont,* 35134 Thourié. ☎ 02-99-43-11-55. À 35 km au sud de Rennes par la D163, 1re route à droite après le bourg. Ouvert du 15 mai au 15 octobre, de 10 h à 12 h et de 15 h à 18 h. Téléphoner pour prendre rendez-vous avec M. Hunault, retraité de l'agriculture. Collectionneur de matériel agricole et artisanal, il a réuni, entre autres choses, une collection exceptionnelle de tracteurs anciens qu'il bichonne et qu'il fait fonctionner lors des visites qu'il anime avec passion. Il organise également, l'été, des fêtes traditionnelles de battage.

★ *La Vallée des Canards :* La Heurtelais, route de Châteaugiron, à Noyal-sur-Vilaine. ☎ 02-99-00-65-66. ♿ De Rennes, prendre la direction Vitré (N157). De Châteaugiron, aller à Noyal-sur-Vilaine (CD92). Ouvert en saison de 9 h 30 à 12 h, puis de 14 h à 19 h. Hors saison de 14 h à 19 h. Entrée payante : 32 F (4,8 €) par adulte et 16 F (2,4 €) pour les 4-10 ans. Pour ceux qui ne s'intéressent pas uniquement au foie et au magret du charmant volatile. Plus d'une centaine d'espèces. Au total, plus de 800 anatidés à découvrir en se baladant en pleine verdure.

LA VALLÉE DE LA VILAINE

Voici une balade pour ceux qui ont déjà pas mal bourlingué en Bretagne et veulent approfondir leur connaissance du pays rennais. Balade en soi pas très spectaculaire mais gentille, sympa, livrant de-ci, de-là de jolis villages et des sites pittoresques. De Rennes à Redon, la Vilaine musarde entre riches terres agricoles et massifs de grès et de schiste rouge. De temps à autre, elle franchit des passages plus encaissés. La route ne cesse de la suivre, de la traverser, de la retraverser, livrant d'agréables points de vue sur ses méandres. Échouant parfois aussi sur ses rives au moment où un tranquille chemin de halage prend justement le relais, invitation à goûter en quelques pas la douceur du paysage.

★ *Bruz :* à 12 km au sud de Rennes, à l'est de La Vilaine, le *parc ornithologique de Bretagne.* ☎ 02-99-52-68-57. Ouvert tous les jours du 1er mars au 15 novembre, de 10 h à 12 h et de 14 h à 19 h en juillet et août ; horaires restreints le reste de l'année. On y découvre plus de 1 000 oiseaux exotiques vivants : perroquets, cacatoès, loris, bernaches...

★ *Pont-Réan :* à 3 km au sud de Bruz, un bourg tout pourpre (tiens, ça sonne amusant !) à cause du schiste rouge violacé entrant dans la construction des maisons. Pont classé du XVIIIe siècle. Jolie base nautique pour le canoë-kayak et les bateaux de plaisance qui circulent sur la Vilaine.

★ *Le moulin de Boël :* bien fléché depuis Pont-Réan. Eh bien non, vous n'êtes pas sur les bords de la Dordogne, malgré le paysage joliment accidenté. On y trouve l'un des derniers moulins construits au XVIIe siècle suivant une technique permettant d'affronter le courant : mur amont en forme d'éperon et toit à cinq pans. L'un des lieux de villégiature préférés des Rennais. Aux beaux jours, beaucoup de monde le week-end. Les environs sont très prisés des randonneurs à pied, à cheval et à VTT (de beaux passages « très techniques », selon les spécialistes).

★ **La Bouëxière :** sur la route entre Pont-Réan et Bourg-des-Comptes, jetez donc un coup d'œil dans le haut, en descendant vers la Vilaine, à ce hameau constitué de très belles fermes. En bas, joli point de vue paisible et champêtre sur la Vilaine.

★ **Bourg-des-Comptes :** village de caractère. Jolie place principale. Autour de l'église s'ordonnent de vieilles maisons à l'architecture homogène (granit et encadrements de fenêtre en brique). Deux demeures médiévales près de la poste. L'une flanquée d'une haute tourelle, l'autre s'ouvrant par une élégante porte à accolade. Ne manquez pas d'aller au petit *port de la Courbe* (par la rue de la Courbe). Coin d'une sérénité totale. Le vieux ponton de bois, le paysage verdoyant, le *Rox-Bar* et sa terrasse toute simple pour un verre tranquille.

En descendant vers la Courbe, vous aurez noté ces très jolies maisons de pierre dans la verdure. Tout près, par la rue du Moulin-de-la-Courbe, allez jeter un petit coup d'œil curieux à ce qui était encore un beau moulin il y a vingt ans, transformé aujourd'hui en une jolie maison. L'endroit est malheureusement pris d'assaut le week-end par les pique-niqueurs.

|●| **Auberge du Relais de la Place :** 16, pl. de l'Église. ☎ 02-99-57-41-12. Fax : 02-99-57-41-57. Fermée la première semaine de janvier. Menu à 75 F (11,4 €) sauf le samedi soir et les jours fériés, puis de 98 à 225 F (14,9 à 34,3 €). Près de l'église. Réservation recommandée. Cadre frais et fleuri d'auberge comme on les aime. Cuisine traditionnelle de campagne. Ah ! l'assiette de terrines maison, le sauté de pintadeau à la fondue de légumes, etc. Gibier en saison. Bons desserts. Accueil et service agréables. Bon rapport qualité-prix dès les premiers menus, le tout premier menu est quand même un peu juste, très quelconque. Carte des vins impressionnante. Bon, c'est pas le tout, mais on y retourne ! Café offert sur présentation du *GDR*.

★ **Pléchâtel :** petit village sur une colline dominant la Vilaine. Nombreuses et étonnantes demeures anciennes. Devant le bureau de poste, l'une des plus belles croix de la région (du XIVe siècle). Sur la gauche de ce bureau de poste, vous ne manquerez bien évidemment pas de prendre le sens interdit qui vous conduira par une jolie petite route jusqu'au bord de la rivière, délicieusement ombragée qui débouche sur la plage.

On peut aussi visiter dans le bourg, derrière le presbytère, direction La Levée, des grottes rénovées par les chômeurs du coin. Et pour les amateurs de vieux chêne, il y en a un qui se cache dans la forêt, mais il faut demander le chemin à la charmante coiffeuse de Pléchâtel. Sur la route de Guichen, vous verrez à Saint-Senoux une belle église byzantine perdue dans la verdure des forêts.

★ **Saint-Malo-de-Phily :** paisible village haut perché sur une colline. À 500 m, en pleine campagne, une adorable chapelle (bien indiquée). En outre, aux alentours, belle architecture rurale. Sur le chemin de la chapelle, une étonnante ferme présente une façade au bel appareillage de schiste et de grès, percée de colombiers et surmontée d'une élégante lucarne de pierre sculptée. De la chapelle, les randonneurs pourront attraper le GR39. Alentour, les sentiers pédestres sont nombreux et superbes. Dans le bas du bourg, allez faire un petit tour devant le très élégant château de la Driennais. La classe, non ?

★ Le sympathique **port fluvial** que se partagent **Messac** et **Guipry** (chacun sa rive !) mérite le détour. Sachez que Messac est l'une des principales bases de location de bateaux fluviaux en Bretagne. Au beau milieu de la rivière, l'imposant bâtiment de l'ancienne minoterie transformée en crêperie.

▲ **Gîte d'étape municipal :** ouvert toute l'année. Renseignements auprès de Mme Guihard : ☎ 02-99-34-67-34. Dans une agréable maison de style typique de la moyenne Vilaine, avec une belle cheminée, et bien entretenue. 40 places en dortoirs.

■ **Canoë-kayak :** renseignements à côté du joli syndicat d'initiative noyé sous le lierre, à Messac,

square de la Liberté. Ouvert du 15 juin au 15 septembre. ☎ 02-99-34-61-60.

■ **Location de bateaux fluviaux** (mini-péniches habitables) : *Crown Blue Line.* Renseignements : ☎ 02-99-34-60-11. Fax : 02-99-34-25-27. Fermé le dimanche en saison et le week-end hors saison. Une agréable façon de découvrir la région.

★ **Les Corbinières :** par la D77 puis la D127, une délicieuse et étroite route de campagne traverse l'une des plus belles cluses du cours de la Vilaine. La rivière se resserre au fond d'une gorge. Site merveilleux pour la promenade ou le VTT.

★ **Le pont de Port-de-Roche** livre un autre beau panorama sur le fleuve et sur le joli manoir de la Chaussaie. Remarquer sa fière architecture métallique et, sur son arche, le sceau impérial de Napoléon III et Eugénie. Chef-d'œuvre de l'Exposition universelle de 1867, il fut remonté ici l'année suivante. Surprenant, non ?

★ À 10 km à l'est, le fameux **donjon du Grand-Fougeray :** tour Du-Guesclin au bord d'un étang, dans un parc aux somptueux arbres centenaires.

★ **Le manoir de l'Automobile :** à **Lohéac,** sur la route de Lieuron, à environ 1 km du centre. ☎ 02-99-34-02-32. Ouvert toute l'année de 10 h à 13 h et de 14 h à 19 h, tous les jours sauf le lundi (excepté en juillet-août). Entrée : 38 F (5,7 €) par adulte et 28 F (4,2 €) par enfant. Ouvert les jours fériés également. Étonnant musée regroupant plus de 200 voitures, depuis la De Dion-Bouton de 1899 jusqu'à la « Countach », en passant par une superbe Facel-Vega de 1961. Ce musée gigantesque, organisé avec pédagogie et intelligence, parcourt vraiment tout le monde de l'automobile dans sa diversité : voitures populaires d'avant-guerre, incroyables prototypes qui ont participé aux 24 Heures du Mans, avec tout autour des dizaines d'Alpine-Renault dont la première A 106. Dans la salle des belles italiennes, 12 modèles de Lamborghini aux coupes époustouflantes. La salle des voitures de prestige n'est pas en reste avec des Rolls, des Packard, des Cadillac, des cabriolets en veux-tu en voilà (belles Peugeot 304, 504, 403...). L'espace maquettes et l'espace garage complètent harmonieusement ce riche ensemble. Et puis on vous laisse découvrir tout le reste par vous-même. À noter que tous les samedis, des visiteurs tirés au sort pourront faire un tour dans une voiture de collection.

★ À **Saint-Just,** en prenant la D54 du Port-de-Roche, vous trouverez un très étonnant site mégalithique, avec les alignements de la lande de Cajoux et les chaos de rochers de Tréal (voir plus loin, « Dans les environs de Redon »).

★ **Langon** (35660) **:** petit bourg étagé sur une colline. *Église Saint-Pierre* offrant un très original clocher entouré de pas moins de douze clochetons ; art roman dont une fresque datant du XIIe siècle. Une curiosité : la petite chapelle Sainte-Agathe, construite à partir de murs gallo-romains (pierres alternant avec un chaînage de brique, technique typique de cette période), ce qui en fait l'un des plus anciens monuments bretons. À l'intérieur, dans l'abside, trace d'une fresque romaine découverte sous une peinture plus récente. On distingue nettement un amour chevauchant un dauphin, entouré de poissons, et Vénus naissant des ondes. Il s'agit donc, pour les historiens, d'un ancien temple dédié à la déesse de l'Amour !

À côté du bourg, sur la lande du Moulin, une trentaine de menhirs, appelés ici *demoiselles*. Une légende raconte que des jeunes filles, plutôt que d'aller aux vêpres, préférèrent aller danser dans la lande. Pour les punir, Dieu les transforma en pierres.

Sur la route de Langon à La Chapelle-de-Brain, à 1 km, un panneau signale un tronçon important de *voie romaine*. Située dans le village de La Louzais. Intacte, en bord de rivière, sous un beau tunnel d'arbres. Le petit panneau rappelle : « Les Romains firent construire cette voie par leurs esclaves : les Gaulois... ».

▲ *Gîtes communaux :* renseignements à la mairie. ☎ 02-99-08-76-55.

★ Avant d'arriver à Redon, *la route de Brain-sur-Vilaine à Renac* vous procurera le tendre plaisir d'une jolie campagne verdoyante, variée et paisible à souhait.

REDON (*REDON*) (35600)   10 500 hab.

Située au confluent de la Vilaine, de l'Oust et du canal de Nantes à Brest, Redon est presque une sorte de petite Venise bretonne. Il y a des ponts partout, tant et si bien que l'on finit par ne plus savoir quelle rivière on traverse. Ville carrefour entre Ille-et-Vilaine, Morbihan et Loire-Atlantique, écartelée entre deux régions administratives (Bretagne et Pays de la Loire), et nœud ferroviaire important, Redon semble ne pas savoir à quelle identité se vouer. Pourtant, les rues de la vieille ville témoignent d'un passé où Redon, au Moyen Âge, rayonnait sur toute la Bretagne.

Aux alentours de la ville, on note la remarquable unité géo-touristique du bassin de la Vilaine et de ses affluents :

– *L'Oust,* dont la vallée présente une alternance d'amples dépressions marécageuses et des cluses escarpées ; le plus bel exemple nous semble être l'île aux Pies, à Saint-Vincent-sur-Oust.

– *L'Isac,* doublé par le canal de Nantes à Brest, traverse de belles forêts (Saint-Gildas, Le Gâvre, Fresnay) et des sites agréables (Saint-Clair, Pont-Miny, etc.).

– *Le Don* (le petit, pas le russe) serpente d'est en ouest, parallèlement à une ligne de crête, dans l'espoir de trouver un passage vers la mer.

– La *Chère* et le *Semnon,* plus au nord, connaissent le même problème – si l'on peut dire – à travers des paysages de bois, de marais, entre de douces collines.

– L'*Aff,* affluent de l'Oust, est alimenté par l'Oyon qui prend sa source dans la forêt de Paimpont. C'est la vallée la plus pittoresque des pays de Vilaine. On y rencontre plusieurs manoirs et moulins à aubes. Plus de 1 000 moulins à eau ont été recensés en Bretagne, aussi s'est-il créé une association des molinologues qui organise des manifestations molinologiques centrées sur leur musée du moulin des Récollets, à Pontivy.

Redon dans l'histoire

C'est une ville de fond d'estuaire, encore classée port maritime de la Vilaine. La cité s'est constituée autour du monastère fondé par Konvoïon, ministre du roi Nominoë en 832. L'abbaye Saint-Sauveur a été maintes fois assiégée, détruite, rebâtie au cours des siècles. Toutefois, il ne faut pas oublier la fonction portuaire de Redon, sous-préfecture d'Ille-et-Vilaine (10 452 habitants en 1996), au carrefour des voies navigables de l'Ouest. C'est aujourd'hui le port d'attache de coches d'eau qui naviguent sur toutes les rivières convergeant vers Redon (renseignements à l'office du tourisme). On sera particulièrement sensible à la superbe décoration florale de cette cité qui a obtenu de nombreux prix dans les concours nationaux (1re en 1983).

On ne peut pas passer sous silence les difficultés économiques de cette ville qui a été, entre autres, la capitale du briquet Flaminaire et du machinisme agricole. Dans ce registre, il faut parler de l'usine d'Yves Rocher qui fabrique, à La Gacilly (dans le Morbihan, voir notre *GDR* « Bretagne Sud »), toute une gamme de produits de beauté à base de plantes.

Adresses utiles

◘ *Office du tourisme du pays de Redon :* place de la République. ☎ 02-99-71-06-04. Fax : 02-99-71-01-59. ● tourisme.redon@wanadoo. fr ● En saison, ouvert du lundi au samedi de 9 h à 19 h et le dimanche de 10 h à 12 h et de 16 h à 19 h ; le reste de l'année, ouvert du lundi au samedi de 9 h à 12 h et de 14 h à 18 h.

◘ *Pays d'accueil de Vilaine :* ☎ 02-99-72-72-11. Fax : 02-99-72-36-68. ● www.rivieres-oceanes.com ●

L'ILLE-ET-VILAINE

Où dormir ?

Bon marché

▲ *Gîte d'étape :* chez Mme Le Villoux, Le Lot, à Rieux (10 km au sud de Redon et 1,5 km de Rieux). ☎ 02-99-91-90-25. Fermé en décembre et janvier. 51 F (7,7 €) la nuitée. On dort dans des dortoirs de 5 ou 20 lits, dans le cadre champêtre d'une vieille ferme. Apporter son duvet. Cuisine disponible et cheminée dans le salon. Proprio fort sympathique, tout en décontraction. Annexe équestre. Aire de camping.

Prix moyens

▲ *Hôtel Le France :* 30, rue Du-Guesclin. ☎ 02-99-71-06-11. Fax : 02-99-72-17-92. Fermé de Noël au 7 janvier. Chambre double de 180 à 290 F (27,4 à 44,2 €). Hôtel banal situé dans le pittoresque quartier du port. Tout de même quelques chambres agréables avec balcon donnant sur les quais. Une halte dodo avant tout.

▲ *Asther Hotel :* 14, rue des Douves (devant la « place aux Marrons »). ☎ 02-99-71-10-91. Fax : 02-99-72-11-92. Ouvert toute l'année. Chambre double de 250 à 260 F (38,1 à 39,6 €) avec douche ou bains et w.-c. Au resto, menus de 68 à 119 F (10,4 à 18,1 €). En plein centre-ville, c'est son premier atout. Situé au-dessus d'une brasserie, cet hôtel dispose de chambres confortables et bien entretenues. Rapport qualité-prix et accueil corrects. Un petit déjeuner par chambre offert sur présentation du *GDR*.

Où manger ?

|●| *Crêperie L'Akène :* 10, rue du Jeu-de-Paume ; près du vieux port. ☎ 02-99-71-25-15. Compter 85 F (13 €) pour un repas complet. Dans une petite ruelle du quartier du vieux port. Cadre agréable et produits de

qualité pour pas cher. Bonnes galettes et salades composées. Un conseil : après un bon repas de crêpes à *L'Akène*, allez donc vous en jeter un petit au sympathique *bar du Port*, à 20 m.

|●| Auberge des Marais : 80, av. Jean-Burel. ☎ 02-99-71-02-48. Fermé le vendredi soir et le dimanche hors saison, le dimanche en saison ainsi que 15 jours en juillet. Menus de 68 à 115 F (10,3 à 17,5 €). Jolie petite auberge couverte de lierre, où règne une gentille atmosphère provinciale comme on les aime. Les deux premiers menus sont très corrects; les suivants carrément copieux. Accueil sympa. Apéritif maison (la Belle Isac) offert sur présentation du *GDR*.

Où manger plus chic dans les environs ?

|●| L'Auberge du Poteau Vert : à 5 km de Saint-Nicolas-de-Redon, route de Nantes, sur la droite en venant de Redon, devant un poteau vert, ce qui n'a finalement rien d'étonnant. ☎ 02-99-71-13-12. ♿ Fermé le dimanche soir, le lundi, le jeudi soir et les soirs des jours fériés. Menus de 95 à 320 F (14,4 à 48,7 €), à midi et en semaine. L'adresse raffinée et chic de la région, dans un bon esprit pas prétentieux. Premier menu à 130 F (19,8 €) déjà attractif : carpaccio de saumon frais au citron vert et couronne de pommes de terre, un bourguignon de lotte au vin de Loire, en terminant par l'assiette de sorbets et coulis de fruits rouges. Inutile de vous dire que les menus suivants constituent une belle escalade de plaisirs du palais, même si cela peut vous faire dépenser un peu plus que prévu. Café offert sur présentation du *GDR*.

À voir. À faire

★ *L'église Saint-Sauveur :* ancienne abbatiale d'un monastère du XIe siècle. Elle présente plusieurs curiosités : d'abord, un beau clocher gothique (du XIVe siècle) de 57 m de haut et étrangement séparé du corps de l'église ! Lors de 1780, un violent incendie endommagea considérablement l'édifice. Lors de la reconstruction, on réduisit de cinq travées la nef (budget serré probablement), et la tour se retrouva isolée. Le toit fut rebâti en forme de carène de navire renversée. Mais la partie la plus intéressante est le *clocher* roman, unique en Bretagne dans le genre. Nette influence du style saintongeais, et insolite mélange de grès rouge et granit gris qui lui donne une très jolie coloration polychrome. Harmonieux festival de fenêtres à arcatures rondes sur trois étages, du plus bel effet (là aussi, rare en France). À l'intérieur, nef romane assez sombre. L'abaissement du toit supprima, bien entendu, les verrières. Chœur gothique aux hautes fenêtres. Vaste *retable* du XVIIe siècle. Sur le pilier à droite du chœur, délicate *Vierge* en bois polychrome du XVe siècle. Enfin, ne manquez pas, à la sortie de l'église, d'aller jeter un œil au *cloître*.

★ *La Grand-Rue :* c'est l'axe commerçant de la ville. On y trouve quelques maisons anciennes à pans de bois ou en grès.

★ *Le quartier du port :* tout en bas de la Grand-Rue. Belle vue sur les écluses fleuries en enfilade. Quartier cerné par la Vilaine et les bassins à flot, et possédant un urbanisme et une architecture assez caractéristiques. Du 32 au 38, rue du Port (prolongement de la Grand-Rue), noter l'intéressante combinaison de grès et granit des anciens greniers à sel. Tout en bas, deux hôtels particuliers (très dégradés) dont l'un arbore une élégante tour d'angle carrée *(tour Richelieu)*. À gauche, la Vilaine offre une paisible promenade le long du chemin de halage.

★ *Le musée de la Batellerie :* quai Jean-Bart. ☎ 02-99-72-30-95. Du 15 juin au 15 septembre, ouvert tous les jours de 10 h à 12 h et de 15 h à 18 h ; hors saison, les lundi, mercredi, samedi et dimanche de 14 h à 18 h. Entrée payante. Recommandé aux amateurs de tourisme technique et aux marins d'eau douce. Petite collection de photos et maquettes concernant la grande époque de la batellerie bretonne. En été, la visite se complète d'une expo sur une péniche juste devant.

Festival, danses bretonnes

– *Les Nocturiales :* festival de musique médiévale, baroque et celtique, qui est en train de devenir un sympathique rendez-vous annuel estival ; s'étale de début juillet à fin août, avec des rencontres, dans l'enceinte de l'église Saint-Sauveur. Chants grégoriens, musique baroque, romantique, contemporaine (en juillet en général) et même celtique (en août) font bon ménage avec un sympathique *fest-noz,* en général aux alentours du 15 août (renseignements à l'office du tourisme : ☎ 02-99-71-06-04).
– Ne ratez pas, le jeudi soir à 21 h, en juillet et août, les *cours d'initiation aux danses bretonnes,* devant l'église Saint-Sauveur (renseignements à l'office du tourisme). Bonne ambiance garantie.

Dans les environs

Très boisée, la région est propice aux balades. Les collines chatoyantes sont clairsemées de *moulins* : celui de Queveneux, entre Saint-Jacut et Peillac, est merveilleux. Il abrite un couple de tisserands qui seront ravis de vous faire visiter leur fabrique. Le moulin de Brancheleux se dresse en solitaire sur un plateau ; monter à l'intérieur pour admirer la vue.
Ci-dessous, les sites de Saint-Just et Glénac, agréablement balisés, permettent de très belles balades.

★ *Saint-Just :* à 20 km sur la route de Rennes. Plusieurs sites mégalithiques ; le lac du Val et les chaos de rochers de Tréal méritent un détour. On a trouvé à Saint-Just des fragments de poteries, et une urne funéraire pratiquement intacte, de type campaniforme, datant de 2000 av. J.-C. Des silex taillés d'origine étrangère à la région prouvent l'importance du site à l'époque mésolithique. Voir l'allée couverte de Treal et un dolmen en croix de Lorraine.

★ *Glénac :* entre Redon et La Gacilly. C'est un pays de marais : zone de gagnage des palmipèdes. On y découvre quelques maisons de pêcheurs tout à fait typiques du bassin de la Vilaine : alternance de pierres plates en schiste rouge et de grès gris. Le *château de Sourdéac* possède une tour du XVe siècle. Dans les galeries des anciennes mines du haut Sourdéac nichent une quarantaine de chauves-souris, de quatre espèces différentes.

★ *Saint-Jacut-les-Pins :* jardin exotique *Tropical Floral Parc,* de 3 ha (galerie d'exposition pour plantes tropicales) à Langarel, près d'Allaire. ☎ 02-99-71-91-98. En été, ouvert tous les jours de 10 h à 19 h et spectacles tous les jours à 15 h 30 ; le reste de l'année, ouvert tous les jours sauf lundi, de 10 h à 12 h et de 14 h à 19 h. Entrée payante.

L'ILLE-ET-VILAINE

⌂ |●| *Hôtel-restaurant des Pins :* sur la place de l'Église. ☎ 02-99-91-23-65. ✘ Fermé le mercredi. La chambre toute simple est à 120 F (18,2 €). Menus de 50 à 150 F (7,6 à 22,9 €). Une auberge rurale qui propose des menus copieux et honnêtes, sans fioriture (uniquement du lundi au vendredi). 3 chambres avec sanitaires dans le couloir. Une bonne étape pour les pêcheurs et les chasseurs.

LA FORÊT DE PAIMPONT

C'est l'antique *forêt de Brocéliande,* riche en légendes et qui servit de décor aux épisodes merveilleux de la Table ronde, aux exploits des chevaliers du roi Arthur et à l'idylle de l'enchanteur Merlin avec la fée Viviane. On ne visite pas la forêt de Paimpont, changeante et insaisissable, on s'y perd et on se laisse envoûter par son charme empreint de mystère : sols détrempés, étangs magnifiques, odeurs d'humus...

Malheureusement, la forêt appartient en majorité à des particuliers, on ne peut en découvrir qu'un morceau et encore... car elle a en partie brûlé durant l'été 1990. De généreux mécènes, industriels bretons, ont décidé de payer le reboisement. Ils méritent d'être cités : François Pinault, marchand de bois, mais aussi président de Printemps-Pinault-La Redoute, Yves Rocher, parfumeur, Daniel Roullier, distributeur d'engrais, Jean-Pierre Le Roch, des magasins Intermarché.

C'est dans cette forêt que vos pérégrinations vous permettront de découvrir l'Arbre d'or, en pleine végétation. Il s'agit d'un arbre mort, recouvert de feuilles d'or et entouré de piquants au sol pour éviter que les brigands ne s'approchent. Le mieux pour le trouver est d'aller à l'office du tourisme de Paimpont qui vous fournira les cartes pour vous repérer.

Adresses utiles

▣ *Pays d'accueil touristique de Brocéliande :* 37, av. de la Libération, à Plélan-le-Grand ; dans les locaux de la mairie. ☎ 02-99-06-86-07. Fax : 02-99-06-86-39. ● pays.touristique.broceliande@wanadoo.fr ● Ouvert toute l'année, du lundi au vendredi de 9 h à 12 h et de 13 h 30 à 17 h 30.

▣ *Syndicat d'initiative de Paimpont :* devant l'abbaye. ☎ 02-99-07-84-23. En saison, ouvert tous les jours de 9 h 30 à 12 h 30 et de 13 h 30 à 18 h 30 ; hors saison, ouvert tous les jours sauf le mardi, de 10 h à 12 h et de 14 h à 18 h ; fermé en janvier. Avec une grande gentillesse, on vous aidera à sortir des sentiers trop battus.

■ *Location de VTT :* dans la rue principale de Paimpont, au *Brécilien,* un bar sympathique. ☎ 02-99-07-81-13.

Où dormir dans la région ?

⌂ *Camping municipal de Paimpont :* sur la route de Gaël (la D773). ☎ 02-99-07-89-16. ✘ Ouvert de mai à septembre. Forfait à moins de 60 F (9,1 €) pour 2, avec une tente et une voiture. À la sortie du village, bel espace verdoyant à côté du stade. Sanitaires impeccables. Dommage, pas beaucoup d'ombre. Accueil à la bonne franquette, très sympathique.

⌂ *Gîte d'étape et chambres d'hôte de Trudeau :* au mini-hameau de Trudeau, sur la D40 en venant de Paimpont, sur la route de Saint-Péran. ☎ 02-99-07-81-40. Chambre double, petit déjeuner inclus, de 240 à 260 F (36,5 à 39,6 €) selon le confort. Tenu par les familles Grosset, Méance et Hamelin. Dans une superbe ancienne ferme, probablement du XVIe siècle, couverte de lierre, un beau gîte de 30 places dans deux grands dortoirs (55 ou 60 F la nuit, soit 8,3 ou 9,1 €). Disposent aussi de 7 chambres d'hôte. Possibilité de camper. Très sympathique table d'hôte également (voir « Où manger ? »).

🛏 *Chambres d'hôte La Corne de Cerf :* Le Cannée. ☎ 02-99-07-84-19. Depuis Paimpont, prendre la D71 vers Beignon sur 3 km, puis c'est fléché. Ouvert toute l'année sur réservation sauf en janvier. Chambre double tout confort avec petit déjeuner à 300 F (45,7 €). Très jolie maison en pierre apparente, entourée d'un extraordinaire et romantique jardin fleuri. 3 chambres d'hôte au décor raffiné, agrémenté de frises et de meubles personnalisés. La charmante hôtesse ne s'appelle pas Viviane (elle se prénomme Annie) mais c'est pourtant une véritable fée lorsqu'il s'agit de vous concocter le petit déjeuner, de vous conseiller pour vos visites, et surtout de décorer sa maison, aidée de son époux Robert. Tous les deux artistes, ils font vivre et respirer cette maison à leur façon. Une adresse de charme. À nos lecteurs, 10 % de réduction sur le prix de la chambre hors saison.

🛏 *Auberge de jeunesse Le Choucan-en-Brocéliande :* à 5 km de Paimpont, au lieu-dit Le Choucan. ☎ 02-97-22-76-75. De Paimpont, suivre la D773, puis la route forestière vers Concoret ; prendre la 1re à gauche en arrivant dans le bourg de Concoret. Ouvert de mi-juin à début septembre. 46 F (7 €) la nuitée. L'une des mieux situées de Bretagne, en lisière de la forêt de Paimpont, dans un paysage de landes sauvages et rudes (landes de Lambrun). Isolée dans une très belle campagne accidentée, parsemée de superbes hameaux de fermes anciennes, l'AJ est aménagée dans une jolie maison en schiste violacé, typique de la région. Dortoirs de 7 à 10 lits. Café, thé ou chocolat offert au petit déjeuner. Cuisine disponible. Super balades à faire alentour, dans les landes et la forêt. Conviendra à tous nos lecteurs(trices) un peu romantiques. Ambiance très jeune. Possibilité de camper.

🛏 *Gîtes communaux :* à Treffendel. Bien fléché depuis le village. ☎ et fax : 02-99-61-01-25. Petites maisonnettes modernes, fonctionnelles et sans grand charme, mais dans un espace verdoyant. Location à la semaine ou au week-end.

Où manger dans la région ?

🍴 *Ferme-auberge de Trudeau :* voir « Où dormir ? ». Ouvert midi et soir sur réservation. Menu à 95 F (14,5 €) cidre et vin compris en juillet et août ; formule à 140 F (21,3 €) le dimanche, avec apéritif, vin, fromage et café. Une table très chaleureuse, avec de bonnes terrines maison, les poulets et pommes de terre cuits dans le four à pain. Un excellent cidre que vous pouvez acheter en bouteille. Repas ultra copieux avec produits de la ferme.

🍴 *L'Auberge du Presbytère :* 35380 Treffendel. En marge de la N24, avant d'arriver à Plélan-le-Grand (venant de Mordelles). ☎ 02-99-61-00-76. Ouvert midi et soir jusqu'à 21 h (sur réservation le soir). Fermé les dimanche soir et lundi. Menus du déjeuner en semaine à partir de 100 F (15,2 €), le soir de 180 à 215 F (27,4 à 32,7 €). À l'écart du village, très belle maison de grès couverte de lierre, ancien presbytère du XIXe siècle. Aux beaux jours, on mange dehors dans un environnement serein. Cuisine renommée. Tout cela est plus que séduisant.

L'ILLE-ET-VILAINE

À voir

★ *Les Forges-de-Paimpont :* entre deux étangs entourés d'arbres séculaires, le hameau est formé des bâtiments des anciennes forges qui existaient dès l'époque de la Renaissance ; on y exploitait le fer de Brocéliande. Heureusement qu'elles finirent par fermer, car les forges engloutissaient par milliers dans leurs feux les arbres de la forêt.

★ *Paimpont :* à 4 km au beau milieu de la forêt, c'est un point de départ idéal pour les randonnées pédestres et équestres. Le village, où l'on entre en passant sous une voûte, doit son origine à une ancienne abbaye dont il reste un grand bâtiment du XVIIᵉ siècle, occupé par la mairie. Le long de la rue principale, toutes les maisons sont en granit et ont un petit jardin à l'arrière. Sur l'une d'elles, une plaque rappelle que c'est ici que Mme de Gaulle entendit, en 1940, l'appel de son fils, le général de Gaulle. Quelle curieuse coïncidence : elle est à « Paimpont » quand son fils donne l'alarme ! L'ancienne *église abbatiale* du XIIIᵉ siècle témoigne de la prospérité du monastère qui disposait de ressources en bois, eau et minerai de fer... Les bâtiments abbatiaux n'en sont pas moins importants. Voyez, dans l'église, le *trésor* dans la sacristie (visible seulement l'été). Orfèvrerie religieuse et splendide christ en ivoire. Boiseries, chaire et stalles du XVIIᵉ siècle. Les habitants de Paimpont étaient des privilégiés puisqu'ils ne payèrent pas d'impôts jusqu'à la Révolution.
– Le *pardon* de Paimpont a lieu le dimanche de Pentecôte.

À faire

– Pour les amateurs de belles *balades à pied,* toute la région est un véritable paradis. L'une d'elles nous a paru particulièrement séduisante ; elle emprunte le sentier pédestre des landes de Gurwant (GR37), et fait environ 10 km. Départ possible devant le château de Trécesson (voir ci-dessous). Suivez le balisage rouge et blanc.
– Vous pouvez également vous promener dans *le vallon de la Chambre au Loup,* au nord-est de la forêt de Paimpont, tout près du village d'Iffendic. Admirez les falaises impressionnantes de 35 m de haut, que l'on surnomme *le Petit Canyon* !

Dans les environs

★ *L'étang et le château de Comper :* à Concoret. Ouvert du 1ᵉʳ avril au 31 mai et du 1ᵉʳ septembre au 1ᵉʳ octobre, tous les jours sauf les mardi et vendredi, de 10 h à 19 h ; en juin, juillet et août, tous les jours sauf le mardi, de 10 h à 19 h. Entrée payante : 30 F (4,6 €). Depuis que le *Centre de l'imaginaire arthurien* a élu domicile ici (☎ 02-97-22-79-96), ce beau château revit. Excalibur et le Graal jaillissent de l'ombre, la légende et l'histoire s'entremêlent ; le château est redevenu un foyer de culture celtique, pour la recherche et les rencontres. En fait, de ce qui aurait été la résidence de la fée Viviane, il ne reste que trois tours reliées par des courtines, construites dans cet étonnant schiste rouge de la région. Le corps du logis date des XIVᵉ-XVᵉ siècles. Après avoir été en partie brûlé pendant la Révolution, il fut reconstruit fin XVIIIᵉ dans un style Renaissance. Merlin aurait fait construire ce château de cristal pour Viviane, qui y aurait élevé Lancelot. Viviane fut appelée la Dame du Lac, de même que Lancelot est connu aujourd'hui sous le nom de Lancelot du Lac. Ce lac, justement, est à l'évidence des plus pro-

pices à l'épanouissement des délires imaginaires. Allez donc y faire un tour, vous baignerez dans cette atmosphère souvent voilée, bercé par le bruit des crapauds...
– Ne pas manquer l'expo du Centre de l'imaginaire arthurien, qui change chaque année. Pour une fois qu'une expo de ce genre est réalisée avec autant d'intelligence... Merlin l'enchanteur et le roi Arthur vous prendront par la main, c'est promis.

★ *La fontaine de Barenton :* de Comper, prenez la route de Concoret, et, de là, direction Tréhorenteuc. Arrêtez-vous au hameau délicieusement nommé la Folle-Pensée. De là, on atteint à pied, à travers bois, la fontaine enchanteresse de Barenton dont quelques gouttes, répandues sur le perron de Merlin, opéraient d'incroyables prodiges. Le plus fréquent était la mise en branle de tempêtes épouvantables sur la forêt. Ici se sont réunis tous les mystères : Merlin y rencontra Viviane, les druides y exercèrent leur pouvoir sur les individus atteints de maladie mentale (la folle pensée), et le recteur de Concoret, au XIXe siècle, vint souvent en procession y tremper le pied de la croix en période de sécheresse.

★ *Tréhorenteuc :* à 5 km de Barenton, le village est célèbre pour son *église* où les symboles chrétiens et païens font bon ménage. Ainsi, dans la neuvième station du chemin de Croix, peut-on voir Morgane, la sœur du roi Arthur. Au fond de l'église, mosaïque représentant un épisode des romans de la Table ronde.

🄸 *Office du tourisme :* à Tréhorenteuc, dans la sacristie de l'église. ☎ 02-97-93-05-12.

★ *Randonnée pédestre au val Sans-Retour :* 4 km. Compter 1 h aller-retour sans les arrêts. En boucle au départ de l'église de Tréhorenteuc. Balisage : ronds jaunes et GR37 blanc et rouge. Facile. Réf. : topoguide *Tour de Brocéliande,* éd. FFRP. Carte IGN : 1/25 000, 1019 Est (et ne vous perdez pas!). Après la visite de l'église de Tréhorenteuc, il faut prendre la direction de Campénéac et suivre la direction du val Sans-Retour. Le sentier monte sur un éperon rocheux qui permet de voir l'étang du Miroir aux Fées. Il contourne celui-ci sur la gauche pour s'enfoncer vers le fond du val Sans-Retour. Si vous êtes d'esprit volage, n'y allez pas! La fée Morgane vous punira. Sinon, quittez le GR blanc et rouge pour prendre à gauche le chemin qui longe le ruisseau du gué de Mony et rejoint un pare-feu. Vous atteignez bientôt les hauteurs du val et ses crêtes panoramiques de la lande de la Troche. L'itinéraire rejoint l'étang pour revenir à Tréhorenteuc. Haut lieu légendaire de la forêt de Brocéliande, le val Sans-Retour a fait frémir plus d'un chevalier. Chaque arbre a une silhouette curieuse, chaque étang renferme son secret, chaque rocher paraît encore vivant... Attention, c'est le pays des enchanteurs et des fées! Ici règne la fée Morgane. Initiée à la magie par l'enchanteur Merlin, cette demi-sœur du roi Arthur enferma Guyomart, son amant infidèle, dans ce val qui devint une prison d'air invisible. Le val fut aussi la dernière retraite de l'enchanteur Merlin livrant ses secrets à la fée Viviane. On raconte que le vent porte encore la complainte du grand magicien endormi au fin fond du val Sans-Retour. C'est ici qu'on pourra voir l'Arbre d'or...

★ *Le château de Trécesson :* du val Sans-Retour, allez jusqu'à Campénéac, puis à Trécesson. Ceux qui feront la randonnée décrite ci-dessus passeront devant au cours de la balade. C'est une propriété privée qu'on ne visite pas, mais le château, construit en schiste rouge au XIVe siècle, se reflétant dans les eaux de l'étang qui l'entoure, a belle allure.

★ *L'église de Maxent :* à Maxent, à 5 km au sud-est de Plélan-le-Grand. Octogonale et lumineuse, beaucoup d'allure, dans le style Sacré-Cœur de Montmartre. L'ancienne église abriterait le tombeau de Salomon III (IX⁰ siècle), le dernier des quatorze rois de Bretagne. Des fouilles archéologiques sont en cours.

★ *Le lac du barrage Jean-Descottes :* sur la Chèze. Endroit tranquille et coloré, la terre rougeoyante paraît au bord de l'eau, au cœur de la verdure. Beaux points de vue.

★ *Le parc de Treffendel :* zone de loisirs du Gué Charret. ☎ 02-99-61-04-21. Ouvert tous les jours, sauf le lundi, toute l'année, de 10 h à 19 h. Entrée payante : 55 et 45 F (8,3 et 6,8 €). Sur la N 24 Rennes-Lorient, sortir à Treffendel et suivre le fléchage. Un cirque en pleine nature, pour les petits et grands amateurs. Représentations bien sûr, mais aussi visite de la ménagerie, musée, jeux. Spectacle complet les mercredi, dimanche et pendant les vacances scolaires. Également journées et stages d'initiation au cirque.

L'OUEST DE L'ILLE-ET-VILAINE

MONTFORT-SUR-MEU *(MONFORZH)* (35160)   5 590 hab.

Petite ville dynamique, axée sur l'agro-alimentaire et les services. L'ancienne abbaye Saint-Jacques (à 1 km au sud-est de la ville, direction Talensac) révèle l'harmonie du passé et du présent. Une multitude d'entreprises s'y sont installées, profitant du cadre. Admirer les restes du fameux portail à voussures et du cloître du XVII⁰ siècle.

🛈 *Syndicat d'initiative :* dans l'écomusée. ☎ 02-99-09-31-81.

– *Marché :* le vendredi matin, place des Douves, le long du Meu.

Où dormir ?

🛏 *Camping municipal :* dans le centre du bourg. Modeste, propre et calme. Pelouses bien entretenues, séparées par de petites haies.

À voir. À faire

★ *La tour de Papegaut, écomusée du pays de Montfort en Brocéliande :* 2, rue du Château. ☎ 02-99-09-31-81. Ouvert toute l'année de 8 h 30 à 12 h et de 14 h à 18 h en semaine, de 10 h à 12 h et de 14 h à 18 h le samedi, et de 14 h à 18 h les dimanche et jours fériés. Entrée payante : 20 F (3 €). Demi-tarif pour les enfants. En schiste gris-vert et rouge, elle a fière allure. Très belle cheminée sculptée et expositions sur le costume traditionnel, les « jouets buissonniers », la ville médiévale... On vous y raconte la légende de la jeune fille transformée en cane. Également une exposition temporaire annuelle.

★ *La forêt de Montfort* est superbe. Un amusant circuit « arboretum » qui se trouve au syndicat d'initiative, au pied de la tour, permet en outre d'apprendre à reconnaître les différents types d'arbres. Le syndicat d'initiative propose aussi un circuit mégalithique, pour ceux qui aiment.

★ *L'étang de Trémelin :* à Ifferdic (10 km de Montfort) base de loisirs, ceinturée de bois et de landes.

★ Sur la route menant à Montauban, jetez donc un coup d'œil au petit patelin de *Bédée,* et à son étonnante église bordée de... palmiers !

MONTAUBAN-DE-BRETAGNE *(MENEZALBAN)* (35360) 4 240 hab.

Grand château fort partiellement démoli pendant la guerre franco-bretonne de 1487. Visite du 14 juillet à la fin août. Bâtiment d'entrée bien conservé, bel exemple d'architecture militaire du XVe siècle.

Où dormir ? Où manger ?

🛏 🍴 *Relais de La Hucherais :* au hameau de La Hucherais, à 2 km de Montauban. ☎ 02-99-06-54-31. La chambre pour 2 autour de 250 F (38,1 €). Menus de 56 à 112 F (8,5 à 17,1 €). Resto routier avec un hôtel sans grand charme, classique. Chambres simples et propres.

Dans les environs

★ *Le musée Louison-Bobet :* 5, rue de Gaël, à Saint-Méen-le-Grand ; à 10 km environ à l'ouest de Montauban. ☎ 02-99-09-67-86. Ouvert de 14 h à 17 h ; tous les jours en été. Fermé le mardi hors saison. Entrée : 15 F par adulte (2,2 €), gratuit jusqu'à 12 ans. Louison Bobet : natif de la région (né en 1925), trois fois de suite vainqueur du Tour de France (en 53, 54 et 55), champion du monde en 54, vainqueur du Tour des Flandres en 55, de Bordeaux-Paris en 59, etc. On découvrira dans ce petit musée des tas de chouettes photos qui fleurent bon la nostalgie, des documents, des maillots, des coupes, une foultitude d'articles sur le champion et ses amis. Bref, toute la carrière en résumé d'un grand roi de la petite reine.

BÉCHEREL *(BEGEREL)* (35190) 670 hab.

Petite ville autrefois fortifiée, sur la route de Dinan (la D27, puis la D68). Très riche aux XVIIe et XVIIIe siècles, grâce au commerce du lin, puis entrée au XIXe dans un déclin qui n'a depuis jamais cessé. Bécherel est donc intéressant à deux titres : sur le plan social, cette bourgade fut un exemple typique de l'exode rural en Bretagne ; sur le plan architectural, un ensemble homogène de belles demeures bourgeoises en granit. Adorable *place de l'Ancien-Marché,* avec ses rues aux consonances médiévales : rues de la Beurrerie, de la Filanderie, de la Chanvrerie. Derrière l'église, une peausserie travaille encore à l'ancienne. N'oubliez pas d'effectuer la petite promenade du presbytère. Crêperie à côté. Par le sentier de « rocquet de la Couaille », descente à l'ancien *lavoir* et belle vision de la ville dans ses vestiges de remparts.
Depuis 1985, la ville redresse la tête : Bécherel est devenue la première « cité du Livre » en France et, à ce titre, organise toutes sortes de manifestations pour la promotion du livre et notamment du livre ancien. Alors, que vous recherchiez un exemplaire des aventures de *Martine* ou *Oui-Oui* (celui

que votre cousine ne vous a jamais rendu), que vous souhaitiez offrir à votre cher(e) et tendre une édition originale dédicacée par l'auteur, ou que vous vouliez tout simplement un livre de poche d'occasion à vous mettre sous la dent pour la fin des vacances, c'est ici que vous aurez le plus de chance de le trouver. Chose stupéfiante, on trouve désormais à Bécherel une densité de librairies au mètre carré que pourrait lui envier le Quartier latin à Paris. L'exode rural enrayé grâce au livre ! Intéressant, non ?

À ceux que la crise d'angoisse guette à la vue d'autant de bouquins, précisons qu'il y a également à Bécherel une concentration importante d'artistes et artisans. Ébéniste, tapissier... et bien sûr un relieur.

Adresse utile

🛈 Syndicat d'initiative : 9, pl. Alexandre-Jehanin. ☎ 02-99-66-75-23. Du 15 juin au 15 septembre, ouvert tous les jours sauf le lundi, de 10 h à 12 h 30 et de 14 h 30 à 18 h 30 ; hors saison, ouvert le week-end et les jours fériés, aux mêmes horaires.

Où dormir ?

🛏 Chambres d'hôte : chez M. et Mme Demée, à La Croix-Calaudry. ☎ 02-99-66-76-48. Ouvert toute l'année. 4 chambres à 200 F (30,5 €) pour 2 et 260 F (39,6 €) pour 3, petit déjeuner compris. 50 F (7,6 €) la nuitée en gîte. Pas le grand luxe, certes, mais c'est paisible et gentil. Également un gîte d'étape de 15 places en dortoir. Gîtes pour 5 personnes.

🛏 Camping : en face du parc.

À voir

★ **Le parc du château de Caradeuc :** sur la route de Médréac. Voir « Dans les environs de Dinan » dans la partie « Côtes-d'Armor ».

Manifestations

– Grande **fête du Livre** pendant le week-end de Pâques. Pour ouvrir la saison : conférences, débats et rencontres autour d'un thème différent chaque année. Lecteurs et écrivains se rencontrent.
– **La Nuit du livre :** le deuxième samedi d'août. Le village s'illumine. Au programme, musique et lecture de textes.
– **Le Marché du livre :** le premier dimanche de chaque mois. Le rendez-vous des bouquinistes et bouquineurs de tous crins.
– **Le Temps des livres :** les deuxième et troisième week-ends d'octobre.

Dans les environs

★ **Les Iffs :** allez dans ce joli et minuscule village bien tranquille pour y voir une *église* parmi les plus fascinantes de la région (et l'une des moins connues). Édifiée au XVe siècle en gothique flamboyant. Porche trapu en « pattes d'éléphant ». La flèche fut rajoutée au XIXe siècle. Un peu trop richement sculptée peut-être pour un modeste village. Le plus étonnant, c'est cet air d'animal malade que prend le clocher vu de l'extérieur. Prendre un petit verre au *bar du Village,* l'unique troquet du coin, sur la placette. Au passage, vous noterez que cette petite route de campagne qui relie Cardroc à Saint-Symphorien mérite à elle seule le détour.

★ *Le château de Montmuran :* là aussi, itinéraire bucolique à souhait. À dix pas des Iffs, route de Tinténiac. Entrée par une allée triomphale. De juin à septembre, ouvert tous les jours de 14 h à 19 h sauf le samedi. Superbe château. Visite payante, guidée continuellement. Du XIIe siècle, il subsiste deux tours. Du XIVe siècle, l'élégant châtelet à l'entrée, avec tour crénelée et pont-levis (qui fonctionne encore). La partie centrale date pour sa part des XVIIe et XVIIIe siècles. C'est dans la chapelle du château que Du Guesclin fut fait chevalier, en 1354.

▣ Pour ceux qui veulent se payer une petite folie, le château propose deux somptueuses *chambres d'hôte.* ☎ 02-99-45-88-88. Fax : 02-99-45-84-90. Ouvert de Pâques à fin octobre. Compter 400 F (60,9 €) la nuit pour deux personnes. Si vous arrivez avant 18 h, on offre à nos lecteurs la visite guidée du château.

TINTÉNIAC *(TINTENIEG)* (35190)   1 930 hab.

★ Voyez le *musée de l'Outil et des Métiers,* le *Magasin à grain,* 5, quai de la Donac. En bordure du canal d'Ille-et-Rance. Ouvert de début juillet à fin septembre, tous les jours sauf le dimanche matin, de 10 h 30 à 12 h et de 14 h à 18 h 30. Cadre traditionnel de chaque métier reconstitué. Forge, charronnage, bourrellerie, etc.

Où dormir ? Où manger ?

▣ ▣● *Aux voyageurs gourmands :* 39, rue Nationale (rue principale de Tinténiac). ☎ 02-99-68-02-21. Fax : 02-99-68-19-58. ✗ Fermé le dimanche soir et le lundi sauf en juillet et août, et de mi-décembre à mi-janvier. Chambre double de 185 à 245 F (22,1 à 37,4 €) selon le confort, demi-pension autour de 225 F (34,2 €). Au resto, 4 menus de 98 à 195 F (14,9 à 29,7 €). Menu-enfants à 55 F (8,4 €). Bon petit hôtel de passage. Chambres à l'aménagement classique, sans chichis, la plupart avec douche ou bains. Cuisine bretonne sage et bien faite ; plus de 30 spécialités maison. Menu intéressant le midi en semaine (sauf en août) ; menus suivants plus élaborés : soufflé de saint-pierre aux Saint-Jacques, gibelotte de coucou (race ancienne de poule rennaise) aux artichauts... Réductions sur le prix de la chambre et sur la demi-pension à nos lecteurs sauf en juillet-août. Accueil sympathique. Rien à redire.

HÉDÉ *(HAZHOÙ)* (35630)   1 930 hab.

Exquise vision de la série d'écluses du pont sur la D795 (route de Combourg). Il n'y a plus que les petits bateaux de plaisance à moteur qui empruntent ces canaux. Les écluses fonctionnent toujours à la main. Gentille promenade sur les berges dite *balade des Onze Écluses.* De Hédé aux Iffs (par Saint-Symphorien et Saint-Brieuc-des-Iffs), route paisible et bucolique, à flanc de collines.

Où dormir ? Où manger ?

▲ *Camping Les Peupliers :* La Besnelais, 35190 Tinténiac. ☎ 02-99-45-49-75. Fax : 02-99-45-52-98. Ouvert de mars à fin octobre. Compter 91 F (13,8 €) la nuit pour 2. Très bien équipé et en retrait de la route. Bon camping populaire. Piscine.

|●| *Restaurant Le Genty-Home :* 35190 Tinténiac ; en bas du bourg de Hédé, sur la N137, à 500 m à la sortie du patelin. ☎ 02-99-45-46-07. ♿ Fermé les mardi soir et mercredi ainsi qu'un mois à partir du 11 novembre et quinze jours en mars. Menus du déjeuner en semaine à 68 F (10,4 €), puis de 92 à 220 F (14 à 33,5 €).

Comment ne pas tomber sous le charme de cette coquette auberge toute fleurie ? Elle est exploitée par un jeune chef plein de talent, qui attire une belle clientèle de gastronomes. Il ne cesse d'embellir ou de moderniser son outil de travail. Excellent cuisinier, son choix de menus contentera les plus exigeants : escalope de ris de veau aux langoustines à la moutarde de Meaux, filet de saint-pierre aux poireaux et sauce balsamique purée de figues... Délicieux premier menu le midi en semaine. Accueil adorable. Café offert sur présentation du *GDR*.

COMBOURG *(KOMBORN)* (35270)   4 990 hab.

Petite cité sans histoire qui évoque, bien sûr, la jeunesse de Chateaubriand. Gentille atmosphère sur la place principale les jours de marché et halte indispensable au beau château que détestait tant l'écrivain. Plusieurs bonnes tables dans le secteur, ce qui ne gâche rien.

Adresse utile

🏢 *Office du tourisme :* BP 1, pl. Albert-Parent. ☎ 02-99-73-13-93. Fax : 02-99-73-52-39. ● www.combourg. org ● Ouvert toute l'année ; en juillet et août, du lundi au samedi de 10 h à

19 h et le dimanche de 10 h à 12 h 30 ; hors saison, du mardi au samedi de 10 h à 12 h 30 et de 14 h à 18 h 30.

Où dormir ? Où manger ?

▲ *Camping Vieux Châtel :* ☎ 02-99-73-07-03. À un petit kilomètre du centre. Bien fléché. Calme, simple et plutôt agréable.

▲ |●| *Hôtel du Lac :* 2, pl. Chateaubriand. ☎ 02-99-73-05-65. Fax : 02-99-73-23-34. Fermé le vendredi et le dimanche soir hors saison, le vendredi midi en saison ainsi qu'en février. Chambre double de 220 à 360 F (33,5 à 54,9 €) avec douche et toilettes, de 280 à 360 F (42,7 à 54,9 €) avec bains et toilettes. Au

restaurant, menus de 70 à 180 F (10,6 à 27,4 €) et formule à 70 F (10,6 €) sauf le dimanche. Un joli charme, un soupçon désuet. D'un côté le château, de l'autre l'étang cher à Chateaubriand. Ici on soignait autrefois les gens qui souffraient des dents. Chambres très correctes mais à la déco passe-partout. Réserver de préférence une chambre avec vue, la différence de prix est justifiée. Fait également restaurant avec, parmi les spécialités, de bonnes huîtres chaudes au sabayon de fenouil et un fondant gigot de veau farci aux morilles.

🛏 |●| *Hôtel du Château :* 1, pl. Chateaubriand. ☎ 02-99-73-00-38. Fax : 02-99-73-25-79. Restaurant fermé le dimanche soir et le lundi midi, ainsi que de mi-décembre à mi-janvier. Chambre double de 300 à 600 F (45,7 à 91,4 €) avec douche ou bains et w.-c., et demi-pension de 320 à 450 F (48,7 à 68,6 €). Au restaurant, menus de 98 à 295 F (14,9 à 45 €). Charmant hôtel avec des chambres tout juste refaites. Quelques-unes sont plus vastes et donnent sur le jardin (les numéros allant de 24 à 29 et de 31 à 39). Au restaurant, des menus alléchants et une cuisine soignée. Saladine de crevettes et pamplemousse et daube de bœuf au premier menu. Dans le menu saveurs de Bretagne, pied de cochon désossé et farci aux légumes. À la carte, on peut aussi choisir de déguster le véritable chateaubriand, c'est-à-dire une pièce de filet de bœuf grillée entre deux fines tranches de bœuf, mais cela vous coûtera plus cher.

|●| *Chez Moustache :* 11, pl. Albert-Parent (la place principale). ☎ 02-99-73-06-54. Fermé le mardi soir et le mercredi hors saison, le mercredi en juillet et août, ainsi que la 2e quinzaine de mars et celle de septembre. Compter à partir de 60 F (9,1 €) pour un repas. Réservation très conseillée le week-end. Halte obligatoire, pèlerinage nécessaire au pays de la convivialité et des bonnes crêpes. Le tout à des prix eux aussi sympathiques. Font aussi de succulentes glaces. Le week-end, l'endroit est pris d'assaut par les bons vivants.

|●| *Restaurant L'Écrivain :* pl. Saint-Gilduin, face à l'église. ☎ 02-99-73-01-61. ♿ Fermé le mercredi soir, le jeudi et le dimanche soir, ainsi qu'en février et 2 semaines en octobre. Menu à 85 F (12,9 €) sauf le week-end, puis de 125 à 165 F (19 à 25,2 €). Une table qui compte dans la région, et qui s'est forgé, avec les années, une solide réputation, sans prendre la grosse tête ni augmenter ses prix. Par rapport à l'inventivité et à la saveur de ce que l'on trouve dans l'assiette, les prix sont étonnamment légers. Quelques spécialités : les poissons fumés maison, ou, par exemple, un excellent millefeuille de foie gras aux artichauts. Rapport qualité-prix excellent. Un *Écrivain* à lire et à relire. C'est également un dépôt-vente de livres illustrés.

Où dormir ? Où manger dans les environs ?

Aux alentours de Combourg, de belles fermes-auberges et chambres d'hôte.

🛏 |●| *Chambres et table d'hôte :* le Petit-Plessix, 35560 Marcillé-Raoul ; à 11 km à l'est de Combourg. La ferme est sur la gauche, à 1 km avant Marcillé. ☎ et fax : 02-99-73-60-62. Ouvert toute l'année sur réservation. Chambre double à 225 F (34,3 €) avec douche et w.-c., la demi-pension à 415 F (63,2 €) pour 2, et la table d'hôte à 95 F (14,4 €) tout compris. Dans un grand corps de ferme, 5 chambres avec sanitaires privés (dont 2 pour les familles). Une préférence pour « Écurie », qui est immense, et pour « Fournil », avec son joli four à pain. Table d'hôte avec apéro maison, vin et cidre compris. Les repas préparés avec beaucoup de produits de la ferme sont pris en famille. Une adresse où l'authentique est à l'honneur, et l'accueil chaleureux. Apéritif maison ou café offert aux lecteurs du *GDR*.

🛏 |●| *Chambres d'hôte du Petit Moulin du Rouvre :* 35720 Saint-Pierre-de-Plesguen ; sur le bord de l'étang du Rouvre, à l'ouest de Combourg. ☎ 02-99-73-85-84. Fax : 02-99-73-71-06. Ouvert toute l'année sur réservation. Chambre double avec petit déjeuner autour de 380 F (57,9 €). Quatre chambres d'hôte haut de gamme que vous

L'ILLE-ET-VILAINE

trouverez dans cet ancien moulin à eau du XVIIe siècle dans un cadre absolument splendide, d'une harmonie frisant la démagogie. Fait aussi table d'hôte sur réservation. Compter environ 100 à 120 F (15,2 à 18,2 €) pour des recettes du terroir. On peut pêcher dans le bel étang privé juste devant. Excellent accueil.

🛏 *Chambres d'hôtes Le Lézard Tranquille :* 2, rue de Lorgeril, les Cours-Verdiers, Pleugueneuc. ☎ 02-99-69-40-36. ❄ Ouvert toute l'année. Chambre double avec bains et toilettes à 290 F (44,2 €) petit déjeuner inclus. À la lisière du parc du château de la Bourbansais (voir « Dans les environs ») dont cet édifice était une dépendance. Il avait été créé par les ancêtres de Julie, la propriétaire, pour devenir une école. Elle y a aménagé 5 chambres spacieuses et confortables, indépendantes de la maison, de plain-pied sur une terrasse ensoleillée. Préférer si possible celles donnant sur l'arrière, avec vue sur les prés et le bois en décor de fond. Julie fera tout pour que vous soyez content. Si vous êtes bon cavalier, elle vous prêtera même son cheval ! Bref, une adresse qu'on aime.

🛏 *Chambres d'hôte et gîtes Les Bruyères :* à Pleugueneuc ; sur la D794, à l'ouest de Combourg. ☎ et fax : 02-99-69-47-75. Ouvert toute l'année. Chambre double à 280 F (42,6 €) avec douche ou bains et w.-c., petit déjeuner compris. Quelques chambres dans une maison ancienne, petites mais coquettes, dans un style fleuri sûrement anglais. Également deux gîtes de 6 à 8 personnes. Café, friandises et fleurs offerts sur présentation du *GDR* !

Beaucoup plus chic

🛏 ⦿ *Chambres d'hôte du château de la Ballue :* 35560 Bazouges-la-Pérouse ; à 15 km à l'est de Combourg, par la D796 ; bien fléché depuis le centre de Bazouges. ☎ 02-99-97-47-86. Fax : 02-99-97-47-70. ● www.la-ballue.com ● Fermé en janvier. Chambre double de 650 à 850 F (99,1 à 129,6 €) avec toilettes et douche ou bains, le petit déjeuner inclus. Si ce beau château du XVIIe siècle propose à la visite ses superbes jardins et ses expositions temporaires, il dispose par ailleurs de 5 remarquables chambres d'hôte de luxe, vastes, superbement décorées, avec lits à baldaquin, murs tendus de tissu, meubles anciens, qui répondent aux doux noms de Diane, Perse, Victor Hugo, Florence ou la suite de France... La grande classe... à des prix royaux. Plus cher si vous occupez la suite. Petit déjeuner consistant. Terrasse avec panorama, et au fond du jardin (classé monument historique) une ancienne piscine remise à flot, au milieu de la verdure. Une visite commentée vous sera proposée à votre arrivée. L'apéritif et le café sont offerts à nos lecteurs.

À voir

★ *Le château de Combourg :* l'intérêt principal de la ville, en plein centre. ☎ 02-99-73-22-95. En avril, mai, juin et septembre, ouvert de 10 h à 12 h 30 et de 14 h à 18 h pour le parc, de 14 h à 17 h 30 (sauf le mardi) pour l'intérieur ; en juillet et août, ouvert tous les jours de 10 h à 12 h 30 et de 13 h 30 à 18 h (de 13 h 30 à 17 h 30 pour l'intérieur) ; en octobre, ouvert de 10 h à 12 h et de 14 h à 16 h 30 pour le parc, seulement l'après-midi pour l'intérieur. Possibilité de visiter le château et le parc, ou uniquement le parc, mais la visite du premier vaut vraiment le coup. Visite guidée fort intéressante pour la somme de 30 F (4,6 €).
L'aspect sévère de cette forteresse médiévale permet de comprendre ce que put vivre Chateaubriand dans son enfance, entre tristesse et exaltation (il se souvint de Combourg dans les pages les plus romantiques des

Mémoires d'outre-tombe). Le château est toujours habité par une descendante du frère aîné de Chateaubriand, madame la comtesse de La Tour du Pin. La façade permet de voir la partie féodale du château, édifiée aux XIII⁰ et XV⁰ siècles. Le perron fut remanié au XIX⁰ siècle.
À l'intérieur, beau mobilier des XVI⁰ et XIX⁰ siècles. On visite le vestibule, ainsi que la chapelle où la mère de l'écrivain venait prier. Toute la déco a été refaite à la fin du XIX⁰ siècle (ce n'est donc pas celle que connut l'écrivain). Salle des gardes très bien meublée : intéressants tableaux de l'école flamande. Les toiles présentes aux murs sont des acquisitions réalisées au fil des siècles par les différents membres de la famille qui occupèrent ce lieu. Dans le salon des archives, tous les souvenirs liés au célèbre écrivain sont réunis : reconnaissances de dettes, décorations, contrat de mariage... Faites-vous raconter la légende du chat noir. On y remarquera aussi sa table de travail, son fauteuil et son lit de mort. Vue extraordinaire depuis les remparts. Dans la tour du Chat, voir la chambre présumée de l'écrivain, et ce curieux chat desséché trouvé entre des murs. À la nuit tombée, un éclairage assez subtil rend le château vraiment somptueux. « Des cachots et des donjons, un labyrinthe de galeries... partout silence, obscurité et visage de pierre, voilà le château de Combourg. » (Chateaubriand).

Dans les environs

★ **Le zoo-château de la Bourbansais :** il s'agit d'un parc, d'un petit zoo et d'un château, dont les différents éléments se visitent ensemble ou séparément. D'avril à septembre, ouvert tous les jours de 10 h à 19 h ; d'octobre à mars de 14 h à 18 h. Pour le château proprement dit, visite guidée l'été à certaines heures bien précises (11 h 15, 13 h 30, 15 h 30, 16 h 30 et 17 h 30) ; pour l'hiver, passez donc un coup de fil parce qu'on en a assez de recopier des listes d'horaires ! Entrée payante : 58 F (8,8 €) pour le château ou le zoo et jardin. Combiné : 70 F (10,6 €).
Superbe château des XVI⁰ et XVIII⁰ siècles en granit, qui se dresse majestueusement au milieu du parc. Son architecture a suivi toute l'évolution architecturale de ces siècles-là, mais il marque avant tout la fin de l'architecture militaire en Bretagne. En parfait état, car il n'a jamais été vendu depuis sa construction. Perspectives, jardins à la française, tout est là pour vous séduire. La visite guidée (1 h) ne vous laissera voir que le rez-de-chaussée : merveilleuses boiseries du salon Bleu, le chef-d'œuvre de Mansel ; chaises en cuir de Cordoue, tapisseries d'Aubusson, dont l'une représente le château tel qu'il était au XVI⁰ siècle. Le péristyle, qui date du XIX⁰ siècle, abrite une sorte de petit musée où ont été rassemblés tous les objets acquis par la famille depuis plusieurs siècles. C'est un gentil poème à la Prévert rempli de petites choses intéressantes (vertèbres de baleine, armes, coquillages...).
Le zoo et les jardins complètent agréablement cette balade à travers le temps. Plus de 400 animaux des cinq continents, des plus grands (girafes) aux plus drôles (singes) et aux plus féroces (tigres). À côté du divertissement, pédagogie et sauvegarde des espèces menacées restent les maîtres mots de l'action du parc. Possibilité de rendre visite à la meute, avec démonstration (à pied et à cheval) trois fois par jour d'avril à septembre.

★ **Le château de la Ballue :** voir « Où dormir dans les environs ? ». Juste à côté de Bazouges-la-Pérouse. Entrée payante. Ce beau château du XVII⁰ siècle possède un étonnant jardin, pas très grand, et même plutôt tout petit, mais que les amateurs avertis apprécieront. Style français sur le devant et style maniériste sur le côté. Par ailleurs, les salons abritent toujours une petite exposition de peinture.

★ *Cobac Parc :* à Lanhelin. Parc de loisirs spécialement aménagé pour les enfants : petit train, village miniature, volière et toboggans en tout genre.

LA CÔTE D'ÉMERAUDE

SAINT-MALO *(SANT-MALOÙ)* (35400)   52 700 hab.

« Couronne de pierre posée sur les flots ! » (Gustave Flaubert). L'une des villes de Bretagne les plus visitées. À juste titre. Enclose dans ses hauts remparts, cernée par la mer, chargée de tant d'histoire, elle occupe évidemment en Bretagne une place exceptionnelle. À la limite, elle pourrait se passer de texte dans ce guide, car elle se vend toute seule sans peine.

Flux touristique s'étalant pratiquement toute l'année, nourri régulièrement, entre autres, par les bateaux bourrés de nos amis d'outre-Manche. Évidemment, le revers de la médaille, c'est l'atmosphère hyper touristique en haute saison, les frites bien grasses, les cars bouchant l'horizon, les comportements « business-business » de pas mal de commerçants et personnes liées au tourisme.

Ajoutez à cela que les quelque 52 000 Malouins de souche sont plutôt considérés comme renfermés et peu chaleureux, et vous comprendrez que ce n'est pas ici que vous prendrez une leçon de convivialité et qu'il vaudra mieux vous investir à fond dans l'architecture et l'histoire, ou vous plonger dans cette pléthore de merveilles que vous offrent ici la mer et cette baie peu commune faite d'îlots rocheux, de courants malicieux et de cette lumière souvent magique.

Hors des remparts, Saint-Malo apparaît comme une charmante station balnéaire bourgeoise avec ses belles villas début du XXe siècle s'étalant sur la côte de Paramé à Rothéneuf. Ce haut lieu de la Côte d'Émeraude était très à la mode dès la fin du XIXe siècle.

Un peu d'histoire

C'est encore un Gallois, MacLow (« Maclou »), qui, au VIe siècle, vient évangéliser cette terre décadente. Le site n'était pas mal choisi, il faut dire. Les invasions normandes obligent les gens à se réfugier sur une île et à la fortifier. Au XIIe siècle, l'évêque s'y installe. C'est le début de l'existence de Saint-Malo, qui ne va pas cesser de gagner en importance au fil des siècles. Son isolement, sa hautaine solitude permettront aussi à la ville d'ignorer quelques conflits majeurs et autres guerres entre Bretons et de ne pas se soumettre aux différents pouvoirs en place. Au début du XIVe siècle, elle connaît la première expérience de vie communale. Le roi de France accorde à la ville ses franchises portuaires. En 1590, elle tient tête à Henri IV et s'érige même en république. Il n'est donc pas surprenant qu'avec un tel état d'esprit indépendant, Saint-Malo ait produit tant d'aventuriers, de navigateurs célèbres et de grands hommes.

Au XVe siècle, sa vocation marchande et maritime s'affirme déjà très fort. La pêche à la morue, les conquêtes de terres lointaines, le commerce de la toile vont contribuer à la richesse de la ville, à son développement et au respect de la part des pouvoirs du moment. À la fin du XVIIe siècle, Saint-Malo est le premier port de France et le siège des grandes compagnies d'armateurs. Les beaux hôtels particuliers reflètent cette prospérité. Vauban édifie les dernières fortifications. Saint-Malo prend son visage définitif. Tout au long du XVIIIe siècle et jusqu'en 1815, le port devient aussi la capitale de la guerre de courses. C'est l'épopée, presque légendaire, des célèbres corsaires qui, enfants, nous firent tant fantasmer.

En août 1944, Saint-Malo, où les Allemands se sont retranchés, connaît sa première défaite : la ville est détruite à 80 % par les bombardements alliés et les incendies. En effet, les Américains croyaient la ville bourrée d'Allemands et pensaient que le feu était le bon moyen pour les en faire sortir. Curieusement, la maison natale de Chateaubriand est intacte, et les bombes qui n'ont cessé de tomber sur le Grand-Bé n'ont pas endommagé sa tombe. Le prestige de Saint-Malo, sa place dans le patrimoine national lui permettent d'être rebâtie à l'identique. Les pierres sont numérotées, les habitants complètement mobilisés, photos et documents servant de modèle à la restauration. Certains hôtels particuliers sont reconstruits très fidèlement mais, le travail étant immense, beaucoup de rues et de façades sont plutôt recréées dans la philosophie générale de l'architecture initiale. L'essentiel étant avant tout de redonner à la ville ses formes et son atmosphère traditionnelles. La réussite est évidemment totale et exemplaire. Au musée du château, une salle retrace en détail toute cette phase de résurrection de Saint-Malo.

C'est donc une cité rebâtie après la guerre qu'il nous est donné de voir aujourd'hui, mais les touristes n'y voient que du feu et c'est tant mieux.

Les grands Malouins

Nulle autre ville en France peut aligner non seulement autant de grands hommes, mais surtout autant de gens célèbres dont on peut associer aussi facilement le nom à leur ville ! *Jacques Cartier,* en 1534, découvrit le Canada. Il y retournera plusieurs fois. *Duguay-Trouin* (1673-1736) et *Surcouf* (1773-1827) symbolisèrent la grande saga des corsaires. Après avoir éreinté Hollandais et Anglais sous Napoléon Ier, Surcouf devint tellement riche qu'il prit sa retraite à 35 ans et termina négociant, armateur et notable dans sa bonne ville. *Mahé de La Bourdonnais* (1699-1753), moins connu, fut pourtant un grand découvreur de terres lointaines et gouverneur de l'île Maurice et de la Réunion. *Pierre Maupertuis* (1698-1759), savant, mathématicien, géographe, fit nombre de découvertes. *Broussais* (1772-1838), d'abord médecin de la Marine, exerça ensuite à Paris (où un hôpital porte son nom). *Lamennais* (1782-1854), ancien prêtre, écrivain, grand humaniste, fut élu député à l'Assemblée de 1848. Enfin, *Chateaubriand* (1768-1848), homme politique et grand voyageur, monument de la littérature française dont l'image est, d'entre toutes, celle qui se rattache le plus à Saint-Malo !

Adresses utiles

◼ *Office du tourisme* (plan B1) : esplanade Saint-Vincent. Devant l'entrée de la ville close. ☎ 02-99-56-64-48. En été, ouvert de 8 h 30 à 20 h (le dimanche, de 10 h à 19 h) ; de Pâques à fin juin, ouvert de 9 h à

12 h 30 et de 13 h 30 à 19 h (le dimanche de 10 h à 12 h 30 et de 14 h 30 à 18 h) ; le reste de l'année, ouvert de 9 h à 12 h 30 et de 13 h 30 à 18 h. Bon matériel : brochures, plan de ville, etc. Le guide « Equinoxe », distribué gratuitement, permet de bénéficier de réductions en période creuse. Personnel compétent et disponible. Port de plaisance, station voile et aquarium signalent la vocation maritime de la cité corsaire (voir, plus loin, la rubrique « Avis aux avaleurs d'écume »). Dans l'office, un kiosque « Station-Voile » donne plein d'infos sur toutes les formes de nautisme à Saint-Malo.

🚂 *Gare SNCF :* Paris via Rennes, réservation : ☎ 08-36-35-35-35 (2,21 F/mn). Liaisons pour Rennes quasiment toutes les heures.

🚌 *Gare routière (plan B1) :* face à la porte Saint-Vincent, devant la porte principale des remparts. Deux compagnies. *Tourisme Verney* dessert principalement Rennes et Dinard (toute la journée pour cette dernière). ☎ 02-99-40-82-67. *Les Courriers Bretons* pour Cancale, Rennes, Dol, Fougères et Le Mont-Saint-Michel. Cinq aller-retour quotidiens en été. ☎ 02-99-56-79-09. Une compagnie *CAT* dessert Dinan toute la journée. ☎ 02-96-39-21-05. Départ de l'esplanade Saint-Vincent. Dessert aussi le cap Fréhel en saison.

⚓ *Gare maritime du Naye* (pour les ferries uniquement) : *Brittany Ferries,* ☎ 02-99-40-64-41. *Emeraude Line,* ☎ 02-23-18-01-80. Fax : 02-23-18-15-00. Car-ferries pour l'Angleterre (et l'Irlande avec *Brittany Ferries*).

⚓ *Gare maritime de la Bourse* (passagers uniquement) : *Emeraude Line,* ☎ 02-23-18-01-80, ou *Condor,* ☎ 02-99-20-03-00. Pour les îles Anglo-Normandes.

⚓ *Liaisons en vedette Saint-Malo-Dinard (plan A2, 1) :* avec *Emeraude Line*. Départ toutes les 30 mn (en saison) depuis la cale de Dinan. ☎ 02-23-18-15-15. À Dinard, ☎ 02-99-46-10-45.

■ *Location de vélos :* Cycles Nicole : 11, rue Robert-Schuman. ☎ 02-99-56-11-06. Cycles Diazo : 47, quai Duguay-Trouin. ☎ 02-99-40-31-63.

Où dormir ?

En haute saison, obligation de réserver si l'on veut dormir intra-muros, c'est-à-dire à l'intérieur des remparts.

Bon marché

🏠 *Centre Patrick Varangot (auberge de jeunesse et centre de rencontres internationales) :* 37, av. du Père-Umbricht. ☎ 02-99-40-29-80. Fax : 02-99-40-29-02. ♿ • fjt.ajcri.patrick-varangot@wanadoo.fr • Situé à Paramé, à l'est de la ville close. Très proche de la plage de Rochebonne. À 30 mn de la gare à pied ; bus n° 5 ou 2. Ouvert toute l'année, 24 h/24. La nuit par personne, en chambre individuelle ou en dortoir de 59 à 111 F (9 à 16,9 €) sans le petit déjeuner. Au self, repas autour de 50 F (7,6 €). 250 lits en dortoirs de 2 à 6 personnes. Chouette atmosphère et prestations extra. Carte des AJ obligatoire. Parking, laverie, ping-pong, tennis gratuit, cuisine disponible. Cafétéria de très bon niveau où 4 menus vous sont proposés. Pas de couvre-feu. Bref, une étonnante adresse, sympa et de haute tenue, à 5 petites minutes à pied de la plage. Bravo ! Pour nos lecteurs en groupe, 10 % de remise sur le prix de la chambre, et accès gratuit à la cuisine équipée de l'auberge.

🏕 *Camping de la Cité d'Aleth :* cité d'Aleth, Saint-Servan. ☎ 02-99-81-60-91. Ouvert toute l'année. Le plus proche de Saint-Malo intra-muros. Tout simple, mais situé dans l'enceinte même de cette petite cita-

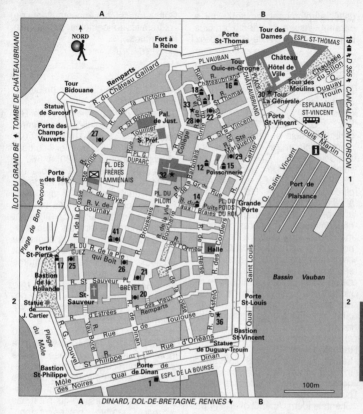

SAINT-MALO (INTRA-MUROS)

■ **Adresses utiles**

🛈 Office du tourisme
🚏 Gare routière
1 Liaisons en vedette Saint-Malo-Dinard

🛏 **Où dormir ?**

11 Hôtel du Commerce
12 Hôtel Le Croiseur
14 Hôtel du Louvre
15 Hôtel Bristol-Union
16 Hôtel de l'Univers
17 Hôtel Les Chiens du Guet
18 Hôtel Le Nautilus
19 Hôtel Brocéliande
41 Auberge Les Vieilles Pierres

🍴 **Où manger ?**

20 Crêperie La Brigantine

21 Crêperie Le Gallo
22 Crêperie-grill Le Sainte-Barbe
25 Restaurant de la Porte-Saint-Pierre
26 Chez Gilles
27 Le Chasse-Marée
28 Le Chalut
29 Le P'tit Crêpier
41 Auberge Les Vieilles Pierres

★ **À voir**

30 Le musée d'Histoire de Saint-Malo et le musée du Pays malouin
32 La cathédrale Saint-Vincent
33 La maison internationale des Poètes et des Écrivains
36 L'hôtel d'Asfeld

delle, surplombant les flots, qui a, paraît-il, inspiré à Uderzo et Goscinny le village d'Astérix et Obélix!

Prix moyens

▲ Hôtel-restaurant Les Chiens du Guet (plan A2, **17**) : 4, pl. du Guet (intra-muros). ☎ 02-99-40-87-29. Fax : 02-99-56-08-75. Fermé le dimanche soir et lundi en février, mars et octobre, et de mi-novembre à début février. Chambre double, selon la saison et le confort, de 160 à 290 F (24,4 à 44,2 €). Au restaurant, plusieurs menus de 78 à 175 F (11,9 à 26,6 €). Blottie contre le rempart, une petite adresse traditionnelle et économique. Chambres simples, meublées rétro, où il y a de la place pour poser son sac à dos. Quelques chambres économiques avec lavabo seulement, les autres avec douche ou douche et toilettes. Mignonne terrasse et amusante salle de restaurant au charme désuet, où l'on imagine facilement Jean Richard, alias le commissaire Maigret, débarquer et commander comme à son habitude une « fine à l'eau ». À table, du traditionnel encore, des plateaux de fruits de mer, des poissons et les homards du vivier. Accueil et service plaisants, assortis à l'établissement. Clientèle idem. Apéritif offert sur présentation du *GDR*.

▲ Hôtel Le Nautilus (plan B1, **18**) : 9, rue de la Corne-de-Cerf (intra-muros). ☎ 02-99-40-42-27. Fax : 02-99-56-75-43. ● nautilus-saint-malo@wanadoo.fr ● Ouvert toute l'année. Chambre double de 250 à 350 F (38,1 à 53,3 €) avec douche et w.-c. À 5 mn de la plage. Un petit hôtel vachement sympa, qui sent bon le neuf et le propre, décoré dans des tonalités pétillantes et jeunes, comme le service et l'accueil. Chambres pas très grandes mais bien équipées et coquettes (certaines mansardées). Au rez-de-chaussée, un pub qui bouge, avec aux murs un décor aux couleurs psyché qui font plus penser au *yellow submarine* qu'au *Nautilus*. Évitez les chambres du premier étage en fin de semaine si vous ne faites pas la bringue, parce qu'en dessous, ça bouscule!

Calme total et vue époustouflante de l'extrémité du camping sur la ville intra-muros.

Apéritif ou café offert sur présentation du *GDR*.

▲ Hôtel du Commerce (plan B1, **11**) : 11, rue Saint-Thomas (intra-muros). ☎ 02-99-56-18-00. Fax : 02-99-56-04-68. Selon le confort, chambre double de 180 à 360 F (27,4 à 54,8 €) selon la saison et le confort. Un tout petit hôtel modeste. Le minimum pour un prix mini, dans les murs et au calme. Les bourses riquiqui se contenteront parfaitement de ces chambres simples avec cabinet de toilette, douche ou bains. Le ménage laisse parfois à désirer. Fait également restaurant, avec le même rapport qualité-prix.

▲ Hôtel Le Croiseur (plan B1, **12**) : 2, pl. de la Poissonnerie. ☎ 02-99-40-80-40. Fax : 02-99-56-83-76. Fermé de mi-novembre à mi-décembre. Chambre double de 220 à 300 F (33,5 à 45,7 €) avec douche et w.-c. Ouvert toute l'année. Pas de charme particulier, pas de prix démesurément bas, mais une adresse convenable, à prix honnêtes, et surtout dans les murs, ce qui n'est pas si mal. Chambres petites et fonctionnelles, bien entretenues et équipées de bonne literie. Accueil correct. 10 % de réduction à nos lecteurs sur le prix de la chambre, d'octobre à fin mars.

▲ Les Charmettes : 64, bd Hébert, à Paramé. ☎ 02-99-56-07-31. Fax : 02-99-56-85-96. Fermé en janvier. Selon la vue, chambre double à 150 F (22,8 €) avec lavabo, de 200 à 320 F (30,4 à 48,8 €) avec douche et toilettes. L'établissement vaut exclusivement pour les chambres avec vue sur mer (nos 1, 2, 5 et 6). Les autres nous paraissent trop chères et celles de l'annexe carrément miteuses. Coin petit déjeuner et terrasse donnant directement sur la plage, ça, c'est génial. Quartier très calme le soir. Accueil malheureusement inégal. 10 % de réduction pour nos lecteurs hors juillet et août.

SAINT-MALO

Plus chic

Intra-muros, les prix montent, évidemment.

▪ *Hôtel du Louvre* (plan B1, *14*) : 2, rue des Marins (intra-muros). ☎ 02-99-40-86-62. Fax : 02-99-40-86-93. ● lelouvre@aol.com ● Ouvert toute l'année. Chambre double à partir de 230 F (35 €), de 330 à 370 F (50,3 à 56,4 €) avec douche et toilettes. Près de la place de la Poissonnerie. Hôtel familial malgré ses 44 chambres, possédant une certaine allure. Accueil agréable et chambres confortables. Chambre double ou triple, et même une pour 7 personnes. 10 % de réduction sur le prix de la chambre pour nos lecteurs.

▪ *Hôtel Bristol-Union* (plan B1, *15*) : 4, pl. de la Poissonnerie (intra-muros). ☎ 02-99-40-83-36. Fax : 02-99-40-35-51. ● www.hotel-bristol-union.com ● Fermé de mi-novembre à mi-décembre et en janvier. Chambre double à 235 F (35,8 €) avec douche et lavabo, de 290 à 315 F (44,2 à 48 €) avec douche ou bains et toilettes. Établissement à l'ambiance un tantinet guindée, mais feutrée et agréable, et très bien situé (entre les portes Saint-Vincent et la place du Poids-du-Roi). Salon rococo. Certaines chambres banales et plutôt petites, mais le tout se tient très bien. Bon petit déjeuner, d'ailleurs offert aux enfants sur présentation du *GDR*.

▪ *Hôtel de l'Univers* (plan B1, *16*) : pl. Chateaubriand (intra-muros). ☎ 02-99-40-89-52. Fax : 02-99-40-07-27. Ouvert toute l'année. Restaurant fermé le mercredi. Chambre double à 300 F (45,7 €) avec douche et toilettes, à 340 F (51,8 €) avec bains et toilettes. Au resto, plusieurs menus de 85 à 210 F (12,9 à 32 €). Accolé au célébrissime et légendaire *Bar de l'Univers*, cet hôtel, témoin d'une splendeur passée, fait partie de ces quelques établissements malouins de cachet, pleins de ce charme un peu british et carrément rétro. Grande réception, immenses couloirs et salons où l'on croit parfois se perdre. Belle atmosphère et des chambres vastes, confortables, à l'agencement gentiment désuet. Chambres pour 3 ou 4 également. Alors tant pis si la peinture s'écaille à certains endroits, l'adresse n'est pas comme les autres, avec ce je-ne-sais-quoi qui flotte dans l'air. Dommage que l'accueil ne soit pas toujours au diapason.

▪ *Hôtel La Rance* : 15, quai Sébastopol, port Solidor, à Saint-Servan. ☎ 02-99-81-78-63. Fax : 02-99-81-44-80. Ouvert toute l'année. Chambre double à 340 F (51,8 €) avec douche et toilettes, à 525 F (80 €) avec bains et toilettes. À proximité de la tour Solidor et de la cité d'Aleth. Petite structure de 11 chambres, au calme, avec vue splendide sur le port et la baie de la Rance pour certaines (les plus chères). Ambiance chic mais familiale et accueil vraiment sympathique. Décor tout à fait raffiné, dès la réception, et jusque dans les spacieuses chambres, toutes personnalisées (certaines mansardées). Un endroit où nos lecteurs les plus fortunés auront plaisir à séjourner. Petit déjeuner très complet. 10 % de réduction sur le prix de la chambre à nos lecteurs, à partir de deux nuits consécutives, hors juillet-août et grands week-ends.

Franchement plus chic

▪ *Hôtel Le Valmarin* : 7, rue Jean-XXIII, à Saint-Servan. ☎ 02-99-81-94-76. Fax : 02-99-81-30-03. Fermé de mi-novembre au 24 décembre et du 4 janvier aux vacances de février. Chambre double avec tout le confort de 550 à 750 F (83,8 à 114,3 €). Dans une élégante malouinière du XVIIIe siècle, un confort très « grand bourgeois », et de somptueuses chambres. Certaines ont vue sur le parc (à préciser au moment de la réservation). Parc superbement entretenu où il est bien agréable de savourer son petit déjeuner. À noter : accueil très souriant, y compris vis-à-vis du quidam en jean crasseux ! Rare. Café offert sur présentation du *GDR*.

🛏 *La Korrigane Hôtel :* 39, rue Le Pomellec, à Saint-Servan. ☎ 02-99-81-65-85. Fax : 02-99-82-23-89. ● la.korrigane.st.malo@wanadoo.fr ● Chambre double de 600 à 950 F (91,5 à 144,8 €). Dans un ancien hôtel particulier au charme indéniable, à l'élégance maîtrisée, au jardin verdoyant, on vous accueille dans des chambres superbes portant les noms de grands couturiers (Dior, Lanvin, etc.). Superbes tapis, guéridons, tables juponnées, paravents, etc. Chaque détail a été pensé, rien n'a été oublié. Un véritable lieu, plus qu'un hôtel, où tout est délicat, à l'image du salon qui rassemble dans un même bon goût le moderne et l'ancien. Sur présen-

tation du *GDR*, 10 % de réduction sur le prix de la chambre de début janvier à fin avril.

🛏 *Hôtel Brocéliande* (hors plan par B1, **19**) : 43, chaussée du Sillon. ☎ 02-99-20-62-62. Fax : 02-99-40-42-47. ● hotelbroceliande@wanadoo.fr ● Fermé en décembre. Chambre double de 360 à 580 F (54,9 à 88,4 €). Un petit hôtel conçu comme une maison anglaise. Une vraie bonbonnière avec vue sur l'océan (sauf deux chambres sur cour). De mignonnes chambres aux noms évocateurs (Merlin, Arthur, Lancelot, Viviane...), décorées avec goût et à grand renfort de fleurettes. Au premier étage, balcon ou terrasse pour les plus fortunés. Agréable salon avec bow-window donnant sur la plage. On a apprécié la gentillesse des patrons et l'ambiance intime de cet hôtel. Bons petits déjeuners. À partir de 2 nuits consécutives, on vous offre une bouteille de champagne sur présentation du *GDR*.

Où manger ?

Bon marché à prix moyens

La rue Jacques-Cartier, le long des remparts, s'est entièrement consacrée au remplissage des estomacs. Genre de « rue de la Faim » où le bon côtoie le médiocre. Il nous a été impossible de tester autant de restos. Se méfier des terrasses hyper fréquentées où l'on est servi avec des lance-pierres qui font mal à l'estomac et au portefeuille.

🍴 *Le P'tit Crêpier* (plan B1, **29**) : 6, rue Sainte-Barbe (intra-muros). ☎ 02-99-40-93-19. Ouvert tous les jours en juillet, août et septembre. Fermé le mercredi hors saison. Compter 85 F (13 €) pour un repas complet. Attention, tempête de plaisir ! Cette crêperie n'est pas ordinaire. Tout d'abord pour la gentillesse et la douceur de la jeune patronne. Puis pour les crêpes et galettes aussi bonnes que surprenantes. Saveurs subtiles, beaux produits, mariages étonnants mais jamais hasardeux qui font toujours mouche. Certains crêpiers nous font parfois oublier qu'ils sont avant tout cuisiniers, mais ce crêpier-là est un

chef ! Flan de moules en balluchon de sarrasin, galette à la brandade de poisson du marché (bien aillée, hum !), ou à l'andouille de Bretagne et confiture d'oignons. Pourquoi pas au foie gras de la mer (foie de lotte) et langoustines sur lit de salade ? Enfin, des crêpes sucrées qui ont déclenché en nous un ouragan de plaisirs. Aumônière de poire pochée au caramel à l'orange ou crêpe caramel au beurre salé en chaud-froid (caramel chaud, crème glacée au caramel, et crêpettes croustillantes aux cacahuètes) et encore une autre, étonnante, fourrée à la marmelade d'algues wakamé, qui vous fouettera les papilles comme une déferlante. C'est si bon qu'on est tenté d'en manger plus, pour en goûter plus. Carte de bières et cidres bretons. Deux petites salles au décor marin que l'on n'est pas près d'oublier.

I●I *Crêperie-grill Borgnefesse :* 10, rue du Puits-aux-Braies. ☎ 02-99-40-05-05. Accès : intra-muros. Fermé les samedi midi, dimanche et lundi. Congés annuels 2 semaines fin juin-début juillet et 2 semaines fin novembre. Une bonne formule-crêpes à 78 F (11,9 €) mais aussi des viandes goûteuses de 58 à 62 F (8,8 à 9,4 €); moules et huîtres fraîches de juillet à fin septembre. Resto corsaire. Le patron, une des légendes de Saint-Malo, grande gueule, poète et baroudeur, vous racontera à coup sûr l'histoire d'un flibustier qui s'est malencontreusement pris un boulet de canon dans le postérieur, surnommé en conséquence « Borgnefesse ». Des produits garantis du terroir breton et un accueil chaleureux garanti.

I●I *Crêperie La Brigantine* (plan A2, *20*) *:* 13, rue de Dinan (intra-muros, près de la porte de Dinan). ☎ 02-99-56-82-82. Fermé le mardi et le mercredi hors vacances scolaires; également la 2e quinzaine de novembre, la première de décembre et les 2 dernières semaines de janvier. Formule à 30 F (4,5 €) pour les enfants et menu dégustation à 60 F (9,1 €). Charmante crêperie, accueil et cadre douillets, avec de mignonnes chaises paillées, des nappes à carreaux et du bois blond un peu partout. Aux murs, de belles photos de vieux voiliers, dont celles du fameux photographe anglais Beken of Cowes, maître du genre. De très bonnes crêpes classiques à prix raisonnables. Accueil chaleureux.

I●I *Crêperie Le Gallo* (plan A2, *21*) *:* 21, rue de Dinan (intra-muros). ☎ 02-99-40-84-17. Fermé le lundi hors saison, 3 semaines en décembre puis 15 jours en mars. Compter 95 F (14,5 €) pour un repas complet. Une crêperie qui n'a l'air de rien, tellement elle est peu aguicheuse. Elle attire malgré tout pas mal d'habitués qui y trouvent de bien bonnes galettes classiques à la qualité régulière, dans une atmosphère sans chichis ni faux-semblants. Pour les routards, l'apéritif est offert.

I●I *Crêperie-grill Le Sainte-Barbe* (plan B1, *22*) *:* 14, rue Sainte-Barbe. ☎ 02-99-40-98-11. Fermé les deux premières semaines de décembre et les deux dernières de mars. Menu à 75 F (11,4 €) et 80 F (12,2 €) environ pour un repas à la carte. Menu-enfants à 30 F (4,6 €). Terrasse sympa pour une p'tite cuisine fraîche et copieuse. Bonnes moules, poissons et salades aussi.

I●I *Le Teddy Bear* (hors plan par A2) *:* gare maritime de la Bourse. ☎ 02-99-56-03-80. Ouvert midi et soir toute l'année. Formules de 59 à 79 F (8,9 à 12 €). À la carte, compter 100 F (15,2 €). Restaurant bien connu des Malouins et malheureusement trop peu connu des touristes car situé un peu en dehors du centre et des rues peuplées de la ville. La déco y est très british et, comme son nom l'indique, l'ours en peluche en est l'emblème; vous le retrouverez absolument partout. Les plats y sont copieux et bien préparés. Salades, pizzas, tartines, pâtes et grillades à des prix plus qu'abordables. Pour couronner le tout, les grandes baies vitrées de ce restaurant offrent ce qui est sans aucun doute le plus joli coucher de soleil. À ne pas rater.

Prix moyens à plus chic

I●I *La Corderie* (hors plan par B2) *:* cité d'Alet, chemin de la Corderie à Saint-Servan. ☎ 02-99-81-62-38. Ouvert de mi-mars à mi-octobre. Menu à 98 F (14,9 €). À la carte, repas à partir de 150 F (22,8 €). À côté du camping de la cité d'Alet. Un

bien bel endroit que cette Corderie retirée des circuits touristiques. Aucun bruit de circulation ne vient troubler le calme de cette belle bâtisse. On se sent bien ici. Peut-être parce que c'est une maison de famille, avec ses vieux meubles, ses livres et tableaux. De la salle ou de la terrasse, merveilleuse vue sur la mer, la tour Solidor, la Rance puis Dinard : un panorama qui vous nourrit avant même l'excellente cuisine proposée. Une carte allégée par rapport à d'autres restos, mais qui change presque tous les jours pour autant de plaisirs. Pour une salade grecque ou un poisson cuisiné, la présentation est toujours appliquée, les prix sont raisonnables, le service et l'accueil charmants. Un endroit où l'on prend facilement ses habitudes.

|●| ≙ *Auberge Les Vieilles Pierres* (plan A2, 41) : 9, rue Thévenard (intra-muros). ☎ 02-99-56-46-80. Hors saison, ouvert tous les soirs et le dimanche midi. En saison, ouvre tous les soirs et les midis du week-end. Chambre double avec lavabo à 150 F (22,8 €), avec douche et toilettes à 250 F (38,1 €). Menus de 92 à 170 F (14 à 25,9 €) et 200 F (30,5 €) à la carte. Si on vous dit que cette affaire porte bien son nom, ou qu'elle aurait aussi pu être baptisée « les vieilles poutres », ça vous donne une idée du décor. Ajoutons à cela une imposante cheminée où sont grillés viandes et poissons, des tables joliment dressées, un accueil sincère et sympa, et le tour est joué. Des produits frais pour une cuisine authentique, que vous optiez pour une grillade, des fruits de mer ou des ris de veau aux morilles. Dans ce vieil immeuble du XVIIᵉ siècle, au-dessus du restaurant, ont été aménagées quelques chambres aux prix sans concurrence. C'est tout simple, l'escalier grimpe raide mais on n'est pas volé. Les jeunes patrons en améliorent petit à petit le confort. Avis aux jazzeux : musique live le 2ᵉ samedi de chaque mois !

|●| *Restaurant de la Porte-Saint-Pierre* (plan A2, 25) : 2, pl. du Guet ; devant la porte Saint-Pierre (intra-muros). ☎ 02-99-40-91-27. ✄ Fermé le mardi et le jeudi midi pour le resto et de fin novembre à fin janvier. La chambre double de 300 à 400 F (45,7 à 60,9 €). Plusieurs menus de 100 à 300 F (15,2 à 45,7 €). Une des institutions malouines, notamment pour les produits de la mer. On trouve ici une belle assiette de fruits de mer et d'agréables menus pour toutes les bourses. C'est aussi l'occasion pas si courante de déguster des ormeaux. Cela dit, nos lecteurs sont partagés : certains ont adoré cette adresse, d'autres se sont plaints de la qualité de la cuisine. À vous de voir. Également un hôtel avec des chambres toutes simples, kitsch mais assez bien entretenues. 10 % de remise sur le prix de la chambre hors saison, vacances scolaires et grands week-ends, et café offert sur présentation du *GDR*.

|●| *L'Âtre* : 7, esplanade du Commandant-Menguy, à Saint-Servan. ☎ 02-99-81-68-39. ✄ Fermé le mardi soir, le mercredi et dimanche soir hors saison, et de mi-décembre à mi-janvier. Menus de 95 à 195 F (14,5 à 29,7 €). Le resto possède une petite vue sur l'eau, les serveuses sont cintrées dans leur jupe noire et leur chemisier blanc, et les poissons ne pouvaient pas mieux finir qu'entre les mains de ce cuisinier. Ceci n'a rien à voir avec cela, mais l'ensemble permet de passer un bon moment de convivialité, sans trop casser sa tirelire. Le genre d'adresse où la qualité a une régularité de métronome, et c'est tant mieux.

|●| *Chez Gilles* (plan A2, 26) : 2, rue de la Pie-Qui-Boit (intra-muros). ☎ 02-99-40-97-25. Fermé le mercredi toute la journée hors saison, le mercredi midi uniquement en juillet et août. Congés annuels pour les vacances de février et de fin novembre à mi-décembre. Formule du déjeuner en semaine à 78 F (11,8 €), puis 3 menus de 94 à 182 F (14,3 à 27,7 €). Des produits frais à peine sortis de l'océan, travaillés avec amour et passion, et servis dans le cadre douillet et gentiment bourgeois d'une salle qui sait conserver une certaine intimité. Poissons cuits juste comme il faut (aiguillettes de saint-pierre aux huîtres chaudes et lardons frits par exemple), sauces fines et parfumées... On profite des qualités du chef dès les premiers menus. Amuse-bouche offerts aux routards !

I●I *Le Chasse-Marée* (plan A1, 27) : 4, rue du Grout-Saint-Georges (derrière l'hôtel des Finances, intra-muros). ☎ 02-99-40-85-10. Fax : 02-99-56-49-52. ♿ Fermé le samedi midi et dimanche (hors jours fériés) hors saison. Menus à 87 et 145 F (13,3 et 22,1 €), à la carte, compter 250 F (38,1 €). À l'écart des principaux flux touristiques, cette petite adresse de charme distille une cuisine très délicate, articulée autour des produits de la mer. Le premier menu, servi tous les jours avant 21 h, atteint déjà un bon niveau de raffinement. Le second est franchement gastronomique. Saint-Jacques et foie gras chaud, saint-pierre grillé sur champignons et beurre parfumé au jus de truffe... Attention, à la carte, l'addition peut atteindre des sommets, même si c'est justifié. Une petite ombre au tableau : l'accueil pas forcément comme on aime. Sur présentation du *GDR*, un apéritif maison est offert.

Très chic

I●I *Le Chalut* (plan B1, 28) : 8, rue de la Corne-de-Cerf (intra-muros). ☎ 02-99-56-71-58. Fermé les lundi et mardi. Menus à 100 F (15,2 €) sauf les dimanche et jours fériés, puis de 190 à 270 F (29 à 41,2 €). Sans doute une des meilleures adresses de Saint-Malo lorsqu'il s'agit de manger du poisson. Décor pimpant, service pro et cuisine apte à satisfaire les plus fins gourmets. L'une des spécialités est le filet de saint-pierre à la coriandre fraîche. Ambiance un peu coincée.

Où manger dans les environs ?

I●I *Ferme-auberge, chambres d'hôte et gîtes de La Porte :* chez Jocelyne et Laurent Harzic, 35430 Saint-Jouan-des-Guérets. ☎ 02-99-81-10-76. ♿ À 3 km au sud de Saint-Malo par la N137, sortie Saint-Jouan ; prendre la direction Centre-Bourg, ensuite c'est indiqué soit « Ferme-auberge de La Porte », soit uniquement « La Porte ». Une petite allée ombragée y conduit, après avoir longé les murs d'un château. Fermé le mercredi hors saison et à Noël. Chambre double à 320 F (48,7 €), petit déjeuner compris. Menus de 89 à 155 F (13,6 à 23,6 €). Une grande ferme, bien située entre la Rance et le village de Saint-Jouan-des-Guérets. Une belle salle à manger, où tout est cuit à la broche dans la cheminée : gigot, poulet, canard, cochon de lait. Réservation obligatoire hors saison. Également 2 chambres d'hôte au bon confort. On peut aussi louer l'un des gîtes ruraux de la ferme, découvrir la campagne à pied, et même se baigner (dans la Rance toujours) à la plage du Vallion, à 500 m de la ferme. Apéritif offert sur présentation du *GDR* hors week-end et vacances scolaires.

Où boire un verre ?

De plus en plus, la vie nocturne de la cité quitte la rue de la Soif et se déplace vers la rue Sainte-Barbe. La plupart des vieux troquets de marins se sont transformés en restos. Plus rentable, certainement !

♟ *Bar de l'Univers :* pl. Chateaubriand (intra-muros). ☎ 02-99-40-83-62. Ouvert tous les jours jusqu'à 2 h. Un must, chanté par Lavilliers. Une partie de la déco est, paraît-il, faite avec des coffres de corsaires. Ambiance chargée d'histoire, pleine de sel, tout en gardant un certain chic (n'oublions pas que l'endroit fut longtemps le bar du *Yacht-Club* de Saint-Malo...). Y poser ses fesses est déjà un voyage en soi. Vous

SAINT-MALO

pourrez passer des heures à laisser errer votre regard sur les centaines de photos qui couvrent les murs, car chacune d'elles raconte une histoire.

♈ *Pub l'Equinoxial :* 3, rue du Puits-aux-Braies. À deux pas de la porte de la Vierge et du Borgnefesse, dans la ville close. ☎ 02-99-40-82-89. Ouvert jusqu'à 1 h (2 h de mai à septembre). Fermé le dimanche (sauf en été) et début octobre. Une des rades les plus sympas de Saint-Malo. On y tire remarquablement la Guinness et on se croirait dans une petite enclave irlandaise conviviale et chaleureuse à souhait. Également carte de whiskies, bourbons, etc. Au sous-sol, la *Cave à Aude* où se déroulent, de temps à autre, de super « bœufs ». En outre, on n'y manque aucune fête (ah, Halloween!)...

♈ *Cunningham's Bar :* 2, rue des Hauts-Sablons, devant le port des Bas-Sablons, à Saint-Servan. ☎ 02-99-81-48-08. Ouvert tous les jours de 16 h à 3 h. L'un des plus beaux bars de Saint-Malo, tout en acajou et châtaignier, à l'écart de la foule de la ville close. Décoration entièrement refaite par un charpentier de marine. Splendide! Chaude ambiance le week-end! C'est le QG de la jeunesse malouine! Plus de terrasse, mais des grandes baies vitrées donnant sur le port.

♈ *L'Aviso :* 12, rue du Point-du-Jour. ☎ 02-99-40-99-08. Ouvert de 18 h à 3 h. Fermé en janvier. Une belle atmosphère ponctuée par un somptueux choix de bières. Les clients qui viennent depuis 20 ans essayer les 300 bières de la maison ont même offert au patron une plaque, genre enseigne de médecin, sur laquelle est inscrit : « Jean-François Fiévet, biéristothérapeute, consultations de 18 h à 1 h. » Ça, c'est une preuve d'amitié!

♈ *Le Saint Patrick :* 24, rue Sainte-Barbe. ☎ 02-99-56-66-90. Ouvert de 14 h à 2 h. Ce pub a su préserver l'architecture originale de ce lieu qui doit être une ancienne abbaye. Les murs sont en vieille pierre, les plafonds voûtés et les nombreuses petites pièces se rejoignent par des escaliers en bois biscornus. La pièce du haut est caractérisée par ses vitraux, ses anciens bancs d'église, et surtout par son installation centrale très originale que nous vous laisserons découvrir. Demi à 16 F (2,4 €), whiskies à partir de 30 F (4,6 €). Le service est très agréable et l'apéritif accompagné de saucisson aux herbes. Ambiance très chaleureuse.

Où guincher?

– *L'Escalier :* à La Buzardière, près du Petit-Paramé. ☎ 02-99-81-65-56. Cette boîte de nuit, fief des noctambules locaux, vous réserve une belle surprise : une déco à tomber par terre. Si, si!

À voir. À faire

★ *La promenade des remparts :* la première chose à faire, bien sûr. Rescapés des bombardements alliés de 1944 (sacré Vauban!). La *porte Saint-Vincent,* principale entrée de ville, date de 1709. La *Grande-Porte,* deux grosses tours à mâchicoulis, au bout de la rue Jacques-Cartier, remonte au XVe siècle. Le côté de la porte de Dinan offre quatorze sévères façades d'*hôtels* d'armateurs. Seuls les deux premiers échappèrent aux destructions. Les douze autres furent rigoureusement reconstruits comme avant. Celui qu'habita Surcouf, les trente dernières années de sa vie, se situe à gauche de la porte de Dinan.

Point de vue intéressant du *bastion Saint-Philippe,* mais panorama encore plus beau du *bastion de la Hollande* (celui avec la statue de Jacques Cartier). La *porte Saint-Pierre* permet l'accès à la *plage de Bon-Secours.* Au large, le *rocher du Grand-Bé* sur lequel Chateaubriand fut inhumé. En continuant, on arrive au *Cavalier des Champs-Vauverts* où s'élève la statue de Surcouf. Belle échauguette d'angle de 1654. La *tour Bidouane,* ancienne poudrière, date du XV° siècle. Enfin, la *porte Saint-Thomas* mène à la *plage de l'Éventail.*

★ *Le château :* construit par les ducs de Bretagne aux XV° et XVI° siècles, c'est aujourd'hui la mairie. Pas de visite possible mais on peut jeter un coup d'œil à la cour intérieure. C'est la carte postale la plus pittoresque de la ville. Le grand donjon sur la droite abrite le musée d'Histoire (voir ci-dessous). Dans la cour, les anciennes casernes. La *tour Quic-en-Groigne* fut rajoutée par Anne de Bretagne. Son nom rappelle la fameuse mise en garde adressée par la duchesse Anne à l'esprit trop indépendant des Malouins : « Qui qu'en groigne, ainsi sera, car tel est mon bon plaisir ! ».

★ *Le musée d'Histoire de Saint-Malo (plan B1, 30) :* c'est le grand donjon sur la droite. ☎ 02-99-40-71-57. Du 1er avril au 30 septembre (sauf le 1er mai), ouvert tous les jours de 10 h à 12 h et de 14 h à 18 h ; le reste de l'année, fermé le lundi et les jours fériés. Entrée payante : 27 F (4,1 €). Cadre magnifique pour un musée : salles de granit, hautes cheminées. Tout sur l'histoire de la ville corsaire et sur les grands hommes qui ont fait sa renommée.
La première salle offre deux plans-reliefs sur la ville au XVI° siècle et son port de marée vers 1700.
Au 1er étage, salle consacrée à la marine malouine. Superbe figure de proue de navire représentant un corsaire (on pense que Duguay-Trouin servit de modèle).
Dans l'ancienne chapelle du château, tableau de *la Pitié du Seigneur* de Jean-Baptiste Santerre ; également des documents de Châteaubriand sur l'îlot du Grand-Bé en 1848 et le testament de Lamennais, un des fondateurs du catholicisme social, membre du parlement de la II° République avec Proudhon, Barbès (celui qui épatait la galerie !), Louis Blanc, Ledru-Rollin (bien des lecteurs parisiens vont enfin connaître l'origine de leurs stations de métro !).
Au 2° étage, souvenirs également sur la vie de Chateaubriand et celle de Surcouf. Tableaux, maquettes. Portrait de Surcouf, étonnant petit tableau de la chambre natale de Chateaubriand, composé avec les cheveux de l'écrivain par son coiffeur ! Ce n'est plus de l'amour, c'est de la rage. Au 3° étage, l'étonnant palmarès de Duguay-Trouin et des témoignages sur le géographe Maupertuis (qui découvrit que la terre était aplatie aux deux pôles). Une curiosité : un odieux « collier de force » qu'on mettait aux prisonniers. Enfin, accès aux tourelles du guet, permettant un panorama circulaire unique sur Saint-Malo et ses environs.

★ *Le musée du Pays malouin (plan B1, 30) :* dans la tour *La Générale.* Un excellent complément au musée d'Histoire (malheureusement pas assez mis en valeur), accessible avec le même billet que le musée d'Histoire à partir du 1er étage du donjon, en prenant le couloir partant de la chapelle du château. Collections ethnographiques évoquant la grande pêche et la vie quotidienne au temps des Terres-Neuvas. Maquettes de navires, documents et instruments de bord, outils de construction navale, belle doris avec tout son équipement, mobilier, coiffes, costumes et quelques tableaux, témoignages du Saint-Malo d'hier. Touchantes images des premiers bains de mer et du Saint-Malo d'après-guerre.

★ *La cathédrale Saint-Vincent (plan A1, 32) :* durement touchée en 1944, sa restauration fut achevée en 1971. Construite au XII° siècle. Chevet plat élevé au siècle suivant. Finesse et élégance du chœur avec ses voussures gothiques. Curieusement, la nef est courte, comparée à la profondeur du chœur. Beau triforium. La grande rosace reçut, il y a vingt ans, une série de vitraux modernes aux couleurs éclatantes. On peut encore déceler des chapiteaux romans, animaux, entrelacs, etc. (notamment au-dessus de la chaire).

SAINT-MALO

Sur le sol, dans la nef, une mosaïque rappelle la visite qu'y fit Jacques Cartier avant de s'embarquer pour le Canada (le 16 mai 1535). Dans la chapelle nord, on peut voir sa tombe (on ne retrouva que sa tête, ici même, en 1949), ainsi que celle de Duguay-Trouin. Grand portail datant du XVIIIe siècle.

★ *Le vieux Saint-Malo :* à partir de la place Chateaubriand, un circuit flé-ché permet de découvrir toutes les maisons anciennes d'origine ou reconstruites, hôtels particuliers, cours pittoresques, passages, vestiges his-toriques divers. *Rue Chateaubriand,* entre autres, on trouve, au n° 3, l'*hôtel de la Gicquelais,* du XVIIe siècle (où naquit Chateaubriand). Au n° 11, inté-ressante demeure avec cour à galerie de bois et escalier à balustres. *Rue du Pélicot,* l'une des plus caractéristiques de la ville, voyez les nos 3, 5 et 11. Au n° 23, passage de la Lancette, cour intérieure reconstruite.
Rue Vincent-de-Gournay, anciennes demeures du XVIIe siècle. Au n° 4, rue de la Fosse, *hôtel de 1620* avec tourelle. Au n° 5, rue d'Asfeld, possibilité de visiter la cour et l'escalier de l'*hôtel Magon de La Lande,* etc. Il est évident qu'on ne peut énumérer tous les édifices historiques de la ville. La brochure de l'office du tourisme, *Saint-Malo, cité de la mer,* les décrit pratiquement tous. Bien sûr, des circuits sont également organisés avec guides spéciali-sés (du 1er juillet au 31 août). Tous renseignements à l'office du tourisme ou au musée du château.

★ *La Maison internationale des Poètes et des Écrivains* (plan B1, *33*) *:* 5, rue du Pélicot (intra-muros). ☎ 02-99-40-28-77. Ouvert en général du mardi au samedi de 14 h 30 à 18 h. Fermé 15 jours en janvier-février. Entrée libre. Dans l'une des très rares maisons à avoir survécu à la « grande brûle-rie » de 1661 et aux bombardements de 1944 s'est installée, en 1990, cette Maison des Poètes au cadre très chaleureux. Une superbe initiative, portée sur les fonts baptismaux par Federico Mayor (directeur général de l'Unesco) et Camilo José Cela (Prix Nobel de littérature). C'est vous dire la portée de l'événement pour la poésie, si délaissée dans l'Hexagone !
Très intéressantes conférences littéraires, rencontres avec des écrivains et chants traditionnels, expos photo, peinture, sculpture... Certains soirs d'été ont lieu des promenades avec les conteurs dans Saint-Malo et la campagne. Promenades littéraires également à Saint-Malo. Lieu de rencontre idéal pour tous les amoureux de Tristan Corbières et Xavier Grall. D'ailleurs, une biblio-thèque internationale de littérature poétique se développe d'année en année. À soutenir résolument !

★ *L'hôtel d'Asfeld* (plan B2, *36*) *:* 5, rue d'Asfeld. Ouvert tous les jours du 1er mars au 15 novembre, de 10 h à 12 h et de 14 h à 18 h (14 h 30 à 18 h 30 en juillet et août). Visite guidée de 30 mn environ. Demeure du XVIIIe siècle, unique maison de corsaires survivante des bombardements de 1944 par les Anglais et les Américains. Grâce à une association de bénévoles, plusieurs salles ont été remises en état, et la visite permet de se replonger deux siè-cles en arrière, à l'époque où le propriétaire, François Auguste Magon de La Lande, abandonna le métier de corsaire pour endosser l'habit de négociant, activité plus lucrative et moins dangereuse.
Le mobilier n'est pas d'époque, mais la structure de l'édifice n'a pas changé depuis sa construction. Pièces où l'on recevait les armateurs, où l'on entre-posait les marchandises, chambres du personnel à l'étage, et surtout les étonnantes caves voûtées qui servent aujourd'hui d'entrepôt à vin. Le guide connaît son affaire, c'est un véritable passionné.

★ *Le fort national :* face à la porte Saint-Thomas. ☎ 04-70-34-71-85. Ouvert de Pâques à septembre. Accès à pied à marée basse. Monument dû à Vauban. Visite guidée en une demi-heure des enceintes et souterrains. Ouvert pendant les horaires de marée. Entrée payante. Un truc : vous êtes certain que c'est ouvert quand le drapeau français flotte au-dessus du fort. Plusieurs centaines d'otages y furent enfermés en août 1944.

★ *Les plages :* Saint-Malo possède plusieurs plages. La *Grande Plage,* à l'est des remparts, sans danger et superbe ; celles de *Bon-Secours* et du *Môle,* devant la partie nord des remparts, sont beaucoup plus petites mais appréciées pour leur calme. La plage du Môle est la mieux abritée.

Fêtes et manifestations

– *Étonnants Voyageurs :* chaque année en mai (pendant 3-4 jours), au palais du Grand Large. Ce fameux Festival international du Livre créé par l'écrivain et éditeur Michel Le Bris (voir le chapitre « Figures » dans les Généralités) fêtait ses dix ans l'année dernière. Les plus grands noms du *travel writing* y ont défilé : Hugo Pratt, Bruce Chatwin, Nicolas Bouvier, Jacques Lacarrière, etc. On y vient nous-mêmes régulièrement. Sur place, une librairie géante sous un chapiteau et un café littéraire. Au programme, entre autres : rencontres avec les écrivains, débats, expos photos, etc. À ne rater sous aucun prétexte si vous aimez les livres... et les voyages. La prochaine édition aura lieu du 31 mai au 4 juin 2001 sur le thème des Mondes du Nord (tout un programme !). Renseignements : ☎ 02-23-21-06-21.
– *Solidor en Peinture :* le dernier week-end de juin, chaque année. Le samedi, le thème est imposé, il faut peindre la tour Solidor et le port. Le dimanche, on peint ce que l'on veut et on vend ses œuvres. Artistes professionnels et peintres du dimanche viennent tous ensemble planter leur chevalet. Renseignements : ☎ 02-99-81-60-89.
– *Folklore du Monde :* une semaine début juillet. Danses folkloriques et musiques du monde. Bretons rencontrent Berrichons, Hongrois, Coréens, Marocains, Québécois, etc. L'occasion de découvrir des costumes, des rythmes, des danses et des gens des quatre coins du monde. Au programme : concours de musique et de danse, stages, défilés... Renseignements : ☎ 02-99-40-42-50.
– *Festival de Musique sacrée :* tous les ans depuis presque trente ans, de juillet à mi-août, les plus prestigieuses formations d'Europe et leur fidèle public se donnent rendez-vous à la cathédrale.
– *La Route du Rock :* mi-août, pendant trois jours, on se (dé)bouche les oreilles et la bière coule à flots. Concerts les après-midis et en soirée au fort Saint-Père. Souvent une affiche prestigieuse, avec les groupes anglais, américains et français les plus en vogue. Au fil des ans, c'est devenu le festival de rock le plus important de Bretagne, avec les Transmusicales de Rennes. Renseignements : Rock Tympans, ☎ 02-99-53-50-30.
– *Quai des Bulles :* le dernier week-end d'octobre, au palais du Grand Large. Festival de bandes dessinées. Pour rencontrer les géniteurs de vos personnages favoris et leur faire dédicacer des albums (avec un p'tit dessin siouplaît).

Avis aux avaleurs d'écume et à ceux qui veulent y goûter

Pour les amateurs de voile

À l'évidence, Saint-Malo est un haut lieu de la mer et de ses mythes, rites et pratiques. C'est donc aussi une place forte de la voile en France. Conséquence intéressante pour vous : il s'est créé récemment une **station voile,** où des gens compétents vous renseigneront sur le sompteux éventail des possibilités voileuses de la cité corsaire. Du dériveur au croiseur hauturier, de la planche à voile au vieux gréement, et que vous soyez débutant ou mangeur de hale-bas de tangon confirmé, vous trouverez ce qui vous convient.

– *Renseignements :* ☎ 02-99-56-18-88 ou 02-99-40-34-04. Permanence de la station voile à l'office du tourisme d'avril à septembre.

■ *Société nautique de la baie de Saint-Malo :* quai du Bajoyer. ☎ 02-99-20-22-95. Ouvert du lundi au vendredi de 14 h à 19 h et le samedi de 9 h à 12 h. Pour le dériveur ou le catamaran de sport, dispose de matériel et d'encadrement de qualité. Ce sont eux qui organisent la partie technique du départ de la route du Rhum qui, tous les quatre ans, part de Saint-Malo.

■ *Association du cotre corsaire :* tour Ouest, Grande-Porte. ☎ 02-99-40-53-10. Pour embarquer à bord du *Renard*, le cotre corsaire de Surcouf, reconstruit pour la grande fête des voiliers anciens de Brest 92. Mémorable promenade au fil de l'eau, à la voile, à la demi-journée, à la journée ou sur plusieurs jours. De mars à octobre.

■ *Étoile marine :* 6, av. Louis-Martin. ☎ 02-99-40-48-72. Si vous souhaitez passer une journée en mer à bord de l'*Étoile Molène* ou du *Popoff*, bon vieux ketch aurique, c'est l'adresse qu'il vous faut. Fait aussi location de voiliers modernes, avec ou sans skipper.

■ *Location de voiliers de croisière* (de 6 à 15 m) : *ALET*, 44 rue Dauphine ☎ 02-99-82-07-48 ; *Naviloc*, ☎ 02-99-82-12-72 ; *Saint-Malo nautique*, ☎ 02-99-81-84-55 ; et également *Sumalo Marine*, ☎ 02-99-81-47-52.

Pour les fous de glisse

Sachez que Saint-Malo et Dinard (selon l'orientation du vent et de la houle) disposent d'une variété de *spots* de planche et de surf considérable. Sachez aussi que les locaux ne sont pas des débutants, donc tâchez de laisser la frime à Paris. Les jours de « baston », la grande *plage du Sillon*, à Paramé, est un spot majeur de saut de vagues, et sa partie est, *la Hoguette*, a la réputation d'être l'un des spots de surf les plus nerveux de Bretagne. Amis spectateurs, soyez au rendez-vous dès que la météo devient furieuse : le spectacle en vaut la chandelle.

■ *Surf-school Saint-Malo :* 2, av. de la Hoguette. ☎ 02-99-40-07-47. ● surfschool.saintmalo@wanadoo.fr ●

Ouvert toute l'année. Super école de planche à voile, funboard, surf, char à voile et *speed sail.*

Pour les amateurs de kayak de mer

■ *Les Corsaires malouins* (section kayak) : 28, rue de Toulouse. ☎ 02-99-40-92-04.

Pour les amateurs de plongée sous-marine

En vous immergeant dans cette mer d'émeraude, vous constaterez avec délice qu'elle porte magnifiquement son nom. Toutefois ne soyez pas surpris de vous faire un peu secouer par la houle du nord-ouest.

■ *Saint-Malo Plongée Émeraude :* stade du Naye (derrière la piscine), 35400 Saint-Malo. ☎ 02-99-19-90-36. Compter 110 F (16,7 €) la plongée. ● perso.wanadoo.fr//snpe/ ● Ouvert d'avril à novembre. Explorations, baptêmes, formations jusqu'au niveau III ; voici le programme du club (FFESSM, ANMP) où l'encadre-

ment est assuré par Alain Cabioch et ses moniteurs brevetés d'État et fédéraux. À bord de *la Mercière*, le navire de plongée, on propose aussi des initiations enfants (dès 8 ans), ainsi que des stages épaves et biologie marine. Équipements complets fournis. Locaux confortables. Réservation obligatoire.

Nos meilleurs spots

〰 *Le Laplace :* en plongeur galant et néanmoins averti, accompagnez donc les « petites vieilles » (aussi appelées coquettes), poissons orange et bleu, sur l'épave de cette frégate coulée en 1950 devant la baie de la Fresnaye. Par 20 m de fond, évitez l'exploration dangereuse de la coque (coupée en deux), mais observez les gros congres et homards magnifiques sous les tôles, avec prudence bien sûr ; inutile de jouer les « vieux de la vieille ! ». Niveau I confirmé.

〰 *La Catis :* au nord-est du cap Fréhel, c'est la plongée phare du coin. En palmant (souplesse toujours !) autour de ce rocher (40 m de profondeur), vous verrez des colonies d'anémones, d'alcyons, d'éponges et des bancs de tacauds que la présence de roussettes nonchalantes ne semble pas émoustiller outre mesure. Quelques lieus et bars chassent dans les parages. Pas mal d'oursins, et de bonnes surprises dans les failles. Niveau II.

〰 *Le Fetlar :* coulé en 1919, ce gros vapeur anglais – bien conservé – repose par 25 m sur un fond de sable. Vie sous-marine très intense. Classiques tacauds en goguette autour de l'épave ; congres et homards à débusquer dans les trous sombres (munissez-vous d'une lampe) ; également quelques gros lieus cuivrés. Niveau II.

〰 *La Grande Hupée :* juste au nord du précédent, un site (20 m de fond) qui porte bien son nom. Tombants richissimes avec parures de laminaires (longues algues brunes), d'alcyons et de gorgones ; formidable écrin pour les congres, tourteaux et araignées qui se dissimulent dans les fractures de la roche. Quelques bars et mulets chassent autour de ce bijou sous-marin. Plongée à marée basse seulement, car le chenal d'accès au port est à côté. Niveau I confirmé.

〰 *Le Bizeux :* à l'embouchure de la Rance, ce « caillou » (20 m maxi) est le rendez-vous de toutes les espèces de la baie de Saint-Malo, avec, en vedette, de nombreuses coquilles Saint-Jacques. Au pied de l'impressionnant rocher tapissé d'éponges orangées, de roses de mer, de grands hydraires virevoltant au gré du léger courant, vous trouverez l'ancre massive d'un bateau inconnu. Attention, plongée à marée descendante, car proximité de l'usine marémotrice. Niveau I.

Achats

⌂ *Céramiques de Dodik :* 4, rue Chateaubriand (intra-muros). ☎ 02-99-56-68-82. Dodik réalise des panneaux aux superbes couleurs, parfois violentes. Ce sont souvent des thèmes du Moyen Âge, inspirés des contes et légendes de Bretagne, traités avec naïveté et force en même temps. Pour connaître les heures d'ouverture, se renseigner à l'office du tourisme (☎ 02-99-56-64-48). On peut aussi aller admirer son œuvre à la galerie Gwen et Dodik au 5, rue Boyer, près de la poste, de 11 h à 12 h et de 15 h à 18 h.

⌂ *Le Comptoir des Épices :* 5, rue des Merciers. ☎ 02-99-40-98-25. Garde en stock les poivres des Indes, cubèle, sechouan, etc., pour faire des mélanges explosifs à vous réveiller un corsaire moribond !

Autour de Saint-Malo

★ *L'île du Grand-Bé :* accès à pied à marée basse. Face aux portes des Bés et des Champs-Vauverts. C'est là que repose, face au large, Chateaubriand. Dalle toute simple, surmontée d'une croix. Du sommet, belle vue sur la côte.

★ *L'île de Cézembre* (35800 Dinard) *:* ce caillou est accessible du 1er juillet à début septembre de Saint-Malo et Dinard avec les vedettes d'*Emeraude Line*. Trois départs quotidiens de la cale de Dinan. À quelques milles des remparts, l'île accueillait les petits flibustiers qui n'étaient pas admis à Saint-Malo. En 1940, la Kriegsmarine en a fait une place forte inexpugnable, qui reçut donc du 13 août au 2 septembre 1944 autant de bombes que Stalingrad ! À part la surface délimitée autour du restaurant, il est interdit de s'y promener en raison du danger provenant de la présence d'engins explosifs.

I●I Devant la plage, petit resto, *Le Repaire des Corsaires :* ☎ 02-99-56-78-22. Ouvert de fin mars à fin octobre. Plats autour de 70 F (10,6 €). Le restaurant est souvent approvisionné en fruits de mer par les pêcheurs qui viennent prendre un petit blanc au comptoir avant de rentrer au port. Le bon plan pour s'organiser des « expéditions festoyantes », hors saison de préférence.

★ *Le musée international du Long Cours cap-hornier :* situé à Saint-Servan (ancien faubourg, au sud de Saint-Malo), dans la tour Solidor. ☎ 02-99-40-71-58. Ouvert tous les jours de Pâques à septembre, de 10 h à 12 h et de 14 h à 18 h. Fermé le lundi hors saison. Donjon de près de 30 m de haut avec trois tourelles, construit au XIVe siècle. Tout sur la grande saga des cap-horniers de la fin du XIXe siècle racontée par le biais de beaux objets, de superbes toiles et de mille souvenirs qui font rêver. Nombreux témoignages : maquettes de navires, instruments de bord, pagaies décorées de Nouvelle-Calédonie, « rolling-pins », dents de cachalot ciselées, cartes maritimes, bateaux en bouteille et même un grand albatros (3 m d'envergure) dont le moindre coup de bec pouvait vous fendre le crâne. Du chemin de ronde, panorama intéressant sur l'estuaire et les environs.

★ *Le Grand Aquarium :* av. du Général-Patton à *La Ville-Jouan*. ☎ 02-99-21-19-00. ● www.aquarium-st-malo.com ● C'est à environ 4 km du centre-ville. Accès par Saint-Servan. Du 1er juillet au 31 août, ouvert tous les jours de 9 h à 20 h (le circuit ferme une heure plus tard) ; du 1er septembre au 30 juin, ouvert tous les jours de 10 h à 18 h 30 ou 19 h selon les périodes (le circuit ferme une heure plus tard). Entrée : 75 et 58 F (11,4 et 8,8 €). Boutique, cafétéria. Cet énorme et ultra-moderne aquarium présente de manière passionnante et ludique à la fois un panorama étonnant des habitants de toutes les mers du globe, aussi bien ceux des eaux froides que ceux des eaux tempérées et même chaudes. Sans vouloir tout dévoiler, voici quelques infos pour vous mettre en eau : on pénètre dans les eaux froides où crabes du Japon et poissons-loups de Norvège nous attendent. Pour l'Atlantique, on a reconstitué un bout de plate-forme pétrolière. La « touch pool » est un bassin où l'on peut toucher les poissons (mais pas les pêcher ni les faire cuire, dommage !). La Méditerranée est présentée dans le cadre d'un aquarium-épave. Mais le plus fascinant reste l'anneau gigantesque, aquarium circulaire où les dorades tournent en rond dans un ballet infini, au centre, de six gros requins (de quatre espèces différentes). Et nous, au centre, de les regarder tourner, tourner et tourner encore... Impressionnant. Le vaisseau englouti accueille quant à lui de très belles tortues (couanne, verte, imbriquée) dont certaines ont plus de trente ans. L'Aquarium propose aussi une séance de cinéma 3 D. Mais, on se répète, ne manquez sous aucun prétexte le « bassin de contact », ou « bassin tactile », dans lequel vous plongerez les mains pour caresser (si, si !) des poissons et coquillages. Peu profond, il offre aux familles la possibilité de toucher des algues, divers poissons, et même un requin (pas un pointe noire !), histoire de décoincer les marins d'eau douce. Cette année, l'aquarium s'est agrandi et propose maintenant une formidable attraction : accompagné par une histoire, on plonge littéralement dans un sous-marin pour découvrir ce monde abyssin. Une visite vraiment incontournable.

★ *Paramé et ses environs :* la station balnéaire de Saint-Malo. Thalasso-thérapie. Belles plages très fréquentées l'été, on s'en doute. Un peu plus loin, à *Rothéneuf,* pour les amateurs d'art naïf, ces étonnants *rochers sculptés* par un curé au XIXᵉ siècle, l'abbé Fouré (près de 300 personnages). Le curé, gravement handicapé, passait son temps à tailler ses fantasmes dans le rocher. Voir les gueules de monstres, la scène de ménage où un mari corrige sa femme, les gros lézards... Tout cela fut sculpté entre 1870 et 1895, et provient d'histoires et légendes de la famille de corsaires des Rothéneuf. Voilà un but de promenade intéressant, bien que l'entrée soit payante (15 F, soit 2,3 €). Petite terrasse devant le site pour prendre un verre. À Paramé vécut Théophile Briant (1891-1956), poète, humaniste et malouin d'adoption, auteur de romans historiques, hélas peu connu des Français. Il réalisa, dans la région de Saint-Malo et en Bretagne, un travail immense pour l'essor de la poésie. Ami de Max Jacob, Colette, Jehan Rictus, Saint-Pol-Roux, il ouvrit *Le Goéland,* revue littéraire qu'il animait, à tous les jeunes poètes pour qu'ils puissent se faire entendre. Une association, les *Amis de la tour du Vent*, s'est créée pour faire connaître son œuvre. Les alentours de Saint-Coulomb servirent de cadre au *Blé en herbe* de Colette.

★ *Les malouinières :* ce sont les belles demeures que bourgeois, négociants et armateurs se faisaient construire aux XVIIᵉ et XVIIIᵉ siècles dans la campagne autour de Saint-Malo, quand ils commençaient à étouffer dans leur ville close. Les architectes étaient souvent ceux qui œuvraient à la construction des remparts ou à leur agrandissement. Ce qui explique souvent l'aspect très sévère de ces luxueuses maisons de campagne.

★ *Le manoir Jacques-Cartier :* rue David-MacDonald-Stewart, à *Limoë-lou-Rothéneuf.* ☎ 02-99-40-97-73. Du 1ᵉʳ juin au 30 septembre, visite guidée de 10 h à 11 h 30 et de 14 h 30 à 18 h ; du 1ᵉʳ octobre au 31 mai, visites à 10 h et 15 h. Fermé le week-end et jours fériés, sauf en juillet et août. Entrée : 20 F (enfants et étudiants) et 25 F (3 et 3,8 €). Réductions. C'est l'ancêtre des malouinières et la plus célèbre. Par son aspect, rappelle plutôt une grosse ferme. Superbement restaurée, la maison évoque la vie et les voyages du découvreur du Canada. Il y vécut après ses trois voyages au Canada, de 1541 à 1557. On voit comment il fit agrandir la maison. On visite la salle commune, la cuisine, et à l'étage sa chambre. Le manoir appartient à une fondation de Montréal et la visite est bien souvent assurée par des Québécois qui nous montrent combien Jacques Cartier est pour eux un personnage de toute première importance, bien plus qu'en France. Cette remise en perspective du navigateur nous gonfle évidemment d'orgueil, mais aussi de honte à aussi mal connaître ses découvertes.

★ Voyez aussi la belle *malouinière* meublée du *Bos* à Saint-Servan (visite possible en juillet et août tous les jours à 15 h 30), celle de *la Chipaudière* (dans son jus) à Paramé, etc. Même si certaines ne se visitent pas, ça vaut souvent le coup d'en admirer l'architecture extérieure.

DINARD (DINARZH) (35800)   11 000 hab.

Une de nos plus anciennes stations balnéaires, souvent appelée la « Nice du Nord ». L'aristocratie anglaise de la seconde moitié du XIXᵉ siècle tomba amoureuse du site et du doux climat. Elle contribua grandement à son développement, en y créant même, en 1879, le premier club de tennis, et le second golf de France en 1888 (après Pau en 1856). Dinard recevra « pêle-mêle », oserait-on dire, Charles d'Autriche, Guillaume d'Allemagne, Oscar II de Suède, le grand-duc Michel, Édouard VII, Armand Fallières et Lawrence d'Arabie (gallois de naissance) qui vint s'y reposer et changer de sable. Tout autour s'édifièrent plus de 400 invraisemblables villas de tous styles. Un record ! Actuellement, c'est toujours un lieu de villégiature très classe. Le contraste est assurément fort entre le rude et austère Saint-Malo et l'extravagant et presque exotique Dinard. À peu de distance l'un de l'autre, le mariage curieux du granit et du palmier. Ne manquez pas la promenade du « Clair de Lune », le soir évidemment, agrémentée de musique classique. Et allez voir *Conte d'été,* le film d'Éric Rohmer, qui montre si bien la lumière de ce beau coin de Bretagne.

Adresses utiles

❿ *Office du tourisme* (plan C2) : 2, bd Féart. ☎ 02-99-46-94-12. Fax : 02-99-88-21-07. En juillet et août, ouvert de 9 h 30 à 19 h 30; le reste de l'année, de 9 h à 12 h 15 et de 14 h à 19 h (18 h en hiver).
🚂 *Gare SNCF :* ☎ 08-36-35-35-35 (2,21 F/mn).
🚌 *Lignes de bus :* compagnie *TIV.* ☎ 02-99-82-26-26. Liaisons avec Saint-Servan, Saint-Malo et également Saint-Briac, Ploubalay et le Mont-Saint-Michel.
✈ *Aéroport de Dinard-Pleurtuit :* ☎ 02-99-46-18-46 (accueil). Pour les liaisons avec les îles Anglo-Normandes : ☎ 02-99-46-70-28.
■ *Bateaux-navettes* (plan D2, 1) : entre Dinard et Saint-Malo. Liaisons toutes les heures.

Où dormir ?

Bon marché

🏠 *Camping municipal de Port-Blanc :* en bord de mer. ☎ 02-99-46-10-74. ♿ Ouvert du 1er avril au 30 septembre. Bien situé, verdoyant, plein d'arbres et de belles pelouses. Beaucoup de monde en été.

Prix moyens

Parmi les nombreux hôtels, malgré la réputation de cherté de la ville, on en trouve quelques-uns à des prix raisonnables.

🏠 *Hôtel du Parc* (plan C2, 11) : 20, av. Édouard-VII. ☎ 02-99-46-11-39. Fax : 02-99-88-10-58. Fermé en hiver hors vacances scolaires. La chambre double de 160 à 300 F (24,4 à 45,7 €) selon la saison. Au resto, menus de 65 à 115 F (9,9 à 17,5 €). Tout près du centre, pas loin de la mer (5 mn à pied), un petit hôtel familial de style très dinardais. Excellent rapport qualité-prix. Très calme. Il n'y a pas de parc (contrairement à ce qu'indique son nom), mais un resto coquet et agréable.
🏠 *Hôtel Les Mouettes* (plan C3, 12) : 64, av. George-V. ☎ 02-99-46-10-64. Fax : 02-99-16-02-49. Fermé en janvier. La chambre double de 190 à 230 F (28,9 à 35 €) avec douche et toilettes. À deux pas du Yacht-Club et du port. Un sympathique hôtel familial de 10 chambres. Accueil d'une grande gentillesse et petites chambres, entièrement refaites, coquettes et bien tenues. Sympa, simple et pas cher, ce qui n'est pas si courant à Dinard. Pour le stationnement, s'adresser à la réception. Hors vacances scolaires et sur présentation du *GDR,* 10 % de réduction sur le prix de la chambre.
🏠 *Hôtel Les Bains* (plan D2, 13) : 38, av. George-V. ☎ 02-99-46-13-71. Fax : 02-99-46-97-61. Fermé de mi-novembre à Pâques. Chambre double avec tout le confort de 280 à 380 F (42,6 à 57,9 €). À 5 mn de la plage de l'Écluse. Hôtel familial et agréable. Bonnes prestations et entretien sérieux. Accueil

dévoué. Sur présentation du *GDR*, 10 % de réduction sur le prix de la

Plus chic

≜ *Hôtel Printania (plan D2, 15) :* 5, av. George-V. ☎ 02-99-46-13-07. Fax : 02-99-46-26-32. ● printania. dinard@wanadoo.fr ● Ouvert du 20 mars au 15 novembre. De 340 à 480 F (51,8 à 73,1 €) pour 2, selon la vue et la saison. Ambiance très kitsch breton à grande échelle, avec de très beaux meubles respirant le goémon et le lit clos (2 chambres), le tout avec l'une des plus belles vues de Dinard sur la baie. Délicieuse véranda.

≜ *Hôtel La Vallée (plan D2, 16) :* 6, av. George-V. ☎ 02-99-46-94-00. Fax : 02-99-88-22-47. Fermé de mi-novembre à mi-décembre et der-

chambre hors week-end en basse saison.

nière semaine de janvier, resto fermé le mardi et le dimanche soir hors saison. Chambre double de 300 à 500 F (45,7 à 76,2 €) avec toilettes et douche ou bains. L'endroit vaut exclusivement pour les chambres avec vue sur le port. N'est pas accessible aux handicapés, contrairement à ce qu'ils affichent. Établissement vieillissant, entretien variable, le bilan n'est pas brillant, mais quel emplacement ! Accueil correct et professionnel. Au restaurant, où l'on ne vous invite pas à trop dépenser, cuisine traditionnelle privilégiant les produits de la mer. Terrasse agréable, presque les pieds dans l'eau.

Où manger ?

Bon marché

|●| *Snack Le Glacier :* plage de l'Écluse, sur la digue. ☎ 02-99-46-54-39. ♿ Ouvert tous les jours de février à novembre. Compter entre 50 et 100 F (7,6 et 15,2 €) pour un repas complet. Grand bar, très bien situé, avec une terrasse ensoleillée, face à la plage. Une des vues les plus dinardaises qui soient avec notamment cette sympathique ribambelle de cabines de bains aux rayures chic, les villas rococos et l'île Cezembre au large. L'endroit idéal, entre bain de soleil et bain de mer,

pour prendre un café ou un petit repas estival. Outre les salades, on y sert de très bonnes moules et des plats de fruits de mer (fraîcheur assurée). À signaler également, des hot-dogs servis avec des sauces succulentes (tartare, béarnaise...), chose pratiquement inconnue à Paris où les saucisses sont souvent sèches ou trop cuites. Également, une carte de glaces très variée. Kir breton offert sur présentation du *GDR*.

LA CÔTE D'ÉMERAUDE

■ **Adresses utiles**

  🛈 Office du tourisme
  1 Bateaux-navettes Dinard-Saint-Malo

≜ **Où dormir ?**

  11 Hôtel du Parc
  12 Hôtel Les Mouettes
  13 Hôtel Les Bains
  15 Hôtel Printania
  16 Hôtel La Vallée

|●| **Où manger ?**

  20 Snack Full Time
  21 Le Cancaven
  22 Castor-Bellux
  23 Bar-restaurant Le Macao
  24 Restaurant L'Escale à Corto
  26 Hôtel-restaurant Le Prieuré
  27 Restaurant Altaïr

★ **À voir**

  30 Le musée du Site balnéaire
  31 Le petit musée de la Mer et l'Aquarium

LA CÔTE D'ÉMERAUDE

200 m

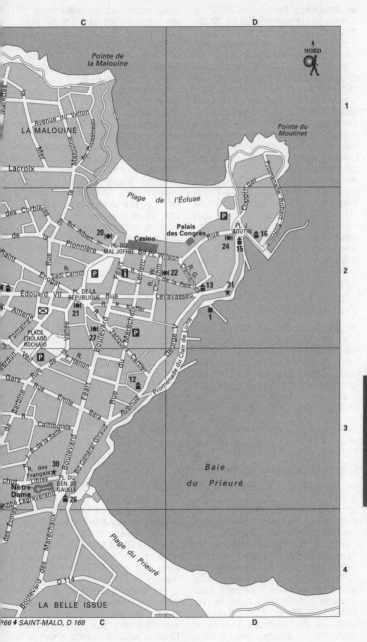

|●| **Snack Full Time** *(plan C2, 20)* : à l'entrée de la plage de l'Écluse. ☎ 02-99-46-18-72. ♿ Fermé de mi-octobre à avril hors vacances scolaires. Repas à partir de 60 F (9,1 €). L'été, c'est un rendez-vous de la jeunesse dinardaise décontractée, entre une partie de tennis et un coup de planche à voile. C'est en fait la seconde adresse de Philippe Thomas, du *Castor Bellux* (voir plus bas). Donc à nouveau des salades, des pâtes fraîches ou de bons sandwichs pas chers. L'apéro vous sera offert sur présentation du *GDR*.

|●| **Le Cancaven** *(plan C2, 21)* : 3, pl. de la République. ☎ 02-99-46-15-45. Ouvert toute l'année. Menu à 68 F (10,3 €) sauf le dimanche, puis de 79 à 112 F (12 à 17 €). Une brasserie-PMU en plein centre, idéale pour prendre la température du pays. Murs habillés de tissu façon doublure d'imper Burburry's pour faire chic, mais c'est pas joué. À

table, choisir les délicieux fruits de mer, coquillages ou moules marinière plutôt que les viandes. Bon rapport qualité-prix en général.

|●| **Castor-Bellux** *(plan C-D2, 22)* : 5, rue Winston-Churchill. ☎ 02-99-46-25-72. Fermé le lundi midi et de mi-septembre à fin mars. Menu à 48 F (7,3 €). Repas complet à la carte autour de 80 F (12,2 €). Réservation conseillée. Restaurant-pizzeria culte de la jeunesse dinardaise. Encore une des brillantes créations du sympathique Philippe Thomas (« Fifi » pour les intimes), célébrité locale, toujours plein de bonnes idées. Ambiance chaude garantie, et prix très raisonnables : pizzas, pâtes fraîches et excellentes salades composées. Ici, il est fréquent que les clients continuent d'arriver passé minuit ! C'est souvent plein à craquer ! Le midi, sangria offerte à nos lecteurs. Hic !

Prix moyens

|●| **Bar-restaurant Le Macao** *(hors plan par A2, 23)* : 39, rue de Starnberg. ☎ 02-99-46-19-01. À 1 km environ du centre, route de Saint-Lunaire. Ouvert tous les jours en saison. Fermé les lundi, mardi et mercredi en hiver, ainsi que de mi-septembre à mi-octobre. Paella sur place à 80 F (12,2 €) la part, et 60 F (9,1 €) à emporter. Moules marinière à 40 F (6,1 €) le litre. Juste en

face du camping municipal de Port-Blanc. Les meilleures paellas de Dinard et sans doute de toute la côte. Normal, le chef ne fait presque que ça ! Il a appris le métier à Benidorm, en Espagne. Accueil très sympa. Pour la vente à emporter, il suffit de téléphoner 30 mn à l'avance. Far breton en dessert. Sangria offerte à nos lecteurs.

De plus branché à plus chic

|●| **Restaurant L'Escale à Corto** *(plan D2, 24)* : 12, av. George-V. ☎ 02-99-46-78-57. Ouvert seulement le soir. Fermé le lundi soir hors vacances scolaires. Compter environ 150 F (22,9 €) pour un repas. En face de l'*hôtel Printania*. La mer toute proche et la silhouette de Corto Maltese donnent une indéniable personnalité à ce petit resto branché. On l'appelle aussi le *restaurant des Marins*. Dod est au bar, Marie est aux fourneaux. Bons repas tonifiants : salade des marins, huîtres, tartare de saumon, poisson. Pas de menu, tout est à la carte. Le

resto n'est ouvert que le soir car Corto fait la sieste sur le sable aux heures chaudes...

|●| **Restaurant Altaïr** *(plan C2, 27)* : 18, bd Fréart. ☎ 02-99-46-13-58. Fax : 02-99-88-20-49. Fermé le dimanche soir, et le lundi hors saison. Cinq menus de 78 F (à midi en semaine) à 200 F (11,8 à 30,5 €). C'est le resto de l'hôtel du même nom. Une salle au charme un rien vieillot, et ouvrant sur le jardin, ce qui n'est pas pour nous déplaire. Cuisine réputée, assez chère à la carte, mais correcte si l'on se cantonne aux premiers menus. Par

exemple : sole braisée aux poireaux ou pigeon fermier à la mousse de pois frais. Côté chambres, c'est vieillot aussi, mais moins charmant qu'au restaurant. Certaines sont plus agréables, avec meubles anciens et vue sur le jardin, mais on ne vous recommande pas l'hôtel pour autant. 10 % de remise sur le prix de la chambre aux routards hors saison, Pâques et Ascension.

I●I *Hôtel-restaurant Le Prieuré (plan C3, 26) :* 1, pl. du Général-de-Gaulle. ☎ 02-99-46-13-74. Fax : 02-99-46-81-90. Fermé les lundi et mardi hors saison (le lundi seulement en juillet-août), ainsi qu'en janvier et une quinzaine en décembre. Menus à 98 F (14,9 €) sauf le dimanche, puis à 150 et 200 F (22,8 et 30,4 €). En face de l'église, sur la plage du Prieuré. Très bonne cuisine, l'une des meilleures de la ville dans une salle avec vue sur la mer. Spécialités de fruits de mer et de poissons. Hôtel avec quelques chambres ayant vue sur la mer. À nos lecteurs, 10 % sur le prix de la chambre hors juillet-août.

Où boire un verre ?

Ɨ Le long de la rue Yves-Verney *(plan C2),* entre la plage de l'Écluse et la place de la République, vous trouverez les uns à côté des autres les bars de la jeunesse dorée du coin. Si vous voulez être vraiment branché, sachez que seuls *Le Newport, La Croisette* et *Le Petit Casino* (le *P'tit Caz* pour les intimes) devront mériter votre attention... Pour les dragueurs, c'est sans doute *Le Petit Casino* qui tient le haut du pavé, pour son atmosphère plus intimiste. Et soignez votre tenue ! On n'est pas ici pour rigoler... Ami aventurier, calmez-vous, votre heure viendra...

Ɨ *Bar du resto L'Escale à Corto* (voir « Où manger ? ») *:* belle atmosphère. Un peu moins « rendez-vous de la jeunesse » que la rue Yves-Verney. On y reviendra !

Ɨ *Le Dériveur :* à Saint-Briac, au bout du bd de la Houle. Un très beau bar, idéal pour les jours de pluie. Ambiance très « cuir » et de belles gravures de la coupe de l'America. Billard américain au fond.

À voir. À faire

– Chose étonnante, vous trouverez à Dinard le plus beau *marché* de la région, tous les samedis matin. Tout Dinard s'y retrouve. Belle ambiance.

– *Visite guidée* de la ville avec l'association *Le Gacem :* ☎ 02-99-46-94-12. Départ de l'office du tourisme. En saison, le lundi et du mercredi au samedi à 14 h 30 et à 16 h 30 ; hors saison, sur réservation.

★ *La grande plage de l'Écluse (plan C-D2) :* c'est l'épicentre de la ville. On y conserve le souvenir du « British Golden Age » avec cette plaque fixée au rocher où il est écrit « 1836-1936, Dinard à ses amis britanniques, en commémoration du centenaire de l'arrivée des premiers résidents britanniques ». La jeunesse dorée d'aujourd'hui affiche toujours un peu cette anglomanie (snob ?). Les gourmand(e)s font la queue à la pâtisserie *Nuillet,* rue Levavasseur. Les dragueurs ou les ethnologues sauvages s'installent à la terrasse du bar du *Petit Casino.*

★ On peut faire, même dans une station huppée, de chouettes *randonnées.* Si, si ! La *pointe de la Vicomté* offre, depuis le barrage de la Rance jusqu'à la plage du Prieuré *(plan C-D4),* une agréable promenade ombragée (environ 45 mn de marche). Ceux qui sont en forme peuvent se rendre de la plage du Prieuré à celle de Port-Blanc par la côte, en un peu moins de deux heures. La première partie se fait sur fond de musique classique ou jazz.

L'itinéraire emprunte la fameuse *promenade du Clair-de-Lune* (maisons, hôtels et villas semblent s'entasser les uns sur les autres), passe par la *pointe du Moulinet* (superbes et étranges villas, panorama unique), la grande *plage de l'Écluse,* la *pointe de la Malouine,* la jolie *plage de Saint-Enogat.* Enfin, un sentier de douanier assez escarpé permet de rejoindre la *plage de Port-Blanc.* Renseignez-vous à l'office du tourisme.

★ *Le musée du Site balnéaire (plan C3, 30) :* 12, rue des Français-Libres. ☎ 02-99-46-81-05. Attention ! Appeler impérativement avant de vous y rendre ; horaires fluctuants. Installé dans la villa d'Eugénie, construite pour la venue de l'impératrice en 1868... qui n'y vint jamais. Modestes collections archéologiques, préhistoriques, et d'art et traditions populaires. Le plus intéressant est à l'étage, où l'on trouve de nombreuses photos du Dinard du début du siècle, lorsque la ville fut lancée par les Anglais. Photos, mais aussi maillots de bain, maquette du casino, sculptures d'un artiste local, Armel Beaufils, et plein d'autres petits souvenirs de la Belle Époque.

★ *Le petit musée de la Mer et l'Aquarium (plan D2, 31) :* 17, av. George-V ; au bout de la promenade du Clair-de-Lune (pointe du Moulinet). ☎ 02-99-46-13-90. Ouvert de l'Ascension au 15 septembre, tous les jours de 10 h 30 à 12 h 30 et de 15 h à 19 h (le dimanche de 14 h à 19 h). Entrée : 15 F (2,2 €). Réductions. Un vieil aquarium plein de charme, fidèle au poste depuis 1935. Petit et même modeste, il présente surtout un échantillonnage de la faune locale. C'est aussi un centre de recherches.

★ *L'usine marémotrice de la Rance :* sur le pont de l'estuaire de la Rance, côté Dinard. ☎ 02-99-16-37-14. Possibilité de visiter, sur rendez-vous uniquement. La première du genre construite au monde. Ouvert tous les jours de 10 h à 17 h 30. Réalisée sur le principe des anciens moulins à marée et capable de fournir de l'électricité à 250 000 personnes. Cependant, elle ne fit pas d'émules, l'énergie produite revenant fort cher. La visite ne présente pas beaucoup d'intérêt pour le commun des mortels, car on doit se contenter de photos et de petites explications audio. De l'usine elle-même, on ne voit rien du tout.

★ *L'hôtel de ville :* dans la villa Montplaisir, ancienne demeure de la « reine » de Dinard, Mme Hugues Halett. Un bon exemple de l'architecture des années 1930.

★ *Le golf de Dinard :* situé en fait à Saint-Briac. ☎ 02-99-88-32-07. ● www. dinardgolf.com ● Pour les amateurs, c'est un vrai régal, en bord de mer et somptueusement entretenu (dans une ville aussi influencée par l'Angleterre, le contraire eût été étonnant !). Évidemment, l'ambiance peut parfois y être un peu snob, et les tarifs un peu chers : 320 F (48,7 €) la journée en saison et 250 F (38,1 €) en moyenne saison. Mais bon, ceux qui aiment ne comptent pas, surtout en golf, paraît-il...

Sea, s... and surf...

Pour les amateurs de voile

■ *Yacht-Club de Dinard :* promenade du Clair-de-Lune. ☎ 02-99-46-14-32. L'épicentre en la matière. C'est un lieu de tradition avec un beau bar à l'anglaise donnant sur la baie où les nostalgiques de l'époque du « yachting à voile » iront prendre un verre la larme à l'œil. Et c'est aussi (chose plus rare pour un club aux allures un peu snobs) un vrai club de voile dynamique, qui vous propose toute une série de formules vous permettant de naviguer en dériveur ou en cata de sport (voir aussi les excellents clubs de cata à Saint-Lunaire et à Lancieux).

Pour les amateurs de planche à voile

Dinard vous offre une somptueuse variété de *spots,* depuis les plages pour débutants jusqu'aux folies de la *plage de Longchamp,* pour planchistes haut de gamme les jours de gros temps.

■ *Wishbone Club :* au bout de la promenade des Alliés, à l'extrême droite de la plage de l'Écluse. ☎ et fax : 02-99-88-15-20. Fermé en janvier et février. Super club de planche, de l'initiation à la régate, mais aussi de dériveur, catamaran et kayak. Pour tous les âges et tous les niveaux. Cours particuliers de planche à voile. Loue du très bon matériel. Aux lecteurs du *GDR*, 10 % de réduction sur le prix des activités.

Pour les fous de surf

Votre quartier général sera à Saint-Briac, plage de Longchamp. Sur le bord de la plage, dans une sympathique cabane en bois, le bar *Le Moustique* est le siège social des marteaux du surf. De là, en sirotant un verre, vous pourrez suivre les exploits des mangeurs de vagues du coin.

Dans les environs

Dans la continuité de Dinard, *Saint-Lunaire*, avec ses quatre plages, conserve tout son charme balnéaire, elle retrouve même ses couleurs, puisque le Grand Hôtel autour duquel la station a été créée à la fin du XIXe siècle, vient d'être rénové et repeint dans ses teintes roses et rouges d'origine. Aller à la pointe du Décollé, offrant une large vue du Cap Fréhel à Saint-Malo, permet une balade architecturale dans un bel ensemble de villas début de XXe siècle. Dans le village, une jolie poste Art Déco (mosaïque Odorico), une rare église romane, sanctuaire de l'inévitable moine irlandais venu évangéliser les Bretons... Les plages de sable fin, très « famille » (cabines, club Mickey), sont confortables pour les petits et les grands.

OÙ DORMIR? OÙ MANGER?

●I *La Pensée Gourmande :* 35, rue de la Grève, à 50 m de la Grande Plage, en direction de la poste. ☎ 02-99-46-03-82. Ouvert de 10 h à 22 h. Fermé le dimanche l'été, le week-end hors saison. Menu de 68 à 108 F (10,3 à 16,4 €). Avec une véranda fleurie et une terrasse ensoleillée, elle ouvre sur un jardin au charme un peu fouillis. Pour la gourmandise, une vitrine de gâteaux (bretons ou anglo-saxons) et de confitures maison à emporter. Dans ce cadre apaisant, on apprécie les petits déjeuners, les *brunchs*, les goûters. Pour les repas, c'est une cuisine familiale, avec des tartes salées, des poissons, des desserts (charlotte, *crumble*, croustillant aux fruits de saison), élaborés avec des produits naturels.

▲ *La Pensée :* rénovée avec un esprit maison (boiseries, mosaïques anciennes), offre aussi des locations à la semaine en été, et, hors saison, des possibilités de chambres d'hôte dans de charmants studios avec kitchenette. Compter 290 F (44,2 €) la nuit pour 2, petit déjeuner compris avec des scones tout chauds et confiture maison. Renseignements au : ☎ 02-99-46-03-82.

SAINT-SULIAC *(SANT-SULIAV)* (35430)   880 hab.

On aime vraiment beaucoup ce petit port de la Rance, loin de tout. Pour s'y rendre, prendre la N137 en direction de Châteauneuf-d'Ille-et-Vilaine, puis la D117. Un maximum de charme et un naturel qu'ont perdus bien de ses confrères. Étroite rue principale descendant vers le port et bordée de maisons très anciennes. *Église* du XIII° siècle, avec une façade du XVII° siècle. Sculptures diverses et statues intéressantes. À l'intérieur, *tombeau de saint Suliac*, le fondateur du village. Belle rosace dans le transept sud. Très agréable promenade sur le port au crépuscule. Balades super à la *pointe de Grain-Folet* et au *mont Garrot*.

Où dormir ? Où manger ?

■ *Camping Les Cours :* à 500 m du village, sur la droite en entrant. ☎ 02-99-58-47-45. Ouvert du 15 mars au 30 septembre. Verdoyant et calme. Un beau petit camping municipal, fort bien tenu.

■ *Chambres d'hôte Les Mouettes :* 17, Grande-Rue ; dans le centre de Saint-Suliac. ☎ 02-99-58-30-41. Fax : 02-99-58-39-41. ♿ Chambre double avec toilettes et douche ou bains de 250 à 290 F (38,1 à 44,2 €), petit déjeuner inclus. Cinq chambres claires, aux couleurs gaies comme le printemps, avec des lits et un plancher en bois. Située en plein centre de la ville, l'adresse n'est pas d'un calme parfait (la chambre rose est la plus calme), mais le petit bout de jardin derrière est absolument adorable. Bonne halte pour une nuit ou deux dans ce croquignolet village. Tenu par des jeunes au goût sûr et à l'accueil gentil.

|●| *Restaurant La Grève :* sur le port. ☎ 02-99-58-33-83. Fermé le dimanche soir et le lundi hors saison, et de mi-novembre à fin mars. Menus de 125 à 195 F (19 à 29,7 €). Salle à manger très plaisante, au rustique de bon goût. À la carte : salade tiède de coques au vinaigre de framboise, lapin compoté au foie gras... Terrasse, face à la Rance, très agréable ; dommage, mille fois dommage que les menus ne soient pas servis en terrasse, mais seulement les fruits de mer et une sélection de la carte. Un peu mesquin, non ?

CANCALE *(KANKAVEN)* (35260)   5 350 hab.

Jadis réputée pour ses terre-neuvas, ses femmes au verbe haut et ses somptueuses régates de bisquines, Cancale est aussi la « capitale » des fameuses huîtres qui, aux XVII° et XVIII° siècles, arrivaient sur la table du roi et des nobles, deux fois par semaine, par courrier spécial. Ici les huîtres sont plates, parfois grosses comme un « pied-de-cheval », à découper au couteau et à la fourchette. Tout au bout du port-promenade, à marée basse, on peut admirer l'ordonnancement rigoureux des parcs à huîtres. Venant du sud, empruntez la route panoramique sur la corniche, qui permet cette arrivée très sympathique sur l'étonnant port de la Houle. Les maisons collées les unes aux autres le long du quai étaient celles des terre-neuvas, des familles de pêcheurs, par opposition à celles, en retrait dans le bourg, plus haut, habitées jadis par les armateurs, commerçants et autres notables de la ville. Toujours guilleret et animé, désormais fief des nombreux restaurants de fruits de mer de la ville, ce long quai du port de la Houle mélange sans complexes pêcheurs (de plus en plus rares), ostréiculteurs, touristes de passage et vacanciers. Bon esprit. Une superbe randonnée, morceau du GR34, qui vous fera flirter avec le célèbre *rocher de Cancale* émergeant des eaux, rejoindre la sauvage *pointe du Grouin*, puis la *plage du Verger*. Environ

12 km (4 h de marche) et autant pour le retour. Tout le long de l'itinéraire, remarquables points de vue et succession d'ambiances. Hautes falaises, passages escarpés (faites gaffe quand même), parcs à huîtres, ports de pêche et plages agréables. Prodigieux *panorama* depuis la pointe du Grouin sur la splendide île des Landes, une réserve ornithologique. Par beau temps, on distingue les îles Chausey, le Mont-Saint-Michel, le cap Fréhel, etc.

Adresses utiles

🅸 *Office du tourisme :* 44, rue du Port. Dans le bourg, en haut, sur la place principale. ☎ 02-99-89-63-72. Fax : 02-99-89-75-08. Ouvert de 9 h à 12 h 30 et de 14 h à 18 h (19 h pendant les vacances scolaires et la mi-saison) ; en juillet et août, de 9 h à 20 h. Également un point info sur le port, à la *Halle à Marée :* ☎ 02-99-89-74-80. Ouvert en saison de 10 h à 13 h et de 17 h à 21 h ; en hiver, ouvert pendant les vacances scolaires uniquement, et seulement l'après-midi vendredi, samedi et dimanche.

– *Balade en bateau :* ☎ 02-99-89-77-87. Dans le cadre de la sauvegarde du patrimoine maritime, une bisquine (bateau de pêche typique de Cancale et de Granville) a été construite. Avec ses 350 m de voilure, *La Cancalaise* est le bateau de pêche ayant la plus grande surface de toile de France. Vous pouvez le prendre pour une excursion ou une sortie de pêche. Le bateau navigue de mars à octobre, tous les jours. Demi-journée à 150 F et journée à 270 F (22,9 et 41,2 €) environ.

Un peu d'histoire

La paroisse fut créée au VIe siècle par saint Méen (encore un moine grand-breton, eh oui !). Dès le XVe siècle commence à naître la réputation des marins de Cancale. Avec Saint-Malo, Cancale fut évidemment un port de corsaires, ce qui lui vaudra d'être confortablement pillé et bombardé par les Anglais en 1758 et 1779 (on peut encore voir, fiché dans l'un des murs du presbytère, rue de la Vallée-Porcon, un boulet de nos amis grand-bretons !). Mais l'histoire de Cancale se confond surtout avec l'épopée des *terre-neuvas,* ces marins « durs à cuire » qui partaient en de véritables expéditions pêcher la morue sur les bancs de Terre-Neuve, à bord des fameuses bisquines, ces élégants bateaux de pêche puissamment toilés. L'impressionnante flottille de Cancale, forte de plus de 300 unités, employait ainsi la majeure partie des hommes de la ville, qui allaient affronter les tempêtes de l'Atlantique Nord. Ces longs mois d'absence des mâles... permirent l'épanouissement d'un véritable matriarcat, et la Cancalaise devint ainsi une figure mythique de la femme gouailleuse et décidée « qui en a »...

LA CÔTE D'ÉMERAUDE

Où dormir ?

⛺ Quatre *campings,* dont celui de la *pointe du Grouin* (☎ 02-99-89-63-79), superbement installé en bord de mer. Panorama extraordinaire sur la mer. Pas des masses d'ombre, mais propre et calme.
🛏 *Hôtel-brasserie Le Querrien :* 7, quai Duguay-Trouin. ☎ 02-99-89-

64-56. Fax : 02-99-89-79-35. Ouvert toute l'année. Chambre double tout confort entre 350 et 520 F (53,3 et 79,2 €) selon la vue. Demi-pension entre 305 et 390 F (46,5 et 59,4 €) par jour et par personne. Au resto, menus de 89 à 189 F (13,5 à 28,8 €). Peut-être les plus belles chambres de Cancale. Toutes neuves, toutes propres, vastes, lumineuses et équipées de beaux sanitaires. Tendance marine bien sûr. Accueil pro et souriant. Le restaurant est décoré dans un style grande brasserie chic, avec du bois, des cuivres et un vivier. Bonne cuisine et service diligent. Fait aussi des pizzas. Une maison qui sent bon le sérieux.

▲ *Hôtel-restaurant Chez Louisette :* 39 bis, rue du Port. ☎ 02-99-89-61-98. Fax : 02-99-89-60-10. Fermé le lundi et le mardi soir, une semaine en février et deux semaines en octobre. Chambre double à 180 F (27,4 €) avec lavabo. Au resto, menu du midi en semaine à 60 F (9,1 €), puis menus de 78 à 142 F (11,9 et 21,6 €). Demi-pension à 250 F (38,1 €). En pleine descente, sur la gauche, quand on va au port de la Houle. Une adresse bien cancalaise, donc pas touristique. Pour manger un bon couscous, de la tête de veau ou de délicieux poissons. Accueil agréable. Trois chambres simples pas très « clean », correctes pour passer une nuit à Cancale sans se ruiner le dos et le portefeuille. Café offert à nos lecteurs.

▲ *Le Grand Large :* 4, quai Jacques-Cartier (en venant du sud par la côte, juste avant le port de la Houle). ☎ 02-99-89-82-90. Fax : 02-99-89-79-03. ● rietz.alain@wanadoo.fr ● Chambre double de 250 à 380 F (38,1 à 57,9 €) avec toilettes et douche ou bains. Au resto, menu à 78 F (11,9 €) en semaine. À la carte, compter 170 F (25,9 €). Ouvert toute l'année. Dans une maison ancienne et bien mignonne, couverte de lierre, face à la mer (enfin, il y a la route à traverser). Nombreuses chambres

confortables et lumineuses. Plusieurs peuvent accueillir 3, 4 ou 5 personnes. L'établissement fait aussi restaurant (pas génial).

▲ *Hôtel La Houle :* 18, quai Gambetta. ☎ 02-99-89-62-38. Fax : 02-99-89-95-37. Fermé en janvier. Chambre double de 220 à 320 F (33,5 à 48,7 €) avec douche (mais toilettes sur le palier) ou bains (et toilettes). Une gentille petite structure familiale, sans prétention, tenue par des gens aimables, proposant des chambres simples et toutes proprettes. Les plus prisées ont bien sûr vue sur la mer et plus on monte dans les étages, plus la vue est agréable. Les autres sont plus calmes, très bien aussi, avec vue sur les ruelles de La Houle. Mignonnette réception et salon des petits déjeuners avec cheminée, gentiment baignés d'une ambiance « comme à la maison ». Rien à redire.

▲ *Hôtel La Voilerie :* le Chemin Neuf. ☎ 02-99-89-88-00. Fax : 02-99-89-74-00. Chambre double tout confort de 230 à 310 F (35 à 47,2 €) selon la saison. Agréable petit hôtel, moderne et sans chichis, tout au bout du quai Gambetta, légèrement en hauteur. Des chambres pas immenses mais plaisantes, calmes, équipées de bonne literie et bien entretenues. Les plus chères étant un peu plus vastes, calmes et équipées de salle de bains. Agréable salle des petits déjeuners. Accueil jeune et dynamique. Le petit plus : la patronne propose à ses clients de visiter gracieusement (de septembre à avril) le chantier ostréicole de sa famille. Sympa, non ? 10 % de remise sur le prix de la chambre en janvier et février.

Où manger ?

Bon marché

|●| *Crêperie La Cancalaise :* 3, rue de la Vallée-Porcon. ☎ 02-99-89-71-22. Ouvert tous les jours en juillet et août. Hors saison, fermé du lundi au jeudi inclus. À peu près 80 F (12,2 €) pour un repas complet. À 2 mn du musée des Arts et Tradi-

tions populaires. Une mignonne salle aux murs de pierre, décorée de photos du bon vieux temps. Des tables bien dressées attendent habitués et gourmands de passage. Au fond, sous la longue hotte, une double rangée de crêpières (les plaques chauffantes faisant face aux Cancalaises, prêtes à officier). Ici, en effet, on travaille sans filet (pas comme les maris marins), c'est-à-dire à la commande et devant les clients. Alors voilà que nos Cancalaises, adorables et concentrées (avec leur petit air un rien sévère qu'on adore), vous envoient des galettes fines et croustillantes. À l'andouille, au lait ribot (lait caillé avec morceaux : les « cailles »), à la confiture maison ou à la compote légèrement mêlée de cannelle (la célèbre bisquine). Rien de révolutionnaire, mais avec de bons produits et bien sûr le tour de main hérité des grand-mères, on se régale à coup

sûr. Le meilleur du terroir à prix tout à fait sage. Choix de cidres bretons, dont notre préféré, le Ker Avel (ça veut dire « la maison du vent »). Également vente à emporter sur commande.

lel *Le Herpin :* 5, quai Gambetta. ☎ 02-99-89-86-42. Fermé de mi-novembre à Pâques, le mercredi soir et le jeudi hors saison. Menu à 60 F (9,1 €). On vient ici déguster quelques fruits de mer, une assiette de moules farcies, une araignée, une douzaine d'huîtres (cuites ou crues, toujours délicieuses), tranquillement, en terrasse et sans chichis. Parfait pour un en-cas quand on a juste un petit creux.

Prix moyens à plus chic

Les hauts lieux des fruits de mer et de la bonne bouffe à Cancale.

lel *Au Pied d'cheval :* 10, quai Gambetta. ☎ 02-99-89-76-95. Ouvert tous les jours de 9 h à 22 h. Hors saison uniquement les weekends de 10 h à 19 h. Compter entre 80 et 130 F (12,2 et 19,8 €) selon votre faim et votre soif... « Au Pied d'cheval, on mange des huîtres sans égal ». Avec un slogan pareil, il faut être sûr de ses produits. C'est le cas de cette famille d'ostréiculteurs-mytiliculteurs installée sur le port de La Houle. Mais le slogan s'applique aussi aux autres produits, fruits de mer ou plats chauds tous délicieux et d'une fraîcheur extrême. Goûtez à la succulente écuelle du père Dédé (méli-mélo de coquillages, sauce citron crémée) que l'on sauce jusqu'à la dernière goutte, ou au patouillou (bulots à la sauce armoricaine). Tables et tabourets ultra rustiques au rez-de-chaussée. À l'étage, c'est un peu plus cossu. Chants de marins pour l'ambiance. Service dynamique par de vraies Cancalaises (voir « Un peu d'histoire »).
lel *Le Narval :* 20, quai Gambetta.

☎ 02-99-89-63-12. Fermé le mercredi soir et jeudi (hors saison). Menus à 78 F (11,9 €) sauf le dimanche, puis de 98 à 198 F (14,9 et 30,1 €). Se maintient parmi les valeurs sûres. Petite salle décorée d'objets de la mer. Café offert sur présentation du *GDR*.
lel *Restaurant Le Saint-Cast :* route de la Corniche. ☎ 02-99-89-66-08. Fermé le mardi soir, le mercredi et le dimanche soir hors saison, le mercredi seulement en saison, ainsi que de mi-novembre à mi-décembre et pour les vacances scolaires de février. Menus de 115 F (17,5 €) à plus de 200 F (30,5 €). Voilà une délicieuse adresse à Cancale, délicieuse dans tous les sens du terme. À l'écart du centre, dans une élégante demeure surplombant l'océan, voici un lieu idéal pour passer une charmante soirée et déguster des produits de la mer très frais, travaillés avec savoir-faire. Effeuillade de morue fraîche aux coques, tajine de homard, la qualité est présente dès le premier menu.

Très très chic

lel *La Maison de Bricourt :* 1, rue Du-Guesclin. ☎ 02-99-89-64-76. Fax : 02-99-89-88-47. ● info@ maisons-de-bricourt ● ఈ Réserva-

tion obligatoire. Fermé le mardi et le mercredi (en juillet et août, ouvert le mercredi soir), et de mi-décembre à mi-mars. Menus du déjeuner en semaine à 250 F (38,1 €) puis de 420 à 660 F (64 à 100,6 €), pour le dîner de 470 et 660 F (71,6 et 100,6 €). Olivier Roellinger, un enfant du pays qui s'est mis aux fourneaux, est devenu l'une des étoiles les plus scintillantes de la gastronomie française. C'est un nom qui fait rêver les gourmets du monde entier. Européens, Japonais ou Américains font le pèlerinage de Cancale car ce chef ne se contente pas de cuisiner infiniment mieux que les autres, il fabrique des instants de bonheur. Alors pour lui rendre visite, on se doit d'avoir une excellente raison (vous la trouverez sûrement), ou pourquoi pas une irrésistible envie de goûter à la perfection. Pour cela, il faut s'y prendre à l'avance car notre étoile a un carnet de bal des plus chargés. La maison, une superbe malouinière sertie de verdure, est baignée de douceur et d'harmonie. Une fois installé dans le jardin d'hiver sobrement décoré, comme pour mieux apprécier le parc bucolique, la cérémonie peut commencer. Des cuisines arrivent le meilleur de la mer, le meilleur de la campagne voisine, parfois accommodés de ces fameuses épices et aromates qui ont fait la réputation de notre maître queux, ces parfums « *qui vous noient dans leur souffle chaud* », comme dirait Maupassant. Coquillages, poissons et crustacés sont comme adoucis. Harmonie totale, encore une fois, pour les desserts. Le chef prend des risques mais ne se trompe jamais. Alors, selon vos moyens, mais pour le même plaisir, vous dégusterez un tartare de saint-pierre aux graines de sésame et à l'huile de noix, des bigorneaux au jambon cru, le célébrissime saint-pierre « Retour des Indes », puis un millefeuille d'ananas accompagné d'un envoûtant grog au rhum de Marie-Galante. Carte des vins raisonnable, grand choix de demi-bouteilles. Carte de cafés rares préparés en cafetière à piston. Importante précision : le premier menu est déjà tout à fait apte à faire rêver...

Où manger ? Où dormir dans les environs ?

Bon marché

|●| *Auberge de jeunesse :* port Picain. ☎ 02-99-89-62-62. Fax : 02-99-89-78-79. ● cancale@fuaj.org ● De Cancale, prendre la route de la pointe du Grouin et suivre le fléchage. Pour les adhérents de la FUAJ, nuitée à 51 F (7,7 €), petit déjeuner à 19 F (2,9 €), location de drap à 20 F (3 €). Repas midi et soir sur réservation à 50 F (7,6 €). L'auberge, d'architecture contemporaine, a presque les pieds dans l'eau. On peut y arriver en empruntant le GR 34. Récemment rénovée, elle offre 80 couchages en chambres de 2 à 8 lits. Grands volumes, beaucoup de lumière et décoration « comme dans un bateau » pour des séjours vraiment agréables. Coin cuisine à dispo et resto sur réservation, uniquement pour les clients de l'auberge. Également terrain de camping. Possibilité de stage avec l'école de voile de Port-Mer. Bon accueil.

🛏 *Hôtel Le Chatellier :* route de Saint-Malo (D355), à 1 km de Cancale. ☎ 02-99-89-81-84. Fax : 02-99-89-61-69. ♿ Ouvert toute l'année. Chambre double de 300 F (45,7 €) avec douche et toilettes à 330 F (50,3 €) avec bains et toilettes. Joli petit hôtel confortablement aménagé dans une ancienne maison. Chambres douillettes, certaines décorées avec papier peint à fleurettes, dans le style anglais. Petit déjeuner copieux pendant lequel on fait éventuellement un brin de causette avec la charmante patronne qui connaît très bien la région (l'hôtel était la ferme de ses parents). Sur présentation du *GDR*, 10 % de réduction sur le prix de la chambre.

🛏 *Chambres d'hôte chez Martine Monsimet :* La Rimbaudais, 35350 Saint-Méloir-des-Ondes ; à 4 km au sud-ouest de Cancale. Au bourg de Saint-Méloir, prendre la D2 sur 1,5 km. ☎ 02-99-89-19-75. Ouvert toute l'année. Chambre double et petit déjeuner à 225 F (34,3 €) avec toilettes et douche. Dans la campagne, une chaleureuse maison de pierre simple et confortable, appréciée par de nombreux lecteurs. Copieux petit déjeuner. Bon accueil et conseils avertis pour découvrir la région. Boisson et gâteau offerts à votre arrivée. Apéro ou café offert sur présentation du GDR.

|●| Hôtel-restaurant Tirel-Guérin : gare de la Gouesnière, 35350 Saint-Méloir-des-Ondes. ☎ 02-99-89-10-46. Fax : 02-99-89-12-62. ✗ À un coup d'ailes de Cancale, suivre la direction Rennes puis Saint-Méloir-des-Ondes. Fermé de mi-décembre à mi-janvier. Restaurant fermé le dimanche soir hors saison. Chambre double tout confort de 380 à 640 F (57,9 à 97,5 €). Au restaurant, cinq menus de 130 à 450 F (19,8 à 68,6 €). Établissement imposant, qui n'a rien de vraiment palpitant vu de l'extérieur, car situé en bord de route. Heureusement, les chambres ne donnent pas de ce côté. La famille Tirel offre des chambres au calme, donnant pour certaines sur un grand jardin. On peut profiter du tennis (payant), de la piscine couverte (et chauffée !), de la salle de musculation. Un vrai petit complexe hôtelier où l'on se perdrait presque. Salle à manger cossue (un peu trop à notre goût) et chaleureuse. Excellent accueil. Ne manquez pas de retenir votre table côté jardin (ça, c'est le petit « plus »). Cuisine savoureuse, généreuse, parfois assez imaginative et d'un excellent rapport qualité-prix. Le premier menu change tous les jours selon le marché : tartare de saumon fumé et crème raifort, pastilla de pigeon au chou et foie gras ou homard breton braisé puis servi en deux services, tout cela selon votre budget bien sûr. Adresse pas franchement routarde, mais voilà des gens qui vous en donnent pour votre argent. Café offert sur présentation du GDR.

♠ Chambres d'hôte Le Mur Blanc, chez Brigitte Herteau, 35350 Saint-Méloir-des-Ondes. ☎ 02-99-82-00-60. De Saint-Malo, direction Cancale jusqu'au rond-point où vous bifurquez vers le Mont Saint-Michel (DI55). La maison est à droite, 2,5 km après la sortie de Saint-Malo. Fermé du 15 décembre au 15 février. À 6 km au sud-ouest de Cancale, 325 F (49,5 €) pour deux, petit déjeuner compris. En retrait de la route, donc au calme, superbe malouinière inscrite à l'ISMH, et bien qu'appelée le Mur Blanc, sa façade tendrait plutôt vers le rose. Cette malouinière (voir explications dans « Autour de Saint-Malo ») était devenue le hangar d'un maraîcher. Après un travail colossal de restauration, cette maison a retrouvé son âme. 3 chambres auxquelles on accède par un vieil et noble escalier. Déco agréable, plancher de chêne et acajou dans les sanitaires privés. Immense salon (5 m sous plafond) dont les murs, recouverts de boiseries, ont retrouvé leur couleur d'autrefois. Passionnée par la pêche à pied, Brigitte emmène volontiers ses clients lors des grandes marées. Une adresse qui ne manque pas de charme et un excellent point de chute pour visiter la région. Première plage à 4 km. 10 % de remise sur le prix de la chambre à nos lecteurs hors saison.

|●| Le Coquillage, Bistrot marin : maison Richeux, 35350 Saint-Méloir-des-Ondes. ☎ 02-99-89-25-25. Fermé le lundi et le mardi midi. Formule « grignotage » avec 3 entrées froides et 3 cassolettes chaudes à 370 F (56,4 €) pour 2. Compter 250 F (38,1 €) à la carte. Menus à 115 et 230 F (17,5 et 35 €). Perchée au-dessus de la baie du Mont-Saint-Michel et confortablement installée dans un superbe petit château, c'est l'annexe du Bricourt en plus sage et plus abordable, mais presque plus « coincée ». Olivier Roellinger, l'enfant chéri de la cuisine bretonne, y propose toujours le meilleur de la mer : huîtres de Cancale, tartare de daurade et solettes au beurre, coquillages et crustacés...

≜ *Hôtel de la Pointe du Grouin :* à 3 km de Cancale. ☎ 02-99-89-60-55. Fax : 02-99-89-92-22. Restaurant fermé les mardi et jeudi midi hors saison. Chambre double de 420 à 550 F (64 à 83,8 €) avec toilettes et douche ou bains. Au restaurant, menus de 118 à 330 F (18 à 50,3 €). Une solide bâtisse, tout au bout, à la pointe du Grouin, face au grand large. Hôtel assez chic, en pierre du pays, dans un site évidemment exceptionnel. Décoration intérieure cossue mais vieillissante. Les couloirs et pas mal d'autres choses mériteraient franchement un bon coup de peinture. Chambres assez simples et un peu décevantes. Trois d'entre elles possèdent une terrasse. On paie vraiment le site et la vue. On a donc trouvé ça fonctionnel, seulement fonctionnel. Calme assuré. Point de départ de longues promenades dans un coin complètement sauvage. Salle à manger panoramique avec vue sur la baie du Mont-Saint-Michel, pour une cuisine traditionnelle.

Où prendre un verre en goûtant la gouaille cancalaise ?

▼ *Le Café du Port :* 2, pl. du Calvaire, La Houle. ☎ 02-99-89-62-85. Fermé le mardi hors saison et la deuxième quinzaine de novembre. Ce n'est pas seulement un bon bistrot de marins (qui vous propose sandwichs, croque-monsieur, ainsi qu'un copieux petit déjeuner), c'est carrément le quartier général de la gouaille locale : boucaniers, marins, pêcheurs et ostréiculteurs. Ce n'est d'ailleurs pas un hasard si l'endroit est à la fois le siège social et la principale salle de réunion des organisateurs de l'étonnante fête de la convivialité cancalaise, le fameux « Voile-Aviron » (cf. « À voir »). De temps en temps, musique et chants traditionnels bretons. Un conseil : achetez donc une carte d'adhérent à l'association « Voile-Aviron » (50 F ou 7,6 €). Vous ferez alors immédiatement partie de la famille de joyeux drilles brailleurs qui se battent pour faire revivre le souvenir de leurs ancêtres écumeurs d'océans. À bon entendeur... Vous pourrez également chercher à embarquer avec les marins-pêcheurs pour une ou deux marées. Très sympa aussi pour le petit déjeuner ou un snack pendant la journée.

▼ *Le Tapecul :* 10, pl. du Calvaire. ☎ 02-99-89-80-83. Ouvert tous les jours d'avril à début novembre de 11 h à 2 h du matin. Hors saison, ouvert uniquement les fins de semaine. Sur le port de la Houle. Un bar franchement sympa, avec un comptoir en forme d'embarcation. Ambiance garantie et accueil cool. Sert des tartines pour boucher les petits creux et éponger les excès.

À voir

★ *La pointe du Grouin :* des fleurs sauvages, violettes, blanches et or, sur des rochers plongeant dans un bleu azur. En face, au-dessus de l'île des Landes, planent les mouettes, mais pas seulement. En juillet et août, des animateurs accueillent le public tous les jours pour mieux observer et comprendre quelques espèces rares : le grand cormoran, le tadorne de Belon, les huîtriers-pies, etc. Rendez-vous au blockhaus face à l'île des Landes entre 13 h et 18 h, du mardi au dimanche. Animations gratuites à 16 h et 16 h 45. Splendide.
– Renseignements : Société pour l'étude et la protection de la nature en Bretagne, à Rennes. ☎ 02-99-30-64-64. ● www.bretagne-vivante.asso.fr ●

★ *Le musée des Arts et Traditions populaires de Cancale et sa région :* ☎ 02-99-89-71-26. En juin et septembre, ouvert les jeudi, vendredi, samedi et dimanche de 14 h 30 à 18 h 30 ; en juillet et août, ouvert tous les jours (sauf le lundi matin) de 10 h à 12 h et de 14 h 30 à 18 h 30. Entrée : 20 F (3 €) pour les adultes et 10 F (1,5 €) pour les 10-16 ans. Réductions pour les groupes. Situé dans une église rénovée, ce musée aborde tous les thèmes liés à la région (histoire et géographie, personnalités locales), et propose une exposition différente chaque année. 10 % de remise sur présentation du *GDR*.

★ *La Ferme marine, musée de l'Huître, du Coquillage et de la Mer :* les parcs Saint-Kerber, L'Aurore, sur la route de la Corniche. ☎ 02-99-89-69-99. Fermé 3 semaines de fin décembre à début janvier. Diaporama et visites guidées de mi-juin à mi-septembre à 11 h, 15 h et 17 h ; le reste de l'année, uniquement à 15 h du lundi au vendredi. Entrée : 38 F (5,7 €), réductions. Excellente visite guidée et explications instructives sur les huîtres en général et celles de Cancale en particulier. On suit pas à pas l'évolution des bestioles, du parc à huîtres jusqu'au fond du gosier. Diaporama et informations sur les marées, sur le « trompage », la baie de Cancale, etc. Après cela, visite libre du musée du Coquillage où plusieurs centaines de spécimens du monde entier ont été rassemblés. Dommage, il n'y a pas de dégustation prévue, même pas une, pour le plaisir. 10 % de remise à l'entrée sur présentation du *GDR*.

Fêtes et manifestations

– *Le Voile-Aviron :* c'est désormais au mois de juin, la grande fête-rassemblement des bateaux traditionnels non pontés issus de la pêche, propulsés par des voiles ou des avirons, ou les deux ! Organisé par une sympathique équipe de bénévoles cancalais, avec le concours du somptueux magazine *Le Chasse-Marée,* l'événement rassemble des passionnés et des marins de tous les pays. C'est une occasion unique de voir des bateaux devenus aujourd'hui très rares, et d'assister à des régates amicales entre yoles des Shetland, curraghs d'Irlande, baleinières des îles Féroé, yoles de Bantry, prames norvégiennes, doris de Cancale ou pinasses d'Arcachon ! Pendant un long week-end, la fête se prolonge tard dans la nuit, baignée dans les bonnes bières et surtout transcendée par de fantastiques chansons de marin. Renseignements auprès de Vincent Locqen. ☎ 02-99-89-69-57.
– *Fête des Reposoirs :* le 15 août. Processions de marins et Cancalais réunis, vers les reposoirs, fleuris et décorés pour l'occasion.
– *Fête des Hites :* en cancalais, *hite* signifie confrérie. Le troisième samedi de septembre, se tient le chapitre des confréries d'huîtres. Cérémonie, huîtres et vin blanc à gogo.
– *Marché :* le dimanche matin derrière l'église. Forains et alimentation.

Dans les environs

★ *Chausey :* seule île normande restée française après le traité de Brétigny. La grande île est entourée de 52 îlots. Au siècle dernier, 500 ouvriers exploitaient le granit utilisé jadis pour bâtir le Mont-Saint-Michel, les quais de Londres et les remparts de Saint-Malo. Actuellement, 10 habitants y résident l'hiver mais l'été, ils accueillent le raz-de-marée des touristes. Embarquement à Saint-Malo et Granville.

≜ |●| *Hôtel du Fort et des Îles :* ☎ et fax : 02-33-50-25-02. Ouvert de mars à fin octobre. Fermé le lundi (resto seulement). Menus entre 105 et 330 F (16 et 50,3 €). À l'hôtel, demi-pension obligatoire, à 318 F (48,4 €) par jour par personne (sur la base de deux). Spécialités : bar grillé et homard. Réserver absolument.

DOL-DE-BRETAGNE *(DOL)* (35120)   5 020 hab.

Quand on vient de Normandie, c'est la première véritable porte d'entrée de la Bretagne. Petite cité paisible et étape agréable qui permet de rayonner un peu dans les marais, bocages, forêts et villes historiques des environs. Très fière de sa cathédrale, l'une des plus belles églises gothiques de la province. La campagne aux alentours est superbe.

Adresse utile

◙ *Office du tourisme :* 3, Grande-Rue. ☎ 02-99-48-15-37. En juillet et août, ouvert tous les jours de 10 h à 19 h 30; hors saison, le lundi de 14 h 30 à 18 h 30 et du mardi au samedi de 10 h à 12 h 30 et de 14 h 30 à 18 h 30. Personnel charmant et compétent.

Où dormir à Dol et dans les environs?

Les chambres d'hôte

Sachez que Dol est une sorte de paradis des chambres d'hôte, exceptionnellement nombreuses et de qualité. Tantôt une ferme, tantôt un manoir somptueux. La proximité de Saint-Malo et du Mont-Saint-Michel en est vraisemblablement la raison. En voici donc une petite sélection, avec un trio de tête et des outsiders. Il nous paraîtrait assez séduisant de passer plusieurs jours à Dol, en allant d'une chambre d'hôte à une autre, alternant une nuit dans un sompteux manoir, et le lendemain dans une ferme chaleureuse...

≜ *Chambres d'hôte de Mme Roussel :* 24, rue de Rennes. ☎ 02-99-48-14-78. Chambre double aux environs de 200 F (30,5 €) avec le petit déjeuner. Dans une jolie maison du centre-ville, 4 chambres dont une avec sanitaires privés et les autres avec sanitaires communs. Copieux petit déjeuner qui, selon les jours, pourra être agrémenté de délicieuses pâtisseries concoctées par Anna, qui remporte la palme de la gentillesse toutes catégories. C'est la grand-mère de rêve; embrassez-la pour nous en passant.

≜ *Chambres d'hôte, ferme-manoir d'Halouze :* à Baguer-Morvan, en pleine campagne, à 3 km de Dol. ☎ 02-99-48-07-46. Fermé le mercredi, jeudi et dimanche. Chambre double, petit déjeuner inclus, à 250 F (38,1 €) avec douche et w.-c. Table d'hôte autour de 100 F (15,2 €), apéro, vin et café compris. Dans une grande demeure avec une belle tour d'angle, 5 chambres pour 2 à 5 personnes, avec sanitaires. Étang privé pour les amateurs de pêche. Prêt de vélos, de livres, B.D. et jeux de société. 10 % de remise sur le prix de la chambre aux routards hors vacances scolaires.

≜ *Chambres d'hôtes du manoir de Launay-Blot :* à Baguer-Morvan (4 km de Dol), prendre direction Dinan. ☎ 02-99-48-07-48. Fax : 02-99-80-94-47. ● www.pays-de-dol.com ● Ouvert toute l'année. Chambre double tout confort avec petit déjeuner de 300 à 400 F (45,7 à 60,9 €). Repas à 90 F

(13,7 €). En pleine nature, dans un grand manoir du XVIIᵉ siècle, dans lequel vécut la tante de Chateaubriand avant la Révolution. Genre petite propriété de 50 ha, un rien désargentée. Trois chambres avec sanitaires privés. Une très grande pour 4 personnes au 1ᵉʳ étage et deux plus petites, décorées avec goût, au 2ᵉ. C'est tout de même un peu cher, vu le gentil laisser-aller. Table d'hôte (sauf le dimanche ; sur réservation la veille) avec apéro et vin compris. Location de vélos et possibilité de pêcher dans l'étang et dans les douves (matériel prêté). Café ou thé offert en arrivant sur présentation du *GDR*.

■ *Chambres d'hôte chez Mme Roncier :* à L'Aunay-Bégasse, dans une belle ferme. ☎ 02-99-48-16-93. 230 F (35,1 €) la nuit en chambre double, petit déjeuner inclus. Accueil fort agréable et délicieux petit déjeuner avec crêpes et confitures maison. Café offert sur présentation du *GDR*.

■ *Chambres d'hôte chez Mme Robidou :* La Petite Rivière. ☎ 02-99-48-15-64. Fermé du 1ᵉʳ décembre au 1ᵉʳ avril. À 1 km du village de Roz-Landrieux. Prendre la D78 vers Le Vivier-sur-Mer, puis c'est fléché. 220 F (33,5 €) pour 2 avec le petit déjeuner, 270 F (41,1 €) pour trois. Petite maison fort bien tenue par Marie-Geneviève et sa maman. Trois chambres simples avec sanitaires privés. Si vous venez avec des enfants, Ysatis (une charmante ânesse, mascotte de la maison) se fera un plaisir de les emmener dans la carriole qu'on lui attelle. Accueil plein de gentillesse et de discrétion.

Hôtels

■ *Hôtel de Bretagne :* 17, pl. Chateaubriand. ☎ 02-99-48-02-03. Fax : 02-99-48-25-75. Établissement fermé en octobre ; restaurant fermé le samedi de mi-novembre à fin mars. Chambre double de 214 F (32,6 €) avec douche et w.-c., à 320 F (48,8 €) avec bains et w.-c. Au restaurant, plusieurs menus de 63 à 165 F (9,6 à 25,1 €). En plein centre. Hôtel bien tenu. Bon accueil. Atmosphère familiale et assez feutrée (surtout hors saison). Chambres lumineuses. Resto pas cher. Nourriture correcte, mais sans prétention.

■ *Grand Hôtel de la Gare :* 21, av. Aristide-Briand. ☎ 02-99-48-00-44. Fax : 02-99-48-13-10. Ouvert toute l'année. Chambre double à 215 F (32,7 €) avec toilettes et douche ou bains, à 160 F (24,3 €) uniquement avec lavabo et bidet. Situé dans un environnement banal, un petit hôtel simple et sans prétention. Chambres nettement défraîchies mais vastes. Fait aussi café-PMU. Heureusement car l'endroit serait un peu triste sans cela. Parking et garage fermé. Café offert sur présentation du *GDR*.

Campings

■ *Camping des Tendières :* en ville, route de Dinan. ☎ 02-99-48-14-68. Fax : 02-99-48-19-63. Ouvert de mi-mai à mi-septembre. Petit camping tranquille et familial, sous les peupliers et les saules, au bord d'une petite mare. Ombragé et calme.

■ *Camping du Vieux Chêne :* à Baguer-Pican, 3 km à l'est de Dol-de-Bretagne. ☎ 02-99-48-09-55. Fax : 02-99-48-13-37. ⚑ Fermé du 1ᵉʳ novembre au 1ᵉʳ avril. Camping 4 étoiles, super bien équipé, au calme. Atmos-

phère familiale malgré la taille. Piscine, toboggan, tennis, pêche à l'étang, animations. Restaurant avec menus de 45 à 70 F (6,9 à 10,7 €). Tenu par une équipe accueillante. Emplacements séparés par de grandes haies. Sur présentation du *GDR*, café offert, 10 % de remise sur l'emplacement hors saison et réductions de 100 F (15,2 €) sur les week-ends en mobile-home au chalet, hors saison.

■ *Castel-camping des Ormes :* à 6 km au sud de Dol, vers Combourg

(D795). ☎ 02-99-73-49-59. Fax : 02-99-73-49-55. Ouvert de mai à mi-septembre. Probablement le plus luxueux camping de Bretagne. Dans un parc immense, autour d'un splendide château du XVIᵉ siècle. Hyper confortable. Toutes facilités matérielles et possibilité de pratiquer un maximum de sports et activités. Pêche en étang et piscines gratuites. Apprentissage du golf. Cheval (balades, randonnées), tennis, canotage, pédalo, resto, bar, discothèque. Énormément d'espace pour planter la tente. Très fréquenté par les étrangers.

Où manger ?

|●| *Auberge de la Cour Verte :* route de Rennes. ☎ 02-99-48-41-41. Hors saison, fermé les lundi et mardi ainsi que pour les fêtes de fin d'année. Hors saison, formule du déjeuner à 50 F (7,6 €). À la carte, compter 120 F (18,3 €). Une ancienne ferme typique de la région, une longère, magnifiquement rénovée et pimpante, dans un environnement verdoyant. Un espace-jeux pour les enfants dans la cour. Dans la grande salle rustique de l'auberge, tous les regards convergent vers la cheminée où sont grillées de superbes viandes. Le jeune chef et patron officie avec sérieux et méthode. Il découpe les grillades sur un billot de boucher et n'a pas son pareil pour vous envoyer une pièce de bœuf cuite saignante, ou des côtelettes d'agneau rosées, exactement comme vous les aviez commandées. Des cuisines, partiellement ouvertes, arrivent les autres plats, de belles salades (medium ou senior selon votre appétit), des crêpes et les desserts. Le chef, d'origine belge, inclut à sa carte quelques spécialités bien de chez lui. Nous vous laissons donc le plaisir de découvrir ses recettes de moules, le *Stoemp,* en accompagnement des viandes, ou l'étonnant *sirop de Liège.* Vin judicieusement servi dans des pots gradués, donc vendu au centimètre, pour ne payer que sa consommation. Service effectué par de jeunes gens « de bonne famille » et ambiance chaleureuse. Boutique de décoration et épicerie fine en face dans la cour.

|●| *Grill-crêperie Le Plédran :* 30, Grand-Rue-de-Stuarts. ☎ 02-99-48-40-80. Fermé le lundi sauf en juillet et août, et de mi-novembre à mi-décembre. Compter entre 80 et 110 F (12,2 et 16,8 €) pour un repas complet. En plein centre, dans une belle maison ancienne. Grande cheminée pour chauffer l'ambiance et griller la viande à merveille. Possibilité de prendre son repas en terrasse. Galettes délicieuses. Accueil inégal, dommage. Au choix, apéro, café ou digestif offert aux routards sur présentation du *GDR* de l'année.

|●| *Le Saint-Samson :* 21, rue Ceinte. ☎ 02-99-48-40-55. Dans la rue qui part tout droit derrière la cathédrale. Fermé le lundi soir et le mercredi hors saison. Menus de 59 à 160 F (9 à 24,4 €). Coquette salle et mignon petit bout de courette enserré au milieu de belles maisons de pierre et avalanches de toits d'ardoises. Bonnes galettes de tous styles, grillades... Simple et bien fait. L'adresse pas bégueule, parfaite à midi.

Plus chic

📍 |●| *Restaurant La Bresche Arthur :* 36, bd Deminiac. À la sortie de la ville en direction de Pontorson. ☎ 02-99-48-01-44. Fax : 02-99-48-16-32. ● labresche.arthur@wanadoo.fr ● ♿ Fermé le dimanche soir et le lundi. Chambre double avec douche ou bains et w.-c. de 180 à 280 F (27,4 à 42,7 €). Au restaurant, menus de 78 à 195 F (11,9 à 29,7 €). Menu-enfants à 60 F (9,1 €). Excellente table, pourtant d'une grande sobriété et parmi les meilleures de la région. Très belle salle et véranda climatisées. Rapport qualité-prix étonnant dès le premier menu. Il faut dire que le chef, fin saucier, est un as, respectueux des produits. Quelques spécialités : la « crêpinette » de pied de veau et queue de bœuf, la « cotriade » de 3 poissons au jus de crustacés et coques. Vaut le détour. Fait aussi hôtel, avec des chambres agréables, particulièrement les 12, 16 et 22. 10 % de réduction (hors saison et hors week-ends fériés) sur le prix des chambres et kir breton offert sur présentation du *GDR*.

À voir

★ *La cathédrale Saint-Samson :* visite de 9 h à 12 h et de 14 h à 19 h, en général. En juillet-août, visites guidées gratuites de 10 h à 12 h et de 14 h 30 à 18 h 30 (sauf dimanche). ♿ Date du XIIIᵉ siècle, avec de nombreux rajouts pendant 300 ans. L'importance de l'édifice montre la place dominante qu'eut l'évêché de Dol jusqu'à la fin du XVIIIᵉ siècle. Extérieurement, elle surprend par son caractère un peu hybride. La façade ouest, avec les deux tours et le fronton à pignon, présente très peu d'ornementation. Quelques réminiscences de la cathédrale romane. La tour de gauche (ou tour nord) ne put jamais être achevée faute d'argent. Le flanc nord (tourné vers la campagne) présente un aspect très fortifié et austère. Pour finir, le flanc sud, bien au contraire, nous offre un éblouissant grand porche, festival de pinacles, balustrades, baies flamboyantes, bas-reliefs, etc. Petit porche à côté, à doubles arcades ouvragées en ogive.
À l'intérieur, grande unité architecturale. Le vaisseau semble long, long (près de 100 m). Nef à trois étages (grandes arcades, triforium, fenêtres hautes) qui donne aussi une grande impression d'élévation. Pureté et simplicité des voûtes en ogive. Notez comment, chose assez rare, les retombées de voûtes sont reçues par des colonnes détachées des piliers. Mobilier et statuaire très intéressants. Dans l'allée de droite, Christ aux outrages, très expressif. Les chapelles Saint-Michel, Notre-Dame-de-Pitié, ainsi que celle du Crucifix présentent de très beaux vitraux, certains des XIVᵉ et XVᵉ siècles. Tombeau ciselé d'un évêque du XVᵉ siècle, première œuvre Renaissance réalisée en Bretagne. Bien qu'il ait pris quelques coups de marteau à la Révolution, on peut encore admirer le remarquable travail de sculpture, inspiré de l'art antique. Belles orgues du XVIᵉ siècle. Grand vitrail du chœur, le plus ancien de Bretagne également (fin XIIIᵉ siècle). Splendides stalles en chêne du XIVᵉ siècle. Trône épiscopal finement sculpté (du XVIᵉ siècle).

★ *Le Cathédraloscope (Centre de découverte des cathédrales) :* pl. de la Cathédrale (bien sûr). ☎ 02-99-48-35-30. Fax : 02-99-48-13-53. ♿ Ouvert de début mai à fin septembre de 9 h 30 à 19 h 30. De début octobre à fin avril de 10 h à 18 h. En juillet-août, nocturne tous les jeudis jusqu'à 23 h. Entrée : 40 F (6,1 €) par adulte et 25 F (3,8 €) pour les moins de 18 ans et étudiants. Fermeture des caisses 1 h avant. Le Cathédraloscope, c'est d'abord un homme, Olivier Delépine, architecte et prof d'architecture. Depuis longtemps, l'idée de ce projet fou avait germé en lui. Il lui fallut être patient, persévérant et plus encore pour faire aboutir son projet. La visite se déroule comme un parcours initiatique et vous oubliez rapidement que vous êtes dans un ancien collège. Vous êtes dans dix cathédrales à la fois et elles vous livrent toutes leurs secrets. De la construction à la symbolique, c'est l'essence qui vous est confiée. De la pierre aux vitraux, en passant par les outils de jadis et les artisans qui les utilisaient, une foule d'informations vous sont livrées. Alors, même aux plus récalcitrants des touristes (mangeurs de curés, fainéants...), un effort est demandé, car après cette visite, vous ne pénétrerez plus dans un édifice religieux de la même façon. Remise de 10 % à l'entrée sur présentation du *GDR*.

LA CÔTE D'ÉMERAUDE

★ *Le Musée historique (la Trésorerie) :* place de la Cathédrale (angle de la rue des Écoles). ☎ 02-99-48-33-46 ou 02-99-48-09-38. Ouvert de Pâques à septembre, à des horaires malheureusement très irréguliers (essayer entre 14 h 30 et 18 h) ; en juillet et août de 9 h 30 à 18 h 30, le reste de l'année, sur rendez-vous uniquement. Ancienne demeure capitulaire du XVe siècle. Collections d'art populaire et d'histoire, armes, bois polychromes sculptés, faïences, etc. Vitrines sur la préhistoire.

★ *La Grande-Rue et la rue Lejamptel :* l'axe commercial de la ville. Quelques fins exemples d'architecture médiévale. En particulier, au n° 17 la maison des Palets du XIIe siècle (arcades romanes ouvragées), au n° 32 la cour Chartier (jolie porte à accolade et piliers en granit sculptés), maisons à colombages soutenues, comme à Dinan, par de massifs piliers, etc.

★ Rejoignant la place Chateaubriand, vous atteindrez la *promenade des Douves.* Belle vue sur le marais de Dol au cours d'une balade de 15 mn.

Dans les environs

★ *Le Mont-Dol :* sur la route du Vivier-sur-Mer. Curieux dôme de granit dominant le marais de ses 65 m, tout seul, comme un grand. Ancienne île due à un accident géologique. Longtemps lieu de célébration druidique. Accès par voiture. Tout en haut, panorama unique sur la plaine des polders. Petite chapelle et vestiges d'un moulin à vent. Bar, crêperie et aire de pique-nique.

★ *Le menhir du Champ-Dolent :* à 2 km, sur la route de Combourg (D795). Bien fléché. Impressionnant menhir au milieu des champs (9,30 m).

★ *Le musée de la Paysannerie :* Les Cours-Paris, à *Baguer-Morvan.* Quelques kilomètres au sud de Dol, sur la route de Combourg. ☎ 02-99-48-04-04. Ouvert tous les jours du 1er mai au 30 septembre, de 9 h 30 à 19 h. Entrée : 25 et 15 F (3,8 et 2,2 €). Dans une ferme, une intéressante expo des machines agricoles et outils du temps passé répartis dans plusieurs hangars. Reconstitution d'ateliers de cordonniers, de charrons, salle de classe. Étonnante série de tracteurs du début du siècle et même avant, posés sur une grande pelouse comme autant de sculptures d'un autre âge. Ça ressemble presque à du Tinguely (sculpteur marrant et suisse).

★ *L'église de Broualan :* à 2,5 km du château. Jetez un œil sur cette belle église du XVe siècle. Harmonieuse architecture de granit. À l'intérieur, retables du XVIe siècle en granit également. Pietà dans une niche au décor flamboyant. Sur la place, très vieux calvaire avec inscription gothique.

EN MUSARDANT VERS LE MONT-SAINT-MICHEL

★ LE VIVIER-SUR-MER

Ancien port de pêche qui s'est reconverti dans la mytiliculture. Le village s'étale tout en longueur au bord de l'eau. Plutôt sympathique, bien que ne débordant pas de charme.

Où dormir ? Où manger ?

🛖 *Camping municipal :* ☎ 02-99-48-91-57. Ouvert de Pâques à fin septembre. Dans la rue principale du village. On est un peu les uns sur les autres, derrière les hangars à moules. Il faut dire que le camping est un ancien terrain de foot.

▲ |●| *Hôtel-restaurant de la Mer :* 23, rue de la Mairie. ☎ 02-99-48-91-67. Fermé le mardi hors saison et fin octobre. Chambre double de 140 à 220 F (21,3 à 33,5 €) selon le confort. Au resto, menu de 79 à 149 F (12 à 22,7 €). Situé au bord de la route. Modeste établissement proposant de petites chambres correctes et pas chères. Au resto, bonne cuisine traditionnelle, honnête mais un rien démodée : timbale de poissons aux fruits de mer, caille flambée aux herbes. Apéritif offert sur présentation du *GDR*.

▲ |●| *Hôtel-restaurant Beau Rivage :* 21, rue de la Mairie. ☎ 02-99-48-90-65. Fax : 02-99-48-85-40. ⚒ Fermé le vendredi d'avril à septembre et de mi-novembre à mi-décembre. Chambre double de 250 à 290 F (38,1 à 44,2 €) avec douche ou bains et w.-c. Au resto, menus de 78 à 220 F (11,8 à 33,5 €). Bon accueil. Chambres très propres et modernes. L'établissement accueille pas mal de groupes, ça n'est pas notre bolée de cidre, mais il faut bien reconnaître que l'ensemble est géré sérieusement. Fonctionnel et confortable à défaut d'être charmant. Bon restaurant sans prétention gastronomique. Apéritif ou café offert sur présentation du *GDR*.

À faire

– *Centre d'animation de la Baie du Mont-Saint-Michel :* maison de la Baie, Mytiliculture et découverte, port est. ☎ 02-99-48-84-38. Passionnantes sorties à pied ou en tracteur dans la baie à marée basse, à la découverte, de la faune, de la flore et des métiers de la mer (élevage de moules et d'huîtres). Balade de 4 à 5 h. 50 F (7,6 €) par adulte. Réductions. Départ en fonction des marées, évidemment. Téléphoner pour avoir le planning. Visite guidée : 25 F (3,8 €) à partir de 12 ans et commentée par des spécialistes compétents. Exposition permanente sur le thème de la mytiliculture, de la faune et la flore locale, et temporaire en juillet et août sur le thème de la baie.

★ CHERRUEIX

Sympathique village aux maisons basses, tout en longueur, suivant le front de mer. Capitale européenne du char à voile. Vers *Le Vivier-sur-Mer,* nombreux anciens moulins à vent. Allez jusqu'à l'adorable et fière *chapelle Sainte-Anne* (du XVIIe siècle) trônant sur une levée de terre dans un coin complètement sauvage (horaires d'ouverture très variables). Au fond, la silhouette minuscule du Mont-Saint-Michel.

Où dormir ? Où manger ?

▲ *Camping municipal :* à 5 mn du centre à pied. ☎ 02-99-48-14-68. Ouvert du 15 mai au 15 septembre. Modeste et minuscule.

▲ *Chambres d'hôte :* chez Mme Taillebois, à La Croix-Galliot, 2 km au sud de Cherrueix. ☎ 02-99-48-90-44. Chambre double à 250 F (38,1 €) avec douche et toilettes, petit déjeuner compris. Dans une jolie ferme venant d'être restaurée, des chambres disposant chacune d'une salle de bains. Propre et fonctionnel. Coin cuisine et salle à manger mis à disposition gracieusement. À nos lecteurs : 10 % de réduction sur le prix de la chambre à partir de deux nuits en basse saison.

▲ *Gîte d'étape et camping du manoir de l'Aumône :* à 300 m du centre de Cherrueix ; bien fléché. ☎ 02-99-48-97-28 ou 02-99-48-

95-11. Ouvert toute l'année. 55 F (8,4 €) la nuitée. Restaurant sur réservation : menu à 65 F (9,9 €). Un ancien manoir du XVe siècle, abritant un gîte d'étape pour randonneurs. On dort dans de grands dortoirs communautaires sous les toits. Grande cuisine salle à manger. Également camping de 70 emplacements installé sur un espace calme et verdoyant, mais pas ombragé. Fermé pendant l'hiver. Douche payante. Vous pouvez également louer un gîte pour 4 à 6 personnes, des caravanes ou des mobile-homes. Possibilité de faire des promenades en mer ; relais équestre, char à voile et tir à l'arc à proximité.

Où dormir dans les environs ?

🏠 *Chambres d'hôte La Bergerie :* à La Poultière, sur la D797, hameau qui dépend de Roz-sur-Couesnon (35610), sur la droite de la route quand on vient du Mont-Saint-Michel et à 8 km environ de Cherrueix. ☎ et fax : 02-99-80-29-68. Ouvert toute l'année. Chambre double avec petit déjeuner de 230 à 280 F (35,1 à 42,6 €). À 200 m de la route, donc parfaitement au calme. Bien belle bergerie entièrement retapée et modernisée, tenue par un couple accueillant. Plusieurs chambres avec douche ou bains. Aussi pour 3 ou 4 personnes. Grand salon à disposition et pelouse avec transat derrière.

Également coin cuisine. Un lait de chèvre de la Bergerie offert à nos lecteurs.

🏠 *Chambres d'hôte Le Logis de Colombel :* sur la D797, au niveau de Saint-Marcan, sur la gauche en venant du Mont-Saint-Michel, et à 8 km à l'est de Cherrueix. ☎ 02-99-80-22-78. Chambre double à 220 F (33,5 €) avec douche et w.-c. La bâtisse est belle et plutôt agréable, mais la proximité de la route n'en fait pas l'adresse la plus calme qui soit. Agréable tout de même, avec des chambres bien aménagées et un accueil courtois. Café et petit déjeuner offerts à nos lecteurs.

À faire

★ *Noroît-Club :* initiation au char à voile, stages... Compter 90 F pour 1 h de char à voile. Renseignements : ☎ 02-99-48-83-01.

★ *BALADE SUR LES POLDERS*

Ce sont les terres très fertiles gagnées sur la mer au fil des siècles, protégées au fur et à mesure par de longues digues de terre plantées d'arbres. Possibilité d'une chouette randonnée à partir de Cherrueix, en suivant une variante du GR34, le long d'une vaste « pelouse » maritime en bord de mer. Là paissent les fameux moutons dits « de pré-salé ». Au large de Cherrueix se trouvent des « platiers récifaux » construits à partir de sables coquilliers par des colonies d'annélides. Ces récifs vivants appelés « hermelles » sont les plus importants d'Europe, en raison de la puissance des courants marins dans la baie. En basse saison, sensation très forte de vivre quelque chose de différent devant cette nature sauvage, pourtant peu spectaculaire. Une solitude intense, empreinte de douce poésie. En voiture, au niveau de Roz-sur-Couesnon, une petite route (passant par Les Quatre-Salines) rejoint la baie.

LE MONT-SAINT-MICHEL *(MENEZ-MIKAEL-AR-MOR)* (50116) 50 hab.

Comme dans toute bonne légende, l'histoire du Mont est née d'une apparition : celle de l'archange saint Michel ordonnant à Aubert, évêque d'Avranches, la construction d'un oratoire sur le mont Tombe qui s'élevait alors au milieu d'une forêt. Aubert n'aurait d'abord pas cru à l'apparition. Probablement un peu exaspéré, saint Michel réapparut durant le sommeil de l'évêque, et lui ordonna à nouveau d'élever son oratoire, non sans lui pointer le doigt sur la tête pour que ça lui rentre bien dans le crâne. Assez rudement semble-t-il, si l'on en juge par le résultat (voir le trésor de l'église Saint-Gervais à Avranches). L'archange lui indiqua aussi une source pour que les premiers moines puissent s'installer. Début de reconnaissance, le roi Childebert vint déposer sa couronne au pied de l'oratoire en 710. En 713, cadeau de plusieurs reliques par le pape. Aubert put mourir tranquille en 725, mission accomplie !

À la suite d'un phénomène géologique (peut-être un raz-de-marée), les terres alentour s'effondrèrent, isolant le Mont dans les eaux de la mer. Les pèlerins continuèrent pourtant à affluer et la modeste chapelle, sans cesse agrandie, devint, après la guerre de Cent Ans, cette magnifique abbaye. On doit sa réalisation à une poignée de moines bénédictins, venus de Saint-Wandrille, en Normandie, et qui se révélèrent de remarquables bâtisseurs, doublés d'étonnants ingénieux : les blocs de granit acheminés par bateau depuis les îles Chausey, à 40 km, furent hissés au sommet du Mont après avoir été taillés.

Toute cette « merveille » aurait bien pu disparaître au XIXe siècle, sans l'intervention de Viollet-le-Duc qui réussit là sa meilleure restauration (avec celles de Notre-Dame de Paris et du château de Pierrefonds). Plus de deux millions de visiteurs chaque année font de ce modeste rocher l'un des sites les plus fréquentés de France, que se disputent Bretons et Normands. Administrativement, la commune du Mont-Saint-Michel est dans la Manche, donc en Normandie. Mais, à l'origine, le Mont était breton et ne fut cédé aux Normands qu'en l'an 933. La limite entre les deux provinces est constituée par le Couesnon, rivière capricieuse qui, aujourd'hui canalisée, passe au pied du rocher.

La *baie* s'enfonce jusqu'à 23 km dans les terres. La marée montante y est, dit-on, aussi rapide qu'un cheval au galop (précisons : il s'agirait plutôt de la vitesse d'un homme au galop... seulement à mi-marée, et lors des plus grandes marées de l'année uniquement !). Toujours consulter les horaires des marées avant de s'aventurer à pied dans la baie. Regagner le Mont deux heures avant la pleine mer. Se méfier aussi de certains sables mouvants et de la brume qui tombe parfois rapidement.

Aujourd'hui, le péril pour le Mont ne vient plus tellement de la mer, mais plutôt de l'ensablement de la baie. Pour gagner des terres cultivables, les hommes ont construit des digues de plus en plus loin sur la mer. Le Couesnon a été canalisé et régularisé par un barrage. Les eaux n'ont donc plus toute leur vigueur pour évacuer les sédiments qui se déposent tout autour du Mont. Depuis 1972, scientifiques et politiques tentent d'y remédier. Une solution radicale est en vue : le Mont va être rendu à la mer. Les courants traversiers entre l'îlot et le continent vont être restaurés (en mettant en place une passerelle permettant d'accéder à ce qui redeviendra une île). Le Couesnon va être à nouveau laissé à lui-même, hors de son cours artificiel. Il en coûtera 550 millions de francs pour permettre à Dame nature de continuer à faire son boulot ! Cocasse, non ? Toutes ces décennies dédiées au sacro-saint progrès technique, pour se rendre compte finalement que la nature fait mieux que nous ce qu'elle a à faire... L'Unesco devrait participer au financement, car le Mont-Saint-Michel figure sur la liste du patrimoine mondial depuis 1984.

Autre péril : la marée touristique, flux d'une puissance chaque année croissante...

Le plus étonnant, c'est qu'au beau milieu de ce flot humain bruyant et consommateur persiste une petite communauté de moines bénédictins (on aurait envie de parler de moines zen, tellement le contraste entre leur quête de silence et de spiritualité et le fourmillement touristique du Mont est total). Chassés du Mont par la Révolution, ils sont de retour à l'abbaye depuis 1966. Le père prieur confiait récemment : « La règle de saint Benoît nous impose le silence. Vous voyez déjà le paradoxe : deux millions cinq cent mille personnes qu'il nous faut non seulement accepter mais, plus encore, aimer... ».

À propos des fameuses marées du Mont...

Le Mont-Saint-Michel connaît les plus fortes marées d'Europe. Environ 15 m en période de grandes marées. À titre indicatif, les plus fortes du monde, celles de la baie de Fundy au Nouveau-Brunswick (Canada) sont de 18 m. Quand la mer se retire du Mont, elle libère 25 000 ha de tangue, sables, herbus et rivières. Cela impressionna tellement les ingénieurs hollandais, en 1609, qu'ils proposèrent à Sully de construire une digue de Cancale à Carolles. Ainsi, aux grandes marées, la mer peut s'éloigner jusqu'à 18 km du fond de la baie. Il fallut attendre le XVIIIe siècle pour en connaître l'explication scientifique. Avant, on évoquait des accès de fièvre, une sorte de « respiration animale » de la mer, on parlait d'intervention divine ou tout simplement de providence quand elles permettaient aux bateaux d'atteindre les ports. Pourtant Pline notait déjà qu'à la pleine lune, les mers « se purgeaient ».

C'est Newton, grâce à sa théorie de la gravitation universelle, qui expliquera le phénomène : les masses d'eau des océans se gonflent grâce à l'attraction combinée du soleil et de la lune et se dégonflent quand cette attraction diminue. À la nouvelle lune (lorsque le Mont, la terre, la lune, le soleil sont dans le même axe), c'est la période des « vives-eaux ». Lors de la pleine lune, lorsque soleil, terre, Mont et lune sont dans le même axe (mais cette fois-ci, vous aurez noté : la terre entre le soleil et la lune), c'est également les vives-eaux, avec les fameux 15 m de différence. Lorsque soleil et lune s'approchent le plus de la terre (en mars et septembre), ce sont les marées d'équinoxe, les plus importantes de l'année. En revanche, en juin et décembre, ce sont les marées de solstice, les plus faibles. La différence entre marées haute et basse peut alors se réduire à 5 m. Bon, on essaie d'être plus technique : en baie, comme sur les autres côtes de la Manche, la mer monte et descend deux fois par jour (6 h pour monter, 6 h 30 pour descendre). À cause de la position de la lune qui change et à cause de la terre qui tourne sur elle-même, il y a un décalage de 50 mn des horaires de marées d'un jour à l'autre. À cause aussi de la distance de la terre à la lune qui varie (de 356 000 km à 407 000 km), la force des marées variera selon les mois de l'année. Attendez, on n'a pas encore abordé le cas particulier de la Manche où les marées répondent (en plus de l'attraction du soleil et de la lune) aux violents coups des marées de l'Atlantique, sous la forme d'une onde qui part de Brest jusqu'à Dunkerque. Cette onde heurtant perpendiculairement le Cotentin, il y a donc augmentation de son amplitude dans la baie du Mont-Saint-Michel.

Tout cela pour expliquer l'expression la « marée qui remonte à la vitesse d'un cheval au galop ». En effet, cette onde marée pénétrant dans la baie avec ses fonds très plats (au moment des vives-eaux), la succession des vagues se transforme rapidement en vague unique à l'approche du rocher de Tombelaine, avec alors une vitesse de 12 km/h...

Pour finir, à nos lecteurs qui haïssent les marées et préféreraient se baigner dans le lac Léman, nous précisons quand même qu'ils en trouveront également là-bas... mais de 20 cm d'amplitude... Sachez également que Auckland (en Nouvelle-Zélande), à l'opposé exact du Mont-Saint-Michel, connaît les mêmes grandes marées que le Mont, au même moment (tiens, pratique, quand on écrira le *Routard Nouvelle-Zélande,* on reprendra le même texte !). À propos, on a oublié de vous parler de l'influence du vent sur les marées... À l'office du tourisme du Mont, demandez le calendrier des marées, fort utile si vous voulez voir la fameuse « barre » à l'occasion des marées d'équinoxe (en même temps que le flot de touristes).

Comment y aller de Paris ?

Par la route

Trois itinéraires au choix

– *Le premier* (336 km), le plus court, mais pas le plus rapide, passe par Dreux et Alençon (N12) jusqu'à Pré-en-Pail, puis la N176, en passant par Domfront et Saint-Hilaire-du-Harcouet.
– *Le deuxième* (365 km) passe par Évreux, Lisieux, Caen et Avranches. Sortir de Paris par l'autoroute A13.
– *Le troisième* (373 km), le plus long mais le plus rapide. Suivre l'autoroute A 11 jusqu'à Laval, puis la D30 qui passe par Fougères et Antrain.

Par le train

Départs de la gare Montparnasse. Deux itinéraires au choix

– *Le premier,* en prenant la ligne de Granville. Descendre à Folligny où la correspondance pour Pontorson est assurée à l'arrivée de certains trains.
– *Le second,* le plus « efficace », consiste à aller à Rennes en TGV (2 h de trajet). Arrivé à Rennes, deux possibilités : prendre l'autocar jusqu'au Mont (1 h 30 de trajet, *Courriers Bretons* : ☎ 02-99-56-20-44), ou prendre le train jusqu'à Pontorson (9 km du Mont), d'où une navette assure la liaison avec le Mont (*STN* : ☎ 02-33-58-03-07). Il est aussi possible de louer des vélos à la gare de Pontorson (☎ 02-33-60-00-35).

Adresses utiles

🅱 *Office du tourisme :* dans le corps de garde des Bourgeois, à l'entrée du Mont, juste à gauche après la première porte. ☎ 02-33-60-14-30. En été, ouvert tous les jours de 9 h à 19 h ; en basse saison, de 9 h à 12 h 30 et de 14 h à 18 h. Distribution de prospectus dans toutes les langues.
🚄 *SNCF à Pontorson :* ☎ 08-36-35-35-35 (2,21 F/mn).

■ *Survol du Mont en ULM :* s'adresser à M. Hulin, à Avranches. ☎ 02-33-48-67-48. Une façon originale, un peu onéreuse, pour découvrir la baie. Fonctionne, à la demande, toute l'année. 130 F (45,7 €) le survol du mont pendant 20 mn et jusqu'à 100 m d'altitude.
■ *Location de vélos :* Cyclo'vert (sur la Digue), ☎ 02-33-60-09-33.

Où dormir ? Où manger ?

Deux options : dormir sur le Mont ou à l'extérieur, notamment à l'entrée de la digue ou, mieux encore, dans les environs. La première solution est la plus tentante mais les établissements installés sur le rocher sont souvent complets, les chambres pas terribles, et la note plutôt salée. À l'extérieur, le choix est plus grand, la qualité et l'accueil sont nettement meilleurs, et les prix nettement plus bas (tout relativement bien sûr). Et puis, découvrir le Mont dans l'écrin de sa baie par un beau matin...

SUR LE MONT

Une dizaine d'établissements totalisant 130 chambres sont répartis le long de la Grande-Rue.

Prix moyens

🛏 ▐●▌ *La Vieille Auberge :* ☎ 02-33-60-14-34. Fax : 02-33-70-87-04. Chambres réparties dans plusieurs maisons, de 380 à 600 F (57,9 à 91,5 €). Pour ce prix-là, elles sont très... simples ! Pour ce qui est de l'accueil, un petit sourire nous ferait tellement plaisir... Fait aussi restaurant.

🛏 ▐●▌ *Hôtel Du Guesclin :* ☎ 02-33-60-14-10. Fax : 02-33-60-45-81. Fermé le mardi soir et le mercredi et du 5 novembre au 30 mars. Chambre double confortable de 320 à 450 F (48,7 à 68,6 €). Au resto, repas de 90 à 200 F (13,7 à 30,5 €). Chambres bien équipées et entretenues présentant un bon rapport qualité-prix (comparé à la concurrence locale...). Restaurant à deux vitesses : en bas, brasserie rapide avec des formules express au bon rapport qualité-prix. En haut, dans un cadre très rafraîchissant avec une superbe vue sur la baie, des menus classiques et un service efficace et avenant. Apéritif maison offert à nos lecteurs.

▐●▌ *Crêperie La Sirène :* au 1er étage d'un magasin de souvenirs. ☎ 02-33-60-08-60. Fermé le jeudi et le vendredi. Repas à partir de 62 F (9,4 €). Un charmant escalier en colimaçon vous mène à une excellente et sympathique crêperie, aux prix pas exagérés. Une crêpe est intitulée « La Préférée d'Étienne » depuis le passage d'Étienne Daho. Ici, l'idée n'est pas de prendre les touristes pour des c..., mais de faire de bonnes crêpes. Bravo ! Café offert sur présentation du *GDR*.

🛏 ▐●▌ *Hôtel-restaurant Le Saint-Michel :* devant l'*hôtel du Mouton Blanc.* ☎ et fax : 02-33-60-14-37. Fermé le vendredi et de mi-novembre à fin décembre. La chambre double autour de 250 F (38,1 €). Premier menu à 80 F (12,2 €). Sympathique petit bistrot qui, l'air de rien, prodigue une cuisine toute simple et toute bonne. Quelques chambres correctes.

Un peu plus chic

🛏 ▐●▌ *Hôtel de la Croix Blanche :* ☎ 02-33-60-14-04. Fax : 02-33-48-59-82. Fermé le jeudi, ainsi que de mi-novembre à mi-décembre. Chambre double tout confort autour de 520 F (79,2 €) selon la vue et la saison. Au resto, menus de 98 à 240 F (14,9 à 36,5 €). Salle de restaurant avec vue panoramique sur la mer. Décor cuivre et bois, style brasserie chic. Saumon poché à l'oseille, gigot d'agneau montoise. Bon entretien général. Accueil correct, souvent un peu over-stressé comme partout sur le Mont Saint-Michel. Au choix, apéro, café ou digestif offert sur présentation du *GDR*.

Beaucoup plus chic

🛏 ▐●▌ *Terrasses Poulard :* ☎ 02-33-60-14-09. Fax : 02-33-60-37-31. Ouvert toute l'année. Accueil agréable. La décoration des chambres et leur confort font de cet établissement le meilleur du Mont. Si vous en avez les moyens, à partir de 550 F (83,8 €) la chambre double, avec vue sur la baie. Choisissez, selon vos goûts, la chambre Victor-Hugo, La Belle-Hélène, Terence-Stamp, Surcouf ou Duc-de-Bedford. Seules deux chambres sont à des prix accessibles. Il s'agit de la Guy-de-Maupassant (n° 108) et la Du-Guesclin (n° 101). Pour qu'elles soient à un tel prix, vous l'aurez deviné, il doit y avoir une bonne raison : elles sont minuscules. Attention, refuser systématiquement la demi-pension, car le restaurant situé un peu plus loin que l'hôtel n'est pas terrible. En effet, la cuisine, annoncée sur des panneaux comme « renommée », est celle d'une brasserie tout ce qu'il y a de plus ordinaire.

🛏 *La Mère Poulard :* ☎ 02-33-60-14-01. Fax : 02-33-48-52-31. Chambre double tout confort entre 500 et 1 000 F (76,2 et 152,4 €). Même maison que les *Terrasses Poulard*. Chambres très confortables.

|●| *La Table de la Mère Poulard :* une institution. Les gastronomes venaient en pèlerinage devant l'âtre où étaient dorées les fameuses omelettes. Véritable spectacle que d'observer, de l'extérieur, la cuisine où officiaient comme des métronomes les batteurs et les cuisinières en tablier blanc. Sur la grande table de chêne : des pyramides d'œufs et des mottes de beurre. On a écrit beaucoup sur le secret des fameuses omelettes d'Annette Poulard (1851-1931) que Clemenceau, Pagnol, le roi des Belges, Maurice Chevalier, Rita Hayworth et, plus récemment, François Mitterrand, entre autres, sont venus déguster.

Les livres d'or contiennent des centaines de signatures célèbres. D'ailleurs, à l'occasion des cent ans de *La Mère Poulard,* tous ces prestigieux autographes ont été encadrés, et joliment accompagnés d'illustrations photographiques choisies avec discernement, pour orner les murs des deux établissements (beaucoup sont en double, bizarrement). En se promenant le nez au mur, on peut ainsi se laisser glisser en douceur dans les méandres d'un siècle d'histoire, et quel siècle !

Suite à un récent changement de direction, la maison a reçu de nombreuses critiques enthousiastes. Mais attention, derrière cette jolie chanson autour du refrain « qu'elle est belle, la tradition », vous découvrirez très vite le revers carrément glauque de la médaille : l'exploitation touristique intensive de la formule. Avant tout, on joue sur les gens de passage. Prix exorbitants sans justification, pour une qualité de cuisine pas toujours à la hauteur des prix. Les vins sont très chers et le cidre hors de prix.

Côté accueil, vous êtes regardé comme un portefeuille et on tente de vous plumer comme un pigeon. Ici, on n'a indéniablement qu'une idée en tête : faire du chiffre. Si vous voulez tenter l'expérience sans trop de frais, attendez-vous à de nombreuses et sournoises sollicitations. Apéritif ? Eau minérale ? Vin ? Pourquoi ne choisiriez-vous pas le menu supérieur ? Un café, monsieur ? Un digestif, madame ? Bref, on ressort vraiment écœuré devant de telles méthodes qui vous dissuadent de revenir et d'acheter un jour des biscuits ou tout autre produit de l'« Amère Poulard » !

DE L'ENTRÉE DE LA DIGUE À BEAUVOIR (À 2 KM DU MONT)

Sur le continent, c'est l'option la plus proche du Mont (bande d'impatients...). L'entrée de la digue est un simple entassement hôtelier construit pour absorber le trop-plein du flux touristique. Beauvoir est un petit village plutôt paisible, déjà un peu à l'écart. En saison, il est préférable de réserver dans un cas comme dans l'autre.

Bon marché à prix moyens

▪ *Camping du Mont :* ☎ 02-33-60-09-33. Fax : 02-33-60-20-02. Le plus proche du Mont-Saint-Michel. Ouvert du 10 février au 11 novembre. 300 places. Pas donné mais bon accueil. Toutes les facilités d'usage.

▪ *Camping du Gué de Beauvoir :* à Beauvoir. ☎ 02-33-60-09-23. Ouvert de Pâques à fin septembre. Dans le sympathique petit parc de l'hôtel du même nom (voir plus loin). 30 places. Petit déjeuner à 30 F (4,5 €). 10 % de remise d'avril à mai sur présentation du *GDR*.

▪ *Camping Sous les pommiers :* également à Beauvoir. ☎ et fax : 02-33-60-11-36. ● pommiers@aol.com ● Ouvert de mi-mars à début octobre. Forfait pour deux personnes avec tente et voiture de 50 à 55 F (7,6 à 8,4 €). En venant de Pontorson, c'est le premier camping sur la droite à l'entrée de Beauvoir. Une centaine d'emplacements. Location de sympathiques petits chalets en bois pour 4 et de mobile homes. Chambres toutes neuves à 180 F (27,4 €) avec douche et w.-c. Bardé de commodités en tout genre. Piscine. Café offert à nos lecteurs.

▪ *Chambres d'hôte La Bourdatière :* chez Monique Hennecart, à Beauvoir. En arrivant au carrefour de la mairie, premier chemin à droite. ☎ et fax : 02-33-68-11-17. Chambre double à 200 F (30,4 €) avec le petit déjeuner. Dans une maison charmante, Monique prodigue l'accueil le plus délicieux qui soit, ses chambres sont très spacieuses et confortables, et ses prix très discrets. Tables d'hôte sur réservation avant 10 h. Produits du terroir. Compter 80 F (12,2 €) pour un repas complet, café et boisson compris. L'apéritif est offert à nos lecteurs.

▪ *Hôtel Le Gué de Beauvoir :* à Beauvoir. ☎ 02-33-60-09-23. Fermé du 1ᵉʳ octobre à Pâques. Chambre double à 170 F (25,9 €) avec lavabo, à 270 F (41,1 €) avec toilettes et douche ou bains. Une belle maison bourgeoise dans un joli parc, jouxtant le camping du même nom. Aux antipodes de la fadeur de la plupart des hôtels du coin. Des chambres simples mais pleines de charme. Petit déjeuner servi sous une agréable véranda. Accueil sympa et familial. 10 % de remise sur le prix de la chambre en avril et mai pour nos lecteurs.

▪ |●| *Motel Vert :* ☎ 02-33-60-09-33. Fax : 02-33-60-20-02. ⚹ Fermé de mi-novembre à début février. Chambre double de 200 à 350 F (30,4 à 53,3 €). Au resto, menus de 68 à 130 F (10,3 à 19,8 €). Chambres sans grand confort mais sympathiques, certaines sous forme de petits bungalows dans la verdure. Bon plan pour l'été. Juste à côté, restaurant-grill (service non-stop de 11 h 30 à 22 h 30).

▪ *Hôtel Saint-Aubert :* ☎ 02-33-60-08-74. Fax : 02-33-60-35-67. Ouvert toute l'année. La chambre double tout confort à partir de 250 F (38,1 €). Un établissement moderne de 27 chambres. Vue agréable sur jardin, très calme. Les prix varient selon la saison. Bon confort et entretien sérieux. Accueil dynamique.

|●| *Restaurant-crêperie Les Mouettes :* à l'entrée de Beauvoir en venant de Pontorson. ☎ 02-33-60-58-12. Fermé les mercredi soir et jeudi hors saison. Compter 120 F (18,2 €) pour un repas à la carte. Un petit bar-resto sympathique et frais, qui fait aussi crêperie. Un petit menu qui ne se moque pas de vous.

Un peu plus chic

▪ |●| *Hôtel de la Digue :* ☎ 02-33-60-14-02. Fax : 02-33-60-37-59. ● hotel-de-la-digue@wanadoo.fr ● Fermé de mi-novembre à fin mars. Chambres tout confort de 365 à 470 F (55,6 à 71,6 €) ; petit déjeuner buffet à 54 F (8,2 €). Vue sur le Mont depuis la salle à manger. Fait aussi restaurant.

▪ |●| *Relais du Roy :* ☎ 02-33-60-

14-25. Fax : 02-33-60-37-69. ● le. relais.duroy@wanadoo.fr ● ⚓ Fermé de fin novembre au 20 mars. Chambre double de 370 à 460 F (56,4 à 70,1 €). Partie ancienne style rustique chaleureux. Restaurant de bonne réputation, premier menu intéressant. Demi-pension obligatoire en juillet et août, ça, c'est moins cool !

■ |●| *Hôtel Mercure :* route du Mont-Saint-Michel. ☎ 02-33-60-14-18. Fax : 02-33-60-39-28. Fermé de début novembre à mi-février. Chambres au confort sans surprises, de 390 à 610 F (59,4 à 92,9 €) selon la saison. Repas autour de 160 F (24,3 €). Rien à dire que vous ne sachiez déjà sur les chambres. Menus sans grand intérêt. Mais à la carte, on peut manger de l'agneau de pré-salé de la baie du Mont Saint-Michel, tout simplement grillé, tout simplement délicieux. Kir normand offert sur présentation du *GDR*.

Nettement plus chic

|●| *Bar-restaurant Relais Saint-Michel :* sur la digue, aux premières loges devant le Mont, une autre acquisition de la galaxie *Poulard.* ☎ 02-33-89-32-00. ⚓ Plusieurs menus de 140 à 290 F (21,3 à 44,2 €). Il faut avouer que la vue y est somptueuse, et que l'atmosphère est à la fois élégante et de bon goût, sans raideur mondaine aucune. Un petit verre au bar en fin de journée, alors que le soleil déclinant souligne les contrastes de la huitième merveille du monde, voilà qui en apaisera plus d'un. Le restaurant promet, et ses prix ne sont (pour l'instant) pas exagérés. À la carte : carré d'agneau, poulet rôti de la vallée d'Auge, salade gourmande au foie gras de Normandie ou encore feuilleté de légumes au basilic...

■ Pour ce qui est de l'hôtel contigu, le *Relais Saint-Michel,* les prix y sont carrément surréalistes : à partir de 750 F la nuit (114,3 €) pour deux. Avouons néanmoins que les chambres y sont bellissimes et donnent toutes sur le Mont. ☎ 02-33-89-32-00.

DANS LA CAMPAGNE ALENTOUR

C'est l'option bucolique (la nôtre, pour ne rien vous cacher). Elle vous permet de démarrer la journée dans l'une des plus jolies campagnes qui soient, côté prés-salés ou côté bocage, au choix.

Bon marché à prix moyens

■ *Gîte d'étape chez Élie et Marie-Joseph Lemoine :* La Guintre. ☎ 02-33-60-13-16. ⚓ Avant d'arriver à Courtils, sur la route de la baie (la D75, en venant du Mont-Saint-Michel). Ouvert toute l'année. La nuit à 50 F (7,6 €) par personne sans le petit déjeuner. Dans une ferme typique de la région des prés-salés. 3 chambres et un dortoir de 10 personnes.

■ En face, le fils fait *chambres d'hôte : Chez Damien et Sylvie Lemoine.* ☎ 02-33-60-06-02. Fax : 02-33-60-66-92. ⚓ Autour de 200 F (30,5 €) la nuit pour deux, petit déjeuner inclus. Ce jeune couple élève des moutons de prés-salés. Vous l'aurez donc deviné, les chambres (bien tenues) ont une splendide vue sur les prés-salés (et les moutons) et, tenez-vous bien, sur Le Mont-Saint-Michel ! Coin-cuisine à votre disposition.

■ *Chambres d'hôte de la Ferme de la Rive :* 50170 Ardevon. ☎ 02-33-60-23-56. Ouvert toute l'année. Chambre double à 200 F (30,5 €) avec le petit déjeuner. À 2 km de la digue, dans la direction de Caen sur la D275. Mme Audienne propose 5 chambres tout confort avec vue imprenable sur le Mont (en particulier celles du 1er étage) et sur les prés-salés. Entrée indépendante. Produits de la ferme et accueil sympa. Apéritif offert à nos lecteurs sur présentation du *GDR*.

🛏 *Chambres d'hôte Les Forges :* chez M. et Mme Jean Perrier, route de Saint-Michel, 50220 Céaux. ☎ 02-33-70-90-54. Sur la route du Mont-Saint-Michel par la baie (D43). Autour de 220 F (33,5 €) la nuit et le petit déjeuner pour deux. Dans une bien jolie maison, un accueil charmant, et de belles chambres indépendantes, un rien rétro. Jean Perrier, ancien instituteur de Céaux, est un vrai passionné de la baie et de son histoire, et organise de belles balades « découverte » du coin. Tout ça à un prix doux.

🛏 ▮◉▮ *Chambres d'hôte La Ferme de l'Étang :* chez Brigitte et Jean-Paul Gavard, Boucéel, 50240 Vergoncey. À une douzaine de kilomètres du Mont. À La Croix-Avranchin, prendre la direction Vergoncey sur la D40 et continuer pendant 2 km. Prendre ensuite la D308 à droite. Ensuite, c'est bien indiqué. ☎ 02-33-48-34-68. Fax : 02-33-48-48-53. 225 F (34,3 €) la nuit et le petit déjeuner pour deux. Repas à 85 F (13 €). En pleine campagne. Grande et belle demeure ancienne couverte de lierre face à un étang. Excellent accueil. Belles chambres avec salle de bains. À disposition, billard, table de ping-pong... Font aussi table d'hôte, le soir uniquement (sur réservation). Menu élaboré avec les produits de la ferme. Café offert à nos lecteurs.

🛏 *Chambres d'hôte la ferme du Petit Manoir :* chez Annick et Jean Gédoin, 21, rue de la Pierre-du-Tertre, 50170 Servon. À 10 km du Mont. ☎ 02-33-60-03-44. Fax : 02-33-60-17-79. La nuit et le petit déjeuner pour deux à 220 F (33,5 €). Entre Pontaubault et Pontorson, sur la D113, belle ferme à la sortie du village proposant 2 chambres. Piscine. Apéro ou café offert à partir de la quatrième nuit.

🛏 ▮◉▮ *Hôtel-restaurant Au P'tit*

Quinquin : Les Forges, route de Courtils, 50220 Céaux. ☎ 02-33-70-97-42. Du Mont-Saint-Michel, direction Avranches par la D275, puis la D43 ; au carrefour, 2 km après le village de Courtils. Fermé le dimanche soir, le lundi (sauf en saison) et du 5 janvier au 15 février. La chambre selon le confort de 150 à 240 F (22,9 à 36 €). Menus de 72 à 180 F (10,9 à 27,4 €). Petit établissement offrant un choix de chambres pour toutes les bourses. Éviter les chambres sur la route, trop bruyantes. Menus au bon rapport qualité-prix avec de la crépinette de magret d'oie au cidre ou du gratin de saint-jacques à la vanille, le tout copieusement servi et bien préparé. 10 % de réduction à nos lecteurs sur le prix de la chambre (du 11 novembre au 1er avril).

🛏 ▮◉▮ *Auberge du Terroir :* Le Bourg, Servon. ☎ 02-33-60-17-92. Fax : 02-33-60-35-26. Accès : axe Pontaubault-Pontorson, à droite sur la D107. Parking. Fermé de mi-novembre à début décembre et pendant les vacances scolaires de février. ♿ Chambre double tout confort de 290 à 340 F (44,2 à 51,8 €). Menus de 92 à 240 F (14 à 36,5 €). Petit hôtel de charme entièrement rénové dans un petit village tranquille, aménagé dans un ancien presbytère et dans une ancienne école. Atmosphère des plus paisibles dans un cadre aménagé avec goût par un jeune couple accueillant. Toutes les chambres portent des noms de fleurs ou de compositeurs célèbres. Chambres doubles avec douche et w.-c., entièrement refaites. Un tennis et un joli parc. Cuisine délicieuse dans une agréable salle à manger. Le chef prépare avec bonheur des spécialités périgourdines comme le foie gras mi-cuit au torchon et le magret au miel, mais aussi beaucoup de poisson : la marmite du pêcheur, le saumon au chou vert... Accueil charmant et discret. Digestif offert sur présentation du *GDR*.

À PONTORSON (À 9 KM DU MONT)

Petite ville tranquille située à la limite entre Normandie et Bretagne, Pontorson conviendra à ceux qui, fins stratèges, préfèrent prendre un peu plus d'élan avant d'aborder la dernière ligne droite avant le Mont.

De bon marché à prix moyens

▣ *Camping municipal :* au bord du Couesnon. Une centaine de places. Confortable et prix raisonnables.

▣ *Auberge de jeunesse :* centre Du-Guesclin, bd Patton. ☎ et fax : 02-33-60-18-65. ● aj@ville-pontorson.fr ● Ouvert de mai à fin septembre. Chambre double à 48 F (7,3 €) avec lavabo ou douche et w.-c. dans l'auberge et 55 F (8,3 €) dans le gîte. Dans une grande bâtisse du début du siècle. Pas très guilleret, genre hôpital désaffecté, mais très bien tenu et accueil sympa. Possibilité de cuisiner sur place.

▣ *Hôtel de l'Arrivée :* 14, rue du Docteur-Tizon. ☎ et fax : 02-33-60-01-57. Fermé 15 jours fin novembre, et le lundi hors saison. Chambre double avec lavabo à 99 F (15 €), avec douche et lavabo à 160 F (24,4 €) l'été, 130 F (19,8 €) hors saison. Près de la gare. Petit, très simple. La providence des petits budgets. Fait aussi bar et snack bien provincial et sympa.

|●| *Le relais gourmand :* 15, rue du Tanis. ☎ 02-33-58-20-96. Ouvert tous les jours en saison. Le bon restaurant des familles tenu par des professionnels sur la route des vacances. Bien sûr, cuisine normande (côte de veau à la crème et poissons selon la marée). Le patron n'a pas oublié ses origines aveyronnaises : confit de canard, magret et aligot. Premier menu à 70 F (10,6 €). Cidre à la bolée et vin... à la ficelle (vous verrez bien !). Une bonne adresse.

Plus chic

▣ |●| *Hôtel Montgomery :* 13, rue Couesnon. ☎ 02-33-60-00-09. Fax : 02-33-60-37-66. ● hotel-montgomery@wanadoo.fr ● Ouvert toute l'année. Chambre double tout confort de 350 à 550 F (53,3 à 83,8 €) selon la saison et la décoration. Possibilité de dî-

▣ ☍ *Pub (et chambres) Le Relax :* 20, rue du Docteur-Tizon. ☎ 02-33-68-32-10. Ouvert toute l'année. Chambre double de 130 à 170 F (19,8 à 25,9 €) selon le confort et la saison. À côté de l'*hôtel de l'Arrivée.* L'endroit porte bien son nom. Le jeune patron est le gars énergique et débridé du coin, genre prof de gym haut en couleur. Son pub est le rendez-vous de la jeunesse locale, avec ses billards, et sa superbe salle de musculation jouxtant le bar (si, si, vous avez bien lu !). Loue 5 chambres doubles, simples mais bien tenues, et incluant la possibilité d'aller vous passer les nerfs (après une visite du Mont-Saint-Michel, par exemple) sur les appareils de torture musculaire (gratuits pour nos lecteurs). Et après la torture, un petit sauna ? (payant, lui, à 60 F soit 9,1 € pour deux). Petit déjeuner offert le premier jour à partir de 3 nuits sur présentation du *GDR*.

▣ |●| *Hôtel-restaurant La Cave :* 37, rue de la Libération. ☎ et fax : 02-33-60-11-35. ● hotel.la.cave@wanadoo.fr ● ⚒ (pour le restaurant). Fermé de mi-novembre à début décembre et le vendredi hors saison. Chambre double de 220 à 270 F (33,5 à 41,1 €) avec douche ou bains et w.-c. Menus de 65 à 195 F (9,9 à 29,7 €). Une jolie façade pleine de charme. Atmosphère chaleureuse, et restaurant à l'excellent rapport qualité-prix. Font aussi crêperie. Parking privé fermé la nuit. L'apéro ou le café est offert sur présentation du *GDR*.

ner (uniquement pour les clients de l'hôtel), menu aux alentours de 100 F (15,2 €). Un bien bel établissement que cet hôtel Montgomery, en fait l'ancien logis des comtes du même nom. Imposante façade de pierre habillée de lierre, sur la rue principale de Pontorson. À l'intérieur, parquets qui craquent, moquettes et tapis profonds, cheminées et boiseries à sombre patine créent une ambiance assez remarquable. Une trentaine de chambres avec tout le confort moderne. Certaines sont équipées de salles de bains « quatre étoiles » avec baignoire balnéo ou douche thalasso. Nous avons adoré les chambres décorées à l'ancienne, avec lit à baldaquin et meubles de style. Une petite folie presque raisonnable car le rapport qualité-prix de cet établissement est excellent. Service et accueil à la hauteur des prestations. Fait aussi restaurant, le soir uniquement sur réservation. Petit déjeuner offert sur présentation du *GDR.*

▲ |●| *Hôtel-restaurant Le Bretagne :* 59, rue Couesnon (rue principale de Pontorson). ☎ 02-33-60-10-55. Fax : 02-33-58-20-54. Fermé le lundi hors saison, et de janvier à mi-février. Chambre double tout confort de 280 F (42,6 €) à 300 F (45,7 €) décorée de meubles de style. Au restaurant, plusieurs menus de 90 à 260 F (13,7 à 39,6 €). Ancien relais de poste proposant des chambres vastes et agréables. Excellent accueil. Cuisine soignée et justement réputée. Pour vous faire saliver : huîtres gratinées au camembert, chèvre chaud au miel, pavé de bœuf, bar aux agrumes, millefeuille d'andouille aux pommes... Clientèle d'habitués de la région. Mme Carnet officie aux fourneaux depuis 1965 et ne travaille qu'avec des produits frais. Très beaux salons et salle à manger avec somptueuses boiseries et cheminée. Quelle atmosphère ! Globalement, très bon rapport qualité-prix ! Café ou apéritif offert à nos lecteurs, ainsi que 10 % sur le prix de la chambre (sauf vacances scolaires) sur présentation du *GDR.*

Visite du Mont

★ La digue de 2 km qui relie depuis 1877 le Mont au continent aboutit à la porte du Roi, condamnée. Une passerelle de bois conduit jusqu'à la *porte de l'Avancée,* la seule ouverte dans les remparts.

★ *La Grande-Rue,* qu'empruntaient les pèlerins, grimpe à l'assaut du rocher, entre deux haies de magasins de souvenirs. Il faut oublier tous ces étals de bimbeloterie et bignouseries *made in Hong Kong* et faire preuve d'un peu d'imagination pour remonter dans le temps. Quelques maisons anciennes caractéristiques de l'architecture civile du Moyen Âge vous aideront à reconstituer le décor d'origine. Attention ! À éviter également la visite des 3 « musées » – maritime, historique et « archéoscope » – proposée pour la modique somme de 60 F (9,1 €) et qui n'ont de musées que le nom...
La *maison de l'Artichaut,* avec son revêtement d'écailles de bois, enjambe la rue. Plus loin, celle de la *Sirène* et celle du *Mouton blanc,* qui abrite un restaurant.

★ *L'église paroissiale Saint-Pierre,* flanquée d'un cimetière où fut enterré saint Aubert, le fondateur du Mont, mérite une halte avant d'aborder l'escalier qui conduit à la barbacane et marque l'entrée de l'abbaye.

★ Au Mont, on n'en finit jamais avec les *escaliers.* Celui que l'on appelle *le Gouffre* arrive à la salle des Gardes (billetterie).

★ Il faut encore monter entre les logis de l'abbatiale et les murs de soutènement pour atteindre la *terrasse de l'Ouest* (accès payant). Si le temps est dégagé, les îles Chausey (40 km) sont visibles au loin.

L'abbatiale

Pendant la journée

Trois types de visite possibles

– **La visite libre :** avec, pour ceux que ça intéresse, les commentaires éclairés d'un guide, sur un parcours limité. 42 F (6,4 €). Réduction pour les 18-25 ans à 26 F (3,9 €).

– **La visite « conférence » :** un conférencier passionnant et passionné vous entraînera dans une découverte approfondie des moindres recoins perdus de cette invraisemblable abbaye (durée : environ 2 h). En semaine hors saison, il est nécessaire de réserver au : ☎ 02-33-89-80-00. 67 F (10,2 €). À faire absolument si vous en avez le temps.

– **L'audioguidage :** c'est la troisième possibilité (à vous de nous dire ce que vous en pensez...). Pour ceux qui n'ont pas le goût des guides en chair et en os, et qui préféreraient plutôt « Le Meilleur des Mondes », la location d'un casque vous permet de déambuler à votre rythme avec les commentaires « interactifs » bien calés sur vos oreilles. Cette solution permet effectivement d'éviter de vous laisser polluer par les gamins brailleurs et autres éléments perturbateurs de visites. Prix à ajouter au droit d'entrée 25 F (3,8 €).

À savoir

– **Horaires d'ouverture :** du 2 mai au 30 septembre, de 9 h à 18 h 30 ; du 1er octobre au 30 avril, de 9 h 30 à 17 h 30 (de 9 h 30 à 18 h pendant les vacances scolaires). Fermé le 25 décembre, le 1er janvier, 1er mai, 1er et 11 novembre.

– **Guides :** intéressants et vivants, indispensables pour mieux comprendre ce que fut le Mont au cours de son histoire.

– Pour ceux que ça intéresse (et qui ne prennent pas une cérémonie religieuse pour un sketch de Disneyland), la **messe** a lieu chaque jour à 12 h 15.

– **Pour les puristes :** sachez que les visites fonctionnent aussi l'hiver, loin des hordes de touristes. Les guides vous bichonneront, et vous pourrez découvrir en toute paix la véritable magie et le dépouillement du lieu (le granit et l'hiver font assez bon ménage, pour qui sait se munir d'un bon gros pull !).

VISITE DE L'ABBATIALE

Il est difficile de ne pas ressentir un choc dans le vaisseau de la grande nef qui monte comme une prière avec ses arches de pierre inondées de lumière. Le chœur est l'un des plus beaux exemples de gothique flamboyant. L'homme a enfin réussi, après des siècles de recherche, à vaincre les poussées de la voûte et les murs d'ouvertures laissant pénétrer le soleil. Le chœur roman s'effondra en 1421. Chaque colonne gothique repose sur une colonne romane.

Toute cette construction tient de la prouesse technique, car elle repose en grande partie sur une plate-forme artificielle, en équilibre au sommet du rocher. Pour des raisons esthétiques (et symboliques), les bâtisseurs de l'époque ont voulu donner à l'église la même dimension en longueur que la hauteur du rocher, soit 80 m, ce qui nécessita la construction d'infrastructures très complexes dans lesquelles se trouve enchâssée l'église préromane du Xe siècle. Ce « carré parfait » symbolisait également le centre du monde.

– En passant dans le cloître, on pénètre dans la **Merveille,** c'est-à-dire dans un ensemble de six salles réparties sur trois étages, construit en 1211, achevé en dix-sept ans. Suspendu entre le ciel et la mer, le **cloître** est comme un balcon ouvert sur l'infini. Tous les murs étant en porte-à-faux, il était indispensable de construire quelque chose de léger. Ce qui explique la disposition en quinconce des 227 colonnettes en pierre de Caen. Lieu de méditation et de prière, le cloître a retrouvé son jardin de buis et une toiture en schiste de Cherbourg. Ici, tout est à la mesure de l'homme, contrairement aux autres parties du monastère.

– **Le réfectoire** surprend par sa démesure et ressemble plutôt à une église avec sa voûte en berceau. Les moines y prenaient en silence leur repas toujours frugal en écoutant la lecture d'un texte sacré. Noter l'extraordinaire technique utilisée par l'architecte pour capter un maximum de lumière sans affaiblir la solidité des murs. En outre, jeu optique subtil au niveau symbolique : on s'enferme, mais on laisse la lumière pénétrer quand même. Espace superbement maîtrisé. Cette salle résume bien toute la spiritualité du Mont-Saint-Michel.

– **La salle des Hôtes,** réservée aux pèlerins nobles, a perdu son revêtement de couleur, mais garde son architecture majestueuse et élégante, d'une grande fluidité correspondant à la fonction de la salle. Poussée maintenue par des contreforts intérieurs. Royaumont copia cette salle, et la technique des contreforts fut utilisée à la Sainte-Chapelle. Deux gigantesques cheminées dans lesquelles on pouvait faire rôtir plusieurs agneaux de présalé. Elle devait être bruyante...

– Impressionnante **crypte** des gros piliers (salle des pas perdus du tribunal). Assez oppressant même. Les piliers romans furent enrobés pour les renforcer.

– **La crypte Saint-Martin :** sous le bras sud du transept. Très belle voûte en berceau de 8 m. Exploit technique pour supporter tout le poids de l'église au-dessus.

– **Le monte-charge** utilisant les prisonniers comme moteur est original, avec sa grande roue pouvant contenir jusqu'à six hommes. Car le Mont fut aussi une prison. Louis XI, venu, dit-on, trois fois en pèlerinage, y fit installer une cage de fer restée célèbre. Au XVIIIᵉ siècle, le Mont reçut des prisonniers politiques incarcérés sur lettre de cachet. Puis il fut transformé en maison de correction et abrita jusqu'à cinq cents détenus de droit commun. Après la révolution de 1848, Blanqui, Barbès et Raspail, entre autres, furent internés dans le monastère-prison. Victor Hugo s'en indigna, et Napoléon III supprima le pénitencier en 1863.

– **La chapelle la plus ancienne** de l'abbaye (style carolingien). Arches en brique reliées par du mortier de même épaisseur. Double nef, deux petits chœurs et tribune pour présenter les reliques. En 1960, on retrouva dans le chœur de droite le mur d'origine du sanctuaire. La chapelle fut donc enchâssée dans les structures de l'abbaye (les baies sont aujourd'hui bouchées).

– Amusant : l'**infirmerie** était le seul endroit où les moines pouvaient manger de la viande rouge (pour se refaire une santé) et se lever quand bon leur semblait. Il était tentant de se faire porter pâle. Moins drôle : la fosse remplie de chaux (en guise de désinfectant...) dans laquelle étaient jetés les moines morts, afin d'éviter la prolifération des épidémies.

– **Le promenoir des moines :** en dessous, c'était la salle des pèlerins. Au-dessus, le *dortoir*. Aux XIᵉ-XIIᵉ siècles, le réfectoire primitif. Gros murs romans. Voûtes refaites en 1103 en croisée d'ogives. Début de la technique. Mortier qui sert de joint (erreur du gothique primitif).

– Ce qui n'était pas le cas du **scriptorium,** dit *salle des Chevaliers,* où les moines travaillaient à la copie et à l'enluminure des manuscrits. Noter qu'elle possède la même hauteur que l'autre, mais qu'on s'y sent plus écrasé. Les deux grandes cheminées dissimulent des latrines extérieures.

– La visite se termine par le **cellier** et l'**aumônerie.** Celle-ci était destinée aux pèlerins de condition modeste. Elle abrite aujourd'hui les comptoirs de la librairie. Enfin, ne résistez pas à aller flâner dans les jardins de l'abbaye et à observer les polders et la baie en direction de Cancale.

★ *Le tour des remparts* s'impose pour la vue sur la baie et sur le rocher de Tombelaine, à 3 km, ce frère jumeau qui fut occupé par les Anglais pendant la guerre de Cent Ans. Le Mont, lui, resta toujours français grâce à la protection de saint Michel qui, pour sauver le royaume, ira chercher à Domrémy une petite bergère dont l'histoire finira sur un bûcher, place du Marché, à Rouen.

– Pour clore la visite du Mont, il faut s'y promener le soir lorsque les remparts sont déserts et que les marchands du Temple ont tiré le rideau de fer sur toute leur quincaillerie. Les murs de l'abbatiale, illuminés, surgissent alors dans la nuit comme une armure de pierre et l'*archange* aux ailes dorées (il a été restauré et replacé par hélicoptère en novembre 1987) se dresse au milieu des étoiles. Magique... Laissez-vous alors guider par le parcours de découverte nocturne qui vous donnera une nouvelle vision de ce lieu sacré. Entrée : 60 et 40 F (9,1 et 6,1 €). Gratuit aux moins de 12 ans.

Fêtes

– *Fêtes de la Saint-Michel :* fête de printemps en mai, et fête d'automne en septembre, le dimanche le plus proche de la Saint-Michel.

– *Musiques sous les ailes de l'archange :* également le dimanche le plus proche de la fête de la Saint-Michel. Concerts de musique classique dans l'abbatiale.

– *Pèlerinage à travers les grèves :* en juillet.

Autour du Mont-Saint-Michel

★ *La baie du Mont-Saint-Michel en calèche :* ☎ 02-33-60-68-00. Fax : 02-33-60-85-66. Association « 3 jours au cœur de la baie », place de l'Hôtel-de-Ville de Pontorson (en face de la poste). De bien belles balades au petit trot. Parcours d'une, deux ou trois heures avec ou sans déjeuner, ou encore pour une demi-journée. Promenades en bateaux électriques sur le Couesnon, location de VTT et conférences sur le désensablement de la baie. Possibilité de séjours.

★ *La Maison de la Baie :* au *Relais de Courtils,* route de Roche-Torin, Courtils. ☎ 02-33-89-66-00. Fax : 02-33-89-66-09. Une équipe jeune et sympathique. De belles expos de photos ou de peinture, liées à la découverte de la baie sous tous ses aspects. Une présentation intéressante de la formation et de l'évolution du Mont-Saint-Michel depuis 20 000 ans, avec un système d'audioguidage. Observatoire au fond du jardin. Organisent aussi des balades « découverte » sur le thème des marées, de la faune ou de la flore locale, des balades littéraires...

★ *L'église Saint-Georges de Fréhaigne :* 3,5 km au nord-ouest de Pontorson. Une charmante petite église bénédictine du XVe siècle où transparaît la foi populaire, rustique et touchante. Imposantes statues, dont le nom est peint en caractères gras sur les murs lisses, saint Samson sur son cheval, une Vierge en paysanne bretonne. Superbe voûte en chêne.

EN ALLANT VERS FOUGÈRES (le long de la D155)

★ *L'église de Tremblay :* roman primitif du XIe siècle, d'une gracieuse sobriété. Remarquables bénitiers sculptés. Gros murs épais, petites ouvertures. Les façades nord et ouest devaient faire partie du mur d'enceinte.

★ *Le Rocher-Portail :* prestigieuse demeure du XVIIe siècle, posée au bord de l'eau. Superbes toitures. Harmonie des deux cours. Ne se visite pas mais vaut le coup d'œil. Les propriétaires laissent le GR passer à travers leur propriété, l'occasion d'une belle balade.

🛏 *Chambres d'hôte de M. Harlais :* Le Guéret, à Saint-Brice-en-Coglès. ☎ 02-99-97-76-49. Chambre double, simple et propre (avec sanitaires en commun) à partir de 199 F (30,3 €), petit déjeuner compris. Tenu par un ancien sabotier qui vous fera visiter son atelier si vous le désirez. C'est une véritable malle au trésor, où s'animent une foule d'outils insolites. À nos lecteurs : 5 % de réduction sur le prix de la chambre à partir de trois nuits consécutives.

L'EST DE L'ILLE-ET-VILAINE

FOUGÈRES *(FELGER)* (35300)   22 800 hab.

> *Une ville qui devrait être pieusement visitée par les peintres...*
>
> Victor Hugo.

À l'entrée de la Bretagne, perchée sur un promontoire dominant une verdoyante vallée, l'une des places fortes qui surveillaient l'envahisseur. L'imposant château est toujours là pour en témoigner. De nombreux écrivains apprécièrent Fougères, ville au charme un peu dolent, comme Flaubert, Chateaubriand, Alfred de Musset, Julien Gracq, Victor Hugo et Balzac. Ces derniers y puisèrent leur inspiration pour *Quatrevingt-treize* et *Les Chouans.* Juliette Drouet, l'égérie d'Hugo, était d'ailleurs native de la ville. Le Fougerais fut effectivement l'un des hauts lieux de la chouannerie. Sur le plan économique, le nom de Fougères resta longtemps associé à la chaussure. Dans la première moitié de ce siècle, il y eut dans cette industrie jusqu'à 10 000 ouvriers. Aujourd'hui, il en reste à peine 1 000.

Adresses utiles

🛈 *Office du tourisme* (plan B1) *:* 1, pl. Aristide-Briand. ☎ 02-99-94-12-20. Fax : 02-99-94-77-30. Ouvert tous les jours, toute l'année. Horaires d'été : du lundi au samedi de 9 h à 19 h et le dimanche de 10 h à 12 h et de 14 h à 16 h ; hors saison, ouvert du lundi au samedi de 9 h 30 à 12 h 30 et de 14 h à 18 h et le dimanche de 10 h à 12 h et de 13 h 30 à 17 h 30. Dans de superbes locaux. Bonne documentation, accueil sympathique et compétent.

🛈 En été, *point-info* (appelé « Passage Mélusine ») à la conciergerie du château. Ouvert tous les jours.

🚌 *Gare routière* (plan B2) *:* ☎ 02-99-99-08-77. Renseignements de 11 h à 12 h 30 et de 16 h à 18 h 30. Assure les liaisons avec les gares SNCF alentour.

Où dormir ?

🛏 *Camping municipal :* Paron. À l'écart du centre-ville. ☎ 02-99-99-40-81. ♿ Fermé de décembre à février. Petit, agréable. Espaces séparés par de grandes haies. Belles pelouses. À côté d'un super complexe sportif.

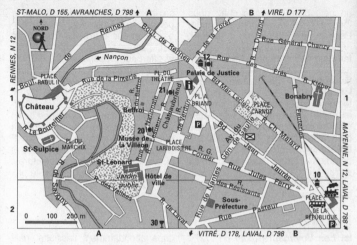

FOUGÈRES

■ **Adresses utiles**

🛈 Office du tourisme
🚌 Gare routière
🛏 Où dormir?
10 Hôtel de Bretagne
12 Grand Hôtel des Voyageurs

|●| **Où manger?**
20 Le Buffet
21 Le P'tit Bouchon

☺ **Où boire un verre? Où écouter de la musique?**
30 Le Coquelicot

🛏 ***Hôtel de Bretagne*** *(plan B1-2, 10) :* 7, pl. de la République. ☎ et fax : 02-99-99-31-68. Ouvert toute l'année. Chambre double de 115 à 170 F (17,5 à 25,9 €) selon le confort. Le coin n'a rien de particulièrement charmant mais les prix sont très bas, l'accueil est fort sympathique et les chambres sont scrupuleusement entretenues. Chambre familiale avec 2 lits doubles. Une excellente adresse dans sa catégorie de prix. Pour nos lecteurs, 10 % de remise sur le prix de la chambre d'octobre à avril.

🛏 ***Grand Hôtel des Voyageurs*** *(plan B1, 12) :* 10, pl. Gambetta. ☎ 02-99-99-08-20. Fax : 02-99-99-04. ● www.groupatotel.com/hotels/voyageurs.html ● Fermé pendant les fêtes de fin d'année. Chambre double de 255 à 295 F (38,8 à 44,9 €) avec w.-c. et douche ou bains. Un hôtel banal, pour une escale d'une nuit, pas plus. Quelques chambres ont été refaites, mais d'autres sont vraiment hors d'âge. Accueil correct. Au rez-de-chaussée, le meilleur restaurant de la ville, (voir « Où manger? »).

Où manger?

Bon marché

|●| ***Le P'tit Bouchon*** *(plan A1, 21) :* 13, rue Châteaubriand. ☎ 02-99-99-75-98. Fermé le dimanche. Formule plat du jour et dessert à 40 F (6,1 €), puis menus à 62 et 92 F (9,4 et 14 €). En plein centre de Fougères,

un petit bistro bien de chez nous tenu par un jeune couple sympa. Dans la salle du bar, ou à l'arrière, on y mange une délicieuse cuisine familiale pour des prix hyper raisonnables. La formule plat du jour et dessert est une vraie affaire lorsqu'on ne veut pas perdre de temps et dépenser trop d'argent. Par exemple, juteuse et goûteuse basse côte de bœuf grillée accompagnée de vraies grosses frites, ou bœuf bourguignon, puis une tarte aux pommes maison, tout simplement extra. Menus tout à fait honnêtes aussi, plus complets, avec mulet aux câpres, camembert chaud sur lit de salade, etc. Et, quand le temps le permet, le jeune chef installe son barbecue sur le trottoir ! Une bonne petite adresse. Apéro, café ou digestif offert sur présentation du *GDR*.

lol **Le Buffet** *(plan A1, 20)* : 53 *bis*, rue Nationale. ☎ 02-99-94-35-76. Ouvert midi et soir jusqu'à 22 h. Fermé le mercredi soir et le dimanche, ainsi que 3 semaines de fin juillet à mi-août et une semaine fin décembre. Menus de 62 à 130 F (9,4 à 19,8 €). Salle au décor frais et *clean*. Expo de photos et peintures. Un intéressant rapport qualité-prix que nos lecteurs apprécient.

Plus chic

lol **Les Voyageurs** *(plan B1, 12)* : 10, pl. Gambetta. ☎ 02-99-99-08-20. Fermé le samedi midi et le dimanche soir. Quatre menus de 95 à 210 F (14,5 à 32 €). Réservation fortement recommandée. C'est l'institution fougeraise. Tout d'abord, plantons le décor : des colonnes habillées de mosaïques de miroirs dorés (style Régine seventies), des rideaux bouillonnants aux fenêtres et une drôle de tapisserie à médaillons aux murs. On a cherché la boule paillettes, en vain. Curieux cocktail tout de même, et des plus inattendus pour un restaurant gastronomique. Et gastronomique n'est pas un vain mot, car les mets proposés sont vraiment d'une finesse absolue. Une vraie cuisine de palace, classique mais paraissant intemporelle grâce à un chef imaginatif et fidèle à la tradition. Succulent foie gras qui oc-cupe abondamment l'assiette, délicates profiteroles d'escargots poêlés, espadon grillé « à la seconde près », servi sur un beurre safrané et accompagné de légumes primeurs, pièce accompagnée d'une sauce bordelaise d'une rare présence en bouche... Les plats chauds arrivent clochés et le chariot de desserts est proposé dès le premier menu. Pour le service et l'accueil, la délicieuse patronne encadre sa jeune équipe pour que rien ne manque à votre bien-être. Précisons aussi qu'elle ne pousse jamais à la consommation. En fin de repas, on s'est habitué au décor, on le trouve même plus sympa que ceux de beaucoup d'autres restos. Alors, voyageurs, faites un détour s'il le faut, et offrez-vous *Les Voyageurs* car du petit au grand menu, vous ne serez pas déçu.

Où dormir ? Où manger dans les environs ?

▲ lol **Chambres d'hôte et ferme-auberge de Mésauboin** *:* à Billé, à 8 km au sud de Fougères (D179). ☎ 02-99-97-61-57. Fax : 02-99-97-50-76. Dans le village, prenez la D23 vers Saint-Georges-de-Chesné, puis c'est fléché. La nuit et le petit déjeuner pour deux autour de 235 F (35,8 €) ; menus à partir de 95 F (14,5 €). Sur réservation unique-ment. En pleine nature, dans une jolie ferme de caractère, ancien manoir avec tourelle. Chambres plaisantes. Menus qui vous permettent de goûter aux spécialités : coq au cidre, canette rôtie aux pommes, charlotte aux poires et délicieuses tartes, le tout arrosé d'un cidre bien fruité. Le menu le plus cher est en fait une formule « repas et boissons ». Six chambres pour 2, 3 et 4 personnes, avec sanitaires privés. Accueil chaleureux. 10 % de remise sur le prix de la chambre à partir de 2 nuits, de septembre à juin, sur présentation du *GDR*.

Où boire un verre et écouter de la bonne musique ?

☂ *Le Coquelicot (plan A2, 30) :* 18, rue de Vitré ; à 600 m du centre. ☎ 02-99-99-82-11. Ouvert de 16 h à 3 h. Fermé le dimanche, et de mi-juillet à mi-août. Surnommé « Le Coq », l'endroit est un sympathique pub-concert. Que ce soit pour prendre une bonne mousse (près de 70 bières différentes), ou pour vous faire un concert étonnant dans une ambiance chaleureuse, vous vous sentirez vite chez vous au *Coq*. L'excellente programmation alterne du jazz, du blues, de la chanson, du folk ou du rock, et même parfois du café-

théâtre. Le plus souvent, les concerts ont lieu le jeudi et le samedi soir, à partir de 21 h. Tous les ans, le 22 septembre, c'est l'anniversaire de la création du lieu, l'occasion d'une fête mémorable ! Si vous passez par là...

☂ *Le Café de Paris :* 9, place Aristide-Briand. ☎ 02-99-94-39-38. Face à l'office du tourisme. Un petit bistro comme les autres au premier abord. Cependant, en saison, très bonne programmation musicale appelée « Les Estivales du Café de Paris ».

À voir

★ De la place Aristide-Briand (celle de l'office du tourisme), remonter la *rue Nationale (plan A1)*, élégante rue piétonne bordée de nobles édifices du XVIII\u1d49 siècle. Au passage, on remarquera, émergeant des toits, le beau *beffroi* du XIV\u1d49 siècle. Petit *musée Emmanuel-de-La-Villéon* (au n\u1d52 51, rue Nationale) abrité par la dernière maison à porche de la ville. Ouvert tous les jours de mi-juin à mi-septembre de 10 h à 12 h 30 et de 14 h à 17 h 30 ; hors saison, ouvert du mercredi au dimanche. Fermé en janvier. Entrée gratuite. Collections de peintures, dont une centaine de La Villéon, l'un des derniers peintres impressionnistes, natif de Fougères. Œuvres charmantes. Il sut rendre telle qu'elle est, frémissante et attachante, cette jolie campagne bretonne. Visite à ne pas manquer.

★ Tout en haut, *hôtel de ville*, du XVI\u1d49 siècle, et *église Saint-Léonard (plan A1)*. Un conseil, visitez donc le clocher : de là-haut, la vue est superbe. Remaniée considérablement au XIX\u1d49 siècle. À l'intérieur, beaux vitraux modernes très colorés. Notez à l'extérieur les canons qui pointent au coin du beffroi. C'est du *jardin public* entourant Saint-Léonard qu'il faut guetter le lever du soleil sur la vallée et le château. Panorama absolument adorable malheureusement un peu gâché par la construction de nouveaux lotissements.

★ Du jardin public, descendez dans la vallée pour atteindre le très *vieux quartier* blotti autour du Nançon. Ce fut celui des artisans (tanneurs, teinturiers) qui utilisaient les eaux de la rivière. *Place du Marchix*, jolies maisons à pans de bois. À l'angle des rues de Lusignan et Providence, probablement l'une des plus belles boucheries de Bretagne. Au n\u1d52 6, rue de Lusignan, *boutique médiévale* en bois sculpté.

★ *L'église Saint-Sulpice (plan A1) :* édifiée au XV\u1d49 siècle. Notez la riche ornementation flamboyante dite « à choux frisés ». À l'intérieur, plafond en bois décoré, en forme de carène renversée. Grand retable baroque. Dans la nef, deux intéressants retables de pierre, dont l'un avec une belle *pietà* polychrome. Celui de droite (en accolade) fut offert par la corporation des tanneurs. Statue de Notre-Dame-des-Marais, très ancienne.

★ *Le château (plan A1) :* place Pierre-Symon. ☎ 02-99-99-79-59. De mijuin à mi-septembre, ouvert tous les jours de 9 h à 19 h ; d'avril à mi-juin et la 2e quinzaine de septembre, de 9 h 30 à 12 h et de 14 h à 18 h ; le reste de l'année, de 10 h à 12 h et de 14 h à 17 h. Fermé en janvier. Entrée payante : 23 F (3,5 €). On peut visiter l'intérieur (les tours) ; le mobilier est contemporain. C'est l'un des châteaux médiévaux les mieux conservés du pays. Édifié du XIIe au XVe siècle. Comprend une douzaine de tours qui se dorent dès l'apparition du soleil et se paient un vieux coup de narcissisme dans les eaux des douves. Coursives, tourelles, créneaux... dans une atmosphère superbe et pleine de charme. Lawrence d'Arabie, qui avait pourtant vu bien des châteaux dans sa vie, s'exclama : « Il n'y a pas d'extérieur plus beau, c'est certain ! ». Le donjon représente la partie la plus ancienne (base de 5 m d'épaisseur). Impressionnante *porte Notre-Dame* (en direction de l'église Saint-Sulpice). Portions du chemin de ronde ouvertes au public.

★ Plutôt que de remonter vers la ville haute par la rue de la Pinterie (entièrement reconstruite après les bombardements de 1944), empruntez la gentille promenade de la ruelle des Vaux. Elle court à l'extérieur, le long des anciens remparts de la ville (fléchée « promenade du Nançon » sur la gauche en remontant).

À faire

– Le marché aux bovins de l'Aumaillerie : route d'Alençon. C'est l'un des plus importants de France. Il peut accueillir jusqu'à 10 000 bêtes. Accès libre le vendredi matin, pour les lève-tôt (de 5 h à 9 h).
– La forêt de Fougères : agréables balades clairsemées de mégalithes. Nombreux circuits bien fléchés : la Pierre-Courcoulée (balises jaunes) est une promenade très variée, petit chemin sous les arbres, le long d'une rivière (4,5 km). Départ au moulin d'Avion, tourner tout de suite à gauche à l'entrée de la forêt. Les Vieux-Châteaux (balises bleues) longent joliment l'étang de Saint-François (4,5 km). Le plan d'eau aménagé pour la baignade se trouve à Chênedet-Landéan.

– *Centre d'initiation au plein air, gîte d'étape et camping :* à 6 km de Fougères. ☎ 02-99-97-35-46. Fax : 02-99-97-34-13. Il y a aussi un centre équestre, un parcours santé et un circuit VTT en pleine forêt.

Fêtes et manifestations

– *Voix des Pays* : le temps d'un week-end de début juillet, dans le château. Une soirée bretonne puis une programmation tout à fait éclectique. Sont déjà passés ici : Faudel, I Muvrini... Musique dans tous les bars de la ville, sur les places, etc.

Dans les environs

★ *Le parc floral de haute Bretagne :* à La Foltière, 35133 Le Châtellier. De Fougères, prendre la D798'A84, sortie n° 30 et rejoindre St-Germain et suivre le fléchage vers le nord, puis la D19 sur la gauche. ☎ 02-99-95-48-32. Du 20 mars au 11 novembre, ouvert en semaine de 14 h à 18 h, les samedi, dimanche, jours fériés et du 10 juillet au 21 août de 10 h 30 à 18 h ; le reste de l'année, ouvert uniquement le samedi, de 14 h à 17 h. Entrée payante : 44 F (6,7 €). Dans ce superbe parc qui existe depuis le XIXe siècle, on a reconstitué une dizaine de jardins superbes et élégants, invitation réussie à la promenade, à la flânerie, et pourquoi pas à la réflexion. Le jardin perse débute cette balade bucolique, suivi de la cité antique qui nous plonge dans un univers méditerranéen. Vient ensuite la cité de Cnossos, avec ses camélias. Peut-être la plus belle réussite, ce « vallon des poètes » avec son bassin, ses petits ponts, ses bouquets sauvages... On vous laisse découvrir le reste. Salon de thé dans la belle demeure au fond du jardin et vente de petits arbustes pour faire chez vous un échantillon de ce que vous aurez vu ici.

SUR LA ROUTE DE RENNES

★ *La vallée du Couesnon :* à partir de La Ville-Olivier, la rivière s'enfonce merveilleusement dans la verdure, creusant son lit dans une gorge. Superbe balade le long du GR jusqu'à la Minette (10 km). La traversée du Couesnon est à 3 km seulement. Escalade à la roche du Moulin. Circuit cyclotouristique, canoë-kayak (jusqu'au Mont-Saint-Michel !).

■ *Club plein air de l'étang de la Lande-d'Ouée :* ☎ 02-99-66-34-14. Initiation et balade en canoë. Location de VTT.

★ *Saint-Aubin-du-Cormier :* les ruines de la forteresse, à la frontière du duché, rappellent la dernière grande bataille des Bretons contre les Français. En 1488, l'armée française envahit la Bretagne et assiège Fougères. Par manque d'unité, les Bretons sont vaincus et dispersés. 6 000 d'entre eux sont massacrés dans le bois d'Usel, où ils s'étaient réfugiés. Cette défaite permet à la France de s'octroyer progressivement le duché, et Anne de Bretagne devra épouser le roi Charles VIII (en 1491).
Originale *église* néo-byzantine du début du siècle.

★ *L'étang de Chevré :* sur la commune de La Bouëxière. Charmante vallée et collines verdoyantes. Douceur, plaisir de la balade au milieu des pêcheurs. Curieux *pont* médiéval sur des restes gallo-romains. Aux alentours, les vallons donnent un paisible mouvement à la nature, qui garde encore ses bocages.

CHAMPEAUX *(KAMPAL)* (35500)   430 hab.

Visite obligatoire, nous insistons, à ce petit village perdu dans la campagne, à environ 8 km à l'ouest de Vitré. Vous y découvrirez une église parmi les plus fascinantes du pays rennais.

À voir

★ *L'église :* construite au XVe siècle, clocher du XVIIIe. Encore une fois, une splendeur d'une importance disproportionnée par rapport à la taille du village. C'est que vécurent dans la région, au XVIe siècle, les d'Espinay, une grande famille assez puissante pour y entretenir également un chapitre de chanoines. L'harmonieux ensemble architectural, autour de la place et du vieux puits à clocheton (1601), était leur logement. Stupéfiant mobilier intérieur : une cinquantaine de superbes *stalles* sculptées Renaissance, avec leurs baldaquins ciselés. À gauche de l'autel, outrageusement riche tombeau de Guy III d'Espinay. Tombeau de sa fille à côté, plus fin, plus délicat. Chaire du début du XVIIIe siècle. Attardez-vous, chapelle sud, sur le séduisant retable à cinq panneaux polychromes figurant *la Passion*.

Mais le chef-d'œuvre de Champeaux, ce sont les *vitraux* du XVIe siècle, l'un de nos grands coups de cœur bretons (avec ceux de Moncontour, des Iffs et quelques autres, bien sûr). Bleus d'une qualité et d'une luminosité extraordinaires, en particulier dans la *verrière de la Crucifixion* et celle du *Martyre de sainte Barbe*. Remarquable *Sacrifice d'Abraham* également, ainsi que le *vitrail de la Pentecôte* (avec le déluge de feu tombant du ciel), dans la 1re chapelle à droite.

Dans les environs

★ Complément quasi nécessaire : aller rendre visite au ***château de l'Espinay,*** à 2 km au sud. On ne peut admirer que de l'extérieur ce bel ouvrage Renaissance qui ne se visite pas, mais on s'en contente bien.

VITRÉ *(GWITREG)* (35500)　　　　　　　　　　　　15 910 hab.

Importante cité du Moyen Âge qui s'enrichit, jusqu'à la fin du XVIIe siècle, du commerce de la toile et des textiles. Également l'une des grandes villes frontières qui protégèrent l'indépendance de la Bretagne. De cette période subsistent un splendide château et des rues médiévales parmi les plus homogènes et les plus pittoresques de Bretagne (à égalité avec Dinan, mieux que Quimper peut-être). Dans cette charmante petite ville, même la gare est mignonne à souhait, c'est dire !

Adresses utiles

🛈 ***Office du tourisme :*** place Saint-Yves ; à 2 mn de la gare. ☎ 02-99-75-04-46. Fax : 02-99-74-02-01. ● infos@tourisme-rennes.com ● En saison, ouvert tous les jours de 9 h à 19 h ; le reste de l'année, de 9 h à 18 h, les dimanche et jours fériés de 11 h à 18 h. En été, visites guidées de la ville dont certaines avec accès aux musées. Organise des nocturnes également sur rendez-vous.
🚆 ***Gare SNCF :*** la ligne Paris-Brest s'arrête à Vitré. Liaisons pour Rennes 2 fois par jour.

Où dormir ?

🛏 *Hôtel Le Petit Billot :* 5, pl. du Général-Leclerc. ☎ 02-99-75-02-10. Fax : 02-99-74-72-96. Chambre double de 280 à 300 F (42,6 à 45,7 €). Bon accueil, bon entretien, des chambres plus ou moins vastes mais calmes et agréables. Un hôtel tenu avec beaucoup de sérieux. Garage fermé gratuit.
🛏 *Gîte d'étape :* 13, rue Pasteur ; non loin du centre-ville. ☎ 02-99-74-61-73. Fax : 02-99-74-18-60. Ouvert toute l'année. Prix à la nuitée : 50 F (7,6 €). Récent. 12 lits seulement, en chambres de 2, 4 et 6. Cuisine disponible.
🛏 *Hôtel du Château :* 5, rue Rallon. ☎ 02-99-74-58-59. Fax : 02-99-75-35-47. Ouvert toute l'année. Chambre double de 235 à 260 F

(35,8 à 39,6 €) avec toilettes et douche ou bains. Sous le château, hors les murs, dans une ruelle pas vraiment plaisante mais au calme. À partir du 2e étage, vue sur le château. Chambres bien tenues, à l'atmosphère toute provinciale bien que certaines soient encore un peu vieillottes. Accueil sympathique. Hors saison, 10 % de réduction sur le prix de la chambre sur présentation du *GDR*.

▲ *Hôtel Du Guesclin :* 27, rue Du-Guesclin. ☎ 02-99-75-02-96. Fax : 02-99-74-49-17. Ouvert toute l'année. Chambre double de 115 à 160 F (17,5 à 24,4 €) avec lavabo ou douche mais w.-c. sur le palier, à 195 F (29,7 €) avec toilettes et douche ou bains. Les plus bas prix de la ville. Chambres simples et petites mais bien entretenues. Deux chambres donnent sur la rue au rez-de-chaussée, les autres sont à l'étage. Demander à voir avant, certaines sont un peu « bricolées ». L'hôtel fait aussi bar. Accueil très sympa.

▲ *Chambres d'hôte chez Mme Faucher :* 2, chemin des Tertres-Noirs. ☎ et fax : 02-99-75-08-69. Pour deux compter 250 F (38,1 €) avec le petit déjeuner. Une belle longère (maison droite) à deux pas du centre. Très bon accueil, la lecture du livre d'or est éloquente. Chambres personnalisées, dans une chouette maison vivante et pleine de bonnes vibrations, où l'on se sent bien. Celle sous les toits est particulièrement réussie ; superbe charpente apparente, décoration bleu et jaune, vive et fraîche. Copieux petit déjeuner.

▲ *Hôtel Le Minotel :* 47, rue Poterie. ☎ 02-99-75-11-11. Fax : 02-99-75-81-26. ● www.ot-vitre.fr ● Ouvert toute l'année. Chambre double à 295 F (44,9 €) avec bains et w.-c. Pas vilaine du tout, cette maison reconstruite dans le quartier historique dont elle respecte le style tout en offrant un confort moderne (un petit peu trop standard peut-être). Ambiance vert et écossais, style clubhouse de golf, et nombreuses photos aux murs. Chambre « familiale » (4 personnes) à 420 F (64 €). Bon accueil. Pour les mordus, forfait hôtel-golf avec le 18 trous des Rochers Sévigné. 10 % de remise sur le prix de la chambre les fins de semaine d'octobre à mai, sur présentation du *GDR*.

Où manger ?

|●| *Crêperie La Gavotte :* 7, rue des Augustins. ☎ 02-99-74-47-74. Fermé le lundi et mardi (sauf pendant les vacances scolaires) ainsi que 15 jours début septembre et début mars. Deux formules à 53 F (le midi) et 69 F (8 et 10,5 €), à la carte, compter 100 F (15,2 €) pour un repas complet. Vitré est une petite bourgade bourrée de charme, et voilà une adresse qui colle parfaitement dans le paysage. Une crêperie qui prend ses aises dans le terroir breton, en s'appuyant sur des produits oubliés ou méconnus pour faire danser les galettes. Alors ici, la gavotte, ça se danse avec du Darley (un fromage breton ressemblant au reblochon, en plus corsé), avec de la bonne andouille et des charcuteries qui ne sortent pas de l'usine. Du pommé (une crème de pomme, à mi-chemin entre une confiture et un chutney) et de délicieux produits locaux. Ce véritable festin campagnard est arrosé au choix de cervoise, cidre ou chouchen, bien sûr triés sur le volet. Ajoutons à cela l'accueil « tout sourire » du patron.

|●| *Auberge Saint-Louis :* 31, rue Notre-Dame. ☎ 02-99-75-28-28. ♿ Fermé le dimanche soir et le lundi toute l'année, ainsi que 10 jours en février et 10 jours en septembre. Menus de 75 à 142 F (11,4 à 21,6 €). Dans une maison élégante du XVe siècle, cette auberge jouit d'une solide réputation. Les boiseries de la salle à manger créent une chaude atmosphère familiale et raffinée. La jeune patronne offre à tous les menus une assiette d'amuse-gueule ! Et

puis la fête gastronomique commence dans cette ambiance douillette. Bon choix de viandes grillées et de superbes poissons accompagnés de sauces bien travaillées. Nappes et serviettes en tissu, lumières tamisées le soir.

Où dormir ? Où manger chic dans les environs ?

🏠 🍴 *Ar Milin* (*Le Moulin* en breton) *:* 30, rue de Paris, Châteaubourg. ☎ 02-99-00-30-91. Fax : 02-99-00-37-56. ♿ ● armilin@wanadoo.fr ● Entre Vitré et Rennes. Fermeture annuelle de l'établissement pour Noël et le Jour de l'An ; restaurant fermé le dimanche soir de novembre à mars. Chambre double de 490 à 650 F (74,7 à 99 €). Menus en semaine à 120 F (18,2 €), puis de 163 à 220 F (24,8 à 33,5 €) selon le confort. Situé dans un parc de 5 ha en bord de rivière, cet ancien moulin sur la Vilaine fournissait la ville en électricité au début du siècle. Au restaurant, avec vue sur le parc, cuisine de bon niveau mettant en avant les produits du terroir (poule coucou rennaise, etc.) dans des menus au bon rapport qualité-prix. Ce qui nous a beaucoup plu aussi, c'est le cadre champêtre. Fait également hôtel avec des chambres dans un édifice moderne, mais bien placé au milieu du parc superbement entretenu. Chambres plus chic dans le moulin même, mais plus chères. Superbe buffet au petit déjeuner. Accueil, service, cadre et prestations : de la grande hôtellerie. Apéritif offert à nos lecteurs.

À voir

À noter que le billet d'entrée au château donne droit d'entrée à tous les autres musées de la ville, ainsi qu'au château de Sévigné 18 F (2,7 €).

★ *Le château et le musée du château :* ☎ 02-99-75-04-54. Musée et château ouverts tous les jours du 1er juillet au 30 septembre, de 10 h à 18 h ; du 1er avril au 30 juin, de 10 h à 12 h et de 14 h à 17 h 30 ; mêmes horaires du 1er octobre au 31 mars, mais fermé le mardi et les matinées des samedi, dimanche et lundi. Visite guidée du château en saison, à 10 h 30, 11 h 30, 12 h 30 et 13 h 45, 14 h 45, 15 h 45 et 16 h 45. De forme triangulaire, comme le rocher auquel il s'accroche. Lignes puissantes de l'architecture militaire. Festival de tours à poivrières et mâchicoulis à toutes les hauteurs. Reconstruit du XIIIe au XVe siècle sur un ouvrage plus ancien. On y pénètre par une magnifique esplanade.
Très intéressant *musée* dans l'une des tours. Dans la 1re salle, finesse des bois sculptés du XVIe siècle (fragments d'escalier gothique, vantail de porte). Au 2e étage : ravissante cheminée Renaissance, tapisserie des Flandres, parois de tombeau, profil d'homme... Étage suivant, tapisseries d'Aubusson. Au dernier étage, sous les toits, plans et photos racontant l'histoire architecturale de la ville. Gravures superbes sur le château. Ensuite, ne ratez pas le petit escalier menant au chemin de ronde, à la petite section d'histoire naturelle avec lézards, insectes et serpents qui flottent dans des éprouvettes, et surtout, à l'*oratoire*. Vous pourrez y admirer 32 plaques d'émaux de Limoges (du XVIe siècle) tout à fait exceptionnelles, qui racontent la vie de la Vierge et du Christ.
De l'autre côté de la cour, *expos temporaires* dignes d'intérêt.

★ *La chapelle-musée Saint-Nicolas :* redescendez la rue de Brest, puis la rue Pasteur pour rejoindre cette petite chapelle des hôpitaux du XVe siècle, transformée en petit musée d'art religieux. À l'intérieur, tombeau gothique, beau maître-autel, tabernacle en bois du XVIIIe siècle, et quelques fresques superbes qui resurgissent derrière les couches de peintures. Même billet que le musée du château, mêmes horaires. Exposition permanente d'orfèvrerie religieuse française du XIXe et début XXe siècle.

★ *L'église Notre-Dame :* édifiée au XVe siècle en gothique flamboyant. C'est d'ailleurs l'extérieur qui fascine le plus, notamment côté rue, la façade aux pignons multiples, comme des dents de scie. Inhabituelle chaire extérieure (flanc sud). Côté place Notre-Dame, splendide porte de 1586. À l'intérieur, pas beaucoup de mobilier prestigieux. Gros piliers octogonaux et trapus. Une chaire en gothique fleuri. Fort beau vitrail du XVIe siècle, *L'Entrée du Christ à Jérusalem,* dans la 3e chapelle à droite (depuis l'entrée place Notre-Dame) et superbe confessionnal gothique.

★ *Le vieux Vitré :* précieux patrimoine architectural arrivé par miracle à l'aube du XXIe siècle (mais pas de maisons porches comme à Dinan). Parcourez les rues d'Embas, Baudrairie, Saint-Louis, Notre-Dame, etc. Accumulation de demeures de toutes époques, qui présentent chacune un caractère insolite. *Rue d'Embas,* notez particulièrement le n° 30 : escalier dans la cour et galeries de circulation. Au n° 20, superbe pignon tout recouvert d'ardoises et encadré de deux pylônes à chapiteaux sculptés de sortes d'hommes-singes. Au n° 10, la maison qui attire tous les peintres et photographes. *Rue Baudrairie,* au n° 30, bel *hôtel* gothique (à côté, construction récente s'intégrant bien à la rue). Au n° 25, pan de bois sculpté Renaissance. Au n° 18, la seule construction du XVIIIe siècle, avec ses balcons en fer forgé typiques de l'époque. Au n° 5, escalier extérieur en bois. Traquez les sculptures (pilastres ornés de têtes). *Rue Notre-Dame,* en face de l'église, *hôtel Ringues,* superbe bâtisse du XVIe siècle et sûrement, aujourd'hui, l'un des plus beaux centres sociaux de Bretagne.

Fêtes et manifestations

– *Les fêtes du Bocage vitréen :* la 1re quinzaine de juillet. La campagne est en fête, les villages dansent sur des musiques folkloriques et des chansons de marins. Spectacles gratuits un peu partout.
– *Le Carnaval des Gais Lurons :* pour fêter leur 40e anniversaire, les Vitréens décorent des chars, se déguisent et font une bringue d'enfer. Les majorettes et la fanfare sont de la partie bien sûr. Tout cela se passe le temps d'un week-end aux alentours de Pâques.
– *Grand Marché* du lundi place Notre-Dame, place du Marché et place de la République.
– Rue de la Poterie se tient le samedi matin un petit marché charmant appelé « *le panier du samedi* ». Les producteurs du cru y vendent leur production. Certains sont installés sous les arcades.

Dans les environs

★ *Le château des Rochers-Sévigné :* à 6 km au sud-est de Vitré, par la D88. Mêmes horaires que pour le château de Vitré (voir plus haut). On peut désormais visiter une partie de ce château avec le même ticket que celui pour Vitré. C'est un petit château, mais à l'architecture élégante et raffinée. Symphonie de toits pittoresques. Un site hanté par le souvenir de Marie de Rabutin-Chantal, épouse Sévigné, célèbre pour avoir fait travailler dur les postes de l'époque. Elle y fit de fréquents séjours pour s'y reposer de la Cour et trouva en ces lieux calme et inspiration pour écrire les 267 lettres adressées à sa fille, la comtesse de Grignan. Dans l'une d'elles, elle note : « Il passe autant de vin dans le corps d'un Breton que d'eau sous les ponts. » Intéressante visite guidée du château. Décoration et meubles du XVIIe au XIXe siècle. En vitrine, voir le « bourdalou », du nom du prêtre qui faisait des sermons tellement longs que les femmes étaient contraintes d'utiliser ce récipient pour faire un petit pipi pendant la messe même, par-dessous leur robe. Élégant ! Dans la tour, intéressants portraits de Mme de Sévigné, de son fils Charles, etc. Le *jardin français* a été reconstitué fidèlement comme l'avait conçu Charles, son fils. Voir la curieuse chapelle octogonale de 1671, avec son toit en carène de navire surmonté d'un clocheton. Noter les papiers peints qui simulent la pierre.

★ *Le musée de la Faucillonnaie :* ☎ 02-99-75-04-54. À 5 km au nord de Vitré, à *Pérouse*, sur la D179. Ouvert aux mêmes horaires que les autres musées de la région. Modeste musée de la vie rurale, avec mobilier, un peu de vaisselle, des vêtements, tableaux, céramiques... Devant de coffre, très belle verdure d'Aubusson.

★ *Le château du Plessis :* Argentré-du-Plessis 35370. ☎ 02-99-96-70-46. Sur la D88 depuis Vitré, puis suivre le fléchage. Visite toute l'année. Tous les jours de juin à septembre et les week-ends hors saison (téléphoner est préférable hors saison). Entrée : 25 et 15 F (3,8 et 2,2 €) pour les enfants. Une superbe demeure construite dès le XIIIe siècle par la famille du Plessis, puis modifiée jusqu'au XIXe siècle. Visite commentée (environ 1 h) très intéressante et splendide promenade dans le parc à s'offrir absolument.

LA GUERCHE-DE-BRETAGNE *(GWERC'H-BREIZH)* (35130) 4 090 hab.

Petite ville dynamique, de commerce et de services. Sur la place principale, bordée de maisons à pans de bois du XVIIe siècle, se dresse la remarquable collégiale Notre-Dame. *Guerche* vient du francique (langue des Francs) et signifie « lieu fortifié ».

Adresse utile

🄸 *Office du tourisme :* pl. Charles-de-Gaulle. ☎ 02-99-96-30-78.

Où dormir ? Où manger ?

🛏 |●| *La Calèche :* 16, av. du Général-Leclerc. ☎ 02-99-96-21-63. Fax : 02-99-96-49-52. 🍴 Fermé les trois premières semaines d'août. Resto fermé les dimanche soir et lundi. Chambre double de 290 à 315 F (44,2 à 48 €) avec toilettes et douche ou bains, demi-pension à 315 F (48 €). Au resto, menu du déjeuner en semaine à 75 F (11,4 €), puis de 150 à 185 F (22,8 à 28,2 €). Grand hôtel calme, refait récemment, où l'on se sent tout de suite à l'aise. Décoration verte assortie à son cadre de verdure. Chambres spacieuses et confortables. Salle de restaurant sous une grande et belle véranda. Cuisine soignée et inventive, au fil des saisons. Café offert sur présentation du *GDR*.

🛏 |●| *Bar-hôtel-restaurant Les Routiers :* 11, fg d'Anjou. ☎ 02-99-96-23-10. Fax : 02-99-96-44-43. 🍴 Fermé le vendredi soir et le dimanche soir. Chambre double de 140 à 180 F (21,3 à 27,4 €). Formule du midi en semaine à 52 F (7,9 €), et menus de 50 à 135 F (7,6 à 20,5 €). Le petit relais routier sympa. Chambres très simples. Cuisine honnête et copieuse.

|●| **Restaurant Les Marchands :** 2, rue d'Anjou. ☎ 02-99-96-45-03. Ouvert le midi du lundi au samedi, et le soir les jeudi, vendredi et samedi. Fermé le dimanche et la 1re quinzaine d'août. Menus à 59 F (9 €), le midi, et 98 F (14,9 €). Sur la belle place centrale de La Guerche, dans l'une des plus vieilles maisons de la ville. Décor rustico-sympathique. En semaine, buffet de hors-d'œuvre, plat du jour et dessert maison. Saumon fumé maison et grillades sur ceps de vigne. Autres menus tout aussi honnêtes et copieux.

À voir

★ **La collégiale Notre-Dame :** véritable joyau architectural. Prenez le feuillet d'explication à l'entrée, il est très bien fait. Voûte en berceau bleu nuit du XVIe siècle. Lumineux collatéral sud : splendeur des vitraux, majesté des voûtes avec des arêtes à nervures et des clés sculptées. Les stalles ne sont qu'arabesques, feuillages et figurines pleines d'originalité et de finesse. Possibilité de visite guidée avec l'office du tourisme, sur demande.

Manifestations

– Depuis le XIIe siècle se tient chaque mardi matin un gigantesque **marché** rural typique. Ce n'est pas le salon de l'Agriculture de Paris mais c'est tout de même très impressionnant. Un spectacle à ne rater sous aucun prétexte. Textile, bétail, volaille, alimentation, machines agricoles, horticulture, voitures... Une promenade colorée pendant laquelle on s'offre la traditionnelle *galette-saucisse,* à manger comme un hot-dog, mais tellement plus couleur locale. Visite guidée du marché avec l'office du tourisme sur demande.

– **Les Estivales Guerchaises :** le samedi soir au mois de juillet. Concerts et animations sur la place Charles-de-Gaulle.

– « **Il était une fois La Guerche** » **:** le premier dimanche de septembre, les habitants se déguisent pour une reconstitution « 1900 ».

À faire dans les environs

– Pour se rafraîchir, l'**étang de la Forge,** à Martigné-Ferchaud (15 km au sud-ouest de La Guerche), est très bien aménagé. Ouvert les week-ends de juin à septembre, tous les jours en juillet et août. Pédalos, barques, poneys...

LA ROCHE-AUX-FÉES

L'un des plus impressionnants monuments mégalithiques de France. Situé vers le sud, juste dans l'axe de Châteaubourg et à l'ouest de La Guerche-de-Bretagne. *Retiers* est la bourgade la plus proche ; de là, suivre les panneaux ; c'est à environ 5 km au nord de Retiers, sur la commune d'Essé. La Roche-aux-Fées est un dolmen à portiques, une sorte d'*allée couverte* de 11 m de long et de 2 m de large, recouverte de dalles de schiste de plus de 40 t chacune, et qui date du IIIe millénaire avant notre ère ! D'après la légende, des fées (drôlement costaudes) auraient transporté les cailloux jusqu'ici dans leur voile (en toile de jean sûrement). Par le passé, les soirs de pleine lune, les fiancés venaient compter les blocs. S'ils n'arrivaient pas au même résultat, c'était mauvais signe. Bonnes explications dans la cabane jouxtant le site.

LES CÔTES-D'ARMOR

Avec ses villes moyennes – Saint-Brieuc ne compte guère que 44 000 habitants, les suivantes n'atteignant pas les 20 000 – et son économie relativement modeste, le département des Côtes-d'Armor pourrait faire figure de parent pauvre de la Bretagne. Nulle capitale régionale d'importance telles Nantes ou Rennes, pas d'arsenaux ou de chantiers navals, une agriculture peu extensive (tout de même leader en élevage porcin, poil au groin!), des stations balnéaires moins développées que sur la côte sud de la région... Mais c'est là toute sa force et son charme, et l'on y découvre une nature préservée, tant à l'intérieur (l'Argoat, « pays des Bois »), verdoyant, tranquille, mordant sur le massif armoricain et avec encore beaucoup de bocage, que sur la côte, l'Armor, « pays de la Mer », vraiment superbe d'un bout à l'autre. Baies et plages parmi les plus belles de France (parfaitement!), falaises sauvages du cap Fréhel, petits ports pittoresques, île de Bréhat comme un bijou et mont minéral étrange de la côte de Granit rose...

Les villes, quant à elles, sauf Saint-Brieuc peut-être, ont conservé des ensembles architecturaux remarquables. Dinan, Guingamp, Lannion rivalisent de ruelles pavées et de places pluriséculaires, de maisons médiévales ou Renaissance intactes. Manoirs et châteaux parsèment la campagne, basiliques ou chapelles semblent avoir ignoré les affronts du temps.

En somme, les Côtes-d'Armor réunissent tous les charmes de la Bretagne et en représentent un bon raccourci. Notons que même la frontière séparant haute et basse Bretagne, pays bretonnant et pays gallo, passe par ici. Enfin les hébergements pour toutes les bourses – campings et gîtes, chambres d'hôte et très bonne hôtellerie – et de super cuistots complètent le tableau.

Notre itinéraire commence à Dinan, longe la Côte d'Émeraude, vous fait découvrir les terres mystérieuses de l'intérieur, puis s'achève sur le Trégor et la Côte de Granit rose. Le bouquet final avant de partir pour le Finistère.

Adresses utiles

🅰 **Comité départemental du tourisme :** 7, rue Saint-Benoît, BP 4620, 22046 Saint-Brieuc Cedex 2. ☎ 02-96-62-72-00. ● www.cotesd'armor.com ● Central de réservation : ☎ 02-96-62-72-15; ou Minitel : 36-15, code ARMOR. Écrire pour tout renseignement sur les Côtes-d'Armor. Abondante documentation.

■ **Côtes-d'Armor Tourisme :** 7, rue Saint-Benoît, 22000 Saint-Brieuc. ☎ 02-96-62-72-15. Service de réservation qui propose deux types de produits : réservation d'hôtel, location

saisonnière, camping, village de vacances... et des forfaits « vacances actives », pêche en mer, golf, cheval, randonnée, nautisme, etc.

■ **Relais départemental des Gîtes de France :** 7, rue Saint-Benoît, 22045 Saint-Brieuc Cedex 2. ☎ 02-96-62-72-00.

■ **Location de bateaux**

– Messac : *Crown Blue Line,* ☎ 02-99-34-60-11. Une façon agréable de découvrir la région.

– Lézardrieux : *Ateliers du Trieux,* ☎ 02-96-20-17-76.

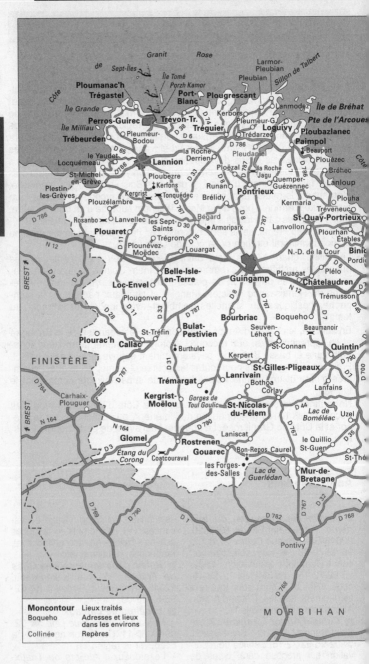

LES CÔTES-D'ARMOR

Granit Rose

Côte de Sept-Îles

Ploumanac'h
Trégastel
Île Grande
Perros-Guirec
Île Milliau
Trébeurden
Île Tomé
Porzh Kamor
Port-Blanc
Trévon-Tr.
Tréguier
Kerbors
Pleumeur-G.
Trédarzec

Larmor-Pleubian
Pleubian
Sillon de Talbert
Plougrescant
Lanmodez
Île de Bréhat
Pte de l'Arcoues
Loguivy
Ploubazlanec
Paimpol
Beauport
Plouézec
Bréhec

le Yaudet
Locquémeau
Pleumeur-Bodou
St-Michel-en-Grève
Lannion
la Roche Derrien
Pleudaniel
Côte
Plestin-les-Grèves
Ploubezre
Kerfons
Kergrist
Tonquédec
Runan
Brélidy
Ploëzal
la Roche Jagu
Quemper-Guézennec
Lanloup
Plouha
Plouzélambre
Rosanbo
Lanvellec
les Sept-Saints
Bégard
Armoripark
Kermaria
Tréveneuc
St-Quay-Portrieux
Plouaret
Trégrom
Plounévez-Moëdec
Louargat
Lanvollon
Plourhan
Étables
Binic
Pordic
N.-D. de la Cour
Loc-Envel
Belle-Isle-en-Terre
Guingamp
Plouagat
Plélo
Châtelaudren
Plougonver
Bourbriac
Seven-Léhart
Boqueho
Beaumanoir
Trémusson
Bulat-Pestivien
Plourac'h
Callac
St-Tréfin
Burthulet
Kerpert
St-Connan
Quintin
St-Gilles-Pligeaux
Trémargat
Lanrivain
Bothoa
Corlay
Lanfains
Kergrist-Moëlou
Gorges de Toul Goulic
St-Nicolas-du-Pélem
Lac de Boméléac
Uzel
Glomel
Rostrenen
Laniscat
le Quillio
St-Guen
St-Thé.
Carhaix-Plouguer
Gouarec
Étang du Corong
Coatcouraval
Bon-Repos
Caurel
les Forges-des-Salles
Lac de Guerlédan
Mur-de-Bretagne

BREST
Pontivy
MORBIHAN
FINISTÈRE

N 12
D 9
D 42
D 11
D 28
D 787
D 764
N 164
D 3
N 164
N 164
D 790
D 768
D 790
D 1
D 782
D 767
D 32
D 768
D 786
D 11
D 15
D 767
D 8
D 787
D 8
D 33
D 31
D 790
D 767
D 35
D 44
D 7
D 790
D 7
D 6
D 45
D 786
D 787
D 786
D 65
D 786
D 14
D 6
D 38
D 786
D 767

Moncontour	Lieux traités
Boqueho	Adresses et lieux dans les environs
Collinée	Repères

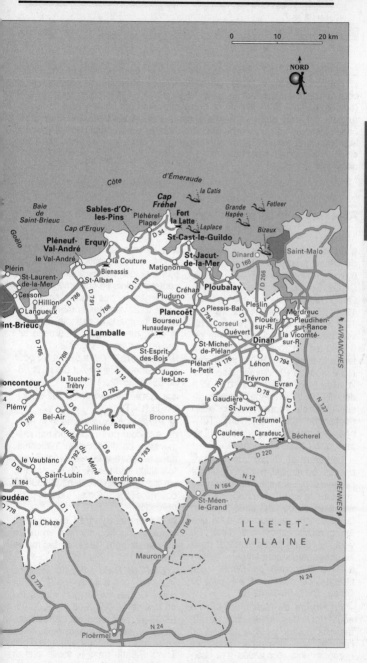

0   10   20 km

NORD

Côte   d'Émeraude
la Catis   Fetleer
Baie   **Cap**
de   **Fréhel**   Grande ᔓ
Saint-Brieuc **Sables-d'Or-** Pléhérel- **Fort** Hapée
              les-Pins   Plage   **la Latte** Bizeux
Goëlo   Cap d'Erquy   D 34   **St-Cast-le-Guildo** Laplace
Pléneuf- **Erquy**   Dinard ○ Saint-Malo
Val-André   la Couture Matignon **St-Jacut-**
le Val-André   Bienassis   **de-la-Mer**
Plérin ○St-Laurent- ○St-Alban   D 168   D 266
de-la-Mer   Créhan   **Ploubalay**
Cesson ○Hillion   D 13   Pluduno   Pleslin   Mordreuc
○Langueux   D 786 D 791 D 768   ○Plessis-Bal.   Plouër- Pleudihen-
                                   Corseul sur-R. sur-Rance
nt-Brieuc   **Plancoët** Quévert **Dinan** la Vicomté-
            Lamballe Bourseul   sur-R.
D 765   Hunaudaye   **St-Michel-**
   D 768   St-Esprit-   **de-Plélan** Léhon
       D 14   N 12 des-Bois   Plélan-   D 794
oncontour la Touche-   Jugon- le-Petit N 176
Plémy   Trébry   D 792   les-Lacs Trévron
4   D 6   la Gaudière D 78 Evran
   D 768 Bel-Air Boquen Broons St-Juvat   D 2   N 137
○Collinée   Tréfumel
   D 6   Caulnes Caradeuc ᔓ Bécherel
le Vaublanc D 793   D 220
D 53   Saint-Lubin Merdrignac
N 164   N 164   N 12
oudéac D 1   St-Méen-
D 778   la Chèze   D 6   le-Grand   I L L E - E T -
          D 166   V I L A I N E
D 778   Mauron
                    N 24
   N 24
   Ploërmel

DINAN *(DINAN)* (22100)   11 800 hab.

L'une des plus belles cités bretonnes, ville d'art et d'histoire qu'il faut visiter en prenant son temps. Dinan, puissante ville commerçante au Moyen Âge, a pour héros Bertrand Du Guesclin. Il y livra en 1357, place ès Chevaux (aujourd'hui, elle porte le nom du preux chevalier), un fameux duel contre un Anglais, à l'issue duquel il gagna aussi le cœur d'une belle. Oh là là ! c'est beau l'histoire ! Ville à visiter à pied, bien sûr. Enchantement permanent dont le prix à payer est inévitablement l'énorme flux touristique de l'été. Site particulièrement apprécié par nos amis d'outre-Manche, qui ont même leur église anglicane sur place.

Adresses et infos utiles

DINAN ET ENVIRONS

▮ *Office du tourisme du District de Dinan* (plan B2) *:* hôtel Kératry, 6, rue de l'Horloge, BP 261, 22105 Dinan Cedex. ☎ 02-96-87-69-76. Ouvert tous les jours en été, de 9 h à 19 h 30 (le dimanche de 10 h à 12 h 30 et de 14 h 30 à 18 h) ; en hiver, ouvert du lundi au samedi de 8 h 30 à 12 h 30 et de 14 h à 18 h, fermé le dimanche. Brochure et plan (15 F, soit 2,3 €). Visites guidées de la ville : l'été, départs à 10 h et 15 h de l'OT, visite à thème le matin, visite générale l'après-midi ; le reste de l'année, sur rendez-vous. Téléphoner avant de vous déplacer : il se peut que l'office déménage !

– *Les clefs de Dinan :* ce billet, individuel ou familial, permet de visiter plusieurs monuments de Dinan, le château, la tour de l'Horloge, la maison d'artiste de la Grande Vigne et la maison du gouverneur, ainsi que les grandes expositions d'été. En vente à l'office du tourisme et dans les monuments concernés.

▮ *Pays d'accueil de Dinan :* au Grand-Clos, à Quévert, à l'ouest de Dinan. ☎ 02-96-39-62-64.

– *La Ronde de Nuit :* de juillet à août, tous les soirs sauf le dimanche, à partir de 22 h ; le reste de l'année, sur demande, pour les groupes déjà constitués (12 personnes minimum). Réservation par téléphone obligatoire (plusieurs jours à l'avance en saison) : ☎ 02-96-85-37-74. ● Pmeazey@aol.com ● Départ à la tour de l'Horloge. Peter, un conteur gallois en costume médiéval (!), organise des visites nocturnes de la ville. Venelles sombres, cimetières, remparts et cachots, le tout à la lueur des bougies. Heureuse initiative, vivante et originale.

🚆 *Gare SNCF* (hors plan A1) *:* pour Saint-Brieuc, Rennes et Caen. ☎ 08-36-35-35-35 (2,21 F/mn).

🚌 *Gare routière :* ☎ 02-96-39-21-05 (CAT).

▮ *Parking gratuit :* aménagé l'été, dans la cour de l'Inspection départementale de l'Éducation nationale, dans le centre-ville, rue Victor-Basch (parallèle à la rue R.-W.-Rousseau). Un autre également dans la cour du collège Roger Vercel, non loin du précédent.

▮ *Parkings payants :* ils sont nombreux et pas trop chers. Il en existe un, souterrain, face à la mairie (plan A1).

– *Le Petit Train :* départs tous les jours de 10 h à 18 h de l'OT de la place Duclos ou au port toutes les 40 mn. ☎ 06-08-55-08-30 et 06-08-55-08-43. Les marmots traînent des pieds et papy n'en peut plus, allez, zou ! tout le monde dans le Petit Train. Balade dans la vieille ville et sur le port. Commentaires un peu légers.

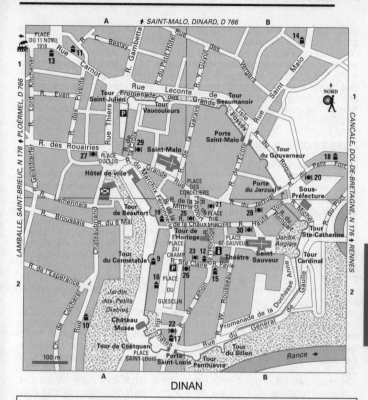

DINAN

Où dormir ?

🛏 **Camping municipal** *(plan A2, 10)* **:** 103, rue Chateaubriand. Le plus proche, à 300 m du centre-ville. ☎ 02-96-39-11-96. Ouvert de juin à septembre. Confort 2 étoiles. Une cinquantaine d'emplacements.

🛏 **Auberge de jeunesse** *(hors plan par A1)* **:** moulin du Méen, vallée de la Fontaine-des-Eaux. ☎ 02-96-39-10-83. Fax : 02-96-39-10-62. Venant de Dinan, ce n'est pas loin du port ; arrivé au bout, route pour

Plouer et une autre petite route, à gauche, avec panneau indiquant l'AJ. Pour ceux arrivant en train : traverser la voie ferrée, puis tourner à droite ; c'est indiqué. Hardi petit ! Ouvert toute l'année. Nuit à 50 F (7,6 €), repas à partir de 49 F (7,5 €), et petit déjeuner à 19 F

(2,9 €). Dortoirs de 8 lits et quelques chambres doubles louées au même prix. Ancien moulin dans un site boisé très agréable. Possibilité de camper. Randonnées dans les environs et stages de photographie. Salle de réunion avec cheminée, piano et guitare à disposition.

Assez bon marché

🛏 *Le Sporting* (plan A1, 11) : 20, rue Carnot. ☎ 02-96-39-03-67. Ils proposent 9 chambres simples mais correctes entre 130 et 190 F (19,8 et 28,9 €). La literie est bonne et il y a la TV. Que demander de plus pour le prix ? Café offert sur présentation du *GDR*.

🛏 *Hôtel du Théâtre* (plan B2, 12) : 2, rue Sainte-Claire. ☎ 02-96-39-06-91. Fermé le dimanche soir et le lundi en hiver, et le mois de janvier. De 130 à 220 F (19,8 à 33,5 €) la chambre double. Il y a même une simple à 85 F (12,9 €) pour les fauchés. Petit déjeuner à 25 F (3,8 €), avec confitures de rhubarbe maison. Au cœur de la vieille ville, face au théâtre des Jacobins et à l'office du tourisme. Petit hôtel très simple aux chambres propres. Bar au rez-de-chaussée mais qui ferme tôt, donc pas de bruit le soir.

🛏 *Hôtel Le Régent* (plan A2, 19) : 9, rue de la Ferronnerie. ☎ 02-96-39-22-23. Fermé le lundi hors saison. Chambre double de 160 à 250 F (24,4 à 38,1 €) selon le niveau de confort. Un petit hôtel bien tenu où l'on est gentiment accueilli. Chambres plutôt grandes et assez avenantes. Préférer celles qui donnent sur la ruelle, les autres peuvent être un peu bruyantes. Bar au rez-de-chaussée, salle de billard au sous-sol.

🛏 *Chambres d'hôte :* chez Mme Dodinot, 7, rue de la Poissonnerie (dans le centre), au 2e étage. ☎ 02-96-39-82-40. Dans une maison du XVIIIe siècle. Chambres à 180 F (27,4 €) avec douche privée, ou à 200 F (30,5 €) avec w.-c. en plus. Pas de petit déjeuner. Hôtesse charmante.

Prix moyens

🛏 *Hôtel de la Gare* (plan A1, 13) : place du 11-Novembre. ☎ 02-96-39-04-57. Face à la gare, l'hôtel à auvent bordeaux. Fermé le dimanche et lundi après-midi et de mi-décembre à mi-janvier. Chambres modernes, lumineuses et confortables à partir de 140 F (21,3 €). Les chambres 1, 5 et 10 bénéficient d'un double vitrage.

🛏 *Hôtel de la Porte Saint-Malo* (plan B1, 14) : 35, rue Saint-Malo. ☎ 02-96-39-19-76. Fax : 02-96-39-50-67. 🍴 Hors les murs, à deux pas de la porte Saint-Malo et à 5 mn du centre-ville, dans un quartier tranquille. Chambre double de 180 à 320 F (27,4 à 48,8 €) selon le confort (douche ou bains et w.-c.).

Petit hôtel simple et charmant. 10 % de réduction sur le prix de la chambre sur présentation du *GDR*, de septembre à fin mai.

🛏 *Hôtel Les Alleux* (hors plan par A1) : route de Ploubalay. ☎ 02-96-85-16-10. Fax : 02-96-85-11-40. ● hotel.alleux@wanadoo.fr ● Chambre double à 280 F (42,7 €). Un hôtel moderne sans grand charme, mais au calme et dans la verdure. Voilà une bonne étape sur la route de Saint-Malo à Dinard, avec des chambres confortables. Restaurant avec un premier menu à 78 F (11,9 €) servi le midi en semaine. Demi-pension à partir de 250 F (38,1 €) par personne en chambre double. Du 1er octobre à fin mai,

10 % de réduction sur le prix de la chambre sur présentation du *GDR*, et café offert côté resto.

≜ *Bed and Breakfast* (hors plan par A2) : 53-55, rue de Coetquen ; en descendant de la place Saint-Louis, vers la Rance. ☎ 02-96-85-23-49. Fax : 02-96-87-51-44. Ouvert de mars à novembre. 350 F (53,3 €) pour 2, petit déjeuner compris. Rhona Lockwood, une Anglaise (vous vous en doutiez !), propose dans sa maison deux chambres très *cosy*. Avis aux lecteurs, elle vous offre une nuit et un petit déjeuner sur présentation du *GDR* !

≜ *Hôtel Les Grandes Tours* (plan A2, 17) : 6, rue du Château. ☎ 02-96-85-16-20. Fax : 02-96-85-16-04. ● carregi@wanadoo.fr ● Dans le centre-ville, face au château de Dinan. Fermé deux semaines en janvier, deux semaines en février et deux semaines en décembre. 36 chambres (dont 5 sur la rue) de 200 à 295 F (30,4 à 44,9 €). Compter 400 et 450 F (60,1 et 68,6 €) pour les familiales. Demi-pension à 370 F (56,4 €). Hôtel entièrement rénové. Victor Hugo et Juliette Drouet y ont séjourné le 25 juin 1836, lors d'un voyage de 5 semaines dans l'ouest. « Ils y prirent leur dîner, passèrent la nuit et trouvèrent les lieux à leur goût, y déjeunèrent le lendemain ». Depuis, les chambres ont été dotées de tout le confort (bains, téléphone). Pour la demi-pension, l'hôtel a passé un accord avec le restaurant voisin. 10 % de remise sur le prix de la chambre sur présentation du *GDR* hors saison. Parking dans la cour, payant de juin à septembre seulement.

≜ *Hôtel Le Challonge* (plan A2, 16) : 29, pl. Du-Guesclin. ☎ 02-96-87-16-39. Fax : 02-96-87-16-31. Ouvert toute l'année. Chambre double de 290 à 420 F (44,2 à 64 €) selon la taille de la chambre, familiales à 530 F (80,8 €), et suites à 610 F (93 €). Au cœur de la ville, cet établissement propose 18 chambres (refaites en 1996) dont 2 suites et 3 familiales. 11 chambres donnent sur la place, mais le double vitrage est très efficace. Les familiales sont conçues pour 4 personnes (les parents dans un grand lit et les enfants dans deux lits dans une chambre contiguë) avec TV, bureau et vastes placards. Il y a même une chambre pour handicapés. Toutes les salles de bains sont équipées de porte-serviettes chauffants. Bonne literie. Petit déjeuner à 40 F (6,1 €) avec une corbeille de viennoiseries. Rapport qualité-prix très correct. Fait aussi restaurant avec des menus de 73 à 170 F (11,1 à 25,9 €).

≜ *Chambres d'hôte Le Moulin de la Fontaine-des-Eaux* : vallée de la Fontaine-des-Eaux. ☎ et fax : 02-96-87-92-09. Non loin du port. À environ 2 km de Dinan en voiture. Doubles de 300 à 350 F (45,7 à 53,3 €), petit déjeuner compris. Pour les courageux, un chemin pédestre y mène en 20 mn, mais ça monte ! Pour y accéder, prendre la même route que pour l'auberge de jeunesse, c'est 200 m plus loin. Un gentil couple de Britanniques reçoit dans un ancien moulin joliment situé en pleine nature. 5 chambres à la déco fleurie, presque kitsch. Un peu excessif pour les plus chères. Beau jardin bordé par un étang pour le repos d'après balade.

Plus chic

≜ *Chambres d'hôte Le Logis du Jerzual* (plan B1, 18) : 25-27, rue du Petit-Fort. ☎ 02-96-85-46-54. Fax : 02-96-39-46-94. Chambres très confortables de 300 à 430 F (45,7 à 65,5 €), petit déjeuner compris. Non loin du port, une adresse pleine de charme dans la fameuse côte du Jerzual, une des plus vieilles rues de la ville. Les chambres sont de véri-tables petits nids douillets. Vaste et beau jardin à flanc de pente où l'on prend son petit déjeuner aux beaux jours. L'accueil est à la hauteur, courtois et sympathique. Bon séjour !

≜ *Hôtel Arvor* (plan B2, 15) : 5, rue A.-Pavie (en plein centre, face à l'office du tourisme). ☎ 02-96-39-21-22. Fax : 02-96-39-83-09. ● arvor@destination-bretagne.com ● ⚒

Ouvert toute l'année. Chambre double de 290 à 390 F (44,2 à 59,4 €) selon le confort. Élégant hôtel récemment aménagé dans un bâtiment du XVIIIe siècle, qui conserve un superbe portail de la Renaissance en pierre sculptée. Le tout sur l'emplacement d'un ancien couvent de jacobins. Chambres tout confort (salle de bains ou douche, w.-c., TV, téléphone), dont les peintures ont été refaites récemment, à des prix tout à fait abordables pour les lieux. Bon accueil. Gros plus : parking gratuit (dans le secteur, les places sont chères !) et nos lecteurs bénéficient de 10 % sur le prix de la chambre d'octobre à avril.

Beaucoup plus chic

🏚 *Hôtel d'Avaugour* (plan A2, **9**) : 1, pl. du Champ. ☎ 02-96-39-07-49. Fax : 02-96-85-43-04. ● avaugour. hotel@wanadoo.fr ● Fermé en janvier et février. Chambre double de 400 à 800 F (60,9 à 121,9 €). Quelques suites de 800 F (121,9 €) à beaucoup plus... Hôtel cossu du centre de Dinan. Chambres très confortables, fraîchement rénovées, dont certaines donnent sur un jardin et les remparts de la ville. 10 % de réduction sur présentation du *GDR* hors saison.

DINAN ET ENVIRONS

Où manger ?

Bon marché

|●| *Chez Flochon* (plan B2, **28**) : 24, rue du Jerzual. ☎ 02-96-87-91-57. En saison, ouvert tous les midi sauf le dimanche. Fermé entre novembre et janvier. L'addition moyenne se situe entre 55 et 60 F (8,4 et 9,1 €). Dans une maison du XVIIe siècle. Un cadre chaleureux et coloré, une déco éclectique en partie dédiée aux grands voyageurs bretons et, le plus important, le plaisir des papilles. De bonnes galettes pur blé noir préparées à la commande, aux garnitures originales et de qualité, et des crêpes délicieuses et joliment présentées. Mais Flochon n'est pas chauvine et fait aussi partager son goût pour les spécialités montagnardes et fromagères. Tartiflettes, raclettes et d'inventifs gratins aux fromage et fruits : goûtez par exemple au roquefort-purée de céleri-raisin-poires, ou au camembert-poire-fondue d'oignons au cidre. Bon appétit ! Café offert sur présentation du *GDR*.
|●| *Crêperie Ahna* (plan B2, **21**) : 7, rue de la Poissonnerie. ☎ 02-96-39-09-13. Fermé le dimanche, ainsi que 3 semaines en mars et la 2e quinzaine de novembre. Compter environ 60 F (9,1 €) pour un repas. Pas cher pour des crêpes délicieuses et inhabituelles. Goûter la galette de Langueux avec émincé de pommes de terre et saucisses mijotées au muscadet (30 F soit 4,5 €), le délice d'Ahna (crêpe au chocolat chaud, glace vanille, griottes et chantilly). Également des viandes grillées sur pierrades. Les hôtes sont charmants, le cadre frais et raffiné : une bonne adresse appréciée des routards. Café offert à nos lecteurs.
|●| *Crêperie des Artisans* (plan B1, **20**) : 6, rue du Petit-Fort. ☎ 02-96-39-44-10. Ouvert de mars à mi-octobre. Fermé le lundi sauf en juillet-août. Trois menus de crêpes et galettes : un « express » à 44 F (6,7 €) le midi et 55 F (8,4 €) le soir, un menu « terroir » à 69 F (10,5 €) et un autre à 72 F (11 €). Pour les enfants, un menu rigolo avec un cocktail, une galette et une crêpe. Dans l'une des rues les plus charmantes du vieux Dinan (riche en touristes et donc en restos). Belle demeure ancienne au cadre rustique, pierres apparentes et tables en bois. Atmosphère décontractée insufflée par des proprios bien sympas. Crêpes traditionnelles excellentes, mais aussi cidre au tonneau et lait ribot copieusement servi. Avec ça, mu-

sique agréable et, en été, chouette terrasse sur la rue.

IOI *Le Bistrot d'en Bas (plan B2, 30) :* 20, rue Haute-Voie. ☎ 02-96-85-44-00. Ouvert de 11 h à 15 h et de 17 h à 1 h. Fermé le lundi, le dimanche midi et pendant les vacances de la Toussaint et de février. Tartines de 20 à 34 F (3 à 5,2 €), vins au verre de 10 à 20 F (1,5 à 3 €). Dans une jolie rue peu fréquentée par les touristes. Bistro à vins bien accueillant. Des couleurs chaudes, quelques touches Art nouveau et un fond de jazz ou de chanson française donnent tout son caractère à cet endroit convivial. À l'ardoise, une douzaine de vins au verre, et pour les accompagner, un bon choix de tartines chaudes ou froides. Servies avec une salade, elles suffisent amplement pour caler sa faim. Parmi nos préférées : l'andouille au lard, morbier, oignon ; le magret, pomme de terre, tomme, re-blochon, lardons ; ou la chèvre, thym, huile d'olive, tomates. Formule à 60 F (9,1 €) : une tartine, un verre, un dessert maison et un café. Deux bonnes bières à la pression également. Chouette terrasse sur la rue en été. Apéritif offert sur présentation du *GDR*.

IOI *Clafoutis (plan B2, 30) :* 14, rue Haute-Voie. ☎ 02-96-85-10-78. Ouvert de 12 h à 19 h. Fermé le lundi toute l'année et le dimanche d'avril à début juin. Tartes salées de 29 à 32 F (4,4 à 4,8 €), sucrées à 20 F (3 €). Voilà un petit repaire de bon goût à ne pas rater. La patronne et cuisinière maîtrise avec brio l'art de la tarte, sucrée ou salée. Pâte excellente et garnitures qui ne le sont pas moins. Que des légumes et des fruits frais de saison. Superbes gâteaux maison également, salades et assiette gourmande. Vend aussi ses confitures maison. Sur place ou à emporter.

Prix moyens

IOI *Le Saint-Louis (plan A2, 22) :* 9 et 11, rue de Léhon. ☎ 02-96-39-89-50. Fermé le dimanche soir, lundi midi et mercredi (sauf en juillet) ainsi qu'une semaine en novembre, une semaine en janvier et deux semaines en février. Ne prend plus de commandes après 13 h 30. Plusieurs menus ou formules donnant droit aux beaux buffets d'entrées, fromages et desserts (à partir de 58 F, soit 8,8 €) le midi en semaine. Autres formules à 72 F, soit 10,9 € (le midi en semaine), et de 80 F (12,2 €) à 155 F (23,6 €). Pour les enfants, menus « Babar » (moins de 6 ans) à 40 F (6,1 €) et « Petit Guerrier » (moins de 10 ans) à 70 F (10,7 €). Ne manquez pas d'admirer la façade fleurie avant de pousser la porte. Trois grandes salles et un patio dans ce resto à bon rapport qualité-prix. Carte riche en plats bien cuisinés comme le mille-feuille de chèvre et pommes au miel et au cidre, le fondant de canard mariné au muscadet, le saumon fumé dans la cheminée. Pour commencer, les apéritifs médiévaux, et, pour finir, une bonne tarte tatin, par exemple. Dommage, des lecteurs se sont plaints de l'accueil.

IOI *Le Cantorbery (plan B2, 23) :* 6, rue Sainte-Claire. ☎ 02-96-39-02-52. Fermé le lundi. Menu de la semaine à 75 F (11,4 €), puis de 125 à 190 F (19 à 28,9 €). Dans une maison de la fin du XVIIe siècle. Vieille pierre, poutres, tables en bois, jolies nappes saumon et cheminée pour les grillades, l'endroit est agréable et ce qu'on y mange réjouissant. La carte change avec les saisons. À l'étage, salle très chouette toute en boiseries avec une belle cheminée. L'apéro, le café ou le digestif est offert aux routards.

IOI *L'Albatros (plan B2, 21) :* 11, rue de la Poissonnerie, à côté de la *crêperie Ahna.* ☎ 02-96-85-06-50. Fermé le jeudi sauf en juillet et août, 15 jours en octobre et la 2e quinzaine de janvier. À la carte, compter en moyenne 75 F (11,4 €). Dans une salle fleurie et décorée avec goût, les jeunes propriétaires vous proposeront des plats italiens, des pizzas de qualité, ainsi que des spécialités locales. Il règne ici un climat de détente agréable, avec un fond sonore discret. Le soir, chaque table est éclairée par une lampe à pétrole. Les prix sont très raisonnables et l'accueil est charmant. Une excellente adresse au cœur du vieux Dinan. Le café est offert à nos lecteurs.

|●| *Restaurant La Courtine (plan A1, 29)* : 6, rue de la Croix. ☎ 02-96-39-74-41. Fermé les mercredi et samedi midi en été, le mercredi toute la journée et le dimanche soir hors saison, ainsi que 15 jours fin novembre et une semaine en janvier. Le midi, formule à 70 F soit 10,7 € (entrée-plat ou plat-dessert, vin et café compris). Autres menus de 98 F (14,9 €) à 195 F (29,7 €). On est accueilli par une charmante hôtesse dans un cadre *cosy* et chaleureux. Pour ne rien gâcher, il y a un chef talentueux aux fourneaux : poissons et fruits de mer finement préparés, souvent accompagnés d'une petite touche exotique (monsieur a beaucoup voyagé), ainsi que de bonnes viandes comme la selle d'agneau à la crème d'ail. Assez rare et bienvenue : une carte de huit cafés différents. Réservation conseillée le soir. À noter : un vendredi sur deux en hiver, soirée à thème. Café offert aux lecteurs du *GDR*.

|●| *Le Léonie (plan A1, 27)* : 19, rue Rolland. ☎ 02-96-85-47-47. Fermé le lundi, le dimanche soir en hiver, ainsi que 3 semaines en septembre. Du mardi au samedi, uniquement le midi, plat du jour et café à 48 F (7,3 €), 55 F (8,4 €) avec un dessert. Sinon, menus à 75 F, soit 11,4 € (entrée-plat ou plat-dessert), ou 95 F, soit 14,5 € (entrée-plat-dessert). Dans le centre, mais à l'écart du flot touristique. Quelques tables seulement dans un cadre agréable. C'est la première affaire d'un jeune couple qui a su fidéliser une bonne clientèle locale. Et

comme les Dinannais ont plutôt bon goût, faisons-leur confiance ! Monsieur est aux fourneaux, ne cuisinant que des produits frais, et madame, discrète et souriante, au service. La carte change régulièrement, avec les poissons et les viandes de la semaine notamment. C'est bien cuisiné et pas prétentieux.

|●| *La Fleur de Sel (plan A-B2, 26)* : 7, rue Sainte-Claire. ☎ 02-96-85-15-14. Fax : 02-96-85-16-66. Près de l'office du tourisme. Fermé les mardi et mercredi. Menus-carte de 120 à 220 F (18,3 et 33,5 €). Nicolas Boyère, qui nous avait ravi à Honfleur, est revenu au pays où il applique la même formule de menus-carte, ce qui n'exclut pas de choisir un plat unique sur la carte. Le menu à 120 F (18,3 €) se compose de 3 assiettes et d'un dessert avec 6 propositions différentes pour l'entrée, le plat principal et les desserts. Parmi d'autres heureuses recettes : savoureux feuilleté d'andouille de Guéméné et escargots aux pleurotes. De la vraie cuisine à base de produits frais, avec notamment dans le menu à 180 F (27,4 €) : ravioles de homard breton au jus de carapaces pressées, beignets de rouget-barbet et sole à l'émulsion de fines herbes. Nicolas est aux fourneaux. Agnès, son épouse, règne sur les deux salles (l'une côté ouest où dominent les bleus, l'autre côté sud de couleur rouille) et veille au grain. Tables joliment dressées avec beaux couverts et belle vaisselle, ce qui ne gâche rien. Service attentionné. Vins de propriétaires à prix doux et vin du mois à découvrir (ils peuvent être servis au verre). Menu-enfants à 90 F (13,7 €), tiré du menu à 120 F (18,3 €) avec un plat et un dessert. Vous l'avez compris, une bonne adresse !

Plus chic

|●| *Chez la Mère Pourcel (plan B2, 25)* : 3, pl. des Merciers. ☎ 02-96-39-03-80. Fermé le dimanche soir et le lundi hors saison, et en février. Carte classique et premiers menus à 97 F (le midi en semaine) et 168 F

(14,8 et 25,6 €). Pour les routards fortunés, autres menus de 230 F (35 €) à 395 F (60,2 €). Menu-enfants à 70 F, soit 10,7 € (plat et dessert). Sur la plus belle place de Dinan et nichée dans une magnifique maison du XVe siècle. Impressionnante salle à manger avec poutres énormes et massif escalier à vis de bois sombre. Cuisine à base de produits du marché achetés chez des petits producteurs locaux. Parmi les spécialités : l'agneau de pré-salé de la baie du Mont-Saint-Michel et le pigeon désossé et farci au foie gras et pruneaux, etc. Terrasse très bien située.

I●I *Le Bistrot du Viaduc :* 22, rue du Lion-d'Or. ☎ 02-96-85-95-00. Fax : 02-96-85-95-05. ⚲ À gauche dans le virage juste après le viaduc. Fermé le lundi et le samedi midi et dimanche soir, ainsi que de mi-décembre à mi-janvier et la 2e quin-

zaine de juin. Petit menu à 90 F (13,7 €) servi le midi en semaine, d'autres à 165 F (25,1 €) et 190 F (28,9 €). À la carte, compter dans les 280 F (45,6 €) sans le vin. Formidablement situé avec l'un des plus beaux points de vue sur la vallée de la Rance, Le Bistrot offre en outre un cadre plaisant (fleurs et tons pastel, fourneau dans la salle) et une savoureuse cuisine du terroir. Le croustillant de pied de cochon, la morue à la bretonne ou tout bêtement l'os à moelle ô combien vénérable (et bon marché : 40 F, soit 6,1 €), voilà l'alléchant programme ! Bonne sélection de vins abordables. Réservation indispensable.

Gourmandises

– *Pâtisserie Loyer :* 2, rue des Rouairies. ☎ 02-96-39-21-32. Fermé les dimanche après-midi et lundi. Une adresse bien connue des Dinannais puisqu'elle les régale depuis plusieurs dizaines d'années. Parmi les spécialités de cette vieille maison de confiance, le « Duguesclin » (pâte d'amandes et praliné) ou le « Prince Noir ».
– *Pâtissier Patrick Mazoyer (plan B1) :* 4, rue de l'École (à l'angle de Jerzual). ☎ 02-96-39-03-55. Fermé

le lundi. Pour déguster un *flor'ig,* une viennoiserie pur beurre fourrée de 3 garnitures au choix. Vend d'autres spécialités locales, certaines créées ici même, comme les *corbelets.* Toujours pour les gourmands : les fameuses *gavottes bretonnes* (crêpes dentelles souvent servies avec les desserts) que l'on trouve chez tous les commerçants ou directement à l'usine, route de Dinard (après l'auberge de jeunesse en venant du port).

Où dormir ? Où manger dans les environs ?

AU NORD DE DINAN

⚑ *La Renardais :* en venant de Dinan, 1 km avant Plouër-sur-Rance. ☎ 02-96-86-89-81. Fax : 02-96-86-99-22. ● perso.wanadoo.fr/suzanne. robinson.bnb/ ● Fermé en février. 4 chambres bien confortables de 320 à 350 F (48,8 à 53,3 €), petit déjeuner inclus. Table d'hôte à 99 F (15,1 €) pour 3 plats, ou 119 F (18,1 €) pour 4 plats. À noter, une carte des vins comme au restaurant. Dans une fière maison en pierre du pays, habitée par un charmant couple de Britanniques. Au rez-de-

chaussée, salon avec cheminée, et derrière, vaste jardin joliment composé. Terrasse. Accueil courtois.

⚑ *Manoir de Rigourdaine :* à Plouër-sur-Rance, route de Langrolay. ☎ 02-96-86-89-96. Fax : 02-96-86-92-46. ● www.hotel-rigourdaine.fr ● ⚲ Ouvert de début avril à mi-novembre. Chambre-studio de 300 à 450 F (45,7 à 68,6 €). Ancienne grosse ferme transformée en hôtel d'un certain standing. Très confortable et charmant. Un pot de bienvenue offert à nos lecteurs.

▲ *Manoir de la Pépinière :* à Pont-de-Cieux, à 1 km après Pleudihen-sur-Rance, sur la D29 en direction de Saint-Malo. ☎ 02-96-83-36-61. Fax : 02-96-838-26-26. Ouvert toute l'année. Compter 320 F (48,7 €) pour 2 avec douche ou bains. Copieux petit déjeuner compris. Belle maison de pierre du XVIIIᵉ siècle. Les propriétaires ont ouvert 5 chambres d'hôte

ayant toutes un décor original différent. Elles évoquent des personnages célèbres ayant marqué la région et sont équipées de salles d'eau privées toutes neuves. Toutes les chambres donnent sur le jardin. Un salon avec billard est réservé aux hôtes. Un gîte d'une capacité de 5 personnes vient de s'ouvrir dans les anciennes écuries. Excellent accueil.

AU SUD ET À L'OUEST DE DINAN

▲ l●l *Chambres d'hôte La Corbinais :* 22980 Saint-Michel-de-Plélan. ☎ 02-96-27-64-81. Fax : 02-96-27-68-45. ● corbinais@corbinais.com ● Indiqué sur la route entre Dinan et Plancoët (D794), au niveau de Corseul. Chambre double à 290 F (44,2 €) avec douche ; petit déjeuner à 25 F (3,8 €). Dîner à 90 F soit 13,7 € (repas fermier à la table d'hôte, avec pot-au-feu cuit dans l'âtre !) Menu-enfants à 50 F (7,6 €). Un couple rayonnant vous accueille dans une belle ferme bretonne décorée avec goût. Ici, on goûte la vie au rythme de la nature, des occupations artistiques de la maîtresse de maison, et des activités du coin : cheval, VTT et parcours de golf 9 trous. Une excellente adresse.

l●l *Relais de la Blanche Hermine :* Lourmel, 22980 Plélan-le-Petit. ☎ 02-96-27-62-19. Fax : 02-96-27-05-93. À 15 km environ de Dinan, en direction de Jugon-les-Lacs. Sortir au rond-point de Plélan-le-Petit et prendre l'ancienne route en direction de la zone artisanale ; le restaurant se situe à 800 m sur la gauche. Fermé le mardi sauf en juillet et août. Menus à 75 F soit 11,4 € (sauf le dimanche midi), 98 F (14,9 €) et 158 F (24,1 €). Longue maison en pierre du pays, en bord de route. Grande salle agréable et animée. Resto possédant une bonne réputation dans la région. À 158 F (24,1 €), par exemple, salade folle, filet de bœuf grillé, fromage et dessert. Fruits de mer sur commande uniquement. Deux fois par mois, cochon de lait à la broche. Café offert sur présentation du *GDR*.

▲ l●l *Chambres d'hôte Malik :* chemin de l'Étoupe, Plélan-le-Petit. ☎ 02-96-27-62-71. À 12 km de Dinan par la N176. 50 m après la mairie, prendre direction Saint-Maudez, puis la 2ᵉ rue sur la droite. Fermé de décembre à mars. Chambre à 320 F (48,7 €) pour 2, et 500 F (76,2 €) pour 4. Petit déjeuner inclus. Réservation indispensable. Dans une surprenante maison contemporaine toute en bois, dont les immenses baies vitrées donnent sur la verdure. Cette adresse raffinée comporte une petite suite avec salon pour 2 personnes, et 1 suite de 2 chambres pour 4 personnes. La décoration recherchée avec le choix des couleurs, des matières et des objets ne peut laisser indifférent. Merveilleux petit déjeuner de type brunch avec fromage, œufs brouillés à la ciboulette (le pain est fait maison), servi sur la terrasse ou dans un petit salon de plain-pied. Accueil chaleureux et discret de Martine et Hubert Viannay. Une adresse où vous serez surpris par une quantité de détails qui font de cette maison une étape de charme exceptionnelle.

▲ l●l *Ferme-auberge La Priquetais :* Trévron, à 1 km du bourg. ☎ 02-96-83-56-89. Fax : 02-96-83-65-56. Prix très modérés : 180 F (27,4 €) la chambre double avec lavabo, 190 F (28,9 €) la demi-pension. Une vieille Bretonne vous accueille dans une belle ferme en pleine nature. Pour un simple dîner, appelez avant. On vous servira un repas campagnard traditionnel, à partir de 88 F (13,4 €), avec volaille farcie, canard aux navets ou civet de lapin au cidre, légumes du jardin, pâtisserie, etc. Possibilité de camper. 25 F (3,8 €) par personne. Également gîte d'étape. Accordent à nos lecteurs l'apéro sur présentation du *GDR*.

⌂ *Chambres d'hôte Le Manoir :* à La Gaudière, hameau situé à environ 2 km à l'ouest de Saint-Juvat. ☎ 02-96-83-49-48. Fax : 02-96-83-49-51. Chambre double à 280 et 300 F (42,6 et 45,7 €), petit déjeuner compris. Table d'hôte à 100 F (15,2 €). Animaux et cigarette interdits. Simone Carfantan vous accueille avec le sourire dans sa grosse maison à tourelle. Grandes chambres aux couleurs printanières. La déco n'est pas forcément notre tasse de thé, mais le tout est impeccablement tenu. Table d'hôte, avec les produits des petits producteurs locaux, le cidre du voisin, etc. Prix raisonnable et calme olympien. Pas étonnant que les clients y reviennent. Pot de bienvenue offert sur présentation du *GDR*.

Où boire un verre ?

▽ Dans la rue de la Cordonnerie, ruelle de 50 m donnant place des Merciers et communément appelée rue de la Soif, et pour cause : s'y succèdent six ou sept bars toujours animés. Parmi ceux-ci, on pourra passer *À la Truye qui File,* maison classée du XVe siècle, où Alain, dit Nounours, prend la guitare et anime des soirées tous les jours en saison (vers 21 h). Clientèle jeune et ambiance « copains ».

▽ Parmi les estaminets plus récents et aussi prisés par une jeunesse sympathique, le *Saut de la Puce,* juste en face du précédent. L'apéro est offert sur présentation du *GDR*.

▽ Enfin si vers les 2-3 h (du matin bien sûr) on n'a pas eu son compte bien qu'ayant éclusé tous les tonneaux de tous ces bars, ou au contraire si on l'a eu, on se finit ou on s'écroule *Chez Maryvonne (Les Templiers),* 7, rue de la Cordonnerie, petit troquet-dancing complètement ringard, poufs rouges et fauteuils de Skaï noir, et qui ferme le plus tard (vers les 5 h). Maryvonne Pichard est une dame adorable, installée là depuis des lustres, gentille comme tout. Merci de garder chez elle une certaine tenue.

À voir

★ *La basilique Saint-Sauveur :* place Saint-Sauveur. L'un des chefs-d'œuvre de l'art roman en Bretagne. Bâtie au XIIe siècle selon les vœux d'un chevalier revenu vivant de croisade. D'où, sans doute, les influences orientalo-byzantines. Façade admirable, d'un style très pur. Les statues ont perdu la tête, mais superbes *chapiteaux* dont il faut étudier soigneusement tous les détails insolites. Au-dessus, taureau et lion ailé (symboles de saint Luc et saint Marc). Seul le tympan assez simpliste (du XIXe siècle) n'est pas à sa place dans cet harmonieux tableau.
À l'intérieur, une partie romane, l'autre gothique. Intéressant mobilier du XVIIIe siècle (autels, retables, fonts baptismaux, etc.). À gauche, le *cénotaphe* contenant le cœur de Du Guesclin (encore ne s'agit-il pas vraiment d'un cénotaphe, puisque celui-ci, par définition, ne contient ni corps ni partie du corps du défunt ; parler de cercueil serait impropre aussi, et reliquaire ne convient pas mieux, Du Guesclin n'étant ni martyr ni saint... alors disons « la boîte », là au moins on est sûr de ne pas se tromper !). Dans la 4e chapelle du bas-côté gauche, beau *vitrail* du XVe siècle représentant les évangélistes et des anges musiciens, dont certains jouant de l'orgue à main (rarissime !). Jolis vitraux modernes également.

★ *Le quartier des places des Merciers et des Cordeliers :* fascinant ensemble médiéval et Renaissance d'une parfaite harmonie. Au n° 10, *rue de la Mittrie* naquit Théodore Botrel (oui, nous parlons bien du même, le génial auteur de la *Paimpolaise*). Au n° 1, rue Haute-Voie, séduisant *hôtel Beaumanoir* (du XVIe siècle) avec son portail aux Dauphins. Rue de l'Horloge, *beffroi* du XVe siècle. Son bourdon fut offert par la duchesse Anne (visite l'été). Du sommet, panorama intéressant sur la ville. Dans son prolongement, rue de Léhon, le collège où étudièrent Chateaubriand et Broussais. En fait, toutes les ruelles et venelles sont à parcourir, peu avares en beaux détails architecturaux. Grand-Rue bordée d'hôtels particuliers. *Église Saint-Malo* avec portail Renaissance et un élégant orgue anglais du XIXe siècle à tuyaux polychromes. Ancien couvent des Cordeliers fondé en 1241, aujourd'hui collège privé (visite possible lors des vacances scolaires).

★ *La rue du Jerzual :* probablement la plus médiévale des rues bretonnes (encore qu'à Vitré, Rennes, Morlaix, Quimper, Auray...). En tout cas, descendre à petits pas le Jerzual, seul, un matin de bonne heure ou hors saison, se révèle toujours un moment délicieux. Les artisans remplacent aujourd'hui les boutiquiers de jadis dans leurs jolies maisons à pans de bois des XVe et XVIe siècles. La porte gothique du Jerzual franchie, relais assuré par la rue du Petit-Fort. Au n° 24, *maison du Gouverneur*, superbement restaurée. Par contre, quelques numéros plus haut, on est très surpris – c'est le moins qu'on puisse dire – par une reconstruction ultra-moderne, qui se veut néo-médiévale !

Tout en bas, le petit port sur la Rance et son vieux pont gothique. Rebroussez chemin jusqu'à la porte du Jerzual, prenez la ruelle à gauche pour parvenir au *jardin Anglais*. Grande terrasse (ancien cimetière de la ville) qui surplombe la vallée de la Rance. On vous laisse le choix des épithètes pour le panorama. Continuez par la promenade de la Duchesse-Anne, pour parvenir au château.

★ *Le château-musée :* ☎ 02-96-39-45-20. Du 1er juin au 15 octobre, ouvert tous les jours de 10 h à 18 h 30 ; du 16 novembre au 31 décembre et du 7 février au 15 mars, ouvert tous les jours sauf le mardi, de 13 h 30 à 17 h 30 ; du 16 mars au 31 mai et du 16 octobre au 15 novembre, ouvert tous les jours sauf le mardi, de 10 h à 12 h et de 14 h à 18 h. Fermé en janvier. Dernière visite 45 mn avant la fermeture. Entrée payante et tarif réduit pour les moins de 18 ans (25 et 10 F, soit 3,8 et 1,5 €). Édifié au XIVe siècle. Ensemble élégant et bien proportionné de tours massives. Donjon haut de 34 m, garni de remarquables mâchicoulis. Il abrite aujourd'hui un modeste musée d'histoire du pays de Dinan. Expo hétéroclite d'art sacré, de portraits de notables ou de pièces d'archéologie, d'intérêt mitigé. Salle présentant des gisants dans la tour de Coëtquen. Mobilier, coiffes du pays, orfèvrerie religieuse complètent le tout. De la terrasse, encore une belle vue sur la vallée et la ville (ça devient lassant !). Au pied du château, agréable *promenade des Petits-Fossés*.

★ *La Maison d'artiste de la Grande Vigne :* 103, rue du Quai, sur le port de Dinan. ☎ 02-96-87-90-80 ou 02-96-39-22-43. Entrée : 16 F (2,4 €) pour les adultes, 10 F (1,5 €) pour les enfants et étudiants. Gratuit aux moins de 12 ans. La dernière maison tout au bout du port, vers l'aval. Ouvert de juin à fin septembre de 10 h à 18 h 30. C'est dans cette jolie maison dominant la Rance qu'Yvonne Jean-Haffen avait élu domicile. Cette élève et amie de Mathurin Méheut, le célèbre peintre breton, y recevait des artistes amis, et décida, à la fin de sa vie (en 1993), de la léguer à la ville en même temps qu'un fonds de près de 4 000 de ses œuvres. Aujourd'hui, les pièces de la maison en présentent une partie en expositions temporaires montées par thème. La visite dans ces lieux bucoliques est bien agréable. À noter, une heureuse initiative : en bas du jardin, une « dépendance » de la maison, la Vignette, est vouée à l'accueil d'artistes-peintres. Ce logement-atelier leur est prêté pendant un mois à la condition qu'ils laissent une de leurs toiles en partant.

★ *Les remparts :* édifiés du XIIIᵉ au XVᵉ siècle, ils se développent sur 3 km et présentent encore 15 tours et 4 portes. Ils servent de décor fin août-début septembre, un an sur deux, à une fête pyrosymphonique spectaculaire, la fête des Remparts (voir ci-dessous).

★ *Le musée du Rail :* à la gare. ☎ 02-96-39-81-33. Ouvert de juin au 15 septembre de 14 h à 18 h. Entrée : 20 et 15 F (3 et 2,2 €). Maquettes, petits trains, affiches, etc.

Fêtes et manifestations

– *La fête des Remparts :* tous les deux ans, un week-end d'été. Renseignements au : ☎ 02-96-87-94-94. Entrée gratuite le samedi, 70 F (10,7 €) le dimanche. Une fête pyrosymphonique mettant en scène 600 comédiens locaux en costumes médiévaux et voyant défiler 80 000 visiteurs par jour ! La fête en question dure tout un week-end, quasiment jour et nuit sans discontinuer, et l'on y mène la vie paillarde du bon vieux temps. Dive bouteille et viande rôtie à la broche, moines en ribaude et ninons de tout poil (brunes, blondes, rousses, quel bonheur !), une fête à vivre vraiment !
– *Le Festival harpe celtique :* une semaine autour du 14 juillet. Concerts, ateliers, expos, initiations, en compagnie des plus grands spécialistes bretons.

Excursions en bateau

Sur la Rance, navettes régulières pour Saint-Malo – Dinard. Fonctionnent de mi-avril à mi-septembre. Une belle balade de 2 h 30 environ, où l'on découvre l'estuaire de la Rance resté étonnamment sauvage. Environ 120 espèces d'oiseaux migrateurs y nichent ; vous pourrez y voir le colvert, l'oie bernache, l'aigrette blanche, le tadorne ou le héron. 95 F (14,5 €) l'aller simple et 135 F (20,5 €) l'aller-retour ; réduction enfants. Attention : retour uniquement en car (plus rapide).

– Renseignements à Dinan : *Emeraude Line.* ☎ 02-96-39-18-04.

Dans les environs

Voir aussi la rubrique « Où dormir, où manger aux environs de Dinan ? », certaines adresses se situant dans les villages cités ci-dessous.

AU SUD DE DINAN

★ *Léhon :* joliment assis sur les bords de Rance, à 1 km en amont de Dinan, ce vieux bourg vaut un petit détour, pour son harmonie architecturale avec ses maisons des XVIIᵉ et XVIIIᵉ siècles, les ruines de son château féodal (XIIᵉ siècle), et la visite de la robuste abbaye Saint-Magloire.
– *L'abbaye de Saint-Magloire :* ouvert en juillet-août de 10 h à 12 h et de 15 h à 18 h. Le reste de l'année, ouvert sur rendez-vous pour les groupes. ☎ 02-96-39-07-19 (mairie de Léhon). Fondée en 850 par Nominoë, roi de Bretagne, et six moines bâtisseurs, la première église fut incendiée par les Normands en 930. Reconstruite au XIᵉ siècle par les moines bénédictins, elle fut agrandie par Geoffroy de Corseul à la fin du siècle suivant, alliant

gothique et roman. Quelque peu modifiée par la suite, elle fut complètement abandonnée par les moines en 1767 et c'est seulement à la fin du XIXe siècle que sa restauration fut entamée.

Visite complète de l'abbaye, de l'église (remarquer les superbes fonts baptismaux du XIIIe siècle) au jardin en passant par le cloître, les bâtiments conventuels, le réfectoire des moines et même les combles.

★ *Saint-Juvat :* à 3 km de Trévron. Pour ceux venant directement de Dinan, accès par la D2 ; prendre ensuite la D39 par Évran. C'est l'un des villages les plus fleuris de France. Maisons croulant sous les pétales, pancartes routières disparaissant presque. Original et photogénique ! *Église* moitié romane, moitié gothique, commentaires de visite enregistrés, étiquettes sur les piliers, etc.

Au lieu-dit Le Bas Mottais, à 2 ou 3 km à l'ouest de Saint-Juvat, on peut faire un détour gourmand par les *Délices de Tantine*. Une dame sympathique prépare ses confitures devant les curieux. Vend aussi quelques autres produits du terroir. Testé et approuvé par nos délicates papilles ! Pour ceux que cela peut intéresser, cette dame est au marché des Lices à Rennes tous les samedis.

★ *Quevert :* petit village voisin dont le maire a transformé le terrain de foot en jardin botanique contenant 2 600 plants de fleurs. Bravo ! Fête des Senteurs chaque année. À l'automne, autre fête encore, très appréciée dans le pays, la fête de la Pomme et du Cidre. Variétés de pommes innombrables et cidre fermier du tonnerre.

★ *Tréfumel :* émouvante petite *église* du XIIe siècle, la plus ancienne des alentours, et un if encore plus vieux qu'elle (âgé d'au moins mille ans !). Nombreuses vieilles demeures du XVIIe siècle.

★ *La base de loisirs de Bétineuc :* à côté d'Évran, un grand étang propose toutes les activités aquatiques possibles (voile, planche à voile, canoë-kayak, etc.).

★ *Caulnes :* voir deux beaux *châteaux* dans la campagne, à Couëllan, reconstruction des XVIIe et XVIIIe siècles, et à La Perchais.

★ *Le château de Caradeuc :* près de Becherel, à 22 km de Dinan par la D68 puis la D20. ☎ 02-99-66-77-76. Ouvert de 12 h à 18 h de juin à mi-septembre. Le château lui-même ne se visite pas. Surnommé le « Versailles breton » pour sa noble façade de style Régence (XVIIIe siècle) mais surtout pour son parc, classé, l'un des plus grands de Bretagne. Beau panorama des terrasses. À noter : on peut y voir une statue de Louis XVI (haute de 5 m), l'une des très rares en France à avoir survécu à la Révolution !

AU NORD DE DINAN

Rive droite de la Rance

★ *La Vicomté-sur-Rance :* pour une petite halte au port de Lyvet. À cet endroit, le pont-écluse du Châtelier enjambe la Rance. À droite du pont, on peut voir d'anciens carrelets aujourd'hui abandonnés par les pêcheurs notamment à cause de l'envasement du lit de la rivière. À gauche, de nombreux bateaux de plaisance sont amarrés aux quelques pontons. C'est joli et pas prétentieux. Pour manger ou boire un verre : le *Ty Corentin*, face au port, ou le *bar-restaurant la Rance* à l'entrée du pont.

★ *Mordreuc :* juste après La Vicomté, voilà un port de mouillage bien mignon. À cet endroit, beau point de vue sur la Rance qui s'élargit.

★ *Le musée de la Pomme et du Cidre :* à *Pleudihen-sur-Rance*. À une dizaine de kilomètres de Dinan, sur la route de Saint-Malo. ☎ 02-96-83-20-78. ☒ En avril, mai et septembre, ouvert tous les jours sauf le dimanche, de 14 h à 19 h; de juin à août, ouvert tous les jours de 10 h à 19 h. Entrée : 20 F (3 €); 10 F (1,5 €) pour les enfants. Dans une ferme restaurée, tout sur le cidre (histoire et fabrication). Visite des ateliers du tonnelier, du cerclier et matériel de pressage traditionnel. Montage audiovisuel et dégustation du fameux cidre local (avec possibilité d'en remplir son coffre, si l'on veut). Sur présentation du *GDR*, remise d'une bouteille gratuite par famille!

Rive gauche de la Rance

★ *Plouër-sur-Rance :* un bourg qui s'organise classiquement autour de son église, et en contrebas, un des principaux ports sur la Rance, La Cale, prisé des « voileux » anglais notamment. Tout au bout, bar-resto sympa dans une maison ancienne.

★ *Le pont Chateaubriand* franchissant la Rance. À site exceptionnel, technique moderne et esthétique : ce pont n'a ni pile, ni voussoir dans le lit de la rivière. Il étire une voûte unique de 265 m pour supporter le tablier de 424 m à 30 m de haut. C'était notre petite rubrique « tourisme technique et France qui gagne! ».

PLOUBALAY *(PLOUVALAE)* (22650)	2 450 hab.

Ce gros village est merveilleusement situé entre la mer, les étangs et les bois, au carrefour des plages de la Côte d'Émeraude. Initialement, les terres de Ploubalay et de Lancieux appartenaient à une presqu'île mais la mer s'est retirée pour laisser place à des marais. Le village est un bon point de départ pour explorer la région sillonnée par des chemins de randonnée, et la mer n'est qu'à 2 km. De plus, Ploubalay, à défaut de monuments remarquables, possède quelques bonnes adresses pratiques à quelques encablures de Saint-Malo, de Dinard et de Dinan. Un endroit idéal pour une étape touristique.

LES CÔTES-D'ARMOR

Adresse utile

🛈 *Syndicat d'initiative :* square Édouard-Durst, juste derrière. ☎ 02-96-82-64-90. Ouvert en saison seulement de 10 h à 12 h 30 et de 16 h 30 à 19 h 30, et le dimanche de 10 h à 12 h.

Où dormir dans les environs?

🛏 *Le Clos Saint Cadreuc :* de Ploubalay, prendre la D768 en direction de Saint-Brieuc et prendre ensuite à gauche la D26 en direction du Plessix-Balisson, qui est à 900 m; c'est à 4 km de la ferme du Breil. ☎ et fax : 02-96-27-32-43. Ouvert de Pâques à la Toussaint. Compter 325 F (49,5 €) pour 2, y compris un petit déjeuner très copieux avec des gâteaux, de la confiture maison, etc. 100 F (15,2 €) par personne supplémentaire. Encore une très belle adresse de charme, dans un cadre exceptionnel. M. et Mme Rey du Boissieu ont fait rénover en 1995 les deux bâtiments décorés avec recherche. Les 4 chambres indépendantes sont réparties dans une longère, séparée du corps principal par un jardin de rocailles avec des chaises longues pour se détendre. Ils ont une chambre familiale pour 4 personnes, avec supplément. Le rapport qualité-prix est excellent. Les hôtes, pour lesquels la région n'a plus de secrets, se chargeront de vous indiquer tous les bons plans (randonnées, plages tranquilles, découverte des vieilles pierres). Un lieu privilégié où le calme est assuré. Les cartes de crédit ne sont pas acceptées. Huitième nuit offerte à nos lecteurs.

Où manger ?

|●| *Restaurant des Sports :* rue du Colonel-Pleven. ☎ 02-96-27-20-07. Fermé le lundi. 5 menus de 80 à 188 F (12,2 à 28,2 €). Plat du jour à 45 F (6,8 €) et menu-enfants à 40 F (6 €). Les spécialités de la mer sont servies dans trois salles qui ne désemplissent pas en saison. La plus agréable comporte au mur un agrandissement d'un article du *Monde* du 16 août 1996 consacré à l'établissement : « L'endroit est connu de loin pour la largesse des parts qui sont servies. Des montagnes, des monticules de crabes, de langoustines, d'huîtres, d'araignées. Toute une population à la tâche, croquant, rompant, suçant, décortiquant... C'est la fête pour pas très cher. » On comprend pourquoi il est préférable de réserver.

|●| *Restaurant de la Gare :* 4, rue des Ormelets. ☎ 02-96-27-25-16. Fermé le mardi soir, le mercredi. Menus de 80 à 220 F (12,2 à 33,5 €). Ne cherchez pas la gare, il y a longtemps que les trains ne passent plus. Du lundi au vendredi, Xavier Termet propose un menu « guinguette » suivant le marché. Au menu à 105 F (16 €) : boudin de Modeste (prénom de sa grand-mère et à sa façon), tête de veau en tortue (sa spécialité) et maie de desserts maison, entre autres propositions. À 160 et 210 F (24,4 et 30 €), cela devient encore plus sérieux, et le chef nous montre tout son talent déjà reconnu par les plus grands. Excellentes recettes de la mer notamment. Les desserts feront rêver les plus gourmands : « Pavé de dame Ferière » au chocolat noir et griottes de « Douceur de Lucie », une poire fraîche au sirop sur feuilleté, avec une sauce caramel au chocolat. Qui reconnaîtrait l'ancien bar, café-PMU, transformé il y a 10 ans par ce couple de restaurateurs talentueux ? Non seulement la cuisine est excellente, mais l'agencement des 3 salles est très réussi, tout comme les décorations florales que réalise madame. Belle carte des vins avec un muscadet-sur-lie du Clos du Bois Gautier à 106 F (16,1 €), un anjou rouge à 125 F (19 €) et un grand cru classé de graves, le Château Bouscaut de 1994, à 264 F (40,2 €). Inutile de vous dire qu'il est indispensable de réserver le soir, surtout en saison, l'adresse étant, à juste titre, renommée dans toute la région et encensée par de nombreux guides.

Où manger, où boire un verre dans les environs ?

|●| *La maison des Cavaliers :* à Plessix-Balisson, à 5 km de Ploubalay, sur la D26, au cœur d'une des plus petites communes de France, pleine de charme avec ses vieilles maisons. ☎ 02-96-27-24-62. Le café-resto est face à l'église. Ouvert à midi uniquement (ne pas arriver après 13 h.) Fermé les samedi et dimanche. Menu unique à 70 F (10,6 €) et menu-enfants à 45 F (6,8 €). Cuisine familiale avec potage maison (même l'été, et vous verrez que c'est bon !), une entrée (terrine, poisson, moules) et un plat. Suivant l'humeur ou l'inspiration d'Annie Keranguyader, ce sera : blanquette de veau, sauté d'agneau,

rouelle de porc à la cocotte, pot-au-feu. Rien que des bons petits plats de nos grand-mères. Tous les desserts aussi sont maison (sauf les glaces). Essayez la fameuse tarte, le gâteau de riz ou les crèmes. Réserve maison à moins de 40 F (6,1 €) la bouteille et bordeaux côtes de castillon à 85 F (12,9 €). La petite salle qui donne sur un jardin à l'ar-rière est calme et agréable. À moins que vous ne préfériez la grande salle, avec son comptoir et sa cheminée. Cartes de paiement acceptées.

Café de la Gare : à Pleslin (voir dans le chapitre Dinan la rubrique « Où boire un verre dans les environs ? »).

LA CÔTE D'ÉMERAUDE

Une belle côte, avec des balades superbes dans les reliefs accidentés du cap Fréhel ou d'Erquy, et de grandes plages de sable. Les bonnes familles bourgeoises y viennent en vacances par tradition, dans les stations début de XXe siècle rappelant le charme particulier de Deauville... Ce n'est pas là qu'on trouve la Bretagne profonde, mais on échappe encore au tourisme de masse.

SAINT-JACUT-DE-LA-MER *(SANT-YAGU-AN-ENEZ)* (22750) 890 hab.

Longue presqu'île entre les baies de l'Arguenon et de Lancieux, dont Gargantua fut l'un des premiers touristes. À marée basse, bordée par d'immenses grèves favorisant la pêche à pied. Le village occupe la plus grande partie de la presqu'île et est encore appelé Saint-Jégu par les anciens. Il fut fondé par un moine irlandais au Xe siècle et présente aujourd'hui encore, quasi intégralement, le visage qu'il possédait au XIXe siècle. Architecture bien particulière, car les maisons furent construites pignon sur rue, par groupe de cinq ou six, serrées les unes contre les autres pour se protéger du vent du nord. On peut admirer quelques-uns de ces alignements caractéristiques de belles façades de pierre, appelés ici « rangées ». 600 habitants l'hiver, vingt fois plus l'été.

Les Jaguens ne sont pas loin de se considérer comme des Bretons à part. Ils se définissent eux-mêmes comme têtus et quelque peu querelleurs. Surtout, ils possèdent leur propre langue, le *jégui,* une variante du gallo. Ce n'est pas une langue dégénérée, ni un dialecte de paysan, mais bel et bien l'héritier du français parlé avant la centralisation réalisée sous la monarchie, avec parfois des formes pures disparues aujourd'hui du français courant. Bien sûr, on ne trouve pratiquement plus de jeunes pour le parler, mais les « Amis du vieux Saint-Jacut » tentent d'en sauver la mémoire (et nous les remercions de nous avoir fourni ces informations). Durant des siècles, les Jaguens ne se marièrent qu'entre eux, au point que de nombreuses familles portaient le même nom et qu'il fallut donner des surnoms aux gens pour les distinguer. Le percepteur de Ploubalay était d'ailleurs obligé de mentionner ces surnoms sur la liste de ses contribuables pour distinguer les familles. Longtemps, les Jaguens vécurent exclusivement de la pêche, notamment au maquereau.

Bref, Saint-Jacut possède imperceptiblement quelque chose à part en haute Bretagne (en plus de ses onze belles plages). À marée basse, on peut accéder par un tombolo (cordon littoral) aux Ébihens, petites îles privées. Attention à ne pas s'y laisser enfermer par la marée, durée de séjour 3 h maximum.

LES CÔTES-D'ARMOR

Adresse et info utiles

◼ *Syndicat d'initiative :* dans le bourg, à côté de la poste. ☎ 02-96-27-71-91. Du 1er juillet au 31 août, ouvert du lundi au samedi de 10 h à 13 h et de 14 h à 19 h et le dimanche de 10 h à 12 h ; en juin et septembre, ouvert du lundi au vendredi de 10 h à 12 h et de 14 h à 17 h 30 et le samedi de 9 h à 12 h ; d'octobre à fin mai, ouvert tous les jours de 10 h à 12 h et de 14 h à 17 h 30 et samedi de 9 h à 12 h. Bon accueil et quelques brochures bien utiles. Organise aussi des randonnées pédestres gratuites en saison.

– *Cars pour Saint-Malo :* en juillet et août uniquement, 3 départs quotidiens par la *CAT.* ☎ 02-96-39-21-05.

Où dormir ? Où manger ?

🛖 *Camping municipal :* bien situé, au bord de la plage de la Manchette. ☎ 02-96-27-70-33. Ouvert du 1er avril à fin septembre. Forfait à 37 F (5,6 €) par jour pour une personne et 58 F (8,8 €) pour 2. Pas toujours très bien tenu.

🛖 I●I *Hôtel-restaurant Le Vieux Moulin :* ☎ 02-96-27-71-02. Fax : 02-96-27-77-41. Ouvert du 1er avril au 30 septembre. Une vingtaine de chambres de 220 à 300 F (33,5 à 45,7 €). Au centre de la presqu'île, au calme, à proximité des plages et du port. Dans une grande demeure en U des années 1930, agrémentée d'un beau jardin. Deux chambres dans la tour du moulin datant du XVe siècle, vraiment chouettes. Confortable et sympa. Patrons adorables. Demi-pension obligatoire de mi-juin à mi-septembre, de 320 à 340 F (48,7 à 51,8 €). Restaurant de cuisine traditionnelle (« le vrai gueuleton, sans surgelés ! ») avec un premier menu à 100 F (15,2 €). On passe ensuite à 150 F (22,9 €). Apéritif offert à l'arrivée ou au départ de nos lecteurs.

I●I *Restaurant La Presqu'île :* 164, Grande-Rue. ☎ 02-96-27-76-47. Fermé en janvier et février. Menus à 110 et 145 F (16,7 et 22,1 €). Jacky, le patron, a navigué sur toutes les mers du monde. Il sait cuisiner d'excellents poissons : turbot au citron vert, saumon à l'oseille, aiguillette de calmar au coulis de langoustines, bar grillé à la crème de fenouil... Bonnes viandes également, si vous préférez. En hiver, réservation 48 h à l'avance car Jacky ne « travaille » qu'avec du poisson frais. Café offert à nos lecteurs.

À voir. À faire

– Balade à la pittoresque *pointe du Chevet,* promontoire verdoyant face au large et à l'île des Ébihens (dominée par une tour Vauban). Belle vue sur Saint-Briac et Saint-Cast. À côté, superbe *plage du Rougeret* protégée par la masse rocheuse de La Houle-Causseule (abritant aussi un port de pêche).
– Autre belle plage au port de plaisance et de pêche du *Châtelet,* relayée par la plage de la Pissotte, avant d'atteindre celle du camping municipal. Saint-Jacut vous aide ainsi à rompre la monotonie de vos baignades...

★ Visites guidées gratuites de Saint-Jacut (en juillet et août) tous les lundis à 14 h, organisées par l'office du tourisme.

PLANCOËT *(PLANGOED)* (22130)   2 640 hab.

« C'est un peu de ville à la campagne avec la mer, toute proche, en cadeau... », annonce le syndicat d'initiative de cet axe routier, situé entre Dinan et la côte. Le « joli village » évoqué par Chateaubriand a bien évolué depuis que l'écrivain y subit son « premier exil » auprès de sa grand-mère, Mme de Bédée. Plancoët doit maintenant sa réputation à son eau minérale gratuite sur place ! C'est d'ailleurs la seule de Bretagne. Excellente, grâce à sa faible teneur en nitrates. La ville est aussi connue pour sa fabrique de car-relages traditionnels, la société Josse (ce nom nous dit quelque chose...), et pour ses deux ateliers de maroquinerie qui travaillent pour les grandes mai-sons. L'un des plus célèbres restaurateurs de Bretagne est installé ici, et les environs recèlent quelques bonnes adresses à découvrir en dehors des sen-tiers battus.

Adresses utiles

🏛 *Syndicat d'Initiative :* 1, rue des Venelles ; en plein centre, dans une belle maison ancienne. ☎ 02-96-84-00-57. Fax : 02-96-84-18-01. ● ot-plancoet.fr ● En juillet et août, ouvert du lundi au samedi de 9 h 30 à 12 h 30 et de 14 h 30 à 18 h 30 et le dimanche de 10 h à 12 h ; hors sai-son, ouvert du lundi au samedi de 10 h à 12 h 30, et mercredi et ven-dredi de 14 h 30 à 17 h 30. Fermé le dimanche. Bon accueil.

🚉 *Gare SNCF :* ☎ 02-96-50-90-28. Bureau ouvert du 30 juin au 10 sep-tembre, du mardi au samedi de 9 h à 12 h et de 14 h à 17 h 30.

■ *Canoë-kayak :* près du camping. ☎ 02-96-84-16-12. Ouvert de 9 h 30 à 12 h et de 14 h à 18 h. Fermé le di-manche. Initiation, perfectionnement et location.

🛍 *Achat de cuir :* C. de Swan et Renouard, deux créateurs de haute maroquinerie, sont installés à Plan-coët où ils ont chacun leur magasin d'exposition et de vente. Les réalisa-tions sont de grande qualité, et les prix très abordables. Plancoët a tou-jours eu pour tradition le travail du cuir, et des tanneries étaient instal-lées, au XIXe siècle, le long de l'Ar-guenon.

Où dormir ? Où manger ?

🏕 *Camping :* ☎ 02-96-84-03-42. Ouvert du 1er juin au 15 septembre. Il a été aménagé dans un cadre agréable au bord de l'Arguenon, à côté du jardin du Pré Rolland.

🏕 |●| *Le Relais de la Source :* 67, rue de l'Abbaye. ☎ 02-96-84-10-11. En bas de la ville, au rond-point près des quais, prendre la direction Di-nan. Propose 8 chambres à moins de 200 F (30,5 €) et 5 menus de 75 à 160 F (11,4 à 24,4 €). Kir breton offert à nos lecteurs.

|●| *Le Chateaubriand :* 12, rue de l'Abbaye. ☎ 02-96-84-29-57. Ouvert tous les jours sauf lundi soir et di-manche midi hors saison de 12 h à

23 h. Fermé de mi-février à mi-mars. Parking. Menu d'appel à 60 F (9,1 €) le midi, sauf les dimanche et fêtes. À la carte, compter en moyenne 150 F (22,8 €). Copieux et bon. Oui, cela existe encore, des adresses de qua-lité pour routards à petit budget. Le dimanche, c'est plus cher mais en-core mieux. Leur carte propose, entre autres, 12 sortes de pizzas, servies midi et soir. On peut aussi les emporter. Sinon, foie gras de lotte sauce à l'orange, gradlou aux brisures de crêpes, etc. Ici, tout est fait maison. Le décor est fonctionnel, avec une touche marine (tout est en bleu et blanc).

LES CÔTES-D'ARMOR

Beaucoup plus chic

|●| ***Restaurant de Jean-Pierre Crouzil :*** 20, les Quais. ☎ 02-96-84-10-24. Fermé tous les lundis, le dimanche soir hors saison, et en janvier. Menus de 250 à 550 F (38,1 à 83,8 €). Beaucoup de gastronomes avisés viennent de loin pour s'asseoir à cette table de grande renommée. Cuisine de très haute volée et prix en conséquence, mais si vous voulez vous offrir une petite folie, c'est l'endroit rêvé. Parmi d'autres merveilles : huîtres chaudes et glacées au sabayon de Vouvray, blanc de turbot fourré à l'araignée de mer, homard breton rôti... L'apéritif est offert à nos lecteurs. Fait aussi hôtel : chambre pour 2 de 650 à 980 F (99 à 149,4 €) avec bains et w.-c.

Où dormir ? Où manger dans les environs ?

■ |●| ***Auberge du Petit Bignon :*** à Pluduno, à 1 km, sur la route du Cap Fréhel. ☎ et fax : 02-96-84-15-37. ॐ Établissement fermé le dimanche hors saison. Restaurant ouvert tous les jours l'été, midi et soir. Dans une ancienne ferme rénovée, 7 chambres avec douche ou bains à 195 F (29,7 €). Grande salle à la disposition de la clientèle, où l'on peut éventuellement cuisiner et se restaurer. En ce qui concerne le restaurant justement, Isabelle Maitralain vous propose ses spécialités de moules régionales (des bouchots) et de délicieuses pizzas. Vous pouvez aussi déguster... des crêpes (préparées sur commande) comme la galette « Petit Bignon » garnie de noix de Saint-Jacques à la fondue de poireaux, qui est bien bonne. Menu à 55 F (8,4 €) du lundi au vendredi midi, avec un buffet d'entrées à volonté. Café offert sur présentation du *GDR*.

■ |●| ***Chambres et table d'hôte Saint-Maleu :*** chez Isabelle et Éric Tranchant, à Bourseul, à 6 km de Plancoët. Direction Bourseul puis Jugon-les-Lacs. Ouvert toute l'année. ☎ et fax : 02-96-83-01-34. Compter 200 F (30,5 €) pour deux, petit déjeuner inclus, et 280 F (42,7 €) pour une chambre de quatre personnes. Table d'hôte le soir à 75 F (11,4 €) tout compris. Repas pour les enfants à 50 F (7,6 €). Dans une ferme où l'on élève encore des cochons. Les 6 chambres avec salle d'eau privée sont réparties dans un beau bâtiment fleuri. Les repas sont pris avec les propriétaires à une grande table familiale, dans une belle salle rustique avec cheminée. Au menu : apéro, entrée, plat de viande à volonté, fromage local, dessert maison suivi de café et de « toupinette », le digestif maison. La mer est là, à 15 km, mais ils ont des étangs privés à 500 m où l'on peut pêcher et pique-niquer auprès d'un petit parc animalier. Location possible à la semaine d'un gîte pour 4 à 5 personnes.

■ ***Manoir de la Pichardais :*** à Créhen, à 6 km de Plancoët. ☎ 02-96-41-09-96. Sortir par la D768 en direction de Saint-Malo et à Créhen, devant l'église, prendre la direction du Guildo ; c'est à 2,5 km. Ouvert de Pâques à la Toussaint. Compter 400 F (70 €) la chambre double, petit déjeuner compris (servi dans la salle à manger du manoir). Une des chambres peut être louée avec une autre petite pour des enfants : supplément de 100 ou 150 F (15,2 ou 22,9 €) pour un ou deux enfants. Dans ce beau manoir des XVIe et XVIIIe siècles, propriété de la même famille depuis 4 siècles, les Courville mettent à la disposition de leurs hôtes 2 chambres : la « Bleue » et la « Renaissance », qui doit son nom à sa monumentale cheminée d'époque. Rassurez-vous, les salles de bains sont contemporaines. Vous pouvez aussi demander à prendre le petit déjeuner dans la cuisine qui a conservé toute son authenticité. Calme assuré. La mer est à 800 m et la plage la plus proche à 2 km. Les cartes de paiement ne sont pas acceptées.

▲ |●| *Les Deux Moulins :* à Créhen, à 3 km sur la D768 en direction de Ploubalay. ☎ 02-96-84-15-40. Fax : 02-96-84-24-62. Fermé le dimanche soir hors saison, et 3 semaines en janvier après le Jour de l'An. 7 menus de 55 à 230 F (8,4 à 35,1 €). Pas de raffinements gastronomiques mais une bonne cuisine saine. Gros plateau de fruits de mer et brochettes de coquilles Saint-Jacques, turbot sauce hollandaise,

croquant aux fraises en saison, etc. Fait aussi hôtel : chambre pour 2 de 180 à 250 F (27,4 à 38,1 €).

▲ |●| *Chambres d'hôte La Rompardais :* à Pleven, à 9 km au sud-ouest de Plancoët. ☎ 02-96-84-43-08. Fax : 02-96-84-41-86. Chambre à 235 F (35,8 €) petit déjeuner compris. Table d'hôte familiale à 80 F (12,2 €). Grand corps de ferme un peu à l'écart du village. Bon accueil de Mme Blanchard. Demander une des chambres du haut si possible, un peu plus charmantes et mansardées. Jardin avec terrasse derrière la maison. Nombreux magazines, bouquins et brochures sur la Bretagne à disposition, sans oublier les bons conseils de l'hôtesse.

À voir. À faire dans les environs

★ *Le château de la Hunaudaye :* au sud-ouest de Plancoët, en marge de la D28. ☎ 02-96-34-82-10. En avril, mai et septembre, visites guidées les dimanche et jours fériés de 14 h 30 à 18 h ; en juin, visites animées les dimanche et jours fériés de 14 h 30 à 18 h ; en juillet et août, visites animées tous les jours sauf le samedi, de 11 h à 14 h 30 à 18 h. Fermé le dimanche matin. En hiver : sur rendez-vous pour les groupes. Entrée payante : 30 F (4,6 €) pour les adultes, 15 F (2,3 €) pour les 6-16 ans et 25 F (3,8 €) pour les groupes. Moins cher hors juin-juillet-août. Les visites animées le sont par des comédiens en costumes d'époque, qui mettent même en scène un combat, pour vous ! Impressionnant château en ruine, présentant encore cinq grosses tours se mirant dans les douves. Site sauvage et bucolique, idéal pour faire revivre les jeux de chevalerie de votre enfance. Soirée à thème tous les mercredis à 21 h en juillet et août. À l'intérieur, bel escalier Renaissance.

★ *La Ferme d'antan :* à *Saint-Esprit-des-Bois,* à 2 km du château de la Hunaudaye (bien fléchée au départ de ce dernier). ☎ 02-96-34-14-67. Ouvert de 10 h à 19 h en saison. En hiver : sur rendez-vous pour les groupes. Adultes : 25 F (3,8 €), 15 F (2,3 €) pour les 6-16 ans et 22 F (3,3 €) en groupe. Écomusée très bien fait, présentant un témoignage sur la vie en monde rural. Nombreux outils et souvenirs divers. Projection d'un film de 30 mn retraçant la vie d'une famille paysanne en 1924. Instructif et émouvant à la fois. Si vous continuez vers Lamballe, ne manquez pas l'*abbaye de Boquen* (voir plus loin « Dans les environs de Lamballe »).

★ *Brasserie des Diaouligs :* à l'ouest de Plancoët, sur la D794, entre Pluduno et Saint-Pôtan. ☎ 02-96-83-74-61. De mi-juin à fin août, ouvert tous les jours de 10 h à 12 h et de 14 h à 18 h. Hors saison, ouvert le samedi après-midi uniquement. Cette brasserie artisanale des diablotins (en français dans le texte) nous propose ses trois bières : sa brune, la Olde Breizh, sa cervoise au chouchen, la Diaoul, et sa blonde, la Gwilh. Bar à dégustation.

SAINT-CAST-LE-GUILDO *(SANT-KAST-AR-GWILDOÙ)* (22380)   3 290 h.

Célèbre station balnéaire proposant sept plages, dont la plus grande, protégée par la pointe de Saint-Cast (prononcer « Saint-ka ») et celle de la Garde, fait 2 km. Dès 1900, les baigneurs en foulaient le sable blanc très fin. Puis quelques artistes sont passés par ici, lançant la mode : Bernard Buffet, Brel, Albert Simon... Aujourd'hui, station familiale très bon genre. On l'a même surnommée « Neuilly-sur-Mer » ! Trois lieux de rencontre : la pâtisserie *La Belle Meu(-nière),* l'école de voile et... la sortie de la messe ! Ne manquez pas de grimper sur la colline, en bout de plage, pour accéder au quartier des pêcheurs et à la table d'orientation. Superbe panorama sur la baie de la Fresnaye, le fort La Latte et le cap Fréhel. Coucher de soleil somptueux, cela va sans dire. Belle balade de la pointe de Saint-Cast à Port-Saint-Jean. Environ 6 km de long. Jolies falaises découpées et vallonnées. Le sentier côtier débute au sémaphore. Quelques plages en cours de route. Ne ratez pas non plus la promenade de la pointe de la Garde et la belle vue qu'elle prodigue.

Adresses utiles

◻ *Office du tourisme :* pl. Charles-de-Gaulle. ☎ 02-96-41-81-52. Fax : 02-96-41-76-19. ● www.ot-st-cast-le-guildo.fr ● En juillet et août, ouvert du lundi au samedi de 9 h à 20h , le dimanche de 10 h à 12 h 30 et de 15 h à 18 h 30 ; le reste de l'année, du lundi au samedi de 9 h à 12 h et de 14 h à 18 h.

■ *Excursions en mer :* promenade sur le vieux gréement le Dragous. ☎ 02-96-41-86-42.

■ *Centre nautique-école de voile :* le Port. ☎ 02-96-41-86-42.

■ *Station de gonflage (plongée sous-marine) :* ☎ 02-96-41-81-40. Ouvert en saison de 9 h à 19 h.

■ *Piscine municipale :* bd de la Mer. ☎ 02-96-41-87-05. Couverte, chauffée et alimentée à l'eau de mer. Idéale quand le temps se gâte...

■ *Golf :* plage de Pen Guen. ☎ 02-96-41-91-20. Un 18 trous.

■ *Tennis :* bd des Tennis *(of course !).* ☎ 02-96-41-80-18 (mairie) ; ou rue du Chêne-Vert, ☎ 02-96-41-83-04.

■ *Balades à cheval :* l'Écurie du Gallais, chez Jean-Yves Merdrignac, accompagnateur ATE. Sur la D786 entre Saint-Cast et Notre-Dame-du-Guildo, indiqué par de grands panneaux. ☎ 02-96-41-04-90 ou 06-86-23-75-44. Ouvert toute l'année. Balades dans la baie, au bord de la mer, sur les bords de l'Arguenon ou dans les sous-bois. Jean-Yves connaît bien son pays et aime bien en parler. Pendant les balades dans la baie, il explique notamment la mytiliculture. Pour les enfants, balades à poney autour de la ferme. Tarifs très raisonnables.

– Tous les ans, *marché fermier* de la Ferme des Landes (voir plus loin la rubrique « Où trouver du bon cidre fermier ? »).

Où dormir ? Où manger ?

⌂ Neuf *campings* dont *Le Châtelet,* rue des Nouettes. ☎ 02-96-41-96-33. Fax : 02-96-41-97-99. ● www.lechatelet.com ● ♿ Ouvert du 1er mai au 10 septembre. Le plus confortable (4 étoiles) et aussi le plus cher. Compter environ 150 F (22,8 €) pour 2. Donne sur la baie de la Fresnaye. Plage à 150 m. Dispose aussi d'une crêperie. Piscine, tennis, volley, salle TV, salle de jeux, aire de jeux pour les enfants et plan d'eau pour canoter. 5 % du prix du séjour est offert aux lecteurs du *GDR* en basse saison.

Assez bon marché à prix moyens

▉ |●| *Hôtel Ker-Louis :* 15, rue Du-Guesclin. ☎ et fax : 02-96-41-80-77. Au calme, à 200 m de la plage. Chambre double de 195 à 320 F (29,7 à 48,8 €) en été, et de 170 à 280 F (25,9 à 42,7 €) le reste du temps. Les moins chères ont juste un bidet et un lavabo, les douches et w.-c. étant communs. Également des chambres familiales très pratiques pour les... familles ou les groupes pouvant accueillir jusqu'à 8 personnes. Compter 250 F (38,1 €) pour 4 et 570 F (86,9 €) pour 8. L'hôtel est simple mais dégage un petit charme désuet pas désagréable, notamment dans les chambres à bow-window. Demi-pension de 220 à 290 F (33,5 à 44,2 €). Restaurant avec des menus de 75 à 158 F (11,4 à 24,1 €) qui privilégient poissons et fruits de mer. À la carte, compter environ 250 F (38,1 €). Terrasse, bar, ping-pong, billard, baby-foot, et en prime un accueil très aimable.

▉ |●| *Hôtel Les Mielles :* dans la rue piétonne, à 30 m de la plage. ☎ 02-96-41-80-95. Fax : 02-96-41-77-34. Ouvert de mai à mi-septembre seulement. De 365 à 450 F (55,6 à 68,6 €) en saison, petit déjeuner inclus. Demi-pension de 295 à 335 F (44,9 à 51 €) par personne. Au resto, *Le Surnoit*, menu de 79 à 118 F (12 à 17,9 €). Accueil jeune et sympathique. Dans cette grande bâtisse de pierre grise, des chambres modernes et de bon confort, très bien tenues. Jardin intérieur où se trouve une annexe de deux ou trois

chambres tranquilles. 10 % de réduction sur le prix de la chambre sur présentation du *GDR*, sauf en juillet et août.

▉ |●| *Hôtel des Arcades :* dans la rue piétonne. ☎ 02-96-41-80-50. Fax : 02-96-41-77-34. Ouvert de début avril à fin septembre. Même direction que *Les Mielles*. Chambres de 415 à 620 F (63,2 à 94,5 €), petit déjeuner inclus. Demi-pension de 320 à 425 F (48,7 à 64,7 €) par personne. Au restaurant, service non-stop de 12 h à 23 h. Premier menu à 84 F (12,8 €). Marmite du pêcheur, mouclade des boucholeurs, fruits de mer... Prix spéciaux à la semaine. 10 % de remise sur la chambre sur présentation du *GDR* hors saison.

|●| *Crêperie Le Bretan'or :* 8, pl. Anatole-Le-Braz; en hauteur. ☎ 02-96-41-92-45. Fermé le mercredi hors saison, ainsi qu'en décembre et janvier sauf pendant les vacances scolaires. La crêperie des vacanciers. La patronne est gentille et pleine d'attentions. Bonnes crêpes pas trop chères.

|●| *Les Halles :* 21, rue du Duc-d'Aiguillon. Ouvert d'avril à fin septembre. Fermé les mardi midi et mercredi sauf en juillet et août. Menus à partir de 72 F (10,9 €). On peut à toute heure déguster moules ou huîtres dans cette petite brasserie sympa où les plats sont affichés sur un grand tableau à l'extérieur. Spécialités de moules, poisson, coquilles Saint-Jacques, et de carpaccio de saumon ou de bœuf et sa crème de laitue.

Plus chic

▉ |●| *Hôtel-restaurant Les Dunes :* rue Primauguet, dans le centre, à 200 m de la plage. ☎ 02-96-41-80-31. Fax : 02-96-41-85-34. Ouvert d'avril à fin octobre. Compter de 370 à 390 F (56,4 à 59,4 €) par personne. Demi-pension de 350 à 400 F (53,3 à 60,9 €) par personne. Au resto, menus de 115 à 380 F (17,5 à 57,9 €). Raffiné et chaleureux, un Logis de France typique des an-

nées 1930, très bien tenu. Chambres avec douche, w.-c. et TV. Demi-pension obligatoire pendant les vacances scolaires et les grands week-ends. Resto réputé. Spécialités de poisson et fruits de mer : beignets de langoustines aux agrumes, salade de homard tiède ou escalope de foie de canard au sauternes. Apéritif maison offert. Tennis réservé à la clientèle.

Où dormir ? Où manger dans les environs ?

▄ |●| *Hôtel-restaurant de la Poste :* 11, pl. Gouyon, 22550 Matignon ; à 6 km de Saint-Cast par la D13. ☎ 02-96-41-02-20. Fax : 02-96-41-18-21. ✗ Fermé 2 semaines en octobre et 3 semaines en janvier, et les dimanche soir et lundi hors saison. Compter de 170 à 270 F (25,9 à 41,1 €) pour la chambre double, selon le confort. Au resto, premier menu à 75 F (11,4 €), compter 115 F à la carte (17,5 €). La situation de cet établissement permet de rayonner dans toute la région et de retrouver le soir un peu de calme, de confort et une bonne table. Les chambres sont agréables et la cuisine proposée par Marcel Girard est bonne et variée. Soirée étape et demi-pension intéressante. Au resto, la cuisine est faite à base de produits maison. Excellent saumon fumé et foie gras (eh oui !) préparé par leurs soins. Une bonne petite étape au calme. Kir offert sur présentation du *GDR*.

▄ *Château du Val d'Arguenon :* chez M. et Mme de la Blanchardière, 22380 Notre-Dame-du-Guildo. ☎ 02-96-41-07-03. Fax : 02-96-41-02-67. Fermé d'octobre à mars. Chambres de 450 à 650 F (68,6 à 99 €), petit déjeuner compris. À 9 km au sud par la route qui mène à Saint-Jacut-de-la-Mer. Une demeure privée du XVIe siècle, à 200 m en retrait de la route, où Chateaubriand est venu plusieurs fois se reposer ! Cinq chambres spacieuses et au mobilier ancien. Tennis sur place et nombreuses activités à proximité. Également 3 robustes maisons à louer dans le parc pour 4 et 6 personnes, de 1 400 à 4 000 F (213,4 à 609,8 €) la semaine selon la saison. Très spacieuses et bien équipées. Petit déjeuner offert sur présentation du *GDR*.

▄ *Chambres d'hôte à la ferme Le Logis du Gallais :* sur la D786 entre Saint-Cast et Notre-Dame-du-Guildo, de grands panneaux l'indiquent sur la gauche. ☎ 02-96-41-04-90 ou 06-86-23-75-44 (portable). Ouvert de Pâques à début sep-

tembre. 220 F (33,5 €) pour 2, petit déjeuner compris. Dans un coin de campagne très tranquille et à proximité de la mer. Pascale et Jean-Yves Merdrignac, couple d'agriculteurs très sympa, vous accueillent dans leur jolie maison en pierre. Chambres mignonnes et fonctionnelles. Grand jardin. Atmosphère familiale et décontractée. Depuis quelques années, Jean-Yves se passionne pour les chevaux et, après avoir passé ses diplômes de guide, propose des balades à cheval très chouettes en bord de mer dans les baies toutes proches (voir aussi la rubrique « Adresses utiles »). Apéritif, café et digestif sont offerts à nos lecteurs.

|●| *La Crêperie de Saint-Germain :* à partir de Matignon (6 km de Saint-Cast par la D13), faire 1 km sur la D786 en direction de Fréhel, puis prendre à droite direction Saint-Germain, qui se trouve à environ 2 km. La crêperie est sur la place du village. ☎ 02-96-41-08-33. Compter de 40 à 50 F (6,1 à 7,6 €) pour caler une bonne faim. Service continu pendant les vacances de Pâques et en juillet-août à partir de 12 h. Il faut venir jusqu'à ce village paisible qui domine la baie de la Fresnaye, pour déguster de bonnes galettes et crêpes. Farine de blé noir ou froment, la gentille madame Eudes a en effet un tour de main bien efficace pour manier la pâte. Pas trop d'extravagances dans les garnitures, elle reste fidèle aux spécialités traditionnelles avec des produits de qualité : elle met du vrai jambon dans vos galettes et non du « sous-vide qui brille » (c'est assez rare pour être souligné). C'est donc très bon, pas bien cher, et, en plus, sa maison ancienne est bien plaisante, ainsi que la terrasse-jardin en été. Le café est offert sur présentation du *GDR*.

|●| *Le Gilles de Bretagne :* sur le port de Notre-Dame-du-Guildo, à 9 km de Saint-Cast. ☎ 02-96-41-07-08. Fermé le lundi et mardi sauf en été, ainsi qu'au mois de janvier. Menus de 78 à 176 F (11,9 à 26,8 €)

Réservation conseillée pour le dîner en été et pendant les week-ends. Spécialités de fruits de mer et de poisson. Formule fruits de mer pour deux à 570 F (86,9 €) avec le plateau géant, la pause avec le trou normand, avant d'attaquer le homard breton grillé de 700 g pour deux, présenté vivant ; fromages et dessert pour conclure. Au 1er étage, salle panoramique sur l'Arguenon. Une adresse connue dans le coin, pour la qualité constante de sa cuisine et la personnalité de la patronne. Café offert sur présentation du *GDR*.

|●| ≜ *Le Vieux Château :* à 10 km au sud, sur la route de Saint-Jacut-de-la-Mer ; sur la gauche après le pont en venant de Saint-Cast. ☎ 02-96-41-07-28. Fax : 02-96-41-14-36. Fermé le mercredi pendant l'hiver et en février. Premier menu à 79 F (12 €). Autres menus à 98 F (14,9 €), 145 F (22,1 €), etc. Chambres à 250 F (38,1 €). Un hôtel-restaurant que nous retenons d'abord pour la table. Produits frais, cadre agréable et service souriant, tout ça est parfait. Au menu à 79 F, par exemple, 6 huîtres (excellentes), de la tête de veau, du croustillant de pied de porc qui réjouiront les amateurs, et des desserts maison comme il faut. Chambres donnant malheureusement toutes côté route, mais bien insonorisées. Sur présentation du *GDR*, un kir breton est offert.

Où manger un bon gâteau ?

– *La Belle Meunière :* 18, rue du Duc-d'Aiguillon (rue commerçante, près de la plage). ☎ 02-96-41-82-22. Ouvert pendant les vacances scolaires et tous les jours de Pâques à mi-septembre. Couramment appelée *La Belle Meu,* lieu de passage obligé des habitués, où l'on prend un pot et une pâtisserie entre deux bronzettes. Goûter le castin, spécialité de Saint-Cast, la coupe Windsurf et le *kouign amann* tatin, une nouveauté.

À voir dans les environs

★ *Le port du Guildo :* situé sur la route de Matignon à Ploubalay. À notre avis, l'une des plus belles cartes postales du coin. Venant de Matignon, sur la gauche, après avoir franchi le grand pont, harmonieux ensemble de maisons de pêcheurs en granit. À marée basse, l'estuaire prend des reflets et un relief fascinants. Ruines du château du Guildo (du XIVe siècle). Dans la côte de Notre-Dame-du-Guildo, à l'entrée du bourg, la boulangerie *Miriel* confectionne de bonnes pâtisseries et un pain cuit au feu de bois de grande réputation. Voir aussi la rubrique « Où trouver du bon cidre fermier ? » ci-dessous.

★ *La plage des Quatre-Vaux :* entre Saint-Cast et Notre-Dame-du-Guildo. Croquignolette en diable !

Où trouver du bon cidre fermier ?

– *La Ferme des Landes :* sur la D786 juste avant Notre-Dame-du-Guildo (voir la rubrique « À voir dans les environs » juste au-dessus) en venant de Matignon ou de Saint-Cast. ☎ 02-96-41-12-48. En avril, mai et septembre, ouvert tous les jours sauf le dimanche de 14 h à 19 h. En juin, juillet et août, ouvert tous les jours de 10 h à 20 h. Le reste de l'année, ouvert tous les vendredi et samedi de 9 h à 12 h et de 14 h à 18 h. Réservations possibles. Depuis plusieurs années maintenant, Jehan Lefèvre fabrique son délicieux cidre fermier avec des variétés de pommes locales. Les anciens du coin y retrouvent avec bonheur le goût du cidre de leur jeunesse, bien équilibré entre les parfums du fruit et une certaine amertume. Nous aussi, on a adoré ! Jehan produit aussi un excellent jus de pomme, déjà médaillé lors de concours, et du vinaigre de cidre. Dégustation bien sûr, mais aussi intéressante petite exposition permanente autour de la pomme, et du matériel ancien de fabrication du cidre. Et surtout, n'hésitez pas à poser des questions à l'accueillant maître des lieux. À noter : dans sa ferme, en juillet-août, Jehan Lefèvre organise chaque vendredi de 17 h à 20 h 30 un *marché à la ferme* très chouette. Une bonne quinzaine de petits producteurs des environs viennent faire connaître leurs produits fermiers et artisanaux. Démonstration de vieux métiers, groupes musicaux, et l'inévitable buvette, avec du cidre évidemment, des galettes, des crêpes...

LE CAP FRÉHEL ET LE FORT LA LATTE

L'un des lieux les plus impressionnants de la côte. Souvent battu par les puissants vents du large. Par temps clair, on découvre le Cotentin, Jersey, l'île de Bréhat. Falaise en à-pic de plus de 70 m, surmontée d'un phare. Végétation rare, grandes étendues de bruyère. 6 km avant le cap, à *Pléhérel*, splendide plage bordée de dunes avec une mer, certains jours, couleur d'émeraude. La côte n'a pas volé son nom ! À mi-chemin entre Fréhel et les plages de la Guette, la plage du Port-du-Sud-Est accueille les naturistes. La commune entretient 70 km de sentiers ; nous vous recommandons la superbe balade du cap au fort La Latte. Le sentier côtier longe de hautes falaises changeant sans cesse de couleur. Il suit, en fait, le GR34 qui se prolonge jusqu'à Port-à-la-Duc, au fond de la baie. *Réserve d'oiseaux* (rares malgré tout). L'accès au cap est payant, mais le prix (modique) est amplement justifié par les efforts déployés pour la protection et la réimplantation d'espèces menacées.

Où dormir, où manger dans le coin ?

▲ *Camping du Pont de l'Étang :* Pléhérel-Plage, dans les dunes. ☎ 02-96-41-40-45. Ouvert de mai à fin septembre. Assez gigantesque et sanitaires insuffisants.

▲ *Auberge de jeunesse du cap Fréhel :* à La Ville-Hardrieux, Kérivet-en-Fréhel (fléché de la route). ☎ et fax : 02-96-41-48-98. ♿ Ouvert seulement du 1er avril au 30 septembre. 45 F (6,8 €) la nuit par personne et petit déjeuner à 20 F (3 €). Chambre de 2 à 8 personnes. Demi-pension à 114 F (17,4 €) par personne. Possibilité de camper. Repas servis. Location de vélos et de VTT. Apéritif offert aux lecteurs du *GDR*.

▲ *Le Fanal :* aller jusqu'au cap Fréhel, puis revenir vers Plévenon. ☎ 02-96-41-43-19. Ouvert du 1er mai au 30 septembre. Chambres confortables de 250 à 340 F (38,1 à 51,8 €). Les nos 6 à 9 sont plus spacieuses que les autres. Haut chalet à l'architecture moderne surprenante plutôt réussie et rappelant la Scandinavie – ce qui colle parfaitement avec le paysage de lande dépouillée qu'on a devant soi jusqu'à l'océan. Propreté irréprochable et atmosphère à la Bergman. Au salon, quelques notes de Chopin. Des habitués viennent régulièrement se ressourcer ici. On les comprend : l'accueil est excellent et l'immense jardin des plus reposants. Parking privé. Sur présentation du *GDR*, petit déjeuner offert aux enfants.

🛏 *Le Relais de Fréhel, gîtes et chambres d'hôte :* à 1,5 km de Plévenon sur la route du Cap-Fréhel. ☎ 02-96-41-43-02. Fax : 02-96-41-30-09. Ouvert de Pâques à la Toussaint. 300 F (45,7 €) la double, petit déjeuner compris. Une ancienne ferme très bien restaurée par la petite-fille d'anciens propriétaires, dans un parc boisé de 2 ha, et tout autour ce mystérieux paysage de lande qui mène au majestueux cap Fréhel. Les 5 chambres sont décorées avec élégance, comme la salle à manger. C'est simple, beau et de bon goût. Myriam Fournel, hôtesse souriante et accueillante, propose aussi des gîtes en location à la semaine, dont les prix varient selon les saisons. Elle vous fera partager les joies que procure cet endroit tranquille, noyé dans la verdure, et vous conseillera pour les activités : randonnées, plages, VTT, équitation, golf à 18 trous et tennis dans la propriété. Un vrai havre de paix, et une étape de qualité idéale pour découvrir la Bretagne sauvage et authentique. Une de nos adresses préférées dans le coin.

🍽 *Crêperie La Clepsydre :* à 5 km du cap Fréhel en allant vers Sables-d'Or, dans le bourg de Pléhérel-Plage. ☎ 02-96-41-41-21. Ouvert midi et soir tous les jours de début avril à fin septembre, fermé de janvier à mars. Pour une grosse faim, compter de 70 à 100 F (10,7 à 15,2 €). Une petite maison blanche de village avec une terrasse. Un endroit apprécié des locaux, c'est plutôt bon signe et bien mérité. Tout est préparé sur le moment, à base de produits frais. La façon de bien travailler et le bel esprit des lieux sont expliqués sur le menu. Spécialités de galettes et de crêpes originales et bien garnies. Bon cidre et bières bretonnes.

Gourmandises

– *Pâtissier-chocolatier R. Jouault :* dans le bourg de Fréhel. ☎ 02-96-41-41-31. Ouvert tous les jours en été de 7 h 30 à 20 h, horaires réduits en hiver. Ne quittez pas Fréhel sans avoir goûté aux spécialités de cette bonne maison, le palet et la demoiselle de Fréhel. Bons *kouign amann* également.

À voir

★ *Le phare :* visite tous les jours en été, de 14 h à 18 h. Gardien sympa, qui explique le fonctionnement du phare. C'est l'un des plus importants de Bretagne. Par beau temps, ses lumières sont visibles à près de 120 km ! Belle architecture en granit des années 1950. Ceux qui ont le courage de grimper les 145 marches seront récompensés : panorama époustouflant sur la Côte d'Émeraude et les champs de bruyère. Si le climat le permet, possibilité d'apercevoir Jersey ! Prévoir une petite laine : le vent bat fort...

★ *Le fort La Latte :* visite toute l'année, les samedi, dimanche et pendant les vacances scolaires, de 14 h 30 à 18 h 30 ; pendant les vacances de Pâques et de juin à septembre, de 10 h à 19 h . Renseignements au : ☎ 02-96-41-40-31. Visite guidée (45 mn). Entrée : 25 F (3,8 €) et 10 F (1,5 €) pour les moins de 12 ans. Place forte qui défendait l'entrée de la baie de la Fresnaye, le fort fut édifié au XIIIe siècle et rénové au XVIIe. Du Guesclin l'assiégea en 1379. Kirk Douglas et Tony Curtis y tournèrent *Les Vikings,* série B des années 1950. Perché sur un site escarpé extrêmement pittoresque, il domine l'une des plus belles baies bretonnes. Pas grand-chose à voir à l'intérieur mais la balade pour s'y rendre (à pied) est plaisante. Visite intéressante du four à chauffer les boulets qui permettait d'envoyer des boulets rouges pour incendier les navires. Il n'en resterait que quelques exemplaires en Europe.

SABLES-D'OR-LES-PINS (22240)

Station balnéaire créée de toutes pièces dans les années 1920 pour concurrencer Deauville. Problèmes financiers, Seconde Guerre mondiale, projet trop ambitieux peut-être, le fait est qu'elle ne fut jamais achevée. Résultat : une poignée d'hôtels avec de fausses façades normandes et quelques grosses villas qui bordent d'immenses avenues qui ne desservent rien. Oh, rien de spectaculaire en soi, mais, en basse saison, un côté un peu surréaliste. Alan Ladd qui aurait enfilé la chemise de John Wayne en quelque sorte... Cela dit, on aime bien, d'autant que la plage (3 km de sable fin) est magnifique.

Adresses utiles

◘ *Syndicat d'initiative :* sur la plage. ☎ 02-96-41-51-97. Ouvert du 15 juin au 15 septembre. Hors saison : ☎ 02-96-41-53-81 (à Fréhel).

◘ *Office du tourisme :* dans le bourg de Plurien, à 2 km des Sables-d'Or. ☎ 02-96-72-18-52. ● otplurien@aol.com ● Ouvert en été du lundi au samedi de 9 h 30 à 12 h 30 et de 14 h à 19 h, le dimanche de 10 h à 12 h. En hiver, ouvert de 14 h 30 à 17 h (de 10 h à 12 h en janvier).

■ *Casino :* face à la plage. Tout petit, mais on y trouve l'essentiel : des machines à sous !

■ *Promenades à poney et à cheval sur la plage :* centre équestre « Les Cognets » à Plurien. ☎ 02-96-72-47-00 ou 06-10-75-86-64. Cours, balades en campagne ou sur les plages, enfants, adultes, débutants ou confirmés, il y en aura pour tous les âges et tous les niveaux.

Où dormir ? Où manger ?

▲ *Camping municipal :* venant d'Erquy, à l'entrée, à gauche. ☎ 02-96-72-17-40. Compter environ 75 F (11,4 €) pour 2 avec un véhicule, l'emplacement et l'électricité. S'étage sur une colline verdoyante. Emplacement agréable. Plage à 500 m environ.

▲ |●| *Hôtel-Restaurant-Bar Le Commerce :* rue Montague, dans le bourg de Plurien. ☎ 02-96-72-46-50. Chambre double à 170 F (25,9 €) avec lavabo. 230 F (35 €) avec une 3e personne. Au resto, menu complet à 55 F (8,4 €) sauf le week-end. Douche et w.-c. sur le palier. Hôtel tout simple récemment remis à neuf et bien tenu. Une bonne petite adresse si vous ne voulez pas casser la tirelire.

▲ |●| *Hôtel des Pins :* à 400 m de la plage. ☎ 02-96-41-42-20. Fax : 02-96-41-59-02. Fermé du 1er octobre au 1er avril. Chambre à 220 F (33,5 €) avec douche, ou 300 F (45,7 €) avec douche et w.-c. Demi-pension obligatoire en juillet et août, de 220 à 310 F (33,5 à 47,2 €) par personne. Premier menu à 78 F (11,8 €). Très propre, petit charme désuet sympathique. Minigolf et jardin. 10 % de réduction pour nos lecteurs sur le prix de la chambre, sauf entre le 15 juin et le 15 septembre.

▲ *Chambres d'hôte Les Cognets :* à Plurien. ☎ 02-96-72-47-00.

Ouvert toute l'année. 220 F (33,5 €) la chambre (300 F, soit 45,7 €, pour 4), 600 F (91,5 €) le deux-pièces, et 300 F (45,7 €) par jour ou 2 000 F (305 €) la semaine pour la petite maison. Petit déjeuner à 30 F (4,6 €). Ancienne ferme du XVIe siècle joliment restaurée, proposant 4 chambres, un appartement de 2 pièces (75 m) avec vue sur la mer pouvant accueillir jusqu'à 6 personnes, et une petite maison indépendante très mignonne. Le mobilier moderne aux coloris vifs fait bon ménage avec les portes en ogive, et l'on partage vite l'atmosphère chaleureuse et aimable du lieu. Deux grandes pièces communes sympas et un immense jardin de 2 ha à disposition. Centre équestre avec des poneys. Encadrement avec monitrice diplômée d'État, s'occupant des enfants dès l'âge de 4 ans. 10 % de remise sur le prix de la chambre pour nos lecteurs, sauf en juillet et août.

■ *Manoir de la Salle :* rue du Lac, 22240 Plurien. À 2 km de Sables-d'Or-les-Pins, un peu avant Fréhel. ☎ 02-96-72-38-29. Fax : 02-96-72-00-57. • www.manoir-de-le-salle.com •

Plus chic

■ I●I *La Voile d'Or :* à l'entrée de la station, face à la lagune. ☎ 02-96-41-42-49. Fax : 02-96-41-55-45. Menus à 160 F (24,3 €) et 400 F (61 €). À l'hôtel, chambres de 400 à 700 F (60,1 à 106,7 €). Établissement récemment repris par un chef déjà réputé dans la région. Salle de resto élégante assez design. Très bonne cuisine. Chambres très confortables à l'hôtel, toutes récemment refaites.

✖ Ouvert de début avril à début octobre. De 250 à 400 F (38,1 à 60,9 €) la chambre double. En basse saison, de 200 à 300 F (30,5 à 45,7 €). Aménagé dans une grande et noble bâtisse en pierre, du XVIe siècle. C'est à la mode par ici ! On entre par un beau portail gothique du XVe. Chambres claires et confortables au mobilier contemporain. Également 2 gîtes pour 4 à 6 personnes de 500 à 650 F (76,2 à 99 €) selon la saison. Sur place : billard, ping-pong et solarium. Golf à proximité. Une bien bonne adresse, tenue par un jeune couple sympa et détendu. Réduction de 10 % sur une semaine pour nos lecteurs.

I●I *La Potinière Mady :* face à la plage. ☎ 02-96-41-54-69. Ouvert de Pâques à fin septembre. Ouvert de 9 h 30 à minuit. Hors des horaires des repas, bar et salon de thé. Plats de 26 à 50 F (3,9 à 7,6 €). L'adresse estivale gentille et honnête pour se taper des fruits de mer, des moules-frites, des Saint-Jacques en salade, une salade ou quoi que ce soit de rapide et bon marché. Le café est offert à nos lecteurs.

LES CÔTES-D'ARMOR

Fête

– *Fête médiévale de Plurien :* avant-dernière semaine de juillet. Costumes, vieux métiers, buffet, musique, animations.

À voir

★ *Atelier Orfeu :* sur la place de l'Église de Plurien. ☎ 02-96-72-04-07. Ouvert tous les jours en juillet-août de 11 h à 12 h 30 et de 16 h à 19 h 30, les week-ends de mai, Pâques et Noël. Sur rendez-vous le reste de l'année. Remarquable travail de céramiques, sculptures, bijoux, photos, dessins, etc.

ERQUY *(ERGE-AR-MOR)* (22430)   3 840 hab.

Port de pêche actif, capitale de la coquille Saint-Jacques. L'été, populaire destination touristique, mais le bourg ne se couvre pas pour autant d'hôtels hideux et conserve une charmante personnalité. Le cap d'Erquy est réputé pour le Deltaplane et la pêche à pied, si bien décrite dans le roman *Le Blé en herbe* de Colette. Le site se prête à des loisirs actifs, tels le canoë-kayak, le VTT, l'escalade...

Adresses utiles

ⓘ *Office du tourisme :* bd de la Mer ; au niveau de l'école de voile dans l'immeuble de l'Escurial. ☎ 02-96-72-30-12. Fax : 02-96-72-02-88. ● www.erquy-tourisme.com ● En saison, ouvert tous les jours de 9 h 30 à 12 h 30 et de 14 h à 19 h ; hors saison, ouvert tous les jours de 9 h 30 à 12 h et de 14 h à 17 h. Bon accueil.
■ *École de voile :* sur le port, à la Maison de la mer. ☎ 02-96-72-32-62.
■ *École de plongée :* à la même adresse ☎ et fax : 02-96-72-49-67. Sur le beau site du Cap d'Erquy notamment.

■ *École de pêche du bord :* en été, deux fois par semaine, initiation à la pêche à la ligne avec des pêcheurs locaux. Matériel fourni. Se renseigner à l'office du tourisme pour les jours et les horaires.
■ *Char à voile :* plage de Saint-Pabu et de la Ville-Berneuf. ☎ 02-96-72-95-28. Un club propose stages, cours...
■ *Quincaillerie Morgand :* pl. du Nouvel-Oupeye. Josette et Michel Morgand vendent de tout et savent tout sur la région, mais inutile de demander un autographe à monsieur.

Où dormir ?

Campings

▣ *Camping Les Roches :* à Caroual Village, face à la grande plage de Caroual. Accès par la D786 entre Erquy et Val-André. ☎ et fax : 02-96-72-32-90. Ouvert d'avril à mi-septembre. Adulte : 17 F (2,6 €). Emplacement : 18 F (2,7 €). Un deux-étoiles bien situé et bon marché pratiquant une réduction pour nos lecteurs, sauf en juillet et août. Minigolf (gratuit), ping-pong, volley, etc. Bon accueil. Location de mobile homes de 1 200 à 2 400 F la semaine (182,9 à 365,8 €).
▣ *Camping Les Pins :* route du Guen. ☎ et fax : 02-96-72-31-12. Ouvert de mi-avril à mi-septembre.

40 F (6,1 €) l'emplacement, 18 F (2,7 €) pour la voiture et 25 F (3,8 €) par personne. Situé dans une pinède sur la falaise. Convient à ceux qui recherchent le calme plutôt que la proximité de la plage. Tennis et piscine sur place. Confort d'un trois-étoiles.
▣ *Camping Le Vieux Moulin :* rue des Moulins. ☎ 02-96-72-34-23 et 06-11-30-81-87. Fax : 02-96-72-36-63. Ouvert de début avril à fin septembre. Ses 175 emplacements classés 4 étoiles avec piscine chauffée et tennis sont très recommandables.

Bon marché à prix moyens

≜ *Le Reflet de la Mer :* on en parle plus bas dans la rubrique « Où manger ? ».

≜ *Hôtel Beauséjour :* 21, rue de la Corniche. ☎ 02-96-72-30-39. Fax : 02-96-72-16-30. Établissement fermé le lundi hors saison. Chambre double de 250 à 320 F (38,1 à 48,7 €) avec douche, w.-c. et TV. Demi-pension : de 285 à 335 F (43,4 à 51 €) par personne. Au resto, menus de 85 à 172 F (12,9 à 26,2 €). Petit hôtel de vacances traditionnel, en surplomb, à 100 m du port. Coin calme et très bon accueil. Chambres bien tenues. Resto aux prix modérés. Demi-pension avantageuse obligatoire du 15 juillet à fin août. Menus copieux et savoureux. Parmi les spécialités : brochettes de Saint-Jacques au coulis d'étrille, choucroute du pêcheur, etc.

≜ *Hôtel-restaurant Le Relais :* 60, rue du Port. ☎ 02-96-72-32-60. Fax : 02-96-72-19-57. Fermé le mercredi soir et jeudi hors saison, de fin novembre à début décembre et pendant les vacances scolaires de février. De 300 F (42,7 €) avec douche à 350 F (53,3 €) la chambre double avec bain, balcon, TV. Fait aussi restaurant avec un premier menu à 78 F (11,8 €). Plutôt sympa, cet hôtel avec vue sur la mer (pour sûr, on est à 10 m du port !), refait à neuf et bien tenu.

≜ *Chambres d'hôtes Les Bruyères :* route des Hôpitaux. Depuis le centre, suivre la direction Les Hôpitaux ; à 1,3 km environ, prendre à gauche et suivre les panneaux. ☎ 02-96-72-31-59. Fax : 02-96-72-04-68. Compter 280 F (44,6 €) la chambre double hors saison et 340 F (51,8 €) en saison. Aline et Prosper vous accueilleront chaleureusement toute l'année dans leur maison qui comprend 3 chambres dont une avec terrasse et balcon. Deux de ces chambres contiguës permettent d'accueillir une famille de 4 personnes. Possibilité de faire la cuisine. Jardin et aire de jeux. La plage la plus proche est à 1,5 km. Le petit déjeuner, copieux, est compris. Une adresse où les hôtes feront tout pour rendre votre séjour agréable. Au choix, l'apéritif, le café ou le digestif est offert aux lecteurs du *GDR*.

Où manger ?

|●| *Le Roof :* au début du port. ☎ 02-96-72-16-11. Ouvert de février à mi-novembre, tous les jours pendant les vacances scolaires, sinon seulement le week-end. À partir de 13 F (2 €) pour la galette au beurre, mais les prix ont tendance à grimper vite. Tenu par Karine qui a repris ce « bar, crêperie, glacier » au décor marin, avec une belle terrasse ouvrant sur la mer et sur le port. Ses spécialités : les galettes « Côtes-d'Armor » et la « Nazado » à base de coquilles Saint-Jacques de la baie. En guise de dessert, vous n'aurez que l'embarras du choix avec les 35 coupes de glaces différentes répertoriées sur la carte. Spécialités de gaufres également. Ici, tout est fait maison avec des recettes traditionnelles. Karine fait comme sa mère et sa grand-mère.

Accueil familial. Tout le monde se connaît et pour cause, le mari de Karine dirige les tennis des Sables-d'Or.

|●| *Crêperie et chambres à louer, Le Reflet de la Mer :* 18, rue du Port. ☎ 02-96-72-00-95. Ouvert d'avril à fin septembre. Fermé le vendredi hors saison. La crêpe au beurre à 12 F (1,8 €), la gourmande à 44 F (6,7 €) : une fourchette raisonnable. Face à la plage du centre, une petite adresse pour d'authentiques et bonnes galettes traditionnelles au blé noir, à déguster en terrasse ou dans la salle bleu-blanc-bleu. Louent par ailleurs 7 chambres toutes simples (lavabo et bidet, le reste sur le palier) mais suffisantes et propres, à 170 F (25,9 €), et 6 chambres de plain-pied sur le jardin à 140 F (21,3 €), jardin par ail-

leurs calme et fleuri, super! Atmosphère simple et amicale, on aime bien l'esprit de ces lieux.

l●l *Restaurant Le Nelumbo :* 5, rue de l'Église. ☎ 02-96-72-31-31. Fermé le dimanche soir et lundi hors saison et jours fériés, fin février et la 2e quinzaine de novembre. Dans le centre. Menus de 78 F (en semaine) à 160 F (11,8 à 24,3 €). Duo de bar et Saint-Jacques au Noilly, gigot de lotte rôti à l'huile d'olive, queues de langoustines gratinées, etc. Beaucoup de poisson. Apéritif maison ou café offert à nos lecteurs.

l●l *Restaurant La Cassolette :* 6, rue de la Saline. ☎ 02-96-72-13-08. À 50 m de la plage (parking bien pratique juste devant), non loin de la place de la Poste. Fermé le jeudi et le vendredi midi hors saison, ainsi que du 1er décembre à début février. Formule plat-dessert à 68 F (10,3 €) servie le midi, et 5 menus de 79 à 235 F (12 à 35,8 €). À la carte, compter autour de 250 F (38,1 €) sans le vin. Les Réginéens (Regina était le nom d'Erquy à l'époque romaine) ont bien de la chance de compter deux excellentes tables dans leur petite cité, *L'Escurial* dont on vous vante aussi les mérites, et *La Cassolette*. Cette dernière, pro-priété d'une gentille dame, permet à un jeune chef qui a travaillé dans de grandes maisons d'y exprimer tout son talent. La mer n'étant qu'à deux pas, il en accommode les meilleurs fruits de façon raffinée. Salivez plu-tôt : ravioles de Saint-Jacques, cassolette de langoustines à l'orange, etc. Les desserts sont du même tonneau; on s'est régalé avec le Byzantin aux deux chocolats, et la feuillantine aux fruits de saison jouit aussi d'un succès mérité. Pour ne rien gâcher, l'endroit est plaisant (petite salle rustique et coquette avec cheminée), ainsi que la terrasse-jardin pour les beaux jours. Bon accueil et service efficace. Une coupe de vin pétillant offerte à nos lecteurs.

l●l *Restaurant L'Escurial :* bd de la Mer. ☎ 02-96-72-31-56. Fermé le dimanche soir et le lundi. En août, ouvert tous les jours. Premier menu à 110 F (16,7 €) et menus suivants de 160 F (24,3 €) à 260 F (39,6 €). L'un des restos les plus réputés de la région. Vue sur le large depuis la salle à manger aux confortables fauteuils de cuir vert et blanc. Évidemment, spécialités de la mer, comme le saint-pierre poêlé au foie gras et tagliatelles. Une valeur sûre, donc réservation conseillée.

Gourmandises

– *Pâtisserie Le Jardin de Ker Étienne :* 1, rue de la Corniche. ☎ 02-96-72-09-61. On y trouve la friandise locale : la noix de Saint-Jacques.

Où dormir? Où manger dans les environs?

▲ *Chambres d'hôte chez M. et Mme Balan :* 1, rue du 3-Août-1944, La Couture; à 4 km d'Erquy sur la route de Pléneuf à Saint-Brieuc. ☎ 02-96-72-38-58. Ouvert de juin à fin septembre. Chambres de 250 à 270 F (38,1 à 41,1 €), petit déjeuner compris. La maison est charmante, le jardin est fleuri, les 3 chambres sont croquignolettes et d'une propreté irréprochable. Les moins chères ont une salle de bains commune, les autres ont une douche individuelle. L'accueil est convivial et il y a un accès direct aux chambres. Seule ombre au tableau : la belle maison de granit est au carrefour de deux routes (D786 et D34). Boules Quiès indispensables pour ceux qui ont le sommeil léger. Pour les autres, adresse irréprochable.

▲ l●l *Auberge La Bonnaie :* à

2 km de La Bouillie, sur la route de Pléneuf-Val-André, la D17. ☎ 02-96-31-51-71. Fermé le lundi et le dimanche soir hors saison ainsi qu'en octobre. Propose des chambres d'hôte à 220 F (33,5 €), demi-pension à 190 F (28,9 €). Copieux menu à 97 F (14,7 €) seulement. En pleine campagne, une ancienne ferme transformée en petit resto populaire. Sur réservation, on vous servira potée, pintade ou entrecôte cuite au feu de bois. Également des tartes maison et un délicieux far breton. Bon accueil.

|●| *Relais Saint-Aubin :* à 3 km d'Erquy, sur la D68 (vers La Bouillie), signalé de la route principale (la D34). ☎ 02-96-72-13-22. Fermé tous les lundi et mardi hors saison, et pendant les vacances de février. Réservation indispensable en saison, et toute l'année pour le week-end. Menus variés à 80 F (12,2 €) à midi en semaine, et de 118 F (17,9 €) à 190 F (28,9 €) avec dégustation de Saint-Jacques, 3 plats. Dans un hameau, une maison de caractère, ancien prieuré du XVIIᵉ siècle, avec un grand jardin. Calme total. Coin bucolique et romantique à souhait. Salle à manger ravissante avec poutres, meubles anciens et cheminée monumentale de granit. L'été, on peut manger en terrasse. Outre les beaux menus, un plat du jour intéressant est annoncé sur une ardoise (environ 80 F, soit 12,2 €). Sinon, fricassée de moules au lard et au cidre, marmite de joues de lotte infusées au cidre, etc. Bref, il y en a pour toutes les bourses et toutes les faims dans un cadre exceptionnel et avec un accueil qui ne l'est pas moins. Service attentionné. Ils proposent un excellent vin sélectionné par eux : le menetou-salon (blanc ou rouge).

Où prendre un verre ?

🍸 *Pub-pizzeria Les Salines :* sur la nationale, dans le centre. ☎ 02-96-72-31-73. Fermé le lundi et le vendredi midi hors saison. Le menu le moins cher est à 55 F, soit 8,4 € (seulement le midi). Un bar jeune où l'on mange de bonnes et copieuses pizzas et salades. Billard et jeux vidéo.

À voir. À faire à Erquy et dans les environs

★ *Le cap d'Erquy :* depuis la vente de la « garenne d'Erquy », c'est un lieu de balades exceptionnelles. Promontoire rocheux avec de splendides falaises de grès rose recouvertes de landes et de bruyère. Le grès d'Erquy servit d'ailleurs pour une partie de l'Arc de Triomphe et on en retrouve jusque dans les pavés de Lisbonne. Les 170 ha sont la propriété du Conservatoire du littoral. À vous donc de reconquérir les petits sentiers côtiers menant à de petites plages sauvages. Sur la *pointe des Trois-Pierres* qui, avec le cap, borde la belle *anse de Port-Blanc,* on trouve les vestiges d'un four à boulets du XVIIIᵉ siècle (on chauffait les boulets avant de les expédier sur les vaisseaux ennemis). Un chemin de douanier mène à la *plage de Lourtuais* où se plaisent les naturistes, puis à celle de *Portuais.* À marée basse, par la plage, possibilité de rejoindre Sables-d'Or.

– Sur le cap, en été, *visites à thèmes* organisées. Se renseigner à l'office du tourisme. ☎ 02-96-72-30-12.

– *Balade en mer sur la Sainte-Jeanne*, vieux gréement d'agrément et de découverte de la côte. 150 F (22,9 €) la demi-journée. Se renseigner à l'office du tourisme.

– *Randonnée pédestre :* 14 km. Compter 3 h 30 aller-retour sans les arrêts. En boucle du parking de la plage d'Erquy (35 km à l'est de Saint-

Brieuc). Balisage : blanc et rouge du GR34, et bleu. Facile. Référence : topo *Promenades et randonnées entre Manche et Guerlédan,* éd. FFRP. Carte IGN 1015 Sud.

Paysage panoramique sur des falaises déchiquetées, des landes fleuries et la plage de sable fin de Caroual. Les fortifications sur terre remontent aux Romains.

Du parking, le sentier GR34 longe le cap d'Erquy en montant au-dessus de la plage du Lourtuais. Au passage, le four à boulets et le camp de César méritent une visite. L'oppidum du cap d'Erquy, ou camp de César, est un site de reliefs fortifiés datant de l'âge de fer. Encore quelques millénaires de plus sur le dos... Deux retranchements sont visibles, le fossé Catuelan, qui barre la pointe du cap d'Erquy du nord au sud, et le fossé de Pleine-Garenne dont le double talus est indiqué sur place. Beaucoup de reliefs à deviner sous les herbes.

L'itinéraire domine la mer par la falaise, avec de très beaux panoramas. Un chemin balisé de bleu, au niveau du domaine de Lanruen sur la plage du Guen, descend vers le sud jusqu'au dolmen de La Ville-Hamon. Bientôt, un sentier transversal, toujours en bleu, suit l'ancienne ligne de chemin de fer. Le retour se fait par la plage de Caroual au sud d'Erquy et le GR34 qui rejoint le parking.

– L'office du tourisme fournit aussi un petit livret avec les descriptifs précis de toutes les balades possibles autour d'Erquy.

– En juillet, août et septembre, chaque jour des balades et visites sont aussi organisées par le syndicat des caps : sorties nature, histoire, culture, économie locale (la pêche, etc.)... Demandez la brochure « d'un cap à l'autre » à l'office du tourisme.

★ *Le château de Bienassis :* à un pas de la D34, entre Erquy et Pléneuf-Val-André. ☎ 02-96-72-22-03. De mi-juin à mi-septembre, visite guidée de 10 h 30 à 12 h 30 et de 14 h à 18 h 30, sauf le dimanche matin ; le reste de l'année, sur rendez-vous pour les groupes. Entrée : 25 F (3,8 €) et 15 F (2,2 €) pour les enfants de plus de 7 ans, les étudiants et les groupes (à partir de 20 personnes). Bel édifice fortifié des XVe et XVIIe siècles. Jardins à la française. Beaux meubles de la Renaissance bretonne. Il est depuis 1880 propriété de la même famille.

Fêtes et manifestations

– *La fête de la Coquille :* coquille Saint-Jacques bien sûr ! A lieu tous les 3 ans, puisque la fête tourne aussi sur Saint-Quay-Portrieux et Loguivy-de-la-Mer. Euh, voyons voir, la dernière fois c'était en 1999... donc la prochaine c'est pour début avril 2002. Un homme averti en vaut deux ! Bref, pêche, élevage et dégustation, vous saurez tout sur la coquille Saint-Jacques. Si vous vous sentez de taille, participez au concours d'ouverture : record à battre, 50 en 4 mn !

– *Concerts gratuits* dans la ville tous les mardis soir en été.

PLÉNEUF-VAL-ANDRÉ *(PLENEG-NANTRAEZH)* (22370) 3 770 hab.

Station créée en 1880, qui a le charme désuet du début du XXe siècle. Concession à la modernité, une immense digue-promenade longe la belle plage de sable fin de Val-André sur 2,5 km. Autour de Val-André, classée station voile, le bourg de Pléneuf et le port de Dahouët, ancien port d'attache des pêcheurs d'Islande. Au fond d'une ria en bouteille, il constitue un très bon abri pour les bateaux de plaisance, avec 400 places sur pontons.

Adresses utiles

◘ *Office du tourisme :* cours Winston-Churchill, à côté du casino. ☎ 02-96-72-20-55. Fax : 02-96-63-00-34. ● pleneuf@clubinternet.fr● Ouvert du lundi au samedi de 9 h à 13 h et de 14 h à 19 h, et les dimanche et jours fériés de 10 h à 12 h 30 et de 16 h à 18 h. Ouvert le dimanche d'avril à fin septembre.

■ *Centre nautique de Dahouët :* ☎ 02-96-72-95-28. Internat et externat. Possibilité de faire du char à voile.

■ *Golf :* plage des Vallées. ☎ 02-96-63-01-12. Un 18-trous récent, dans un site très joli. Très bien noté des golfeurs, qui jugent le parcours excellent. Il faudra qu'on essaye.

■ *Tennis :* parc de l'Amirauté au Val-André. Nombreux courts en terre battue. Chaque année, début août, s'y déroule un tournoi de haut niveau national. Ce tournoi vient d'ailleurs de fêter son centenaire.

■ *Promenades en bateau :* avec le vieux gréement *La Pauline.* ☎ 02-96-63-10-99. 130 F (19,8 €) les 2 h.

■ *Randonnées au clair de lune :* une en juillet et une en août. Vers Hillion et la baie, ou vers Erquy. Renseignements à l'office du tourisme.

■ *Casino :* sur le front de mer, derrière l'office du tourisme. ☎ 02-96-72-85-06. Ouvert toute l'année de 10 h à 3 h (4 h le samedi). Machines à sous, roulette... tout comme à Las Vegas. Tout petit et pas snob du tout puisque les mises commencent à 1 F.

– *Marché* le mardi à Pléneuf, tout autour de l'église. Très chouette. Tradition oblige, dégustez une galette-saucisse en vous baguenaudant au milieu des étals. Les meilleures sont chez Charpentier, qui gare son camion en général place de l'Église, face à l'Hôtel de France. L'été, également un marché au Val-André, le vendredi.

Où dormir ?

▲ 3 *campings* qui se valent (3 étoiles chacun) mais le plus proche de la mer est celui de *La-Ville-Berneuf.* ☎ 02-96-72-28-20. Ouvert du 1er mars au 30 octobre.

▲ *Hôtel de la Mer :* 63, rue Amiral-Charner. Dans le centre de Val-André (rue parallèle à la mer). ☎ 02-96-72-20-44. Fax : 02-96-72-85-72. Fermé en janvier. À partir de 210 F (32 €) la chambre double et jusqu'à 350 F (53,3 €). Un deux-étoiles où l'accueil est plaisant et les chambres sont bien tenues. Bonne table (voir « Où manger ? »). Demi-pension obligatoire en juillet et août. Gère aussi le *Motel Nuit et Jour.*

▲ *Hôtel Printania :* 34, rue Charles-Cotard. ☎ 02-96-72-20-51. Ouvert de Pâques à mi-octobre. Chambre simple à partir de 140 F (21,3 €). Chambre double de 160 à 320 F (24,4 à 48,8 €). À 240 F (36,6 €) : douche, w.-c. et balcon avec vue sur la mer. Très bien situé, au calme, à deux pas du centre, dans une rue surplombant la plage. Grande maison bourgeoise début de XXe siècle, dans le ton de la station et tenue par un gentil Allemand soucieux de la propreté.

▲ *Chambres d'hôte Le Clos Fontaine :* 5, rue de la Corderie. ☎ et fax : 02-96-63-08-53. Réservation hors saison : ☎ 06-68-10-12-05 (portable). Ouvert d'avril à septembre. 250 F (38,1 €) la chambre pour 2, et 290 F (44,2 €) pour 2 la chambre familiale avec cuisine (70 F soit 10,7 € par personne supplémentaire). Petit déjeuner compris. À 3 mn à pied du bourg de Pléneuf, et 10 mn à pied de la plage. Dans une jolie longère restaurée et bien fleurie. Maud Le Nai-Méheut reçoit les touristes avec beaucoup de soin.

Chambres impeccablement tenues et coquettes, décorées selon des thèmes. Une des deux chambres est en fait un duplex : en haut, 1 lit pour 2 et 2 lits d'une personne, en bas, petite cuisine et pièce pour manger, ainsi qu'une entrée indépendante. Bien pour les familles, même avec bébé, puisque Mme Le Nai a même pensé à la table à langer, etc. Une bonne adresse.

🛏 *Chambres et appartements à louer Chez Max :* voir coordonnées dans le texte dans la rubrique « Où boire un verre ? ». À 150 m de la plage. La fourchette de prix va de 1 500 F (228,6 €) la semaine pour une chambre de 2 personnes avec salle de bains à 1 800 F (274,4 €) la semaine l'appartement avec trois chambres. Max loue aussi à la nuit à des tarifs plus que raisonnables (200 F soit 30,4 €). Au-dessus et à côté de son bar, Max loue ces chambres et appartements qu'il vient de retaper avec goût. Couleurs chaudes et déco qui change des chambres d'hôtel « tristouilles » qu'on voit trop souvent. Possibilité de petit déjeuner.

🛏 Voir aussi le texte sur le Panoramic, restaurant du *Grand Hôtel*, dans la rubrique « Où manger ? ».

🛏 *Les Chalets de la Vallée du Préto :* Le Feu de Noël, à 2 km du bourg par la route côtière vers Erquy. ☎ et fax : 02-96-63-19-79. ● philippe.barthelemy4@wanadoo. fr ● ♿ 1 800 F (274,4 €) la semaine en basse saison, 2 500 F (381 €) en moyenne, et 3 200 F (487,8 €) en haute saison, laverie et chauffage compris. Location au week-end également. Une quinzaine de chalets-bungalows tout équipés, autour d'un grand étang, dans un cadre vert et bien reposant.

Où manger ?

🍴 *Restaurant du Golf :* plage des Vallées. ☎ 02-96-63-01-12. Tous les midis, sauf le mardi et en janvier. Menus de 62 à 120 F (9,4 à 18,3 €) et carte très simple. Ce n'est pas la plus grande étape gastronomique du Val-André, on y va surtout pour la superbe vue sur la mer. Café offert sur présentation du *GDR*.

🍴 *Restaurant de l'hôtel de la Mer :* 63, rue Amiral-Charner. ☎ 02-96-72-20-44. Premier menu à 95 F soit 14,4 € (en semaine). Sinon, large palette : menu du chef d'excellent rapport qualité-prix, menu « Nouvelle Vague » à 135 F (20,5 €) avec 2 plats au choix, etc. Également un menu gastronomique de dégustation plus cher. Bref, il y en a pour toutes les bourses, et vous ne serez pas déçu. La cuisine est excellente et le service attentionné.

🍴 *Le Panoramic, restaurant du Grand Hôtel du Val André :* 80, rue Amiral-Charner. ☎ 02-96-72-20-56. Fax : 02-96-63-00-24. Ouvert de mi-mars à mi-novembre, le soir uniquement, et midi et soir les dimanche et jours fériés. Premier menu « Verdelet » à 95 F (14,4 €), menu du « Val-André » à 130 F (19,8 €) et menu « Grand Large » à 160 F (24,3 €). Les dimanche midi et jours de fête, buffet de fruits de mer à volonté pour 160 F soit 24,4 € (dessert et boisson non inclus). Belle salle à manger ouvrant sur la mer et menus compétitifs. Grand choix de gourmandises maison. L'établissement, très bien géré, dépend de la municipalité. On peut aussi y loger. Il vous en coûtera 495 F (75,4 €) pour une chambre double sur la mer et 405 F (61,7 €) sur le parking. De confort égal, les chambres les plus récentes sont assez plaisantes, les autres plutôt ternes. Pour nos lecteurs, 10 % de remise du prix de la chambre hors saison et grands week-ends.

🍴 *Le Zef :* sur le port de Dahouët. ☎ 02-96-72-96-62. Pour ceux qui voudraient infiltrer le milieu des marins-pêcheurs. Tenu par un personnage local ! Sert moules, crêpes et de bonnes entrecôtes.

🍴 *Dahouët en France, art et saveur :* 28, quai des Terre-Neuvas, sur le port de Dahouët. ☎ 02-96-63-

19-17. Ouvert de 10 h au dîner, tous les jours en saison et pendant les vacances scolaires, du samedi au mardi le reste de l'année. Fermé en mars et pendant la deuxième quinzaine de novembre. Plats de 30 à 60 F (4,6 à 9,1 €) suffisants pour se caler une bonne faim. Cette maison abritait au début du XXᵉ siècle la voilerie de l'armateur Le Péchon, à qui appartenait aussi la grande et fière maison voisine. C'était le temps glorieux mais rude de la pêche à Terre-Neuve et en Islande, et M. Le Péchon armait à l'époque plusieurs goélettes. Aujourd'hui, ce ne sont plus les voiles qu'on répare, mais les toiles qu'on expose. Et la sympathique maîtresse des lieux, Chantal Lugardon, a eu l'idée originale d'installer quelques tables dans sa galerie de peinture et en terrasse, pour rendre l'endroit plus convivial. Et ça marche ! Les gens ne font plus que passer rapidement mais s'arrêtent volontiers boire un verre ou manger un des petits plats proposés par Chantal. L'endroit est très agréable, face au port, et décoré d'un beau mobilier, en partie trouvé dans la maison (le vieux comptoir notamment), le reste chez les antiquaires. Concerts et soirées à thème de temps en temps. Une idée simple et généreuse, à vous d'en profiter. Apéro offert sur présentation du *GDR*.

|●| *Restaurant Le Haut-Guen :* 46, rue de la plage des Vallées. ☎ 02-96-72-25-07. ♿ Fermé les mardi soir et mercredi en mai, juin et septembre, ainsi qu'au mois de février et d'octobre. De novembre à mai, ouvert seulement le midi. Ouvert tous les jours en juillet-août. Menus de 78 à 195 F (11,9 à 29,7 €). Face à la mer, presque les pieds dans l'eau à marée haute. Déco neutre. Cuisine de la mer travaillée avec soin et bien servie. Parmi les spécialités chères au chef-patron, la fricassée de crevettes au whisky, le bar au fenouil, le riz marin.

|●| *Restaurant Au Biniou :* 121, rue Clemenceau ; près de la plage. ☎ 02-96-72-24-35. Fermé en février le mardi soir et le mercredi hors vacances scolaires. Menus de 98 à 220 F (14,9 à 33,5 €), et menu-carte à 250 F (38,1 €). Une adresse appréciée depuis longtemps par les locaux. Un resto traditionnel au cadre élégant, où le chef et patron se révèle excellent. Spécialités de fruits de mer comme la fricassée de langoustines et Saint-Jacques au Noilly et chou-fleur à la coriandre, le filet de bar braisé au lait de fenouil, etc. Après le repas, la balade digestive aura pour cadre l'immense plage du Val-André ou les sentiers de douaniers alentour.

LES CÔTES-D'ARMOR

Où dormir ? Où manger dans les environs ?

▲ *Chambres d'hôte Le Pré Mancel :* sur la route d'Erquy, à 4 km de Pléneuf au rond-point, sur la gauche, direction plage de la ville Berneuf ; dans la campagne, à 1 km de la plage. ☎ 02-96-72-95-12. Ouvert toute l'année. 240 F (36,5 €) pour 2, petit déjeuner inclus. Une situation idéale pour des chambres impeccables avec salle de bains. En prime, un accueil sympa.

▲ *Ferme de Malido :* à Saint-Alban. ☎ 02-96-32-94-74. Fax : 02-96-32-92-67. Chambre double de 220 à 260 F (33,5 à 38,1 €) selon la saison, 320 F (48,8 €) pour trois et

390 F (59,4 €) pour quatre. Également une chambre double avec balcon à 300 F (45,7 €). Petit déjeuner inclus. Ces prix sont modulables hors saison. Prendre la route de Saint-Brieuc, la ferme est indiquée à gauche. M. et Mme Le Grand vous accueillent dans leur ferme réaménagée de façon confortable et moderne. Jardin, jeux, coin-cuisine et grande animation pour les enfants, du 7 juillet au 17 septembre, avec de nombreuses activités autour de la ferme et de la culture bretonne. Ils peuvent aussi accueillir des groupes. 10 % de remise sur le prix de la

chambre pour nos lecteurs (sauf en saison et pendant les grands weekends).

|●| *La Moulerie de la Baie :* à la Grève de Jospinet, Planguenoual. Du Val-André, aller à Dahouët, puis prendre la petite route qui passe juste derrière l'immeuble (moche!) du port de plaisance, puis direction La Cotentin et Jospinet. ☎ 02-96-32-82-22. Ouvert de Pâques à la Toussaint, tous les jours sauf le mardi midi en juillet-août et la première semaine de septembre ; le reste du temps, ouvert les vendredi soir, samedi soir, et midi et soir les dimanche et jours fériés. Ce petit resto tout simple appartient à des mytiliculteurs et ostréiculteurs, qui servent essentiellement leurs moules et leurs huîtres. Sympa comme tout. Si la marée est basse, allez donc jeter un coup d'œil au bout de la cale pour voir les bouchots.

|●| *Auberge du Poirier :* au rond-point du Poirier, à côté de la station-service, à Saint-Alban. ☎ 02-96-32-96-21. Fermé le dimanche soir et le lundi hors saison. Un 1er menu à 75 F (11,4 €) servi du mardi au samedi midi, avec un plat, un dessert, vin et café. Un 2e à 95 F (14,4 €), puis d'autres de 135 F (20,5 €) à 200 F (30,4 €). Olivier Termet, qui a tout appris dans les plus grandes maisons, apporte ici, chez lui, la preuve de son jeune talent. La composition des menus change 4 fois par an avec les saisons. Nous vous laissons donc la surprise de la découverte. Chaque plat est irréprochable, et notre dernier repas fut une réussite totale. Marie-Véronique, sa jeune femme, supervise la salle. À notre avis, une adresse incontournable dans la région. D'ailleurs, le couple a fait construire une nouvelle salle élégante, la précédente devenant trop petite face au succès de la cuisine. Bien entendu, réservation conseillée. Café offert sur présentation du *GDR*.

Où boire un verre?

Ŷ *Chez Max :* 4-6, rue de Lamballe. Au bout de la rue principale du Val-André, en allant vers Dahouët. ☎ 02-96-72-22-78. Ouvert de 9 h à 1 h en été, et de 17 h à 1 h seulement le week-end en hiver. Depuis quelques années, Max a repris cet ancien hôtel pour en faire notre bar préféré de Pléneuf-Val-André. Chouette intérieur, tendance années 1930. Bonnes bières pression servies avec soin (Guinness, Kilkenny et Warsteiner) et musique bien choisie, jazz ou blues le plus souvent. On parle anglais, allemand évidemment, et français. Aux beaux jours, chouette *Biergarten* (Max est allemand) : grandes tables en bois dans le jardin enclos de murs, ambiance conviviale, concerts parfois, et pour manger, brochettes grillées, plat du jour, salades, etc. Les plats du jour sont aussi valables en hiver. Un endroit qu'on aime bien pour son atmosphère de gentille bohème appréciée aussi par le chat de la maison.

Ŷ À Val-André, pas mal de bars animés l'été, comme le *Bar du Casino* et le *Gatsby Pub* (à côté du *Biniou*) : concerts et happy hours en saison (apéro ou café offert pour nos lecteurs). Également la *Petite Dune* ou le *Swing*.

Ŷ Voir aussi le texte sur *Dahouët en France* dans « Où manger? ».

Où écouter de la musique?

– *Jazz à l'Amirauté :* tous les mardis en saison, concerts gratuits dans le parc de l'Amirauté, et « jeudis animés » dans les rues de la station.

Fêtes

– *Fête de la mer :* sur le port de Dahouët. Tous les ans mi-août. Chants marins, danses folkloriques, vieux gréements...
– *Pardon de Notre-Dame-de-la-Garde :* à Dahouët autour d'août. Procession de la chapelle vers le port. Bénédictions, dépôts de gerbes en mer.

À voir

★ *Dahouët en France :* sur le port de Dahouët. Petit café. Galerie très chouette. Expositions très variées (voir aussi le texte « Où manger ? »).

★ *La cidrerie des vergers :* sur la D786, après le rond-point Le Poirier. ☎ 02-96-32-94-98. Visite d'avril à septembre tous les jours (sauf dimanche) de 8 h 30 à 12 h et de 14 h à 19 h 30. Pour tout savoir sur le cidre, la famille Monvoisin vous accueille dans sa pommeraie (7 000 pommiers). Visite guidée, vente de cidre et goûters de crêpes à la gelée de pommes. En juillet-août, de 17 h à 20 h 30, *marché fermier* avec une dizaine de producteurs et aussi buvette sous un hangar (crêpes, galettes, cidre, etc.).

★ Si vous passez à Pléneuf au moment d'une grande marée (à partir du coefficient 95), allez visiter la *réserve ornithologique du Verdelet.* Vous ferez une agréable promenade d'une heure environ, au milieu des oiseaux sauvages de la région. Renseignements à l'office du tourisme.

★ *La ferme du Vaumadeuc :* sur la D786 direction Saint-Brieuc. ☎ 02-96-72-85-82. Tous les jours (sauf dimanche), sur rendez-vous. Propose des visites commentées avec traite des vaches à 18 h ! Vente et dégustation de produits, dont une délicieuse tomme au lait cru.

★ *La ferme du laboureur :* au Clos Villéon. Prendre la D786 direction Saint-Brieuc jusqu'à Planguenoual. De là, c'est indiqué à la sortie du village vers la gauche. À 2 km. ☎ 02-96-32-76-92 ou 02-96-63-02-93. Ouvert de 14 h à 18 h : les dimanche en avril, mai, juin, septembre et octobre. Tous les jours sauf les lundi, mardi et samedi en juillet-août. Toute l'année pour les groupes. Visites guidées d'environ 2 h. Tarifs : 20 F (3 €) par adulte, 10 F (1,5 €) pour les 8-14 ans. Reconstitution grandeur nature d'une ferme de la région au début du siècle. Animaux, vie dans le foyer, travaux et machines agricoles, coutumes, tout y est évoqué et présenté de façon passionnée par des anciens qui ont tous vécu dans les fermes alentour. Exposition très riche à ne pas manquer. Entrée à 18 F (2,7 €) sur présentation du *GDR.*

LES CÔTES-D'ARMOR

LAMBALLE *(LAMBAL)* (22400)   11 200 hab.

Carrefour commercial de la région, la capitale du pays de Penthièvre ne possède pas le même charme que Moncontour, du fait qu'elle a un peu perdu de son caractère médiéval. La ville est rattachée au souvenir de Mme de Lamballe, la dame d'honneur qui resta vingt ans au service de Marie-Antoinette, après la mort de son mari (le prince de Lamballe). Lors de la Révolution française, elle fut l'une des victimes des massacres de septembre 1792, et sa tête se promenant sur une pique restera l'une des images fortes de cette période.

Adresses utiles

🛈 *Office du tourisme :* installé au rez-de-chaussée d'un édifice classé, *la Maison du Bourreau*, place du Martray. ☎ 02-96-31-05-38. Fax : 02-96-50-01-96. ● otsi.lamballe@ netcourrier.com ● En juillet et août, ouvert du lundi au samedi de 9 h 30 à 18 h 30, et les dimanche et jours fériés de 10 h à 12 h ; en avril, mai, juin et septembre, du lundi au samedi de 10 h à 12 h 30 et de 14 h à 18 h ; d'octobre à fin mars, du lundi au samedi de 10 h à 12 h 30 et de 14 h à 17 h. Personnel efficace. Nombreuse documentation. Organise des visites guidées de la ville du 15 juin au 15 septembre : tous les jours à 10 h 30 et 15 h, sauf les dimanche et lundi.

🚆 *Gare SNCF :* bd Jobert. ☎ 08-36-35-35-35 (2,21 F/mn) ou 02-96-31-01-22.

🚌 *Cars CAT :* entre Lamballe, Saint-Brieuc et les plages. ☎ 02-96-68-31-20.

Où dormir ? Où manger ?

🛏 *Chambres d'hôte :* M. et Mme Le Teno, 14, rue Notre-Dame (derrière la place du Martray). ☎ et fax : 02-96-31-00-41. Fermé en janvier. De 225 à 280 F (34,3 à 42,6 €) la nuit, petit déjeuner compris. Maison du XVIIIᵉ siècle qui a la particularité d'avoir vu naître le peintre Mathurin Méheut (très connu en Bretagne). Propriétaire charmante. L'intérieur a un certain cachet. Les 5 chambres ont une salle de bains privée. Cuisine à disposition. Jardin bien agréable. Apéro, café ou digestif offert à nos lecteurs hors saison.

🛏 🍴 *Hôtel La Tour d'Argent :* 2, rue du Docteur-Lavergne. ☎ 02-96-31-01-37. Fax : 02-96-31-37-59. ♿ Chambres de 250 à 380 F (38,1 à 57,9 €). Dans le centre. Sans charme particulier (rien à voir avec son célèbre homonyme parisien !), mais le confort Logis de France classique. Fait aussi restaurant. Menu de 60 F (9,1 €) en semaine, à 165 F (25,1 €). Grande gamme de choix : coquilles Saint-Jacques, couscous, etc. Apéro offert aux lecteurs.

🍴 *Crêperie Ty-Coz :* 35, pl. du Champ-de-Foire. ☎ 02-96-31-03-58. Fermé le mercredi toute l'année, le dimanche midi en hiver et la deuxième quinzaine de décembre. Menus à 44 F (6,7 €) et 54 F (8,2 €) servis le midi en semaine, et un bon menu « terroir » à 76 F (11,6 €). Tenue par un jeune couple sympa. Galettes et crêpes de qualité à déguster dans un cadre agréable sur fond de musique celtique. Monsieur élabore notamment plusieurs de ses spécialités à partir de très bonnes pommes caramélisées. Sa grand-mère faisait aussi des galettes, et pour lui rendre hommage, il a fait figurer sa photo sur les menus et une photo de ses grands-parents au-dessus de la cheminée. Gentil, non ! Un kir breton offert aux lecteurs du *GDR*.

🍴 *Le Bœuf d'Or :* 12, rue du Docteur-Calmette ; près du musée et de la place du Marché. ☎ 02-96-31-31-31. Fermé le mercredi et le dimanche soir en hiver, le mercredi soir en été, et en septembre et novembre. Menu à 52 F (7,9 €) servi le midi sauf le dimanche avec buffet d'entrées, plat et dessert, et autres menus de 76 à 115 F (11,5 à 17,5 €). Petit resto dont la salle présente une exposition d'un peintre régional, fréquenté et recommandé par les gens du coin. Kir breton offert aux lecteurs du *GDR*.

🍴 *Le Connétable :* 9, rue Paul-Langevin. ☎ 02-96-31-03-50. Fermé les dimanche soir et lundi. Menus à 60 F (9,1 €) le midi en semaine, puis de 82 F (12,5 €) à 195 F (29,7 €). La table gastronomique de Lamballe, à 200 m de la place du Martray. Le cadre bourgeois et une cuisine bien réalisée ont conquis les Lamballais. Spécialités de cassolettes de noix de Saint-Jacques, et saumon fumé maison. Le chef travaille aussi beaucoup les poissons de la baie de Saint-Brieuc, qu'il achète le matin aux pêcheurs d'Erquy. Les poissons au menu changent donc selon les arrivages. Réservation très conseillée le week-end.

À voir

★ *La place du Martray :* entourée de quelques demeures anciennes. La plus belle, la *Maison du Bourreau* (où se trouve l'office du tourisme), présente une façade remarquable. À l'intérieur, deux petits musées. D'abord, le *musée d'Art populaire du pays de Lamballe :* ☎ 02-96-34-77-63. Ouvert tous les jours sauf les dimanche et jours fériés d'avril à juin et en septembre de 10 h à 12 h 30 et de 14 h à 18 h. L'été, ouvert de 9 h 30 à 18 h 30 ; le reste de l'année, ouvert de 10 h à 12 h 30 et de 14 h à 17 h. Entrée : 10 et 5 F (1,5 et 0,7 €). Groupes sur rendez-vous. Arts et traditions populaires (outils, costumes, poteries, objets domestiques, maquette de la cité féodale, etc.). Le *musée Mathurin-Méheut :* ☎ 02-96-31-19-99. Ouvert tous les jours sauf les dimanche et jours fériés de 10 h à 12 h et de 14 h 30 à 17 h pendant les vacances de printemps, jusqu'à 18 h de juin à septembre et seulement l'après-midi jusqu'à 17 h le reste de l'année. Fermé en janvier. Entrée : 15 et 6 F (2,2 et 0,9 €). Il présente, quant à lui, les œuvres du grand peintre régional, natif de la ville. Méheut laisse une œuvre considérable de dessins, peintures et céramiques, fidèle miroir de la vie sociale et culturelle dans la Bretagne de la première moitié de ce siècle. Si vous passez à Dinan, ne ratez pas la maison d'artiste de la Grande Vigne, qui appartenait à sa muse Yvonne Jean-Haffen, et qui est aujourd'hui transformée en musée. On y voit d'ailleurs quelques toiles de Méheut. Sur présentation du *GDR*, entrée à 10 et 5 F (1,5 et 0,7 €).

★ *La collégiale Notre-Dame :* en haut de la rue Notre-Dame. Église gothique à l'allure de forteresse, présentant des parties romanes, comme le superbe portail gauche (ou nord). Nef massive également avec des arches gothiques à voussures descendant bas sur des frises végétales. Une curiosité à droite : le mariage harmonieux d'un jubé flamboyant du XVe siècle et d'un buffet d'orgue finement ouvragé. Visites guidées en juillet et août du lundi au samedi, de 10 h à 12 h 30 et de 14 h 30 à 18 h. ☎ 02-96-31-05-38 (office du tourisme) ou 02-96-31-02-55 (presbytère).

★ *L'église Saint-Jean :* dans un angle de la place du Martray. Elle propose, dans l'abside, trois intéressants retables.

★ *L'église Saint-Martin :* au bout de la rue Saint-Martin (débutant place du Champ-de-Foire). Présente un porche roman protégé d'un très original auvent recouvert d'ardoise du XVIe siècle (dont la forme fait penser à un casque de samouraï !). Pour visiter l'église, demander la clé chez la dame à côté.

★ *Le haras national :* place du Champ-de-Foire ; dans le centre. ☎ 02-96-50-06-98. Du 15 juin au 15 septembre, visites guidées de 10 h à 12 h et de 14 h à 17 h 45 ; le reste de l'année, les après-midi des mercredi, samedi et dimanche. Entrée payante (25 F, soit 3,8 €) ; 15 F (2,3 €) pour les enfants de 5 à 12 ans. Intéressera tous les amoureux des chevaux. Ce haras a été le berceau du cheval de trait. Visite des écuries, salles d'attelage, manège, sellerie d'honneur, forge, etc. Fin janvier, juste avant la saison de monte, la présentation des étalons attire 300 à 400 éleveurs, venus juger les chevaux selon leur modèle (silhouette), leur allure et leurs origines. Un rendez-vous haut en couleur pour le public. Également un concours-achat des étalons bretons fin septembre. Petit cadeau offert sur présentation du *GDR*.

LES CÔTES-D'ARMOR

Dans les environs

★ *L'abbaye de Boquen :* à 20 km au sud de Lamballe. Fondée en 1137, cette abbaye fut laissée à l'abandon et servit de carrière de pierres à la Révolution française. Entre 1936 et 1965, Dom Alexis Presse, moine de l'ordre cistercien, releva courageusement l'abbaye de ses ruines. Depuis 1976, une communauté de moniales de Bethléem, de l'Assomption de la Vierge et de saint Bruno, y vit et prie dans le silence et la solitude. L'abbaye est une très belle église de 72 m de long, dont la charpente de bois, avec un jeu arachnéen en forme de vaisseau, a été réalisée par les Compagnons du Devoir et du Tour de France. Dans le transept sud, une Vierge en bois du XVe siècle. Dans le transept nord, deux reliquaires présentent les ossements des saints fondateurs des monastères bretons. L'église est ouverte à ceux qui frappent à la porte du monastère. À ceux qui le demandent, une hospitalité de quelques jours peut être offerte dans le silence et la solitude. Les hôtes peuvent participer aux célébrations liturgiques.

★ *Jugon-les-Lacs :* à 16 km à l'est de Lamballe. Très joli village, au bord d'un petit lac de retenue, offrant de nombreuses vénérables demeures du passé, dont la *maison Sevoy,* de 1634. Grand-place bordée de maisons de la même époque (entre autres, l'*hôtel de l'Écu*). Camping. Un nouvel office de tourisme : ☎ 02-96-31-70-75.

SAINT-BRIEUC *(SANT-BRIEG)* (22000)   48 900 hab.

Au premier coup d'œil, la capitale des Côtes-d'Armor ne possède pas un charme fou. Peu de chefs-d'œuvre artistiques ou architecturaux. C'est avant tout une ville administrative, industrielle et commerciale. Elle est pourtant aujourd'hui plus souriante qu'avant, et le quartier autour de son intéressante cathédrale (la rue Fardel notamment) est bien agréable. Saint-Brieuc sait aussi offrir bien d'autres choses. Par exemple, le dynamisme de sa vie culturelle. Alfred Jarry, Tristan Corbière, Anatole Le Braz furent élèves du lycée de la ville. Villiers de L'Isle-Adam et Louis Guilloux y naquirent. Saint-Brieuc est donc marquée par une solide tradition littéraire, enrichie de sa mémoire ouvrière. Ville trop tranquille pour certains. Peut-être ! Mais ce qui est sûr, c'est qu'à « Saint-Broc » (comme disent les jeunes du coin) on trouve des gens qui bougent bien, notamment avec le *festival Art Rock* (dernier week-end de mai), et la programmation de *La Passerelle*. Peu de villes de même importance, en France, possèdent le privilège d'avoir une telle structure ! Enfin durant *l'Été en Fête*, musiciens de rue et groupes divers animent la cité les jeudi et vendredi en juillet et août. La circulation automobile dans le centre de Saint-Brieuc est un petit casse-tête. En arrivant, garez la voiture et faites marcher vos petons.

Adresses et renseignements utiles

◧ *Office du tourisme* (plan A1) : 7, rue Saint-Gouéno. ☎ 02-96-33-32-50. Fax : 02-96-61-42-16. ● www. mairie-saintbrieuc.fr ● ou ● www.bretagne-4villes.com ● Ouvert du lundi au samedi de 9 h à 12 h et de 13 h 30 à 18 h ; en été, du lundi au samedi de 9 h à 19 h et le dimanche de 10 h à 13 h. Dans le centre-ville, à deux pas de la cathédrale. Organise des visites guidées de la ville en été : la cathédrale et les vieux quartiers

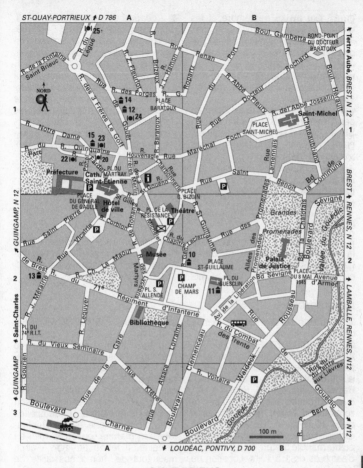

SAINT-BRIEUC

■ Adresses utiles

- **🛈** Office du tourisme
- **🚂** Gare SNCF

🛏 Où dormir ?

- 10 Hôtel du Champ-de-Mars
- 11 Hôtel Duguesclin
- 12 Le Ker-Izel
- 13 Au Pot d'Étain

14 Hôtel de Clisson
15 Chambre d'hôte chez M. et Mme de Fonclare

I●I Où manger ?

- 20 Crêperie-saladerie Le Ribeault
- 22 Le Chaudron
- 23 Le Madure
- 24 L'Amadeus
- 25 Aux Pesked

(tous les jours), et le parcours Louis Guilloux (vendredi après-midi à 10 h 30 et 15 h). Hors saison, visites sur réservation.

🛈 Également un *office du tourisme* sur l'aire de repos d'Yffiniac, à 5 km avant Saint-Brieuc, sur l'autoroute de Lamballe. ☎ 02-96-72-59-81. Ouvert du 1er juin au 15 septembre et les grands week-ends en avril et en mai.

🚄 *Gare SNCF (plan A3) :* ligne Paris-Brest. ☎ 08-36-35-35-35 (2,21 F/mn). À 3 h de Paris par le TGV.

✈ *Aéroport :* ☎ 02-96-94-95-00. 1 h pour Paris. Également une liaison pour Jersey.

🚌 *Gare routière :* rue du Combat-des-Trente *(plan B2)* et parking gare SNCF *(plan A3)*. Services réguliers entre Lamballe, Saint-Brieuc et les plages. ☎ 02-96-68-31-20.

■ *Location de voitures : Hertz,* 53, rue de la Gare. ☎ 02-96-94-25-89. Parfait pour ceux qui arrivent en train et veulent visiter la région. D'autres juste à côté.

– *Marché :* place de la Poste et tout autour de la cathédrale, le samedi matin et le mercredi matin. Place de la Cathédrale, ne manquez pas les galettes-saucisses de chez Charpentier, dont le camion est en général garé devant l'ancienne halle aux poissons.

Où dormir ?

Campings

■ Au nord-est de Saint-Brieuc, sur la commune de Plérin (à Saint-Laurent, Martin-Plage, Ville-Hery, etc.), au moins 5 campings. Celui *des Vallées* est le plus proche (près du parc des Expositions et des espaces sportifs). Calme et verdoyant. ☎ 02-96-94-05-05.

Bon marché

■ *Auberge de jeunesse :* manoir de la Ville-Guyomard, Les Villages. ☎ 02-96-78-70-70. Fax : 02-96-78-27-47. Fermé la dernière semaine de décembre. Compter 72 F (10,9 €) le forfait nuit + petit déjeuner (3 €). Repas à partir de 55 F (8,4 €). À 3 km du centre-ville, près du centre commercial *Géant* (bien indiqué à partir de la gare). Réservation très recommandée. Située dans un superbe manoir breton du XVe siècle. Chambres de 1 à 4 lits. Location de VTT. Bon accueil.

■ *Au Pot d'Étain (plan A2, 13) :* 3, rue de Brest. ☎ 02-96-68-17-89. Compter 195 F (29,7 €) pour une chambre double. Également une chambre sans douche à 145 F (22,1 €). Établissement très simple de 9 petites chambres refaites récemment. Les chambres donnent toutes sur la cour intérieure qui sert de parking (gratuit) et sont équipées de w.-c., téléphone et TV. Restaurant bon marché, ouvert le midi en semaine. Il ferme au mois d'août, mais tout de même possibilité de demi-pension ou pension complète. Hôtel familial très propre et central.

Prix moyens à plus chic

■ *Chambre d'hôte chez M. et Mme de Fonclare (plan A1, 15) :* 20 bis, rue Quinquaine. ☎ 02-96-33-27-33. Chambre à 250 et 280 F (38,1 et 42,6 €) pour 2, petit déjeuner compris. Possibilité de chambre d'enfant. Dans le vieux Saint-Brieuc, devant la jolie place Louis-Guilloux. M. et Mme de Fonclare accueillent dans leur vaste maison. Une chambre gaie avec une jolie salle de bains. Très bien tenu. Grand jardin. Parking dans la cour de la maison.

Apéritif offert sur présentation du *GDR*.

■ *Hôtel du Champ-de-Mars (plan B2, 10) :* 13, av. du Général-Leclerc; dans le centre. ☎ 02-96-33-60-99. Fax : 02-96-33-60-05. Fermé pendant les fêtes de fin d'année. Chambre double de 270 à 300 F (41,1 à 45,7 €). Fort bien tenu et agréable, cet hôtel est dirigé par un couple très aimable. Tout le confort « 2 étoiles NN » dans des chambres confortables et fonctionnelles avec

TV et téléphone. Ascenseur. Pour nos lecteurs, réduction de 10 % sur le prix de la chambre à partir de 2 nuits consécutives (d'octobre à mars).

△ |●| *Hôtel Duguesclin (plan B2, 11) :* 2, pl. Du-Guesclin. ☎ 02-96-33-11-58. Fax : 02-96-52-01-18. Chambre double avec douche, w.-c., et TV à 270 F (41,1 €). Au resto, menus à 60 F (9,1 €), servis le midi en semaine, et de 92 à 172 F (14 à 26,2 €). Central et entièrement refait, le *Duguesclin* propose des chambres claires et confortables sans mauvaise surprise. Au resto, spécialités de mousseline de coquilles Saint-Jacques, de bar grillé au fenouil et de poissons fumés maison. Apéritif maison offert à nos lec-

teurs. 10 % de réduction sur le prix des chambres le week-end pour nos lecteurs sauf en août.

△ *Le Ker-Izel (plan A1, 12) :* 20, rue de Gouët, dans le centre historique. ☎ 02-96-33-46-29. Fax : 02-96-61-86-12. Vieille maison chaleureuse. Chambres assez raffinées et confortables, de 225 à 320 F (38,1 à 48,8 €).

△ *Hôtel de Clisson (plan A1, 14) :* 36-38, rue du Gouët. ☎ 02-96-62-19-29. Fax : 02-96-61-06-95. ♿ Ouvert toute l'année. Chambre double de 350 à 440 F (53,3 à 67 €). Hôtel très confortable. Certaines chambres ont même des baignoires à jets genre jacuzzi. TV avec Canal+ et le câble, et magnétoscope SVP ! Parking privé.

Où manger ?

Bon marché

|●| *Crêperie Bleu-Marine (hors plan par A3) :* 28 *bis*, rue Aristide-Briand. ☎ 02-96-94-26-73. Un peu excentré, dans le quartier de Robien, derrière la gare. De la place du Champ-de-Mars, remonter le boulevard Clemenceau, prendre à droite juste après le pont puis la rue de Robien à gauche. Faire environ 400 m jusqu'au croisement de la rue Aristide-Briand, on y arrive ! Fermé le dimanche et lundi, ainsi que la dernière semaine de juillet et la 1re quinzaine d'août. Galettes de 8 à 35 F (1,2 à 5,3 €) et crêpes de 9 à 26 F (1,4 à 4 €). Une jolie crêperie de quartier dont nombre de briochins ont fait une étape obligée. La gentille patronne choisit avec soin sa farine de blé noir à Plénée-Jugon, et

fabrique sa pâte à la main. Le résultat est là : des galettes goûteuses et aérées, sans doute parmi les meilleures de Saint-Brieuc. Garnitures simples, principalement à base de jambon, œufs, fromage, andouille, tomates ou champignons... Les « gueules sucrées » ne seront pas déçues par les crêpes, et l'excellent cidre artisanal de Fouesnant, pas trop gazeux et bien fruité, ravira les amateurs. Ambiance familiale et clientèle d'habitués. Café offert à nos lecteurs.

|●| *Crêperie-saladerie Le Ribeault (plan A1, 20) :* 8 et 10, rue Fardel ; à 30 m de la place du Martray. ☎ 02-96-33-44-79. Fermé le dimanche midi hors vacances scolaires. Me-

nus à partir de 38 F (5,7 €) le midi et 45 F (6,8 €) le soir. Une petite salle sympa. Bonnes crêpes. Apéritif maison offert à nos lecteurs.

Prix moyens

|●| *Le Sympatic* (hors plan par A3) : 9, bd Carnot; juste derrière la gare SNCF : prendre le boulevard Clemenceau et tourner à droite après avoir passé la voie ferrée. ☎ 02-96-94-04-76. Fermé le samedi midi et le dimanche, ainsi que les 3 premières semaines d'août. Service jusqu'à 23 h. 6 menus de 68 à 250 F (10,3 à 38,1 €), et la carte. Bonne humeur et bonnes grillades (sur sarment de vigne) font bon ménage au *Sympatic*, une adresse très prisée des Briochins. Cadre entre bois et pierres apparentes. Ambiance chaleureuse, service aimable et efficace, assiettes larges et garnies, qualité des produits, addition légère : que demander de plus ? Un lieu qui porte bien son nom. Apéritif maison offert sur présentation du *GDR*.

|●| *Entre Terre et Mer* (hors plan par A2) : 5, rue Palasme-de-Champeaux. ☎ 02-96-94-50-74. De la place du Général-de-Gaulle, remonter la rue Saint-Pierre, traverser la rue de Brest, puis prendre en face la rue des Capucins jusqu'au bout. Passer le carrefour, le restaurant se trouve dans la première rue à gauche. Fermé le dimanche et le lundi (sauf sur réservation pour les groupes). Le midi, entrée-plat ou plat-dessert pour 60 F (9,1 €), et midi et soir, menu complet à 90 F (13,8 €). À la carte, compter en moyenne 130 F (19,8 €). Quelques tables seulement, nappes blanches, pierres apparentes et cheminée, le cadre met d'emblée en confiance. Une bonne impression confirmée

par une cuisine franche et fraîche : un beau menu au rapport qualité-prix remarquable et de nombreuses suggestions du jour selon le marché. Le jeune chef avoue une prédilection pour le poisson, bien travaillé, mais affiche aussi à l'ardoise quelques bonnes viandes comme le jarret d'agneau braisé à l'ail et au romarin ou le filet de bœuf d'une grande tendreté. Assiettes copieuses et bien présentées. Une adresse simple et de qualité, qui de plus ne grèvera pas le budget vacances. Apéritif offert à nos lecteurs.

|●| *Le Chaudron* (plan A1, *22*) : 19, rue Fardel. ☎ 02-96-33-01-72. Fax : 02-96-61-34-08. Fermé le mercredi midi et le dimanche. Menu du jour à 75 F (11,4 €) le midi. Compter minimum 150 F (22,9 €) à la carte. Diverses spécialités comme les fondues savoyarde (78 ou 85 F, soit 11,9 ou 12,5 €), bourguignonne et du pêcheur, la reblochonnade, ou les raclettes et grillades sur pierre chaude. Très apprécié pour son ambiance chaleureuse.

|●| *Le Madure* (plan A1, *23*) : 14, rue Quinquaine. ☎ 02-96-61-21-07. Fermé le samedi midi, le dimanche et le lundi, ainsi que la 2e quinzaine d'août. Plat du jour autour de 70 F (10,6 €). Dans le vieux Saint-Brieuc, pas loin de la cathédrale. Cadre rustique très plaisant. Bonnes terrines et salades composées et, surtout, d'excellentes viandes grillées au feu de bois, tendres et copieuses. Apéritif maison ou café offert à nos lecteurs.

Plus chic

|●| *Aux Pesked* (plan A1, *25*) : 59, rue du Légué. ☎ 02-96-33-34-65. Fermé le dimanche soir et le lundi, ainsi que des vacances de Noël au 15 janvier. Menus à 110 F (16,7 €), servi en semaine, et à 145 F (22,1 €) le week-end. Ensuite, superbe menu surprise à 190 F (29 €), un autre à 290 F (44,2 €) et un menu « dégus-

tation » avec 7 plats à 390 F (59,4 €) ! C'est la grande table gastronomique qui fait l'unanimité à Saint-Brieuc. Normal ! Tout y est de bon goût : le cadre sobre et de grande élégance, la vue superbe en terrasse sur la vallée du Légué (merci Dame Nature !), et surtout des mets fins, plaisants et légers qui raviront vos papilles. Sans oublier la grande fierté du maître des lieux, une superbe cave de plus de 900 références, certainement une des plus riches de la région, notamment en vins de Loire. Des bouteilles rares et chères évidemment, mais aussi de nombreux crus moins prestigieux, superbes et beaucoup plus abordables. Ça fait rêver!

|●| *L'Amadeus* (plan A1, 24) : 22, rue de Gouët. ☎ 02-96-33-92-44. Fermé les lundi midi et dimanche,

ainsi que la 2e quinzaine d'août et les vacances de février. Menus de 98 à 280 F (14,9 à 42,7 €). Le dernier menu est le menu « homard ». Toujours apprécié pour son cadre intime et son atmosphère agréable. Beaux plats comme le filet de sole fourré au foie de canard frais ou le tian d'agneau à l'ail et au thym, mais surtout excellentes spécialités de poisson et fruits de mer. La carte change tous les deux mois. Café offert à nos lecteurs.

Où dormir? Où manger dans les environs?

≜ *Chambres d'hôte Le Pré Péan :* chez Mme Gaubert, 22590 Pordic ; à 9 km au nord de Saint-Brieuc. ☎ 02-96-79-00-32. Ouvert toute l'année. Trois chambres à 230 F (35 €), petit déjeuner compris. 70 F (10,6 €) par lit supplémentaire. Dans une ferme du XIVe siècle, en pleine campagne. Petit déjeuner autour de la grande table de la cuisine, avec, en prime, l'odeur du lait chaud dans la cour. On aime bien. 10 % de remise sur le prix de la chambre à nos amis routards.

≜ *Le Clos Laurentais :* 1, rue Jean-Bart, 22190 Saint-Laurent-de-la-Mer ; à 6 km au nord de Saint-Brieuc. ☎ 02-96-73-03-38. Fax : 02-96-73-11-79. Fermé fin septembre et fin mars et le mardi (hors saison). Avis à la population! Le bar-hôtel-tabac-librairie du bourg (ils font même le loto!) propose des chambres propres avec douche et TV, assez spacieuses, à moins de 150 F (22,9 €). Certaines ont même vue sur la mer. Belle plage méconnue à proximité. Parking privé. 10 à 15 % de remise sur le prix d'un séjour supérieur ou égal à une semaine, 5 % à partir de 3 jours.

|●| *Le Buchon :* 12, rue de Brest, 22440 Trémuson ; à 6 km à l'ouest de Saint-Brieuc direction Trémuson. ☎ 02-96-94-85-84. Fermé le soir. Premier menu à 88 F (13,4 €), d'un rapport qualité-prix imbattable (avec par exemple une araignée mayonnaise, un délicieux magret puis un dessert) ; puis menus de 125 F

(19 €) à 185 F (28,9 €). Une petite auberge qui n'a l'air de rien, posée au bord de la route. Mais une fois à table, quel festin! On est ici au royaume des poissons, homards, crabes et autres bestioles de mer. Fraîcheur garantie et préparations parfaites. Superbes plateaux de fruits de mer, on s'en doute.

|●| *Crêperie des Grèves :* 23, rue des Grèves, 22360 Langueux ; sur la N12, à 6 km à l'est de Saint-Brieuc. ☎ 02-96-72-56-96. ♿ En juillet et août, ouvert tous les jours sauf les dimanche midi et lundi midi ; le reste de l'année, ouvert du mercredi au vendredi midi, et les vendredi, samedi et dimanche soir. Fermé 2 semaines en février et la 2e quinzaine de septembre. Premier menu à 71 F (10,8 €) et super menu « découverte » à 89 F (13,5 €) qui finit par un digestif spécial, le Ruzé Bréhat. Menu-enfants à 56 F (8, 5 €). Dans les marais, une bonne petite adresse où déguster crêpes à la farine biologique et galettes à base de produits du terroir (coques de baie et saucisse fumée oignons). Crêperie tenue par un passionné de la Bretagne, Gilles Allano, si passionné que la carte est aussi écrite en breton. Kir breton offert sur présentation du *GDR*.

|●| *Les Quatre Saisons :* 61, chemin des Courses, Cesson. ☎ 02-96-33-20-38. Fax : 02-96-33-77-38. ● manoirlequatresaisons@hotmail.com ● De Saint-Brieuc, prendre direction Le Légué, et tourner à droite au rond-point juste avant le pont de l'autoroute ; c'est alors tout droit à environ 2 km (fléché). Fermé les dimanche soir et lundi, 15 jours en mars et 15 jours en octobre. 4 menus de 110 à 277 F (16,7 à 42,2 €) vraiment très bien. À la carte, compter dans les 350 F (53,3 €). Dans cette maison bretonne traditionnelle assez isolée, on découvre avec plaisir une table de choix. Petites salles *cosy* et cuisine très nature et de caractère, avec, par exemple, la salade de langoustines aux galettes de blé noir ou l'excellente cassolette d'huîtres creuses du pays.

Où sortir ? Où boire un verre à Saint-Brieuc ?

Regardons les choses en face *(let's face it !)* : la vie nocturne à Saint-Brieuc est du genre faiblard (doux euphémisme !). Cependant, il est des lieux où ça bouge pas mal – même beaucoup – mais il faut les trouver (on est là pour ça, non ?).

– **La Passerelle :** pl. de la Résistance. ☎ 02-96-68-18-40. Théâtre, musique, danse sont au programme des deux salles de spectacle, de septembre à juin. L'une est un petit théâtre centenaire à l'italienne, ambiance « velours rouge, lustres » qui vaut le coup d'œil. Ouvert au public toute l'année. Visite guidée gratuite sur demande.

– **La place du Chai :** près de la cathédrale, une curieuse place piétonne, un mini-mini-Beaubourg (architecturalement parlant !) insolite et coloré. Un aménagement très moderne de la place dans un environnement ancien. Boutiques et restos *up to date* fusionnent harmonieusement avec les antiques demeures de granit. Endroit agréable pour boire un verre en terrasse le midi et tard le soir. Particulièrement animé les jours de marché (les mercredi et samedi matin).

♥ **Chez Rollais** (plan A-B2) : 26, rue du Général-Leclerc ; dans le centre. ☎ 02-96-61-23-03. Ouvert de 9 h à 22 h (jusqu'à 1 h les vendredi et samedi). Fermé les dimanche et jours fériés. Un bar à vins indémodable et bar à vins bien avant que ce soit de la mode, depuis 1912 ! La déco semble n'avoir pas bougé depuis, et l'endroit est toujours en vogue. Les petits vieux côtoient les jeunes branchés face à une bonne bouteille, et le patron, « œnophile » de première, ne sert que des nectars de derrière les fagots, des petits vins de propriétaire très sélectionnés et bon marché.

♥ **Le Piano Bleu** *(plan A1)* : 4, rue Fardel ; à deux pas de la cathédrale. ☎ 02-96-33-41-62. Fermé le dimanche. Guilleret café-concert qui a déjà accueilli (entre autres) Mouloudji, Kent, Graeme Allwright et Paco Ibanez. En été, spectacles en plein air.

♥ **L'Illiade** : 5, rue du Légué ; au nord du centre (de la place de la Grille, prendre la direction du port). ☎ 02-96-33-46-99. Ouvert de 20 h à 3 h l'été et de 18 h à 3 h l'hiver. Fermé le dimanche. Musique rock et chaude ambiance.

♥ Et plein de **bars** animés l'été à Binic (à 12 km au nord), dont *Le Miramar* et *Le Radeau,* la plus vieille boîte des Côtes-d'Armor !

Achats

Vin

♦ **Cave Victor' Inn :** 1, rue Saint-Vincent-de-Paul, entre la place de la Grille et la place Saint-Michel. ☎ 02-96-61-36-35. Ouvert de 10 h à 12 h 30 et de 15 h à 19 h 30. Fermé le lundi et le dimanche après-midi.

Le vin et le whisky sont deux passions du sympathique Alain Ecobichon. Ce caviste connaît bien son métier puisqu'il est aussi ancien sommelier. Excellent choix, du petit cru inconnu aux grands noms. Sans oublier les quelque 200 références de whiskies.

🍷 *Au Petit Récoltant :* 2, rue Pierre-Le-Gorrec. ☎ 02-96-68-28-72.

Fermé le dimanche et lundi matin. Un des bons cavistes de Saint-Brieuc. Celui-ci privilégie des domaines peu connus qui produisent d'excellents vins grâce à une maîtrise très pointue de la vinification, des petits rendements... On y trouve des bouteilles qu'on ne verra pas forcément ailleurs mais pas les références du grand public.

Souvenirs de Bretagne

🍷 *Aux Arts Bretons :* 5, rue Saint-Gilles. ☎ 02-96-62-17-18. Cadeaux et souvenirs bretons de qualité. Ici, on ne fait pas dans le « Made in Taiwan », que ce soit pour les drapeaux ou écussons, les bijoux, les étains ou les faïences de Quimper HB Henriot.

À voir

★ *La cathédrale Saint-Étienne* (plan A1) : édifiée vers 1350 par l'évêque seigneur de la ville (et grand guerrier), ce qui explique son aspect fortifié. Sous la Révolution, comme tant d'autres, elle changea bien sûr de raison sociale (écurie, dépôt d'armes). À l'intérieur, elle présente d'harmonieuses proportions. Voûte romane dans la nef, gothique dans le chœur. Élégant triforium. Le chef-d'œuvre de la cathédrale est, sans conteste, le grand *retable de l'Annonciation* (1745) d'Yves Corlay. Il fut fort opportunément caché dans une meule de foin durant la Révolution. Éblouissant style baroque, comme l'est, en début d'après-midi (avec le soleil au zénith), la chapelle qui l'abrite. Très beau *buffet d'orgue* du XVIe siècle. Dans les travées, vieilles pierres tombales de chanoines. Transept sud magnifique, *fenêtre* flamboyante, intéressant chemin de croix moderne.

★ *La place du Martray* (plan A1) : donc, du Marché... Que pensez-vous du centre commercial métallique et coloré qui fait office de marché couvert ? On a le Centre Pompidou qu'on peut, n'est-ce pas ?

★ *Le vieux Saint-Brieuc* (plan A1) : peu étendu, il présente cependant, en quelques placettes et ruelles, plusieurs échantillons de maisons médiévales. Se balader rue Saint-Guillaume, la grande artère commerçante (« faire la Saint-Gui »), et dans les anciennes rues Quinquaine, Pohel, Fardel, places Louis-Guilloux, au Lin, etc. (superbe *maison Ribault,* rue Fardel). Sur la rue Notre-Dame, *fontaine Saint-Brieuc,* protégée par un beau porche du XVe siècle. C'est ici que Brieuc, moine gallois évangélisateur, établit sa première chapelle au VIe siècle.

★ *Le musée d'Art et d'Histoire des* « *Côtes-d'Armor* » : rue des Lycéens-Martyrs. ☎ 02-96-62-55-20. Ouvert de 9 h 30 à 11 h 45 et de 13 h 30 à 17 h 45. Fermé le lundi et le dimanche matin. Entrée payante : 21 F (3,2 €) par adulte, 11 F (1,7 €) pour les enfants et les étudiants. Installé dans une ancienne gendarmerie (bonne nouvelle ! c'est souvent l'inverse !) et fort bien agencé. Tout sur l'histoire du département par thème, depuis la Révolution française : la pêche, la navigation (remarquables maquettes), la vie des ports, l'agriculture, l'aventure artisanale et industrielle (notamment l'évolution des filatures avec d'impressionnants métiers à tisser, etc.), la vie sociale et religieuse, plus d'intéressantes collections ethnographiques (meubles, vêtements, objets domestiques, outils, etc.). Expositions temporaires souvent intéressantes.

Festival

– *Festival Art Rock :* le 1ᵉʳ week-end de juin, en fait le week-end de la Pentecôte. Eh oui, cet été 2001, cela fera 18 ans que ça dure ! Une sorte de majorité bien acquise pour ce festival qui réunit chaque année de plus en plus de monde autour de spectacles aussi variés que la musique, le théâtre, la danse, les arts plastiques ou la vidéo. Des pointures y sont passées : Philippe Découflé, la troupe Royal de Luxe, mais aussi Blur, Miles Davis, Youssou'n Dour ou M (alias Mathieu Chedid, bien sûr). Trois journées et trois soirées pendant lesquelles Saint-Brieuc bouge ! Pour tout renseignement, contacter l'association Wild Rose au : ☎ 02-96-68-18-40. ● www.artrock.org ●

À voir dans les environs

★ *La maison de la Baie :* rue Étoile-Hillion, à *Hillion* (15 km à l'est de Saint-Brieuc). ☎ 02-96-32-27-98. Lieu d'accueil et de découverte de l'environnement naturel et économique de la baie. Animation et expos sur les milieux naturels marins, toute l'année. Également un marinarium.

★ *Plérin :* *plage des Rosaires* fréquentée par les Briochins (les habitants de Saint-Brieuc). La station balnéaire aurait été créée par Lucien Rosengart, l'industriel de l'automobile de l'entre-deux-guerres, créateur de la Targa-Florio ! École de voile très active. Ici, la mer se retire un peu moins loin qu'ailleurs en baie de Saint-Brieuc. Le long de la plage, on trouve encore de beaux spécimens de villas classiques d'« avant-guerre ». Ne pas rater le beau panorama offert par la pointe du Roselier. Le bout de plage vers Saint-Laurent est fréquenté par les nudistes (quand le vent ne souffle pas trop fort – ce qui est fréquent !).

VERS L'ARGOAT

QUINTIN *(KINTIN)* (22800)   2 930 hab.

À 19 km de Saint-Brieuc, dominée par un fier château, une petite cité de caractère, étape extrêmement agréable. Elle fut, aux XVIIᵉ et XVIIIᵉ siècles, un très important centre de production de toile de lin. De cette époque, elle a hérité un fort bel ensemble de prestigieuses demeures, maisons à colombages et hôtels particuliers. Noter aussi la variété des petits commerces qui ont remplacé le négoce traditionnel de la toile. Bel étang au pied du château. Bref, une petite ville très agréable.

Adresse utile

◻ *Office du tourisme :* pl. 1830. ☎ 02-96-74-01-51. Fax : 02-96-74-06-82. ● otsi.pays-de-quintin@wanadoo.fr ● En juillet et août, ouvert du lundi au samedi de 9 h à 12 h 30 et de 14 h à 18 h, et le dimanche de 10 h à 12 h 30 et de 14 h à 17 h 30 ; le reste de l'année, du mardi au samedi de 9 h à 12 h et de 14 h à 17 h. Animé par Mme de Bagneux, une authentique châtelaine qui saura vous communiquer sa passion pour la région ! Renseignez-vous notamment sur tous les petits châteaux des environs de Quintin, certains sont ouverts à la visite, d'autres non.

Où dormir ? Où manger ?

🛏 *Camping municipal :* à côté du vélodrome. ☎ 02-96-74-92-54. Fax : 02-96-74-06-53. Ouvert de Pâques au 31 octobre.

🛏 |●| *Hôtel du Commerce :* 2, rue Rochenen. ☎ 02-96-74-94-67. Fax : 02-96-74-00-94. Établissement fermé le dimanche soir et le lundi hors saison, ainsi que trois semaines des fêtes de Noël à mi-janvier et deux semaines en mars. Chambre de 270 à 330 F (41,1 à 50,3 €). Au resto, menus de 75 F (11,4 €) en semaine, à 190 F (29 €). Petit hôtel couvert de lierre, dans le centre. Calme assuré. Côté resto, salle à manger médiévale, superbe. Pour ne rien gâcher, cuisine de qualité ! Goûtez aux queues de crevettes et langoustines poêlées en salade, au magret de canard au gingembre et miel sauvage, etc. Pour la petite histoire, remarquez dans le vieux mur quelques bouteilles de vin incrustées, laissées par un maçon étourdi ou, selon une autre version, reconnaissant à l'égard d'un patron généreux.

🛏 |●| *Hôtel de la Gare :* 8, rue de la Gare, à Saint-Brandan (1 km). ☎ 02-96-74-84-27. Fax : 02-96-79-60-88. Resto fermé les vendredi soir et samedi midi et du 1er au 20 août. Chambres correctes à 120 F (18,3 €). Menus à partir de 52 F (7,9 €) le midi en semaine, avec fromage et dessert et 1/4 de vin, puis à 155 F (23,6 €). Demi-pension à 160 F (24,4 €). À partir du rond-point de Quintin, prendre la direction de la gare. Tout petit hôtel à l'ambiance populaire, simple et chaleureux.

🛏 *Chambres d'hôte Le Clos du Prince :* 10, rue des Croix-Jarrots. ☎ et fax : 02-96-74-93-03. De la mairie, prendre la rue des Douves, puis la rue des Forges, ensuite la rue Saint-Yves qui vous mène à la rue des Croix-Jarrots. Chambre à 350 F (53,3 €) et 380 F (57,9 €) pour 2 personnes et à 270 F (41,1 €) pour 1 personne. Petit déjeuner compris. Possibilité d'être 3 dans la grande chambre, compter 150 F (22,9 €) pour la personne supplémentaire (enfant d'au moins 7 ans). Dans une maison de ville très élégante avec un grand jardin intérieur planté d'arbres centenaires, dont un superbe séquoia. Marie-Madeleine Guilmoto, qui a tenu un magasin d'antiquités au rez-de-chaussée, a meublé et décoré les lieux avec un goût très sûr. Chambres très confortables évidemment, toutes différentes et absolument charmantes. Génial pour les amoureux. Un havre de paix et de bon goût bien représentatif de Quintin, jolie cité de caractère. Accueil vif et très souriant. Sur présentation du *GDR*, 10 % de remise sur le prix de la chambre de novembre à mars et apéritif offert.

🛏 *Chambres d'hôte et gîtes chez Marie-Hélène Leroux :* dans le village de Saint-Eutrope, à 1,5 km de Quintin. ☎ et fax : 02-96-74-87-56. Chambre double à 220 à 240 F (33,5 à 36,5 €), copieux petit déjeuner compris. Possibilité de mettre un lit d'appoint dans la grande chambre qui coûte alors 300 F (45,7 €). Également une chambre pour 2 avec une chambre pour 1 personne juste à côté, très bien pour un couple avec un enfant. Au calme, dans une grande maison en granit, face à la campagne. Chambres mignonnes et impeccablement tenues. Pas de doute, vous serez bien soigné par Mme Leroux qui prépare une belle table pour un petit déjeuner bien appétissant : confitures maison, crêpes, pain, café, thé et chocolat à volonté... Le soir, possibilité d'utiliser la cuisine de la maison. Juste à côté, dans une longère bien restaurée, Marie-Hélène Leroux loue aussi deux beaux gîtes complètement équipés, un pour 3 et l'autre pour 4 personnes + 1 enfant (jouets, livres, accessoires, table à langer...). Compter de 1 300 à 2 500 F (198,2 à 381 €) selon la saison, 2 000 F (304,9 €) maximum pour le plus petit. Tennis gratuit à quelques kilomètres, balançoire, lieux de pêche à proximité. Pour nos lecteurs, le petit déjeuner est offert.

|●| *Crêperie du Château* : 16, rue du Vau-de-Gouët. ☎ 02-96-74-92-39. Fermé le lundi, ainsi que trois semaines de fin septembre à mi-octobre. Voilà une gentille adresse de village tenue par les sympathiques Pierrick et Martine Jégo. Bonnes crêpes et galettes. Également des pizzas et une carte de brasserie tout à fait correcte : bon choix de salades composées notamment, et bonnes viandes. Aux beaux jours, terrasse bien agréable sur la rue. Bon rapport qualité-prix.

|●| Pour vous restaurer, pensez aussi au *château* (cf. « À voir »).

À voir

★ *Le château :* entrée pl. 1830. ☎ 02-96-74-94-79. Fax : 02-96-74-98-64. De juin à septembre, ouvert tous les jours de 10 h 30 à 12 h 30 et de 13 h 30 à 18 h 30 ; en mai, du 1er au 15 juin et du 15 au 30 septembre, ouvert de 14 h à 17 h 30 ; le reste de l'année, ouvert seulement les samedi et dimanche, de 14 h à 17 h 30. Entrée : 30 F, soit 4,6 € (incluant le spectacle audiovisuel). Visite commentée. Le château peut ouvrir en dehors de ces horaires pour les groupes (sur réservation). Possibilité de se restaurer sur place, avec menu à partir de 90 F (13,7 €), boisson comprise (toujours pour les groupes et sur réservation). Le grand pavillon du château date de 1645, les bâtiments au nord de la cour de 1775. C'est depuis plusieurs siècles la propriété de la famille de Bagneux qui a effectué d'importants travaux de rénovation pour ouvrir une partie du château au public. Hall, salon, salle à manger et 6 autres pièces encore nous sont présentés, meublés et décorés de mobilier et objets d'époque (XVIIe et XVIIIe siècles notamment). Au fil des ans, on y a découvert coiffes, automates, pipes, pots de chambre, biberons... que va donc encore dénicher monsieur le comte ? Nombreux bibelots et beaux objets (miniatures, argenterie, porcelaines, collection d'éventails, etc.). Salle présentant d'inestimables manuscrits historiques originaux : lettres de François Ier et de Louis XIV, arrêts du parlement de Bretagne, document de Bonaparte Premier consul, bulle du pape (1655), vieux livres de comptes. Cette année, ouverture de trois salles avec de nouvelles collections privées : verrerie, mantilles, robes de baptême, etc. La plus ancienne pièce date de 1322. Histoire de la toile de Quintin. « Potager » ou four en granit. Petit spectacle audiovisuel (en relief), de 10 mn, sur l'histoire du château et de la région. Et belle et riche exposition sur la porcelaine, présentant plus de 750 pièces. 5 % de remise sur le prix d'entrée sur présentation du *GDR*.

★ *Le musée-atelier des toiles de Quintin :* rue des Degrés. ☎ 02-96-74-01-51. Ouvert de début juin à fin septembre du mardi au dimanche de 13 h 30 à 18 h 30, le matin sur rendez-vous. Entrée : 15 F (2,3 €). Groupes et enfants : 10 F (1,5 €). Visites commentées. Compter environ 1 h. Le lin et le négoce de ses toiles firent la richesse de Quintin aux XVIIe et surtout

XVIIIe siècles. Tous les beaux hôtels particuliers et les élégantes maisons de la ville datent de cette époque. Une partie de la production était notamment vendue en Espagne et en Amérique latine. Ce petit musée rappelle ce passé prospère, et tous les métiers liés à la production de la toile. Expositions du matériel et démonstration. Intéressant.

★ *Atelier de vitraux :* à l'orée du centre-ville et du bois de la Perche. ☎ 02-96-74-92-28. Ouvert de 8 h 30 à 12 h et de 14 h à 18 h 30, sauf le week-end. Entrée gratuite. Appeler obligatoirement avant pour savoir si le maître des lieux, Michaël Messonnet, est disponible pour vous faire visiter. Atelier d'une dizaine de compagnons qui restaurent de vieux vitraux et en créent de nouveaux. Espace étonnant, grande verrière, mezzanine. À l'origine, en 1947, l'atelier était installé dans une des tours du château de Quintin.

★ *Le vieux Quintin :* dans la Grand-Rue, débutant place 1830, quelques belles maisons à colombages, certaines sculptées, et d'élégants édifices en granit. Place du Martray, *splendide maison du Changeur* (1728) et la *mairie* (1740). Deux magnifiques édifices à encorbellement à l'entrée de la rue au Lait (l'une d'entre elles abrite l'office du tourisme). Pittoresque rue des Degrés. Belles façades de granit.
– *La rue de la Basilique :* porches sculptés de la maison des Chanoines. En face d'elle, fontaine provenant de la crypte de la chapelle Notre-Dame-d'Entre-les-Portes, avec statue de Notre-Dame-des-Vertus, en pierre polychromée (un peu défraîchie – la pierre, pas les vertus !).
– *La basilique Notre-Dame-de-Délivrance :* achevée en 1887, à l'emplacement de la chapelle du château qui avait accueilli en 1250 une relique de la ceinture de la Vierge Marie. Le nouvel édifice, de style néo-gothique, mesure 76 m de long, 28 m de large, voûte à 16 m et le clocher place son coq à 75 m de haut. À l'intérieur, le reliquaire en argent contient un fin réseau de lin à mailles.

Fêtes

– *Pardon :* le 2e dimanche de mai.
– *Saint-Jean :* le 24 juin. Spectacle son et lumière.
– *Festival de chant choral :* 3e semaine de juillet.
– *Fête des Tisserands :* début août. Exposition et démonstration du travail de la chaîne du lin et du tissage. Animations, musique et danses bretonnes, vieux métiers...
– *Festival des chanteurs de rue :* début novembre.

Dans les environs

★ *Lanfains :* bourg situé au sud de Quintin, sur le versant d'une colline de 325 m d'altitude, juste sur la ligne de partage des eaux entre la Manche et l'océan. Voyez le *manoir de la Porte-Fraboulet* et son superbe porche d'entrée en forme de cintre. Quelques fermes typiques (Sainte-Marie, la Moinerie).

❢ *Le Petit Village :* pour vous y rendre, suivez le fléchage à partir de Lanfains. ☎ 02-96-32-44-39. C'est un *bar-cabaret* installé dans l'étable d'une ferme joliment aménagée. Vous pourrez y boire un verre et écouter de la musique les samedi soir de 22 h à 5 h. Tenu par un agriculteur qui cherche à concilier amoureusement son métier et sa passion pour la musique et la moto. Autre but : rencontrer des gens, s'évader de la routine, en bref mettre un peu d'animation dans une région qui subit l'exode rural. Objectif atteint puisque l'adresse est maintenant connue dans tout le pays et pleine à craquer le week-end. Tous les ans, fin août, grand *fest-noz* avec musique celtique.

★ *Château de Beaumanoir :* Le Leslay. Prendre la D7 direction Châtelaudren, c'est indiqué à gauche 2 ou 3 km après Quintin. ☎ 02-96-58-17-86. ● hspierre@wanadoo.fr ● Ouvert tous les jours de fin juin à mi-septembre de 14 h à 19 h. Beau château du XV⁰ siècle, abandonné à la Révolution et remanié au XIX⁰ siècle. Quelques vestiges originels subsistent, comme la tour avec son escalier et la cheminée de la salle des Gardes. On visite aussi les écuries, la sellerie, la basse-cour, le jardin potager et le parc romantique avec son étang.

★ *Boqueho :* au nord, sur la route de Châtelaudren. Petit village perdu dans la « montagne », où les templiers organisaient une importante foire aux chevaux. Quatre éleveurs et un maréchal-ferrant perpétuent la tradition.
– Le 15 août, *pardon de Notre-Dame de la Pitié* : fête discrète et authentique.

★ *Uzel :* au sud, à 15 km, à mi-chemin entre Quintin et Loudéac. Petit village perché sur sa colline. Comme Quintin, Uzel eut une importante activité liée à la toile. C'est aussi le village natal de Fulgence Bienvenüe, inventeur bien inspiré de notre métro parisien. D'où le nom de la station « Montparnasse-Bienvenüe ».

MONCONTOUR-DE-BRETAGNE *(MONKONTOUR)* (22510) 870 hab.

Une des villes les plus importantes du Moyen Âge breton, qui bénéficie maintenant du label « Cité d'Europe ». Au XIV⁰ siècle, on y frappait même la monnaie. La ville, qui surveillait du haut de sa colline tous les axes régionaux, fut maintes fois l'objet de convoitises. Depuis, on l'oublia complètement. La seule altération qu'elle eut à subir en cinq siècles fut le démantèlement partiel des remparts, ordonné par Richelieu. Résultat : une petite cité de caractère, pleine de charme, d'une séduisante homogénéité et propice aux errances romantiques dans ses antiques venelles. Le plus beau point de vue sur le site s'obtient en venant de Quessoy (sur la D1). En été, Moncontour organise des tas de festivités : fête médiévale, tournois de chevalerie, concerts, etc. Bref, la ville revit !

Adresse utile

8 *Office du tourisme :* 4, pl. de la Carrière. ☎ 02-96-73-50-50. Ouvert tous les jours du 1ᵉʳ juin au 13 juillet, de 10 h à 12 h 30 et de 14 h 30 à 18 h 30 ; du 14 juillet au 31 août, de 10 h à 18 h 30 ; du 1ᵉʳ au 30 septembre, de 10 h à 12 h 30 et de 14 h à 18 h ; hors saison, s'adresser au : ☎ 02-96-73-44-92. Fax : 02-96-73-53-78. Équipe accueillante. Liste des chambres d'hôte et programme des animations d'été. À l'étage, musée (cf. « À voir, la Maison de la Chouannerie »).

Où dormir ?

▲ *Camping municipal :* au lieu-dit Moulin-Saint-Michel, à 100 m des remparts. Géré par l'office du tourisme. En saison : ☎ 02-96-73-50-50 ; le reste de l'année, par la mairie. Une vingtaine d'emplacements seulement, mais le confort d'un deux étoiles.

▲ *Chambres d'hôte Le Ray Christiane :* 10, pl. Penthièvre. ☎ et fax : 02-96-73-52-18. De 250 à 450 F (38,1 à 68,6 €), petit déjeuner compris. Table d'hôte à 95 F (14,4 €), boisson comprise. Excellemment située au cœur de Moncontour, à deux pas de l'église Saint-Mathurin. Cette maison du XVIe siècle dispose de 4 chambres de grand charme, spacieuses, mignonnes, propres, et chacune dans leur style : Louis-Philippe, Belle Époque, Bretonne ou Rêves de Jeunesse (où la fille de Christiane passa la sienne, tout s'explique !). Grands lits, tapisseries, poutres et cheminée... Super terrasse pour le petit déjeuner. Excellent accueil. Apéritif offert sur présentation du *GDR*.

▲ *Chambres d'hôte :* chez *Mme Rouillé*, à 1,5 km sur la route de Saint-Brieuc (D765), face au garage Renault (☎ 02-96-73-40-82), 2 chambres à 200 F (30,5 €) ; chez *Mme Henaff*, aux Grands-Moulins, toujours sur la D765, en face de l'adresse précédente (☎ 02-96-73-57-58), 1 seule chambre à 200 F (30,5 €) pour deux, petit déjeuner compris ; chez *Mme Gouélou,* à La Vallée, au pied de Moncontour, en direction de Lamballe (☎ 02-96-73-55-12), qui loue 2 chambres à 200 F (30,5 €) pour deux, petit déjeuner compris ; ou encore à Quessoy, à 8 km au nord, gîtes et repas à l'*Orangerie du château de Bogard* (☎ 02-96-42-38-25 ou 30-02).

Où manger ?

|●| *Crêperie-pizzeria Au Coin du Feu :* 9, pl. Penthièvre. ☎ 02-96-73-50-56. Fermé le lundi et le mercredi soir hors saison. Repas complet arrosé avec bolée de cidre aux environs de 60 F (8,4 €). Les deux salles possèdent chacune leur cheminée de granit, ce qui explique le nom de cette bonne crêperie où l'on vous servira dans de la faïence de Quimper. La carte comprend un bon choix de galettes. La complète ne coûte que 28 F (4,3 €). Si vous avez un bon appétit, essayez la super complète ou la *Forestière* à 32 F (4,9 €), ou les spéciales comme la *Moncontouraise,* ou la *Paysanne* à 35 F (5,3 €). Toutes les galettes sont accompagnées d'une salade. Très sympa.

|●| *Le Chaudron Magique :* 1, pl. de la Carrière ; en plein centre, à proximité de l'office du tourisme. ☎ 02-96-73-40-34. Fermé les dimanche soir et lundi d'octobre à mai, ainsi que 15 jours en octobre. Menus de 67 à 145 F (10,2 à 22,1 €). Spécialités médiévales telles que la *soupe d'orty et herbe,* des *limassons aux poyvres noirs* ou des *menus de pies,* des *menus oysaulx en rolz* ou en *morceau du viandier* précédant les *douceurs de la Reine.* Ces spécialités vous sont proposées par des serveurs en costume d'époque. On vous fournira aussi des vêtements d'inspiration médiévale pour déguster ces recettes moyenâgeuses (remises au goût du jour, rassurez-vous). Quelques bons vins actuels accompagneront votre festin. Mais si vous voulez pousser le bouchon un peu plus loin encore, essayez le *Framboculum* (vin doux à la framboise), l'*Ypocras* (le plus réputé des vins médiévaux aromatisé aux épices), ou le *Clairet* (vin blanc avec des épices et du miel). Dépaysement garanti. Un petit souvenir offert à nos lecteurs.

LES CÔTES-D'ARMOR

Où manger dans les environs ?

◖● Le Fournil : Le Coudray, à Plémy, à 5 km sur la route de Ploeuc-sur-Lié. ☎ 02-96-60-20-37. Ouvert tous les jours sauf le lundi. Un menu servi le midi en semaine à 80 F (12,2 €), et deux autres à 102 et 133 F (15,5 et 20,3 €). Cette auberge de campagne a su, malgré ses restaurations, conserver l'authenticité des vieilles demeures bretonnes. Les menus varient avec les saisons mais on y retrouve toujours de bonnes recettes traditionnelles réalisées avec des produits frais (les légumes proviennent du potager). Le chef, d'origine alsacienne, a travaillé dans différentes régions : Corse, Champagne, Périgord, etc., ce qui explique pourquoi il propose, de temps en temps du coq au riesling, du confit de canard, du poulet au cidre et même de la paella. Plateau de fruits de mer sur commande, 48 h à l'avance. Carte des vins à des prix très raisonnables. M. Lirot ne voulant travailler qu'avec du frais, il est préférable de réserver afin d'avoir ce qu'il propose au menu. Pour digérer cette copieuse cuisine du terroir, riche en beurre et en crème, vous pourrez ensuite disputer une partie de boules. Apéritif maison offert sur présentation du *GDR*.

À voir. À faire

★ **L'église Saint-Mathurin :** elle date du XVIe siècle. Le clocher s'enrichit en 1902 d'un beffroi insolite qui s'intégra tout à fait à l'architecture de la ville (et lui donna même une touche originale). Façade baroque rajoutée au XVIIIe siècle. À l'intérieur, pour les amateurs de *vitraux*, l'un des temps forts du voyage. On découvre avec fascination l'un des deux ou trois plus beaux ensembles de Bretagne. Trois verrières à gauche de la nef, deux à droite, plus la grande verrière du chœur, datent de la construction de l'église et constituent un joyau d'une valeur inestimable. La 2e à droite, celle de *l'Arbre de Jessé*, montre une fraîcheur de tons et des bleus admirables ! Celle du chœur raconte l'enfance du Christ. Fonts baptismaux en granit et superbe *pietà* du XVIe siècle, balustrade du chœur fondue aux forges de Vaublanc et maître-autel en marbre polychrome (1768).

★ **Le château :** visite pendant les vacances d'été des restes de la forteresse médiévale, démantelée sous Louis XIII. Remparts, cachots, oubliettes, etc.

★ **La Maison de la Chouannerie :** à l'office du tourisme. Mêmes horaires. Entrée payante (15 F soit 2,2 €) ; tarif réduit pour les 12-18 ans et entrée gratuite pour les moins de 12 ans. Sur trois étages, reconstitutions de scènes de la Révolution dans la région : messe secrète, rencontres officielles, etc. Nombreux documents et quelques beaux costumes. Projection d'un petit film sur Moncontour et les environs.

★ **Balade dans la ville :** les rues et ruelles de la ville alignent moult maisons à colombages, hôtels particuliers en granit, vestiges des portes de la ville, porches Renaissance, petites Vierges dans leur niche. Adorable *rue des Hautes-Folies* en escalier (par la rue de la Pompe). On trouve même une ruelle « Hors-Voie »... qui mène cependant quelque part ! Que de venelles aux noms savoureux ! Ne manquez surtout pas les enseignes de Gilles Bizien, qui en a réalisé une quarantaine. Elles sont pleines d'humour. On peut en faire réaliser, sur commande, en s'adressant à *Papegault*, 4, rue de la Porte-d'en-Haut. ☎ 02-96-73-48-14.

Fêtes

– **Grand pardon de Saint-Mathurin,** le protecteur des malades, à la Pentecôte. Le samedi après-midi, pardon des malades. Le soir, vers 21 h, procession aux flambeaux et feu de joie. Le dimanche, procession des reliques du saint et, le lundi, festivités.
– **Fête médiévale :** 2e quinzaine d'août. Apothéose des festivités d'été, avec habitants costumés, groupes folkloriques, troubadours, stands de produits régionaux, musique et danses. Moins importante que la fête médiévale de Dinan (fête des Remparts), mais plus rigoureuse quant à la fidélité historique : on s'y croirait.

Dans les environs

★ Nombreux **châteaux** dans la région. La plupart sont privés et ne se visitent pas ; cependant le plus important, celui de **la Touche-Trébry** (5 km à l'est), sur la route de Collinée, la D6, est ouvert au public. Visite en juillet et août tous les jours sauf les dimanche et fêtes, de 14 h à 18 h. Entrée payante. Belle demeure fortifiée du XVIe siècle, d'une grande homogénéité architecturale et tout à fait représentative du style Renaissance breton.

★ **Le site du Bel-Air :** au sud de Moncontour, une « colline inspirée » sur la ligne de partage des eaux. Ce fut un lieu de culte celtique dédié à Bellenos (dieu solaire) ; de cette époque subsiste l'implantation en étoile de 8 allées d'arbres. Mais la colline, point culminant des Côtes-d'Armor (339 m), fut christianisée au moyen d'une chapelle très quelconque parachutée à son sommet. On continue cependant d'y célébrer des rites mystérieux. Sans grand intérêt pour les non-initiés, sauf le point de vue, superbe, sur la baie de Saint-Brieuc et la région de Loudéac. Pardon annuel.

L'ARGOAT (« PAYS DES BOIS », BRETAGNE INTÉRIEURE)

De Moncontour, on descend vers la Bretagne intérieure, la plus authentique. Rude terre aux crêtes usées par l'érosion millénaire, paysage sans cesse renouvelé au hasard du relief, landes de bruyère et d'ajoncs dominant des vallons verdoyants, pays de rêves et de légendes, terre enchantée de la fée Morgane, randonnées, baignades dans les lacs, pêche... voilà ce qui vous attend. En chemin, vous pouvez passer par Saint-Gilles-du-Méné, sur la commune de Collinée, à proximité des landes du Menez (belles balades, voir « Dans les environs de Loudéac ») et de l'abbaye de Boquen (voir « Dans les environs de Lamballe »). Vous trouverez des renseignements sur le pays du Méné au Pays d'accueil (☎ 02-96-34-47-58). Puis retour à Loudéac. Mais si vous mourez d'impatience de revoir la mer, rendez-vous directement sur la côte du Goëlo.

LOUDÉAC (LOUDIEG) (22600)   10 100 hab.

Bourgade commerçante et industrielle, la patrie d'Olida ne présente pas de grand intérêt touristique, comparativement à l'ensemble du département. Église du XVIIIe siècle, mise en valeur le soir par son éclairage. *Forêt de Loudéac* (2 500 ha) et *landes du Mené* toutes proches. Malheureusement, ce superbe massif forestier a été très endommagé par l'ouragan de 1987. Depuis 1914, tous les ans, les habitants jouent le drame religieux de la Passion devant plusieurs milliers de spectateurs, les quatre dimanches précédant Pâques.

« Loudia » connaît aussi, chaque été, la fièvre du cheval. 220 chevaux, pour la plupart postiers et traits bretons, et une trentaine d'attelages s'y rassemblent à la mi-août. Spectacles équestres, élection de la meilleure cavalière, fanfares, travaux des champs... un parfum d'antan.

Adresses utiles

▣ *Point Info Tourisme :* 1, rue Saint-Joseph. ☎ 02-96-28-25-17. Fax : 02-96-28-25-33. ● www.ville-loudeac.fr ● Ouvert en juillet et août de 10 h à 12 h 30 et de 14 h à 19 h, de mi-juin à mi-septembre de 11 h à 12 h et de 14 h à 18 h, tous les jours sauf le dimanche. Sinon ouvert tous les après-midi.

▣ *Pays d'accueil de Loudéac :* 4, rue Saint-Joseph. ☎ 02-96-66-09-09. Fax : 02-96-66-09-08. Ne reçoit pas de visiteurs. Documentation par correspondance.

🚌 *Cars :* renseignements à la gare de Saint-Brieuc. ☎ 02-96-01-61-33. Vers Rennes, Carhaix, Pontivy, Auray.

Où dormir ? Où manger ?

▲ *Camping du Val de Landrouët Loisirs, Vacances, Tourisme :* 22230 Merdrignac. ☎ 02-96-28-47-98. Fax : 02-96-26-55-44. Camping ouvert de juin à mi-septembre. Réservation recommandée. 2 étoiles. 60 emplacements. Entouré de verdure, donne sur un étang. Sanitaires tout neufs. Nombreuses activités : piscine, minigolf, tir à l'arc, planche à voile.

▲ |●| *Hôtel des Voyageurs :* 10, rue de Cadélac ; près de l'église. ☎ 02-96-28-00-47. Fax : 02-96-28-22-30. Ouvert toute l'année. Chambres de 225 à 300 F (34,3 à 45,7 €). 6 menus de 80 à 255 F (12,2 à 38,8 €). Hôtel moderne et confortable, très bien tenu. Restaurant au bon rapport qualité-prix. Apéritif maison et petit déjeuner offerts aux lecteurs du *Guide du routard*.

|●| *Le Cheval Blanc :* 6, pl. de l'Église. ☎ 02-96-28-00-31. Fax : 02-96-28-23-96. Fermé le lundi, le dimanche soir, en février et en novembre. Grand choix de menus à partir de 49 F (7,4 €) en semaine. Une adresse à la fois cossue et décontractée. Pas la plus grande étape gastronomique des Côtes-d'Armor, mais une carte très riche et une cuisine bien exécutée. Ambiance provinciale sympathique et bon accueil. Le café est offert à nos lecteurs.

|●| *Crêperie-pizzeria La Belle Époque :* 16, rue de Pontivy. ☎ 02-96-28-34-98. Ouvert tous les jours sauf le dimanche midi. Bon rapport qualité-prix et un service efficace. Délicieuse pizza océane et viande copieuse.

À voir

– *Marché à la ferme :* au Bout-de-la-Lande, à 5 km de Loudéac sur la route de Mur-de-Bretagne. En été, tous les jeudis de 17 h à 20 h 30.

Dans les environs

★ *La Chèze :* à 10 km au sud-est de Loudéac, très joli village fleuri, au bord d'un cours d'eau. Ruines d'un château du XIIIe siècle et intéressant *musée régional des Métiers,* sur l'artisanat breton. ☎ 02-96-26-63-16. En juillet et août, ouvert de 10 h à 12 h et de 14 h à 18 h ; en mai, juin et septembre, l'après-midi seulement ; hors saison, téléphonez. Entrée : 20 F (3 €), 8 F (1,2 €) pour les 6-12 ans, gratuit pour les plus jeunes. Visite guidée ou audioguidée et possibilité de choisir une vidéo. Ateliers, cabinets et matériels divers, de chapelière ou de dentiste des années 1950 ; à l'époque, mieux valait avoir de bonnes dents ! N'hésitez pas à demander à mettre les machines en marche... Sur présentation du *GDR,* vous bénéficierez des tarifs de groupes.
– Pour illustrer la visite, allez jeter un coup d'œil aux superbes sabots de M. Aubry, 54, rue de la Madeleine (rue principale).
– Le dernier samedi de septembre, amusante *foire aux chevaux* et dégustation de plats typiques dans une ambiance de fête.

★ *Les landes du Mené :* pour ceux qui ont le temps, au sud-est de la forêt de Loudéac. Une balade dans un paysage accidenté assez pittoresque, à la rencontre de vieux villages. Du fait de la configuration du terrain, ce fut un haut lieu de la chouannerie.

★ *Les Aquatides :* les Livaudières. ☎ 02-96-66-14-40. Accès payant : 29 F (4,4 €) ; tarif réduit pour les enfants de 2 à 16 ans. Gratuit en dessous. Tous les plaisirs de l'eau à bonne température : jacuzzi, rivière à courant, toboggan de 70 m, bains à remous ou pataugeoire pour les tout-petits.

★ *Saint-Lubin :* village classé du XVIe siècle. Arrivez par la route de la Prénessaye pour saisir la belle homogénéité de cette architecture rurale. Grosses fermes en grès. Église d'allure massive. Vieille fontaine sculptée sur la route du Vaublanc.

★ *Le Vaublanc* est un ancien complexe métallurgique, dans une petite vallée encaissée et sauvage, en lisière de la forêt de Loudéac. Là aussi, joli village. Architecture remarquable des forges qui furent en activité de 1672 à 1871. S'y trouvent aujourd'hui des *gîtes ruraux* pas mal du tout, loués de 1 600 à 2 000 F (243,9 à 304,9 €) la semaine (☎ 02-96-25-68-83). En face de l'étang, beaux corps de bâtiment et vieux greniers à grains du XVIIe siècle, dont le toit descend au niveau de la route.

★ *Le lac de Bosméléac :* vaste de 76 ha, il fait partie d'un réseau de plans d'eau et de rivières poissonneux.

▣ *Camping du lac de Bosméléac :* ☎ 02-96-28-87-88. Fax : 02-96-28-80-97. Ouvert de mi-juin à mi-septembre. Un trois-étoiles tout beau tout nouveau et super bien situé : plan d'eau, kayak, cascade, etc. Avec ça, bon marché : 16 F l'emplacement (2,4 €). Ils ont ouvert une buvette-crêperie où l'apéro est offert à nos lecteurs pour leur arrivée.

★ *La rigole d'Hilvern :* à l'ouest de Loudéac, le long de l'Oust. Mini-canal de 62,5 km de long construit entre le barrage de Bosméléac et Hilvern, pourtant distants de seulement 20 km. Il alimentait le canal de Nantes à Brest. Son creusement, de 1828 à 1838, nécessita les bras de plus de 400 hommes, dont de nombreux tisserands que leur métier ne faisait plus vivre. Aujourd'hui, la rigole n'alimente plus le canal, mais elle offre de belles possibilités de promenade. Renseignez-vous au Point Info Tourisme pour connaître les sections les plus propices à la balade.

– *Association pour la sauvegarde de la rigole d'Hilvern :* mairie de Saint-Gonnery, 56920.

★ *La haute vallée de l'Oust :* parmi les curiosités, les maisons dites « de toileux » (commerçants des XVIIe et XVIIIe siècles), en granit, dotées d'ateliers. On peut en voir, notamment, dans les villages d'Uzel, du Quilio et de Merléac.

★ *Le Quilio :* à 10 km au nord-ouest de Loudéac. Bel enclos paroissial classé. À proximité du village, le *site de Notre-Dame-de-Lorette* (chapelle et mégalithes), d'où le panorama est somptueux. On peut même apercevoir Vannes par beau temps.

★ *Saint-Thélo :* juste avant Le Quilio. Ce village a connu une grande activité au temps du commerce de la toile. Subsistent encore de nombreuses maisons anciennes.

LE PAYS DE GUERLÉDAN ET DU KORONG

Le coin rêvé pour les amateurs de verdure, les amoureux de la randonnée. Un lac de 400 ha, de la forêt et, au sud, le paysage sauvage de la *lande de Gouvello*. Et plein de petites maisons bretonnes éparpillées dans la nature, dont certaines font gîte d'étape, pour accueillir les randonneurs fatigués...
Se renseigner à la Maison du tourisme de Mur-de-Bretagne pour une explication détaillée des chemins de randonnée sillonnant la région, ainsi que des possibilités de location de VTT ou de chevaux.

MUR-DE-BRETAGNE *(MUR)* (22530)	2 140 hab.

Petite cité au bord du lac de Guerlédan et de la forêt de Quénécan. Si vous venez du nord, suivez la D63 qui traverse les gorges de Poulancre. Voyez, au nord du bourg, la *chapelle Sainte-Suzanne* du XVe siècle, avec son clocher du XVIIIe siècle. À l'intérieur, lambris ornés de peintures et retables avec d'intéressantes statues.
C'est à 2 km de Mur que se situe la base d'activités nautiques, au rond-point du lac. Au même endroit, possibilité de baignade non surveillée.

Adresses utiles

■ *Maison du tourisme de la région du lac de Guerlédan :* pl. de l'Église. ☎ 02-96-28-51-41 ou 02-96-26-31-37 (mairie). De Pâques au 15 septembre, tous les jours sauf le dimanche après-midi, de 10 h à 12 h 30 et de 14 h à 19 h ; le reste de l'année, bureau à la mairie.
■ *Activités sportives du lac :* renseignements à la base départemen-tale de plein air, située au rond-point du lac. ☎ 02-96-67-12-22. En été seulement.
■ *Location de voiliers, planches, canoës et VTT :* club FFCK Kayak Guerlédan, sur la plage du Rond-Point, ☎ 02-96-26-30-52, et *BSA,* ☎ 02-96-26-30-94, sur la même plage.

Où dormir ? Où manger ?

🏠 |●| *La Perrière :* 2, rue des Ardoisiers ; derrière l'église. ☎ 02-96-26-08-63. Fermé une semaine pendant les congés de Noël. Chambre double de 150 à 230 F (22,9 à 35,1 €). Au resto, menu du jour à 55 F (8,4 €). Une étape simple dans cet hôtel, bar, restaurant qui propose 8 chambres dont six avec douche collective et les deux autres avec douche individuelle. La n° 7, un véritable petit appartement, a notre préférence. Tout est propre. Fait aussi resto, avec soirée étape et menu du jour.

Plus chic

🏠 |●| *Auberge Grand-Maison* : 1, rue Léon-Le-Cerf. ☎ 02-96-28-52-30. Dans le bourg, près de l'église. Fermé le dimanche soir et le lundi, ainsi que la première quinzaine de mars et 3 semaines en octobre. Menus de 170 à 400 F (25,9 à 60,9 €). Chambre de 320 à 650 F (48,8 à 99,1 €). Petit déjeuner : 90 F (13,7 €). Premier menu « Affaires » au déjeuner, servi sauf le dimanche, préparé par Jacques Guillo, maître cuisinier de France et l'une des meilleures toques du département. Il faut au moins ça quand on est installé dans cette campagne ! Suit un éventail de menus, tous baptisés différemment : « Tradition » à 210 F (32 €), sauf le dimanche, la « Réjouissance » à 250 F (38,1 €), l'« Émotion » et la « Fête » à 400 F (60,9 €). Menu-enfants à 100 F (15,2 €). La seule lecture de la carte fait rêver : les profiteroles de foie gras au coulis de truffes, le pigeonneau de Sainte-Anne-d'Auray cuisiné en bécasse, le millefeuille de pain d'épice au roquefort. Étape très gastronomique, donc. Également 9 chambres magnifiques qui ont été refaites avec beaucoup de goût. Le petit déjeuner est un véritable repas qui vous est proposé. Tarif demipension intéressant pour cette adresse exceptionnelle.

Où dormir ? Où manger dans les environs ?

🏠 |●| *Auberge de jeunesse André Le Provost :* à Saint-Guen (prononcer « gouin », comme sagouin ou pingouin) et à 3 km au nord de Mur, sur la D35 en allant vers Le Quillio. ☎ 02-96-28-54-34. Fax : 02-96-26-01-56. Ouvert d'avril à fin octobre. 45 F (6,8 €) la nuit et petit déjeuner à 19 F (2,9 €). 50 F (7,6 €) le repas. Demi-pension à 114 F (17,4 €) par personne. Carte demandée. Une AJ formidable, mignonne comme tout et entièrement refaite à neuf. Cuisine suréquipée. Chambres de 4 à 6 lits, très propres et aux couleurs pimpantes. Sanitaires impeccables. Possibilité de camper (25 F, soit 3,8 €). Vraiment étonnant de trouver une AJ pareille dans un bled aussi paumé ! Cour intérieure où l'on peut s'attabler en été. Calme garanti. On y a même rencontré une étudiante qui passe tous les ans ses vacances ici, histoire de décompresser...

Prix moyens à plus chic

🏠 |●| *Le Relais du Lac :* à Caurel (5 km à l'ouest de Mur). ☎ 02-96-67-11-00. Fax : 02-96-67-11-09. 🍴 Fermé le dimanche soir et lundi soir (hors saison), la première quinzaine de janvier et la deuxième quinzaine de novembre. Chambre double à partir de 230 F (35 €), 270 F (41,1 €) avec salle de bains et w.-c. Menus à 65 F (9,9 €), 85 F (12,9 €) et 130 F

(19,8 €). Ancien relais de diligence, entièrement restauré. Chambres simples et correctes. Demi-pension à prix raisonnable. Bon accueil. Au choix, l'apéro, le café ou le digestif est offert sur présentation du *GDR*.

▲ l●l *Hôtel-restaurant Beau Rivage :* à Beau Rivage (au sud de Caurel). ☎ 02-96-28-52-15. Fermé les dimanche soir, lundi soir et mardi hors saison, ainsi que 15 jours en octobre et pendant les vacances scolaires de février. Chambre double de 270 à 320 F (41,1 à 48,8 €). Au restaurant, menu de 90 F en semaine à 170 F (13,7 à 54,1 €). Petit hôtel moderne mais mimi tout plein, au bord du lac, qui propose 8 chambres confortables. Demander les chambres n°s 1, 2 ou 3 : elles donnent sur le lac. Dans la salle à manger panoramique ou sur la terrasse ouvrant sur le lac, on vous proposera un véritable repas de fête dès le premier menu. Parmi les spécialités : gratin de langoustines, suprême de pigeon sauce vineuse, huîtres chaudes au magret fumé, feuilleté de pigeon aux cèpes, et, pour terminer, l'aumônière de crêpes aux pommes chaudes, sauce caramel. Un régal ! Excellente table dans un cadre merveilleux... finalement, c'est à regret que l'on quitte cet établissement !

l●l N'oublions pas la *crêperie du Rohic,* en Morbihan mais à deux pas du lac de Guerlédan (voir à Pontivy, « Où dormir ? Où manger dans les environs ? » dans le *GDR Bretagne Sud*).

Fêtes

– *Festival des Arts traditionnels :* tous les ans autour du 14 juillet. Musiques et danses traditionnelles du monde entier.
– *Fête du Lac :* le 15 août. Triathlon et *fest-noz*.

Dans les environs

★ *Le lac de Guerlédan :* une *baignade* non surveillée à Beau-Rivage, un point de *location de barques et pédalos*, la possibilité de faire du *ski nautique* (☎ 02-96-26-02-18 en saison) ou de partir en *mini-croisière* (départ du resto *L'Embarcadère,* à Beau-Rivage, pour une durée de 1 h 30 ou 3 h, en option croisière-resto ; ☎ 02-96-28-52-64).

★ *Laniscat :* l'*église Saint-Gildas* (1667) conserve l'une des rares roues à carillon de Bretagne. Grand retable classique du Lavallois Olivier Martinet.
– Partez à la recherche de la pépite perdue avec Dominique Giraudet, qui vous initiera à l'art de l'*orpaillage.* Formule week-end, hébergement et restauration compris ; se renseigner à l'office du tourisme de Mur.

GOUAREC *(GWAREG)* (22570)   1 060 hab.

Bourgade tranquille, environnée là encore d'une campagne vallonnée, verdoyante, de sites à découvrir et de chouettes promenades. On ne manquera pas l'abbaye du Bon-Repos et les Forges-les-Salles. Et, pour la baignade, tous à la piscine !

Où dormir ? Où manger ? Où boire un verre ?

Camping très plaisant au calme au bord du canal. ☎ 02-96-24-85-42. Une bolée de cidre est offerte aux routards munis du *GDR*.

Hôtel-restaurant du Blavet : N164, 22570 Gouarec. ☎ 02-96-24-90-03. Fax : 02-96-24-84-85. ● louis.le-loir@wanadoo.fr ● Hôtel fermé à Noël et en février ; restaurant fermé le dimanche soir et le lundi hors saison. Chambre double de 190 à 280 F (28,9 à 42,6 €). La chambre n° 6, avec baldaquin et vue sur la rivière est à 350 F (53,3 €). Au resto, menus de 85 F (12,9 €) en semaine à 250 F (38,1 €). Grande maison de pierre au bord du Blavet, à l'atmosphère relax et Bretagne profonde. Chambres sympathiques et confortables. Pour 45 F (6,8 €), on peut bénéficier du sauna. Côté resto, cuisine traditionnelle joliment travaillée par le chef et patron. Grandes armoires d'acajou, vue sur le beau Blavet, la salle à manger est agréable. L'apéro est offert à nos lecteurs.

Crêperie-bar du Bon-Repos : juste en bordure de la nationale, après l'abbaye. ☎ 02-96-24-86-56. Fermé le lundi et de mi-septembre à mi-octobre.

Café de l'Abbaye : chez p'tite Anne, en bordure du Blavet. Un café de derrière les fagots où se retrouvent M. le vicomte, M. Pochon et d'autres autochtones pour parler pluie et beau temps. P'tite Anne sert tout son monde avec bonne humeur et simplicité, et finalement on est bien content de prendre un verre ici, dans cette ancienne maison d'éclusier. Tuyau de poêle en prime.

Tavarn du Daoulas : au bord de la route, juste avant l'abbaye du Bon-Repos. ☎ 02-96-24-90-37. Ambiance pub irlandais. Bonne musique rock et blues. Location de canoës et de kayaks.

À voir. À faire dans les environs

★ **L'abbaye cistercienne du Bon-Repos :** dans un très beau site donnant sur le lac de Guerlédan, où l'on peut admirer ses ruines du XIIe siècle. Fondée en 1184 par Alain III, vicomte de Rohan, l'abbaye du Bon-Repos fut occupée par les moines cisterciens jusqu'à la Révolution, pendant laquelle elle fut entièrement pillée. Les ruines, en cours de restauration, datent en majorité des XIVe et XVIIIe siècles. Belle vue du corps principal depuis le vieux pont couvert de lierre. Visite libre. Grand spectacle son et lumière sur l'histoire de la région le 2e week-end d'août. Réservation : ☎ 02-96-24-85-28. 400 figurants, tous bénévoles, participent à cette grande fresque.

★ **Les Forges-les-Salles :** chouette promenade à travers la forêt, de Bon-Repos jusqu'aux Forges-les-Salles, l'un des plus anciens centres métallurgiques de Bretagne. Visites guidées le week-end hors saison, tous les jours en juillet et août, de 14 h à 18 h 30. Entrée : 20 F (3 €). ☎ 02-96-24-90-12. Créé au XVIIe siècle, c'est l'un des sites les mieux préservés du genre. Dans un splendide environnement, un ensemble architectural très harmonieux, en particulier la longue rangée des maisons d'ouvriers (du XVIIIe siècle). Également un château avec dépendances et jardins en escaliers. L'activité des forges cessa au milieu du XIXe siècle, victime de la concurrence étrangère.

– Possibilité de **baignade** à Saint-Gelven, à Roc'h Tregnanton.

– **Location de VTT :** à Bon-Repos. Renseignements au bar de l'Abbaye ou au Daoulas.

– **Piscine municipale Aquadelis :** jolies plantes vertes pour l'exotisme et chauffage écolo. Location de canoës-kayaks.

LE PAYS FISEL

ROSTRENEN *(ROSTRENENN)* (22110) 3 930 hab.

Grosse bourgade de passage, sur l'axe Rennes-Châteaulin, au cœur du pays fisel. Elle possède une certaine unité architecturale, mais peu de monuments caractéristiques. Église de style hybride consacrée à Notre-Dame-du-Roncier (voir Josselin). De l'édifice du XVe siècle ne subsistent que les quatre énormes piliers devant le chœur. Nef centrale du XIXe siècle. Intéressant porche cependant, avec statues polychromes des apôtres. Petite rue à côté menant à une belle fontaine du XVIe siècle. Arrêtez-vous à la poterie de Trémargat, près de l'église, où vous verrez des pièces intéressantes.

Adresses utiles

🔹 *Syndicat d'initiative :* 4, pl. de la République. ☎ 02-96-29-02-72. Ouvert tous les jours en saison, de 10 h à 12 h 30 et de 14 h à 19 h ; hors saison, ☎ 02-96-57-42-00 (mairie).

Renseignements sur les possibilités de balades (GR37).
– *Location de vélos* à la Maison de la Presse, voisine du syndicat d'initiative.

Où dormir ? Où manger ?

🔺 |●| *Hôtel-restaurant Henri IV :* au lieu-dit Kerbanel, à la sortie de Rostrenen (au bord de la route), direction Glomel. ☎ 02-96-29-15-17. Fax : 02-96-29-26-67. Établissement fermé en janvier. Chambre de 220 à 240 F (33,5 à 36,5 €) vraiment confortables, refaites récemment. Hôtel moderne, sans charme, mais l'un des rares dans le coin et par ailleurs d'un bon rapport qualité-prix. Deux restos, un traditionnel, le *Henri IV*, avec des menus à partir de 70 F (10,7 €), et un gastro, le *Médicis*, avec des menus de 140 à 240 F (21,3 à 36,6 €). L'apéro est offert sur présentation du *GDR*.

🔺 *Cœur de Breizh :* 14, rue Abbé-Gibert, dans le centre. ☎ 02-96-29-18-33. Fermé le mercredi et du 15 novembre au 10 décembre. Premier menu à 80 F (12,2 €) le midi en semaine. Sinon, menus à 98 F (14,9 €) et 149 F (22,7 €), et carte à des prix très raisonnables. Dans le bourg, dans une vaste maison jaune. Voilà une adresse bien ré-

jouissante et généreuse. La preuve : pour transformer leur petit bar en un joli restaurant, Anne-Laure et Roger ont lancé une souscription auprès d'amis et de clients fidèles qui les y poussaient depuis longtemps. L'idée est belle et le résultat plus que concluant. D'abord, on est séduit par le cadre, les pierres apparentes et la déco bretonne et campagnarde. Ensuite, monsieur prodigue un accueil courtois et décontracté pendant que madame, cuisinière autodidacte, s'active avec brio devant ses fourneaux. Cuisine du terroir à base de produits de qualité, bio la plupart du temps, choisis avec le plus grand soin chez les petits producteurs locaux. Que du frais ! Et croyez-nous, c'est un bonheur dans des assiettes copieusement garnies ! Bons desserts maison également. Dernière commande à 22 h en semaine et 23 h le week-end.

|●| *Pizzeria Le Kumquat :* 8, pl. du Martray. ☎ 02-96-29-30-01. Fermé le dimanche, ainsi qu'en novembre.

Menu à 55 F (8,4 €) le midi. Plat du jour à 52 F (7,9 €) et pour les enfants, demi-pizza de 25 à 35 F (3,8 à 5,3 €). Dans une vieille demeure en pierre et poutres apparentes. Ambiance décontractée, bonnes pizzas au feu de bois, faites avec de la farine bio, et salades variées. Plats du jour exotiques, genre *chili con carne,* poulet au curry, etc. Préférable de réserver.

Fêtes traditionnelles

– *Pardon de Notre-Dame de Rostrenen :* les 14 et 15 août. Célébré depuis le XIVᵉ siècle. La statue de la Vierge, découverte vers 1300, sous un parterre de roses (en plein hiver !), est transportée sur la montagne du Miniou en procession aux flambeaux.
– *Festival de danses fisel :* le dernier week-end d'août, à la salle des fêtes.

GLOMEL *(GROÑVEL)* (22110)   1 500 hab.

À 8 km à l'ouest de Rostrenen. Gros village établi entre deux étangs, dont celui du Korong. Beaucoup d'activités nautiques en perspective, d'autant que le canal de Nantes à Brest passe tout près. Le kayak est l'un des sports favoris des gens du coin. Également une curiosité (de taille) : le plus haut menhir des Côtes-d'Armor.

Info utile

– *Kayak :* le canal offre 21 écluses à descendre. Un must pour les amateurs du genre. Renseignements auprès de l'association *CASCK.* ☎ 02-96-29-65-01.

Où dormir ? Où manger ?

▲ *Camping de l'Étang du Korong :* ☎ 02-96-29-84-20. Ouvert de mi-juin à mi-septembre. Compter 20 F (3 €) la nuitée par personne. Bien aménagé et offrant toutes les activités que permet l'étang (planche à voile, pêche, baignade, pédalo, etc.). Fait aussi gîte d'étape.
▲ |●| *Hôtel-restaurant La Cascade :* 5, Grande-Rue. ☎ 02-96-29-60-44. Ouvert le midi en semaine. Chambres de 160 à 180 F (24,4 à 27,4 €) pour 2, et 220 F (33,5 €) pour 3. Sur la rue principale. Côté resto, menu ouvrier à 55 F (8,4 €), sur commande le week-end et le soir sauf pour les clients de l'hôtel. Un petit hôtel de pays bien sympathique. 4 chambres mignonnes et personnalisées dans la déco : vous avez le choix entre la « marine » ou la « Bretagne » (ces deux-là ont chacune un lavabo, mais une salle de bains commune), la « jardin » ou la « chalet ». Propreté irréprochable, accueil très gentil, et prix plus que raisonnables. TV.
▲ |●| *Ferme-auberge Le Manoir de Saint-Péran :* route de Paule, sur la D85 un peu après Glomel. ☎ 02-96-29-60-04. Fax : 02-96-29-86-34. Chambre à 220 F (33,5 €) avec douche et w.-c. Petit déjeuner à 35 F (5,3 €). Demi-pension : 205 F (31,2 €) par personne. Repas de la ferme à partir des spécialités maison : poulet, potée et crêpes. Menus de 75 F (11,4 €) à 120 F (18,3 €). En pleine campagne, une grosse bâtisse accolée à une tour médiévale.

Le plus étonnant, ce sont les palmiers qui trônent fièrement sur la grande pelouse. Chambres confortables avec TV, téléphone et radio-réveil. On peut ensuite se promener le long du canal de Nantes à Brest, tout près. Les vendredi et samedi, vente de charcuterie artisanale maison, terrines d'autrefois, saucissons de toujours... Réservation nécessaire pour les repas. 10 % de remise sur le prix de la chambre sur réservation et présentation du *GDR*, sauf en juillet et août.

🛏 *Chambres d'hôte Canal Chouette :* Kergérard, à 2 km du bourg. Bien indiqué à partir de la boulangerie-alimentation du bourg. ☎ 02-96-29-81-44. 250 F (38,1 €) pour 2, 180 F (27,4 €) pour 1 personne, petit déjeuner compris. Sur réservation, possibilité de dîner pour moins de 50 F (7,6 €) par personne. Presque les pieds dans le canal de Nantes à Brest. Très tranquille, en pleine nature. 4 chambres modernes, fonctionnelles et impeccablement tenues. Grande pièce commune vitrée très agréable face au canal. Bon accueil de Marie-Jeanne Templier. Pour nos lecteurs, 10 % de remise sur le prix de la chambre à partir de 3 nuits, 20 % pour 1 semaine.

À voir

★ *Le menhir de Glomel :* pas évident à trouver puisqu'ici on n'en a pas fait (heureusement) un site touristique « à la Carnac » ! À la sortie du village (vers le canal), au milieu des habitations. Fléché du centre ; puis prendre un petit chemin sur la gauche (pas de panneau). En voici un qu'Obélix aurait apprécié : 14 m de haut !

★ *La maison de la Nature :* à Coatrennec, à environ 4 km de Glomel. Indiqué à gauche sur la route de Rostrenen par des petits panneaux bleus. ☎ 02-96-29-15-93. Fax : 02-96-29-10-87. Ouvert tous les jours de 14 h à 18 h en saison (sauf le mardi hors saison) ; fermé en décembre et en janvier. Entrée : 25 F (3,8 €). Réductions pour les enfants, étudiants, chômeurs, gratuit pour les moins de 7 ans. Dans un bâtiment moderne assez vaste, bien intégré à la nature environnante. Expositions joliment montées et agrémentées de panneaux, photos, vitrines, maquettes, vidéos, bornes sonores... La première partie traite des transformations du paysage dans l'histoire causées par l'évolution de l'agriculture. Ensuite, présentation de l'environnement et des milieux naturels locaux (aquarium, terrarium, etc.). Intéressant et muséographie très plaisante. Une autre exposition présente les différents types de roches rencontrées en Bretagne centre. Sur présentation du *GDR*, l'entrée est à 20 F (3 €).
– À noter : la Maison de la Nature organise de nombreuses *balades* thématiques dans la région.

Festival

– *Rencontres internationales de clarinette populaire :* en mai, pendant le week-end de l'Ascension. Mine de rien, c'est devenu l'un des festivals musicaux les plus importants du département. Programme : ☎ 02-96-29-69-26.

Dans les environs

★ *Le château de Coat-Couraval :* à 5 km au sud de Glomel, de l'autre côté de l'étang, par la D85. Superbe bâtisse du XVe siècle dans un verdoyant environnement de jardins en terrasses. Le parc se visite entre le 1er juillet et le 1er septembre. ☎ 02-96-29- 30-46.

★ *Promenade sur les berges du canal de Nantes à Brest :* à la hauteur de Glomel, une tranchée fut creusée dans le schiste, de 1823 à 1836, par des milliers d'ouvriers (parmi eux, de nombreux pensionnaires du bagne de Brest), dont beaucoup périrent à la tâche. Pour compenser l'élévation du site, la tranchée du canal atteint parfois 35 m de profondeur. Entre Rostrenen et Glomel se trouve le « bief de partage » du canal à son point culminant (184 m).

★ *L'étang du Korong :* créé sous Napoléon Ier pour alimenter le canal en eau. Baignade non surveillée. Base nautique, où l'on peut faire voile, planche, canoë-kayak, tennis, escalade, tir à l'arc et VTT. ☎ 02-96-29-60-51.

KERGRIST-MOËLOU *(KERGRIST-MOELOÙ)* (22110)   710 hab.

Situé à 9 km au nord de Rostrenen. Nom composé de *kergrist* (« village du Christ ») et *moëlou* (« moyeu », ce qui indique une grande qualité de bois alentour pour fabriquer cette pièce indispensable). Dans ce séduisant village, possédant une très grande homogénéité architecturale, vous trouverez le plus bel enclos paroissial des Côtes-d'Armor. Passez-y toutes affaires cessantes !

À voir

★ *L'église de la Sainte-Trinité :* édifiée au début du XVIe siècle, c'est l'une des plus fascinantes de la grande période gothique flamboyant breton. Saisissant ensemble formé, côté enclos, par le calvaire, le superbe porche, le délicat ossuaire, la massive tour de 40 m à balustrades. On ne se lasse pas d'en débusquer tous les détails architecturaux insolites. Notamment les gargouilles à personnages, et, sous leurs dais finement sculptés, les statues polychromes du porche. Pour accéder à l'intérieur, on passe une grosse porte en bois du XVIe siècle complètement usée (on devine à peine saint Pierre et sa grosse clef). Quelques statues dignes d'intérêt, comme la superbe *Vierge à l'Enfant* de l'autel à droite (tous deux tiennent dans la main une curieuse boule), et, de l'autre côté, sainte Anne et la Vierge.

★ *Le calvaire :* le plus important des Côtes-d'Armor. Inspiré de celui de Plougonven et édifié en 1578. Il subit d'importantes déprédations dans la tourmente révolutionnaire et fut restauré au XIXe siècle. Nos lecteurs connaisseurs noteront sans peine que les scènes ont toutes été mélangées lors de la reconstruction. Attardez-vous avant tout sur la *Mise au tombeau*, la seule scène qui ait été épargnée en 1793. Elle dégage une grande force de sentiment : saint Jean, un peu gras et habillé comme les notables de l'époque, la Sainte Vierge d'une très grande dignité, le Christ maigre sur un linceul à longs plis. Dans l'enclos subsistent quelques tombes très anciennes.

★ Tout autour de l'enclos, *ensemble de demeures en granit* des XVIe et XVIIe siècles, aux façades austères.

TRÉMARGAT *(TREMARGAD)* (22110)   170 hab.

Village ancien, l'un des plus émouvants de la région. Comme figé dans son passé, ignorant du monde qui s'affole autour. Vieilles demeures de granit, dont beaucoup sont désormais vides.

À voir

★ *L'église :* basse et modeste, à la taille du village, mais ne manquant pas de clins d'œil architecturaux (gargouilles, portail sculpté, petit ossuaire contenant encore des ossements). À l'intérieur de l'église, découvrez un chemin de croix anachronique. Les apôtres ont l'allure de résistants de 1940 et les soldats romains portent des mitraillettes!

LES GORGES DE TOUL-GOULIC ET LA HAUTE VALLÉE DU BLAVET

Le Blavet prend sa source un peu au nord de l'étang qui porte son nom, près du village de Saint-Norgan. Beau lieu de pêche. Un peu plus bas en suivant la vallée, la « Chaire des druides » est une impressionnante concentration de rochers (non loin de la ferme de l'écrivain Villiers de L'Isle-Adam). Un arbre est même parvenu à enlacer de ses racines un énorme bloc. *Lac artificiel de Kerné Uhel* à Peumerit-Quintin, baignade, pédalos et pêche.

Jolie route de Trémargat à Lanrivain. En cours de trajet, une apparition insolite et poétique, dans un site remarquable : *la chapelle Saint-Antoine* (du XVe siècle). Et puis, au bord de la route, tout à coup, un admirable calvaire du XVIIe siècle. Probablement édifié pour se préserver de la peste, si l'on en juge par les bubons ornant le fût.

Petite route (la D110) qui mène ensuite aux *gorges de Toul-Goulic,* une autre surprise offerte par le coin. Comment imaginer trouver là ce fantastique chaos de rochers ronds et énormes sur près de 400 m et sous lequel gronde le Blavet? Parking. Petit chemin balisé un peu raide mais sans difficulté. À faire en famille. À peine 5 mn pour atteindre les roches.

AU NORD DU PAYS FISEL, VERS GUINGAMP

LANRIVAIN *(LARRUEN)* (22480)   540 hab.

Autre village méritant l'attention. *Église* reconstruite, mais qui a conservé certains éléments de l'ancien édifice, comme le porche du XVIe siècle. Si l'intérieur présente très peu d'intérêt, en revanche, l'ossuaire, très ancien, est toujours rempli de crânes et de tibias. Calvaire de 1548 (brisé en 1793 mais restauré en 1866). Notez la *Mise au tombeau,* aux personnages anormalement grands pour un calvaire traditionnel.

À voir

★ *La chapelle Notre-Dame-du-Guiaudet :* à moins de 2 km. Une belle allée d'arbres mène à cette chapelle du XVIIe siècle, avec un clocher-campanile. À l'intérieur, ex-voto, vieilles bannières de procession, retable de bois doré et une très rare Vierge couchée allaitant Jésus. Dans l'enclos, fontaine avec deux bassins.

★ *La chapelle de Lannégan :* restaurée. Fenestrage en fleur de lys.

SAINT-NICOLAS-DU-PÉLEM *(SANT-NIKOLAZ-AR-PELEM)* (22480)

920 hab.

C'est la frontière entre les régions non remembrées et remembrées (au sud, le désastre !). Agréable « village fleuri ». Dans la fenêtre du chevet de l'église, un vitrail de 1470 présente la passion du Christ en 24 panneaux très réalistes. À côté de l'église, élégante fontaine Saint-Nicolas du XVIIᵉ siècle, avec sa niche à deux colonnettes. À 1 km, au sud-est, petite chapelle Saint-Éloi, du XVᵉ siècle. Le Comité départemental du tourisme (voir « Adresses utiles » à Saint-Brieuc) édite un *Parcours du patrimoine* des environs. Plein de choses à voir : moulins, vieux puits, fermes en pierre, etc.

Adresse utile

🛈 *Syndicat d'initiative :* place du Kreisker. ☎ 02-96-29-52-51.

Où dormir ? Où manger ?

📍 🍽 *L'Auberge du Kreisker :* 11, pl. du Kreisker. ☎ 02-96-29-51-20. Fax : 02-96-29-53-70. Fermé le dimanche soir et le lundi hors saison. Chambre double de 180 à 260 F (27,4 à 39,6 €). Menus de 72 à 156 F (11 à 23,8 €). Salle à manger rustique où l'on sert une bien bonne cuisine du terroir. Parmi les spécialités : terrine maison, chèvre chaud de Trémargat et... mousse au chocolat ! (pas en même temps, bien sûr). Pour nos lecteurs, café offert de novembre à mars.

Dans les environs

★ *Musée de l'école de Bothoa :* à Bothoa, à 3 km au nord de Saint-Nicolas-du-Pélem. À la sortie du village vers le nord. ☎ 02-96-29-73-95. Ouvert du 15 juin au 15 septembre de 14 h à 18 h, fermé le lundi. Entrée : 20 F (3 €), 10 F (1,5 €) pour les enfants. Un musée plein de charme dans une ancienne école des années 1930. Exposition sur l'école de Bothoa, visite du logement de l'instituteur comme à l'époque et pour finir, la salle de classe où les visiteurs pourront écrire à la plume. À noter : dictée tous les mardis à 15 h.

SAINT-GILLES-PLIGEAUX *(SANT-JILI-PLIJO)* (22480)

310 hab.

Charmante bourgade remontant au XIVᵉ siècle et offrant d'intéressants édifices, notamment un remarquable ensemble église-chapelle qui ravira tous nos lecteurs photographes. *Église* du XVIᵉ siècle à laquelle on rajouta plus tard un joli clocher à dôme et balustrade. Retable du XVIIᵉ siècle et catafalque sinistre. Adorable *chapelle Saint-Laurent* offrant une magnifique porte ouvragée Renaissance. Surtout, ne manquez pas, en contrebas de l'église, les deux très belles *fontaines* jumelles enserrées dans leur enclos de pierre. On y accède par deux petits escaliers usés par le temps. Monument assez rare dans la région.

Dans les environs

★ *Kerpert :* vieux village qui mérite le détour pour son église également. Située sur une butte entourée d'un mur de pierre. Église du XVIe siècle mangée par les lichens. Porche et clocher à l'architecture rugueuse et noble à la fois. Petit ossuaire dans le cimetière.

★ *L'abbaye de Coatmalouen :* il n'en reste que des ruines près d'une grosse ferme. Située à quelques kilomètres au nord-est. Grande façade ouverte sur le ciel et ne tenant plus que par miracle. Au fond, vestiges de la chapelle avec tombeau sculpté.

★ *Saint-Connan :* village très ancien, sur une petite route en direction de Quintin. Émouvant éventail de vieilles demeures typiques en granit autour de l'église du bourg. Beaucoup sont pourtant aujourd'hui désertées. Un charme poignant, une sereine tristesse, pourrait-on presque dire, baigne le bourg.

★ *Senven-Léhart :* au nord de Saint-Connan, un autre village hors du temps. L'église est du XIXe siècle, mais possède toujours un calvaire du XVIe siècle.

★ *Corlay :* bourg du centre de la Bretagne, ayant une vieille tradition hippique, puisqu'il possède son *hippodrome du Petit-Paris* (courses en juin, et les 4 et 14 juillet). La race des chevaux de Corlay (à ne pas confondre avec le « bidet breton », voir, plus loin, à « Callac ») était très proche du pur-sang anglais, et orientée vers la course.
Le *château féodal* du XIIe siècle, ruiné par la guerre de Cent Ans puis rebâti au XVe, abrite aujourd'hui dans ses ruines la *Maison du Cheval*. ☎ 02-96-29-42-90. Visite du 15 juin au 15 septembre de 10 h 30 à 12 h 30 et de 14 h à 18 h. Bureau du tourisme dans la cour du château.

BOURBRIAC *(BOULVRIAG)* (22390)   2 340 hab.

La commune fait un gros effort pour s'embellir et bien accueillir les touristes : fleurs, illumination du plan d'eau et de l'*église* (grande comme une cathédrale!). Ouverte toute la journée, sa crypte date du Xe siècle et la tour-clocher fut terminée au XIXe siècle. On y trouve donc des traces de tous les styles. Quant aux orgues, elles sont flambant neuves !
Il faut voir aussi la *chapelle Notre-Dame-du-Daouet*, lieu de pèlerinage jadis très fréquenté ; le bâtiment conserve un beau fenestrage du XIVe siècle. Et le *menhir de Kailouan* (11 m de haut) à Plesidy, commune voisine qui possède, en outre, de fort jolis *manoirs* bretons du XVIe siècle (Toul An Golet) et beaucoup de chapelles.

Adresse utile

◘ *Syndicat d'initiative du pays de Bourbriac :* sur la place de l'Église, à l'angle de la rue du Télégraphe. ☎ 02-96-43-46-03. En saison, ouvert du lundi au vendredi de 9 h à 12 h 30 et de 13 h 30 à 17 h et le samedi de 9 h à 12 h 30 ; hors saison, ouvert les lundi, mercredi et vendredi de 9 h à 12 h 30. Accueil excellent. Tous les lundis, en juillet et août, dégustation gratuite de kir breton, accompagnée de gâteaux du pays.

Où manger dans les environs ?

I●I *Auberge Pierr'an Daol :* au lieu-dit Crec'h-Cant. À 6 km de Bourbriac, 9 km de Guingamp. ☎ 02-96-21-81-02. Ouvert toute l'année le week-end midi et soir ; en juillet et août, ouvert tous les soirs sauf le lundi. Menus à 85, 88 et 100 F (12,9, 13,4 et 15,2 €). Prendre la D63 de Bourbriac jusqu'à Coadout ; l'auberge est indiquée à la sortie de Coadout, à droite. On la découvre au bout d'une route parsemée de vieilles fermes fleuries. On y fait cuire soi-même sa viande en salle, sur une pierre brûlante. Accueil prévenant.

BULAT-PESTIVIEN *(BULAD-PESTIVIEN)* (22160)   440 hab.

En marge et à mi-chemin de l'axe Guingamp-Carhaix, l'une des églises les plus remarquables de toute la région. C'est un délice d'y parvenir à travers un réseau dense de petites routes, révélant tant de villages et de modes de vie oubliés.

Où dormir ?

▲ *Camping municipal :* au lieu-dit le C'horonk, à 500 m du bourg par la D50 direction Maël. ☎ 02-96-45-76-86 ou 02-96-45-72-00 (mairie). Fax : 02-96-45-75-56. Ouvert du 1er mai au 31 août. Pas cher.

À voir

★ Étonnant qu'un modeste village comme Bulat-Pestivien puisse posséder une telle *église*. Son porche se révèle un authentique chef-d'œuvre. Au milieu, une colonne sculptée de vignes supporte un splendide tympan flamboyant surmonté d'un foisonnement végétal. Dans leurs niches, sous un dais finement sculpté, les apôtres. Sous la tour et la flèche de 66 m, le portail principal est encadré de deux personnages tenant un manuscrit. Les lichens leur donnent un relief et des couleurs insolites. Façades et flancs de l'église se couvrent de pittoresques et inquiétantes sculptures : gargouilles, animaux, figures grotesques, coquilles Saint-Jacques, etc. Et, omniprésente, la figure de l'*Ankou* dans une série de personnages grimaçants. L'un d'eux, brandissant des os, semble hurler. À l'intérieur, un curieux *lutrin* sous la forme d'un paysan en costume local. Grande *table d'offrande*, de 1583, en pierre sculptée de figures géométriques. Dans la sacristie, *frise macabre*.

★ Dans le cimetière, *fontaine* au fond d'une sorte de piscine. On trouve également deux autres fontaines intéressantes, celle *du Coq* et celle *des Sept Saints,* sur la route de Callac, à la sortie du village.

★ À 1 km au nord, charmant petit *enclos de Pestivien* avec une chapelle et un calvaire. Notez comme les deux larrons se contorsionnent désespérément.

Dans les environs

★ *La chapelle de Burtulet :* à environ 5 km au sud, elle surgit, complètement isolée sur la colline couverte de pinèdes. Coin romantique en diable.

LES CÔTES-D'ARMOR

CALLAC *(KALLAG)* (22160)   2 510 hab.

Il ne reste rien du château féodal rasé en 1619 sur ordre de Richelieu. Pourtant, ce pays eut ses heures de gloire et de prospérité. Son haras est précédé d'une statue de *Naous,* le célèbre étalon, sculptée par Guyot. Ce cheval de trait incarne la souche du « bidet breton », différent du postier de Landivisiau. Ce pays est aussi la capitale de l'épagneul breton, né d'un croisement entre le chien des charbonniers et le setter écossais.

Adresse utile

🖪 *Syndicat d'initiative :* pl. du Centre. ☎ 02-96-45-59-34.

Où dormir ? Où manger ?

🛏 |●| *Gîte d'étape de la ferme-manoir de Kerauffret :* à Maël-Pestivien. ☎ 02-96-45-75-28. Ouvert toute l'année. Dortoirs à 41 F (6,2 €) la nuit. Petit déjeuner à 20 F (3 €) et repas sur commande à 60 F (9,1 €). Géré et recommandé par les AJ. Dans une noble bâtisse du début du XIXe siècle. Tenu par un passionné, qui fabrique lui-même son pain! Remise de 50 % pour les enfants de moins de 15 ans sur présentation du *GDR.*

🛏 |●| *Les Fous Anglais :* Pen ar Vern, à Carnoët. À partir de Callac, 7 km en direction de Carhaix. ☎ et fax : 02-96-21-52-32. Fermé le mercredi et fin novembre. Menu à 50 F (7,6 €) le midi, et de 58 à 85 F (8,8 à 12,9 €). Perdue en pleine campagne, une adorable auberge installée dans une vieille demeure de l'Argoat. Le succès est tel qu'il est préférable de réserver en saison. Découvrez donc cette reposante étape et sa fraîche cuisine. Décor de pub et atmosphère familiale. Bon choix à la carte et spécialités de grillades au feu de bois. Savoureux desserts maison. Terrasse et aire de jeux. En tous cas, les clients qui échoueront ici... pas si fous que ça! Apéritif ou café offert à nos lecteurs. Et pour ceux qui veulent prolonger le plaisir, trois gîtes sont disponibles à 300 m (☎ 02-96-21-59-75), et une brocante qui ravira les chineurs.

Boutiques

⚱ *Café-Quincaillerie :* 4, rue des Martyrs, dans le bourg. Fermé le dimanche après-midi. Un capharnaüm comme on n'en voit plus. Au milieu de tout ça, un comptoir usé et, derrière, une patronne pleine de caractère.

⚱ *Le Comptoir de Campagne :* 2, rue des Portes (dans le bourg). ☎ 02-96-45-51-06. Ouvert de 9 h 30 à 12 h et de 14 h 30 à 19 h. Fermé le dimanche, ainsi que le lundi hors saison. Affaire familiale créée en 1913 de l'autre côté de la rue et déménagée dans ces murs en 1927. À la fois quincaillerie, magasin de proximité et de déco, on trouve de tout dans cette grande boutique début du XXe siècle pleine de charme : de la vaisselle, des petits meubles, du linge, des clous, du matériel de chasse et pêche, du savon... Bois brut au sol, plafond haut et bureau du patron dans une cage, comme dans le temps. Toute une atmosphère...

À voir

★ *La tannerie de Callac :* ZA de Kerguiniou. ☎ 02-96-45-50-68. Spéciali-sée dans les peaux de... poisson ! Visite possible. Quelques beaux souvenirs à rapporter : bracelets et même d'amusants cendriers de poche (merci Catherine).

Dans les environs

★ *Le lac de la Vallée-Verte,* et le site du *Pont-à-Vaux* avec la chapelle Sainte-Barbe.

★ *À Saint-Tréfin :* chapelle du XVᵉ siècle et tumulus.

★ *La Chapelle-Neuve :* entre Callac et Belle-Isle-en-Terre. *La Maison de la Forêt et du Bocage.* ☎ et fax : 02-96-21-60-31. Organise de nombreuses balades nature guidées dans cette belle Bretagne intérieure.

★ *Plougonver :* entre Callac et Belle-Isle-en-Terre. Faites une halte au *café-alimentation* sur la place du village, pas loin de la jolie petite église du XVᵉ siècle. Dans un décor vieillot, entre la petite épicerie, les balais et les roues de vélo, Lucie Riou sert le café dans les bols à cidre, tout en racontant les anecdotes du village. Une étape qui a sa valeur. Profitez-en, dans quel-ques années tout cela aura disparu.
– Les gourmands feront une autre halte à *Kerbriand* pour aller déguster *les Merveilles de Tante Alice*, des confitures artisanales. ☎ 02-96-21-62-11. Préférable de téléphoner avant. Environ à 4 km à l'est de Plougonver, en direction de Gurunhuel.

PLOURAC'H *(PLOURAC'H)* (22160)   380 hab.

Là aussi, à la frontière du Finistère, à une dizaine de kilomètres à l'ouest de Callac, ce village perdu est une découverte surprenante.

À voir

★ *L'enclos paroissial :* l'un des plus beaux et des plus complets enclos paroissiaux de campagne. *Église* du XVᵉ siècle, avec un splendide porche de la Renaissance bretonne. Flancs ornés de prodigieuses gargouilles et blasons. Clocher à balustrade avec tourelle ronde. Admirez la *pietà* du cal-vaire dont les traits sévères, presque caricaturaux, reflètent bien l'âpreté de la région.

LOC-ENVEL *(LOKENVEL)* (22810)   80 hab.

Situé à 4 km au sud de Belle-Isle-en-Terre et de l'axe Guingamp-Morlaix, l'un des points d'orgue de votre balade en haute Cornouaille et dans le Tré-gor. Un tout petit village perché, à l'architecture bretonne typique et offrant une église parmi les plus admirables de Bretagne.

À voir

★ *L'église :* extérieurement, elle ne se démarque pas de ses nombreuses consœurs. Plutôt tassée sur sa colline, à l'image du village, avec un petit clocher à campanile et des gargouilles en forme d'animaux bizarres. C'est à l'intérieur qu'éclate sa splendeur. Dès l'entrée s'élève un *jubé* de bois sculpté, du XVIᵉ siècle, extraordinaire ensemble flamboyant, ornementé de rinceaux, arabesques, oiseaux, etc. Bas de tribune sculpté de pampres de vigne, véritable dentelle de bois. Mais le plus beau reste à venir, c'est-à-dire le fabuleux festival de sablières, « blochets » et « engoulants » polychromes qui ornent la nef et le chœur. Il faut en étudier tous les détails. L'une des sablières nous montre un personnage affolé en train d'être croqué par un dragon. D'autres sujets cocasses apparaissent, teintés tout à la fois de religieux et de profane.

Remarquables *engoulants,* ces têtes d'animaux monstrueux qui semblent avaler les poutres. Les *blochets,* quant à eux, pièces de bois qui articulent poutres et lambris entre eux, s'ornent de personnages étranges. La voûte repose sur une sablière centrale entièrement sculptée (assez rare). À chaque nervure, un poinçon symbolisant un instrument de la Passion (marteau, clou, couronne, etc.). La plus belle pièce est, à la croisée du chœur et du transept, la grosse clef de voûte sculptée symbolisant *la Trinité.*

Aux quatre coins, les évangélistes. Une autre clef, derrière l'autel, personnifie le Christ *en majesté.*

Autel en pierre, du XVIᵉ siècle, sculpté dans un seul bloc. *Retable* composé de 5 panneaux du XVIIᵉ siècle racontant la Passion. Superbe *maîtresse-vitre.*

En retournant sur vos pas vers la porte d'entrée, notez à gauche les trois petites fenêtres qui permettaient aux lépreux de suivre la messe.

BELLE-ISLE-EN-TERRE *(BENAC'H)* (22810)   1 110 hab.

Très jolie route à travers bois pour rejoindre Belle-Isle-en-Terre. Vestiges de galeries de mines de plomb argentifère de Toul Al Lutun. Gros village paisible et coquet. Le château de lady Mond, une pauvre enfant du pays devenue en 1922 l'épouse du roi du nickel (c'est ce qui s'appelle avoir les pieds nickelés), abrite maintenant le Centre d'Initiation à la Rivière. À 1,5 km au nord, petite chapelle *Locmaria.* Sa tribune est un ancien jubé du XVIᵉ siècle.

Adresse utile

🅸 *Office du tourisme :* 15, rue de Chrec'h Ugen (dans le bourg, face au château). ☎ 02-96-43-01-71. Fax : 02-96-43-31-00. ● www.qualite-info.fr/belleisle ● En été, ouvert du lundi au vendredi de 9 h 30 à 12 h 30 et de 13 h 30 à 18 h, et le samedi de 9 h 30 à 13 h. Hors saison, ouvert du lundi au vendredi de 9 h à 12 h 30. Accueil sympathique et compétent.

Où dormir ? Où manger ?

🛏 |●| *Le Relais de l'Argoat :* 9, rue du Guic ; près de la poste. ☎ 02-96-43-00-34. Fax : 02-96-43-00-76. Fermé le dimanche soir et le lundi hors saison, ainsi qu'en janvier. Chambres à 250 F (38,1 €), de bon confort. Demi-pension à partir de 280 F (42,7 €) par personne en chambre double. Menus à partir de 85 F (12,9 €) le midi en semaine, puis de 120 à 280 F (18,3 à 42,7 €). Homard, turbot au cidre, filet de bœuf croûte de moelle... Café offert sur présentation du *GDR*.

â **Gîte d'étape :** 5, rue des Tilleuls. S'adresser à Mme Derrien (☎ 02-96-43-08-95) ou à la mairie (☎ 02-96-43-30-38).

|●| **Crêperie Ty ar C'hrampouz :** pl. de l'Église. ☎ 02-96-43-00-01. Fermé le lundi, sauf pendant les vacances scolaires. Chouette crêperie à l'atmosphère familiale. Bonne réputation dans le coin. Mme Kervoas, la patronne, n'utilise que de la farine biologique. Prix raisonnables. Compter 60 F (9,1 €) à la carte.

Où dormir ? Où manger dans les environs ?

â |●| **L'Ancien Presbytère :** devant l'église de Trégrom (7 km au nord de Belle-Isle, sortie N12 à Louargat ou Belle-Isle-en-Terre puis direction Tregrom). ☎ et fax : 02-96-47-94-15. Un gîte rural pour 6 personnes à 3 500 F (533,5 €) environ par semaine et 3 chambres d'hôte à 300 F (45,7 €), petit déjeuner compris. Table d'hôte avec un seul menu à 125 F (19 €), tout compris (apéro, vin, café, etc.) servi le soir. Dans une charmante bâtisse, datant des XVIIe, XVIIIe et XIXe siècles, que Nicole de Morchoven a superbement aménagée. Le cadre est délicieux, l'accueil chaleureux. Apéritif maison offert à nos lecteurs.

À voir. À faire

– **Concours** « Innover » en faveur de l'environnement : remise des prix début juin au cours d'un week-end d'animation. Vous êtes invité à participer à ce concours jusqu'au 31 mars. Renseignements au : ☎ 02-96-43-01-71.
– Un séjour de découverte ou de pêche sur les bords du Léguer, grâce au **Centre d'initiation à la rivière :** ☎ 02-96-43-08-39. ⚓ Aquarium ouvert du mardi au dimanche de 14 h à 18 h en été dans le château de Lady Mond. Ce centre vient de s'agrandir d'un très bel aquarium de rivière qui fait cheminer le visiteur de la source à la mer. On ne montre pas seulement des poissons, mais on a aussi recréé des biotopes. Muséographie intelligente, conviviale et ludique. Salle vidéo. Même les toilettes ont été aménagées sur le thème de la rivière. Outre les classes vertes qu'il reçoit toute l'année, ce centre propose aussi des sorties nature dans les environs en été (coût : 20 F, soit 3 €).

★ **Saboterie Kervoas :** pl. de l'Église. ☎ 02-96-43-30-13. Cet artisan sabotier breton est le frère de la dame qui tient la crêperie. Bonjour à la famille !

★ **Biscuiterie des Îles :** à 2 km, bien indiqué du bourg. ☎ 02-96-43-30-03. Ouvert toute l'année de 9 h à 19 h (hors saison 18 h 30). Fondée en 1875. Vente de petites galettes bien beurrées fabriquées sur place et d'autres produits régionaux. On peut aussi visiter la chaîne de fabrication des biscuits : du lundi au vendredi à 11 h en été. Compter une demi-heure. À la fin, dégustation bien méritée. Galettes au beurre toutes simples, ou avec des pépites de chocolat, ou encore avec de la noix de coco. Hummm !

Dans les environs

★ À **Plounévez-Moëdec,** église Saint-Pierre, du XVIe siècle. Tour ajourée, avec balustrade. Quelques vieilles tombes. Belles maisons tout autour, dont l'une avec un grand abreuvoir de granit.

★ À *Louargat,* sur la route de Crec'h Even, on découvre un lech gaulois percé de 11 cupules superposées. Après Louargat apparaît le *Menez-Bré* qui culmine à 301 m. Évidemment, beau panorama sur le Trégor. Le Menez-Bré fut, de tout temps, un haut lieu d'ésotérisme et de sorcellerie. Une « colline inspirée » ; en quelque sorte, la roche de Solutré des Bretons. Peut-être y ressentirez-vous de drôles de vibrations.

★ *Trégrom* : au nord de Belle-Isle-en-Terre, avant Plouaret. Gentil et calme. Le paradis des pêcheurs : le Léguer regorge de truites et saumons. Le GR34 passe à proximité.
– Dans le bourg, un peu en contrebas de l'église, un boulanger fait du pain bio à l'ancienne, cuit au feu de bois. Ouvert seulement deux matinées par semaine, les mercredi et samedi de 9 h à 12 h 30. Si vous y passez un de ces jours-là...
– Voir aussi la rubrique « Où dormir, où manger dans les environs ? ».

PLOUARET *(PLOUARED)* (22420)   2 160 hab.

Les Parisiens amoureux de la Bretagne et habitués de la gare Montparnasse connaissent bien ce nom prononcé par la jolie voix SNCF au départ du Paris-Brest. Hé oui, Plouaret voit s'arrêter la plupart des TGV et en descendre les estivants pressés de gagner la côte et les plages. Gros bourg plutôt banal, Plouaret ne les retient pas. Il y a pourtant ici LA crêperie qui peut leur souhaiter la plus belle des bienvenues en Bretagne...

Où manger ?

|●| *Crêperie Ty Yann* : 24, impasse des Vergers (à 50 m de l'église). ☎ 02-96-38-93-22. Fermé en janvier et en octobre. Ouvert les vendredi, samedi et dimanche d'octobre à juin (tous les soirs pendant les vacances scolaires de Paris et de la Bretagne), et tous les jours en été. Ouvert de 12 h à 14 h et de 19 h à 23 h. Assurément la ou sinon une des meilleures crêperies de ce beau département des Côtes-d'Armor, qui en compte pourtant un wagon. C'est presque la seule raison d'aller à Plouaret, mais une excellente raison ! La crêperie est blottie dans une basse maison de pierre. Quelques tables seulement. Une jolie déco, un accueil franc et souriant mettent d'emblée en confiance. Celle-ci n'est pas trahie par les assiettes, bien au contraire. Le top du blé noir du Moulin de la Fatigue à Vitré (Ille-et-Vilaine), les garnitures de qualité et l'habileté de Yann, sympathique crêpier-patron, combleraient le plus difficile des gourmets bretons. Parmi les galettes favorites, goûtez à la *Bigouden* (bon sucré-salé), à la *Marée*, à la pizza bretonne... sans oublier de garder une petite place pour les crêpes de froment, également remarquables. L'*Antillaise*, par exemple, est un régal pour les yeux et les papilles. Bon appétit ! Vous l'aurez compris, c'est un bel esprit de convivialité qui souffle sur cette maisonnée et même l'addition, très raisonnable, n'entamera pas votre enthousiasme. Kir breton ou ti punch offert à nos lecteurs.

Gourmandises

♨ *Foie Gras Tommy* : à Kerbridou Vian, à 2 km au nord de Plouaret sur la route de Lannion. ☎ 02-96-38-85-44. Boutique à la ferme ouverte de 9 h à 12 h et de 14 h à 19 h. Fermé le dimanche. D'accord, le foie gras c'est plutôt le Sud-Ouest, mais bon, le « Tommy » a remporté quelques médailles au nez et à la barbe de collègues gascons, alors... Foie gras, mais aussi pâtés, rillettes, gésiers, magrets, plus quelques produits régionaux. Visite de l'élevage.

DE PLOUARET À LA CÔTE DU TRÉGOR

L'occasion, pour ceux qui ne sont pas pressés, de découvrir dans le bocage un réseau inextricable de petites routes de campagne pleines de charme.

★ *Armoripark :* à droite de la D767 entre Guingamp et Lannion. Un parc de loisirs pour grands et petits, avec une piscine ludique, un zoo et diverses attractions sympas.

GUINGAMP *(GWENGAMP)* (22200)   8 830 hab.

Ville carrefour, trait d'union entre le Goëlo et le Trégor. En outre, la frontière pays breton et pays gallo ne passe pas loin à l'est. Beaux quartiers anciens à découvrir au gré des circuits (médiéval et Renaissance) ingénieusement fléchés, et belle basilique qui introduisit le cycle Renaissance en Bretagne. Ville universitaire aussi depuis 1993, d'où pas mal de jeunes et de tavernes ; ça bouge fort à Guingamp !

Adresses utiles

🛈 *Office du tourisme :* pl. Champau-Roy (face au jardin public). ☎ 02-96-43-73-89. Fax : 02-96-40-01-95. Ouvert de 10 h à 12 h 30 et de 13 h 30 à 18 h, le dimanche de 10 h à 13 h. Fermé le dimanche et le lundi hors saison.

🚆 *Gare SNCF :* ☎ 08-36-35-35-35 (2,21 F/mn). Ligne Paris-Brest et correspondance pour Paimpol, Carhaix et Lannion.

Où dormir ?

🏕 *Camping de Milin Kerhré :* à Pabu, à 2,5 km au nord. Bien indiqué. ☎ 02-96-43-77-94 ou 02-96-44-05-79 (en saison). Fax : 02-96-44-04-27. Ouvert de mi-juin à mi-septembre. Pas cher, compter environ 50 F (7,6 €) pour deux.

🏠 *Hôtel d'Armor :* 44-46, bd Clemenceau. ☎ 02-96-43-76-16. Fax : 02-96-43-89-62. ● hotelarmor.guingamp@wanadoo.fr ● Ouvert toute l'année. Chambre de 300 à 330 F (45,7 à 50,3 €) avec douche ou bains. À 50 m de la gare. Récent et moderne (TV satellite), mais chambres un peu ternes. Bon accueil. Demi-pension avec le restaurant *l'Express.* Hors saison et grands week-ends, pour les lecteurs du *GDR*, 10 % sur le prix de la chambre.

Plus chic

🛏 **Demeure de la Ville-Blanche :** 5, rue du Général-de-Gaulle (tout près de la place du Centre). ☎ 02-96-44-28-53. Fax : 02-96-44-98-90. Fermé en janvier. De 340 à 430 F (51,8 à 65,5 €) pour 2. Location à la semaine de 1 550 à 1 950 F (236,3 à 297,2 €). Petit déjeuner à 42 F (6,4 €). Lit supplémentaire à 80 F (12,2 €). Dans une fière maison de maître du XVIIe siècle, les sympathiques Françoise et Patrick Solo ont ouvert de superbes chambres très confortables. Tout est meublé à l'ancienne et d'un grand raffinement. Le top de la literie, TV, magnétoscope, chaîne hi-fi, téléphone dans toutes les chambres, et cuisine toute équipée dans les suites. On peut aussi profiter du grand salon du rez-de-chaussée et du beau jardin derrière la maison. Les propriétaires ont aussi aménagé une pièce pour aider les gens à organiser leur séjour : brochures, cartes, magazines, bouquins sur la région et conseils avisés. Une adresse de charme, à la fois très élégante, décontractée et reposante.

Beaucoup plus chic

🛏 **Le Relais du Roy :** 42, pl. du Centre. ☎ 02-96-43-76-62. Fax : 02-96-44-08-01. Fermé pendant les vacances de Noël et le dimanche entre mi-novembre et début avril. Chambre double à 650 F (99,1 €). Un peu cher. Menus de 125 à 220 F (19 à 33,5 €). Le midi en semaine, plat du jour et dessert à 85 F (12,9 €). Demi-pension à 1 000 F (152,4 €) pour 2. L'adresse très chic de Guingamp, dans une maison ancienne. Un superbe escalier en granit mène à des chambres très confortables mais qui n'ont pas le charme de l'adresse précédente. Côté table, on n'a pas goûté, mais elle est très réputée dans les environs. Salle à manger très élégante : des couverts aux rideaux en passant par les nappes, tout a été choisi avec le plus grand soin. Excellent accueil et service diligent. Apéritif ou café offert pour un séjour au Relais sur présentation du *GDR*.

Où manger ?

l●l **Crêperie Saint-Yves :** rue Saint-Yves. ☎ 02-96-44-31-18. ♿ Fermé le lundi en juillet, le dimanche soir et le lundi hors saison, ainsi que 2 semaines en mai et en novembre. À deux pas de la place du Centre. Bonnes crêpes et galettes. À la carte : la galette de blé noir *L'Armor* et la crêpe de froment *L'Aumônière* sont très prisées. Le patron, accueillant, fait le tour des tables et discute volontiers avec tout le monde. Une gentille adresse, très appréciée des Guingampais : pensez à réserver.

l●l **L'Express :** 26, bd Clemenceau. ☎ 02-96-43-72-19. ♿ Fermé le dimanche soir hors saison et le samedi midi toute l'année. Menus de 85 à 155 F (12,9 à 23,6 €). Un menu « p'tit cheminot » pour les moins de 12 ans à 42 F (6,4 €). Des formules bon marché le midi en semaine. À côté de l'*hôtel d'Armor*. Cette brasserie pourrait bien être la meilleure adresse de Guingamp pour se restaurer à bon prix. Cuisine traditionnelle régulière et beaucoup de monde en salle comme en terrasse. Café offert aux lecteurs.

l●l **La Roseraie :** parc Styvel. ☎ 02-96-21-06-35. Ouvert de 19 h à 23 h. Fermé le lundi soir hors saison. Compter de 100 à 150 F (15,2 à 22,9 €). À un petit kilomètre du centre de Guingamp, sur la route de Tréguier ; le restaurant est indiqué sur la droite. Dans une belle demeure bourgeoise posée au milieu de son parc comme la cerise sur le gâteau, *La Roseraie* dispose d'un des plus agréables cadres qui soient. Salles également plaisantes et cuisine savoureuse, grillades et produits de la mer à l'honneur. On se régale tout simplement. Réservation ultra recommandée.

⏐●⏐ *Le Clos de la Fontaine :* 9, rue du Général-de-Gaulle. ☎ 02-96-21-33-63. À deux pas de la place du Centre. 5 menus de 78 à 230 F (11,8 à 35 €), et la carte. Une bonne cui-sine traditionnelle servie dans un joli cadre aux pierres apparentes. Les menus changent avec la saison. Parmi les spécialités maison : la salade de Saint-Jacques et foie gras frais aux pommes. Derrière, terrasse bien agréable. Café offert sur présentation du *GDR*.

⏐●⏐ *Le Relais du Roy :* la table renommée de Guingamp. Voir texte dans « Où dormir ? ».

Où boire un verre ?

Ｙ *Campbell's Pub :* pl. Saint-Michel. ☎ 02-96-43-85-32. Ouvert tous les jours de 11 h (16 h le dimanche, 17 h le dimanche en été) à 1 h (2 h le vendredi et samedi). Le café branché de la ville, où se retrouvent les jeunes de la région ; ambiance assurée le samedi soir et lors des matchs de foot, quand l'équipe locale vient fêter ses succès.

Ｙ Et aussi... *L'Épave* (à 30 m), un café rock, rue de la Trinité (souvent bondé) ; également rue de la Trinité, *Le Nosey Parker* (concerts, ambiance jeune), *La Glycine,* rue du Grand-Trotrieux, petite taverne chaleureuse et simple, où le café est offert sur présentation du *GDR*.

Où acheter du bon vin ?

Ｙ *Cave Victor' Inn :* pl. du Centre. Même patron que celle de Saint-Brieuc. Voir le texte au chapitre consacré à cette ville.

À voir

★ *La basilique Notre-Dame-du-Bon-Secours :* commencée au XIIIᵉ siècle à partir d'une ancienne église romane. Construite en style gothique, on y retrouve ainsi des réminiscences romanes (arcades à la croisée du transept et clocher central). En 1535, la tour, la nef latérale, une section de la grande nef et le portail ouest s'effondrent. Pour les reconstruire, Jean Le Moal, l'architecte, prend une décision osée et surprenante pour l'époque : utiliser le style Renaissance qui vient juste d'apparaître. Par conséquent, côté rue, on observe un style gothique classique et, côté jardin, un mélange, somme toute original, de gothique et de Renaissance (avec toujours des éléments romans dans la partie la plus ancienne). Belles fenêtres Renaissance dans les pignons. Le *portail* ouest est un chef-d'œuvre Renaissance, d'une folle exubérance. Observez les voussures en détail. Les éléments profanes l'emportent nettement sur les éléments religieux. Admirez les trois *tours* : tour de la Flèche, de 57 m ; tour fortifiée de l'Horloge couronnée d'un toit à quatre pans ; tour plate dite des Cloches. Côté rue s'ouvre une chapelle, fermée par une grille, qui abrite la *statue de Notre-Dame-du-Bon-Secours*. Le 1ᵉʳ samedi de juillet, grand pardon avec procession de nuit et feu de joie. À l'intérieur, on retrouve bien sûr la dualité gothique-Renaissance avec quasiment une ligne de partage au milieu. *Triforium* Renaissance (galerie qui court en hauteur le long de la nef) d'une élégance raffinée. Inhabituelle aussi, la présence au milieu de l'église de piliers aussi massifs cassant

LES CÔTES-D'ARMOR

l'espace. Peu de mobilier d'origine (la Révolution française passa par là). Admirez cependant le *haut-relief* en bois polychrome, au fond du chœur (scènes de la passion du Christ). À côté, *Vierge de l'Annonciation.*

★ *La place du Centre :* cœur de la ville, réservée aux piétons, elle est entourée de nobles demeures et d'hôtels particuliers avec leurs hautes cheminées en granit. Quelques façades à pans de bois ou d'ardoise. Jolies *portes* Renaissance, comme celle sur le côté de l'hôtel du Relais du Roy et celle du 1, rue Olivier-Ollivro. Belle maison à tourelle à l'angle de la rue Jean-Le-Moal (à côté de la basilique). Splendide fontaine, dite la Plomée, à trois vasques, de style Renaissance.

★ *L'hôtel de ville,* ancien hôtel-Dieu, offre une élégante façade baroque à l'italienne. Reste du cloître du monastère des Augustines (fin XVII° siècle). Dans la galerie des bureaux, il faut aller voir deux grandes toiles nabis de Paul Sérusier (1904) : *L'Annonciation* et *Moïse devant le buisson ardent.* Au passage : cheminée monumentale et escalier non moins monumental du XVIII° siècle.

★ *Place du Vally* s'élèvent les vestiges des remparts démantelés sur ordre de Richelieu. Il reste trois des quatre tours du château de Pierre II, comte de Guingamp puis duc de Bretagne (milieu XV° siècle). On en possède une pittoresque perspective en se promenant rue du Grand-Trotrieux.

Fête et festivals

– *Fête de la Saint-Loup :* le dimanche de la semaine du 15 août et pendant une semaine. Danses folkloriques et célèbre *dérobée de Guingamp,* genre de grande farandole avec des figures de danse.
– *Festival de danses bretonnes exécutées par des enfants, Bugale Vreizh :* le 1er dimanche de juillet.
– En été, *concerts en plein air* dans le kiosque à musique du jardin public, tous les jeudis de juillet et août. Renseignements à l'office du tourisme.

CHÂTELAUDREN *(KASTELLAODREN)* (22170)   950 hab.

À peu près à égale distance de Guingamp et de Saint-Brieuc. De Guingamp, prendre la N12 vers Saint-Brieuc, puis la D7 à gauche. Petite cité de caractère, l'ancienne capitale du Goëlo, fief des Bleus républicains, offre pourtant en sa *chapelle Notre-Dame-du-Tertre* un admirable et exceptionnel ensemble de *panneaux peints* datant de 1460. Pas moins de 96 dans le seul chœur, développant l'Ancien et le Nouveau Testament. Une quarantaine d'autres dans la *chapelle Sainte-Marguerite* racontent le martyre de la sainte. Une habile restauration a restitué les éclatantes couleurs de l'ensemble, plus particulièrement les fonds rouge et or. Dessins impressionnants, grande richesse des détails (attitudes, vêtements), à mi-chemin de l'enluminure et de l'art naïf. Définitivement à ne pas rater !
Sur les hauteurs du village, un étang dans un cadre charmant. Au bourg, intéressants retables d'Yves Corlay dans l'*église Saint-Magloire.* Balade sympa dans les ruelles alentour et place de la République pour leurs demeures anciennes, près de la cascade de l'ex-imprimerie du *Petit Écho de la mode.* À noter que ces anciens bâtiments du *Petit Écho* sont au cœur d'un important projet culturel. Déjà scène de conférences, les concepteurs du projet veulent aussi en faire un lieu pluridisciplinaire, très ouvert, d'échanges, de plaisir et de connaissances sur le monde qui nous entoure (économie, géographie, informatique, sciences, musique, théâtre...).

Adresse utile

🏢 *Syndicat d'initiative au Pays de Châtelaudren :* 1, pl. du Leff. ☎ 02-96-74-12-02 ou 02-96-79-51-05 (fax-répondeur). L'été, ouvert du lundi au samedi de 9 h 30 à 12 h 30 et de 14 h 30 à 18 h 30, le dimanche de 10 h 30 à 12 h 30. L'hiver, ouvert les lundi et jeudi de 10 h à 12 h et de 15 h à 18 h, le samedi de 10 h à 12 h. Bon accueil et infos sur tout le pays de Châtelaudren.

Où manger ?

🍴 *Le Relais du Leff :* pl. du Leff, face au syndicat d'initiative. ☎ 02-96-74-10-33. Ce restaurant a été récemment repris par un jeune chef qui a travaillé dans quelques grandes maisons comme Crouzil à Plancoët. Unique menu à 57 F (8,6 €). On n'a pas goûté, mais si vous y allez, donnez-nous des nouvelles.

Où dormir ? Où manger dans les environs ?

🛏 *Chambres d'hôte Les Écuries de la Magdeleine :* à 5 km au sud de Châtelaudren, sur la route de Quintin. Très bien indiqué de la route. Si vous venez par la 4-voies, sortie Kertedevant-Châtelaudren-Quintin. ☎ et fax : 02-96-73-86-35 ou 06-07-99-27-94 (portable). 330 F (50,3 €) pour 2, petit déjeuner compris. Dans un petit château perché au sommet d'une colline. Le calme en pleine campagne. Vastes chambres bien arrangées et fonctionnelles. Belles salles de bains. Cuisine à disposition, salon, TV. Écuries, poney-club et manège si un petit tour à cheval vous tente. Excellent accueil et atmosphère très détendue.

🛏 🍴 *Ferme-auberge Au Char à Bancs, chambres d'hôte La Ferme des Aïeux :* fléché du bourg de Plélo (à 3 km au nord-est de Châtelaudren). ☎ 02-96-74-13-63. Fax : 02-96-74-13-03. ● charabanc@wanadoo.fr ● ♿ De mi-juin à mi-septembre, ouvert tous les jours sauf le mardi ; le reste de l'année, le week-end seulement. Fermé la 2ᵉ quinzaine de septembre. Réservation très recommandée en saison et le week-end. Chambre double à partir de 390 F (59,4 €). Compter de 90 à 170 F (13,7 à 25,9 €) pour un repas. Menu-enfants à 40 F (6,1 €). Dans cet ancien moulin posé sur le Leff, à la frontière des pays gallo et breton, M. et Mme Lamour ont créé, il y a plus de 20 ans, l'une des premières fermes-auberges de Bretagne. La salle à manger est à elle seule un résumé de l'art de vivre du terroir : vieilles pierres, poutres, tables en bois et chaudron (digne d'Astérix) accroché dans l'immense cheminée où mijote en permanence la fabuleuse potée qui a fait la réputation des lieux... Autre spécialité maison : de délicieuses galettes préparées à l'ancienne. On vient ici en famille, pour profiter ensuite du parc, de l'étang et des activités proposées par la famille : pédalo, poney, etc. À 400 m du moulin, sur les hauteurs de la propriété, la *Ferme des Aïeux*, ancien relais de diligence qui remonterait au XIᵉ siècle. Les Lamour en ont fait un adorable petit musée en retapant entièrement les dépendances : pressoir, forge, fournil, écuries, granges, etc. Visite payante. À l'extérieur de la ferme, dans une annexe récente, 5 chambres d'hôte pleines de charme, dont l'une est un véritable bijou avec salle de bains en céramique ancienne, lit à baldaquin, petit salon, mobilier rustique, etc. 560 F, soit 85,4 € (pour deux) avec petit déjeuner et 660 F, soit 100,6 € (pour quatre). Cette chambre, une des plus belles qu'il nous ait été donné de visiter en Bretagne, a d'ailleurs eu l'honneur de figurer en couverture du guide officiel des Gîtes de France! On y trouve notamment un lit clos, très apprécié des jeunes mariés... Possibilité de visiter la petite centrale électrique qui fabrique le courant avec le cours d'eau de la rivière. La ferme accorde aux lecteurs du *GDR* 10 % sur le prix des chambres à partir de 2 nuits hors juillet et août.

l●l *Ferme-auberge de La Ville-Andon :* 22170 Plélo, sur la route entre Châtelaudren et Plourhan-Saint-Quay; indiquée à partir du bourg. ☎ 02-96-74-21-77. Fax : 02-96-74-35-79. En été, ouvert tous les jours sauf le lundi; hors saison, ouvert le week-end et pendant les vacances scolaires. Menu complet à 100 F (15,2 €). Menu-enfants à 50 F (7,6 €). Sur réservation. Charcuterie, andouille chaude à la purée, poulet au cidre, canard aux navets, etc. Splendide salle à manger rustique pour goûter à l'andouille maison (préparée dans la cheminée) et au coq au cidre. Expo de peinture animée dans les combles. Accueil sympa.

À voir

★ *Terrarium de Kerdanet :* à Plouagat, à 2 km à l'ouest de Châtelaudren. ☎ 02-96-32-64-49. 🦎 Ouvert de mi-mai à fin septembre, les mercredi, samedi et dimanche de 10 h à 12 h et de 14 h à 18 h. Tarifs : 26 F (3,9 €) par adulte et 21 F (3,2 €) pour les 5-12 ans. Compter environ 1 heure et demie pour la visite guidée. Reptiles et amphibiens à découvrir dans un cadre naturel. On a reconstitué leur milieu. Très bien fait. Serpents, tortues, lézards, « gueurnouilles », crapauds vous souhaitent la bienvenue. Visite intéressante. Sur présentation du *GDR*, une réduction de 4 F (0,6 €) est accordée aux routards.

LA CÔTE DU GOËLO

On se rend habituellement de Saint-Brieuc à Paimpol en longeant la côte du Goëlo. Stations balnéaires et ports de pêche (Binic, Saint-Quay-Portrieux), mais aussi falaises sauvages et préservées (Plouha) ponctuent cet itinéraire plaisant. Baladez-vous aussi dans la campagne pour dénicher des sentiers sauvages ou des églises, dont certaines constituent de véritables petits chefs-d'œuvre.

BINIC *(BINIG)* (22520)   3 200 hab.

« Le grain de beauté des Côtes-d'Armor » (surnom promotionnel) est une gentille petite station balnéaire, rendez-vous de fin de semaine traditionnel des jeunes Briochins (habitants de Saint-Brieuc). Croyez-le ou non : Binic, ancien port de pêcheurs au long cours, fut le premier de France en 1845! Et le grand rival de Paimpol... Aujourd'hui, la plaisance compose l'essentiel de l'activité maritime. Binic doit justement son charme à son port de plaisance très intégré au bourg, et à son avant-port traditionnel, avec sa plage cachée par la jetée.

Adresse utile

🅸 *Office du tourisme :* L'Estran, av. du Général-de-Gaulle, BP 37. ☎ 02-96-73-60-12. Fax : 02-96-73-35-23. ● www.ville binic.fr ● De juillet à mi-septembre, ouvert tous les jours de 9 h à 12 h 30 et de 14 h à 19 h ; hors saison, ouvert du lundi au samedi de 9 h à 12 h et de 14 h à 18 h. Propose des promenades en bateau. Départs pour l'île de Bréhat notamment.

Où dormir ?

🛏 ❙●❙ *Hôtel Benhuyc :* 1, quai Jean-Bart. ☎ 02-96-73-39-00. Fax : 02-96-73-77-04. ♿ Fermé en janvier, et resto fermé en basse saison les dimanche soir et lundi midi. Chambre double de 295 à 430 F (45 à 65,5 €), avec TV (Canal +). Fait également restaurant avec un menu à 68 F (10,3 €) servi uniquement le midi, et d'autres de 95 à 220 F (14,5 à 33,5 €). Face aux bateaux du port de plaisance, en plein centre de Binic, un hôtel récent tout à fait recommandable. Chambres à la décoration fraîche, confortables et très bien tenues. Leur aménagement est très récent et fonctionnel. La plupart donnent sur le port et sur la plage de la Banche. Les moins chères sont assez petites, mais quand même bien agréables. Accueil diligent. Au resto, fruits de mer et quelques spécialités belges, les proprios étant originaires du Plat Pays. Kir breton offert sur présentation du *GDR*.

Où manger ?

❙●❙ *Au Vieux Logis :* 7, pl. de l'Église. ☎ 02-96-73-35-56. Ouvert tous les jours en été. Fermé le lundi midi et le mercredi en hiver. Menus « Tradition » à 75 F (11,4 €), « Terroir » à 95 F (14,5 €), et « Gourmand » à 135 F (20,6 €). Menu-enfants rigolo à 35 F (5,3 €). Le midi en hiver, menu complet à 60 F (9,1 €). Dans la plus vieille maison de Binic encore debout (1679), ancien relais des Postes. Justement, ces vieux murs offrent un cadre rustique plein de sincérité. Grosses pierres de granit au sol, meubles bretons, c'est gentiment coquet et soigné. Tenu par un jeune couple qui se partage le boulot, madame en cuisine et monsieur au service et à l'humour. Tout est préparé sur le moment, rien n'est vulgairement réchauffé. À la carte, galettes au bon goût de blé noir, fines et un peu craquantes. Bonnes crêpes également. Sinon, fricassée de veau aux Saint-Jacques et quelques spécialités alsaciennes puisque les proprios ont traversé la France pour venir s'installer à Binic. Bons vins d'Alsace aussi, de chez Meyer-Horn. Desserts maison dont le (confondant) fondant au chocolat. Une adresse plus qu'honnête. Kir breton offert sur présentation du *GDR*.

Où dormir ? Où manger dans les environs ?

🛏 ❙●❙ *Camping Les Madières :* au lieu-dit Le Vau Madec, 22590 Por-dic. ☎ 02-96-79-02-48. Ouvert d'avril à fin septembre. Beau terrain boisé sur les hauteurs, à 800 m de la mer. Un trois-étoiles confortable et bien organisé. Pas très cher. Bar et épicerie. Bon resto à la disposition des pensionnaires. Promenades à cheval dans la campagne avoisinante. *Cool,* quoi...

🛏 *Chambre d'hôte et gîte de Claudine Simon :* La Ville Morel, Plourhan, 22410 Saint-Quay-Portrieux. À 4 km de Binic, au rondpoint, prendre la D21 en direction de Plourhan. ☎ 02-96-71-90-18. Fax : 02-96-71-43-90. Fermé les 15 premiers jours d'octobre. Quatre chambres dont une très belle lambrissée, claire et confortable, avec salle de bains, à 200 F (30,5 €) pour deux, petit déjeuner compris. Claudine Simon accueille aussi dans son gîte des randonneurs, des familles nombreuses et des petits groupes (moins de 10). Accepte les chèques vacances. Sur présentation de votre *GDR,* un verre de cidre maison offert.

🛏 *Chambres d'hôte Le Pré Péan :* à Pordic. Voir « Où dormir ? Où manger dans les environs ? » dans le chapitre « Saint-Brieuc ».

Où danser à Binic ?

– *Le Radeau :* sur le port. Ouvert tous les soirs en saison, hors saison les vendredi et samedi, à partir de 23 h. La plus vieille boîte du département ! Entrée : 60 F (9,1 €) avec conso.

Fête

– *Fête de la morue :* en général à la Pentecôte ou à l'Ascension, selon la marée. Rassemblement de vieux gréements, chants de marins, danses folkloriques et dégustation de... morue.

À voir

★ *Le musée de la Pêche et des Traditions :* à côté de l'office du tourisme. Ouvert de mi-avril à fin septembre, tous les jours de 14 h 30 à 18 h (sauf le mardi hors saison). Tout petit mais intéressant.

Dans les environs

★ *La chapelle Notre-Dame-de-la-Cour :* à 7 km à l'ouest de Binic, après le village de Lantic. À l'intérieur, très belle maîtresse-vitre du XVe siècle, racontant l'enfance du Christ et la vie de la Sainte Vierge.

★ *Le Jardin zoologique de Bretagne :* à environ 6 km à l'ouest de Binic, en pleine campagne, sur la route de Trégomeur ; très bien fléché. ☎ 02-96-79-01-07. En saison, ouvert tous les jours de 10 h à 19 h ; en hiver (sauf Noël), les mercredi et dimanche seulement, de 14 h à 18 h. Entrée : 55 F (8,3 €) et 35 F (5,3 €) pour les enfants. Compter 1 h 30-2 h. On n'est pas trop « zoos » au *Routard* mais celui-ci a l'avantage de participer à la sauvegarde d'espèces menacées. Véronique, la jeune directrice, procède régulièrement à des échanges avec divers zoos européens, histoire de favoriser la reproduction de diverses espèces rares, en attendant leur éventuelle réintroduction dans la nature. Bref, ici pas de barreaux (excepté pour les tigres et les lions) mais de grands enclos (zèbres, autruches, yacks, lamas, onagres, gnous, etc.), plein de petites îles (lémuriens amusants, ibis sacrés, capucins, maki Catta superbes) et de nombreuses espèces en liberté dans les sous-bois. Un parcours très agréable, d'environ une heure, dans un cadre exotique. Seule présence regrettable, celle du petit train touristique (en été seulement).

SAINT-QUAY-PORTRIEUX *(SANT-KE-PORZH-OLUED)* (22410)

3 430 hab.

Grande station balnéaire, familiale et populaire. Tout est prévu pour ne pas s'ennuyer (belles plages, casino, piscine d'eau de mer, randonnées, etc.) mais les marins de Saint-Quay qui partaient il y a longtemps pêcher jusqu'à Terre-Neuve auraient du mal à reconnaître leur petit port de pêche, élargi pour accueillir son millier de navires ! Beaux points de vue depuis les falaises qui dominent la station.

Adresses et info utiles

❶ *Office du tourisme :* 17 *bis,* rue Jeanne-d'Arc. ☎ 02-96-70-40-64. Fax : 02-96-70-39-99. ● www.saint-quay-portrieux.com ● En saison, ouvert du lundi au samedi de 9 h à 12 h 30 et de 13 h 30 à 19 h 30, et les dimanche et jours fériés de 10 h à 12 h 30 et de 15 h à 18 h ; hors saison, du lundi au samedi de 9 h à 12 h 30 et de 14 h à 18 h 30. Très efficaces. Organisent des excursions et vendent des billets. Également visites guidées du port et de la criée sur réservation.

❶ *La Maison du port* : esplanade du port d'Armor. ☎ 02-96-70-50-60. Ouvert en juillet-août, tous les jours sauf le vendredi et le dimanche matin.

– *Marchés :* lundi matin au port et vendredi matin à l'église.

Où dormir ? Où manger ?

▲ *Camping Bellevue :* 68, bd du Littoral. ☎ 02-96-70-41-84. Fax : 02-96-70-55-46. Ouvert du 1er mai au 15 septembre. Un camping trois étoiles très bien situé et en partie ombragé. Dans la partie basse, des champs en pente douce vont jusqu'aux falaises qui surplombent les eaux du golfe de Saint-Brieuc. Compter environ 90 F (13,7 €) l'emplacement pour deux en saison. Les campeurs ont l'impression d'être entourés par la mer. Sanitaires propres. Réservation conseillée en été. Un sentier de douaniers longe le camping sur le rebord de la falaise. On peut faire des randonnées.

▲ *Chambres d'hôte Les Roches Douves :* 50, rue Jeanne-d'Arc. ☎ 02-96-70-93-43. Chambre à 200 F (30,5 €), avec salle de bains à partager ou 250 F (38,1 €) pour 2. Chez la gentille Pierrette Vérin. A le gros avantage d'être situé en plein centre, à 100 m de la plage, tout près de l'office du tourisme. 4 chambres nickel. Accueil très chaleureux de Mme Vérin.

▲ *Hôtel Le Commerce :* 4, rue Georges-Clemenceau, à 50 m du port. ☎ 02-96-70-41-53. Fermé le mardi et en janvier. 250 F (38,1 €) la chambre double, 350 F (53,35 €) pour 3 ou 4. Petit hôtel récemment refait. Chambres avec salle de bains, très proprement rénovées avec du lambris. Simple et bien. Bar au rez-de-chaussée qui ne ferme pas très tard, donc pas de problème de bruit. Bon accueil. 10 % du prix de la chambre sur présentation du *GDR.*

▲ |●| *Le Gerbot d'Avoine :* 2, bd du Littoral ; à 100 m de la plage principale. ☎ 02-96-70-40-09. Fax : 02-96-70-34-06. Établissement fermé 3 semaines en janvier et la 2e quinzaine de novembre ; restaurant fermé le dimanche soir et le lundi hors saison. Chambre double de 270 à 340 F (41,1 à 51,8 €). Demi-pension obligatoire en saison, à partir de 300 F (45,7 €) par personne. Menus de 90 à 230 F (13,7 à 35 €). Un gentil Logis de France à l'atmosphère très pension de famille. Bon accueil. Une adresse réputée auprès des touristes étrangers, nombreux en saison. Bon resto de cuisine traditionnelle.

|●| *Crêperie La Rosadèle :* pl. de l'Église ; à 150 m de l'office du tourisme. ☎ 02-96-70-96-25. Ouvert tout l'été de midi à minuit. En hiver, fermé le mardi soir et le mercredi ; sinon les 3 premières semaines de décembre et 15 jours en mars. 5 menus au choix à partir de 49 F (7,4 €), boisson comprise. Menu-enfants à 40 F (6,1 €). Rosadèle n'est pas le prénom de la patronne mais le nom de l'ancienne villa dans laquelle elle a ouvert sa crêperie. À la carte, une quarantaine de spécialités, autour de 40 F (6,1 €), la *super paysanne* et la *Française* avec saucisse bretonne, œufs et fromage. Les galettes et les crêpes, d'une qualité exceptionnelle, ne sont jamais préparées à l'avance. Le service est efficace

et souriant. Salle chaleureuse à l'étage. Bref, tout est mis en œuvre pour que le client reparte satisfait.

|●| *Crêperie Fleur de Blé Noir :* 9, rue du Commandant-Malbert (face au casino). ☎ 02-96-70-31-55. Fax : 02-96-71-91-64. Fermé le lundi et mardi, ainsi qu'en janvier, février et mars. Compter environ 80 F (12,2 €). Une adresse proprette et qui pourrait n'être qu'une crêperie de plus mais qui s'avère bonne et bon marché. Vraies galettes de bonne femme appréciées des gens du pays eux-mêmes, c'est tout dire. Nous avons bien aimé la boudin-pommes, l'*Iroise* et la *Gourmande*. Avis aux amateurs. Apéritif maison offert.

|●| *Le Mouton Blanc :* 52, quai de la République ; sur le port. ☎ 02-96-70-58-44. Fermé les mercredi et jeudi, du 15 au 30 novembre et du 15 au 31 janvier. Formules de 96 à 180 F (14,6 à 27,4 €), et une carte à des prix doux. La cuisine fine de Patrice Bideau jouit d'une belle réputation dans les environs. Ce jeune chef-patron a d'ailleurs travaillé à Belle-île-en-Mer à une adresse que nous aimons bien. Les menus changent avec les saisons, mais on y trouve à chaque fois un plat de poisson ou de viande au choix. Bel assortiment de desserts. Belle vue sur le port de la salle du 1er étage.

Plus chic

🛏 |●| *Hôtel-restaurant Ker Moor :* 13, rue du Président-Le-Sénécal ; sur les hauteurs. ☎ 02-96-70-52-22. Fax : 02-96-70-50-49. Fermé du 20 décembre au 5 janvier. Chambres avec vue sur le large de 525 à 595 F (80 à 90,7 €) en haute saison. Les tarifs en moyenne et basse saisons sont beaucoup plus doux. Au resto, menus de 135 à 345 F (20,6 à 52,5 €). Étonnant pavillon mauresque construit au XIXe siècle par

un diplomate breton. Accueil pro et chambres tout confort (de style moderne) avec balcon. Quelques-unes côté jardin, moins chères mais n'ayant plus du tout le même intérêt. Demi-pension obligatoire en juillet et août et pendant les vacances scolaires. Bon resto. Un menu dégustation de Saint-Jacques. 10 % de remise sur le prix de la chambre pour nos lecteurs de novembre à mars.

Où dormir dans les environs ?

🛏 *Camping L'Abri Côtier :* 4, rue de La Ville-es-Rouxel, à Étables-sur-Mer (commune voisine, au sud de

Saint-Quay). ☎ 02-96-70-61-57. Fax : 02-96-70-65-23. Ouvert de début mai au 20 septembre. Situé dans une zone résidentielle. 106 F (16,1 €) la nuit pour deux en saison, 88 F (13,4 €) en mai, juin et septembre. Location de mobile homes (4 personnes) à 3 300 F (503,1 €) la semaine. Divisé en deux parties très calmes. Ravitaillement sur place. Piscine. Bar. Plage à 500 m. 10 % de réduction sur le prix du séjour sur présentation du *GDR*.

🛏 *Chambres d'hôte :* La Ville-Hel-lio, chez Mme Orhan, à Plourhan ; sur la D9, entre Saint-Quay-Por-trieux et Lanvollon. ☎ 02-96-71-93-21. 170 F (25,9 €) pour deux, petit déjeuner non compris. Grande maison genre ancienne ferme. Accueil chaleureux. 3 chambres ; w.-c. et salle de bains à l'étage.

À voir. À faire

★ *Le sentier des douaniers :* chemin en corniche, assez pittoresque, qui permet de gagner le sémaphore à partir du port. Beau panorama sur la baie.
– *Départs pour l'île de Bréhat :* de mi-juin à mi-septembre. Se renseigner auprès de l'office du tourisme.
– *Mini-croisières :* balade ou pêche en mer sur un chalutier ou un caseyeur. Renseignements à l'office du tourisme.
– *Loisirs, cinéma :* s'il pleut, vous pouvez trouver refuge au cinéma *Arletty* (« Atmosphère, atmosphère... »).
– *Cinémathèque de Bretagne, Mémoire vivante de Bretagne :* esplanade du Port d'Armor. Antenne de la cinémathèque de Brest. Renseignements et réservations à l'office du tourisme.

Fête

– *Fête de la Coquille-Saint-Jacques :* tous les 3 ans en alternance avec Loguivy-de-la-mer et Erquy. La prochaine a lieu en avril 2001 à Loguivy-de-la-mer.

Dans les environs

★ *Étables-sur-Mer :* à 5 km au sud. Deux belles plages et, sur la route, la jolie petite chapelle de Notre-Dame-de-la-Délivrance, juchée sur la falaise (vitraux et tapisserie). Ne ratez pas non plus la remarquable église du bourg ni, pour faire trempette, les deux belles plages des Godelins et du Moulin.

🅸 *Office du tourisme :* 9, rue de la République. ☎ 02-96-70-65-41. Dispose d'une liste de chambres d'hôte.

★ *Tréveneuc :* à 3 km au nord, en allant vers Plouha. Descendre à la grève Saint-Marc : belle chapelle. Joli mouillage dont profitent quelques bateaux. Départ du sentier douanier. Dégustation d'huîtres et de moules.

★ *Plouha* (22580) *:* à 8 km au nord. Gros bourg niché à 70 m au-dessus de la mer. C'est dans un tel site, à la plage Bonaparte exactement, que le papa de Jane Birkin, commandant dans la Royal Navy, venait recueillir les aviateurs rescapés pendant la dernière guerre. Les falaises de Plouha sont réputées être les plus hautes de Bretagne. Elles sont en tous cas parmi les plus spectaculaires et les plus admirables. Pour bien les apprécier, du bourg, aller vers le cimetière puis prendre direction *Gwin Zegal*. À environ 3 km, on arrive à la mer. On surplombe le port de Gwin Zegal, un des deux seuls ports à pieux de Bretagne, le second étant à Porspoder dans le Finistère. Ces pieux sont en fait des troncs d'arbres plantés dans la vase. De là, superbe point de vue.

🛈 *Syndicat d'initiative :* 5, av. Laënnec. ☎ 02-96-20-24-73. Fax : 02-96-22-57-05. ● o-t-plouha@wanadoo.fr ●

🛖 *Camping :* domaine de Keravel, route de Port Moguer. À 3 km de Plouha (bien fléché de la route principale). ☎ 02-96-22-49-13. Fax : 02-96-22-47-13. Ouvert de mi-mai à fin septembre. 49 F l'emplacement (7,5 €). Un luxueux quatre-étoiles, intéressant pour la beauté du site, mais aussi pour sa piscine et son tennis. Également des appartements à louer dans le manoir, ouvert toute l'année. Précisons que ce domaine n'a rien à voir avec une personne du même nom qui travaille au *GDR*...

★ *Lanvollon :* à 12 km à l'ouest, sur la route de Guingamp. Au cœur du pays de Leff, qui doit son nom à une petite rivière qui serpente au fond d'une vallée. Nombreuses promenades dans les environs. Le viaduc de Blanchardeau (150 m de long et 19 arches) constitue une curiosité. Construit en 1905, il a été désaffecté à la veille de la Seconde Guerre mondiale. Sa restauration en 1993 a permis l'inauguration d'un chemin de randonnées.

🛈 *Office du tourisme du Leff :* pl. du Marché-au-Blé, à Lanvollon. ☎ 02-96-70-12-47. Ouvert toute l'année. Très efficaces, ils vous aideront à découvrir la région avec toutes ses activités sportives et culturelles. Guides de randonnées pédestres, de balades.

🛖 |●| *Lucotel :* parc Lannec, rue des Fontaines, à l'entrée de Lanvollon en allant de Saint-Quay à Guingamp. ☎ 02-96-70-01-17. Fax : 02-96-70-08-84. ● lucotel@wanadoo.fr ● ♨. Fermé le dimanche soir et le lundi midi de septembre à mars inclus, et en février et novembre. Chambres pour 2 personnes de 280 à 310 F (42,6 à 47,2 €). Demander côté jardin. Établissement récent, sans aucun charme mais bien situé, offrant tous les services et commodités modernes. Menus à partir de 75 F (11,4 €) en semaine, jusqu'à 180 F (27,4 €). L'apéritif maison est offert sur présentation du *GDR*. Accueil prévenant. Tennis et minigolf. Pour nos lecteurs, 10 % de réduction sur le prix de la chambre du 15 septembre au 15 avril.

LANLOUP *(SANT-LOUP)* (22580) 220 hab.

Petit village pas touristique du tout (ça change), offrant sa ravissante *église* du XVe siècle. Porche remarquable avec les statues des apôtres sous leur dais ouvragé. Intéressant calvaire. Ayant conservé son cimetière, l'ensemble présente un caractère harmonieux, presque finistérien. À 2 km du village, le *manoir de la Noé-Verte*. Bel édifice du XVe siècle, avec quelques salles encore meublées, ouvertes au public. Possibilité de boire un café dans le parc en compagnie des paons.

Où dormir ? Où manger ?

▲ |●| *Studios de tourisme et crê-perie Saint-Roch :* à 10 m de l'église. ☎ 02-96-22-33-55 et 06-12-60-34-12 (portable). Fax : 02-96-22-64-31. Ouvert toute l'année, sauf lundi. La nuit revient à 220 F (33,5 €) pour deux hors saison, 290 F (44,2 €) en saison. Dans une maison bretonne, ancienne métairie tenue par quelqu'un de très sympa qui organise des soirées-étapes pour randonneurs (le GR 34 passe tout près). Dîners bretons organisés sur demande, et soirées culinaires à thème. Une des chambres est entièrement meublée à l'ancienne. Proposent aussi des forfaits randonnées à 220 F (33,5 €) par jour et par personne. Possibilité enfin de louer un studio pour 2, 3 ou 4 personnes, entièrement équipé, pour 1 400 F (213,4 €) la semaine à deux (hors saison) et 2 200 F (335,4 € en haute saison). Agréable terrasse pour les beaux jours. Piscine gratuite à 300 m. Tarifs promotionnels hors saison et hors vacances scolaires pour les lecteurs du *GDR*.

Dans les environs

★ *La chapelle de Kermaria-an-Iskuit :* à 3 km au sud de Lanloup par la D94 ; ou, de Plouha, prendre la D21. Édifiée au début du XIII⁰ siècle, agrandie aux XV⁰ et XVII⁰ siècles. Beau porche ogival abritant les apôtres en bois polychrome. Mais c'est à l'intérieur que l'on découvre la véritable originalité de la chapelle : plusieurs fresques, dont une étrange *danse macabre,* d'une cinquantaine de personnages, qui court le long de la nef. Peinte vers 1490. Un personnage sur deux donne la main à un cadavre. Notez les détails vestimentaires qui permettent de deviner les métiers ou conditions sociales (paysan, évêque, etc.) des défunts.

★ *Le « temple » de Lanleff :* de Kermaria, suivre la D21 dans la même direction et la continuer après Pléhédel. Une église assez unique. Avec celle de Sainte-Croix à Quimperlé, la seule de forme circulaire. Construite au XI⁰ siècle, dans un style du plus pur roman, sur le plan du Saint-Sépulcre de Jérusalem. Bien qu'elle ait perdu son dôme, l'ensemble est impressionnant de rudesse primitive, de sobriété. On pense irrésistiblement à un petit temple romain. Rotonde centrale bien conservée présentant de belles arcades et quelques chapiteaux sculptés de façon maladroite.

★ *Bréhec :* à 3 km au nord de Lanloup, petit port niché au fond d'une anse fermée par les pointes de la Tour à droite et de Berjule à gauche. La mer se retire au loin, et les bateaux de pêche échouent sur la grève riche en palourdes et autres coquillages. Une petite digue abrite la plage fréquentée par les habitués, depuis l'après-guerre. On en est ici encore aux *Vacances de M. Hulot.*

★ *Plouézec :* à 6 km au nord de Lanloup en allant vers Paimpol. Les pointes de Bilfot et de Minard valent le petit détour pour la superbe vue qu'elles offrent. En contrebas de la pointe de Bilfot, descendre à Port-Lazo, puis remonter vers le Moulin de Craca. Ce moulin à vent est le témoin des dizaines d'autres qui jalonnaient la côte des environs. De là, vue magnifique sur la pointe de Guilben, Ploubazlanec, Pors-Even et au nord l'île de Bréhat. Visite du moulin à heures fixes (renseignez-vous au syndicat d'initiative de Plouézec).

PAIMPOL *(PEMPOULL)* (22500)   8 420 hab.

Pem-Poull, en breton, veut dire « la Tête de l'Étang ». Il ne reste pas grand-chose du folklore exprimé dans la chanson de Théodore Botrel. La grande épopée des pêcheurs d'Islande est loin désormais. On retrouve, encore, dans les belles demeures des armateurs et les poignants cimetières marins, les vestiges des grandes heures de la navigation à voile. Balade agréable en juillet et août dans les ruelles piétonnes de la vieille ville.

Adresses utiles

▣ *Office du tourisme :* pl. de la République. ☎ 02-96-20-83-16. Fax : 02-96-55-11-12. Hors saison, ouvert du mardi au samedi de 10 h à 12 h 30 et de 14 h 30 à 18 h, fermé les dimanche et lundi ; en saison, ouvert du lundi au samedi de 9 h à 19 h 30, et les dimanche et jours fériés de 10 h à 13 h.

■ *Maison des plaisanciers :* quai Neuf. ☎ 02-96-20-47-65.

■ *Répondeur météo :* ☎ 0836-680-222.

🚃 *Gare SNCF :* ☎ 02-96-20-81-22.

Où dormir ?

Tout ce qui se trouve autour du port est animé le soir et bruyant la nuit. À bon entendeur, salut !

Bon marché

⌂ *Camping Cruckin :* le plus proche de la ville, à Kérity. ☎ 02-96-20-78-47. Ouvert de Pâques au 30 septembre.

⌂ *Hôtel Berthelot :* 1, rue du Port. ☎ 02-96-20-88-66. De 160 à 240 F (24,3 à 36,6 €) pour deux, selon le confort. Maison simple de 12 chambres (1 étoile), exploitée en famille. Parking devant l'hôtel, le long du port.

Prix moyens à plus chic

⌂ *Hôtel Le Terre-Neuvas :* 16, quai Duguay-Trouin, sur le port. ☎ 02-96-55-14-14. Fax : 02-96-20-47-66. Chambre double de 200 à 240 F (30,5 à 36,5 €). Petit supplément pour un lit ou une personne en plus. Douche, w.-c., TV, téléphone. Très correct et propre. La plupart des chambres ont vue sur le port. Tout en haut, deux chambres et une salle de bains, idéal pour une famille. Bon accueil. Voir le texte sur le restaurant dans la rubrique « Où manger ? ».

⌂ *L'Origano :* 7 bis, rue du Quai. ☎ 02-96-22-05-49. Ouvert tous les jours de Pâques à la Toussaint. Fermé le reste de l'année. 270 F (41,1 €) pour deux, 325 F (49,5 €) pour trois, 440 F (67,1 €) pour cinq. Dans une maison de caractère du vieux centre, chambres confortables. La chambre 8 est particulièrement agréable : vieilles poutres, cheminée et accès direct sur le jardinet. Également un appartement familial pour 5 personnes. Pour nos lecteurs, 10 % de remise sur le prix de la chambre hors saison et hors grands week-ends.

⌂ *Hôtel K'Loys :* 21, quai Morand. ☎ 02-96-20-93-80. Fax : 02-96-20-72-68. Chambre double de 395 à 695 F (60,2 à 105,9 €). Une chambre pour 4 personnes à 795 F (121,2 €). Le pittoresque propriétaire dirige en fait deux établissements côte à côte sur le port. Les chambres les moins chères sont situées au-dessus du pub-restaurant *l'Islandais* (jetez un coup d'œil à la salle du fond avec sa vieille coque retournée en guise de plafond). Entrée indépendante du restaurant qui mène à des chambres très mignonnes et confortables, de vrais petits nids d'amour. Juste à côté, une ancienne maison d'armateur abrite *l'hôtel K'Loys*. Ses 11 chambres, qui correspondent à la catégorie de prix citée supérieure, sont toutes meublées et décorées avec goût. L'aspect XIXe siècle n'a pas été trahi. Les chambres les plus chères ont vue sur le port, dont une avec salon et bow-window. C'est un vrai hôtel de charme, bercé d'élégance et d'atmosphère intime. Concession à la modernité : un ascenseur, indispensable pour les personnes handicapées notamment.

■ *Le Repaire de Kerroc'h :* 29, quai Morand; sur le port de plaisance. ☎ 02-96-20-50-13. Fax : 02-96-22-07-46. ♿ Restaurant fermé le mardi et le mercredi midi. Chambre double de 390 à 580 F (59,4 à 88,4 €), et une suite en duplex à 690 F (105,1 €). Dans une malouinière datant de 1793, construite pour un corsaire au service de Napoléon. 13 chambres de style, spacieuses et nickel. Salle à manger élégante (voir « Où manger ? »). 10 % de remise sur le prix de la chambre sauf en saison et les week-ends fériés à nos lecteurs.

Où manger ?

Prix moyens

|●| *Crêperie-restaurant Chez M. Morel :* 11, pl. du Martray. ☎ 02-96-20-86-34. Ouvert tous les jours sauf le dimanche hors saison. Fermé en novembre. Plat du jour à 45 F (6,8 €). Dans le centre-ville, une grande salle à manger chaleureuse qui attire tous les jours beaucoup de monde grâce à ses bonnes crêpes (comme celle à l'andouille de Guéméné). Excellent cidre. À l'apéro, goûter cet étonnant « pommeau-des-menhirs » !

|●| *Le Terre-Neuvas :* voir coordonnées dans « Où dormir ? ». 4 menus de 82 à 150 F (12,5 à 22,9 €), et un menu-enfants à 42 F (6,4 €). La première salle en entrant donne sur le port. Poissons, fruits de mer et spécialités bretonnes. Plusieurs plats à base de morue pour rappeler le passé de la grande pêche de Paimpol, et différentes recettes de moules. Le tout est bien cuisiné, parfois inventif, la cuisson des poissons est aussi bien maîtrisée et, au bout du compte, on est content de son repas dans cette maison pas prétentieuse.

Plus chic

|●| *Restaurant de l'hôtel de la Marne :* 30, rue de la Marne; près de la gare. Parking privé. ☎ 02-96-20-82-16. Fax : 02-96-20-92-07. Fermé le dimanche soir et le lundi sauf en juillet et août et les week-ends fériés, ainsi que pendant les vacances scolaires de février. Chambre double à 325 F (49,5 €) avec w.-c. et douche (ou bains). Le premier menu à 115 F (17,5 €), sauf les jours fériés, avec fromage ou dessert, est excellent. 125 F (19 €) avec fromage et dessert. Puis menus-carte de 140 F (21,3 €), sauf les jours fériés, à 270 F (41,1 €). Il y a même un menu gourmand à 450 F (68,6 €) avec apéritif, vin et café compris. Parmi les spécialités de cette belle maison : le homard breton sorti de sa coque poché au jus de poule, vinaigrette de langoustines et foie gras poêlé à l'huile de truffes, ainsi qu'une appétissante carte des

desserts. Quel que soit votre choix, vous comprendrez pourquoi la devise de Curnonsky est imprimée sur la carte : « Le vrai bonheur, c'est lorsque les choses ont le goût de ce qu'elles sont. » Vin du propriétaire en pichet à 46 F (7 €) le demi, et grand choix à la carte (pas moins de 220 références). Ils proposent aussi leurs produits gourmands à emporter pour ceux qui veulent prolonger le plaisir (foie gras maison, saumon, terrines, etc.). Une valeur sûre, principalement fréquentée par les Paimpolais.

|●| *La Vieille Tour :* 13, rue de l'Église ; dans le vieux Paimpol. ☎ 02-96-20-83-18. Fermé le dimanche soir et le mercredi en hiver. Menus de 117 F (17,8 €) à 300 F (45,7 €). Un restaurant au cadre chaleureux. Raviolis de queues de langoustines, raie aux deux choux beurre blanc, etc. Le café est offert sur présentation du *GDR*. Les patrons seraient-ils superstitieux ? L'adresse est au n° 13, il y a 13 tables dans la salle, 13 marches à l'escalier et 13 lettres au nom du resto !

|●| *Le Repaire de Kerroc'h :* 29, quai Morand, sur le port de plaisance. ☎ 02-96-20-50-13. Fermé le mardi et le mercredi, ainsi que de mi-novembre aux fêtes de Noël. Menus à partir de 140 F (21,3 €) jusqu'à 495 F (75,4 €). Menu-enfants à 85 F (12,9 €). Salle à manger élégante pour se régaler de recettes anciennes. L'apéritif est offert sur présentation du *GDR*.

Où dormir ? Où manger dans les environs ?

🏠 |●| *Chambres d'hôte à la ferme de Kerloury :* Kerloury, 22500 Paimpol. À 2,5 km de Paimpol. Sortir par la route de Lézardrieux par Kergrist et, au carrefour, 1 km après le Centre Leclerc, tourner à droite ; c'est indiqué : Kerloury-Landehy. ☎ 02-96-20-85-23. Chambres à 240 F (36,5 €), 300 F (45,7 €) pour 3, 380 F (57,9 €) pour 4, avec petit déjeuner copieux sur la grande table de la cuisine. Accueil familial dans une jolie maison de campagne. 10 % de remise sur le prix des chambres, du 1er au 15 juin sur présentation du *GDR*. Jeannette Le Goaster, la propriétaire, offre aussi aux amateurs la visite de son jardin et la cueillette de boutures ou de graines. Réservation souhaitable.

Où boire un verre ? Où sortir le soir ?

– *Les mardis du port :* sur le port, concerts et spectacles gratuits tous les mardis en été.

🍸 *Bar-dancing Le Pub :* 3, rue des Islandais. ☎ 02-96-20-82-31. À l'angle du quai Morand. Là, c'est Denise qui vous fait la conversation, quand on ne danse pas le rock ou le reggae. Apéro offert à nos lecteurs.

🍸 *Le Corto Maltese :* 11, rue du Quai (derrière le précédent). ☎ 02-96-22-05-76. Ouvert tous les jours jusqu'à 2 h. Bar typiquement breton. Ambiance chaude garantie.

🍸 *La Ruelle :* 26, rue des Huit-Patriotes, dans la vieille ville. Bar de nuit ouvert tous les soirs, en saison. Organisent parfois des concerts le week-end.

🍸 *Le Cargo :* 15, rue des Huit-Patriotes. ☎ 02-96-20-72-46. Ouvert jusqu'à 1 h (2 h le week-end). Un café de caractère. Déco marine et instruments de musique au plafond. Fléchettes. Deux concerts tous les mois. Un rendez-vous bien aimé des Paimpolais de tous âges. Bonne ambiance.

À voir. À faire

★ *La vieille ville :* *place du Martray* et dans les ruelles alentour, quelques beaux exemples d'architecture locale. À l'angle de la place et de la rue de l'Église, superbe maison Renaissance d'armateur avec tourelle d'angle carrée (tiens, à côté, une rue Georges-Brassens, ça c'est sympa mais c'est normal : Brassens a passé pendant plus de trente ans ses vacances à Lézardrieux, où il possédait une maison). Au n° 5, *rue de l'Église,* maison à colombages sculptés. Au n° 6, *rue des Huit-Patriotes,* une plus ancienne encore, avec personnages aux angles.

★ *Le musée du Costume :* rue Pellier. ☎ 02-96-20-83-16. Ouvert tous les jours en saison, de 10 h 30 à 13 h et de 15 h à 19 h. Entrée : 15 F pour les adultes, 8 F pour les plus jeunes (2,2 et 1,2 €). Costumes traditionnels de la région ; où vous ferez la différence entre la *touken* et la *capiole* (coiffe de semaine et coiffe du dimanche).

★ *Le musée de la Mer :* rue Labenne. Ouvert de Pâques à septembre de 10 h 30 à 13 h et de 15 h à 19 h. Entrée : 25 F pour les adultes, 13 F pour les enfants (3,8 et 1,9 €). Installé dans une ancienne sécherie de morues, un passionnant rappel du patrimoine maritime régional (les pêcheurs d'Islande, notamment) au travers de maquettes, photos, cordages, balises, voiles et outils divers.

– *Balades en bateau :* sur le *Vieux-Copain,* un thonier de 1940, classé monument historique. Appeler M. Le Joliff : ☎ 02-96-20-59-30. Fonctionne tous les jours en juillet et août, le week-end seulement le reste de l'année. Croisières d'une journée et stages, de 1 à 7 jours, du 1er avril au 31 octobre. Possibilité d'accueillir jusqu'à 30 personnes.

– *Le Trieux à toute vapeur :* la vallée du Trieux entre Paimpol et Pontrieux à bord d'un train à vapeur. ☎ 02-96-20-52-06. Tarifs aller-retour : 120 F (18,3 €) par adulte, 60 F (9,1 €) par enfant de 4 à 11 ans inclus. Mieux vaut réserver car beaucoup de touristes s'y pressent.

Achats

⌂ *Vêtements marins :* **à la coopérative maritime,** av. du Général-de-Gaulle, ou chez *Dalmard Marine,* place du Martray. Établissement fa-milial fondé en 1922, créateur du fameux Kabic et ancien fournisseur des Terre-Neuvas.

Dans les environs

★ *L'abbaye de Beauport :* sur la route de Saint-Brieuc, après Kérity. ☎ 02-96-20-97-69. Du 15 juin au 15 septembre, ouvert tous les jours de 10 h à 19 h ; le reste de l'année, de 10 h à 12 h et de 14 h à 17 h. Une abbaye du début du XIIIe siècle, en partie détruite en 1789. Classée monument historique en 1862. Elle appartient maintenant au Conservatoire national du littoral. On visite l'abbatiale, la jolie salle capitulaire, le très beau cellier et les vestiges du cloître, dans un parc bucolique et marin de 35 ha. Expositions, concerts classiques et soirée contes le jeudi en saison.

– Un grand **circuit pédestre** part de Paimpol et effectue tout le tour de la presqu'île par Porz-Even, la pointe de l'Arcouest, Loguivy. Petits chemins de campagne, sentiers côtiers assez accidentés pour une superbe balade. Renseignements à l'office du tourisme de Paimpol.

– Une **promenade** insolite **par le train** (voir aussi plus haut « Le Trieux à toute vapeur ») : la ligne de chemin de fer Paimpol-Guingamp suit, jusqu'à Pontrieux, la rive droite du Trieux. On découvre successivement les ruines de la maison des ancêtres d'Ernest Renan, la lande de Lancerf, où Alain Barbe-Torte repoussa définitivement le chef normand Incon et ses Vikings en 931. On aperçoit ensuite le manoir ayant appartenu à Pierre Quéméneur, dont la disparition inexpliquée valut 22 ans de bagne à Joseph-Marie Seznec en 1924. Après avoir franchi le Leff à la halte de Frynaudour, voilà qu'apparaît le château de La Roche-Jagu (voir, plus loin, « Dans les environs de Pontrieux »). Enfin, Pontrieux, tout le monde descend ! Vive le petit train tortillard !

– En été, on peut aussi remonter le Trieux **en bateau** jusqu'à La Roche-Jagu : départs de l'Arcouest ou de Bréhat. Renseignements à l'office du tourisme. Voir « La pointe de l'Arcouest ».

PLOUBAZLANEC *(PLAERANEG)* (22620)   3 460 hab.

Agglomération au nord de Paimpol, qui possède un très émouvant cimetière marin.

Où dormir ? Où manger ?

▲ |●| **Pension Bocher :** 44, rue Pierre-Loti ; rue principale de Pors-Even (partie basse de Ploubazlanec). ☎ 02-96-55-84-16. Fermé de début novembre au 1er avril. Chambres agréables de 160 F (lavabo) à 300 F (24,4 à 45,7 €). Menus à partir de 90 F (13,7 €) et menu-enfants à 50 et 60 F (7,6 et 9,1 €). Demi-pension proposée de 290 à 310 F (44,2 à 47,2 €) par personne. Bâtisse traditionnelle du pays, couverte de lierre. Spécialités de poisson, homard à la crème et fruits de mer, bien entendu. Une bonne adresse.

▲ **Motel Nuit et Jour :** à l'entrée de Ploubazlanec en venant de Paimpol. ☎ 02-96-20-97-97. Ouvert toute l'année, 24 h/24. De 235 à 355 F (35,8 à 54,1 €) la chambre double. Certaines ont une kitchenette. Également des chambres familiales pour 4 personnes avec mezzanine à 395 F (60,2 €). Pas formidablement situé (en bord de route, comme tout bon motel, et à proximité d'aucune plage), mais c'est son seul défaut. Petits bungalows en bois, propres et confortables. Salle de bains, TV (avec Canal +), téléphone et double vitrage. Pour les amateurs, jeu d'échecs en plein air de 4 x 4 m. Jeune patron sympa.

|●| **Le Café du Port :** sur le port de Pors-Even. ☎ 02-96-55-83-51. Ouvert tous les jours en été, hors saison, les vendredi, samedi et dimanche sur réservation. Pour une assiette d'huîtres, un bol de moules, une galette saucisse ou juste un petit verre, sur la terrasse, dans une ambiance locale à des prix très raisonnables. Vue sur le port et là baie.

Gourmandises

|●| **Boulangerie-pâtisserie Ferchaux :** dans le centre, à gauche sur la route principale en venant de Paimpol. Ouvert de 7 h à 20 h tous les jours en été. Fermé le mercredi en hiver. Une des traditions culinaires du Goëlo et du Trégor, c'est le riz au lait. Ici, on vous en sert de l'excellent verre, à la louche. Crêpes à se damner et gâteaux bien appétissants.

À voir

★ *Le cimetière marin :* sur un long mur, des plaques rappellent le lourd tribut qu'ont payé les pêcheurs d'Islande. De simples planches en bois peintes en noir où, d'une écriture hésitante et d'un style très sobre, voire pudique, s'alignent les noms des victimes des naufrages. Plus de 100 goélettes sombrèrent. 2 000 hommes disparurent sur lesquels, comme disait Brassens, « jamais le trou dans l'eau ne se refermera... ». La campagne d'Islande démarra au milieu du XIXe siècle. Les bateaux comprenaient environ 20 hommes et partaient pour 6 mois. 1895 vit l'apogée de la campagne avec le départ de 82 goélettes. En 1935, seulement deux bateaux firent le grand (et dernier) voyage.

★ À la sortie du bourg, vers Pors-Even, s'arrêter à la *chapelle de Perros-Hamon,* du XVIIIe siècle. Très gracieuses sculptures sur la façade. Sous le porche, là aussi, de poignants ex-voto.

★ Pittoresque et tranquille petit port de *Pors-Even,* célèbre grâce à Pierre Loti qui y découvrit les principaux personnages des *Pêcheurs d'Islande.*
Suivez la pancarte indiquant *Croix des Veuves.* Au bout de la route, sur une petite butte. C'est là que femmes et mères de marins attendaient le retour de leurs hommes. Juste avant, belle statue patinée par les embruns. De la croix, large panorama sur le large, les îlots et récifs.
Toujours sur le port de Pors-Even, jeter un coup d'œil aux viviers *Dauphin,* où l'on pourra bien sûr faire des emplettes : araignées et homards, langoustes magnifiques, ça c'est du frais !

LA POINTE DE L'ARCOUEST

À 9 km au nord de Paimpol, point d'embarquement pour l'île de Bréhat. Pittoresque promontoire d'où l'on bénéficie d'une vue remarquable sur l'archipel et ses îlots. L'endroit fut particulièrement apprécié des savants. Pasteur, Frédéric et Irène Joliot-Curie, le physicien et Prix Nobel Jean Perrin y vinrent souvent.

Où dormir ?

⌂ *Camping Panorama du Rohou :* en surplomb de ce beau paysage, bien fléché à l'entrée du village. ☎ 02-96-55-87-22. Fax : 02-96-55-74-34. Ouvert toute l'année. Compter environ 70 F (10,6 €) pour deux. Calme. Confort d'un deux-étoiles. Patron sympa qui aime offrir une promenade dans les îles.

À faire

– *Départs pour l'île de Bréhat :* traversée du chenal du Ferlas en 10 mn (voir, ci-dessous, « L'île de Bréhat »). Les vélos ne sont acceptés que jusqu'à 10 h du matin !
– *Remontée du Trieux :* du 15 juin ou 10 septembre. 4 h de promenade à partir de l'embarcadère de l'Arcouest (suivant les dates, se renseigner). Arrêt au château de La Roche-Jagu et possibilité de visite. Retour vers 18 h. 100 F (15,2 €) la promenade totale pour les adultes et 70 F (10,7 €) pour les enfants. Renseignements : ☎ 02-96-55-79-50.

L'ÎLE DE BRÉHAT *(ENEZ-VRIAD)* (22870)   420 hab.

Île très touristique en saison (300 000 visiteurs chaque année !), ce n'est que justice. Ainsi, curieusement, il y pleut beaucoup moins que sur le continent. Ce microclimat permet à une végétation quasi méditerranéenne de se développer : eucalyptus, palmiers, mimosas, figuiers, etc. On comprend pourquoi elle attira tant les peintres, dont Matisse et Foujita. Éric Orsenna vient désormais y trouver refuge. Les buissons d'hortensias peuvent parfois atteindre 200 têtes. L'île mesure environ 3,5 km de long et 1,5 km dans sa plus grande largeur. Parsemée de villas fleuries et de vieux manoirs en pierre. Pas de voitures hormis les 2 véhicules de secours, autant dire que c'est le paradis de la découverte à pied. L'introduction du dernier tracteur fit même l'objet d'une affaire d'État. C'est vrai qu'il y en a de plus en plus. Progression inversement proportionnelle à celle des cultivateurs. À Bréhat, on utilise surtout la carriole à bras et le vélo. Bref, un petit paradis, mais qu'il vaut mieux découvrir au printemps, avant le *rush* touristique !

Plage du Guerzido, accessible en 15 mn par le sentier qui longe la falaise à partir de Port-Clos. Plage de galets et de sable bien abritée et sûre. À 800 m de Port-Clos, **Le Bourg,** « capitale » de l'île, offre sa mignonne petite place et son église du XIIe siècle, remaniée au XVIIIe siècle. À l'intérieur, beau retable lavallois qui, avec les deux autels latéraux, forme un ensemble classique du XVIIe siècle. Le lutrin du XVIIIe siècle viendrait d'Angleterre. Chaire à prêcher du XVIe siècle, soutenue par une cariatide. Quelques statues et la maquette d'une frégate, la *Reder-Mor,* offerte par l'enfant du pays, l'amiral Cornic.

De la *chapelle Saint-Michel* (1852), perchée sur une butte, vaste vue sur les environs. À deux pas, ancien moulin à mer. Le *pont ar Prat,* édifié par Vauban, permet l'accès au nord de l'île. Relief plus rude. Landes et rochers dominent. On y trouve le *phare du Rosédo* et, tout à l'extrémité, celui *du Paon.* C'est le coin le plus tourmenté de l'île. Côte qui part en mille morceaux de granit rose. Au pied du phare, toutes les évasions en rêve sont possibles. Une histoire sur ce phare du Paon : on dit qu'autrefois, les jeunes filles encore à la recherche d'un cœur aimant y venaient une fois par an jeter une pierre dans le gouffre juste derrière le phare. Si la pierre atteignait l'eau directement, elles se marieraient dans l'année, sinon, elles devraient attendre autant d'années... que le nombre de ricochets faits par la pierre sur la roche !

Comment y aller ?

– **Port d'embarquement à la pointe de l'Arcouest :** parking (payant) de plusieurs centaines de places (en été, vous n'y serez pas seul). Renseignements : ☎ 02-96-55-79-50. Bureau ouvert de 8 h 30 à 18 h 30 du 1er avril au 30 septembre. Aller-retour : autour de 40 F, soit 6,1 € (34 F, soit 5,2 €, pour les enfants de 4 à 11 ans inclus). Une douzaine de départs par jour, de 8 h 30 à 19 h 30 ou 20 h. 5 départs seulement au mois de janvier. L'été, on peut aussi y accéder d'Erquy, de Pléneuf-Val-André, de Binic ou de Saint-Quay-Portrieux. Renseignements aux offices du tourisme respectifs. Tous les bateaux déposent les passagers à Port-Clos.

– **Tour de l'île :** 45 mn environ, avec débarquement sur Bréhat pour la visite intérieure, retour sur le continent par le service régulier. Renseignements : ☎ 02-96-55-79-50. 70 F (10,7 €) par adulte et 50 F (7,6 €) pour les 4-11 ans.

Adresses utiles

◻ *Syndicat d'initiative :* dans le bourg. ☎ 02-96-20-04-15. Fax : 02-96-20-06-94. • syndicatiniative.brehat @wanadoo.fr • Ouvert de 10 h à 18 h (ferme de 13 h à 14 h 30 les lundi et samedi), et le dimanche de 10 h à 13 h. Horaires restreints en hiver.
■ *Club nautique :* ☎ 02-96-20-00-95.

■ *Location de vélos :* à Port-Clos. ☎ 02-96-20-03-51. Chez Rosine Dalibot qui tient une boutique à droite de *l'hôtel Bellevue,* au petit carrefour. Jeune femme très serviable. Un autre loueur à droite de l'hôtel, mais plus cher.

Où dormir ? Où manger ?

▲ Un *camping municipal :* ☎ 02-96-20-00-36 (mairie). En saison ☎ 02-96-20-02-46. Il surplombe le port.
▲ Quelques *chambres d'hôte :* renseignements au syndicat d'initiative. Notre préférée est la suivante :
▲ *Chambres d'hôte L'Allégoät :* à 100 m de la place du Bourg en direction de la chapelle Saint-Michel. ☎ 02-96-20-03-48. 300 F (45,7 €) la chambre (un peu moins cher hors saison). Petit déjeuner à 25 F (3,8 €). Les deux chambres se partagent la salle de bains. Annick Argant et Jean-Claude Bréat sont céramiste et artiste-peintre. Ils ont retapé leur drôle de maison au toit pointu selon leur univers artistique. Les pièces sont claires et agréables, jalonnées par leurs œuvres et travaux. C'est joli, chaleureux et plein de charme, et ça ne ressemble à aucune autre chambre d'hôte. En plus, ils vous accueillent avec le sourire. Au fond du jardin, ils ont installé leur atelier.

– Sinon, trois hôtels seulement (heureusement pour la tranquillité des habitants)...

▲ |●| *Hôtel-restaurant Bellevue :* à Port-Clos, immédiatement visible quand on arrive de la jetée. ☎ 02-96-20-00-05. Fax : 02-96-20-06-06. • hotelbellevue@wanadoo.fr • Fermé de janvier à mi-février et la 2ᵉ quinzaine de novembre. De 490 à 590 F (74,7 à 89,9 €) la chambre double, sans le petit déjeuner à 48 F (7,3 €). La demi-pension est obligatoire les week-ends, jours fériés et pendant toutes les vacances scolaires, c'est-à-dire presque tout le temps. Menus de 135 F (20,5 €) à 195 F (29,7 €). Grosse bâtisse aux chambres modernisées, avec vue sur la mer. Frais et plaisant. Tout de suite pris d'assaut par les touristes qui débarquent ! Ça explique les prix assez prohibitifs. Excellent accueil.
|●| *Bar-restaurant La Potinière :* sur la plage de Guerzido, à 5 mn de marche de Port-Clos. ☎ 02-96-20-00-29. ✗ Ouvert du 1ᵉʳ mai à fin septembre. Moules frites à 60 F (9,1 €) ou douzaine d'huîtres à 90 F (13,7 €). Calme et très bien situé, dans un cadre presque exotique. Grande terrasse à l'ombre d'un pin séculaire et salle à manger toute en face de la mer. Clientèle d'habitués (en général). Pas franchement une grande table. On peut aussi se contenter d'y prendre un verre.
|●| *Le Paradis Rose :* au nord de l'île, non loin du phare du Paon. Ouvert tous les jours de Pâques à septembre, jusqu'à 17 h, ou 18 h 30 selon le temps ! Galettes de 10 à 25 F (1,5 à 3,8 €), crêpes de 15 à 25 F (2,3 à 3,8 €). Pratique si vous ne voulez pas vous charger d'un pique-nique et que vous faites le tour de l'île. Une baraque à crêpes et galettes dans un jardin, et quelques tables pour se poser. Également boissons fraîches et frites. Bon et pas cher.

LES CÔTES-D'ARMOR

Où boire un verre ?

♟ Les deux bars les plus sympas de l'île pour boire un verre : *La Bouteille à la mer* et *Le Shamrock*, place du Bourg. Pour les amateurs, on trouve la Coreff à *La Bouteille à la mer*.

Gourmandises

– *Fromagerie bio :* Alain Louail fabrique les meilleurs yaourts de Bréhat. Tout aussi bons, la tomme, les fromages frais, le lait ribot ou entier, les cailles, la crème fraîche, la confiture de lait, etc. En été, on trouve tous ces produits le matin jusqu'à 13 h sur le marché de la place du Bourg, et de 11 h à 20 h à la fromagerie, ainsi qu'à *la Salicorne* (voir plus loin). La fromagerie se situe dans une ferme sur l'île nord, à gauche en montant vers le phare du Paon. ☎ 02-96-20-04-06.
– *La Salicorne :* pl. du Bourg. Alimentation, épicerie, fromagerie, bons produits bio.

À voir

– *Atelier Tourne la Terre :* L'allégoät, à 100 m de la place du Bourg en direction de la chapelle Saint-Michel (voir aussi le texte sur leurs chambres d'hôte). Au fond du jardin de la maison au toit pointu. Ouvert de 10 h à 12 h 30 et de 16 h à 19 h. Hors saison, appeler au : ☎ 02-96-20-03-48. Pour découvrir les céramiques d'Annick Argant et les peintures de Jean-Claude Bréat. Nous, on a aimé !
– *Les Verreries de Bréhat :* installées dans la citadelle, sur la pointe à gauche en arrivant en bateau.

LOGUIVY-DE-LA-MER *(LOGUIVY-PLOUGRAZ)* (22620)   1 010 hab.

Petit port actif, blotti au fond d'une crique, qui a su conserver un cachet d'authenticité. Que ce soit à marée basse ou lors de la rentrée des bateaux, c'est toujours pittoresque et coloré. Du côté gauche (face à la mer), on embrasse d'un coup l'embouchure du Trieux et toutes les îles. Pour les plus bolcheviques de nos lecteurs et qui suivent pas à pas la vie de Lénine (cf. le *Guide du Routard Paris;* publicité gratuite), le grand théoricien de la Révolution s'y reposa de la lutte des classes, en juillet 1902.

Où dormir ? Où manger ? Où boire un verre ?

🛏 *Chambres d'hôte chez Mme Armelle Riou :* 1 *bis*, rue Le-Porjou. ☎ 02-96-20-42-47. Ouvert de Pâques au 15 septembre. 3 chambres confortables, deux avec salle d'eau et douche commune pour 195 F (29,7 €) pour deux et une à 280 F (42,7 €) avec salle de bains individuelle. Petit déjeuner inoubliable à 38 F (5,8 €) avec, entre autres, des confitures maison extra. Réservation indispensable. Un peu cher tout de même.

🏠 ❚●❚ *Hôtel-restaurant Le Grand Large :* sur le port. ☎ 02-96-20-90-18. Fax : 02-96-20-87-10. Fermé le dimanche soir et le lundi de fin septembre à Pâques, ainsi qu'en janvier et pendant la deuxième quinzaine de novembre. De 350 à 400 F (53,3 à 60,9 €) pour 2. Au resto, premier menu à 95 F (14,4 €) ; menus suivants de 145 F (22,1 €) à 220 F (33,5 €). Un hôtel qui porte bien son nom, face au port charmant et à l'île de Bréhat. Six chambres fort bien tenues et confortables même si elles ne sont pas immenses, dont 4 côté mer. Les 3, 4, 5 et 6 donnent sur le large. Très bon accueil. La salle du resto est bien claire et nappée de blanc pour déguster poisson et crustacés en regardant la mer. Les menus changent avec les saisons. Apéro offert sur présentation du *GDR*.

❡ *Le Café du Port :* juste avant d'arriver au port à droite. Plus communément appelé *Chez Gaud*. Une vraie atmosphère de petit café breton, avec des marins et des papys. Le mieux c'est d'y aller.

LE TRÉGOR

Entre terre et mer, pris en sandwich par l'Argoat et la côte (du Goëlo à l'est, de Granit rose à l'ouest), voici un arrière-pays bien bretonnant, chargé d'histoire (nombreux châteaux, églises, etc.), qui se développa à partir de ses deux estuaires (le Jaudy et le Trieux), formant une langue de chat ouverte sur le large : cette presqu'île sauvage plantée entre La Roche-Derrien et Pontrieux. Le Trégor, c'est la patrie de saint Yves (Tréguier) mais aussi la terre d'accueil de Brassens (qui amarrait son bateau, *Les Copains d'abord*, à Lézardrieux) ! Nous ne traiterons pas ici l'ensemble de la région, autrefois bien plus étendue (jusqu'à l'actuel Finistère), préférant nous limiter tout à fait arbitrairement à la presqu'île et à ses environs...

PONTRIEUX *(PONTREV)* (22260) | 1 270 hab.

Gentille bourgade construite sur les rives fleuries du Trieux (d'où son nom, bien sûr) et encore peu touristique. Adorable petite place centrale, pavée et bordée de maisons anciennes. L'une d'elles saute tout de suite aux yeux : la maison Eiffel (non, ce n'est pas une tour !), du XVIᵉ siècle, aux colombages peints en bleu... À deux pas de la place, un drôle de pont aux arcades roses, qui offre un charmant point de vue sur les maisons construites les pieds dans l'eau. Des propriétaires à l'âme poétique ont même installé sur le fleuve une barque remplie de fleurs ! Plus loin, le port de plaisance et, entre deux rives bordées d'arbres, une aire d'initiation au canoë-kayak. Deux autres curiosités : la fête du Lavoir (renseignements au syndicat d'initiative) et le fameux petit train qui relie la ville à Guingamp. Et l'été, un vrai train à vapeur promène les gens jusqu'à Paimpol. Quelques bonnes fermes-auberges dans le coin.

Adresses utiles

🅱 *Syndicat d'initiative :* dans la maison Eiffel, sur la place principale. ☎ et fax : 02-96-95-14-03. • www. ulys.com/pontrieux • En été, ouvert de 10 h 30 à 18 h 30 tous les jours. En hiver, horaires restreints.

■ *Club de canoë-kayak :* sur le port. ☎ 02-96-95-17-20. Très sympa. Locations, stages, cours ou promenades dans l'estuaire, en kayak ou en canoë de tourisme. Également de super randonnées de 2 ou 3 jours jusqu'à l'archipel de Bréhat, pour 210 F (32 €) par jour (repas non compris), les Sept-Îles et la Côte de Granit rose (250 F, soit 38,1 €, par jour), etc. École française de canoë-kayak, 3 étoiles. Le top, quoi !

Où dormir ? Où manger ?

🛏 ι●ι *Hôtel-restaurant Le Pontrev :* pl. de l'Hôtel-de-Ville. ☎ 02-96-95-60-22. Fax 02-96-95-68-94. Restaurant fermé le vendredi, le samedi soir et le dimanche hors saison. Des chambres spacieuses et bien tenues, avec douche ou bains et TV, de 170 à 210 F (25,9 à 32 €). Demi-pension de 230 à 250 F (35 à 38,1 €), obligatoire en août. Restaurant populaire et cuisine généreuse avec un menu du jour à 55 F, soit 8,4 € (2 entrées, plat, salade, fromage et dessert), servi tous les jours sauf le samedi soir et le dimanche ; autres menus à 85 et 125 F (12,9 et 19 €). Filet de truite du Trieux sauce vermouth, noix de Saint-Jacques à la crème de safran, far aux pruneaux, etc. Terrasse fleurie et jardin en bordure du Trieux. Accueil naturel et souriant. Une adresse fiable et honnête, pour sûr ! Le café est offert aux lecteurs sur présentation du *GDR*.

ι●ι *La Sterne :* 40, rue du Port, en face du club de canoë-kayak. ☎ 02-96-95-19-55. Fermé le lundi soir hors saison. Une brasserie qui fait aussi restaurant et propose des menus de 108 à 218 F (16,4 à 33,5 €). Le café est offert sur présentation du *GDR*.

ι●ι *Les Jardins du Trieux :* 22, rue Saint-Yves (tout près du petit pont). ☎ 02-96-95-06-07. Fermé le lundi hors saison. Menus de 35 à 100 F (5,3 à 15,2 €). De bonnes galettes et crêpes à emporter. Bon lait ribot. Café offert aux lecteurs du *GDR*.

À voir. À faire

– *Balades en barque :* au fil de l'eau, découverte d'une cinquantaine de lavoirs sur la rivière. Tarifs : 15 F (2,2 €). En été, tous les après-midi : se renseigner à l'office du tourisme. Embarquement au jardin public derrière l'église.
– *Circuits des Artisans d'art :* bien indiqués en ville. Brochure disponible à l'office du tourisme avec leurs adresses. Ces artisans exposent aussi tous les vendredis matin en juillet-août sur la place Le Trocquer.
– *Festival de musique mécanique :* tous les 2 ans, le 14 juillet, avec de nombreux joueurs d'orgue de Barbarie. Il aura lieu cette année.

Où dormir ? Où manger dans les environs ?

🛏 *Chambres d'hôte à la ferme de Kerléo :* 22260 Ploëzal ; à 3 km au nord de Pontrieux. ☎ 02-96-95-65-78. Fax : 02-96-95-14-63. Sur la D787, prendre la direction du château de La Roche-Jagu. Indiqué à la sortie du village, ainsi qu'à la sortie du château de La Roche-Jagu. Ouvert de Pâques à fin octobre. Quatre chambres neuves et spacieuses, de 210 à 250 F (32 à 38 €), petit déjeuner inclus, dans une vieille ferme bretonne près du château de La Roche-Jagu, dans un beau site de randonnée.

▲ *Chambres d'hôte et gîtes ruraux :* chez Marie-Thérèse Calvez, au lieu-dit Kergadic, 22260 Quemper-Guézennec (à 5 km à l'est de Pontrieux). ☎ 02-96-95-33-45. Ouvert toute l'année. 250 F (38,1 €) pour 2, petit déjeuner copieux compris. Les 3 chambres, la « Charme », la « Rétro » et la « Tournesol », ont été refaites récemment. Sanitaires privés. Accueil on ne peut plus aimable. Maison toujours fleurie. Soirées crêpes sur commande. Bolée de cidre offerte par l'hôtesse. Tennis (gratuit) et pêche au village. Une adresse fort appréciée par nos lecteurs.

▲ |●| *Château-Hôtel de Brélidy :* 22140 Brélidy ; à 8 km au sud de Pontrieux par la D15, direction Bégard. ☎ 02-96-95-69-38. Fax : 02-96-95-18-03. Ouvert de Pâques à la Toussaint. 14 chambres de 390 à 820 F (59,4 à 125 €) en fonction du confort et de la saison. Petit déjeuner à 58 F (8,8 €). Demi-pension de 450 à 480 F (68,6 à 73,1 €) par jour et par personne. Restaurant, ouvert le soir, où les menus à 150 et 195 F (22,8 et 29,7 €) sont servis dans une magnifique salle à manger. Un véritable relais du silence enfoui au plus profond du bocage breton. Vous l'avez compris, une adresse exceptionnelle mais un peu chic. Au choix, apéritif, café ou digestif offert sur présentation du *GDR*.

▲ |●| *Ferme-auberge Le Marlec :* 1, Kerpruns, à Quemper-Guézennec (5 km à l'est de Pontrieux). Fléché de la route. ☎ et fax : 02-96-95-66-47. Sur réservation, tous les jours sauf le lundi midi. Menus à partir de 75 F (11,4 €). Également des chambres avec sanitaires privés de 190 à 210 F (29 à 32 €). Jolie maison en granit, couverte de fleurs. Deux grandes salles à manger où l'on sert un premier menu avec crudités, poulet à l'estragon ou rôti de porc puis dessert. Également galette forestière, gâteau de crêpes aux pommes, etc. Cochon grillé sur commande. Pour nos lecteurs, un apéritif et 5 % de remise pour une semaine complète en demi-pension.

À voir dans les environs

★ *Le château et la motte féodale de Brélidy :* à 8 km au sud de Pontrieux par la D15. ☎ 02-96-95-69-38. Téléphoner avant pour la visite (de Pâques à la Toussaint). Du XVIe siècle, à côté des vestiges d'un château du XIVe siècle, détruit pendant la guerre de Succession de Bretagne. On peut même y dormir (voir « Où dormir ? »).

★ *Runan :* un de ces petits villages sans histoire et qui, pourtant, abrite une intéressante *église* édifiée du XIVe au XVIe siècle. Construction rythmée par quatre pignons et un clocher à flèche et balustrade. Porche ornementé de nombreux personnages et d'un linteau sculpté *(pietà* et *Annonciation).* Une douzaine de bas-reliefs, genre de blasons, se répartissent curieusement sur la façade. Petit ossuaire en coin. À l'intérieur, dans le chevet, très belle *verrière* de 1423, retables du XVIIIe siècle. Devant l'église, l'une des rares chaires à prêcher extérieures existant encore en Bretagne. Surmontée d'un petit calvaire.

★ *Le château de La Roche-Jagu :* à une dizaine de kilomètres au sud-est de Tréguier. ☎ 02-96-95-62-35. Ouvert tous les jours de février à la Toussaint, de 10 h 30 à 12 h et de 14 h à 18 h (de 10 h à 19 h en juillet et août). Entrée du parc gratuite mais visite du château payante (25 F, soit 3,8 €). Bâti au bord du Trieux, à près de 60 m de hauteur, il occupe une place stratégique exceptionnelle dans un très beau site. Construit au XVe siècle dans un style à mi-chemin entre le château et le manoir. Élégante façade sur cour. À l'intérieur, visite, entre autres, de la cuisine et de la charmante chapelle. Nombreuses cheminées sculptées. Expos temporaires. Du chemin de ronde, magnifique panorama sur les méandres du fleuve. Pas de mobilier, hélas !

|●| ▼ Dans l'enceinte du château, petit *bar-resto.*

LA PRESQU'ÎLE SAUVAGE

C'est cette langue de terre dessinée par ses deux estuaires, entre Paimpol et Tréguier. Sauvage puisqu'elle n'abrite pas de ville importante mais aussi parce que l'on y trouve cette étonnante pointe de sable, le sillon Talbert. On la contourne en allant de Pontrieux à La Roche-Derrien en empruntant la petite D20 à partir de Lézardrieux. Ou, pour ceux qui ont de bonnes chaussures, grâce au fameux GR 34, qui longe fidèlement la côte en offrant quelques beaux panoramas.

Adresse utile

■ *Maison de la Presqu'île :* carrefour de Kerantour, Pleudaniel. ☎ 02-96-22-16-45. Ouvert tous les jours en juillet et août, de 9 h 30 à 12 h 30 et de 14 h à 19 h, et du lundi au vendredi de 10 h à 12 h et de 14 h à 17 h le reste de l'année, ainsi que le samedi matin pendant les vacances de février et de Pâques. Compétents et aimables. Pour des informations, des locations et des expositions de produits du pays.

Où dormir ? Où manger ?

PRÈS DE PLEUMEUR-GAUTIER

▲ *Chambres d'hôte de Kerpuns, chez M. et Mme Jézéquel :* 22740 Pleumeur-Gautier. À 2 km de la route 786, sur l'axe Paimpol-Tréguier. C'est fléché à partir du lieu-dit La Croix-Neuve. ☎ 02-96-22-16-10. Ouvert toute l'année. De 250 à 280 F (38,1 à 42,7 €), petit déjeuner compris. Une ancienne ferme rénovée qui propose, dans une maison attenante, 4 chambres avec salle de bains individuelle. Des chambres au rez-de-chaussée et une autre au premier étage mansardé. Une cuisine est à la disposition des hôtes. Une chambre familiale pour 4 personnes à 450 F (68,6 €), petit déjeuner compris. Étape possible pour les cavaliers car il y a des boxes à chevaux. Adresse calme. 10 % de remise sur le prix de la chambre hors vacances scolaires sur présentation du *GDR*.

À PLEUBIAN

▲ *Camping Port-la-Chaîne :* route de l'Armor. ☎ 02-96-22-92-38. Fax : 02-96-22-87-92. ● www.portlachaine.com ● ♿ Ouvert d'avril au 30 septembre. Un jardin fleuri 3 étoiles, exploité en famille. Élu camping de l'année en 1991 ! Piscine. Location de mobile homes de 1 500 F à 4 000 F (228,6 à 609,8 €) la semaine. Apéritif offert à nos lecteurs.

À LANMODEZ

▲ *Gîte chez M. Prigent :* Keraniou. ☎ 02-96-22-83-51. À environ 1 km du bourg et à 100 m de la mer. Gîte à 3 500 F (533,5 €) la semaine en juillet-août, 2 300 F (350,6 €) en moyenne saison, et 1 800 F (274,4 €) en basse saison. Possibilité de louer pour le week-end. Gîte pour 7 personnes mignon comme tout. Belle pièce commune à l'étage (vue sur mer), très claire et joliment meublée, avec cuisine américaine. Jardin tout simple derrière.

PRÈS DE KERBORS

🛏 |●| *Maison d'hôte Troezel Vras, chez Françoise et Jean-Marie Maynier :* sur la D786, entre Tréguier et Paimpol. À Pleumeur-Gautier, laissez l'église sur votre droite et prenez ensuite la 1re à droite en direction de Kerbors. C'est à 2 km, dans un beau manoir breton du XVIIe siècle. ☎ 02-96-22-89-68. Fax : 02-96-22-90-56. Les hôtes proposent, d'avril à fin octobre, 2 chambres familiales, véritables petites suites, à 400 F (61 €) pour 3, 500 F (76,2 €) pour 4 et 600 F (91,4 €) pour 5. Également 3 chambres doubles à partir de 300 F (45,7 €). Table d'hôte à 95 F (14,5 €). Repas enfant : 50 F (7,6 €). Dans chaque pièce, décorée avec un goût très sûr, on retrouvera un beau meuble ancien. Table d'hôte à la demande le soir, sauf le dimanche. Les repas sont servis, selon la saison, dans le jardin ou au coin du feu. Après 3 années de restauration, les Maynier ont redonné vie à cette belle adresse pleine de charme, blottie au cœur de la presqu'île Sauvage, à proximité de la mer. VTT à disposition.

À voir. À faire

★ *Lézardrieux :* juste à l'entrée de la presqu'île Sauvage, à 6 km à l'ouest de Paimpol, au bord du Trieux. Port de plaisance sur un beau méandre de la rivière.

🅱 *Office du tourisme :* pl. du Centre. ☎ 02-96-22-14-25. Renseignements et réservations sur les balades en voiliers traditionnels. De juin à fin août. Très chouette.

★ *La Roche-Derrien :* église réunissant les styles roman et gothique. Autour de la place du Martray, vieilles maisons à encorbellement.

■ *Association Pays Touristique Trégor et Goëlo :* 9, pl. de l'Église, BP 18, 22450 La Roche-Derrien. ☎ 02-96-91-50-22. Fax : 02-96-91-31-07. ● tourisme.tregor-goelo@wanadoo.fr ● Pour tout savoir sur le coin. Accueil du lundi au vendredi de 8 h 30 à 12 h.

– *Stage de danse celtique :* chez Timmy MacCarthy, à Mantallot (6 km au sud de La Roche-Derrien), se renseigner pour connaître les dates exactes (juillet ou août). ☎ 02-96-47-26-55 ou 02-96-35-81-29. Compter 200 F (30,4 €) pour le week-end.

★ *Centre d'étude et de valorisation des algues :* à *Larmor-Pleubian.* ☎ 02-96-22-93-50. Visite en juillet et août du dimanche au jeudi inclus, de 15 h à 16 h 30 seulement. Entrée : 25 F (3,8 €), réductions enfants. Un peu de tourisme technique... et gastronomique ! Il s'agit d'un laboratoire de culture et de recherche d'exploitation des algues récoltées sur l'immense platier rocheux entre la côte et l'île de Bréhat. On emploie les algues dans les engrais, les cosmétiques, les crèmes glacées, le cirage, les pellicules photo, les baguettes de soudure, les flans de poisson, les potages, les tissus. Maintenant, si vous voulez déguster une salade d'algues fraîches...

★ *Tout au bout de la presqu'île, à L'Armor, Tal-Benz, le* ***sillon de Talbert*** est une géomorphologie originale du littoral. C'est une sorte de langue naturelle faite de sable et de galets, longue de 3,5 km, édifiée patiemment par les courants opposés des fleuves Jaudy et Trieux (en juillet, festival son, laser et cerf-volant). Au large, le *phare des Héaux*. Avec ses 45 m, c'est le phare de haute mer le plus élevé de France.

★ *Pleubian :* vous y découvrirez la plus ancienne *chaire à prêcher* extérieure de Bretagne (XVᵉ siècle). Assez haute, circulaire, elle déroule une magnifique frise sculptée représentant la Passion. Personnages, bien sûr, usés par le temps et les embruns, mais les scènes ont conservé une vie étonnante (le baiser de Judas, la Flagellation, etc.).

TRÉGUIER *(LANDREGER)* (22220)   2 950 hab.

« Capitale évêché » du Trégor, au confluent du Jaudy et du Guindy. « Petite cité de caractère ». L'une des plus belles villes de Bretagne et des plus importantes jusqu'à la Révolution. Mais aussi très bourgeoise, cléricale, conservatrice. Vous y rencontrerez fort peu de marginaux ! Même si Tréguier a perdu toutes ses prérogatives et n'est plus aujourd'hui qu'un petit chef-lieu de canton, elle conserve dans l'atmosphère quelque chose de sa grandeur passée. Quelque chose de très noble, paisible, compassé même. Renan écrivait, parlant de sa ville natale : « C'était un immense monastère où nul bruit du dehors ne pénétrait ! ».
L'été, pourtant, les « Mercredis en Fête » réveillent la vieille cité qui, les 3 derniers mercredis de juillet et d'août, de 20 h à minuit, s'anime de stands, de restos en plein air (cochon grillé, fruits de mer et moules-frites) et de musique, sur la place du Martray et sur celle des Halles. Dans un autre registre, et dans le cadre de festivals en Trégor, une dizaine de manifestations se déroulent en été avec, fin juillet, un point fort : la représentation d'un opéra baroque dans un lieu insolite, le théâtre de l'Arche, une ancienne chapelle de style néo-byzantin aménagée en auditorium.

Adresses utiles

🖸 *Office du tourisme du pays de Tréguier (plan A1) :* 1, pl. du Général-Leclerc (sur le côté gauche de la cathédrale). ☎ et fax : 02-96-92-22-33. Ouvert du lundi au samedi de 10 h à 12 h 30 et de 14 h à 19 h (journée continue le mercredi), le dimanche de 10 h à 13 h et de 17 h à 19 h. Horaires restreints en hiver.
■ *Capitainerie du port de plaisance :* ☎ 02-96-92-42-37 et 02-96-92-30-19 (mairie).
■ *Librairie Tanguy (plan A1) :* face à la cathédrale, à l'angle de la rue Saint-Yves. Spécialisée dans les ouvrages sur la Bretagne.

Où dormir ?

Bon marché à prix moyens

🛏 *Hôtel Le Saint-Yves (plan A1, 10) :* 4, rue Colvestre. ☎ 02-96-92-33-49. Fermé 3 semaines fin septembre-début octobre. Chambre double de 150 à 200 F (22,9 à 30,5 €). Également une chambre minuscule à 110 F (16,8 €). À deux pas de la cathédrale. L'entrée se situe à côté du café du même nom. Un splendide escalier de granit en vis de pressoir dessert les 3 étages où sont réparties les 7 chambres. Quatre ont une douche individuelle. Trois chambres ont été refaites ré-

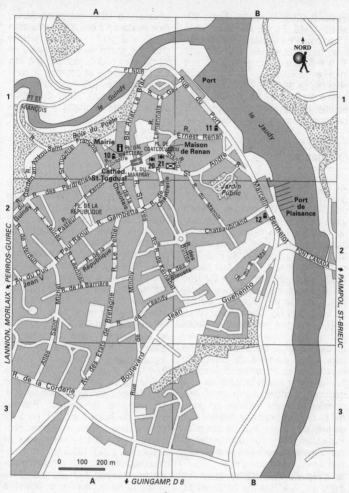

TRÉGUIER

🛏 **Où dormir ?**	|◦| **Où manger ?**
10 Hôtel Le Saint-Yves 11 Hôtel-restaurant L'Estuaire 12 Hôtel Aigue Marine et Restaurant des 3 Rivières	20 La Poissonnerie du Trégor 21 Crêperie des Halles

cemment. L'ensemble est simple mais très propre. Les patrons sont charmants.

🛏 **Hôtel-restaurant L'Estuaire** *(plan B1, 11) :* sur le port. ☎ 02-96-92-30-25. Fax : 02-96-92-94-80.

Chambre de 140 à 250 F (21,3 à 38,1 €) selon le confort. Rien de formidable mais l'un des moins chers en ville.

🛏 **Hôtel Aigue Marine** *(plan B2, 12) :* port de plaisance. ☎ 02-96-92-

97-00 et 02-96-92-39-39. Fax : 02-96-92-44-48. Fermé en janvier et la 1re semaine de février. 48 chambres très confortables de 380 F, soit 57,9 € (basse saison) à 520 F, soit 79,3 € (juillet-août). Demi-pension possible de 380 F (57,9 €) en basse saison à 440 F (67 €) en été. Un bel établissement récent, situé face aux bateaux, comme une invitation au voyage. La table est remarquable (voir Restaurant des 3 Rivières dans « Où manger ? »). Belle piscine chauffée, jardin, salle de remise en forme avec sauna, jacuzzi, UV, etc. Tout ici invite à la détente, à commencer par les palmiers du jardin... Pour nos lecteurs, 10 % de remise sur le prix de la chambre hors saison.

Où manger ?

|●| *La Poissonnerie du Trégor* (*plan A1, 20*) : 2, rue Renan. ☎ 02-96-92-30-27. Poissonnerie ouverte toute l'année et salles de dégustation ouvertes de début juillet à fin septembre. Araignée mayonnaise à 55 F (8,4 €), moules à 35 F (5,3 €) ou beau plateau à 110 F, soit 16,8 € (200 F, soit 30,5 €, pour 2). Une adresse originale et chaleureuse, tenue par Mme Moulinet depuis 30 ans. Son fils, Jean-Pierre, vous attend avec son poisson et ses fruits de mer que vous pouvez déguster au-dessus de sa boutique. Salles de dégustation ouvertes de juillet à fin septembre au 1er et au 2e étage. Il faut pénétrer par la poissonnerie. À dépecer, grignoter, sucer entre deux grandes fresques marines, on pourrait se croire à bord d'un bateau (mal de mer en moins). Pas de desserts. Possibilité bien sûr d'emporter la marchandise, nous sommes avant tout dans une poissonnerie.

|●| *Crêperie des Halles* (*plan A1, 21*) : 16, rue Renan. ☎ 02-96-92-39-15. Ouvert tous les jours. Menu à 65 F (9,9 €). Peut-être la moins touristique de la ville mais probablement la plus authentique, fréquentée uniquement par des Trégorois. Le patron, plutôt bourru, a obtenu le grand prix de l'accueil des Côtes d'Armor (le jury avait beaucoup d'humour). Le client doit arriver à l'heure, entre 12 h et 13 h et entre 19 h et 20 h 30. Compris ? À part cela, ses galettes et ses crêpes sont excellentes. Menu d'appel avec une complète suivie d'une galette au gruyère, au jambon ou à l'œuf et une crêpe pour terminer. Son cidre de la ville d'Ys est gouleyant à souhait. Ce que l'on ne vous dit pas, c'est que le patron est aussi un érudit pour qui l'histoire de Tréguier et du pays de Trégor n'a pas de secrets. Café offert aux lecteurs du *GDR*.

|●| *Restaurant des 3 Rivières* (*plan B2, 12*) : restaurant de l'*hôtel Aigue Marine*, sur le port. ☎ 02-96-92-97-00 et 02-96-92-39-39. Hors saison, fermé les lundi et dimanche soir. Congés annuels en janvier et la 1re semaine de février. Premier menu « du Jaudy » à 115 F (17,5 €) en semaine, menu « Armor Passion » à 160 F (24,3 €) et menu « du Trégor » à 220 F (33,5 €). La direction de l'hôtel a confié la responsabilité des cuisines à un jeune chef talentueux. Au dernier menu, croustille de blé noir aux joues de lotte, coquilles Saint-Jacques, trou breton, papillonnade de rouget-barbet, croustades à la tomme fermière et *Trégorois*, un dessert du chef, Olivier, dont le but est de mettre en valeur tous les produits du terroir. Les prix sont très raisonnables, compte tenu de la qualité de la cuisine.

Où dormir ? Où manger dans les environs ?

▲ *Chambres d'hôte de Crech Choupot, chez M. et Mme Kera-moal* : 22220 Trédarzec ; sur la route de Paimpol (D786), à 3 km de

Tréguier. ☎ 02-96-92-40-49. ● perso. wanadoo.fr/jacques.keramoal/ ● Ouvert d'avril à octobre. 3 chambres avec salle de bains à 250 F (38,1 €), petit déjeuner compris. Dans une belle maison locale. Vous aurez le choix entre la « Lys » au rez-de-chaussée, la « Bretonne » ou la « Rétro » au premier. Si la première est toute blanche, c'est le type d'ameublement qui a donné leur nom aux deux autres. Beau jardin et potager. L'accueil est excellent.

🛏 ❘●❘ *Kastell Dinec'h* : à 1,5 km de Tréguier par route de Lannion (N786), à l'écart, au milieu des arbres. ☎ 02-96-92-49-39. Fax : 02-96-92-34-03. ● kastell@club-internet.fr ● Ouvert de fin avril à mi-novembre. Fermé le mardi et le mercredi hors saison. Chambre double de 470 à 490 F (71,6 à 74,7 €). Les plus chères peuvent accueillir 3 ou 4 personnes. Élégant manoir breton transformé en hôtel-restaurant, qui a gardé son mobilier d'époque et une atmosphère intime. Dispose d'une piscine dans le jardin. Les 15 chambres sont des plus agréables. Demi-pension souhaitée du 14 juillet au 20 août, à 500 F par jour (76,2 €). Vous ne le regretterez pas car la table est excellente et le service attentionné. Menu (dîner uniquement) à 135 F (20,5 €) avec par exemple la galette et pétoncles à l'ail sauce au persil ou le saumon aux agrumes. D'autres menus à 240 F (36,5 €) et 330 F (50,3 €).

Où acheter vêtements et ustensiles marins en tout genre ?

⚓ *La Copér'marine :* en sortant de Tréguier vers Trédarzec, juste après le pont Canada, à droite. ☎ 02-96-92-35-72. Un magasin typique, qui sent bon le goudron de bateau.

Où trouver une bonne bière locale ?

⚓ *Brasserie artisanale du Trégor :* dans la ZA située sur la route de Lannion en sortant de Tréguier. La brasserie est derrière le supermarché Casino. ☎ 02-96-92-43-66. Ouvert tous les jours de 9 h à 17 h. C'est ici que la Dremmwell, qui commence à envahir les comptoirs bretons, est fabriquée. Visites de 15 mn avec dégustation à la fin (gratuites le mercredi de 17 h 30 à 19 h en juillet et août). Boutique de vente.

À voir

★ **La cathédrale Saint-Tugdual :** l'un des chefs-d'œuvre de l'architecture religieuse bretonne. La cathédrale aux trois tours et demie : tourelle ronde, tour carrée romane (XIIe siècle), tour carrée gothique (XVe siècle) et flèche de 63 m (XVIIIe siècle) pour finir. Quatre pierres furent utilisées (schiste, pierre de Caen, granit rose et granit gris). Festival de formes, donc, volumes et couleurs (changeant à chaque facétie du soleil). Sa construction, commencée en 1339, dura 150 ans, intégrant des éléments de l'ancienne cathédrale romane. En 1794, près d'un millier de « Bleus » du bataillon d'Étampes la mirent à sac. À l'extérieur, splendeur des porches et de la façade sud. Porche principal surmonté d'une longue baie flamboyante. L'intérieur fait irrésistiblement penser à Chartres. Dès l'entrée, avec la voûte à 40 m, on est littéralement aspiré vers le ciel. Belles arcades à voussures gothiques du chœur. Triforium surmonté d'une galerie à balustrade. Avec les retombées d'ogives, terminées par des figures grotesques, on obtient une harmonie quasi parfaite.

Au milieu de l'église, copie, d'un goût un peu lourd et très surchargé, du mausolée de saint Yves, construit au XV⁰ siècle et détruit à la Révolution française. Remarquables *stalles* du chœur (1509). Regardez attentivement les détails : les ébénistes-sculpteurs ont fait montre d'une incroyable liberté d'expression, d'un réalisme surprenant. Pour le trésor et le cloître, visites guidées de 10 h à 12 h et de 14 h à 18 h. Autour de 14 F (2,1 €) pour les deux. Peut-être aurez-vous la chance d'avoir pour guide Célestin, une figure locale ! Art et traditions populaires (expo coiffes et costumes) à 20 F (3 €). *Trésor* de la cathédrale composé de statues anciennes, reliquaires, mobilier religieux, etc. Tête de saint Yves (dans une châsse rangée la plupart du temps dans le grand reliquaire).

Peu avant d'accéder au trésor et au cloître, le solide pilier roman à six colonnes soutenant deux arcs en plein cintre présente de splendides *chapiteaux* sculptés de fleurs stylisées en entrelacs. À côté de l'entrée du cloître, *autel de la Vierge* d'une finesse de sculpture remarquable.

Cloître magnifique, de style gothique flamboyant. C'est le mieux conservé de Bretagne et le plus original. Nombreux tombeaux. De l'angle opposé à l'entrée, perspective admirable sur tout le corps de la cathédrale et le chevet, dont on peut aisément décomposer toutes les époques.

★ *Le vieux Tréguier :* il faut parcourir à pied toutes les rues et ruelles courant autour de la cathédrale. Laisser la voiture sur le port pour « monter » vers la cathédrale par la rue Ernest-Renan ; ou sur la place de la République en face du lycée, pour « descendre » en ville par la rue Kercoz. *Rue Colvestre,* très belle maison à pans de bois, mais surtout nobles demeures en granit. Monter jusqu'à la *rue Marie-Perrot,* pour admirer le porche gothique et l'escalier à vis de l'*ancien évêché.* La petite *rue Saint-Yves,* débouchant place de la Cathédrale, possède beaucoup de charme. Visite guidée tous les vendredis en saison. Rendez-vous à 15 h sur le parvis. Renseignements à l'association ACP (art, culture et patrimoine) ☎ 02-96-92-27-54. Ne manquez pas de visiter le monastère des Augustines (XVII⁰) : en saison tous les jours de 15 h à 18 h.

★ *La maison natale d'Ernest Renan :* 20, rue Ernest-Renan. ☎ 02-96-92-45-63. En juillet et août, ouvert tous les jours de 10 h à 13 h et de 14 h 30 à 18 h 30 ; en avril, mai, juin et septembre, ouvert de 10 h à 12 h et de 14 h à 18 h, fermé les lundi et mardi. Entrée : 25 F (3,8 €). Réduction pour étudiants et familles nombreuses : 15 F (2,3 €). Gratuit jusqu'à 18 ans. L'élégante demeure à colombages abrite un petit musée sur le grand philosophe et historien. Renan habita quinze ans cette maison et y revint toujours pour les vacances. On y trouve divers souvenirs et le cabinet de travail qu'il occupait au Collège de France. Au rez-de-chaussée, sa chambre natale et au dernier étage sa chambre d'étudiant. Une vidéo de 20 mn retrace sa vie.

Fête

– *Le grand pardon de Saint-Yves :* il se déroule le 3⁰ dimanche de mai, chaque année. L'un des plus fervents de Bretagne. La châsse contenant le crâne de saint Yves est portée en procession. Saint Yves fut longtemps juge ecclésiastique. Il y acquit une réputation d'intégrité et de bonté qui attira des foules énormes. Il recueillait malades et mendiants dans sa propre maison, s'imposait trois jours de jeûne par semaine, dormait avec une grosse pierre en guise d'oreiller. Il mourut épuisé, le 19 mai 1303. Considéré comme le patron des avocats et le protecteur des pauvres.

LA CÔTE DE GRANIT ROSE

Après Tréguier, on arrive sur une côte très réputée (non sans raison!), et par là même très touristique. Un climat protégé, de grandes plages de sable abritées par des pins, et des criques dissimulées derrière des amas de rochers roses aux formes étranges; autant d'atouts propices au développement de grandes stations balnéaires, comme Perros-Guirec. On y pratique de multiples sports nautiques, les possibilités de balades y sont fort nombreuses, et l'animation est assurée le soir dans les ports. Ce sont les avantages du tourisme. Mais si vous préférez des coins plus calmes et plus intimes, restez plutôt sur la Côte des Ajoncs, entre Plougrescant et Port-Blanc.

– VERS PERROS, LA CÔTE DES AJONCS –

La plus belle partie de la Côte de Granit rose, selon nous. Juste avant les grosses stations touristiques, une côte assez bien préservée. Les landes descendent vers la mer dans un paysage doux, tendre, quasi familier, qui contraste avec la côte déchiquetée, ses grosses roches indisciplinées et ses multiples îlots. Suivre ces incroyables routes étroites menant partout, nulle part, mais toujours à un point de vue charmant. Balade conseillée en fin d'après-midi. Les reliefs s'accentuent, couleurs et tons veloutés se cernent en douceur autour de hameaux et de petits ports de poche. À signaler que cette Côte des Ajoncs est fort bien fléchée.

PLOUGRESCANT *(PLOUGOUSKANT)* (22820)   1 430 hab.

Adorable presqu'île, bordée d'un chapelet d'îles, d'îlots souvent habités. Vents et marées agitent le paysage.

Où dormir? Où manger dans le coin?

⬕ *Camping municipal de Plougrescant :* Beg-ar-Vilin, à 2 km du bourg. ☎ 02-96-92-56-15. Ouvert de début juin à mi-septembre. Pas cher, mais il y a mieux dans le coin.

⬕ *Camping du Gouffre :* à Crec'h Kermorvan, à 2,5 km de Plougrescant, en direction du Gouffre. ☎ 02-96-92-02-95. ♿ Ouvert de début avril à fin septembre. Emplacement : 25 F (3,8 €) ; prix par personne : 18 F (2,7 €) et 9 F (1,4 €) pour les enfants de moins de 7 ans. À 700 m de la plage. Un des meilleurs campings de la région offrant un confort maximum avec des blocs sanitaires impeccables.

⬕ |●| *Auberge de Penn-Ar-Feunten :* route de Penvenan. ☎ 02-96-92-51-02. Fermé le dimanche. Menu ouvrier à 58 F (8,8 €) le midi, sur réservation le soir et en semaine. Chambre double de 110 F (16,7 €) avec lavabo à 130 F (19,8 €) avec douche. Ils proposent une demi-pension à 170 F (25,9 €) par personne. À la fortune du pot, dans un cadre rustique simple mais accueillant et pas cher.

⬕ *Chambres d'hôte-Gîtes de France, chez Marie-Claude Janvier :* route du Gouffre, à 1 km de Plougrescant. ☎ et fax : 02-96-92-52-67. Ouvert toute l'année. Trois chambres avec salle de bains à 260 F (39,61 €), une autre à 290 F (44,2 €) avec TV. Bon petit déjeuner inclus. La maison est signalée par un drapeau européen... mais ici on parle le breton! Jardin fleuri et intérieur très bien tenu par une dame charmante. On peut même louer des vélos sur place, pour 30 F (4,5 €) par jour.

🏠 *Chambres d'hôte et gîtes ruraux du Tourot, chez M. et Mme Le Bourdonnec :* 2, Kervoazec Hent Tourot. ☎ et fax : 02-96-92-50-20. Sur le circuit des Ajoncs, à 300 m de la mer et à 2 km du bourg de Plougrescant. Au clocher penché, prendre à droite, faire 2 km en direction du terrain de camping jusqu'à la stèle de granit rose ; là, prendre à gauche pendant 300 m ; c'est la 1re ferme qui se trouve à droite. Compter 250 F (38,1 €) la chambre double avec un petit déjeuner copieux, servi dans la grande salle de la ferme. Les 4 chambres, toutes équipées de salle de bains et w.-c., ont vue sur la mer et donnent sur un grand jardin avec pigeonnier. Une cuisine est à votre disposition, ainsi qu'un petit salon. À proximité : le petit port du Castel d'où part la *Marie-Georgette,* la base des kayaks de mer à Beg Vilin, le départ

Plus chic

🏠 *Chambres d'hôte au manoir de Kergrec'h :* à 800 m du village. Fléché derrière la chapelle de Plougrescant. ☎ 02-96-99-59-13. Fax : 02-96-92-51-27. Ouvert toute l'année. Compter 600 F (91,5 €) la nuit, incluant un breakfast littéralement gastronomique. Ravissante demeure à tourelle du XVIIe siècle,

du sentier des douaniers et le circuit des Ajoncs. De quoi s'occuper ! Café offert à nos lecteurs.

🍴 *Crêperie du Castel :* au Castel. À Plougrescant, prendre à droite la route derrière la chapelle Saint-Gonery et faire 2 km ; vous arrivez sur le port du Castel, en face de l'île Loaven, dans une ancienne maison de pêcheurs. ☎ 02-96-92-59-65. Ouvert de février à septembre et les week-ends et vacances scolaires en hiver, à partir de 12 h. Réservation indispensable le soir. En moyenne, compter 60 F (9,1 €). Très bonnes galettes de blé noir bio. Large choix de spécialités. À la carte des desserts, 15 sortes de crêpes de froment. Essayez la pomme cuite maison, caramel et amandes. Dégustation d'huîtres à toute heure. Le jardin et la petite terrasse en surplomb sur la mer sont exceptionnels. Si le temps est maussade, deux salles simples et jolies sont là pour vous abriter. Les cartes de paiement ne sont pas acceptées.

dans un vaste parc donnant sur la grève (à 300 m du manoir). Accueil souriant par une jeune et jolie vicomtesse (on peut toujours rêver). Chambres spacieuses à la décoration raffinée et au mobilier ancien. Superbes salles de bains. Une excellente adresse dans sa catégorie.

Où boire un verre ?

🍷 *Café Pesked :* au port de la Roche-Jaune, en contrebas de la route côtière, à 3 km de Plougrescant en allant vers Tréguier. ☎ 02-96-92-01-82. Petit port dans un bel environnement. Familial et paisible.

Déco de bon goût, gaie et colorée dans une petite maison de pêcheurs. Dégustation d'huîtres et de moules. Au choix, l'apéro, le café ou le digestif est offert sur présentation du *GDR*.

À voir

★ *La chapelle de Saint-Gonéry :* à l'entrée de Plougrescant. Son clocher « juché de traviole, comme le bonnet d'un astrologue en goguette » selon Florian Leroy, interpelle le voyageur. Côté route, vous aurez noté la partie romane du Xe siècle, à l'aspect fortifié. Le reste date du XVe siècle. Le clocher penché en plomb est de 1612. Dans l'enclos, *chaire* octogonale, du XVIe siècle. Pour visiter, demander la clé dans la boutique en face.

À l'intérieur, plafond en forme de carène de navire renversée (d'ailleurs fabriqué par des charpentiers de marine). Il présente une succession exceptionnelle de *fresques* de la fin du XVe siècle et du XVIIIe siècle. Grande naïveté du dessin, au trait parfois malhabile, mais fraîcheur des tons, sens de la décoration et imagination. Une vraie B.D. qui se lit sur le mur de la porte, de gauche à droite : création du monde, des animaux, d'Adam et Ève, etc. Toute la Genèse et le Nouveau Testament défilent.

Sous la tour, *tombeau de saint Gonéry,* du XVIIe siècle, moine irlandais réputé pour guérir les fièvres. Les marins grattaient toujours une poignée de terre du tombeau pour l'emporter sur leur bateau. Statue de la Vierge en albâtre du XVIe siècle. Mausolée d'un évêque de Tréguier, de la même époque. Au-dessus, belles sablières sculptées, ainsi que vers le superbe meuble de sacristie (l'une d'entre elles représentant les sept péchés capitaux).

– *Fête de Saint-Gonéry :* le lundi de Pâques. Le crâne du saint est aussi porté en procession le 4e dimanche de juillet.

À faire

– *Balade en mer :* si vous avez le pied marin, embarquez avec Pascal Jeusset, jeune patron de la *Marie-Georgette* basée au Castel-en-Plougrescant; vous le rencontrerez souvent au *café Arvag,* ☎ 02-96-92-51-03. Réservation aussi au : ☎ 02-96-92-58-83. Pour 200 F (30,5 €) la journée, la balade sur ce voilier en bois de 9 m vaut bien un petit mal de mer, tant le paysage côtier vu du large est splendide !

Dans les environs

★ *Beg-Ar-Vilin :* la presqu'île s'avance dans l'estuaire du Jaudy, face à l'île Loaven où se trouve encore l'oratoire dédié à la mère de saint Gonéry.

★ Superbe *anse de Gouermel* ne livrant à marée haute qu'une mince bande de sable blanc. *Chapelle Saint-Nicolas,* du XVIe siècle, avec calvaire très ancien.

★ À *Pors-Scarff,* jolie petite baie, là aussi. Joyeux désordre de roches à droite du port. La route suit à sa guise la côte, se faufile à travers prairies, petits bois de pins, cultures, fermes et amoncellements de roches. Pour déboucher finalement sur la merveilleuse *pointe du Château,* et ses énormes blocs de granit.

★ *Castel-Meur :* les jours de gros temps, les flots se précipitent en hurlant dans le *gouffre de Castel-Meur* (à un petit quart d'heure à pied). Comme disait Xavier Grall : « Ce moment où la mer vient contester la rive... ».

Tout le monde connaît désormais la *petite maison de Plougrescant,* située dans le site protégé de Castel-Meur, cette adorable demeure coincée entre deux rochers et posée sur son îlot, comme un défi à l'océan. Carte postale préférée des touristes, elle eut également les honneurs de la couverture de l'annuaire, puis d'une campagne d'affichage dans le métro invitant les vacanciers à visiter la Bretagne « nouvelle vague »... Mais la propriétaire en a marre, on la comprend. Un jour, elle a même trouvé un Japonais en train de se faire photographier sur son toit ! Depuis, elle ne vient presque plus dans sa chaumière et a décidé d'attaquer en justice tout photographe qui utiliserait l'image de sa maison à des fins commerciales...

★ *Buguélès :* un adorable petit port. Une petite cale, des bateaux couchés sur le sable à marée basse, des rochers et des enfants à la pêche sur la grève, comme une image d'Épinal d'un coin de la côte bretonne.

PORT-BLANC (22710)   2 490 hab.

Petit port et station balnéaire d'une discrète et agréable modestie rattaché à la commune de Penvénon. Plusieurs plages de sable fin. Au milieu, gros rocher avec un petit oratoire. Le grand poète Anatole Le Braz et Théodore Botrel y habitèrent, ainsi que Lindbergh, et le Prix Nobel de médecine Alexis Carrel. Ici la catastrophe du *Torrey Canyon,* en 1967, n'est plus qu'un mauvais souvenir.

Adresses utiles

❶ *Syndicat d'initiative :* place de l'Église. ☎ 02-96-92-81-09. En saison, ouvert de 9 h 30 à 12 h et de 15 h à 18 h.

■ *Capitainerie et école de voile :* ☎ 02-96-92-64-96.

Où dormir? Où manger?

🛏 ❙●❙ *Grand Hôtel du Port-Blanc :* bd de la Mer, face à la plage. ☎ 02-96-92-66-52. Fax : 02-96-92-81-57. Fermé du 5 novembre au 15 mars. Chambre de 230 à 270 F (35 à 41,1 €). Au resto, menus de 80 à 210 F (12,2 à 32 €). Le *Grand Hôtel*, classique et rétro comme on n'en fait plus, haute façade blanche tournée vers l'océan. Côté mer, un vrai bonheur d'ouvrir les volets le matin face à la petite baie. Tennis. Faites un tour du côté du resto. Hors saison, nos lecteurs bénéficient de 10 % sur la demi-pension ou la pension.

❙●❙ *Crêperie Les Embruns :* en haut de la station, en bordure de la route principale. ☎ 02-96-92-68-70. Fermé de mi-septembre au 1er avril et le mercredi hors saison. Compter environ 65 F (9,9 €) à la carte. Cadre et service agréables et vue superbe depuis la salle surplombant la côte. Avec ça, bonnes galettes et bon cidre à bon prix, c'est tout bon! Surtout que l'apéritif maison est offert sur présentation du *GDR*.

À voir

★ Jolie *chapelle* du XVIe siècle, dans le hameau, avec un toit descendant presque à terre. À l'intérieur, arcades en plein cintre et chancel en bois ajouré. Dans l'enclos, calvaire du XVIIe siècle. En principe, visite commentée gratuite (incluant l'histoire de la région) en haute saison, tous les jours en saison de 10 h 30 à 12 h et de 15 h à 18 h. Renseignements ☎ 02-96-92-62-35. D'autres renseignements le mercredi à 17 h avec ACP de Tréguier : ☎ 02-96-92-27-54.

★ Le sentier de douanier de Port-Blanc à Buguélès est très pittoresque.

TRÉVOU-TRÉGUIGNEC *(AN TREVOÙ)* (22660)   1 190 hab.

À 3,5 km de Port-Blanc en allant vers Perros-Guirec, un petit bourg, quelques jolies plages et *le Gwenojenn*...

❡ *Gwenojenn :* sur la route qui descend vers la plage du Royau, ☎ 02-96-23-71-36. Ouvert de 11 h à 1 h les samedi, dimanche et pendant les vacances scolaires, de 15 h à 1 h les autres jours. Fermé les mardi et mercredi hors vacances scolaires et début octobre. Une grande maison blanche du pays abrite ce fameux bar breton. Ne pas confondre avec un pub irlandais ou un café trop propre à l'ambiance pseudo-maritime. L'identité bretonne est en ce repaire une vraie nature. La clientèle hétéroclite, saine et ouverte se fond dans l'esprit « gwenojenn », et on ne vient pas ici en mateur ni en visiteur de zoo. Sylvain Bouder, le patron-peintre-militant de l'UDB (Union démocratique bretonne), et sa compagne ne se gêneraient d'ailleurs pas pour remettre en place les « indésirables ». Entre terre et mer, déco colorée et soigneusement « bordélique » qui finit de donner une forte personnalité bretonne au lieu. Bœuf mémorable tous les mardis soir en été, les deuxième dimanche et dernier vendredi du mois hors saison ; soirées contes les lundi et mercredi en été et une fois par mois hors saison, et expos de peintures régulières. Un haut lieu de la culture bretonne et un « putain » de bar.

PERROS-GUIREC *(PERROZ-GIREG)* (22700)   7 890 hab.

Pen-Ros, « sommet du tertre » en breton, est un village qui a été évangélisé au VIIe siècle par l'abbé gallois Guirec, d'où son nom aujourd'hui. Universellement connue depuis l'invasion des premiers maillots rayés, au début du XXe siècle, cette station balnéaire « haut de gamme » est, bien sûr, très touristique : les 7 582 habitants recensés en 1990 reçoivent 40 000 vacanciers l'été ! Il faut dire que le site, avec toutes ses corniches, est superbe. On se croirait presque sur la Côte d'Azur ! Cependant, nous n'avons pas trouvé ici le caractère authentique et vivant des Côtes-d'Armor en général, c'est sans doute le revers de la médaille.

La station s'étale sur plusieurs kilomètres avec ses quartiers distincts : plages, centre-ville, port de plaisance (luxueux), la Clarté, Ploumanac'h (ce dernier étant traité au chapitre suivant). Plages protégées du Trestraou, de Trestrignel, de Saint-Guirec, plus la plage du Château et celle des Arcades, à l'est. Ceux à qui les grandes foules balnéaires donnent des cauchemars préféreront, bien sûr, Port-Blanc.

Adresses utiles

🅱 *Office du tourisme :* 21, pl. de l'Hôtel-de-Ville. ☎ 02-96-23-21-15. Fax : 02-96-23-04-72. En saison, ouvert tous les jours, de 9 h à 19 h 30 en semaine, de 10 h à 12 h 30 et de 16 h à 19 h les dimanche et jours fériés ; hors saison, ouvert du lundi au samedi de 9 h à 12 h 30 et de 14 h à 18 h 30. Un bureau efficace, présidé par le patron du tourisme breton, c'est tout dire !

■ *Location de vélos :* 14, bd Aristide-Briand. ☎ et fax : 02-96-23-13-08.

■ *Port de plaisance :* bassin à flot. Capitainerie : ☎ 02-96-49-80-50. Société des régates : ☎ 02-96-91-12-65. École de voile : ☎ 02-96-49-81-21.

■ *Station météo :* répondeur, ☎ 0836-680-222. Station voile homologuée.

■ *Casino :* plage du Trestraou. ☎ 02-96-49-80-80. Entrée gratuite. Machines à sous, boule, roulette, etc.

– Le jeudi, le journal *Le Trégor* donne le programme de toutes les animations des environs.

Où dormir ?

Campings

🔺 *La Claire Fontaine :* rue du Pont-Hélé. ☎ 02-96-23-03-55. Fax : 02-96-49-06-19. À 800 m environ de la plage du Trestraou. C'est fléché dès l'entrée de Perros. Ouvert de fin avril à septembre. Emplacement tente + voiture : 20 F (3 €). Et 35 F (5,3 €) par personne (douche comprise). 180 emplacements et bungalows récemment construits. Épicerie de dépannage.

🔺 *West Camping :* 105, rue Gabriel Vicaire, à Ploumanac'h. ☎ et fax : 02-96-91-43-82. De Pâques à fin septembre. Forfait emplacement + 2 personnes + voiture : 90 F (13,7 €) en saison. Confort 3 étoiles. Plus calme que le précédent. Piscine. Seulement 50 emplacements.

Assez bon marché à prix moyens

🔺 |●| *Le Suroît :* 81, rue Ernest-Renan. ☎ 02-96-23-23-83. Fax : 02-96-91-18-32. Sur le port. Fermé le lundi et le dimanche soir hors saison, et en février et octobre. Chambre de 170 à 230 F (25,1 à 35,1 €) et resto à partir de 92 F (14 €). Menus à 134 et 218 F (20,4 et 33,2 €). Cadre chaleureux en vieux bois. Spécialité du chef : couscous de la mer aux aromates. Bon rapport qualité-prix. Un kir offert sur présentation du *GDR*.

🔺 *Les Violettes :* 19, rue du Calvaire. ☎ 02-96-23-21-33. Fermé la 2e quinzaine de décembre et le week-end en basse saison. Chambre double de 170 à 220 F (25,9 à 33,5 €) en haute saison, et de 140 à 190 F (21,3 à 29 €) en basse saison. Un hôtel sans prétention avec une agréable atmosphère de pension de famille. Accueil très aimable. Demi-pension à 250 F (38,1 €) en haute saison et de 195 à 225 F (29,7 à 34,3 €) en basse saison. Resto aux menus simples mais bien ficelés de 55 à 98 F (8,4 à 14,9 €). Au resto, carte de viandes et poissons. Desserts maison. Fruits de mer sur commande. Sur présentation du *GDR*, on vous offre les prix de basse saison.

🔺 |●| *Hôtel-restaurant Le Gulf Stream :* 26, rue des Sept-Îles (dans le centre, au début de la route qui mène vers la plage de Trestraou). ☎ 02-96-23-21-86. Fax : 02-96-49-06-61. Fermé les mercredi et jeudi hors saison et en janvier. Chambre double de 165 à 350 F (25,1 à 53,3 €). Triple de 350 à 400 F (53,3 à 61 €). Côté resto, menus à 98 F (14,9 €) en semaine, 150 F (22,8 €) et 225 F (34,3 €), et la carte. Charmant hôtel-restaurant à l'atmosphère début de siècle très agréable. Vue magnifique sur le large, dont ne profitent malheureusement pas toutes les chambres. Elles sont simples, mignonnes et bien tenues. Les moins chères se partagent les commodités. Les proprios se font plaisir en dirigeant cet hôtel et ça se sent dans leur accueil très avenant. Les motards et randonneurs sont les bienvenus, l'hôtel disposant d'ailleurs d'un garage à motos. Ambiance très plaisante au resto : tables élégamment dressées et bien espacées, plantes vertes, musique de fond bien choisie et, on se répète, point de vue inégalé sur la mer. Les poissons et fruits de mer tiennent évidemment le haut du pavé, dont le ragoût de Saint-Jacques à l'étuvée de poireaux et le homard grillé. Avec ça, des petits vins qui vont bien et le tour est joué.

🔺 *Chambres d'hôte chez Mme Razavet :* 60, bd Clemenceau. ☎ 02-96-91-01-68. 3 chambres proposées à 300 F (45,7 €) en juillet, août, septembre ou 250 F (38,1 €) le reste de l'année. Situé juste dans le virage, à l'endroit où l'on découvre la côte et les îles. Emplacement spectaculaire. Chambres impeccables, fonctionnelles et d'une propreté exemplaire. Des doubles vitrages isolent parfaitement des bruits extérieurs. Deux studios au rez-de-chaussée peuvent être loués à la semaine. Cette excellente adresse est toute l'année.

🛏 *Chambres d'hôte chez Marie-Clo Biarnès :* 41, rue de la Petite-Corniche. ☎ 02-96-23-28-08. Fax : 02-96-23-28-23. ● guy.biarnes@wanadoo.fr ● Fermé à Noël. Compter 300 F (45,7 €), petit déjeuner compris, en haute saison et 270 F (41,1 €) le reste de l'année. Venant de Lannion, prendre la direction centre-ville par la corniche, monter le boulevard de la Mer sur 1 km environ ; la rue de la Petite-Corniche est sur la gauche, au niveau des panneaux, et la maison est à 300 m du boulevard de la Mer. Marie-Clo met à la disposition de ses hôtes deux belles chambres très joliment décorées, avec une salle d'eau attenante et un salon avec baies vitrées donnant sur la mer. Il y a aussi un salon de jardin pour séances de chaise longue... La plage de Trestrignel et le port sont à 15 mn. Parking assuré. Gîte à disposition à partir de 2 200 F (335,3 €) la semaine. Apéro ou café offert à nos lecteurs, ainsi que 10 % de remise sur le prix de la chambre hors vacances scolaires, d'octobre à mars et sur présentation du *GDR*.

Où manger ?

|●| Voir le texte sur *l'Hôtel-restaurant Le Gulf Stream* dans la rubrique « Où dormir ? ».

|●| *Crêperie Hamon :* 36, rue de la Salle. ☎ 02-96-23-28-82. Fermé le lundi. Service uniquement le soir, à 19 h 15 et 21 h 15 en saison, vers 19 h hors saison. Réservation nécessaire. Compter 75 F (11,4 €) à la carte. C'est une institution locale existant depuis 1960. Dans une petite rue en pente, face au parking du bassin du Linkin. Une « cave » confidentielle (enfin presque : l'adresse est connue à 100 lieues à la ronde !), qui vaut tant pour son cadre rustique et sa bonne humeur (le sourire est de rigueur pour tous) que pour le spectacle du patron faisant voltiger les crêpes que la serveuse rattrape au vol avant de les servir. Et en plus, elles sont bonnes !

|●| *Crêperie du Trestraou :* 20, bd Thalassa. ☎ 02-96-23-04-34. Ouvert toute l'année. Fermé le lundi soir et le jeudi, et du 15 novembre au 15 décembre. Menu crêpes et galettes à 75 F (11,4 €). À la carte, galettes gastronomiques de 55 à 75 F (8,4 à 11,4 €) où l'on trouve le *Poulet en chemise*, l'*Impériale*, la *Reine des mers*, la galette aux asperges, la *Saint-Jacques*, etc. Beau choix de salades composées et de crêpes de froment (certaines flambées). Servent aussi des plats de viande. Les photos de leurs spécialités vous mettront en appétit et vous aideront à faire votre choix. Très touristique, bien sûr, et le décor s'en ressent. Mais on vient surtout ici pour ce qu'il y a dans l'assiette. Kir breton offert à nos lecteurs.

Où dormir ? Où manger dans les environs ?

🛏 |●| *La Bonne Auberge :* pl. de la Chapelle, à la Clarté. ☎ 02-96-91-46-05. Fax : 02-96-91-62-88. Entre Perros et Ploumanac'h, sur les hauteurs. Restaurant fermé le samedi midi du 1er octobre au 1er mai, sauf pendant les fêtes. Chambre de 160 à 220 F (24,3 à 33,5 €). Demi-pension obligatoire en juillet, août, et pendant les week-ends prolongés : de 210 à 240 F (32 à 36,5 €) par personne. Premier menu à 75 F (11,4 €) au déjeuner en semaine. Ensuite, formules à 105 F (16 €), 135 F (20,6 €) et 160 F (24,3 €). Accueil chaleureux et cadre plein de charme : feu de bois, piano, canapés dont on ne peut plus décoller, le vrai piège ! Bien sûr, à ce prix là, les chambres sont petites et très simples, mais toutes ont douche, w.-c. et TV. Les 1, 2 et 3 ont vue sur la mer au loin. Bonnes spécialités de fruits de mer et de poisson. Normal, Michel, le propriétaire, est aussi poissonnier. Une adresse authentique, sympa, et bon marché dans un coin où il est de plus en plus difficile d'en trouver. Malheureusement service parfois long et désagréable. À noter, sur présentation du *GDR*, 10 % de réduction sur le prix de la chambre pour deux nuits consécutives et, du 15 septembre au 15 juin, toujours pour nos lecteurs, une remise de 10 % sur la demi-pension.

Où boire un verre ? Où danser ?

♟ *Tavarn An Dremmwell :* 87, rue du Maréchal-Joffre. Dans la rue qui descend à droite quand on regarde l'église. ☎ 02-96-23-17-82. Ouvert de 11 h à 14 h et de 17 h à 1 h du matin. Fermé le lundi et mardi, sauf vacances scolaires. Voilà un vrai bar d'atmosphère qui fait oublier pas mal d'enseignes un peu surfaites de Perros. Derrière la belle vitrine d'une ancienne brocante s'est installé ce chaleureux repaire breton. L'esprit de la chine n'a pas quitté les lieux puisque les proprios les ont investis de vieux meubles du pays : on s'assoit dans une ancienne armoire qui a perdu ses portes, et le bar a pour cadre l'armature d'un lit clos. B.D. et bouquins jalonnent les étagères-bateaux, un gouvernail sert de base à la rampe de l'escalier et de vieilles cafetières fatiguées pendent au plafond. On est en Bretagne et Sébastien ne tire que des bières bretonnes de derrière un vieux poste TSF, la Coreff évidemment, et toute la gamme de la brasserie Dremmwell de Tréguier. Une pression, la Dremmig, a d'ailleurs été spécialement créée pour l'ouverture du bar. Bientôt, la bière sera brassée sur place. Soirées-contes le mardi et bœufs le jeudi. Une de nos « chapelles » préférées en Bretagne.

♟ *Pub Brittania :* 19, bd de la Mer. ☎ 02-96-91-01-10. Pub style d'importation Regency. Belle gamme de purs malts aussi. *English spoken not necessary* !

♟ *Le Clem's :* plage du Trestraou, à côté du casino. Jeunesse post-grunge ou néo-quelque chose (de nos jours on n'y comprend plus rien et tout va si vite, quelle fureur !), mais néanmoins proprette dans ce petit bar-pub stéréotypé où l'on pourra se faire des amis ou des amies – à cœur vaillant rien d'impossible !

♟ *La Taverne :* rue des Écoles, 22700 Louannec (à 1,5 km à l'est de Perros-Guirec). Fermé le jeudi. Bien franchement et en toute objectivité, ça vaut la peine d'user ses souliers pour aller jusqu'à Louannec, dans ce bistrot tenu par l'aimable Nono. Musiques variées, clientèle locale et ambiance décontractée. Très bon *Irish coffee* préparé par le patron et bonne bouffe le mercredi et le dimanche soir, genre pot-au-feu ou ragoût des familles, à 60 F (9,1 €) vin compris. Une cuisine conviviale simple comme bonjour, qu'on ne trouve plus nulle part. Bonne soirée entre amis assurée.

Fêtes

– *Festival de la Bande dessinée :* pendant la première quinzaine d'avril.
– *Les Jeudis de Trestraou :* l'été, concerts, folklore, etc.
– *Fête folklorique des Hortensias :* au mois d'août (1re quinzaine).
– *Festival « Place aux Mômes » :* une fois par semaine en saison, sur la plage de Trestraou. Gratuits pour les enfants et leur famille. Renseignements à l'office du tourisme.

À voir. À faire

– Une cure de thalassothérapie, jouer son budget vacances au casino, compter les rochers roses maintenant propriété du Conservatoire national du littoral... On ne s'ennuie pas à Perros, ni le jour ni la nuit.

★ *L'église Saint-Jacques* (classée monument historique) possède un clocher original, d'allure massive, avec balustrade ajourée et dôme octogonal. À l'intérieur, une nef romane cohabitant avec nef et chœur gothiques. Retable du XVIIe siècle à panneaux sculptés et statues polychromes.

★ *La chapelle Notre-Dame-de-la-Clarté :* à mi-chemin entre Ploumanac'h et Perros-Guirec. Splendide chapelle (1445) surmontée d'un clocheton et d'une flèche du XVIIe siècle. Entrée avec une clôture de bois Renaissance et, au-dessus, un beau *linteau* sculpté (à gauche, une *pietà* ; à droite, l'*Annonciation*). Porche orné de statues de bois polychromes. Curieux *bénitier* de granit sculpté de visages (XVe siècle). Grand retable du XVIIe siècle. Trois maquettes de bateaux, en guise d'ex-voto, témoignent de la reconnaissance des marins à la Vierge salvatrice : « Intron Varia Ar Sklaer der. »
– Depuis peu, dans ce quartier tranquille, installation d'*artisans* : un relieur d'art face à la chapelle, un sculpteur sur le tertre et un potier près du carrefour de la Clarté.

★ *Le musée de Cire :* port de plaisance. ☎ 02-96-91-23-45. Ouvert tous les jours d'avril au 30 octobre et pendant les vacances scolaires. Visites commentées d'une durée de 30 mn. Reconstitution de scènes historiques liées aux guerres révolutionnaires dans la région.

★ *Balade aux Sept-Îles :* avec *Armor Découverte* (☎ 02-96-91-10-00). De mars à octobre, et vacances scolaires. 2 h à 3 h de promenade. À partir de 99 F (15,1 €) pour les adultes, et de 59 à 64 F (9 à 9,7 €). Balades avec ou sans escale à l'Île-aux-Moines, selon la marée. L'archipel des Sept-Îles, dont l'Île-aux-Moines a été acquise par le Conservatoire national du littoral, fait partie d'une réserve ornithologique considérée comme la plus importante de France en espèces maritimes. Le macareux en est la mascotte bien connue des philatélistes. Également beaucoup de fous de Bassan et une colonie de phoques.
– *Excursions en mer :* avec *L'Arjentilez,* qui propose des initiations à la voile traditionnelle. Renseignements au Centre nautique. ☎ 02-96-49-81-29.
– *Sorties en mer :* à bord du catamaran pédagogique le *Bugel Ar Mor*, pour une remontée du Léguer, une remontée du Jaudy, ou une sortie observation des algues. Billetterie au coin de la gare maritime de Trestraou. ☎ 02-96-23-32-32 ou 06-85-92-60-61 (portable). Également à l'office du tourisme de Lannion, au nouveau port de Trébeurden (☎ 02-96-37-23-48), et à Trégastel (Coz-Pors, près du forum de la mer. ☎ 06-85-92-60-61).
– Également des *sorties à la voile à l'ancienne* sur le vieux gréement le *Sant C'hireg* (départs de Trégastel ou de Perros-Guirec).
– *Jardin des Mers :* centre nautique, plage de Trestraou. ☎ 02-96-49-81-21. Pour les enfants de moins de 8 ans. Initiation au milieu marin.
– *Voyages et taxis Petretti :* ☎ 02-96-23-20-35 (portable). Propose des excursions en Bretagne en minibus de 20 places. Circuits organisés.

Plongée sous-marine

La Côte de Granit rose vous réserve encore bien des plaisirs, autres que terrestres ! Jetez donc un œil sous l'eau, particulièrement dans l'archipel des *Sept-Îles*, véritable sanctuaire marin, accessible par beau temps uniquement. Renseignez-vous sur les courants auprès des clubs de plongée et n'oubliez pas, enfin, de vous munir d'une table des marées.

■ *Émotion Sub :* 26, bd du Séma-phore, 22700 Perros-Guirec. ☎ 02-96-91-67-20. Ouvert du 15 mars au 15 novembre. Plongée à la carte et en petit comité (12 plongeurs maxi), voici ce que propose Johann Ross, le proprio sympa de ce centre de plongée (ANMP), en vous embar-quant sur son bateau rapide. Explo-rations agréables et sans cohue ; également baptêmes et formation jusqu'au niveau III. Tout l'équipe-ment de plongée à disposition. Ré-servation 15 jours à l'avance en été. Possibilité d'hébergement (hôtel à prix réduit).

Nos meilleurs spots

🐚 *La réserve naturelle des Sept-Îles :* à environ 30 mn de la côte, ce petit archipel paisible est réputé pour ses tombants grandioses, et la colonie de phoques (vous avez bien lu !) qui évoluent avec grâce et timidité dans ses eaux cristallines (15 m de visibilité !). Peut-être aurez-vous la chance d'approcher – en plongée – l'un de ces « maousses » glissant voluptueuse-ment entre les laminaires... Les spots du *Cerf*, du *Congre* et du *Four* dégrin-golent jusqu'à 40 m de profondeur environ. Ils offrent à vos yeux éblouis une abondance de marguerites, corynactis, gorgones, alcyons et roses de mer dont les couleurs flamboient devant le faisceau de votre lampe-torche. Il n'est pas rare d'y croiser des langoustes à la saison des amours, évoluant parmi des « haricots de mer » comestibles ! Sur le site de la *Pierre-Jean*, vous explorez, dans 20 m d'eau, les vestiges d'une barge pétrolière, peuplée de charmants locataires : congres balaises et homards costauds ! Accessible au niveau I. Plongée de nuit possible.

🐚 *Porzh Kamor :* à partir de la côte, une plongée de 0 à 30 m dans l'anse protégée du canot de sauvetage (SNSM). Paysages sous-marins très variés : sable, rochers, failles, grottes et forêts de laminaires. Atten-tion aux courants à la sortie de l'anse et au ressac les jours de houle. Res-pectez la sirène sous-marine de la SNSM, signalant la sortie du bateau. Tous niveaux.

🐚 *Autour de l'île Tomé :* au sud-ouest, en plongeant sur le spot du *Bilzic*, profond de 15 à 20 m, vous verrez deux canons et une grande ancre ; niveau I. À proximité, *les Couillons de Tomé* offrent une faune fixée très riche : éponges, anémones, crustacés, poissons de roche...

Achats

👜 *Les cartes postales d'Éric Bes-nard :* exposées chez *Photo Armor* (plage de Trestraou, 116, av. du Ca-sino). Ce sont des chefs-d'œuvre qui honoreront vos correspondants.

PLOUMANAC'H (22700)

Secteur situé sur la commune de Perros-Guirec (même office du tourisme) et station balnéaire en soi, assez différente de Perros par l'atmosphère plus populaire et le site original. Ce fut tout d'abord un village de pêcheurs installé à l'emplacement d'une cité gauloise, à laquelle succéda un oppidum romain : pas fous ces Romains...

Adresse utile

■ *Maison du Littoral :* située sur le sentier des douaniers de Plouma-nac'h, face au phare. ☎ 02-96-91-62-77. Ouvert du 15 juin au 15 septembre de 11 h à 19 h, le reste de l'année sur demande. Entrée libre. Exposition qui explique la formation des fameux rochers de Plouma-nac'h, et visites guidées sur demande (faune, flore, géologie de la côte...).

Où dormir? Où manger?

♠ *Camping Le Ranolien :* chemin du Ranolien. Accès par le boulevard du Sémaphore. ☎ 02-96-91-43-58. Fax : 02-96-91-41-90. Fermé du 15 novembre au 15 mars. Forfait emplacement + 2 personnes : de 75 à 130 F (11,5 à 19,8 €) selon la saison. Très bien situé, en marge du sentier douanier, pas loin de la petite plage de Pors-Rolland. Calme, dans un coin assez isolé. Tout confort. Piscine superbe, tennis, minigolf. Assez cher mais c'est un quatre-étoiles et l'un des plus beaux campings de Bretagne. 500 places, vous ne serez pas tout seuls!

♠ *Hôtel Pen Ar Guer :* 115, rue de Saint-Guirec. ☎ et fax : 02-96-91-40-71. Ferme juste avant la Toussaint pour rouvrir une semaine avant Pâques. Chambre double de 170 à 230 F (25,9 à 35 €). Les moins chères ont juste un lavabo, la salle de bains et les w.-c. étant sur le palier. Également quelques chambres de 4 ou 5 personnes autour de 300 F (45,7 €), idéales pour les familles. Petit déjeuner à 30 F (4,6 €). À 150 m de la plage de Saint-Guirec et du vieux port. Voilà une adresse sans prétention mais d'excellente tenue comme on aime à dénicher. La maison a ses habitués et ce n'est pas une surprise. D'abord, chose importante, la literie est de qualité. Ensuite, Marie-Thérèse Gougaud reçoit les clients avec le sourire et insuffle à cette maison en granit rose du pays une atmosphère familiale pleine de douceur. Ajoutez à cela, une situation idéale, vous comprendrez qu'il est quasi indispensable de réserver.

♠ ⦿ *Hôtel-restaurant Le Parc :* sur le parking de Ploumanac'h, à proximité de la mer. ☎ 02-96-91-40-80. Fax : 02-96-91-60-48. ● ho tel.duparc@libertysurf.fr ● Fermé le dimanche soir et le lundi du 1er octobre à mi-novembre et du 15 novembre au 30 mars. Chambre double de 245 à 260 F (37,3 à 39,6 €). Une toute petite maison en pierre, sans prétention. Menus à partir de 78 F (sauf le dimanche midi). Chambres bien propres et agréables. Demi-pension de 270 ou 290 F (41,1 à 44,2 €) par personne. Menus de 78 à 158 F (12 à 24 €). Menu-enfants à 46 F (7 €). À la carte, compter en moyenne 130 F (20 €). Parmi les spécialités, tagliatelles aux fruits de mer, la cotriade et foie gras frais aux langoustines (miam!). Bon accueil. Un kir est offert à nos lecteurs à partir de 3 jours à l'hôtel.

Où boire un verre?

⦙ *Curragh's :* 120, rue Saint-Guirec. ☎ 02-96-91-45-26. Au centre de Ploumanac'h, à 150 m de la plage Saint-Guirec et du vieux port. Un chouette pub irlandais, avec la déco et l'ambiance qui vont avec. On peut y entendre des concerts de musique celtique...

À voir. À faire

★ Nous vous recommandons une merveilleuse *balade à pied* dans les chaos de granit rose les plus célèbres. Partez du bourg, de la *plage de Saint-Guirec* (et son petit oratoire) et effectuez le tour de la presqu'île par un charmant sentier douanier. Découverte fascinante de *rochers et amoncellements* aux formes les plus bizarres, les plus extravagantes. Les soirs d'été, ils prennent des teintes lumineuses et les roses s'enflamment. Le *phare, le cap Ar-Skevell,* autant de balises en chemin. *Le parc municipal* est une source intarissable pour l'imaginaire. C'est dans le *petit cimetière* que repose Thierry Le Luron.

★ *Le Parc de Sculptures Christian Gad* : à l'entrée de Ploumanac'h, en venant du centre de Perros. En plein air, exposition de grandes sculptures en granit.

Dans les environs

★ *Ploumanac'h Perros-Guirec par le sentier des douaniers :* 3 h de balade à pied aller-retour. On conseille de la faire à marée haute. Ce sentier (balisé) longe la falaise en passant dans le parc municipal. De gros rochers modelés au fil des siècles par le vent gisent çà et là ! En cours de route, visiter la *Maison du Littoral.* Cette promenade peut se faire dans le sens Perros-Guirec–Ploumanac'h. À Perros-Guirec, le sentier débute près de la plage de Trestraou.

★ *La vallée des Traouïero :* elle s'étend de Ploumanac'h à Trégastel, avec plusieurs points de départ tout au long du parcours. Amoncellement impressionnant de blocs de granit. On y trouve également un moulin à marée, du XIVe siècle. Expositions à l'intérieur.

TRÉGASTEL *(TREGASTELL)* (22730)   2 290 hab.

L'une des stations balnéaires les plus connues de Bretagne. À juste titre, car ses plages de sable fin et les chaos rocheux sont extra. Vous ne serez, bien entendu, pas le seul à en profiter.

Adresses utiles

🏠 *Office du tourisme :* pl. Sainte-Anne. ☎ 02-96-15-38-38. Fax : 02-96-23-85-97. En juillet et août, ouvert de 9 h à 19 h (de 10 h à 12 h 30 les dimanche et jours fériés) ; le reste de l'année, ouvert de 9 h à 12 h et de 14 h à 18 h. Fermé le dimanche. On peut s'y procurer le petit guide des promenades. Poste en face.

Où dormir ? Où manger ?

Liste des *chambres d'hôte* disponible à l'office du tourisme.

≜ *Camping Tourony :* 105, rue de Poul-Palud. Près de la plage du Tourony. Très bien situé. À la limite de Perros-Guirec. ☎ 02-96-23-86-61. Ouvert de Pâques à fin septembre. Sur place : pêche, voile et location de VTT. Confort d'un trois-étoiles.

≜ *Hôtel des Bains :* bd de Coz-Pors, face à la plage. ☎ 02-96-23-88-09. Fax : 02-96-15-33-86. Fermé en décembre et en janvier. Chambre double de 210 à 305 F (32 à 46,5 €). Un panier pique-nique peut être préparé pour les randonneurs à 48 F (7,3 €) hors saison. Sinon, demi-pension avec un restaurant voisin à 300 de 230 à 280 F (35 à 42,6 €). Deux bâtiments tout blancs, disposés autour d'une grande cour. Chambres simples mais propres, à un prix raisonnable pour l'endroit : 15 d'entre elles disposent de TV et téléphone. Prix dégressifs selon la saison.

≜ |●| *Hôtel de la Corniche :* 38, rue Charles-Le-Goffic. ☎ 02-96-23-88-15. Fax : 02-96-23-47-89. Dans le centre, pas loin des plages. Fermé le dimanche soir, le lundi (hors saison), 15 jours en octobre et 3 semaines en janvier. Chambre double de 170 à 320 F (25,9 à 48,7 €) selon le confort, du simple lavabo à la salle de bains avec baignoire. Un décor gai dans lequel on se sent bien. Fait aussi resto avec des menus à partir de 85 F (12,9 €). Demi-pension de 200 à 300 F (30,5 à 45,7 €), obligatoire en juillet-août. Sur présentation du *GDR*, 10 % de remise sur le prix de la chambre hors saison.

≜ |●| *Hôtel Beauséjour :* plage du Cez-Pors. ☎ 02-96-23-88-02. Fax : 02-96-23-49-73. Fermé en décembre et janvier sauf pendant les fêtes. Sur les 16 chambres, avec salle de bains ou douche, 10 ont vue sur la mer (330 à 360 F, soit de 50,3

à 54,9 € en juillet et août, sinon entre 250 à 340 F soit, entre 38,1 et 51,8 €). Ils disposent d'une chambre « pour routard », avec cabinet de toilette, à 150 F (22,9 €). Demi-pension proposée de 340 à 380 F (51,8 à 57,9 €) par personne en chambre double. Restaurant *Le Roof* avec des menus à partir de 85 F (12,9 €).

≜ *Chambres d'hôte :* chez Michel Le Cun, 8, rue de la Ferme-de-Kervadic, à Guéradur (sur la D11, direction Lannion, à 4,5 km). ☎ 02-96-23-93-77. Chambre avec un lit double à 140 F (21,3 €) et 2 lits simples à 180 F (27,4 €) dans une belle ferme. Petit déjeuner à 25 F (3,8 €).

|●| *Auberge de la Vieille Église :* pl. de l'Église, au vieux bourg de Trégastel, en direction de Lannion, à 2,5 km de la plage. ☎ 02-96-23-88-31. Fermé le dimanche soir, le lundi hors saison et le mardi soir, ainsi que pendant les vacances scolaires de février de l'académie locale. Menus à 85 F (12,9 €) servi le midi sauf les dimanche et jours fériés, 120 F (18,3 €) et 220 F (33,5 €). À la carte, compter environ 200 F (30,5 €) sans le vin. Dans un ancien resto ouvrier, boucherie, épicerie, supérette locale, admirablement aménagé. La façade croule sous les fleurs. Une adresse incontournable dans la région et tenue par la même famille depuis 1962. M. Lefessant propose une belle gamme de menus qui nous a laissé un inoubliable souvenir. Spécialités de choucroute de poisson, pot-au-feu de la mer, saint-pierre rôti au lard, etc. La cuisine est d'une qualité exceptionnelle, le service attentionné (supervisé par Mme Lefessant), le décor et le couvert sont très réussis. Bien sûr, il est indispensable de réserver le soir en saison et le week-end. Parking. 10 % du prix du repas offert sur présentation du *GDR*.

Où boire un verre en écoutant de la musique ?

Ⴙ *Pub Toucouleur :* au lieu-dit Poul-Palud, à la sortie de Trégastel, sur la route de Perros. ☎ 02-96-23-46-26. Pour écouter de la musique bretonne et irlandaise dans ce pub fréquenté par la jeunesse du coin. Concerts en été les mardi, jeudi, vendredi et samedi. Le mardi, apéro-concert à 18 h 30.

À voir

★ *L'Aquarium marin :* bd de Coz-Pors. Assez original, puisqu'il est situé sous des milliers de tonnes de grosses roches qui furent des habitations tro-glodytiques à l'époque préhistorique. ☎ 02-96-23-48-58. En haute saison, ouvert tous les jours du 15 juin au 15 septembre, de 10 h à 18 h (20 h en juil-let et août); le reste de l'année, ouvert pendant les vacances scolaires (horaires fluctuants). Entrée : 28 F (4,3 €). Réductions pour les moins de 16 ans. Tous les poissons des mers bretonnes, et grande (30 m^2) et ingé-nieuse maquette de Trégastel avec mouvement des marées. Belle vue du haut de l'Aquarium sur les roches alentour. Sur présentation du *GDR*, entrée à 22 F (3,3 €).

★ *Les plages et les rochers :* beaucoup viennent pour eux. Ils ont raison. Formes fantastiques, surtout d'animaux. Plus celles que produira votre propre imagination. Du sud au nord se succèdent *grève des Curés, grève Rose* (notre préférée), superbes *chaos rocheux de l'île aux Lapins* et *grève Blanche.* Sentier de douanier pour rejoindre la *plage de Coz-Pors* (la plus touristique). *Rochers des Tortues et de la Tête de mort,* avant d'aborder la presqu'île Rénot. Longue *plage de Toul-Drez.* Balade extrêmement agréable. Ne manquez pas de monter au *panorama-table d'orientation.*

À faire

– *Excursions aux Sept-Îles :* on peut également se rendre dans cette réserve ornithologique de Trégastel. Pour admirer cormorans, fous de Bas-san et, avec un peu de chance, des macareux et même des phoques ! De mi-juin à fin août. Durée : 2 h 30. Pour connaître les prix, se renseigner à l'office du tourisme. Il existe aussi des voiliers traditionnels pour cette excursion (journée ou demi-journée). Renseignements à l'office du tourisme.
– *Le Forum de Trégastel :* plage de Coz-Pors. Vaste complexe thermal d'eau de mer à 28 °C, avec parcours aquatonique. C'est un lieu « d'anima-tion » au concept vaguement romain, avec sauna, jacuzzi, hammam et bains. Mais on n'a pas échappé à la modernité : salle de muscu, resto, UVA et pataugeoire pour bambins ! Au moins, ceux qui craignent l'eau froide du large pourront se rabattre sur la piscine d'eau de mer... chauffée.

Dans les environs

★ En marge de la route de Trébeurden, à la limite de la commune de Pleu-meur-Bodou, belle *allée couverte de Kerguntuil* et dolmen.

★ *Le menhir de Saint-Uzec :* à côté de Penvern, avant le croisement avec la route de Pleumeur-Bodou. Énorme pierre gravée de signes très esthé-tiques et portant à son sommet une croix. Bon exemple de menhir christia-nisé.

TRÉBEURDEN *(TREBEURDEN)* (22560)   3 540 hab.

Prononcer « tré-beurre-din ». Station balnéaire familiale répartie entre le bourg perché sur la falaise et, en contrebas, les plages et le port de plaisance. La construction de ce dernier fit pas mal de vagues il y a quelques années, mais même si c'était plus joli sans, il s'intègre à son environnement finalement plutôt mieux que d'autres ouvrages de ce genre. Belles plages de part et d'autre de la pointe rocheuse du Castel, *plage de Pors-Termen* et grande *plage de Tresmeur*. Après la pointe de Bihit, voir celle de **Pors-Mabo**. Sur la corniche, un dôme de bois gris est posé, telle une soucoupe volante. Cet igloo, inventé par l'architecte Jean-Paul Rizzoni, peut tourner à 360° grâce à une centrale domotique et à une plate-forme montée sur roues. Pour se protéger des vents, ou profiter au maximum du soleil. Ce petit chef-d'œuvre d'habitat biotique ne se visite pas, mais si vous rêvez d'une maison-tournesol il est possible de prendre rendez-vous (simples curieux s'abstenir) : ☎ 02-96-23-65-09.

Adresses utiles

🔲 *Office du tourisme :* pl. de Crec'h-Héry. ☎ 02-96-23-51-64. Fax : 02-96-15-44-87. • perso.wana doo.fr/trebeurden/ • Ouvert du lundi au samedi de 9 h à 19 h et le dimanche matin en été, et du lundi au samedi de 9 h à 12 h et de 14 h à 18 h en hiver. Personnel efficace. Doc sur toute la région. Organise des visites à thème : le circuit des mégalithes, le marais du Quellen...

L'été, demandez-leur aussi la brochure « Les espaces naturels s'animent ».
– *Centre activité plongée :* ☎ 02-96-23-66-71.
– *École de voile :* à Tresmeur. ☎ 02-96-23-51-35.
– *Kayak de mer :* sur la plage de Tresmeur. ☎ 06-85-09-96-60 (portable).

Où dormir ? Où manger ?

🛏 *Camping Armor-Loisirs :* au-dessus de la plage de Pors-Mabo, rue de Kernevez. ☎ 02-96-23-52-31. Fax : 02-96-15-40-36. ♿ Ouvert de Pâques à fin septembre. Comme un jardin anglais 3 étoiles. Soirées à thèmes, animations et concerts dehors ou dans une salle couverte. Bar-snack et épicerie. Volley, jeux de boules, salle de jeux. Apéro ou café offert sur présentation du *GDR*.
🛏 *Auberge de jeunesse :* au Toëno, 2 km au nord de la ville. À deux pas de la mer, dans un bel environnement. ☎ 02-96-23-52-22. Fax : 02-96-15-44-34. 49 F (7,5 €) la nuit dans des dortoirs de 4 à 12 personnes. Petit déjeuner à 19 F (2,9 €). Une des AJ les mieux situées de Bretagne. Pas de couvre-

feu. Construction moderne qui détonne quelque peu dans le paysage. Cela dit, l'emplacement est exceptionnel. Sentier botanique alentour et club de plongée à côté. Possibilité de camping pour 29 F (4,4 €) par personne. Soirées musicales.
🛏 *Hôtel de la Plage :* au bout de la plage de Goas-Trez (indiqué à droite en allant vers le centre-ville). ☎ 02-96-23-55-96. Ouvert d'avril à fin octobre. Des chambres au confort minimal (douche et w.-c. communs) mais bien nettes à 160 F (24,3 €) en basse saison et 170 F (25,9 €) en haute saison. Le moins cher et le mieux situé des hôtels de la station. Pour la moitié des chambres, superbe vue sur la plage et la côte qu'on domine. Jardin avec terrasse

sur la mer. Bon accueil de M. Rapidel. Très calme. 10 % de réduction pour nos lecteurs sur le prix de la chambre hors saison.

■ Chambres d'hôte chez Mme Le Guillouzic : 19 *bis*, rue de Kerwenet. ☎ 02-96-23-59-01 ou 02-96-23-51-64. Chambre à 200 F (30,5 €) pour 2 en haute saison, 180 F (27,4 €) en basse saison. Petit déjeuner : 20 F (3 €) par personne. Dans une rue calme tout près du centre. Une jolie maison neuve construite en partie en bois. 1 chambre confortable et mignonne avec salle de bains. Très propre. Coin terrasse sur le jardin. Plaisant tout comme l'accueil.

Plus chic

■ |●| Hôtel-restaurant Ker An Nod : rue de Porz-Termen. ☎ 02-96-23-50-21. Fax : 02-96-23-63-30. ● keranod@infonie.fr ● Fermé de début janvier à fin mars. Chambre double de 290 à 420 F (44,2 à 64 €) selon la saison et l'orientation. Menus de 90 à 185 F (13,7 à 28,2 €). Hôtel tranquille, face à l'île Milliau. 20 chambres dont 14 face aux flots. La vaste plage de sable est à deux pas. Tenu par un jeune couple très gentil, Catherine et Gildas. Chambres confortables et lumineuses (baies-fenêtres extra côté mer). Salle de resto également agréable, où l'on dîne de poisson et fruits de mer. Parmi les bonnes spécialités de la maison : les huîtres chaudes au beurre de muscadet, la potée du pêcheur, le poulet du Trégor aux langoustines, etc. 10 % de réduction accordés à nos lecteurs sur le prix de la chambre du 15 septembre au 31 décembre et digestif régional offert.

|●| La Tourelle : 45, rue du Trouzoul, face au port. ☎ 02-96-23-62-73. Au 1er étage d'un petit bâtiment moderne. Hors saison, fermé le mercredi, ainsi qu'en janvier, pendant les vacances de février, et les trois premières semaines de décembre. 5 menus de 89 à 245 F (13,6 à 37,3 €). Une table de bonne tenue avec vue sur le port. Cuisine soignée avec une prédilection pour les poissons et fruits de mer. De bonnes viandes également. Le café est offert à nos lecteurs.

■ |●| Hôtel-restaurant Le Molène : 1, rue de Bihit (au rond-point du bourg, près de l'église). ☎ 02-96-23-66-06. ♿ Ouvert d'avril à fin octobre. Premier menu à 59 F (8,9 €) tout à fait correct. Chambre à partir de 120 F (18,3 €). Le chef-cuisinier est désormais le propriétaire. Une bonne petite adresse souriante et bon marché. Cuisine traditionnelle maison satisfaisante, pas compliquée du tout mais bien servie et bonne. Salle toute simple et jardin d'été. Ils ont aussi des chambres très bon marché. Les 4, 6, 7, 8 sont les plus calmes.

Où boire un verre ?

▼ Bambous Bar : entre le port et la plage. Atmosphère très vacances plutôt sympa. Le rendez-vous des jeunes avant d'aller gigoter en boîte les grands soirs.

À faire

– **Promenades en mer :** sur le *Bugel Ar Mor* (voir texte dans le chapitre sur Perros-Guirec)

Fêtes

– **Fête des battages :** le 1er week-end d'août. Classique fête des battages, mais qui commence par une soirée celtique et finit par un fest-noz dans un champ.

– **Les mercredi soir du Castel :** tous les mercredis soir de l'été, au port. Concerts, théâtres, fest-noz...

– **Sorties en calèche :** du 14 juillet au 20 août, les mercredi et vendredi. Renseignements à l'office du tourisme.

Dans les environs

★ **L'île Milliau :** 350 m de largeur, 23 ha, culmine à 52 m et nourrit 270 espèces végétales, la moitié soumise au vent de mer, l'autre sous le vent strictement continental. C'est un musée de botanique pour les spécialistes, accessible à pied à certaines grandes marées basses. Attention, site protégé. Des visites guidées sont organisées en juillet et août. Se renseigner auprès de l'office du tourisme. Tout près, l'île Molène, la petite, porte un galet de 3 t, qui repose dans sa marmite : pour le festin des dieux au pays d'Astérix. Pour de plus amples renseignements, contacter Monsieur Beauge : ☎ 06-81-04-97-81 (portable).

★ **Le marais du Quellen :** derrière la plage de Goas-Trez. Constitue un espace de 22 ha, secret, aux formes de vie exubérantes. À voir : bécassines, grèbes, castagneux, sarcelles... et de nombreuses variétés végétales. Visites organisées par Mme Porcher : ☎ 02-96-05-82-56 et aussi par la *Ligue pour la protection des oiseaux* : ☎ 02-96-91-91-40.

★ **L'île Grande :** à environ 5 km au nord de Trébeurden. En fait, une presqu'île. Rattachée au continent par un pont, cette paroisse fait partie de la commune de Pleumeur-Bodou. Longtemps peu urbanisée, aujourd'hui lotissements et villas s'en emparent doucement. L'écrivain Joseph Conrad vécut plusieurs années sur l'île. Plages tout autour. Sentier de petite randonnée. La station ornithologique de l'île (☎ 02-96-91-91-40), fléchée quand on arrive, présente expos, vidéos, diapos et conférences sur les oiseaux. Organise également des circuits d'observation (jumelles prêtées) et des sorties en mer. Grand *camping municipal* en bord de mer. Celui *du Dolmen* s'étend dans un coin assez tranquille. Excellente base nautique, école de voile. Renseignements : ☎ 02-96-91-92-10.

★ **Cosmopolis :** à **Pleumeur-Bodou**. En saison, ouvert tous les jours de 10 h à 19 h ; hors saison, ouvert jusqu'à 17 h 30, et fermé le samedi. Entrée : 65 F (9,9 €). Billets en vente au musée des Télécommunications ou au planétarium. Horaires des visites commentées (pour le planétarium et le radôme) variables, mais environ toutes les 60 ou 90 mn (se renseigner). Reconnaissable à cent lieues à son grand ballon blanc, le fameux *radôme* (radio-dôme). Tout autour, le Centre de télécommunications par satellites, un champ de 8 corolles, réflecteurs paraboliques fixant chacun leurs satellites, comme les fleurs de tournesol regardent le soleil. Elles reçoivent et émettent les signaux relayés par les satellites géostationnaires, à 36 000 km d'altitude ! Le CTS par lui-même ne se visite pas, car c'est du sérieux, on travaille là-dedans, mais le radôme, le musée des Télécommunications qui le jouxte et, un peu plus loin, le planétarium, ont été réunis en un ensemble appelé Cosmopolis, et le billet d'entrée donne accès aux trois sites. Rappelons que Pleumeur-Bodou fut choisi au début des années 1960 pour installer l'antenne (le fameux radôme) qui permettrait, le 11 juillet 1962 à 0 h 47, la première liaison intercontinentale par satellite de l'histoire. Elle se fit donc entre les États-Unis et la France, via le satellite Telstar. C'est ainsi qu'on put voir, de Nœux-les-Mines à Brive-la-Gaillarde, le premier pas de l'homme sur la lune en direct. Rappelons aussi que toute cette technologie, vraiment impressionnante comme on le constate lors de la visite du radôme, ne doit pas grand-chose au génie français : en effet, la conception des antennes comme du satellite, et leur fabrication, sont entièrement américaines (ce qu'on ne vous dit pas clairement lors de la visite). À Pleumeur, on n'a fait qu'assembler les pièces du radôme expédiées par l'oncle Sam. Oncle Sam certainement heureux d'étendre ainsi ses tentacules sur le vieux continent, mais c'est une autre histoire...

– *Le musée des Télécommunications :* ☎ 02-96-46-63-80 (programme) et 63-81 (réservations). Près du radôme, une aile delta blanche de 2 500 m² abrite les souvenirs d'une aventure technologique de 150 ans. Divisé en 8 espaces thématiques, ce très moderne musée met en scène un cocktail d'histoire, de technique et d'émotion. On y retrouve les grands moments de l'histoire des télécommunications, du prototype de Bell au visiophone de demain en passant par les grosses armoires pleines de connexions des années 1930 ou 1950, ou par le bateau-câblier chargé de relier les îles et les continents par d'interminables réseaux sous-marins. Tout nouveau : un spectacle de haute technologie d'une durée de 20 mn sur l'histoire de la communication entre les hommes. Lasers et effets sonores garantis. Très intéressant. Pour nos lecteurs, petite remise de 5 F (0,7 €) à l'entrée et gratuité pour le troisième enfant si billet famille.

– *Le radôme :* accès par le musée des Télécommunications, dont il fait partie. Énorme ballon de 50 m de haut sur 64 m de large, gonflé quelques millibars de plus que l'extérieur pour se maintenir. Son utilité ? Protéger l'antenne, tout simplement, un engin de 60 m de long truffé de technologie. Spectacle son et lumière original et intéressant, avec film projeté sur « le cornet » aussi appelé « l'oreille », où l'on revit cette extraordinaire aventure contemporaine de la liaison par satellite.

– *Le planétarium de Bretagne :* à deux pas du radôme (sur la gauche en entrant dans Cosmopolis). ☎ 02-96-15-80-30. ♿ Ouvert tous les jours de mi-avril à septembre ; le reste de l'année, fermé le mercredi et le samedi. Entrée : 40 F (6,1 €) pour les adultes, 30 F (4,5 €) pour les 5-17 ans, étudiants, chômeurs et en service national. Billet famille (2 adultes et 2 enfants) à 120 F (18,2 €) et 20 F (3 €) par enfant supplémentaire. Le planétarium du Trégor montre l'univers céleste par thèmes, pour la compréhension des phénomènes astronomiques. On apprend ou réapprend ainsi ce que sont les planètes, les satellites et les étoiles, les galaxies, etc. Milliards de mondes ignorés, distances et durées inconcevables... Et moi là-dedans ? Justement, pas grand-chose ! Et dire qu'on se fait de la bile pour un tas de trucs insignifiants... Un spectacle qui remet les pendules à l'heure et repose des plages ensoleillées, car la salle est climatisée (prévoir une petite laine). Pour avoir les horaires, téléphoner. Remise de 10 % pour nos lecteurs.

– *Le village de Meem le Gaulois :* à Cosmopolis, face au planétarium. ☎ 02-96-91-83-95. Ouvert de Pâques à fin septembre de 14 h à 18 h (en juillet et août, tous les jours de 10 h à 19 h). Entrée : 15 F (2,3 €) et 20 F (3 €) en juillet et août. Réduction pour les enfants. Une idée originale et généreuse : l'association humanitaire MEEM organise ici, depuis 1985, des chantiers de jeunes (construction et animation du village), venus du monde entier. Les bénéfices sont ensuite redistribués en Afrique noire (Togo) pour permettre le fonctionnement d'écoles de brousse. Une initiative à soutenir, donc, puisque les recettes proviennent essentiellement des visites... À voir sur place : maisons traditionnelles gauloises et africaines, où sont projetés des diaporamas. Promenades en bateau (l'été) et à poney, dégustation de cidre et de crêpes. Sur présentation du *GDR*, entrée à 15 F (2,3 €) toute l'année.

LANNION *(LANNUON)* (22300)   19 400 hab.

Deuxième ville des Côtes-d'Armor et capitale régionale de l'électronique et des techniques de télécommunications, grâce auxquelles elle connut un boum économique sans précédent, Lannion a su conserver une atmosphère de ville provinciale agréable avec, de-ci, de-là, de superbes maisons

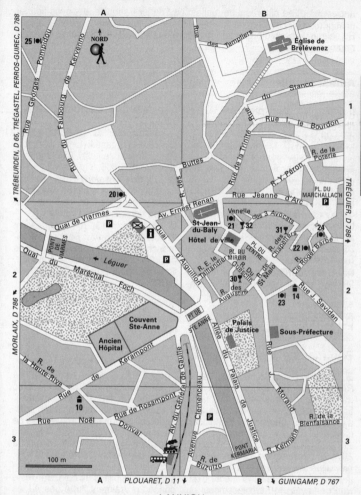

LANNION

■ **Adresses utiles**

ⓘ Office du tourisme
🚂 Gare SNCF et gare routière

🏠 **Où dormir ?**

10 Auberge de jeunesse Les Korrigans
14 Chambres d'hôte chez Maryse Lantoine

|◉| **Où manger ?**

20 Le Serpolet

21 Le Refuge
22 La Sabotière
23 Le Tire Bouchon
24 La Gourmandine
25 La Flambée

🍷 **Où boire un verre ?**

30 Le Zen et Le Comptoir des Indes
31 Le Chapelier
32 Le Flambart

anciennes et de pittoresques ruelles. Le Léguer tranquille aux rives fleuries et la fière église de Brélévenez achèvent de lui donner un caractère plaisant. En saison, récitals d'orgue dans le cadre des festivals en Trégor et estivales photographiques.

Adresses utiles

🛈 *Office du tourisme* (plan A2) : quai d'Aiguillon. Au bord du Léguer, près de la poste. ☎ 02-96-46-41-00. Fax : 02-96-37-19-64. ● tourisme. lannion@wanadoo.fr ● En juillet et août, ouvert de 9 h à 19 h (les dimanche et jours fériés, de 10 h à 13 h) ; hors saison, ouvert de 9 h 30 à 12 h 30 et de 14 h à 18 h, fermé le dimanche. Billetterie et brochures très complètes. Excellent accueil.

🚄 *Gare SNCF* (plan A3) : ☎ 08-36-35-35-35. Paris *via* Guingamp, ou direct l'été (une fois par jour).

🚌 *Gare routière* (plan A3) : CAT, 28, av. du Général-de-Gaulle. En face de la gare SNCF. ☎ 02-96-46-76-70.

✈ *Aéroport :* ☎ 02-96-05-82-22. Direction Trégastel. Ligne Lannion-Paris desservie par Air Liberté : ☎ 0803-805-805.

■ *Librairie Gwalarn :* 15, rue des Chapeliers. Dans le centre historique. Vaste choix dans tous les domaines. Rayon consacré à la Bretagne.

■ *Voyelles :* 13, rue Duguesclin. ☎ 02-96-46-35-95. Fermé les dimanche et lundi (sauf en été). Livres anciens et ouvrages sur la Bretagne. Café offert sur présentation de votre *GDR* !

Où dormir ?

Bon marché à prix moyens

🏕 *Camping municipal des Deux Rives :* route de Guingamp, à 1 km de la gare. ☎ 02-96-46-31-40; hors saison : ☎ 02-96-46-64-22. Ouvert d'avril au 15 septembre. Emplacement à 18 F (2,7 €) pour une tente, et 17 F (2,6 €) par adulte. Réductions de 20 % en basse saison. Bon marché et bien situé sur les rives du Léguer (petit pont entre les deux) et à côté d'un club de kayak. 110 emplacements et quelques bungalows et chalets à louer (chalets disponibles toute l'année).

🛏 *Auberge de jeunesse Les Korrigans* (plan A3, 10) : 6, rue du 73e-Territorial. ☎ 02-96-37-91-28. Fax : 02-96-37-02-06. ● lannion@fuaj.org ● Ouvert toute l'année. AJ qui fait partie de la FUAJ, donc carte d'adhérent obligatoire. 52 F (7,9 €) la nuit, 22 F (3,3 €) le petit déjeuner, et possibilité de demi-pension à 122 F (18,6 €) en saison. Pas de couvre-feu. À 150 m de la gare et à 300 m du centre-ville. AJ qui a été rénovée et a pris de belles couleurs.

Accueil très sympa. Chambres de 2 et 4 personnes (chacune avec salle de bains). Cuisine équipée. L'AJ organise un tas d'activités artistiques ou sportives – randonnées de découverte ornithologique, club de boomerang, danses bretonnes, tir à l'arc, cerf-volant acrobatique (!), etc. – et fournit tous renseignements sur les possibilités du coin. Bar-resto concerts. Vraiment l'une des AJ les plus dynamiques qu'il nous ait été donné de rencontrer. D'ailleurs, sauf en juillet et août, ils offrent 10 % de réduction sur les prestations d'hébergement aux lecteurs du *GDR*. Pour l'anecdote, les *korrigans* sont des gnomes qui sortent la nuit pour protéger... ou perturber le sommeil (sauf celui du personnel) !

🛏 *Chambres d'hôte chez Maryse Lantoine* (plan B2, 14) : 14, rue Jean-Savidan. ☎ 02-96-46-40-12. ⚒ Ouvert toute l'année. 230 F (35 €) pour 2, petit déjeuner compris. En plein centre-ville. Coquette maison en pierre et colombages. Maryse est artiste-peintre. 3 jolies chambres avec salle de bains. Cuisine à disposition. Cour-jardin très tranquille.

Où dormir dans les environs ?

▲ *Auberge de jeunesse de Beg-Léguer :* au début de la plage de Gwalagorn, à Beg-Léguer (7 km au nord-ouest de Lannion). ☎ 02-96-47-24-86. 35 F (5,3 €) la nuit. Annexe des *Korrigans*. Fermé en basse saison. L'été, bus au départ de Lannion. Une toute petite AJ d'un dortoir de 12 lits, matelas jetés en vrac côte à côte – comme ça, on ne s'ennuie pas – et douche pas toujours chaude mais une super AJ quand même, à l'ambiance formidable. Et surtout, on est carrément sur la plage, à l'écart de la foule ! Cuisine à disposition et feu dans la cheminée. On peut s'installer devant, prendre la guitare et chanter ensemble jusqu'au petit jour. Super, non ? Juste à côté, petit bar-crêperie tenu par l'Antillais, un original toujours en vacances.

▲ *Camping à la ferme de Kroaz-Min :* à Servel ; à 2 km de Lannion, direction Pleumeur-Bodou. ☎ 02-96-47-22-21. Fax : 02-96-47-26-22. Ouvert du 15 juin au 31 août. Emplacement à 18 F (2,7 €), 12 F (1,8 €) pour une petite tente, et 14 F (2,1 €) par adulte. Calme et bon marché. Tenu par un jeune couple sympa. Sanitaires propres. Volley, ping-pong, pétanque et produits de la ferme.

▲ *Camping :* à Beg-Léguer (7 km environ à l'ouest de Lannion, après Servel). ☎ 02-96-47-25-00. Fax : 02-96-43-08-72. Ouvert d'avril à fin septembre. 25 F (3,8 €) l'emplacement, 24 F (3,3 €) par adulte, 15 F

(2,3 €) pour la voiture. Tenu par des gens très dynamiques. Près de la mer et tout confort (3 étoiles). 2 tennis. Alimentation. Piscine.

▲ *Hôtel Arcadia :* route de Perros, à proximité de l'aéroport et de la zone industrielle, à 3 km du centre. ☎ 02-96-48-45-65. Fax : 02-96-48-15-68. ✿ Ouvert toute l'année, sauf pendant les fêtes de fin d'année. Chambre double de 290 F en basse saison à 350 F en haute saison (44,2 à 53,3 €). Duplex de 2 à 4 personnes de 360 à 460 F (4,9 à 70,1 €) en haute saison. Petit déjeuner buffet à 38 F (5,7 €). Une sorte de motel de style Louisiane, avec 20 chambres simples mais fonctionnelles. Cet établissement offre l'avantage d'avoir une petite piscine intérieure chauffée, idéale quand le temps ne permet pas de profiter de la mer (à 3 km).

▲ *Hôtel-bar-restaurant Ar Vro :* dans le bourg du Yaudet, à 8 km au sud-ouest de Lannion, par Ploulec'h. ☎ 02-96-46-48-80. Fax : 02-96-46-48-86. Fermé le dimanche soir et le lundi hors saison, ainsi que du 30 octobre au 15 décembre et de janvier à Pâques. Chambre double à 265 F (40,4 €) avec douche, w.-c., TV et téléphone. Demi-pension à 295 F (45 €). Menus de 107 à 177 F (16,3 à 26,9 €). Petit hôtel au calme, très bien tenu. Produits de la mer et du terroir. Les patrons sont ravis d'habiter dans le village d'Astérix ! Café offert à nos lecteurs.

Où manger ?

Bon marché à prix moyens

|●| *La Sabotière* (plan B2, *22*) : 13, rue Compagnie-Roger-Barbé. ☎ 02-96-37-45-09. Hors saison, fermé les mercredi midi et dimanche midi. Pre-

mier menu à 47 F (7,2 €) avec une galette complète, une crêpe au chocolat, une bolée de cidre ou du lait ribot. À la carte des galettes, 13 spé-

Gratuit pour les enfants de moins de 12 ans. Bon accueil. L'apéro est offert sur présentation du *GDR*.

cialités dont la *Ginkgo* aux Saint-Jacques et à la fondue aux poireaux (43 F, soit 6,5 €). Autant de choix à la carte des crêpes. Si vous ne trouvez pas votre bonheur, cherchez dans les spécialités de la montagne (fondue, raclette et tartiflette), qui évoqueront vos derniers sports d'hiver, à moins que vous ne préfériez le *Réconfort de la crêpière* à 46 F (7 €), l'assiette bretonne ou l'assiette nordique. Goûtez aussi à la *Valaisanne* (raclette, pommes de terre et viande séchée des grisons sur galette). Vous l'avez deviné, Claire, la patronne, une boute-en-train, est savoyarde, ce qui explique la présence d'une paire de skis dans la salle, mais ils ne sont pas faits pour descendre la rue, même si elle est en pente.

|●| *Le Tire Bouchon* (plan B2, 23) : 8, rue de Keriavily. ☎ 02-96-46-71-88. Fermé tous les dimanches. Le midi, menu avec plat du jour ou salade composée, dessert et café à 65 F, soit 9,9 € (sans la boisson). Plats entre 40 et 90 F (6,1 et 13,7 €). Dès la porte, le restaurant affiche la couleur : « pas de frites, pas de ketchup », ce qui incite vraiment à entrer. On ne le regrettera pas : la salle est conviviale et la décoration hétéroclite. Pas de carte, mais les plats sont répertoriés au tableau mural. Ils varient selon les saisons mais dans les « permanents », on trouvera des escargots au feuilleté d'ail, du chèvre chaud et pommes, de la salade périgourdine ou des cuisses de grenouilles, du confit de canard au miel, des Saint-Jacques au chouchen. Une quinzaine de desserts sont proposés au tonneau. Vin au tonneau.

|●| *La Gourmandine* (plan B2, 24) : 23, rue Compagnie-Roger-Barbé. ☎ 02-96-46-40-55. Fermé le samedi midi, le dimanche et le lundi toute la journée. Plusieurs menus de 55 à 120 F (8,3 à 18,3 €). Une salle agréable avec une grande cheminée. Normal, le resto est spécialisé dans la viande grillée. Le jambonneau et le *kig sal* (lard très maigre) sont grillés dans la cheminée de cette vieille maison du XVIe siècle. Une adresse pour ceux qui ont une overdose des fruits de mer. On trouvera aussi à la carte

des galettes, des crêpes et des salades variées dont une *Lannionnaise* avec du foie gras et du filet d'oie fumé, et une *Salade Surprise* qui constitue à elle seule un repas.

|●| *La Flambée* (plan A1, 25) : 67, rue Georges-Pompidou. ☎ 02-96-48-04-85. Fermé le lundi hors saison. Menus de 105 à 149 F (16 à 22,7 €). Les locaux sont unanimes, une des meilleures tables de Lannion. Cadre agréable, déco maritime et vieilles pierres. Dans les assiettes, belle mise en valeur du terroir et de la mer. Poissons de la maison Guillouzic de Plougrescant, huîtres (parfois chaudes) de la Roche-Jaune à Plouguiel. Parmi les spécialités, turbot au cidre, choucroute de la mer, marmite de lotte aux petits légumes, et, en dessert, sabayon au chouchen. Le chef aime bien accompagner ses plats de cocos paimpolais, les arroser de cidre ou de chouchen. Une cuisine franche et savoureuse.

|●| *Le Serpolet* (plan A1, 20) : 1, rue Félix-Le-Dantec. ☎ 02-96-46-50-23. Fermé les dimanche soir et lundi (hors saison), et une semaine fin décembre. Toute une gamme de menus de 85 à 198 F (12,9 à 30,1 €). Cadre qui se veut médiéval (ou corsaire ?). La carte et la composition des menus varient tous les trimestres, mais le chef aime bien cuisiner l'autruche ou même le kangourou. Sinon, des recettes plus classiques. Café offert à nos lecteurs.

|●| *Le Refuge* (plan B2, 21) : 4, venelle des Trois-Avocats. ☎ 02-96-37-23-72. Fermé le samedi midi et le dimanche, une semaine en septembre. Menus à 55 et 62 F (8,4 à 9,4 €) le midi seulement. À la carte, compter 130 F (19,8 €) pour un bon repas. Vous avez le blues du montagnard et rêvez alpages ou pistes noires ? Hop, une halte au *Refuge*, et le tour est joué : paires de skis au plafond et raclette dans l'assiette vous transporteront. On appréciera le cadre chaleureux, le service attentif et les brochettes, grillades, fondues et tartiflettes diverses, ainsi que les *braserades*. Café offert sur présentation du *GDR*.

Plus chic

|●| *La Ville Blanche :* à 6 km de Lannion, sur la route de Tréguier, à hauteur de Rospez. ☎ 02-96-37-04-28. Fax : 02-96-46-57-82. ✎ Fermé les dimanche et mercredi soir, le lundi, ainsi que de mi-décembre à mi-février et la 3e semaine d'octobre. Réservation indispensable. Menus à 130 F (19,8 €) du mardi au vendredi, puis de 210 F (32 €) à 380 F (57,9 €). Une cuisine de prince réalisée par deux frères cuisiniers de retour au pays qui proposent de faire visiter leur jardin d'herbes aromatiques ! Parmi d'autres plats délicieux : brie rôti à la rhubarbe, millefeuille aux pommes caramélisées... Une grande table où il est possible de se faire servir au verre d'excellents vins, ce qui est peu courant dans un établissement de cette classe.

Où boire un verre ?

Ⓣ *Le Zen Estaminet* (plan B2, 30) : 6, rue Du-Guesclin. ☎ 02-96-46-42-00. Ouvert uniquement les vendredi et samedi de 11 h à 21 h. Fermé en septembre. Cet estaminet au décor zen propose des bières peu courantes, des genièvres, des boissons d'auteurs (les préférées de Pagnol ou de Kerouac entre autres), des thés variés, du chocolat de chez Angelina. Toutes les raisons de faire une pause et de feuilleter les livres mis à la disposition des routards, tout en croquant dans une tartine ou dans une part de gâteau maison. Sophie, une amie de la route, a posé son sac ici pour y accueillir tous ceux qui passent dans son petit café et évoquer avec eux leurs souvenirs de voyage. On peut aussi y acheter toute une variété de thés.

Ⓣ *Pub Chez Jacques :* un petit bistrot très sympa, à dénicher dans une venelle, derrière l'église Saint-Yves, entre la rue de la Mairie et l'avenue Ernest-Renan. Ancienne auberge du XVIIe siècle tout en pierre et poutres apparentes, petits salons minuscules et calfeutrés où l'on peut se tenir chaud, la bonne planque quoi !

Ⓣ *Le Flambart* (plan B2, 32) : 7, pl. du Général-Leclerc. Ouvert jusqu'à 1 h ou 2 h (le week-end). Bar sympa et décontract'. Concerts réguliers. Plein de bières bretonnes dont celles de Bernard Lancelot, et de la brasserie Dremmwell de Tréguier.

Ⓣ *Le Chapelier* (plan B2, 31) : 16, rue des Chapeliers (rue piétonnière du centre-ville). ☎ 02-96-37-17-14. Fameux, le *Chap'* ! Bar jeune dont le gérant est un fan de bon rock, tendance 60-70.

Ⓣ *Le Comptoir des Indes* (plan B2, 30) : 19, rue des Augustins, dans le centre. Café en terrasse, où se montre le Tout-Lannion, et bar animé en même temps. Concerts rock certains week-ends.

À voir. À faire

★ *La place du Général-Leclerc :* dite place du Centre. Toute en longueur. Côté impair, on trouve, côte à côte, trois ravissantes constructions typiques où le moderne côtoie l'ancien et le restauré (excellente réussite). Maisons à pignon, à encorbellement sculpté et à façade couverte d'ardoises. Belles demeures également aux nos 1 et 3, *rue Jean-Savidan.* Au no 5, hôtel particulier en granit. *Rue des Chapeliers,* alignements de plusieurs maisons à colombages. Pittoresque *rue Saint-Malo* descendant vers le fleuve.

★ *L'église Saint-Jean-du-Baly :* à deux pas de la place du Général-Leclerc. Édifiée au XVIe siècle. Grosse tour à balustrade ouvragée. L'intérieur présente très peu de mobilier intéressant. Noter cependant, à gauche dans la nef, le pilier creux qui donnait accès à un ancien jubé.

★ *L'église de Brélévenez :* on y accède par un pittoresque escalier de granit de 140 marches, bordé de jolies maisons fleuries. Pour s'y rendre, suivre la rue de la Trinité jusqu'à la rue des Buttes-du-Stanco. De là-haut, bien sûr, large point de vue sur la ville. Église édifiée au XIIe siècle par les Templiers. Il subsiste de cette période un beau porche roman et le chevet. Des meurtrières et contreforts témoignent qu'elle fut fortifiée en raison de son emplacement stratégique. Clocher à flèche et double galerie du XVe siècle. À l'intérieur, un *bénitier,* ancienne mesure à blé du XIIe siècle. Dans le chœur, *retable* intéressant du XVIIe siècle.

★ De l'autre côté du Léguer, passé le pont Sainte-Anne, s'élève la masse de l'ancien couvent *des Augustines hospitalières.* Rue Kérampont, au n° 19, superbe *manoir* du XVIe siècle avec tour.

★ *Le marché :* chaque jeudi, toute la journée, le marché de Lannion occupe la place du Centre, les rues piétonnières et le quai d'Aiguillon. Une véritable attraction et l'un des marchés les plus animés de la région. N'oublions pas la halle aux Poissons, place du Miroir, belle comme tout et où de vraies marchandes de vrais poissons déballent tous les matins du mardi au samedi.

★ *Le stade d'Eau-Vive :* sur le Léguer, dans le centre-ville. ☎ 02-96-37-43-90. Ou, en juillet et août, au club de canoë-kayak de Lannion. ☎ 02-96-37-05-46. Une réalisation unique permettant de pratiquer kayak, raft et canoë gonflable toute l'année. Par son alimentation marémotrice et ses parcours modulables, il permet de pratiquer ces disciplines (rafting en pleine ville, kayak de rivière et kayak de mer) par tous les temps – même en période de sécheresse – et à tous les niveaux, débutants ou pros.

– *Promenades en mer :* sur le bateau pédagogique *Bugel Ar Mor.* Voir le texte dans le chapitre sur Perros-Guirec.

– *Balade en avion :* aéroclub de Lannion. ☎ 02-96-48-47-42. Survol de la région.

★ *Le whisky breton :* pour découvrir les mystères de l'âme celte et tout savoir sur la grande aventure du whisky breton, rendez-vous à la distillerie Warenghem, route de Guingamp. ☎ 02-96-37-00-08. Visite, dégustation et... vente de mi-juin à fin août, le lundi de 15 h à 18 h, du mardi au vendredi de 10 h à 12 h et de 15 h à 18 h, le samedi de 10 h à 12 h.

★ *Les rives du Léguer :* belle promenade par la rive droite et le chemin de halage ou la rive gauche vers le promontoire du Yaudet. Bien sûr, les amoureux ne manqueront pas la très romantique allée des Soupirs (rive gauche, à partir du pont de Kermaria).

★ *La chapelle de Loguivy-lès-Lannion :* à 1 km vers l'ouest, au bord du Léguer. Ensemble assez remarquable, à ne pas manquer. On pénètre dans l'enclos par une porte de style flamboyant. Dans le cimetière, *fontaine* Renaissance. Au pied des marches, une autre fontaine avec la *statue de saint Ivy.* Église construite en 1450. Clocher-mur avec escalier sur le côté. A l'intérieur, splendide *retable des Rois mages,* du XVIIe siècle.

Fêtes

– *Nombreuses manifestations en été :* les Estivales photographiques, le Festival d'Orgue et de Musique du Trégor, les Tardives (4 jeudis de l'été, spectacles, animations, concerts...), le Marché des Loisirs, les Journées Terroir et Patrimoine, la Foire aux Puces... Renseignements à l'office du tourisme.

Dans les environs

★ *La Ferme enchantée :* à 2 km de Lannion, à *Convenant-Goalès.* Prendre la direction Tréguier, puis à gauche la direction Convenant ; c'est la 2e maison à gauche. ☎ 02-96-37-03-05. ⚒ Ouvert de juillet à septembre de 14 h 30 à 19 h, pendant les vacances de Pâques, les dimanche et jours fériés de Pâques à juillet; le reste de l'année, sur rendez-vous l'après-midi. Tarif : 30 F (4,5 €) pour les adultes et 20 F (3 €) pour les enfants. Ici on apprend tout sur les ânes, on les attelle et les bâte, et on peut en louer pour des randonnées; on peut même en acheter. Très sympa, les ânes. Remise de 2 F aux petits et grands routards.

★ *La crique de Mez-an-Aod :* faite de sable immaculé, bordée de granit pâle, c'est le havre des naturistes à l'extrémité nord. On y accède par Beg-Léguer et Servel à gauche de la route menant de Lannion à Trébeurden.

★ *Le Yaudet :* à 8 km au sud-ouest de Lannion, via Ploulec'h. On y accède par une route en corniche, tout à fait remarquable. Paysage d'une sérénité totale, panorama splendide sur l'estuaire du Léguer et la baie, surtout au soleil couchant. La voiture rétrograde d'elle-même en première. En face, les maisons en granit du Yaudet, accrochées à la colline, pelotonnées les unes contre les autres. Petit village de caractère au charme énorme. Visite obligatoire à la *chapelle* pour l'étrange *Vierge couchée*. Scène unique en Bretagne. La Vierge est allongée dans un vrai petit lit avec le Christ, dans une débauche de dentelles. Au pied du lit, Dieu le Père semble leur faire la lecture d'un vieux conte breton. Beau retable polychrome avec guirlandes.
Scoop! Le petit village d'Astérix ne serait autre que celui du Yaudet! Selon le quotidien britannique *The Independent,* des archéologues ont découvert toutes les preuves indiquant que le village décrit dans les albums de Goscinny et Uderzo serait situé ici... Même époque (âge du fer), même lieu (celui agrandi par la loupe en page de garde de chaque B.D.!) et mêmes souvenirs puisqu'on a mis au jour sur le site gallo-romain du Yaudet des pièces de monnaie représentant... des sangliers!

★ *Locquémeau :* petit port qui, autrefois, faisait la sardine. *Église* du XVIᵉ siècle avec clocher-mur à tourelle. Porte flamboyante. À l'intérieur, jolie décoration sculptée. Balade extra à la *pointe du Dourven* avec de faciles petits sentiers de randonnée. Ce secteur, classé « espace naturel sensible », est un domaine protégé; on y trouve aussi une Maison départementale faisant galerie d'art contemporain.

■ *Camping :* près de la mer. ☎ 02-96-35-26-44 *(Keravilin-Locquémeau).* Ouvert du 1ᵉʳ avril au 1ᵉʳ novembre. Bon marché.

■ ◖◗ *Hôtel de la Baie :* 22, rue du Port. ☎ et fax : 02-96-35-23-11. ♿ Fermé en octobre et le mercredi et dimanche soir hors saison. De 130 F (19,8 €) avec lavabo à 230 F (35 €) avec douche et w.-c.; de 180 à 260 F (27,4 à 39,6 €) pour 3 ou 4. Premier menu à 80 F (12,2 €) et demi-pension à 260 F (39,6 €). Petit hôtel-restaurant familial de 10 chambres, tranquille et bon marché. Ils viennent également d'ouvrir une crêperie. On est à 150 m des flots bleus (ou gris), mais on ne les voit pas. Café offert aux lecteurs sur présentation du *GDR.*

◖◗ *Les Filets Bleus :* sur le port, resto de poissons et fruits de mer.

★ *Trédrez :* au sud de Locquémeau, à hauteur de Saint-Michel-en-Grève. Ne ratez pas ce petit village tranquille pour son adorable *enclos paroissial.* S'il est fermé, demandez la clé à la mairie en face (aux heures de bureau). Saint Yves fut pendant sept ans recteur de la paroisse. Église du début du XVᵉ siècle. Petit clocher à flèche, tourelles et balustrades flamboyantes. À l'intérieur, baptistère de granit surmonté d'un dais polychrome qui serait le plus ancien de Bretagne. Belles sablières sculptées. Arbre de Jessé magistralement remis en état. Antique bannière de procession. À gauche, retable de saint Laurent. Très vieille statue de la *Vierge avec l'Enfant Jésus et sainte Anne.*
Possibilité d'effectuer le circuit des falaises de Trédrez jusqu'à la pointe de Séhar. Superbe.

■ ◖◗ *Auberge Saint-Erwan :* à Trédrez, devant l'église. ☎ 02-96-35- 72-51. Ouvert toute l'année. Chambres à 140 F (21,3 €). Menus de 44 à 119 F (6,7 à 18,4 €). Cette jolie maison fleurie, hors du temps et des modes, met 4 chambres simples à votre disposition. Excellentes crêpes et galettes. Farine de blé noir Harpe noire de bonne qualité. La maison propose aussi des grillades, et sa paella remporte un beau succès. Pierres, cheminée, et petit jardin derrière. Un bel esprit d'amitié a envahi ce chaleureux repaire. Spécialité de l'auberge : le kir de Trédrez (crème de mûres, cidre et une petite pointe de calva pour relever le tout !).

LE LONG DE LA VALLÉE DU LÉGUER

★ **Le calvaire de Ploubezre :** à 3 km au sud de Lannion, sur la route de Plouaret. Composé de cinq croix, qui rappelleraient le combat de cinq Ploubezriens (vainqueurs) contre cinq Anglais (cf. le combat des Trente à Josselin) au XIVe siècle. Les croix n'ont probablement pas été toutes érigées en même temps... La croix pattée semble la plus ancienne. Au bourg, l'église Saint-Pierre-et-Saint-Paul possède des chapiteaux du XIIe siècle, des fenestrages du XIVe et un clocher-mur de 1577. Moulin à eau en activité à Keguiniou.

★ **La chapelle de Kerfons :** en aplomb du Léguer, à 4 km de Ploubezre, dans un coin bucolique et paisible à souhait. ☎ 02-96-47-15-51. Ouvert du 15 juin au 15 septembre de 10 h à 18 h 30. Le reste de l'année, demander la clef à la mairie. Une des plus fascinantes chapelles du Trégor. Construction gothique, mais splendide ornementation Renaissance. Portail en accolade, un autre avec colonnes. Élégant lanternon à personnages. Petit *calvaire* du XVe siècle, sur un socle massif. À l'intérieur, l'enchantement : découvrez le *jubé*, l'un des plus beaux de Bretagne (juste derrière celui du Faouët, peut-être). Admirable dentelle de bois polychrome de style flamboyant. Parmi les quinze personnages, on reconnaît les douze apôtres grâce à leurs symboles. Détaillez le travail de ciselage sur les colonnes. *Retable* du maître-autel en bois peint, de style très naïf. Bref, Kerfons, à ne point rater !

★ **Le château de Tonquédec :** reprendre la route D31 après Kerfons. Ouvert en avril, mai, juin et septembre de 15 h à 19 h ; en juillet et août, de 10 h à 20 h. ☎ 02-96-54-60-70. Entrée : 20 F (3 €). Hors saison, sur demande (☎ 02-96-47-18-47). Ses 11 tours dominent superbement la vallée du Léguer. Pourtant, du château réédifié en 1406 par Roland IV de Coëtmen, avant son départ (fatal) aux croisades, il ne reste que le logis du seigneur et une chapelle dans la courtine orientale. En 1577, Jean II l'avait fortifié, mais le château étant devenu un repaire de huguenots pendant les guerres de la Ligue, il a été démoli sur ordre de Richelieu, vers 1626. Il reste néanmoins un fier témoin de l'architecture féodale en Bretagne.

★ **Le château de Kergrist :** sur la route de Plouaret, à 7 km au sud de Ploubezre, après le calvaire. ☎ 02-96-38-91-44. Ouvert de 14 h à 18 h de Pâques à mai et de 11 h à 18 h 30 de juin à octobre. Attention, cette année, la visite intérieure du château n'est accessible qu'aux groupes d'au moins 10 personnes. Entrée payante, réductions pour les groupes. Les amateurs de châteaux apprécieront le mélange de force et d'élégance de celui-ci. Construit en 1427, il connut divers remaniements par la suite. Jardins à la française. Si l'on voyage hors saison, on peut admirer facilement une des façades par-delà la grille.

★ **Le hameau des Sept-Saints :** au nord du Vieux-Marché. *Chapelle* du début du XVIIIe siècle, construite sur un dolmen (on le voit par une petite grille au niveau du rez-de-chaussée). Elle est aujourd'hui le symbole du dialogue entre chrétiens et musulmans grâce à Louis Massignon, orientaliste du Collège de France, qui découvrit des origines communes au pardon breton des Sept-Saints et au culte des Sept-Dormants d'Éphèse, en Turquie. *Fête* et *pardon* communs le dernier dimanche de juillet.

Où dormir ? Où manger ? Où boire un verre dans le coin ?

▪ *Manoir de Coat-Nizan :* près de Pluzunet. ☎ 02-96-35-81-72. À 2 km de Cavan et 4,5 km de Bégard, sur la D767 ; prendre la D33 vers Pluzunet, puis suivre les indications. Fermé du 15 décembre au 31 janvier. De 1 500 F (228,6 €) pour 1 à 6 personnes hors saison, à 2 200 F (335,3 €) la semaine en juillet et août. Location pour le week-end (sauf en juillet et août) : 900 F (137,2 €). On ne peut rêver manoir plus romantique, plus secret. Complètement perdu dans une campagne sauvage. Il fut construit au XIXᵉ siècle avec les pierres du château de 1286 abandonné à la Révolution française et qui servit de carrière. Mais laissez donc M. Robert Van de Wiele, le charmant propriétaire, vous en raconter l'histoire ! À l'arrivée, après avoir traversé les anciennes douves, on est accueilli par un troupeau d'oies s'ébattant sur la pelouse menant au manoir. Belle et solide bâtisse qui offre des gîtes meublés à l'ancienne tous équipés de bains, w.-c. et cuisine. Grande salle avec cheminée. Toute la campagne autour est propice à de merveilleuses balades. Bon, ce n'est pas le tout, mais on réserve de nouveau pour Pâques... Apéritif offert à nos lecteurs sur présentation de leur *GDR*.

▪ |●| *Chambres d'hôte et crêperie Le Queffiou :* à Tonquédec. Route du Château. ☎ et fax : 02-96-35-84-50. Fermé du 1ᵉʳ octobre au 31 mars. Crêperie ouverte tous les jours en été midi et soir, fermée le mardi en hiver. Chambre à 360 F (54,9 €) pour 2, copieux petit déjeuner compris. Dans sa grande maison du début du siècle entourée d'un joli parc arboré, Odette vous propose 4 chambres disposant de luxueux et vastes sanitaires privés. Pas de table d'hôte mais la fille d'Odette, Stéphanie, a ouvert une bonne crêperie dans la même maison. Que des produits frais. Galettes du jour très bien préparées. Elle propose aussi des salades composées. Salle à manger fraîche et jolie. Réservation conseillée en été. Pour nos lecteurs, kir breton offert et 10 % de remise sur le prix de la chambre à partir de 2 nuits hors saison.

|●| *Au Coin Fleuri :* 4, rue du Général-de-Gaulle, à Cavan. ☎ 02-96-35-86-16. Fermé le samedi midi. Menus bon marché à partir de 60 F (9,1 €) le midi et en semaine seulement. Autres menus de 85 à 140 F (12,9 à 21,3 €). Réserver. Resto dans une vieille maison couverte de lierre. Bonne cuisine traditionnelle. Salade de Saint-Jacques, poissons en sauce. Suggestions du jour. L'apéritif maison ou le café est offert à nos lecteurs.

♟ *Chez Janot :* sur la D31, à 3,5 km au nord de Tonquédec, au lieu-dit Kerbrunec. Janot est un personnage. Bar-bouquinerie-alimentation, un vieux repaire de campagne très « breizh » dans l'esprit.

AU SUD-OUEST, VERS LE FINISTÈRE

★ *Saint-Michel-en-Grève :* à 11 km de Lannion, sur la D786. Gentille station balnéaire avec, comme perspective, la magnifique grève de Saint-Michel. Peu de constructions pour gâcher l'émotion. Immense plage de 4 km bien protégée. On l'appelle ici *Lieue de Grève.* Au fond, le Grand Rocher qui donne l'occasion d'une grimpette sympa au belvédère. Très beau panorama. De Saint-Michel à Trédrez, chemin de douanier assez escarpé (partie du GR34). À Saint-Michel, jolie *église* avec cimetière marin surplombant la mer.

▯ *Syndicat d'initiative :* ☎ 02-96-35-74-87. Toute la journée du 15 juin au 15 septembre (sauf le dimanche après-midi), le matin en hiver.

LES CÔTES-D'ARMOR

🛏 *Le Relais des Voiles :* chez Mme Boulanger, 46, av. de la Lieue-Grève, 22310 Plestin-les-Grèves. À Saint-Efflam (5 km à l'ouest de Saint-Michel), au-dessus du restaurant *Le Rafiot*. ☎ 02-96-35-64-88. Fermé pendant les vacances scolaires de février. Face à la baie, 5 chambres de 195 à 250 F (29,7 à 38,1 €). Petit déjeuner à 32 F (4,8 €) servi au lit uniquement ! 10 % de remise sur le prix de la chambre à partir de 7 nuits.

🛏 *Chambres d'hôte chez Mme Pastol :* route de Kerivoal. ☎ 02-96-35-74-32. De l'église, aller vers le port, après avoir tourné à gauche vers le port, prendre tout de suite à droite, et faire encore 500 m. Nous y voilà ! Ouvert d'avril à fin septembre. Chambres de 160 à 180 F (24,4 à 27,4 €) pour 2, petit déjeuner à 25 F (3,8 €). Une imposante ferme-manoir dans ce petit bout de campagne. Chambres à la déco rustique (meubles bretons...). Jardin et barbecue à disposition. Gentil accueil de Mme Pastol. Elle loue également une jolie maison pour 3 personnes à la semaine. Kir offert sur présentation du *GDR*.

🍴 *Voile de Cuir-Café artisanal :* 20, Côtes-des-Bruyères (la rue principale de Saint-Michel-en-Grève). ☎ 02-96-35-79-72. Ouvert de 12 h à 1 h. Fermé le lundi. Sellier-bottier-cordonnier-cafetier, Jean-Christophe Gondouin-Muzellec a décidé de créer un lieu convivial, et c'est plus que réussi ! Un côté pour le travail du cuir, l'autre pour le café. Difficile de décrire un esprit, mais celui qui souffle ici nous a d'emblée conquis. Déjà sympa la journée, c'est surtout le soir que l'alchimie s'opère, lorsque Jean-Christophe est tout à son café. Nombreux autochtones de tous âges qui ont trouvé là un chouette endroit de rencontres et de vie. Soirées échecs le mercredi, méga-bœufs le vendredi, soirées contes, etc. Cadre artisanal, saine ambiance de franche amitié et excellent chouchen.

★ *Les thermes gallo-romains du Hogolo :* à **Plestin-les-Grèves.** Restaurés et mis en valeur par un environnement bucolique et paysager, ils datent tout de même des Ier et IIe siècles apr. J.-C. Unique en Bretagne.

★ *Plouzélambre :* après Saint-Michel-en-Grève, prendre la D22 à gauche sur 4 km puis tourner à gauche. Petit village possédant l'un des rares *enclos* paroissiaux complets des Côtes-d'Armor. Ensemble charmant. Église de style gothique à ornementation Renaissance. Petit calvaire. Ossuaire avec arches en forme de trèfle et porte en arc brisé.

★ *Le château de Rosanbo :* situé près de Lanvellec, entre Plouaret et Saint-Michel-en-Grève. ☎ 02-96-35-18-77. ♿ Ouvert tous les jours en juillet et août, de 11 h à 18 h 30 ; en avril, mai, juin (tous les jours), septembre et octobre (le dimanche seulement), de 14 h à 17 h. Visite guidée des appartements, de 45 mn environ. Adultes : 30 F (4,6 €). Réductions pour les moins de 18 ans et les étudiants et les handicapés. Possibilité de visiter uniquement le parc de 3 ha (17 F, soit 2,6 €). L'un des plus grands châteaux bretons, construit au XIVe siècle par les chevaliers du Coaskaër et habité par la même famille depuis toujours. D'ailleurs, le marquis de Rosanbo a fêté, en 1988, les 1 000 ans de sa dynastie.
Salle bretonne avec de beaux meubles, salle à manger et sa vaisselle de la Compagnie des Indes, l'ancienne cuisine, la bibliothèque aux 8 000 livres de Le Peletier, ancien ministre des Finances de Louis XIV, etc.
– Possibilité de pique-niquer gratuitement dans les anciennes écuries. Parc de 3 ha avec des jardins à la française. Ne manquez pas d'aller voir les charmilles : l'une d'entre elles fait partie des plus longues d'Europe !

★ *L'orgue de Lanvellec :* dans le petit bourg voisin de Rosanbo. Cet orgue mérite qu'on l'entende. Il date de 1653. C'est l'un des deux plus anciens de Bretagne. Il a été construit par le facteur d'orgues Dalam, d'origine anglaise. Depuis sa restauration, il ravit les mélomanes qui suivent le festival de musique baroque, tous les ans à l'automne. Renseignements : ☎ 02-96-35-14-14. Fax : 02-96-35-13-72.

LE FINISTÈRE NORD

> *Être à la hauteur d'un pays*
> *– c'est être... nuage –*
> *puis, se dissiper.*
> Philippe Denis, *Églogues*
> (éd. Mercure de France).

Le Finistère, ou *Pen ar Bed* (il va falloir s'habituer à une signalisation routière bilingue ; tant mieux !), est une mosaïque de petits pays. Au nord, on rencontre successivement : Brest, le pays d'Iroise, la côte des Abers, le haut Léon et le secteur des enclos paroissiaux, parties intégrantes de cette vieille province historique qu'est le Léon, le Trégor débordant sur les Côtes-d'Armor, les monts d'Arrée.

Une terre capable d'offrir en quelques dizaines de kilomètres les paysages les plus contrastés qui soient. Des côtes qui s'effilochent dans la mer bordant d'immenses étendues de champs cultivés, de landes ou de bocage. Une terre présentant par endroits l'une des plus grandes densités humaines du pays et, à peine plus loin, des zones quasiment inhabitées...

Une terre qui a su se défendre contre le bétonnage inconsidéré de ses sites et qui offre aux exégètes des régions complètement vierges, où le temps semble vraiment s'être arrêté. Le Finistère nord est aussi un des plus admirables musées de pierre qui puissent exister, alignant les plus beaux calvaires, admirables enclos paroissiaux, superbes « cathédrales de campagne », etc.

Adresses utiles

🔲 *Comité départemental du tourisme du Finistère :* 11, rue Théodore-Le-Hars, BP 1419, 29104 Quimper Cedex. ☎ 02-98-76-24-77. Fax : 02-98-52-19-19. Le comité départemental du tourisme a créé le label « clé vacances », attribué aux locations meublées et aux chambres chez l'habitant, garantissant un aménagement général de bonne qualité.

🔲 *Union départementale des offices du tourisme et des syndicats d'initiative :* 11, rue Théodore-Le-Hars, BP 1154, 29101 Quimper Cedex. ☎ 02-98-76-23-25.

■ *Relais départemental des gîtes de France :* 5, allée Sully, 29322 Quimper Cedex. ☎ 02-98-52-48-00. Fax : 02-98-52-48-44.

BREST (29200)   156 200 hab.

Une situation exceptionnelle : un léger promontoire au fond d'une rade longue de 150 km au confluent de l'Élorn et de l'Aulne. Nul besoin d'avoir dévoré moult traités de stratégie pour comprendre l'intérêt militaire du site. Et toute l'histoire de Brest (lire ci-dessous) est liée à ce contexte géographique. Depuis que Louis XIII a, au XVIIᵉ siècle, décidé d'y installer des ateliers de construction navale, la Marine hier royale aujourd'hui nationale (mais toujours surnommée la Royale...) fait, pour une grande part, vivre la ville. Même si Brest a subi de plein fouet la restructuration des arsenaux imposée par la fin de la guerre froide ; même si de gigantesques chantiers

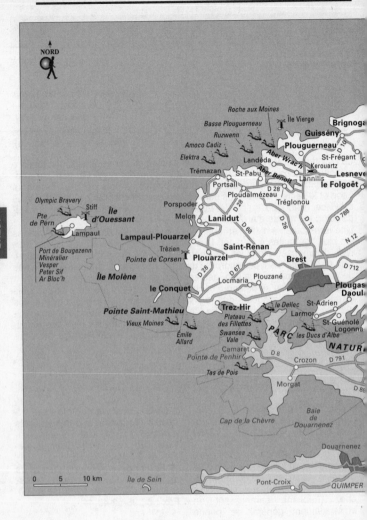

comme celui du porte-avions nucléaire Charles-de-Gaulle risquent de se faire rares dans l'avenir, 6 200 emplois directs dépendent aujourd'hui encore de la Direction des constructions navales. Et, entre Brest, Lanvéoc-Poulmic, Guengat et Landivisiau, la marine nationale emploie 18 000 militaires et 2 800 civils. Un poids économique, certes fluctuant, mais difficile à ignorer... Brest affirme aussi, haut et fort, sa vocation maritime avec son port de commerce qui importe des matières premières pour l'alimentation animale, des bois et matériaux divers et un des plus grands ports de plaisance de Bretagne. Un chiffre, au hasard : 8 des 64 membres de l'équipe de France de voile sont brestois ! Allez leur demander pourquoi...

Brest n'est pourtant pas, à franchement parler, une destination touristique (d'ailleurs, signe qui ne trompe pas, beaucoup de restos sont fermés en été).

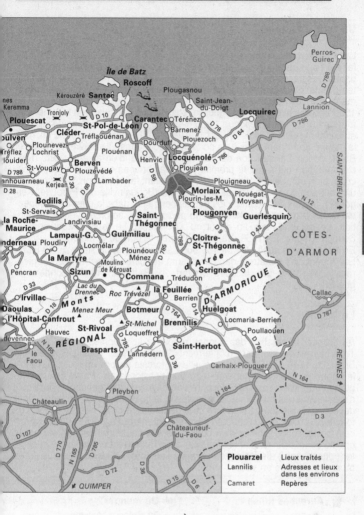

LE FINISTÈRE NORD

Les Allemands en ayant fait une base pour leurs sous-marins lors de la dernière guerre, la ville a été rasée à 98 % en 1944 par l'aviation alliée, puis reconstruite après-guerre suivant un plan géométrique élaboré par Vauban et revisité par l'architecte J.-B. Mathon. On connaît les limites de cette architecture d'après-guerre, très « utilitaire » mais on trouvera pourtant matière à quelques intéressantes balades en ville : un parti pris d'intégrer l'art contemporain au quotidien, de vieux quartiers comme Saint-Martin ou Recouvrance qui ont miraculeusement échappé aux bombes. Cette ville a aussi le sens de la fête : un bar pour chaque jour (voire plus !), les Jeudis du Port ou son gigantesque rassemblement de vieux gréements en témoignent. Et il y règne cette atmosphère indéfinissable, un peu électrique, propre à beaucoup de grands ports...

Un peu d'histoire

Les Romains, déjà, trouvent l'endroit à leur goût (Pline l'Ancien vient même y faire un peu de tourisme!) et surtout (on ne se refait pas) facilement défendable. Des traces de leur camp ont été mises au jour dans l'enceinte du château. Objet de convoitise durant tout le Moyen Âge, la ville passe alternativement entre les mains des Français, des Anglais et des Bretons. Henri IV en 1593 accorde le droit de bourgeoisie (soit, en bon français, il en fait une ville) à Brest qui compte à l'époque 1 500 habitants. Mais la ville se développe véritablement grâce à Louis XIII qui, conseillé par Richelieu, regroupe en 1631 la marine du Ponant dans trois ports de la côte ouest (Le Havre, Brouage et Brest, donc). Construction du port sur la Penfeld, d'un arsenal... En 1694, c'est Vauban qui signe le premier plan d'aménagement de la ville et s'occupe, bien sûr, de ses fortifications. Juste avant la Révolution, Brest connaît un petit âge d'or : les grands explorateurs (Bougainville, La Pérouse, Kerguelen) partent d'ici, comme les bateaux engagés dans la guerre d'indépendance américaine. Mais le déclin du port militaire, amorcé avec la Révolution, se poursuit jusqu'au début du XIXe siècle. La reprise vient sous le Second Empire. En 1859, Napoléon III crée le port de commerce.

En 1944, la ville subit plus de 150 bombardements et un siège de 43 jours. Les Américains pénètrent dans un champ de ruines magistralement « pleurées » en 1949 par Jacques Prévert : « Barbara... quelle connerie la guerre! »

Le bagne

En France, la création des bagnes répond à la suppression des galères. Trois bagnes ouvrent (ou plutôt ferment...) leurs portes : Toulon, Rochefort et Brest. De 1749 à 1858 (date à laquelle les forçats sont envoyés en Guyane), le bagne de Brest a « hébergé » 70 000 pensionnaires. Parmi eux, une figure marquante, François Vidocq. Mis au bagne pour brigandage, il jura qu'il n'y passerait pas huit jours. Effectivement, le huitième jour, il s'évada... pour devenir quelque temps plus tard chef de la sûreté de la ville de Brest. Les forçats, au nombre de 3 000 environ, étaient marqués « T.F. » (travaux forcés) au fer rouge, coiffés d'un bonnet dont la couleur changeait suivant la gravité de leur peine et enchaînés par deux (un collègue acariâtre à supporter pour 20 ans!). Ils étaient employés à l'arsenal aux tâches les plus dures ou à des corvées en ville.

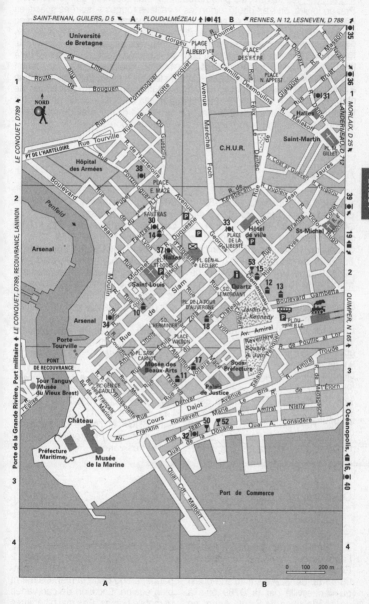

Les « travaux » se divisaient en « grande » et « petite » fatigues. La « grande », les travaux les plus harassants, était réservée aux fortes têtes. Peu de loisirs, on s'en doute, sinon les « veillées rouges », soirées spéciales où les condamnés, assis en cercle, racontaient leurs exploits et crimes avec moult horribles détails. Le bâtiment du bagne a été rasé en 1947, mais son (mauvais) souvenir reste toujours vivace. Au fait, savez-vous d'où vient le fameux « Tonnerre de Brest ! » si cher au capitaine Haddock ? Il paraît qu'à chaque fois qu'un forçat s'évadait du bagne, quelques coups de canon étaient tirés pour donner l'alarme. Comme le bruit s'entendait dans un rayon de 20 km, la population était prévenue ! Autre explication : ces coups de canon ont rythmé, de 1650 à 1924, le début et la fin de la journée de travail à l'arsenal. À chacun sa cloche, n'est-ce pas ! Déjà qu'il y avait du bruit dans Landerneau, ils sont bien bruyants, nos Bretons adorés !

Adresses utiles

🛈 *Office du tourisme* (plan B2) : place de la Liberté. ☎ 02-98-44-24-96. Fax : 02-98-44-53-73. • office.de.tourisme.brest@wanadoo.fr • Ouvert du 15 juin au 15 septembre, du lundi au samedi de 9 h 30 à 12 h 30 et de 14 h à 18 h 30 et le dimanche de 10 h à 12 h et de 14 h à 16 h. Hors saison, du lundi au samedi de 9 h à 12 h 30 et de 14 h à 18 h (fermé le dimanche). Bien documenté, hôtesses souriantes, compétentes et dévouées.

🚆 *Gare SNCF* (plan B2) : ☎ 08-36-35-35-35 (2,21 F/mn). Bel exemple d'architecture moderne de l'entre-deux-guerres dans le style paquebot. Bonne entrée en matière dans la ville. TGV pour Paris via Saint-Brieuc, Rennes.

✈ *Aéroport de Guipavas* : ☎ 02-98-32-01-00. *Air France* : ☎ 0802-802-802. *Finist-Air* : ☎ 02-98-84-64-87 (pour Ouessant).

🚌 *Gare routière* (plan B2) : pl. du 19ᵉ-R.I. ☎ 02-98-44-46-73.

■ *Bibus :* point accueil, place de la Liberté (plan B2). ☎ 02-98-80-30-30. Bus urbains. Tickets à l'heure ou à la journée, abonnements possibles.

■ *Taxis :* 220, rue Jean-Jaurès. ☎ 02-98-80-43-43 ou 02-98-801-801.

■ *Centre nautique du Moulin-Blanc :* ☎ 02-98-34-64-64.

■ *Capitainerie :* ☎ 02-98-02-20-02.

■ *Centre culturel et des Congrès :* av. Georges-Clemenceau. Réservation : ☎ 02-98-33-70-70. Fermé l'été. Dit « le Quartz ». Situé entre la gare SNCF et l'office du tourisme. Ultra-moderne. Programme de spectacles très variés.

Où dormir ?

Camping

🏕 *Camping du Goulet :* lieu-dit Lanhouarnec, à Sainte-Anne-du-Portzic (29200 Brest). ☎ et fax : 02-98-45-86-84. 🅿 À 6 km au sud-ouest du centre-ville par la D789 puis à gauche la route de Sainte-Anne ; en bus : prendre le bus à la gare : ligne 14, arrêt « Cruguel » ; ligne 7, arrêt « Cosquer » ; ou lignes 11, 12 et 26. Ouvert toute l'année. Autour de 60 F (9,1 €) l'emplacement pour 2 avec un véhicule. En pleine campagne, à 500 m de la mer. Calme et bien équipé. Location de caravanes et mobile homes. Pas mal d'habitués et de séjours donc places limitées pour le routard de passage. Réservez !

Bon marché

🛏 I●I *Auberge de jeunesse (hors plan par B3, 16)* : Moulin-Blanc, 5, rue de Kerbriant. ☎ 02-98-41-90-41. Fax : 02-98-41-82-66. ♿ À 2 km du centre ; de la gare, bus n° 7 ; arrêt : « Moulin-Blanc ». Ouvert toute l'année. Nuit et petit déjeuner à 72 F (10,9 €). Repas à 49 F (7,4 €). Carte de la FUAJ demandée. Accueil entre 17 h et 20 h de préférence. Assez loin du centre, mais tout près de la plage du Moulin-Blanc, à 300 m d'Océanopolis et du port de plaisance. Dans un coin tranquille, ensemble de bâtiments contemporains (mais pas vilains) au cœur d'un grand jardin luxuriant. Chambres de 4 lits, presque luxueuses. Mais un accueil qu'on aimerait plus chaleureux.

🛏 *Hôtel Pasteur (plan A2, 10)* : 29, rue Louis-Pasteur. ☎ 02-98-46-08-73. Fax : 02-98-43-46-80. Chambres à 190 F (28,9 €) en semaine. Dans sa catégorie (un brin sinistrée à Brest), un de ceux qui se défendent le mieux. L'isolation phonique entre les chambres n'est pas au top mais la literie est OK, les fenêtres sont dotées de double vitrage, le ménage est fait et l'accueil aimable. Au final, une bonne adresse pour les petits budgets. 10 % de remise sur le prix de la chambre à nos lecteurs en saison.

🛏 I●I *Hôtel Comœdia (plan B3, 17)* : 21, rue d'Aiguillon. ☎ et fax : 02-98-46-54-82. Chambre à partir de 150 F (22,8 €). Plat du jour à 45 F (6,8 €) et menu à 70 F (10,6 €). Dans une petite rue tranquille du centre. L'hôtel a emprunté son enseigne à un cinéma voisin aujourd'hui disparu. Dans la claire et toute simple salle de resto, quelques vieilles photos noir et blanc de cinéma, aussi. Chambres à la déco quasi monacale mais récemment rafraîchies, bien tenues et parmi les moins chères de la ville. Au resto, cuisine pas ruineuse non plus : un plat du jour, un petit menu et une carte qui tourne autour de 3, 4 plats.

Prix moyens

🛏 *Hôtel Astoria (plan A3, 11)* : 9, rue Traverse. ☎ 02-98-80-19-10. Fax : 02-98-80-52-41. Dans le centre, non loin de la rue de Siam. Fermé la 2ᵉ quinzaine de décembre et la première semaine de janvier. Chambre double à 145 F (22,1 €) avec lavabo ; de 240 à 290 F (36,5 à 44,2 €) avec douche et w.-c. ou bains. TV (Canal +). Parking payant : 35 F (5,3 €) par jour, 175 F (26,6 €) la semaine. Bien situé : entre la gare et la rue de Siam, à 5 bonnes minutes à pied du port de commerce (bon point de chute donc pour les Jeudis du Port en juillet-août et pour Brest 2000). Si l'immeuble ressemble à beaucoup d'autres à Brest, cet hôtel présente un rapport qualité-prix assez rare en ville. Les chambres sont lumineuses et agréables. Six disposent de balcons qui donnent sur cette rue tranquille. Mais malgré le double vitrage, ceux qui recherchent le calme absolu dormiront sur l'arrière. Et quand on vous aura précisé que l'accueil est impeccable et que la déco des salles de réception et du salon a été refaite, vous serez convaincu : c'est une bonne adresse ! Sur présentation du *GDR* dès l'arrivée, 10 % sur la chambre (sauf en juillet-août).

🛏 *Hôtel Abalis (plan B2, 12)* : 7,

av. Georges-Clemenceau. ☎ 02-98-44-21-86. Fax : 02-98-43-68-32. Ouvert toute l'année. Accueil 24 h/24. Chambre double de 240 F avec lavabo à 260 F avec douche et w.-c. (24,3 à 36,5 €), de 285 à 325 F (43,4 à 49,5 €) avec bains. TV (Canal +). Un hôtel pratique et central à égale distance (100 m) de la gare et de l'office du tourisme. Les chambres sont bien équipées (double vitrage) mais un peu petites. Évitez la n° 104, moins sympa que les autres. Petit déj' servi jusqu'à midi, pratique pour les lève-tard ! 10 % sur la chambre en semaine (20 % le weekend) de novembre à février, sauf en août et pendant les grandes manifestations, congrès, etc.

📧 *Hôtel de la Gare* (plan B2, *13*) : 4, bd Gambetta. ☎ 02-98-44-47-01. Fax : 02-98-43-34-07. ● info@hotel gare.com ● Accueil 24 h/24. Chambre double de 285 F (43,4 €) avec douche à 305 F (46,5 €) avec bains et w.-c. TV (Canal +). Pratique parce qu'en face de la gare (vous l'auriez deviné...) mais plus sympathique que bon nombre de ses congénères situés en face d'autres gares de France. Bon accueil et jolie vue sur la rade de Brest pour peu qu'on grimpe jusqu'aux chambres sises au 3e étage.

📧 *Kelig Hôtel* (plan B2, *18*) : 12, rue de Lyon. ☎ 02-98-80-47-21. Fax : 02-98-43-28-00. ● kelig.hotel-@wanadoo.fr ● Chambre double à 170 F (25,9 €) avec lavabo. De 240 à 260 F (36,5 à 39,6 €) avec douche et w.-c. ou bains. Petit déjeuner à 35 F (5,3 €). Une affaire un peu « tombée » qu'une charmante jeune

fille s'ingénie à relancer. Pour l'accueil et la tenue générale de l'hôtel, c'est OK. Pour le reste, certaines chambres gardent encore un petit côté désuet. Mais on fait confiance à la jeune patronne pour la suite... Petit déjeuner offert sur présentation du GDR.

📧 *Hôtel de la Paix* (plan A2, *14*) : 32, rue d'Algésiras. ☎ 02-98-80-12-97. Fax : 02-98-43-30-95. ● www.oda.fr/aa/hotel.de.la.paix ● Fermé du 24 décembre au 6 janvier. Chambre double de 290 à 320 F (44,2 à 48,7 €) avec douche et w.-c. ou bains. Un hôtel cossu dont, pour ergoter, on dira que la déco use et abuse des couleurs sourdes. Mais les chambres sont confortables, bien équipées (coffre-fort pour vos valeurs, presse-pantalon pour votre vieux jean, sèche-cheveux, etc.) et bien tenues. Les n°s 2, 9, 16 et 23 sont plus spacieuses. Quelques petites attentions comme les quotidiens avec le petit déj'. Toute l'année, 10 % sur la chambre sur présentation du GDR.

📧 *Hôtel Bellevue* (hors plan par B2, *19*) : 53, rue Victor-Hugo. ☎ 02-98-80-51-78. Fax : 02-98-46-02-84. ● hbellevue@wanadoo.fr ● Ouvert toute l'année. Chambre double de 180 F avec lavabo à 270 F avec bains (27,4 à 41,1 €). Les nouveaux patrons officiaient auparavant derrière un de nos comptoirs brestois préférés. Donc pour l'accueil, pas de problème. Ils avaient aussi par le passé tâté de la décoration. Donc si les chambres suivent le chemin de la réception (mignonne et de bon goût), on tiendra une bonne adresse. Racontez-nous !

Plus chic

📧 *Relais Mercure Les Voyageurs* (plan B2, *15*) : 2, rue Yves-Collet. ☎ 02-98-80-31-80. Fax : 02-98-46-52-98. À l'intersection de l'avenue Clemenceau et de la rue Yves-Collet. Ouvert toute l'année. Chambre double toutes avec douche et w.-c. ou bains (et TV avec Canal +) de 405 à 545 F (61,7 à 83 €) suivant la taille. Les hôtels de chaîne se font

rares dans les pages du GDR. On fait une exception ici parce que cet hôtel est simplement le meilleur de Brest dans sa catégorie (3 étoiles). Très central. Le bâtiment a su conserver son superbe hall années 1940, les chambres sont bien évidemment tout confort et, pour une fois, les salles de bains ont de la personnalité. Personnel aimable, pro et compétent. Seule petite ombre au tableau (c'est le cas de le dire), on aurait souhaité une salle de petit déjeuner plus lumineuse. Pour nos lecteurs, 10 % sur le prix de la chambre le week-end.

Où manger ?

Bon marché

I●I *Crêperie Moderne (plan A2, 30)* **:** 34, rue d'Algésiras. ☎ 02-98-44-44-36. Fermé le dimanche midi. Compter, en restant raisonnable, 50 F (7,6 €) à la carte. Derrière son éclatante devanture jaune citron, une petite salle dont la déco n'a rien d'emballant. Mais les crêpes – et c'est finalement l'essentiel – y sont délicieuses. Et pour cause : la maison a été fondée en 1922! Parmi les spécialités maison, la crêpe aux noix de Saint-Jacques au noilly. Vente aussi à emporter : 36 F (5,4 €) la douzaine, au froment et blé noir. Service continu toute l'année de 11 h 30 à 22 h et nos lecteurs bénéficieront de 20 % de réduction entre 14 h et 18 h (sauf juillet et août).

I●I *Le Marrakech (plan A2, 34)* **:** 44, rue Traverse. ☎ 02-98-46-45-14. Fermé le mercredi midi et le dimanche toute la journée, et de mi-juillet à mi-août. Menu à 61 F (9,3 €) le midi, plat du jour (couscous, agneau et merguez) à 65 F (9,9 €). Compter 100-120 F (15,2-18,2 €) à la carte. Nous avons autant apprécié cet endroit pour sa déco pas tape-à-l'œil pour un sou que pour la finesse des plats proposés. Excellents *tajines* agneau, oignon, raisin. Les couscous (poulet, agneau ou royal) sont copieux pour un prix raisonnable. Vraiment une cuisine délicate et aromatique, où les épices sont savamment dosées. Rien d'étonnant à cela puisqu'ici les recettes se transmettent depuis des générations de mère en fille. Thé à la menthe divin. Côté vin, petit Querrouane gris pas

Prix moyens

I●I *Le Voyage du Brendan (plan B1, 31)* **:** 27, rue Danton. ☎ 02-98-80-52-85. À 300 m de l'église Saint-Martin. Fermé samedi midi, dimanche et juillet-août. Premier me-

ruineux. Possibilité de plats à emporter. Une excellente adresse. Apéritif offert sur présentation du *GDR* avant la commande.

I●I *La Pasta (hors plan par B1, 35)* **:** 2 *bis*, rue Turenne. ☎ 02-98-43-37-30. ♿ Derrière l'église Saint-Martin. Fermé le lundi midi, samedi midi et le dimanche. Formule à 68 F (10,3 €) le midi et en semaine et menu pour enfant à 36 F (5,4 €). Compter dans les 110 F (15,2 €) à la carte. Un resto italien comme on les aime! Ici, pâtes fraîches garanties, cuisinées par le chef ou par sa mère. Traditionnels *antipasti* mais aussi polenta, pasta mista (assiette de dégustation de plusieurs pâtes)... Parmi les spécialités, excellents cannellonis faits maison. De plus, la déco est agréable et l'accueil à l'italienne. Une bonne adresse prisée des Brestois. Apéro maison offert à nos lecteurs.

I●I *L'Espérance (plan B2, 33)* **:** 6, pl. de la Liberté. ☎ 02-98-44-25-29. Fermé le lundi et le dimanche soir, et du 10 août au 10 septembre. Menus de 72 F (sauf week-end) à 170 F (10,9 à 25,9 €). Sous les arcades de la plus grande place de Brest, à l'ombre de l'hôtel de ville, un genre d'institution. Entre la brasserie un peu bourgeoise à l'ambiance feutrée et le resto familial de quartier. Cuisine de tradition avec ses plats de toujours comme la tête de veau ravigote, beaucoup de poissons et des desserts maison. Portions parfois un peu chiches... Excellente carte des vins. Apéro offert à nos lecteurs.

nu à 58 F (8,8 €) puis menus de 90 à 120 F (13,7 à 18,2 €). Compter 110 F (16,7 €) à la carte. Un tout petit resto (22 couverts) qu'il faut aller dénicher. La patronne est hyper

BREST

sympathique et le chef travaille avec sérieux des plats de tradition à base de produits frais : magret de canard au cidre, et, grande spécialité de la maison, choucroute de la mer. Aux murs, s'accrochent régulièrement (en moyenne tous les deux mois) des petites expos d'artistes locaux. Étonnant endroit ! Difficile, voire impossible de valoriser davantage un lieu si petit. Apéro ou café offert à nos lecteurs.

l●l *Les Tables Savantes (hors plan par B1, 36) :* 33, rue Navarin (place Guérin). ☎ 02-98-80-22-88. Fax : 02-98-44-08-29. Fermé le lundi soir et le dimanche, et du 15 août au 3 septembre. Plat du jour à 42 F (6,4 €) le midi en semaine. Menus à 85 et 115 F (12,9 et 17,5 €). Compter 110 F (16,7 €) à la carte. On savait que les femmes pouvaient être savantes, voici que les tables s'y mettent. Ainsi va le monde. Bon, eh bien ! Nous voilà dans un quartier fort sympathique, autour de l'église Saint-Martin, dans le nord de Brest. Un resto genre petit coin tranquille. À la carte, des viandes, des poissons et des salades. Quelques spécialités : timbales de pétoncles au vin moelleux, filet mignon aux deux moutardes, fondant au chocolat et nougat glacé. Bons petits vins. Aux beaux jours, petite terrasse sur la place.

l●l *L'Abri des Flots (plan B3, 32) :* 8, quai de la Douane. ☎ 02-98-44-07-31. Fermé la 2e quinzaine de septembre. Menu à 115 F (17,5 €). Patronne dynamique et sympathique, qui a su créer un endroit convivial. Comme le nom du resto l'indique, ici ce n'est pas l'usine. Située sur les quais du port de commerce, la salle de resto est assez intime avec une belle véranda et une agréable terrasse en été. Un resto prisé des autochtones et ce n'est pas un hasard ! Les menus sont d'humeur marine (grosse spécialité de la maison : le couscous de la mer) et on reste en Bretagne avec une carte de crêpes. Kir celtique ou chouchen offert sur présentation du *GDR.*

l●l *Amour de Pomme de Terre (plan A2, 37) :* 23, rue des Halles.

☎ 02-98-43-48-51. Fax : 02-98-43-61-88. ● amourPDT@wanadoo.fr ✕ Situé derrière les halles Saint-Louis. Ouvert tous les jours midi et soir jusqu'à 23 h (22 h 30 les dimanche et lundi). Menus de 48 à 120 F (7,3 à 18,3 €). Plats à la carte à 130 F (19,8 €). Resto atypique entièrement dédié à la pomme de terre. Et pas n'importe laquelle : la « Samba », de création récente mais qui s'est vite fait une petite réputation pour ses qualités au four. Ce noble tubercule (que le patron aime d'amour, c'est sûr) est donc ici souvent cuit en robe des champs. Persillées ou fourrées de roquefort, de chèvre, de beaufort, transformées en gratin, en purée, ces pommes de terre accompagnent charcuteries, salades, viandes, poissons ou crustacés grillés sur l'ardoise. Parmi tous ces plats, bons et généreux et aux intitulés souvent réjouissants, essayez la *Lodine,* la *Retour de noces* ou la *Goémonier* avec son petit verre de lambig. Le midi, plats du jour plus terroir : *far four* et son lard (le mardi), *kig ha farz* (le jeudi). Excellents desserts (pas à la pomme de terre, encore que...). Les murs et la carte (prenez le temps de tout lire) donnent une idée de l'humour plutôt délirant du patron. Le cadre est assez chouette dans le genre campagne revue et corrigée. Et vu le peu d'espace qui sépare son coude de l'assiette du voisin, voilà un resto où on peut aussi se faire des copains... Comme c'est souvent (sinon toujours) complet, la maison vous offre, chers lecteurs, l'apéro dans un bar ou un pub voisin le temps qu'une table se libère.

l●l *Le Tire-bouchon (plan A1, 38) :* 20, rue de l'Observatoire. ☎ 02-98-44-15-18. Près du lycée de l'Harteloire et de l'université. Ouvert midi et soir jusqu'à 22 h 15. Congés annuels indécis ! Plat du jour à 45 F (6,8 €). Compter dans les 100 F (15,2 €) à la carte. Dans un quartier à peine excentré. Petite salle aux murs ornés d'affiches de luttes syndicales comme d'une collection de tire-bouchons. Clientèle de vrais habitués : d'ailleurs les potes du patron ont leur table tout au fond, entourée de coupures de journaux et de photos de famille. Un sacré personnage que ce patron d'ailleurs, qui discute volontiers le coup et boit volontiers un... coup à chaque table. On y a toujours été accueilli comme si on faisait partie de la famille (mais il semblerait que tous les clients ne soient pas logés à la même enseigne...). Généreuse cuisine de ménage toute simple, toute bonne.

|●| *La Pensée Sauvage* (hors plan par B2, 39) : 13, rue d'Aboville (et rue de Gasté). ☎ 02-98-46-36-65. Derrière l'église Saint-Michel (*plan B2*). Fermé le samedi midi, le dimanche et le lundi ainsi que de fin juillet à mi-août. Plat du jour le midi à 50 F (7,6 €). Compter 120 F (18,2 €) à la carte. Vraiment une adresse qui sort des sentiers battus. Avec ses deux petites salles toutes simples où règne une ambiance franchement conviviale, *La Pensée Sauvage* mé-

rite le détour. Cuisine à la fois copieuse et goûteuse. Au choix : cassoulet et confit de canard ou encore langoustines à la mode d'Ouessant. Excellent rapport qualité-prix, avec en plus la possibilité d'emporter ce qui n'a pas été mangé ! Une adresse un peu difficile à trouver mais qui tient le haut du pavé ! L'apéro vous est offert sur présentation du *GDR*.

|●| *Aux Trois Viandes* (hors plan par B1, 41) : 48, rue Robespierre (angle Henri-Barbusse). ☎ 02-98-03-55-11. ☘ Fermé le lundi et le dimanche midi. Compter de 100 à 150 F (15,2 à 22,8 €) à la carte. Dans une rue assez loin du centre, tout en haut du quartier de Kérinou. Salle de resto de quartier classique et propre. Ici, de la viande, rien que de la viande. Réputée pour sa qualité. Gigot d'agneau, pavé, brochette, côte de bœuf, andouillette. Vins pas chers.

Plus chic

|●| *Ma Petite Folie* (hors plan par B3, 40) : plage du Moulin-Blanc ☎ 02-98-42-44-42. Fax : 02-98-41-43-68. À côté du port de plaisance ; venant de Quimper, à gauche, après le pont sur l'Élorn. Fermé le dimanche. Menu unique à 110 F (16,7 €). Compter au minimum 150 F (22,8 €) à la carte. C'est en passe de devenir le meilleur restaurant de poisson de Brest. Par ailleurs, c'est bien la première fois qu'on se laisse « emmener en bateau » avec tant de plaisir. En l'occurrence, c'est un superbe et costaud « mauritanien » qui rapporta des centaines de tonnes de langoustes des bancs d'Afrique de 1952 à 1992, date d'une juste retraite. Avant de rempiler aujourd'hui pour une deuxième vie plus pépère. Rénové et remarquablement ar-

rangé en restaurant, tout en conservant son charme de baroudeur des mers. Les patrons vous accueillent chaleureusement et vous feront passer un délicieux moment culinaire. Ici, du frais, que du frais. Poissons cuisinés droit et juste. Parmi les fleurons de la carte : terrine de veau et Saint-Jacques, rillettes de crabe, très belles huîtres, filet de lieu jaune au beurre blanc, cotriade de poissons grillés, filet de saint-pierre au beurre d'anis et sa choucroute de fenouil, etc. Vous nous avez compris, réservation très, très conseillée (quasiment obligatoire le week-end!). D'autant plus que c'est le contraire de l'usine. Le soir, un seul service en général, on vous laisse le temps de savourer votre repas...

Où manger dans les environs ?

|●| *Crêperies Blé Noir :* vallon du Stang-Alard. ☎ 02-98-41-84-66. Et bois de Keroual, à Guilers. De Guilers, prenez au sud de la D105, jusqu'à la croix rouge ; puis c'est flé-

ché. ☎ 02-98-07-57-40. Ouvert tous les jours de 12 h 30 à 21 h 30. Menus de 58 à 70 F (8,8 à 10,7 €). Sur les deux plus beaux espaces verts de la ville, ces coquettes maisons transportent la gastronomie aux champs, à des prix doux. Celle du bois de Kéroual est installée dans un ancien moulin au bord d'un étang. On y déguste de bonnes spécialités comme la galette armoricaine aux médaillons de lotte, la galette aux noix de Saint-Jacques ou celle au saumon fumé. Service aimable et promenade après le repas dans une nature superbe. Kir breton offert sur présentation du *GDR*.

|●| *Crêperie La Finette :* rue du Bois-Kerallenoc, 29850, Gouesnou. ☎ 02-98-07-86-68. À 8 km au nord de Brest par la D13, à Gouesnou, prendre la route de Kerallenoc pendant 1 km (fléchage). Fermé le lundi et le mardi midi. Compter 70 F (10,6 €) pour un repas. Longtemps aux fourneaux de l'une des meilleures crêperies de Brest, Lydie et Jean-Yves Pirou officient désormais dans cette belle maison à l'ancienne, bordée d'un jardinet. L'intérieur, tout en pierre, est agrémenté d'une cheminée. La déco rappelle la Bretagne et la mer. Excellent accueil. Crêpes traditionnelles vraiment goûteuses. Réservation conseillée.

BREST

Où boire un verre ? Où écouter de la musique ? Où guincher ?

DANS LE QUARTIER SAINT-MARTIN

♈ *Le Café de la Plage :* 32, rue Massillon. ☎ 02-98-43-03-30. Fermé le dimanche. C'est le numéro SOS antidéprime ! Un bar, un vrai, avec un comptoir et quelques tables et chaises où on s'installe pour bavarder avec les gentils voisins (toutes générations confondues), les travailleurs du coin, les étudiants, chômeurs, artistes, rien que des gens bien comme vous et moi. Le mardi soir, des soirées cabaret sont organisées. Que dire de plus ? Allez-y...

♈ *Les Dubliners :* 28, rue Mathieu-Donnart. ☎ 02-98-46-04-98. Ouvert tous les jours de 15 h (17 h le dimanche) à 1 h. Petite luciole la nuit dans un quartier blafard. Véritable pub où se retrouvent les Irlandais de Brest. Musique irlandaise et bretonne live et à satiété les jeudi soir et dimanche soir. Cours de danse irlandaise le lundi soir.

♈ *La Convention :* 56, rue Saint-Marc. ☎ 02-98-80-69-35. Beaucoup de bonnes bières et whiskies, dans une ambiance pub. À l'étage, vous pourrez jouer aux échecs, aux dames, etc. Clientèle étudiante.

SUR LE PORT DE COMMERCE

♈ *Les Quatre Vents* (plan B3, *50*) **:** 18, quai de la Douane. ☎ 02-98-44-42-84. ♨ Fermé le dimanche matin. Fifi, le patron, anime ce bistrot de jeunes, voileux et touristes de tous pays fusionnant allègrement avec les locaux. Élégant décor de marine en bois avec son comptoir-coque. Belle animation. On peut aussi y casser la croûte (pommes de terre au lard). Menu à 30 F (4,5 €), compter 40 F (6,1 €) à la carte, sans la boisson.

♈ *The Tara Inn* (plan B3, *52*) **:** 1, rue Blaveau. ☎ 02-98-80-36-07. À deux pas du quai de la Douane. Ici, c'est un mi-chemin entre le café branché et le pub irlandais (le vrai, c'est le *Dubliners,* à notre avis !). Long comptoir, sol en schiste, décor en bois et grande terrasse aux beaux jours. Café offert à nos lecteurs.

♈ Tâter l'ambiance, jamais la même d'un soir à l'autre, des autres rades du quai de la Douane : ***Les Nations, Les Mouettes,*** etc. En tout cas, à tester les soirs de Jeudis du Port.

DANS LE CENTRE-VILLE

▼ **Le Vauban** (plan B2, 53) : 17, av. Clemenceau. ☎ 02-98-46-06-88. *Le Vauban* a connu ses heures de gloire qu'ont suivi des années de léthargie. Aujourd'hui seules la brasserie et la salle de concert au charme rétro émouvant témoignent de ce temps qui n'est plus. Bien sûr le week-end, c'est le bal à papa mais *Le Vauban* programme aussi tout au long de l'année (sauf en juillet et août, malheureusement !) des concerts hétéroclites : jazz, blues mais également des humoristes comme Cavanna. Parmi les artistes qui sont passés par là : Le Forestier, Paul Personne, Mano Solo, Bill Deraime, Eicher et récemment Miossec. Les photos noir et blanc sur les murs de la salle de danse et de la brasserie sont les instantanés du passage de ces artistes d'hier et d'aujourd'hui. La brasserie propose un bon choix de bières à la pression, et la musique d'ambiance est le plus souvent excellente.

▼ **Le Montparnasse :** 16, rue Colbert. ☎ 02-98-44-35-48. Sympathique bar à vin. Patron gouailleur, avec toujours un bon mot adapté à la situation. Petite terrasse pour manger croques, grosses salades et huîtres.

▼ **La Madinina :** place de la Gare. ☎ 02-98-44-44-22. Ouvert jusqu'à 1 h. C'est le bar-glacier-rhumerie du resto *La Calypso*. Superbe décor exotique pour déguster glaces et rhum planteur.

À KÉRINOU

C'est un vieux quartier en pleine restructuration depuis qu'il a perdu sa brasserie. Plutôt mort le soir, mais quelques boîtes et troquets sympa arrivent à percer l'obscurité.

▼ **Le Petit Bistrot Montmartre :** 136, rue Robespierre (prolongement de la rue Auguste-Kervern). ☎ 02-98-03-05-43. En saison, ouvert de 18 h à 1 h ; hors saison, de 11 h à 1 h. Fermé le dimanche. Là aussi, troquet jeune assez animé, expositions d'aquarelles et concerts de jazz et blues toutes les semaines de 19 h à 22 h de septembre à juin.

▼ **Le Manège :** 16, rue du Moulin-à-Poudre. ☎ 02-98-43-03-63. Fermé en août. Une petite boîte bien sympathique. *DJ* disponible, reggae, rock, soul. Ambiance sans frime et sans techno. Ça change !

En guise de conclusion, sachez qu'il y a dans ce port 365 bars et 10 boîtes de nuit...

Où acheter de bons produits ?

– **Histoire de chocolat** (plan A2) : 60, rue de Siam. ☎ 02-98-44-66-09. Fermé le dimanche et le lundi matin. Le patron n'est pas peu fier de son titre de meilleur chocolatier de France. Et il a raison ! On se lèche encore les doigts de son *Recouvrance*, subtil mélange de pralinés ! Laissez-vous tenter par la boîte de 12 chocolats à 50 F (7,6 €) ou, pour les plus gourmands, par l'écrin de 420 g à 165 F (25,3 €)... Et que dire de ses chocolats aux algues, au miel de Bretagne, au caramel et beurre salé...

À voir

DANS LE CENTRE-VILLE

Le visiteur qui débarque pour la première fois à Brest pourra se demander où cette ville a bien pu cacher son centre. Un centre qui se résume en fait à deux grandes artères : l'interminable, très pentue et très commerçante rue Jean-Jaurès. Et la célèbre rue de Siam qui descend vers la Penfeld. Un grand axe rectiligne littéralement coupé en deux (ce qui cause quelques insomnies aux urbanistes) par la vaste esplanade de la place de la Liberté dont l'aménagement a été confié à l'architecte Bernard Huet, le papa des « nouveaux » Champs-Élysées. En fait, Brest vit aussi à travers ses quartiers (Saint-Martin, Recouvrance) qui sont comme des villages dans la ville.

★ *La rue de Siam (plan A-B2) :* ainsi baptisée parce qu'en 1686, des ambassadeurs de ce pays d'Asie envoyés auprès de Louis XVI l'ont remontée dans le plus grand apparat. Immortalisée par Prévert dans un de ses plus célèbres poèmes, *Barbara.* À ce sujet, quand Prévert écrivait « Il pleuvait sans cesse sur Brest, ce jour-là », c'était pour, ensuite, s'offrir une analogie avec « la pluie de fer de feu d'acier de sang » qui s'est abattue sur la ville. La réputation de Brest, ville où il pleut tout le temps, est largement usurpée ! Très large et rectiligne, la commerçante rue de Siam est révélatrice de la façon dont la ville a été reconstruite. Belles fontaines contemporaines de granit noir. C'est, aujourd'hui plus qu'à Recouvrance, dans le « bas de Siam » comme on dit ici, que les marins viennent faire la fête.

★ *Le musée des Beaux-Arts (musée municipal; plan A3) :* 24, rue Traverse. ☎ 02-98-00-87-96. Ouvert de 10 h à 11 h 45 et de 14 h à 18 h. Fermé le mardi, le dimanche matin et les jours fériés. Entrée payante (sauf le dimanche) : 25 F (3,8 €), gratuit pour les moins de 18 ans. Exposition de tableaux des écoles française, italienne et flamande des XVIIe et XVIIIe siècles. Une œuvre très forte : *L'Illumination de saint François Borgia,* de Pietro Della Vecchia, ou le fin du fin du morbide (on voit le visage se décomposer et l'assistance se boucher le nez). Également des œuvres intéressantes de l'école de Pont-Aven, etc. Expos temporaires.

★ *Le château de Brest (plan A3) :* situé entre le pont de Recouvrance et le cours Dajot. ☎ 02-98-22-12-39. Oppidum romain (des vestiges romains subsistent dans les fondations) à l'origine (vers l'an 300), ce château médiéval (XIIIe siècle) a été successivement renforcé par Richelieu, Colbert, avant que Vauban n'achève le travail au XVIIe siècle. On pénètre dans le château par un portail du XVe siècle. Courtines et autres chemins de ronde permettent de s'offrir une petite balade autour de l'enceinte, bien restaurée après la Seconde Guerre mondiale. Depuis les tours, chouette point de vue sur Recouvrance et la Penfeld.
– Au centre de la cour, la préfecture maritime (ne se visite pas) et le *musée de la Marine.* ☎ 02-98-22-12-39. Ouvert du 1er avril au 30 septembre, tous les jours sauf le mardi matin de 10 h à 18 h 30. Hors saison, tous les jours sauf le mardi de 10 h à 12 h et de 14 h à 18 h. Fermé du 15 novembre au 15 décembre, les 25 décembre, 1er mai et 1er janvier. Entrée : 29 F (4,4 €) ; moins de 18 ans, 19 F (2,9 €), moins de 8 ans, gratuit. Une riche collection d'objets : maquettes de voiliers, morceaux d'épaves, gravures anciennes, belles figures de proue et de poupe sculptées à partir du XVIIe siècle par l'atelier des décorations de l'Arsenal. On y découvrira aussi quelques éléments plus modernes comme les pupitres de commande. Et quelques embarcations dont un sous-marin de poche S 622, une torpille humaine (eh oui) et, émouvant, l'embarcation de fortune de boat-people.

★ *Le cours Dajot* (plan A-B3) : grande promenade conçue au XVIIIᵉ siècle (et construite par les forçats). Petite balade sympa entre les platanes pour découvrir de haut le port de commerce. Au centre, au pied de l'obélisque édifié par l'American Battle Monuments, vous êtes officiellement aux États-Unis ! Du cours descend vers le port de commerce un très bel escalier, célèbre depuis que Gabin y a donné la réplique à Michèle Morgan dans une scène de « Remorques ».

À RECOUVRANCE (plan A2-3)

Pas de douanier sur le pont levant jeté sur la Penfeld ; pourtant il marque une frontière ! Celle entre « Brest même », et ses habitants surnommés les « P'tits Zefs », et Recouvrance, le quartier des « Yannick ». Quartier populaire, épargné par les bombes (l'église Saint-Sauveur du XVIIIᵉ siècle est devenue de fait la plus ancienne de la ville), imprégné par la présence de la Marine (la rue Borda tire son nom du surnom donné aux élèves officiers de marine), Recouvrance n'a jamais été franchement politiquement correcte ! Filles à matelots, bars interlopes, matafs en bordée arpentant la rue de la Porte, la rue Vauban... L'atmosphère a cependant bien refroidi depuis les récits de Mac Orlan. En semaine, il y a des soirs où c'est carrément désert. « Moi, je pensais qu'à Recouvrance, ça fermait un peu plus tard, moi je pensais qu'à Recouvrance, on trouvait toujours à boire » comme le chante avec regret le Brestois Miossec. Alors, un soir de tempête, il faut descendre les marches de l'escalier de la Madeleine, se glisser dans la rue de Saint-Malo, et sur les gros pavés de grès, entre murs branlants et rangées de volets clos, fermer les yeux et laisser courir son imagination...

★ *La tour de la Motte-Tanguy* (plan A3) : à gauche, juste après le pont quand on arrive de « Brest ». ☎ 02-98-00-88-60. De juin à septembre, ouvert tous les jours de 10 h à 12 h et de 14 h à 19 h ; d'octobre à fin mai, ouvert les mercredi et jeudi de 14 h à 17 h, ainsi que les samedi et dimanche et pendant toute la durée des vacances scolaires zone A, de 14 h à 18 h. Entrée gratuite. *Musée d'Histoire de Brest,* installé dans une tour du XIVᵉ siècle, qui contrôlait l'embouchure de la Penfeld. Les maquettes et les dioramas rappellent un peu que la ville ne fut pas toujours le bloc de béton blanc qu'elle est aujourd'hui.

★ *L'arsenal de la Marine* (hors plan par A3) : porte de la Grande-Rivière (route de la corniche). ☎ 02-98-22-11-78. Ouvert pendant les vacances de Pâques pour des visites à 10 h et à 14 h 30. Puis du 15 au 30 juin, de 9 h à 11 h et de 14 h à 16 h et du 1ᵉʳ au 15 septembre de 9 h à 11 h et de 14 h à 16 h, du 1ᵉʳ juillet au 30 septembre, en continu de 9 h à 11 h et de 14 h à 16 h. Accès réservé aux citoyens de l'espace Schengen (prévoir donc une pièce d'identité). Pour les autres, contacter le 02-98-22-11-78. Entrée gratuite, mais rémunération des guides-auxiliaires suivant la générosité des visiteurs (à bon entendeur...). C'est la base de l'escadre de l'Atlantique, du navire-école *Jeanne-d'Arc,* et des plongeurs démineurs. Familièrement surnommé « l'Arsouille » ! Les sous-marins nucléaires logent en face, sous l'île Longue. La visite (1 h 30 à 2 h environ) se déroule en deux parties : une explication générale sur l'historique de l'arsenal et de la base sous-marine et les affectations des différents bâtiments du site militaire ; on grimpe ensuite à bord d'un bâtiment de guerre de type chasseur de mines, aviso ou frégate. Très intéressant.

DANS LE QUARTIER SAINT-MARTIN (plan B1)

★ *La place Guérin :* en haut de la rue Jean-Jaurès, pas loin de l'église Saint-Martin. La place Guérin demeure un des lieux forts de la convivialité.

Lors de la dernière guerre, tout le quartier a miraculeusement échappé aux bombes ; d'ailleurs, certains immeubles affichent fièrement leur date de construction (voir au n° 1, l'école publique). Ruelles paisibles bordées de petits immeubles ou de pavillons, troquets d'avant-guerre, etc. Vieille population de quartier, à laquelle sont venus se joindre artistes et poètes attirés par les vibrations du coin. L'après-midi, les retraités viennent jouer aux boules, les mamans promènent les landaus. Le soir, bistrots et restos se remplissent de gens cherchant un peu de chaleur humaine.

LE PORT DE PLAISANCE

Très joli port de plaisance du Moulin-Blanc, niché au fond de la rade. Des bateaux presque à perte de vue (sa capacité d'accueil en fait un des plus grands de Bretagne, voire de la côte atlantique). Après une balade sur les quais, on peut s'offrir un verre ou des moules frites au *Tour du Monde* (☎ 02-98-41-93-65), le bistrot de Kersauzon. Dans l'anse qui prolonge le port, grande plage de sable du Moulin-Blanc.

★ *Océanopolis* (hors plan par B3) : port de plaisance du Moulin-Blanc. ☎ 02-98-34-40-40. Fax : 02-98-34-40-69. ● www.oceanopolis.com ● Ouvert tous les jours, toute l'année ; de juin à fin septembre, de 9 h à 19 h ; d'octobre à fin mars, de 9 h à 18 h. Entrée : 90 F (13,7 €), enfants de 4 à 12 ans : 70 F (10,7 €), gratuit pour les moins de 4 ans. Compter 1 h 30 de visite pour chaque pavillon, soit la journée pour le parc. Prendre le bus n° 7 devant l'office du tourisme.

Un vaste bâtiment à l'architecture futuriste (bionique dit le dépliant de présentation !) qui évoque quelque crustacé géant (on l'appelle d'ailleurs familièrement « le Crabe »). Fort de, désormais, 8 000 m² d'exposition, Océanopolis est – plus qu'un simple musée de la mer – un formidable outil de vulgarisation scientifique. L'objectif principal est, bien sûr, pédagogique. Son intitulé (« parc de découverte des océans ») est à ce titre suffisamment clair. Océanopolis s'est, depuis le printemps 2000, considérablement agrandi, mais sa mission reste la même : informer et éduquer le visiteur sur les océans à travers une approche scientifique et culturelle. Il se veut aussi le carrefour des dernières découvertes scientifiques, techniques et industrielles ayant trait au milieu maritime.

Trois vastes pavillons composent désormais Océanopolis. Dans chacun, de gigantesques aquariums où décors, lumières, qualité de l'eau ont été soigneusement étudiés pour recréer au plus juste les milieux naturels des océans présentés. Autour des aquariums, des espaces de découverte qui font la part belle aux nouvelles technologies : cinéma en 3 D, bornes interactives, écrans vidéo, etc. Le *pavillon tempéré* permet de découvrir ce que cache l'Atlantique au large de la Bretagne : ballet des méduses, grande vasière des langoustines, remarquable forêt de laminaires, bassin des phoques avec les « spaghettis des mers ». Superbe colonne océane pour observer la vie en banc. Pittoresque « tombant rocheux » avec plongeur descendant à heure fixe pour nourrir les poissons. Dans le *pavillon polaire* : spectacle multimédia sur l'étonnante adaptation de l'homme à ces zones au climat hostile, reconstitution de la base antarctique Concordia avec présentation de l'étude des climats. Une colonie de manchots (40 de trois espèces différentes). Et une vraie banquise où s'ébattent les phoques ! Le *pavillon tropical* abrite, lui, un aquarium de 1 000 m³, pour ceux que *Les Dents de la mer* n'ont pas définitivement fâchés avec les requins ! On rigole mais ces animaux sont réellement fascinants ! Et, à ne pas rater, un spectacle que seuls les privilégiés qui vont plonger sous les tropiques ont pu découvrir : une barrière de corail vivant derrière une longue baie vitrée.

★ *Le parc du Vallon de Stang-Alard* : route du Stang-Alard. Du centre-ville par la D712 (vers l'aéroport de Guipavas) ou la D233 (vers Quimper). En bus, n° 3, 17, 25 et 27, arrêt « Palaren ». Une quarantaine d'hectares de pleine nature, qui s'élèvent doucement entre la plage du Moulin-Blanc et la ville. Le ballon d'oxygène des Brestois, lieu de promenade dominicale des familles. Un petit ruisseau, des étangs que les canards ont l'air de trouver à leur goût. On y trouve la crêperie *Le Blé Noir* (voir rubrique « Où manger ? »). Et le *Conservatoire botanique,* (52, allée du Bot. ☎ 02-98-02-46-00) qui, sur son jardin de 22 ha et ses serres, préserve toutes les plantes du monde menacées de disparition. C'est le deuxième d'Europe après celui de Londres. Ouvert de 9 h à 20 h, d'avril à septembre, de 9 h à 18 h le reste de l'année. Accès gratuit au jardin. Dans 1 000 m² de serres sont également présentées les espèces les plus rares et fragiles. Visite : 22 F (3,3 €) par adulte et 11 F (1,6 €) pour les 5-12 ans. Du 1er juillet au 15 septembre tous les jours sauf les vendredi et samedi de 14 h à 17 h 30. Le reste de l'année, visite guidée tous les dimanches à 16 h 30.

À faire

– *Balades en bateau :* visites commentées de la rade, du port militaire et du port de commerce, liaisons rapides avec le port du Fret sur la presqu'île de Crozon. Renseignements : *Vedettes armoricaines,* ☎ 02-98-44-44-04, dans le port de commerce (1er éperon) ou *société Azenor,* ☎ 02-98-41-46-23, dans le port de plaisance du Moulin-Blanc.

BREST

Où plonger entre Brest et Camaret-sur-Mer ?

Très exposée au vent d'ouest, la zone est battue en permanence par de violents courants, rendant les plongées très techniques : les « hommes-grenouilles » se mettent à l'eau au moment de l'étale et utilisent un compas pour se guider dans le fond, d'autant que la visibilité tourne régulièrement autour des 5 mètres. Plongée hors club déconseillée. Prudence...
Dans le coin, les épaves sont particulièrement nombreuses. La *Cordelière*, nef d'Anne de Bretagne, reine de France et épouse de Louis XII, est certainement le navire le plus illustre à y avoir sombré, en 1512, lors d'un combat avec les Anglais. Aujourd'hui, elle est activement recherchée par les hommes du *Groupe de recherche en archéologie navale*, qui sillonnent les approches de Brest sur un chalutier remorquant un « poisson » électronique. À la tête de cette expédition financée par des fonds publics, Max Guérout entend bien débusquer la « grande dame », et par là même redécouvrir cette Marine du XVIe siècle, encore mal connue des historiens...

Quelques adresses

■ *GMAP :* 1er éperon, port de Commerce, 29200 Brest. ☎ 02-98-43-15-11. ● www.gmap.infini.fr ● Ouvert le week-end toute l'année, et tous les jours en été. Fermé les jeudi et dimanche. Dans ce club (FFESSM), les « routards-pêchailloux » seront séduits par le chalutier reconverti qui achemine les plongeurs sur les spots. Équipements complets fournis par Bernard Lucas et ses moniteurs fédéraux et brevetés d'État, pour baptêmes, formations jusqu'au monitorat fédéral, et explorations.

■ *Scubaland Plongée :* 29, rue de l'Amiral-Troude, 29200 Brest. ☎ 02-98-43-01-10. ● www.scubaland.fr ● Ouvert le week-end toute l'année, et tous les jours en été, sauf le dimanche. Loin de la cohue effroyable des « clubs-usines à plongeurs », ce petit centre (FFESSM, ANMP) – parfaitement équipé – propose des plongées en petit comité (10 plongeurs maxi) pour mieux apprivoiser les merveilles de la vie sous-marine. Le directeur des plongées (Christian Ciréfice) et ses moniteurs brevetés d'État proposent baptêmes et formations jusqu'au niveau III. Ils vous emmènent (en bateau rapide) sur les meilleurs spots du coin. Stages enfants dès 8 ans. Forfaits dégressifs pour 5 ou 10 plongées. Réservation obligatoire.

■ *Club Léo Lagrange :* 2, rue du Stade, 29570 Camaret-sur-Mer. ☎ 02-98-27-90-49 et ☎ 02-98-27-92-20. • perso.wanadoo.fr/club.leo lagrange/ • Ouvert de Pâques à mi-octobre, et tous les jours en été. Rendez-vous sur le quai Tephany, pour embarquement immédiat – par groupes de niveaux – sur l'un des 5 chalutiers ou pilotines (orange et blanc) de ce gros club (FFESSM). Hervé Coutelle, le sympathique directeur de plongée, connaît tous les spots « sur le bout des palmes » et assure les baptêmes et formations jusqu'au niveau III, avec ses moniteurs d'État fédéraux. Stages épaves, biologie marine, et initiation enfants à partir de 8 ans. Équipements complets fournis. Forfaits dégressifs à partir de 10 plongées et petite fosse de plongée à terre. Réservation obligatoire. Possibilité d'hébergement en pension complète. Nombreux plongeurs allemands et hollandais.

Nos meilleurs spots

🐚 *Les Ducs d'Albe :* une plongée exceptionnelle (18 m maxi). Deux gros quais de béton construits pour amarrer le cuirassé *Bismarck* pendant la dernière guerre. Aujourd'hui, les parois sont enrobées d'alcyons veloutés, d'anémones-bijoux somptueuses, d'éponges et de cliones flamboyantes. Le clou du spectacle est à l'intérieur (attention aux ferrailles !) où le faisceau de votre lampe surprendra poissons de roche et crustacés. Immersion préférable au nord du site. Niveau I.

🐚 *La Reine de Léon :* plongée « coup de cœur » sur l'épave, très poissonneuse, de ce petit goémonier ayant sombré en 1991 par 40 m de fond. De bien curieux moussaillons – énormes juliennes et tacauds luisants en banc compacts – s'activent à la manœuvre autour des ultimes membrures du moteur ! Niveau II confirmé.

🐚 *Le Plateau des Fillettes :* les « fanas » de poissons seront servis en explorant ce sec imposant (de 3 à 28 m) à la sortie du Goulet. Entre les laminaires frémissantes, des poissons innombrables circulent dans tous les sens à la recherche de leur nourriture et c'est à peine si vous dérangez ce bal frénétique. Les vieux crabes ruminent à s'en décrocher les mandibules devant des coquettes aussi délurées que les « Fillettes de Camaret ! ». Également des canons de bronze, ultimes vestiges des naufrages provoqués par ce « caillou ». Spot très exposé. Niveau II confirmé.

🐚 *Le Dellec :* habituels compagnons de plongée, les tacauds rutilants mènent la danse sur ce lance-torpilles coulé en 1945, par 12 m de fond. Sa vocation guerrière (torpilles, douilles...) est aujourd'hui camouflée par les anémones aux couleurs vives et de nombreux spirographes dispersés sur la carcasse. Visite de la cale possible. Attention à la houle d'ouest. Niveau I.

🐚 *Émile Allard :* l'avant de ce navire baliseur, bombardé en 1943, est dominé par une grue bien droite, et perçant littéralement un mur de tacauds aux reflets argentés. Parfois, une lotte tapie sur le fond sablonneux admire, médusée, les bulles des nombreux plongeurs qui fréquentent le spot ; alors que les vieilles et autres congres font des apparitions très remarquées. Énormes moteurs à l'arrière. Par temps calme uniquement. Niveau II confirmé.

🐚 *Les Vieux Moines :* la profondeur n'excède pas 20 m sur ce rocher signalé par une balise orange devant la pointe Saint-Mathieu. Parmi les colonies d'alcyons, quelques vestiges d'une épave servent de cache aux poissons. Sachez enfin que les laminaires dissimulent l'entrée des failles où se cachent tacauds et crabes. Plongée par mer calme seulement. Niveau II.

🦐 *Le Swansea Vale :* coulé en 1918, ce cargo britannique gît en 3 morceaux par 30 m de fond. Des congres énormes mais « pépères » sont lovés un peu partout dans les tôles et poutrelles rouillées, somptueusement garnies d'alcyons et de gorgones. Pour rien au monde, les tacauds ne rateraient la visite d'un chapelet d'hommes-grenouilles ! Ne pas entrer dans l'épave. Niveau II confirmé.

🦐 *Les Tas de pois :* 4 îlots alignés face à la pointe de Pen-Hir. Le dernier offre un tombant de 25 m qui débute par une forêt de laminaires. Puis, dans une séduisante myriade de couleurs, succession d'éponges, d'alcyons duveteux, d'oursins et d'anémones-perles particulièrement épanouies. Au pied du mur, parmi les rochers en vrac, c'est le rendez-vous de « Tacauds Ville » ! À proximité, la *Basse des Lys* constitue aussi un spot magnifique. Niveau I.

Fêtes et manifestations

– *La grande fête des Bateaux :* immense fête qui se déroule en général tous les quatre ans, en juillet. Celle de 1996 nous laisse de sacrés souvenirs avec ses vieux gréements mais aussi ses expositions sur le patrimoine maritime (balises, phares, moulins à marée, ex-voto marins, techniques ostréicoles). Celle de l'an 2000 aura lieu du 13 au 17 juillet à Brest, puis les bateaux seront à Douarnenez du 17 au 20 juillet. Pour tous renseignements complémentaires (hébergement...), contacter l'office du tourisme.

– *Les Jeudis du Port :* tous les jeudis soir de juillet et août, immense fête gratuite. Depuis une dizaine d'années (déjà !), ils recréent l'atmosphère des « bordées de marins » d'antan, quand s'élevaient à pleins poumons les chansons des gens de mer. Ici, on passe en toute simplicité de la star sur l'estrade au chanteur ou bateleur de rue. En 1995, un grand moment, Joan Baez et 40 000 spectateurs ! Atmosphère dans les bars du quai de la Douane indescriptible. Et ça réussit à rester familial et bon enfant...

– *Saint-Patrick* (mi-mars) *:* belle fête dans le port de commerce, resserrant un peu plus les liens unissant les Bretons aux Irlandais. *Fest-noz*, artistes irlandais. Bonnes bières.

– *Carnaval naval* (fin mars) *:* dans le port de commerce. Durant tout un samedi, un carnaval célébrant la mer. Un grand bal populaire clôture la journée. Renseignements à l'office du tourisme.

Quitter Brest

– *En car :* de nombreux cars au départ de Brest. *Cars CAT* (☎ 02-98-44-32-19) vers Portsall et Quimper. *Cars Saint-Mathieu* (☎ 02-98-89-12-02) vers Le Conquet. *Cars Bihan* (☎ 02-98-83-45-80) vers Brignogan, Lesneven, Landereau, Roscoff et Kerlouan. *Cars Leroux* (☎ 02-98-84-23-23) vers Lampaul et Plouarzel. *Cars Salaun* (☎ 02-98-27-56-00) vers Lefaou et Crozon. Cars vers Lilia. Renseignements à la gare routière de Brest : ☎ 02-98-44-46-73.

– *En bateau :* vers Ouessant et Molène (voir « Île d'Ouessant »).

LE PAYS D'IROISE

À quelques encablures de Brest, un coin qui a su conserver son authenticité : une côte miraculeusement préservée d'une urbanisation massive, des petites plages discrètes nichées dans des criques, des abers et des ports de pêche. Et les îles, sublimes, Ouessant, Molène... Un petit pays évidemment baigné par la mer d'Iroise, zone de jonction entre l'océan Atlantique et la Manche. Une droite (imaginaire!) tracée entre Ouessant et la pointe de Corsen marque la ligne de séparation des eaux.

Adresse utile

🚇 *Pays d'Iroise :* Kerloïs (BP 78), 29290 Saint-Renan. ☎ 02-98-84-41-15. Fax : 02-98-32-43-37. ● www.pays-iroise.com ● Ouvert en semaine de 8 h 30 à 12 h et de 14 h à 17 h (16 h 30 le vendredi), fermé les samedi et dimanche. Pour toutes infos sur le pays d'Iroise : hébergement, loisirs, etc.

SAINT-RENAN *(LOKOURNAN)* (29290)   7 020 hab.

À moins de 15 km au nord-ouest de Brest. Carrefour de routes, à l'épicentre du pays d'Iroise. Une petite cité qu'on traverse peut-être trop vite pour rejoindre la mer. Pourtant son centre ancien mérite le détour.

Un peu d'histoire

La ville doit son nom à Ronan, un ermite irlandais venu évangéliser le coin vers 490. Microclimat plaisant, il y est resté une vingtaine d'années avant d'aller « prosélyter » ensuite en Cornouaille et mourir à Locronan (où il repose dans l'église).
Au XIVe siècle, Saint-Renan était une ville importante puisqu'elle possédait une cour de justice administrant 37 paroisses (dont Brest). En 1681, Colbert a tout fait transférer à Brest (cour de justice, administration civile et militaire). Dépossédée, Saint-Renan est tombée en léthargie et a cessé de se développer. La petite cité a cependant connu un regain d'activité avec l'exploitation de mines d'étain, de 1957 à 1975.
Une anecdote : après une fâcherie avec son amant Victor Hugo, Juliette Drouet se réfugia chez sa sœur à Saint-Renan. Victor, très amoureux, fit le long voyage en 1834 pour tenter de se rabibocher. Cela marcha, semble-t-il, puisqu'ils rentrèrent ensemble à Paris.

Adresse utile

🚇 *Office du tourisme :* 22, rue Saint-Yves; près de la place du Vieux-Marché. ☎ 02-98-84-23-78. Hors saison, ouvert du mardi au samedi de 10 h à 12 h et de 14 h à 17 h, fermé les dimanche et lundi; en juillet et août, ouvert du lundi au samedi de 9 h 30 à 12 h 30 et de 14 h à 19 h, et le dimanche de 10 h 30 à 12 h 30. On y trouvera une petite doc sur la ville. Visite guidée gratuite de la ville tous les jeudis à 10 h.

Où dormir? Où manger?

🏠 *Camping municipal Lo Kournan :* route de l'Aber. ☎ 02-98-84-37-67 en saison et 02-98-84-20-08 hors saison. Fax : 02-98-32-43-20.

Situé sur la D27, route de Lanildut. Indiqué à 2 km sur la droite. Ouvert du 1er juin au 15 septembre. Autour de 40 F (6,1 €) l'emplacement pour 2 personnes. Au bord du lac. À 10 mn à pied par un sentier de Saint-Renan. Calme et ombragé.

≜ |●| *Hôtel-restaurant des Voyageurs :* 16, rue Saint-Yves. ☎ 02-98-84-21-14. Fax : 02-98-84-37-84. Dans le centre. Chambre double avec douche et w.-c. ou bains et TV (Canal +) de 300 à 350 F (45,7 à 53,3 €). Également des chambres pour familles avec 2 pièces. Menus de 80 F (sauf le dimanche) à 255 F (12,2 à 38,8 €). Une affaire de famille à qui la 5e génération à occuper les lieux vient de donner un joli coup de jeune. Cette vieille maison de pierre a été rénovée de fond en comble. Jolies et confortables chambres à la déco d'un bon goût discret. Salle à manger dans le même ton. La cuisine ne faillit pas à sa très bonne réputation : pot-au-feu de la mer, ragoût de Saint-Jacques, etc. Et on a trouvé l'accueil de la patronne franchement enthousias-

mant. Une bonne étape. En plus, pour nos lecteurs, l'apéritif est offert.

|●| *Crêperie La Maison d'Autrefois :* 7, rue de l'Église. ☎ 02-98-84-22-67. Fermé les dimanche et lundi hors saison et de mi-février à mi-janvier. Menus à 53 F (le midi en semaine) et 78 F (8 et 11,8 €). Compter de 75 F à environ 100 F à la carte (11,4 à 15,2 €). Superbe maison à colombages, qui attire le regard. On se dit que l'intérieur du restaurant contrastera avec la beauté de la façade. Que nenni ! Les murs en pierre de taille, les outils d'époque et les beaux meubles auraient pu créer une ambiance un peu lourde. Alors les jeunes patrons ont habillé les tables de nappes bleues et blanches et rafraîchi leur cadre en disposant çà et là des fleurs fraîches. Bonnes crêpes traditionnelles comme la Bretonne (noix de Saint-Jacques, émincé de poireaux, crème, flambée au calvados), ou la Sauvage (crêpe sucrée au caramel de vin, glace au miel). Apéro offert à nos lecteurs.

Où dormir dans les environs ?

≜ *Chambres d'hôte chez Marie Perrot :* Lézavarn, 29280 Plouzané. ☎ 02-98-48-49-79. Sur la D38 entre Saint-Renan et Plouzané. Ouvert toute l'année. Chambres avec douche à 230 F (35 €) petit déjeuner compris.

Ferme sans rien d'exceptionnel, mais on y retrouve la campagne, l'ambiance familiale, les bons lits bretons et surtout des prix fort raisonnables. Pas de table d'hôte mais apéro et café offerts à nos lecteurs.

À voir

★ *La place du Vieux-Marché :* elle témoigne de la prospérité ancienne de la ville. Au-dessus du café, belle demeure de granit de 1500 avec porte en accolade gothique fleurie et de jolies mansardes sculptées de petits personnages. À côté, superbe maison à encorbellement de 1438 (avec la crêperie au rez-de-chaussée). Noter les figures grotesques polychromes sous l'encorbellement. Au n° 2, à l'angle de la place et de la rue de l'Église, la bâtisse date de 1450. De l'autre côté de la place s'élève la Sabretache, maison du sénéchal, de 1641. Belles lucarnes.

★ *L'église Notre-Dame-de-Liesse :* elle a brûlé au XVIIIe siècle, a été reconstruite, puis agrandie au XIXe siècle. On en a profité pour lui adjoindre un chœur de style roman, copie de celui de l'ancienne abbaye de Landévennec. Si l'intérieur ne possède plus de caractère particulier, en revanche, noter le devant d'autel sculpté et, surtout, dans la petite entrée gauche de la nef, les bénitiers. Derniers vestiges de l'église antérieure, ce sont les anciennes cuves baptismales de 1235. Au-dessus, fort jolie statue polychrome de saint Renan, du XVe siècle.

★ Autour, quelques rues pittoresques comme la curieuse rue Casse-la-Foi. En pente, décourageait-elle de monter à l'église ? L'*impasse Notre-Dame* possède toujours sa rigole et son pavage d'origine. La *rue de la Fontaine* mène aux fontaines et au vieux *lavoir* où l'on battait le linge il n'y a pas si longtemps. Jusqu'en 1927, avant l'apparition de l'eau courante, les femmes de Saint-Renan venaient s'y approvisionner. En pierre de taille, c'est l'un des plus beaux du Finistère.

★ *Le musée d'Histoire locale :* 16, rue Saint-Mathieu (elle part de la place du Vieux-Marché). ☎ 02-98-32-44-94. Ouvert tous les samedis, de 10 h 30 à 12 h. Sur réservation à partir de 4 ou 5 personnes le reste de l'année. Entrée : 10 F (1,5 €). Intéressantes collections de coiffes bretonnes, vêtements, objets domestiques et mobilier du Léon. Nombreux témoignages du Saint-Renan du temps passé, de ses foires et de l'exploitation des mines d'étain.

★ *La galerie Notre-Dame :* place du Vieux-Marché. Ouvert de 14 h à 18 h ; le samedi de 10 h à 12 h et de 14 h à 18 h. Dans une belle demeure ancienne. Intéressantes expos d'artistes régionaux, qui ont lieu trois fois par an, à Noël, au printemps et en été. Elles durent en moyenne 2 mois. Pour les dates, se renseigner auprès de l'office du tourisme.

★ *Le lac de Tycolo :* joli petit lac (14 ha) sur le site d'une ancienne mine d'étain désaffectée puis inondée. Centre nautique accessible à partir de 8 ans. ☎ 02-98-84-30-93. Ouvert de juillet à septembre, du lundi au vendredi, de 9 h à 17 h. Idéal pour ceux qui veulent découvrir la voile sans les vagues. Initiation (planche à voile, Optimist, kayak). Séances de découverte (une demi-journée) et si cela vous a plu, stages à la semaine (en journée ou demi-journée).

★ *Le menhir de Kerloas :* à 4 km au nord-ouest de Saint-Renan par la D5 direction Plouarzel (bien indiqué). Ne manquez pas ce menhir, parmi les plus hauts de Bretagne (9,50 m). Il s'élève, hiératique, impressionnant, dans une campagne sévère. Il paraît que les jeunes mariés venaient autrefois s'y frotter : le jeune homme pour avoir un fils, la jeune fille pour... faire la loi à la maison !

Fêtes et manifestations

– *Le marché du samedi :* débordant largement de la vieille place du Marché, se tient chaque samedi (depuis plus de 500 ans !), le plus grand marché du Finistère nord. Pittoresque et animé : poules, oies, canards, lapins, fraises, fromages et autres produits du terroir sont parfois encore négociés en breton.
– *Fête médiévale :* mi-juillet. Défilés en costumes, repas médiéval.

LE TREZ-HIR-EN-PLOUGONVELIN (PLOUGONVELEN) (29217) 2 920 hab.

À une vingtaine de kilomètres de Brest, on trouve d'abord *Plougonvelin*, un gros village aux murs peints de fresques étonnantes. Juste à côté, *Trez-Hir*, que son microclimat et surtout sa belle plage ont transformé en une station balnéaire prisée des Brestois. Éminemment touristique et bondée les week-ends ensoleillés. Jolie promenade jusqu'au *rocher de Bertheaume* (culminant à 60 m) face au fort du même nom. De là démarre d'ailleurs un sentier qui suit le littoral jusqu'à la *pointe de Saint-Mathieu* à 9 km (un peu plus de

2 h de marche). Nombreuses falaises rocheuses. Panoramas, depuis les pointes de Créac'h Meur et Saint-Mathieu, sur la presqu'île de Crozon. Par très beau temps, le regard peut porter jusqu'à la pointe du Raz et l'île de Sein.

Comment y aller de Brest ?

– *Cars Saint-Mathieu :* ☎ 02-98-89-12-02. 5 à 6 départs en semaine et 3 départs le dimanche.

Adresse utile

◙ *Office du tourisme :* L'Hippocampe, bd de la Mer, Trez-Hir. ☎ 02-98-48-30-18. Fax : 02-98-48-25-94. ● omt.plougonvelin@wanadoo.fr ● Ouvert toute l'année, en saison, tous les jours de 10 h à 12 h 30 et de 14 h à 19 h ; le dimanche de 10 h à 13 h et le reste de l'année, du mardi au samedi, de 10 h à 12 h et de 14 h à 17 h.

Où dormir ? Où manger ? Où boire un verre ?

🛏 *Camping de Bertheaume :* route de Perzel. ☎ 02-98-48-32-37. Autour de 60 F (9,1 €) l'emplacement pour 2. Dans une anse, en bord de plage. Coin assez préservé. Une centaine d'emplacements. Location de mobile homes. 10 % de remise pour les locations de plus d'une semaine sur présentation du *GDR*.

🛏 |●| *Hôtel Le Marianna :* plage du Trez-Hir, route du Conquet. ☎ 02-98-48-30-02. Fax : 02-98-48-23-41. Fermé du 1er octobre au 1er avril. Chambre double à 250 F (38,1 €) avec douche et w.-c. Menus de 55 F (le midi en semaine) à 98 F (8,3 à 14,9 €). Hôtel touristique en front de mer, le seul de Trez-Hir. Chambres classiques mais honnêtes. Apéritif maison offert sur présentation du *GDR*.

🛏 *Parc de Saint-Yves :* 15, rue du Cléguer. ☎ 02-98-48-32-11 (en juillet-août, hors saison, s'adresser à l'OT). Fax : 02-98-48-25-94. ♿ Ouvert du 1er avril à mi-novembre. Location à la semaine : de 1 500 à 2 900 F (228,6 à 442,1 €) suivant le type d'hébergement et la saison. Dans le centre de Trez-Hir et à 400 m de la plage. À proximité du Centre nautique, des commerces, d'un sentier côtier. Location de mobile homes et de chalets équipés pour 4 à 6 personnes.

🍸 |●| *Bar des Sports :* 1, rue de Pen-Ar-Bed. ☎ 02-98-48-34-10. Ouvert toute l'année. Menu à 45 F (6,8 €) café compris, servi tous les jours. Menu-enfants à 32 F (4,8 €). Impossible à rater avec sa fresque amusante (figurant justement l'entrée du bar). Rien de particulier, mais patron sympa ayant su créer une bonne ambiance dans ce petit bistrot de village. Apéro offert aux lecteurs du *GDR*.

Où dormir ? Où manger ? Où boire un verre dans les environs ?

🛏 *Camping municipal de Portez :* plage de Portez, 29280 Locmaria-Plouzané. ☎ 02-98-48-49-85. Fax : 02-98-48-93-21. Ouvert du 15 mai

LE PAYS D'IROISE

au 15 septembre. Autour de 50 F (7,6 €) l'emplacement pour 2. Ombragé et en terrasses, il offre un chouette panorama sur la baie de Bertheaume. La plage est à une centaine de mètres.

|●| *Crêperie La Cormorandière :* plage de Trégana, 29280 Locmaria-Plouzané. ☎ 02-98-48-92-53. Ouvert toute l'année. À une dizaine de km à l'est du Trez-Hir par la D789 puis, à droite, la route de Trégana. Compter 80 F (12,2 €) au minimum à la carte. 3 salles qui grimpent du rez-de-chaussée au grenier d'une pittoresque petite baraque. Pour profiter au mieux de la vue (assez somptueuse) sur l'océan, grimpez jusqu'au dernier étage (et tant pis pour les jambes des serveuses...). Le cadre fait dans le genre musée d'art et de traditions populaires revu par un magazine de déco : cheminée, lits clos, grosses tables de bois, maquettes de bateau pendues comme des ex-voto. Très chou. Bonnes crêpes (les crêpes-desserts sont artistiquement dressées comme des coiffes traditionnelles) qu'on aimerait juste plus gentiment tarifées. C'est une des adresses fétiches des

étudiants brestois, réservation donc conseillée. Terrasse aux beaux jours.

☗ ▄ *Bar du Minou :* plage du Minou, 29280 Locmaria-Plouzané. ☎ 02-98-48-55-27. À une quinzaine de km du Trez-Hir par la D789 puis à droite la D38 direction pointe du Grand-Minou. Niché dans un coin superbe : une petite crique au pied de la pointe. Petit hôtel de campagne transformé par des jeunes du coin en bar de plage gentiment délirant : des vagues psychédéliques courent le long des murs, des sièges de tracteurs jalonnent le comptoir... Accueil très (très !) décontracté. Les jeunes gérants rentrent juste du Brésil où ils s'étaient posés au terme de la tournée commune Mano Negra-Royal de Luxe. Au Minou, on croise des surfeurs qui remontent de la plage, un VRP qui s'est offert une sieste dans ce tranquille endroit, les voisins de Kanabeach, la marque de fringues bretonne un peu allumée (pub gratuite !), les jeunes du village... Soirées avec *DJ* le samedi. Apéro dub-cool-soul le dimanche. Quelques chambres au confort très sommaire (mais très bon marché) si le coin vous a vraiment plu.

À voir

★ *Le fort de Bertheaume :* ☎ 02-98-48-26-41 ou 02-98-48-30-18 (office du tourisme de Plougonvelin). En saison, ouvert tous les jours de 13 h 30 à 18 h 30 ; d'avril à octobre, tous les dimanche et jours fériés. Entrée : 22 F (3,3 €), 12 F (1,8 €) de 12 à 18 ans. Parcours « son et lumière » qui évoque l'histoire du site tous les soirs en juillet et août (sauf spectacles au théâtre de verdure) à 21 h. Tarifs : 44 F (6,7 €), 25 F (3,8 €) pour les 12 à 18 ans. Possibilité de forfait musée-parcours. Situé sur une île à laquelle on accédait par une nacelle jusqu'en 1835 (désormais remplacée par une passerelle), ce château d'origine médiévale, remanié par l'inévitable Vauban, a été très endommagé pendant la Seconde Guerre mondiale. La Marine l'a récemment cédé à la commune. Le site, restauré, a désormais vocation culturelle et artistique. Expositions dans des casemates du XIXe siècle réhabilitées : diaporama sur l'histoire du site (marrant, tous les moyens imaginés pour relier l'île au continent !) et évocation de *La Cordelière*, vaisseau qui a sombré en 1512 au large de Bertheaume. Et le théâtre de verdure accueille concerts et autres spectacles dans un cadre exceptionnel. Entrée à 18 F (2,7 €) pour les grands routards sur présentation du *GDR*.

LA POINTE SAINT-MATHIEU (29217)

Jadis ville importante (qui a compté au Moyen Âge jusqu'à 36 rues), la pointe Saint-Mathieu n'est plus qu'un tout petit village du bout du monde, dominé par un *phare* de 60 km de portée. Il semble jaillir des ruines d'une *église abbatiale* dont le chœur est quasi intact. Flânez les soirs de tempête dans ces ruines balayées par le jet lumineux du phare. Surréaliste, sublime ou pathétique, à vous de voir !

Où dormir chic ? Où manger ?

🛏 |●| *Hostellerie de la pointe Saint-Mathieu :* en face du phare et des ruines de l'abbaye, 29217 Plougonvelin. ☎ 02-98-89-00-19. Fax : 02-98-89-15-68. Fermé le dimanche soir hors saison (sauf pour les résidents). Selon la saison, chambre double de 310 à 660 F (47,2 à 100,6 €) avec douche et w.-c. ou bains (toutes ont la TV). Menu de 98 F (sauf le dimanche) à 420 F (14,9 à 64 €). Superbement situé.

Les chambres donnent sur le phare et les vestiges de l'abbaye ou l'océan. Toutes sont différentes, certaines ont des hublots pour fenêtres, d'autres (les nos 14, 15, 16, 24, 25 et 26) disposent d'un salon et d'une terrasse. Pour le resto, formule brasserie ou repas gastro dans une superbe salle à manger : croustillant de morue fraîche, pied de veau aux champignons, râble de lapin farci aux pruneaux, pot-au-feu des îles, etc.

Randonnée pédestre

– *Le sentier des douaniers :* 9 km ; 2 h 15 aller-retour sans les arrêts. En boucle du parking de la pointe Saint-Mathieu. Balisage blanc et rouge du GR34 puis jaune. À faire par beau temps. Références : topo *Bretagne, Finistère Nord. Le chemin des phares,* éd. FFRP. Carte IGN au 1/25 000, 0417 ET.
Le sentier maritime de la pointe Saint-Mathieu est la promenade privilégiée des Brestois. Il fleure bon le goémon et le grand vent. Ce sentier autrefois emprunté par les douaniers garde encore des traces de la culture du goémon, richesse ancestrale du pays. Chemin faisant, vous pourrez découvrir (mais ne vous penchez pas trop !) les *davied* ou « pierres à goémon » en breton. Ces grosses dalles percées, au bord de la falaise, servaient autrefois à remonter cette « herbe d'or » de la grève. Le goémon se récolte aujourd'hui avec des bateaux et un tracteur.
Du parking, on découvre les ruines de l'abbaye, le phare à feu tournant et la haute colonne, mémorial où se tient, face à l'océan, une Bretonne sculptée dans le granit. En suivant le sentier du littoral ou GR34, on atteint les rochers des Rospects. Le sentier longe la grève de Keryunan avant de bifurquer vers les terres intérieures, Saint-Marzin et le sombre manoir de Pridic. Deux menhirs surmontés d'une croix, ou *lechs* se dressent, isolés, sur la lande de Plougonvelin. On les surnomme les « gibets aux moines ». Le tour se termine en traversant le bas du village de Saint-Mathieu.

LE CONQUET *(KONK-LEON)* (29217)   2 440 hab.

Petit port de pêche ayant conservé beaucoup de charme et de naturel. Quelques vieilles demeures avec leurs portes gothiques. Au n° 1, rue Aristide-Briand, la *maison des Anglais,* la plus ancienne (XVe siècle). Port d'embarquement pour les îles d'Ouessant et de Molène. Sur la route de la pointe de Saint-Mathieu, jolie *plage de Porzliogan*.

Une balade pittoresque : le tour de la presqu'île de Kermorvan par un joli sentier côtier. Accès pour les piétons par la passerelle du Croaë. Au bout, la récompense : la superbe *plage des Blancs-Sablons*.

Adresses utiles

❶ *Office du tourisme :* parc de Beauséjour. ☎ 02-98-89-11-31. Fax : 02-98-89-08-20. Ouvert toute l'année ; du 15 juin au 15 septembre, tous les jours sauf le dimanche après-midi, de 9 h à 12 h 30 et de 15 h à 18 h 30 ; le reste de l'année, uniquement du mardi au samedi, de 9 h à 12 h, et pendant les vacances scolaires, de 9 h à 12 h et de 15 h à 18 h. Nombreux renseignements sur Le Conquet et Ouessant (rando, hébergement...).

■ *Compagnie de cars de Saint-Mathieu :* ☎ 02-98-89-12-02.

LE PAYS D'IROISE

Où dormir ? Où manger ? Où boire un verre ?

🛖 *Camping Le Theven :* Les Blancs-Sablons. ☎ 02-98-89-06-90. Fax : 02-98-89-12-17. À 5 km du Conquet par la route des Blancs-Sablons. Ouvert du 1er avril au 30 septembre. Autour de 50 F (7,6 €) l'emplacement pour 2. À 400 m de la plage des Blancs-Sablons. Vaste terrain (près de 400 emplacements) pas mal équipé : épicerie, jeux pour enfants, etc.

🛏 |●| *Le Relais du Vieux Port :* 1, quai du Drellac'h. ☎ 02-98-89-15-91. ♿ (restaurant). Fermé en janvier. Chambre double de 220 à 350 F (33,5 à 53,3 €) avec douche et w.-c. Côté crêperie, menu à 60 F (9,1 €) et une addition moyenne de 80 F (12,2 €) à la carte. Au resto, compter 100 F (15,2 €) à la carte. Imaginez le charme et l'ambiance chaleureuse de chambres d'hôtes (c'en était dans une vie antérieure) associés au côté pratique de l'hôtel : vous avez *Le Relais du Vieux Port*. Un endroit tenu par une famille qui sait accueillir et où l'on se sent vite comme chez soi. Dans les chambres qui portent chacune le nom d'une île bretonne : plancher brut, murs blancs gentiment égayés de pochoirs bleus, literie de bonne qualité et, pour certaines, lit à baldaquin contemporain. Cinq offrent une chouette vue sur l'estuaire (la « Beniguet » notamment, dotée de

trois fenêtres). Attention, la « Bannalec » (la moins chère) a une cabine douche et est plus petite que les autres. Le petit déjeuner (copieux) se prend sur une noble table en bois : pains blanc et noir et confitures maison. Côté resto, grande salle où trône une cheminée. Service continu toute la journée hiver comme été. Bon choix de crêpes et plats de poissons et fruits de mer : salade iroise aux Saint-Jacques, lotte au cidre, etc. Cave sympa. Expos permanentes de peintres locaux et soirées musicales tous les mercredis en été. Une de nos meilleures adresses, surtout pour l'hôtel. Apéro offert aux lecteurs du *GDR* et 10 % sur la chambre à partir de 2 nuits consécutives hors vacances scolaires.

🛏 *Chambres d'hôte chez M. et Mme Michel :* 24, rue du Chemin-des-Dames. ☎ 02-98-89-07-10. À la gendarmerie du Conquet, prendre la 1re route à gauche, puis suivre la direction « Route touristique » : au 4e panneau « Route touristique + chemin des Dames », prendre à droite, puis descendre 50 m et vous y êtes. Fermé de novembre à mars. Chambre double à 180 F (27,4 €) avec douche et w.-c. Copieux petit déjeuner à 25 F (3,8 €). Fort bien tenu et chaleureux accueil, presque à l'irlandaise ! Chambre double avec entrée indépendante, TV, réfrigérateur, micro-ondes.

🛏 *Chambres d'hôtes chez Annick Pastouret :* 8, rue Amiral-Guepratte. ☎ 02-98-89-14-25 ou 06-07-14-44-69. Dans une petite rue vers l'office du tourisme. Ouvert toute l'année. Chambre double de 220 à 280 F (33,5 à 42,6 €) suivant le confort et l'exposition. Petit déjeuner à 30 F (4,5 €). À deux pas du centre, mais dans un coin tranquille. Jolie petite maison au portail flanqué de deux palmiers. Un adorable jardinet sur l'avant. Une terrasse et un autre jardin qui descend vers l'aber sur l'arrière. Chambres mignonnes comme tout, pleines de bibelots, de meubles de famille et d'idées déco à piquer pour chez soi... La plus grande dispose d'une salle de bains, les autres se partagent bains et w.-c. Quelques-unes donnent sur la mer. Et une ambiance familiale et décontractée qui fait qu'on s'y sent vite comme un invité dans la maison de vacances d'amis.

|●| ⵟ *La Taverne du Port :* 18, rue Saint-Christophe. ☎ 02-98-89-10-90. Fax : 02-98-89-12-51. Fermé le mardi (d'octobre à fin mars) et du 9 au 30 janvier. Menus de 78 à 158 F (11,8 à 24 €). Au rez-de-chaussée, un vaste bar à la jolie déco façon intérieur de bateau. Huit bières à la pression, dont bien sûr la Guinness et la Coreff. Café-concert tous les mercredis d'été et de temps à autre en hiver. À l'étage, la salle du resto prolongée d'une véranda a moins d'allure (mais cela viendra peut-être?). Honnête cuisine largement tournée vers la mer : choucroute de poisson, Saint-Jacques au saumon sur pierre. On peut aussi y prendre son petit déjeuner avant le départ pour Ouessant (l'embarcadère est à deux pas). Apéro offert aux lecteurs du *GDR*.

À voir

★ *L'église :* construite au XIXe siècle, mais avec des éléments du XVe. Notamment, sur la façade, les gargouilles en forme de lions et les statues dans les niches. À l'intérieur, tribune d'orgue en bois sculpté. Au-dessus du portail, Christ aux liens. Vitrail du XVIe siècle.

★ *L'anse des Blancs-Sablons :* sauvage et pittoresque. Avec Molène au large, elle offre assez d'espace pour la cohabitation des naturistes et des baigneurs « textiles ».

Fête

– *Bénédiction de la mer :* mi-août.

L'ÎLE DE MOLÈNE *(MOLENEZ)* (29259)   · 270 hab.

À peine longue de 1,2 km sur 800 m de large. Toute plate, et pas un arbre sur le caillou, on la surnomme l'*île Chauve* (Molène vient de *moal enez*, « chauve » en breton). À peine 300 personnes s'y accrochent. Curieux : on chuchote dans le coin que les habitants d'Ouessant et de Molène ne s'entendent pas du tout! Activités principales : le homard et le goémon. Paradoxalement, il y a ici plus de pêcheurs qu'à Ouessant la grande, car l'île possède un port mieux protégé.

Comment y aller ?

En bateau !

■ *Compagnie Penn Ar Bed :* à Brest-Le Conquet, Molène et Ouessant : ☎ 02-98-80-80-80 (réservations, fax : 02-98-33-10-08). Liaison Brest-Molène *via* Le Conquet : départ de Brest à 8 h 30, du Conquet à 9 h 45 (d'autres départs en saison suivant les jours : 11 h 15, 16 h 30, 17 h 45). De 45 mn à 1 h de traversée. Aller-retour suivant le port d'embarquement : de 120 à 140 F (18,3 à 21,3 €) par adulte, de 72 à 82 F (11 à 12,5 €) par enfant.

■ *Compagnie Finist'Mer :* Le Conquet, ☎ 02-98-89-16-61. Fax : 02-98-89-16-78. 2 départs par jour d'avril à juin et de septembre à octobre. 7 départs par jour en juillet-août uniquement. 30 mn de traversée. Également des traversées depuis Camaret (☎ 02-98-27-88-44). Aller-retour Le Conquet-Molène : 115 F (17,6 €) pour un adulte. 68 F (10,4 €) pour un enfant.

Où dormir ? Où manger ?

▲ *Chambres chez l'habitant :* renseignements à la mairie. ☎ 02-98-07-39-05.

▲ |●| *Hôtel-restaurant Kastell An Daol :* sur le port. ☎ 02-98-07-39-11. Fax : 02-98-07-39-92. Fermé de janvier aux vacances de février. Chambre de 320 à 350 F (48,7 à 53,3 €) avec douche et w.-c. Demi-pension obligatoire en juillet-août de 340 à 360 F (51,8 à 54,8 €) par jour

et par personne. Menus de 98 à 139 F (14,9 à 21,2 €). Dix chambres récemment rénovées dont certaines donnent sur la mer. Au resto, poissons et produits du terroir de rigueur. Pour vos réservations, on vous rappelle que Molène vit avec l'heure GMT, soit avec 2 h (en été) de décalage par rapport au continent. Excellent accueil. Apéro offert sur présentation du *GDR*.

À voir

★ Le petit bourg tassé autour de l'église et de l'ancien *sémaphore* (montez-y : belle vue sur l'archipel ; ouvert de 11 h à 13 h et de 15 h à 17 h). À marée basse, on peut y découvrir l'inhabituel spectacle qu'offrent îlots et grandes étendues de goémon.

★ *Le musée du Drummond Castle :* derrière la mairie. Renseignements d'ailleurs à la mairie : ☎ 02-98-07-39-05. Ouvert de mai à octobre, tous les après-midi de 14 h 30 à 18 h en juin-juillet-août, et de 15 h à 17 h le reste de la saison. Entrée adulte : 12 F (1,8 €), demi-tarif enfants. Musée consacré à l'un des plus tragiques naufrages survenus dans les parages : celui, le 16 juin 1896, du Drummond Castle, paquebot anglais de retour d'une croisière au Cap qui a coulé en à peine cinq minutes après avoir heurté les récifs : 3 survivants sur les 246 passagers que transportait le navire... Aujourd'hui, il y a moins de victimes, car les pétroliers géants ont un équipage réduit (trop ?). Leurs noms nous sont d'ailleurs familiers : *Torrey-Canyon, Tanio, Olympic-Bravery, Amoco-Cadiz, Erika,* etc.

L'ÎLE D'OUESSANT *(EUSA)* (29242)   950 hab.

« Qui voit Molène, voit sa peine. Qui voit Ouessant, voit son sang. » Ce proverbe suggère-t-il que l'approche de l'île est plutôt malaisée ? En tout cas,
les images et les fantasmes sont bien cultivés à Ouessant : tempêtes mons-
trueuses, écueils et courants assassins, brouillard persistant, côtes
déchiquetées, etc. Pas si tort assurément. Aussi sauvage que rebelle, l'île
regarde le continent avec un superbe dédain. Ses habitants sont des enfants
émancipés qui ont largué les amarres familiales. *Enez Eusa* veut dire « l'île
la plus haute » en breton.
Complètement rabotée par l'érosion depuis des millénaires (la plus haute
colline culmine à 60 m), Ouessant mesure 8 km de long sur 4 km de large et
compte environ 600 habitants et moins de moutons. Le croirez-vous ? Les
Ouessantins étaient par le passé autant agriculteurs que pêcheurs. On a
relevé sur l'île jusqu'à 120 exploitations. Aujourd'hui, 58 000 parcelles sont
toujours répertoriées mais il ne reste qu'un seul cultivateur et 5 pêcheurs sur
l'île. Jadis, en attendant plusieurs mois la paie du marin, la femme ouessantine devait assurer la subsistance de la famille. Ne disait-on pas à l'époque :
« À Ouessant, c'est l'homme qui gagne le pain, mais c'est la femme qui met
le beurre dessus. » Aujourd'hui, même si le maire et le garde-champêtre
sont encore des femmes, Ouessant n'est plus l'île aux femmes.
Le tourisme prend une place économique de plus en plus importante. Il
contribue à banaliser petit à petit le caractère spécifique d'Ouessant et de
ses habitants. Pourtant, l'île n'a pas été (comme d'autres sites) ravagée par
la fréquentation touristique. Intégrée au parc naturel régional d'Armorique,
classée réserve internationale de biosphère par l'Unesco, Ouessant a su
préserver son environnement, son caractère encore sauvage. C'est le
moment de venir y dégourdir vos vieilles jambes, à pied ou à vélo.

LE PAYS D'IROISE

Adresse utile

❶ *Office du tourisme :* place de
l'Église. ☎ 02-98-48-85-83. Fax :
02-98-48-87-09. Ouvert du lundi au
samedi de 9 h 30 à 13 h et de 14 h
30 à 18 h, et le dimanche de 9 h 30 à
13 h. Petite doc de base sur l'île et

carte, indispensable pour vos déplacements en vélo. Nos lecteurs fortunés s'offriront le superbe « Ouessant, l'île sentinelle » publié par le
Chasse-Marée.

Climat et faune

Curieusement, l'île connaît tout le long de l'année une température relativement clémente, voire douce. Les écarts entre l'hiver et l'été sont assez
faibles (8 °C de différence entre janvier et juillet, la plus faible amplitude ther-
mique de France, paraît-il) et les pluies modérées. Seuls les vents sont
fidèles à leur légende, ainsi que le brouillard, qui isole parfois de longues
journées cette île « sentinelle ».
Bizarrement (pour une terre agricole), il n'y a pas de taupes à Ouessant. Les
oiseaux (nicheurs, marins ou migrateurs), en revanche, sont nombreux. Les
nicheurs ont des noms qui sonnent comme des notes de musique : merle
noir, grive musicienne, tourterelle turque, mésange charbonnière, hirondelle
de cheminée, rousserolle effarvatte, traquet motteux, fauvette pitchou, pipit
farlouse, bergeronnette printanière, etc. Un seul rapace, le faucon crécerelle,
et un corbeau rare, le crave à bec rouge. On trouve aussi à Ouessant une
petite chauve-souris, la pipistrelle. Grosse représentation d'oiseaux marins :

goélands, cormorans huppés, huîtriers pies, pétrels tempête, etc. Sur quelques rochers on peut observer une petite colonie de phoques gris, qui parfois se glissent dans le port du Stiff, des petits pingouins et macareux. Pour observer les oiseaux de mer ou migrateurs (surtout en septembre), rendez-vous sur les pointes de Pern et de Penn-ar-Roch. Festival de puffins des Anglais, fous de Bassan, mouettes tridactyles, fulmars, limicoles, chevaliers, bécasseaux, gravelots et tourne-pierres...

Le mouton d'Ouessant est probablement le plus petit mouton du monde : 42 à 48 cm, et 13 à 18 kg. Une race très rustique capable de vivre en plein air et de brouter la lande en plein vent. Sa laine d'un brun foncé servait à fabriquer sans teinture le tissu appelé berlingue, dont se vêtaient les femmes d'Ouessant, toujours en habit noir. Il n'en reste plus que 7 de pure race sur l'île.

Les coutumes du passé

Abandonnées depuis peu, elles témoignent bien du caractère particulier de l'île. La *proëlla,* par exemple, disparue depuis une vingtaine d'années seulement. Lorsqu'un marin périssait dans un naufrage, la famille confectionnait une petite croix de cire qu'elle disposait sur un drap blanc à même la table familiale, avec de l'eau bénite et la photo du défunt. Puis on priait toute la nuit. Le lendemain, en procession, la croix de cire était portée à l'église puis, plus tard, au cimetière, dans un mausolée sur lequel on peut encore lire : « Ici nous déposons les croix de proëlla en mémoire de nos marins qui meurent loin de leur pays, dans les guerres, les maladies et les naufrages. »

Avertissements

On vous conseille d'abord, si vous voulez séjourner sur l'île, de réserver impérativement votre hébergement ET le bateau. Juste pour ne pas rester à quai (comme cela est arrivé à certains de nos lecteurs) parce que le bateau est complet et ne jamais récupérer les arrhes versées à l'hôtel à Ouessant (le cas nous a aussi été signalé). Ensuite, certains hôteliers cultivent sur l'île un « accueil » des plus spéciaux : les végétariens se font carrément raccrocher au nez (inadmissible, vous l'admettrez !), passé 20 h 30, on vous demande un supplément pour pouvoir vous restaurer et les plats sont posés sans ménagement sur la table, tous en même temps, on vous impose la demi-pension toute l'année, etc. Ce type de comportement laisse un petit goût amer ; c'est d'autant plus regrettable que Ouessant est magnifique et que ses habitants sont sympathiques. D'ailleurs, ces agissements ne sont pas réservés aux touristes, les Ouessantins en font aussi les frais ! Dommage, vraiment dommage...

Comment y aller ?

En bateau

■ *Compagnie Penn Ar Bed :* Brest-Le Conquet. ☎ 02-98-80-80-80. Fax : 02-98-33-10-08. Achats directs en gare maritime ou sur Minitel : 36-15, code PEN AR BED. ● www.pen-ar-bed.fr ● *L'Enez-Eussa III* et le *Fromveur* mettent environ 1 h et transportent 302 et 365 passagers à 16 nœuds (29 km/h) entre Le Conquet et l'île (l'*André-Colin* est plus rapide, compter 30 mn). Le service régulier vous permet d'embarquer du port de commerce *de Brest* à 8 h 30, ou du port *du Conquet* à 9 h 45, tous les jours de l'année. Autres horaires à partir du mois d'avril (jusqu'à 6 départs quotidiens). Départs *de Camaret* possibles de mai à septembre. Tarifs aller-retour suivant le port d'embarquement : de 134 à 157 F (20,4 à 24 €) pour un adulte selon la période, de 80 à 94 F (12,2 à 14,3 €) pour un enfant.

■ *Compagnie Finist'Mer :* au Conquet, ☎ 02-98-89-16-61, fax : 98-89-16-78 ; à Camaret, ☎ 02-98-27-88-44 ; à Lanildut, ☎ 02-98-04-

40-72. Départs du Conquet en basse saison : 4 départs par jour (dont un via Camaret ou Lanildut, 2 départs direct Ouessant) et 7 départs en haute saison (dont 5 directs Ouessant). Bateaux rapides de 140 à 190 places. De 30 à 40 mn de trajet (suivant le bateau) du Conquet à Ouessant. Aller-retour Le Conquet-Ouessant : suivant la saison de 145 à 153 F (22,1 à 23,3 €) pour un adulte, de 83 à 86 F (12,6 à 13,1 €) pour un enfant.

En avion

■ *De l'aéroport de Brest-Guipavas :* 2 aller-retour quotidiens (départ de Brest à 8 h 30 et 16 h 45 et 9 h et 17 h 15 d'Ouessant) par *Finist'Air.* Renseignements : ☎ 02-98-84-64-87.

Comment se déplacer à Ouessant ?

– *À vélo :* sûrement le meilleur moyen de découvrir l'île. Mais attention, contrairement à ce que beaucoup croient, des voitures circulent à Ouessant. Roulez bien à droite ! Autre petit conseil : en plein parc naturel d'Armorique, la signalisation routière est très discrète. La carte offerte par l'office du tourisme (qui demande de bons yeux !) peut suffire pour repérer les principaux points d'intérêt. En revanche, si vous voulez découvrir Ouessant à fond, munissez-vous d'une vraie carte. Plusieurs compagnies proposent des locations de vélos au débarcadère. Si vous voulez éviter la grimpette pour quitter le port du Stiff, vous trouverez la même offre au bourg de Lampaul où un bus vous emmène pour 10 F (1,5 €) environ. Tous les loueurs pratiquent les mêmes tarifs : 60 F (9,1 €) par jour pour un vélo classique, 80 F (12,2 €) pour un VTT.

– *À pied :* avec plus de 60 km de sentiers essentiellement côtiers (et interdits aux vélos), l'île est un petit paradis pour randonneurs.

– *À cheval :* un autre super moyen de découvrir l'île. Renseignements au *centre équestre Ty crenn :* à Stang-ar-Glann, à l'entrée de Lampaul. ☎ et fax : 02-98-48-83-58. Hébergement randonneur à 89 F (13,5 €) la nuit. Propose également quelques *meublés.*

– *En minibus :* visite commentée de l'île, environ 2 h (dont 45 mn de promenade). 75 F (11,4 €) par personne. Renseignements et réservations (indispensable en juillet et août) : ☎ 06-07-90-07-43 (portable).

Où dormir ?

La plupart des visiteurs ne viennent que pour la journée. Dommage, car surprendre l'île au petit matin, quel bonheur ! Plusieurs hébergements sont à votre disposition sur l'île mais tous – notamment les chambres d'hôte – ne se trouvent pas dans le bourg. Si vous séjournez dans un hameau, vélo obligatoire et trajets sympas par grand vent ou sous la pluie ! Pour les retours de nuit, vérifiez l'éclairage de votre vélo et munissez-vous au besoin d'une lampe de poche ! En juillet, août et lors des grands week-ends, réservation obligatoire.

Bon marché à prix moyens

▲ *Camping municipal Pen ar Bed :* à l'entrée de Lampaul, la « capitale ». ☎ 02-98-48-84-65. Ouvert d'avril à fin septembre. Autour de 50 F (7,6 €) l'emplacement pour 2. Pas des masses d'ombre mais bien protégé du vent par l'enceinte de cette ancienne caserne de l'infanterie coloniale dans lequel il est installé.

▲ *Auberge de jeunesse :* La Croix Rouge. ☎ 02-98-48-84-53. Fax : 02-98-48-87-42. ♿ Sur les hauteurs de Lampaul. Nuit et petit déjeuner à 70 F (10,6 €). Nécessaire d'être adhérent à la LFAJ, l'« autre » fédé des auberges de jeunesse. Carte annuelle à 70 F (10,7 €) mais adhésion possible à la nuit. Toute nouvelle (elle a ouvert ses portes en 99). Dans une vieille maison entièrement rénovée. Chambres de 2 à 6 lits avec lavabo. Douche et w.-c. communs. Pas de resto mais cuisine à disposition. Location de draps si vous n'avez pas apporté votre duvet.

▲ *Chambres d'hôte chez Odile et Victor Le Guen :* Pen Ar Land ☎ 02-98-48-81-21 ou 02-97-36-35-89. À 4 km du bourg. Chambre double à 200 F (30,4 €) avec lavabo. Petit déjeuner à 25 F (3,8 €). Face à la plage d'Arland (l'une des rares plages de l'île) et proche de l'embarcadère. Deux chambres d'hôte vraiment adorables, avec une spacieuse salle de bains commune. La déco est délicieuse et des ouvrages sur Ouessant sont à votre disposition. Petit déjeuner copieux. Accueil soi-

gné pour un prix très correct. Apéritif offert à nos lecteurs.

▲ *Chambres d'hôte chez Jocelyne Gaillard :* Porsguen. ☎ et fax : 02-98-48-84-19. Chambre à 200 F (30,4 €) avec douche, w.-c. et TV. Petit déjeuner à 25 F (3,8 €). Dans un hameau face à la mer. Jocelyne reçoit de façon très affable dans une maison indépendante et confortable.

▲ *Chambres d'hôte chez Franck et Nathalie Peyrat :* Pen ar Land. ☎ 02-98-48-86-09 ou 06-80-06-54-65 (portable). Dans un hameau, entre Lampaul et le port du Stiff. Chambre double à 200 F (30,4 €). Petit déjeuner à 25 F (3,8 €). 3 chambres honnêtes à l'étage d'une maison traditionnelle. Salle de bains au rez-de-chaussée à partager.

▲ *Chambres d'hôte chez Dominique et Jean-Yves Moigne :* dans le bas du bourg, près de l'église, face à la supérette. ☎ 02-98-48-84-77. Fax : 02-98-48-81-59. Ouvert toute l'année. Chambre avec douche et w.-c. à 220 F (33,5 €). Petit déjeuner à 28 F (4,2 €). Trois chambres assez petites et sans déco particulière. Chacune d'elles dispose d'une salle de bains. Accès à une cuisine. Possibilité de se faire à manger sans supplément.

▲ *Chambres d'hôte chez Jacqueline Avril :* dans le bas du bourg, non loin de l'adresse précédente. ☎ 02-98-48-80-08 ou 02-98-48-85-65. Chambres d'une propreté impeccable. Prix corrects.

Plus chic

▲ *Ti Jan Ar C'hafé :* Kernigon. ☎ 02-98-48-82-64. Fax : 02-98-48-88-15. Peu avant Lampaul, sur la gauche quand on arrive du Stiff. Fermé en janvier et du 15 novembre au 15 décembre. Chambre double avec douche et w.-c. à 320 F (48,7 €), 420 F (64 €) pour 3. Dans une petite maison rénovée de fond en comble, une nouvelle adresse de

l'île entre la chambre d'hôte et l'hôtel. Très belles chambres, d'un bon goût discret et pleines de charme. Salon dans le même ton et terrasse tranquille. Madame Thomas vous mijote un repas le soir selon les arrivages de la mer. On peut lui faire confiance : c'est une ancienne poissonnière. Pour nos lecteurs, le café et l'apéro sont offerts !

Où manger ?

La plupart des hôtels-restos du bourg proposent le fameux ragoût sous la motte, spécialité ouessantine s'il en est. Mais, en général, l'accueil n'incite guère à s'y attarder...

I●I *Crêperie Ti a Dreuz :* dans le bourg de Lampaul. ☎ 02-98-48-83-01. À l'église, descendre à gauche. Fermé de mi-septembre à Pâques, sauf pendant les vacances scolaires. Compter de 80 à 100 F (12,2 à 15,2 €) à la carte. On s'est renseigné : *Ti a Dreuz* signifie « la Maison penchée ». Effectivement, la façade en pierre de taille a dû être construite un jour de tempête. L'intérieur bleu et blanc est agréable. Grand choix de crêpes : goûtez celle au *fario* (truite de mer) de Camaret ou la Saint-Jacques sauce aurore. En dessert, la spécialité est la *José-phine* (aucun rapport avec Napoléon), délicieux mélange de confiture de citron artisanale, d'ananas et de glace à la vanille.

I●I *Crêperie du Stang :* sur la route du Stiff, près du bourg. ☎ 02-98-48-80-94. Fax : 02-98-48-86-40. Fermé le dimanche soir et le lundi (sauf l'été) et d'octobre à fin mars. Premier menu à 40 F (6,1 €). Compter de 60 à 70 F (9,5 à 10,6 €) à la carte. Crêperie qui propose des crêpes et des galettes originales et copieusement garnies. Attention aux horaires très spartiates hors saison. Pour le déjeuner, fin du service à 13 h 30 !

Où boire un verre ?

♈ *Le Ty Korn :* au centre de Lampaul. ☎ 02-98-48-87-33. Un bar tout en longueur à l'ambiance de pub (service au bar uniquement dès le début de la soirée). Possibilité maintenant de manger aussi un plateau de fruits de mer. Menu à partir de 75 F (11,4 €). Compter 160 F (24,3 €) à la carte. Très sympa comme le patron. Digestif offert sur présentation du *GDR*.

À voir. À faire

★ *Lampaul :* la « capitale » de l'île aux 92 hameaux se trouve à 3 km du port du Stiff où débarquent les bateaux. Gentil bourg plein de charme. Émouvant cimetière marin. Le clocher de l'église a été offert par la reine Victoria en remerciement du dévouement des Ouessantins lors du naufrage du *Drummond Castle* (voir le chapitre sur Molène).
– Pour ceux qui ne restent que quelques heures, voici le circuit traditionnel :

★ *La pointe de Pern :* le coin de terre le plus occidental de la France métropolitaine ! Pour s'y rendre, route agréable musardant entre les hameaux, les murets de pierre sèche et les *gwaskedou,* ces abris à moutons en étoile à 3 branches, faits de pierres et de mottes de gazon. À la pointe, rochers déchiquetés qu'usent inlassablement des hectolitres de vagues. Quand il fait beau, on a droit à un doux clapotis et à une mer étale. Difficile de prêter foi alors au surnom d'Ouessant : « l'île d'épouvante ». Croyez-le si vous le voulez, tous les rochers sont classés !

★ *La pointe de Créac'h :* sur sa falaise, le phare commande l'entrée de la Manche et voit défiler 300 bateaux quotidiennement. Édifié en 1862, il a une portée de 50 km. C'est l'un des 5 phares qui protègent les marins de la folie des rivages d'Ouessant.

LE PAYS D'IROISE

★ *Le musée des Phares et Balises :* pointe de Créac'h. ☎ 02-98-48-80-70. Du 1er mai au 30 septembre et pendant toutes les vacances scolaires, ouvert tous les jours de 10 h 30 à 18 h 30 (nocturnes de mi-juillet à fin août de 21 h à 23 h) ; hors saison, tous les jours sauf le lundi du 1er octobre au 30 avril, ouvert de 14 h à 16 h (18 h 30 en avril). Entrée : 25 F (3,8 €). Enfants (à partir de 8 ans) : 15 F (2,2 €). Possibilité de billets groupés avec l'écomusée : 40 et 25 F (6,1 et 3,8 €). Les phares et balises de Brest constituent le plus grand centre de balisage en France, avec l'exploitation sur cette côte de 23 phares, 63 feux, 14 stations de radio-navigation et 258 bouées. Ces établissements, tous automatisés, permettent de guider les navigateurs au large de la Bretagne dans une zone particulièrement dangereuse et fréquentée. Logique donc qu'ici soit présenté, dans une ancienne (et assez impressionnante) centrale électrique, un intéressant (même si manquant parfois d'explications) musée retraçant l'histoire des phares et balises depuis l'Antiquité. Maquettes des tout premiers phares : le mythique phare d'Alexandrie considéré comme une des sept merveilles du monde, la tour d'Ordre de Gésocarin (Boulogne-sur-Mer), construite sur l'ordre de Caligula. Quelques pièces étonnantes comme ce fragment du phare du Trocadéro qui a éclairé Paris et les rives de la Seine de 1867 à 1992. Des documents anciens sur les plus célèbres phares français comme le phare des Baleines sur l'île de Ré. Toute l'évolution de l'éclairage des phares : réchaud à charbon du phare de Chassiron (XVIIIe siècle), bel ensemble de lentilles à échelon qui semblent des sculptures contemporaines, lampes à huile à mouvement d'horloge, énormes ampoules à incandescence de 6 000 W. Évocation à travers quelques documents (cahiers, objets personnels) de ce métier qui laisse rêveur : gardien de phare. En fin de visite : film vidéo en panavision. Au retour, on passe près du dernier moulin de l'île, restauré *(Karaes)*.

★ *L'écomusée d'Ouessant :* maison du Niou, dans le hameau de Niou-Huella. ☎ 02-98-48-86-37. Mêmes horaires d'ouverture que le musée des Phares et mêmes tarifs. Si vous avez la chance de tomber un jour où il n'y a pas foule, plutôt que d'enclencher le commentaire enregistré, une des hôtesses vous fera peut-être faire le tour du propriétaire : foules d'anecdotes au programme ! Deux maisons traditionnelles transformées en écomusée (le premier de France). L'une des deux semble n'avoir pas bougé depuis la fin du XVIIIe siècle. Deux pièces, chacune à un « bout » de la maison : d'un côté, le *penn ludu* (« bout des cendres »), pièce où (comme dans toutes les régions soumises à des climats difficiles) on cuisinait, mangeait, dormait. Le plafond est peint en vert foncé pour que la fumée ne le noircisse pas trop. Les meubles qui occupent presque toute la pièce sont peints aussi pour qu'on ne voie pas les raponces (l'île manquant d'arbres, ils étaient, comme les poutres de la maison, fabriqués avec des morceaux d'épaves). Faute de bois, on brûlait aussi dans la cheminée fougères, goémon sec, bouses de vaches, etc. La table est placée vers la fenêtre pour profiter de l'éclairage naturel (l'électricité n'équipe Ouessant que depuis les années 1950). De l'autre côté de la maison, le *penn brao* (« bout joli »), pièce où l'on recevait et qu'on décorait des plus beaux objets ramenés par les marins : boules en verre mercuré (celles-là ont plus d'un siècle), statue de Notre-Dame-de-la-Garde, souvenir d'une escale à Marseille... Dans la deuxième maison, évocation des traditions ouessantines en quelques vitrines : les gamins embarqués au long cours dès l'âge de 11 ans, les coffres de mer, la *proëlla*, etc.

★ *Le phare du Stiff :* à l'est de l'île, route directe depuis Lampaul. Sur le point culminant de l'île. Juste à côté du phare que Vauban avait fait construire (un des plus vieux de France, et qui fonctionne encore !), la Marine a édifié une tour-vigie de 72 m avec un radar d'une portée de 50 milles (environ 90 km) pour surveiller le rail d'Ouessant : sens unique pour la navigation trans-Manche. Sentier menant ensuite sur la presqu'île de Cadoran avec, là aussi, un point de vue pittoresque sur la baie de Beninou.

– **Autres balades possibles :** à la *pointe de Porz Yusin,* au nord de Lampaul, pour observer les oiseaux. Au sud, la *presqu'île de Feunten Velen* et ses falaises. Belle vue sur la pointe de Pern. Au centre de l'île, les amateurs d'archéologie découvriront les ruines d'un village gaulois de l'âge du fer, composé d'une centaine de fondations séparées par 6 rues. En cet endroit, Mez-Notariou, on ne voit pas la mer !

Où plonger ?

Courants violents, mer formée et fonds rapidement importants, telles sont les conditions (extrêmes) de la plongée à Ouessant, île réputée pour ses innombrables épaves (on en découvre encore chaque année !). Dans ce pathétique cimetière sous-marin, la visibilité est excellente (15 m et parfois 20, après un coup de tabac). Faire son baptême de plongée à Ouessant a un petit côté « Joe Baroude » qui plaira à certains ! Les niveau I y trouveront leur compte, mais mieux vaut déjà être niveau II aguerri, voire niveau III confirmé pour profiter pleinement de cette aventure sous-marine. Les principaux spots accessibles se situent dans la baie de Lampaul, à peu près protégée. Plongée hors club déconseillée. Prudence...

Club de plongée

■ **Ouessant Subaqua :** port de Lampaul, 29242 Île d'Ouessant. ☎ 02-98-48-83-84. Ouvert le week-end, de Pâques à fin septembre, et tous les jours du 1er juillet au 31 août. Ici on ne badine pas avec la sécurité ! Dans le coin, Sébastien Durdux, président du club (FFESSM), et ses moniteurs (fédéraux et brevetés d'État) sont parfaitement rompus aux conditions de plongée autour de l'île. Les « hommes-grenouilles » embarquent sur 2 bateaux rapides vers les sites de baptême, de formation (jusqu'au niveau III) et d'explorations, tous situés à moins de 5 mn du port. Équipement complet fourni. Stages épaves et biologie marine réguliers. Réservation obligatoire.

Nos meilleurs spots

🐠 *Le Peter Sif :* ce gros cargo danois (95 m de long) naufragé en 1979 est couché par 50 m de fond, avec sa cargaison éparpillée tout autour. Vue d'ensemble superbe : cheminée avec l'écusson en relief de la compagnie, mâts de charges, passerelle, hélice monumentale. Vie sous-marine intense. Superbes spirographes et beaux « bestiaux » dans les trous. Niveau III.

🐠 *Ar Bloc'h :* en dégringolant le long de ce tombant, vous éblouirez sans problème les coquettes et goguettes ! Et jusqu'à 40 m de fond, vous défilerez devant une forêt de laminaires, des gorgones généreuses, des roses de mer et des colonies opulentes de corynactis et d'alcyons. Niveau I.

🐠 *Le Vesper :* bars et lieus de belle taille louvoient inlassablement autour de cet imposant cargo français coulé en 1903 entre 10 et 40 m de fond. L'ensemble disloqué – chaudières, arbre d'hélice et ferrailles diverses – se perd dans les algues majestueuses. Dame Nature reprend ses droits ! Niveau I.

🐠 *Le Minéralier :* un cargo inconnu reposant à l'envers par 40 m de profondeur et colonisé par des gorgones et alcyons. À côté, gros tas de minerai, puis un superbe tombant peuplé de laminaires géantes et corynactis aux couleurs pimpantes. Niveau II confirmé.

◢◣ *Port de Bougezenn* : petit port tranquille, idéal pour une remise en condition (de 10 à 30 m de fond). Nombreux poissons et crustacés (tourteaux et araignées) et une petite grotte splendide. Claquez des doigts devant les superbes spirographes, la réaction est instantanée! À proximité, 3 ancres et 2 canons posés parmi les laminaires; ultimes vestiges de *l'Atlas*, vaisseau français du XVIIIe siècle. Niveau I.

◢◣ *Olympic Bravery* : ce super tanker grec de 300 m de long, échoué en 1976 sur les roches nord de l'île, constitue la plus grande épave coulée par 10 m de fond en Europe. Tout à fait monstrueux! Attention, très forts courants. Niveau II.

Manifestation

– *Salon international du livre insulaire* : fin août. Renseignements à l'office du tourisme. Rencontres avec des écrivains qui vivent sur des îles ou qui écrivent sur les îles, dédicaces, expos, conférences, etc. Un tout nouveau salon (première édition en 1999).

Quitter Ouessant

– *Pour Le Conquet et Brest* (avec arrêt à Molène) *:* compagnie *Penn Ar Bed* : ☎ 02-98-80-80-80. Toute l'année.
– *Pour Le Conquet ou Camaret en saison :* compagnie *Finist'Mer* : ☎ 02-98-89-16-61.
– *Pour l'aéroport de Brest-Guipavas :* *Finist'Air* : ☎ 02-98-84-64-87. Départs à 9 h et à 17 h 15.

PLOUARZEL *(PLOUARZHEL)* (29810)   2 520 hab.

Petit bourg tranquille, un peu à l'intérieur des terres. L'église est du XIXe siècle, mais intéressante chapelle ossuaire du XVIIIe siècle.

Où manger ?

|◐| *Crêperie Ty-Forn :* Kervourt. ☎ 02-98-89-65-77. Ouvert tous les jours en saison. Fermé le mardi et du 11 novembre aux vacances de février. Compter au minimum 75 F (11,4 €). Longue bâtisse de pierre (une longère, quoi) à peine à l'écart du village. Une bonne maison ouverte depuis une vingtaine d'années. Pour ne pas faire comme tout le monde, les galettes de sarrasin sont ici également faites avec de la purée de pommes de terre. Étonnant mais goûteux. Joli choix de garnitures : fond d'artichaut, crème et lard, andouille et fondue de poireaux, saucisse de Molène, etc. Sinon crêpes de blé noir (à la farine bio et bretonne!) et sorbets et glaces artisanaux. Le *kig ha farz* a bonne réputation aussi. Kir breton offert sur présentation du *GDR*.

À voir dans les environs

★ *La pointe de Corsen :* à 6 km au sud-ouest de Plouarzel. Une falaise de 30 m de haut, point le plus à l'ouest du pays (à part les îles, bien sûr), le « Finistère » par excellence. Considérée comme la frontière théorique entre la Manche et l'océan Atlantique. Environnement sauvage. Région très vallonnée, révélant de jolis hameaux. De nombreuses maisons et fermes en ruine témoignent de l'âpreté de l'existence ici. Parcourir toutes les petites routes des alentours hors saison vous donne l'impression de visiter un autre pays. Rejoignez Porsmorguer, puis l'*anse de Porsmorguer.* Belle plage abritée. Départ du sentier côtier qui longe les falaises. Environ 45 mn pour rejoindre la pointe de Corsen. De temps à autre, de jolies criques vous accordent un ruban de sable fin abrité. On peut voir à *Cross-Corsen* le plus grand sémaphore de Bretagne. Mais il appartient au Centre régional militaire pour la surveillance du trafic maritime ! Poussez ensuite jusqu'à la *grève de Trézien* dont une crique accueille les naturistes.

★ *Le phare de Trézien :* au nord-est de la pointe de Corsen, à 5 km à l'ouest de Plouarzel. Visite du 1er juillet au 31 août, de 15 h 30 à 18 h. Visite toute l'année pour les groupes sur RDV. Téléphoner à l'office du tourisme : ☎ 02-98-89-69-46. On peut monter les 182 marches pour accéder au très beau panorama.

LAMPAUL-PLOUARZEL *(LAMBAOL-BLOUARZHEL)* (29810) 1 780 hab.

LE PAYS D'IROISE

Petite station balnéaire. Très jolie plage de sable blanc et, à *Kerriou*, des vagues qui attendent surfeurs et bodyboarders (ou le contraire !). Découvrez aussi l'attachante *grève de Gouérou,* les fours à goémon. Un petit port, *Porspol.* Le coin, très tranquille hors saison, est évidemment assez touristique les mois d'été.

Adresse utile

🏠 *Office du tourisme :* 7, rue de la Mairie. ☎ 02-98-84-04-74. Ouvert de mi-juin à fin août tous les jours sauf le dimanche après-midi de 10 h à 12 h 30 (jusqu'à midi en juin) et de 13 h 30 à 16 h 30. De fin août à mi-septembre, du lundi au vendredi de 10 h à 12 h. Hors saison, les mardi, mercredi et jeudi de 9 h à 12 h.

Où dormir ? Où manger ?

🛏 *Chambres d'hôte chez M. et Mme Jézégou :* 19, rue de Molène. ☎ 02-98-84-06-11. Prendre à gauche, après l'église, la rue qui descend vers le port de Porspol. Ouvert toute l'année. Chambre double à partir de 190 F (28,9 €), petit déjeuner à 30 F (4,6 €). Deux chambres dans un petit pavillon genre sam'suffit, gentilles comme l'accueil et pas trop chères pour le coin. La plage est à 1 km. Pour nos lecteurs, 10 % de remise sur le prix de la chambre entre le 1er septembre et le 1er juin.

🍴 *La Chaloupe :* port de Porspol. ☎ 02-98-84-01-19. ✴ Fermé le lundi hors saison. Menus de 60 F (en semaine) à 245 F (9,1 à 37,3 €). Petit resto tranquille. Généreuse cuisine d'un très bon rapport qualité-prix servie dans une salle à manger tout à fait... banale. Petit menu ouvrier en semaine et si vous vous délestez de quelques dizaines de francs de plus : salade croquante de la mer, feuilleté de Saint-Jacques à la crème, magret de canard au chouchen. Café offert sur présentation du *GDR*.

L'ABER-ILDUT ET LANILDUT *(LANNILDUD)* (29840)   860 hab.

★ *L'ABER-ILDUT*

C'est le plus petit des trois abers qui entaillent la côte entre Le Conquet et Roscoff (lire plus loin « la côte des Abers »). Raison de plus pour le faire à pied (1,5 km environ). Petit sentier partant de Pont-Reur (sur la D28) et le reliant à Brelès (sur la D27). Les amateurs de manoirs paysans feront un tout petit détour pour admirer celui de *Kergroadès* (à moins de 2 km). Élégant, mais d'aspect sévère à cause de son granit gris. À propos, le granit du coin est l'un des plus réputés de Bretagne. D'abord il est rose, lui, et il a servi à tailler le socle de l'obélisque de la Concorde à Paris. On distingue encore les traces des anciennes carrières sur les rives de l'Aber-Ildut. À *Brelès,* église du XVIe siècle dont le cimetière s'ouvre par une curieuse arcade.

★ *LANILDUT*

C'est un village de charme niché au bord de l'aber. Très belles maisons des XVIIe et XVIIIe siècles dites « maisons d'Anglais » ou « de corsaires » mais qui se font discrètes derrière leurs hauts murs de granit. Petite route menant au *rocher du Crapaud.* Beau point de vue.

Cela ne se voit pas franchement, mais Lanildut est le premier port goémonier d'Europe (voir le chapitre « Goémon et goémoniers » dans les « Généralités »). Au large de la côte des Abers et autour de l'archipel de Molène s'étend en effet le plus important champ d'algues de France riche en espèces différentes (370 au moins). Récolte de mi-mars à mi-octobre. Les goémoniers possèdent désormais des bateaux modernes. L'ancienne « guillotine » à main a été remplacée par le « skoubidou », une espèce de bras mécanique qui va couper les algues au fond. Mais, en bord de mer, on peut encore découvrir l'un de ces *fours à goémon* artisanaux qui servaient jadis à brûler le goémon pour en extraire l'iode. Longue tranchée de 6 m de long garnie de pierres plates pour éviter la dispersion de la chaleur.

Certains bouchers du coin se servent aussi des algues pour fumer un délicieux jambon. Pour le manger ? Une seule recette : plonger ce jambon dans l'eau bouillante (sans aucun ingrédient !). Laisser cuire 1 h 30. Servir avec des pommes de terre à l'eau et, éventuellement, une vinaigrette.

Adresse utile

❶ *Point info tourisme :* sur le port de Lanildut. ☎ 02-98-04-31-62. Ouvert du 30 juin au 30 août, tous les jours de 10 h 30 à 12 h 30 et de 16 h à 19 h sauf le dimanche et lundi de 17 h à 19 h. Maison de l'algue à découvrir, avec animations et sorties autour de l'algue.

LA CÔTE DE LANILDUT À PORTSALL

Ne manquez pas de musarder sur cette croquignolette *route côtière* allant de port en port. Soleil couchant sublime et rayon vert garanti sur facture !

★ *Melon :* mignon petit port naturel. À croquer !

★ *Porspoder :* un lieu de villégiature plutôt touristique. Station familiale avant tout. Normal, le bourg offre un bel ensemble : baie, chaos de rochers, sentiers côtiers, etc.

★ *Trémazan :* d'Argenton à Trémazan, la côte se fait toute douce. À notre avis, la plus belle portion de côte de la région. Non urbanisée. De véritables pelouses viennent lécher la mer, ourlée d'une simple frange rocheuse. Adorable petite chapelle et grosse croix de granit pour faire du coucher de soleil un moment inoubliable. À Trémazan, pittoresque et imposant *château féodal* couvert de lierre. Il possède toujours son gros donjon carré du XIIe siècle (et zut, et moi qui n'ai plus de pelloche !). Ce sont les marées qui alimentaient les fossés.

★ *Portsall :* charmant port de pêche qui aurait bien voulu éviter de passer à la postérité le jour du naufrage du pétrolier *Amoco Cadiz,* le 16 mars 1978. Il aura fallu attendre 1992 pour obtenir réparation (1,15 milliard de francs) des dommages causés aux hommes, car la nature, elle... Même si on ne voit plus la trace des 230 000 t de pétrole déversées, l'ancre du pétrolier exposée sur le quai comme une relique « croche » pour toujours dans nos mémoires.

Où manger dans le coin ?

|●| *Crêperie La Salamandre :* pl. du Général-de-Gaulle, 29830 Ploudalmézeau. ☎ 02-98-48-14-00. ☕ À la sortie du bourg, en direction de Portsall. Fermé le mercredi hors saison et en semaine (sauf vacances scolaires) d'octobre à Pâques ainsi que de mi-novembre à mi-décembre. Compter 80 F (12,2 €) à la carte. Ici, on est crêpier depuis trois générations. C'est la grand-mère (affectueusement et logiquement appelée « Mémé ») qui a lancé l'affaire. Le patron – son petit-fils – a donc toujours baigné dans la pâte à crêpes. Il a même plongé malencontreusement dedans un jour... Devenu grand, il a repris le flambeau avec son épouse. La crêperie est agréable et fraîche. Les enfants sont à l'aise et les crêpes goûteuses. Laissez-vous tenter par la *Saint-Jacques* (aux petits légumes), ou par la *Bigouden* (andouille, pommes rissolées, crème). Apéro offert aux lecteurs du *GDR*.

|●| *Crêperie du Château d'Eau :* à la sortie de Ploudalmézeau, route de Brest. ☎ 02-98-48-15-88. Fax : 02-98-48-03-67. ☕ Fermé en semaine hors saison et hors vacances scolaires, et du 15 novembre au 15 février. Menu à 85 F (12,9 €). Compter la même somme à la carte. Cette crêperie occupe effectivement un château d'eau, à 112 m du niveau de la mer. Ascenseur ou 278 marches pour parvenir à la salle à manger panoramique. C'est l'une des curiosités du coin. On ira d'ailleurs plus pour le cadre et la vue, exceptionnelle, que pour les crêpes, honnêtes sans plus. Très touristique bien sûr. Café offert sur présentation du *GDR*.

LA CÔTE DES ABERS

Les abers sont des rias (estuaires) s'enfonçant assez profondément dans les terres. Superbe côte avec son pesant de coins encore préservés du tourisme de masse. On l'appelle encore « la côte des Naufrageurs » parce que, autrefois, certains paysans allumaient des feux pour égarer les navires qu'ils pillaient après leur naufrage, CQFD !

Adresse utile

▣ *Pays des Abers Côte des Légendes :* BP 35, 29830 Ploudalmézeau. ☎ 02-98-89-78-44. Fax : 02-98-89-77-32. Pour toutes infos (par téléphone ou par courrier) sur le secteur.

L'ABER-BENOÎT ET L'ABER-WRAC'H

L'*Aber-Benoît* sinue sur 8 km entre prairies et forêts. À marée basse, apparaissent d'amples bancs de vase que les oiseaux ont l'air de trouver confortables. Plusieurs sentiers balisés permettent de découvrir l'aber. Chouette petite balade aussi (boucle de 7 km, de 2 h à 2 h 30) dans la vallée des Moulins (l'aber en comptait au début du siècle une bonne centaine). Quelques parcs à huîtres sur la rive droite. Un petit port : Saint-Pabu. Et, à l'embouchure de l'aber, de belles plages : celle de l'anse de Béniguet aux eaux de lagon, la longue plage de Corn ar Gazel.

L'*Aber-Wrac'h :* le plus profond (32 km), le plus ample, le plus grandiose ! On en a une intéressante vue depuis le pont de Paluden (sur la D13 entre Lannilis et Plouguerneau). À 2,5 km de Lannilis, sur la rive sud de l'Aber-Wrac'h, s'élève le *château de Kerouartz,* du XVe siècle, bel exemple d'architecture Renaissance bretonne. Il ne se visite pas, mais on peut en admirer les structures extérieures. Il appartient à la même famille depuis 300 ans. L'embouchure de l'aber où se nichent le *port de l'Aber-Wrac'h* et la mignonne petite plage de la *baie des Anges* sont fermés au sud-ouest par la *presqu'île Sainte-Marguerite.* Immense et ventée plage de sable fin bordée de dunes plantées d'oyats. Superbe paysage, encore sauvage (mais pas désert en été...).

Adresse utile

🛈 *Aber-Tourisme :* 1, pl. de l'Église, 29870 Lannilis. ☎ 02-98-04-05-43. Fax : 02-98-04-12-47. ● www.aberstourisme.com ● Ouvert en juillet-août du lundi au samedi de 9 h 30 à 12 h 30 et de 14 h à 19 h et le dimanche matin de 10 h à 12 h 30.

Hors saison, tous les matins du lundi au vendredi de 9 h 30 à 12 h et de 14 h à 17 h. Bonne documentation sur cette superbe petite région. Demandez la petite brochure « À la découverte des abers » qui recense et décrit les circuits de randonnée.

Où dormir dans le coin ?

🛏 *Camping des Abers :* dunes de Sainte-Marguerite, 51, Toull Treaz, 29870 Landéda. ☎ 02-98-04-93-35. Fax : 02-98-04-84-35. ● www.aberstourisme.com ● Ouvert de Pâques au 24 septembre. Autour de 70 F (10,6 €) l'emplacement pour 2 en saison. Entre l'Aber-Wrac'h et l'Aber-Benoît, à la pointe de la presqu'île de Sainte-Marguerite. Soit dans un coin superbe ! En bordure d'une longue plage de sable fin (ça fait dépliant publicitaire mais c'est la vérité). Des haies pour abriter les emplacements du vent. Des sanitaires vraiment nickel. Accueil très gentil et dépaysant. Location de mobile homes.

🛏 *Chambres d'hôte des Abers :* 150, Kérizak, 29870 Landéda. ☎ 02-98-04-84-61. Dans un quartier résidentiel du bourg à 2 km du port de l'Aber-Wrac'h et des plages de Sainte-Marguerite. Ouvert toute l'année. Chambre double à 270 F (41,1 €) avec douche et w.-c., petit déjeuner compris. Tarifs dégressifs au-delà de 3 nuits. Chambres pas désagréables dans une maison moderne entourée d'un jardin et démontrant un vrai sens de l'hospitalité (et des discussions à bâtons rompus...). 10 % de remise sur le prix de la chambre à partir de 4 nuits sur présentation du *GDR.*

🛏 *Manoir de Trouzilit :* Trouzilit,

29870 Tréglonou. ☎ 02-98-04-01-20. Fax : 02-98-04-17-14. Accès fléché depuis la D28 entre Tréglonou et Ploudalmezeau. Ouvert toute l'année pour l'hébergement. Crêperie fermée en semaine hors saison. Gîte d'étape : 50 F (7,6 €) la nuit en dortoir. Chambre d'hôte avec douche et w.-c. ou bains à 260 F (39,6 €) pour 2, petit déjeuner inclus. Gîtes aménagés pour 2 à 12 personnes : de 1 300 à 2 200 F (198,1 à 335,3 €) la semaine pour un gîte de 5 personnes. En pleine campagne, non loin de l'Aber-Benoît. Mini-complexe touristique-agricole-familial (comme dit leur pub...) dans un vaste manoir du XVIᵉ siècle. Hébergement pour tous les goûts : chambres d'hôte lambrissées et mansardées, gîte d'étape, gîtes ruraux loués à la semaine. Crêperie pour manger. Balade à cheval ou poney, minigolf, etc. Accueil sans façons. 10 % de réduction sur la chambre de début octobre à fin mars pour 2 nuits consécutives.

Plus chic

≜ *Hôtel de la Baie des Anges :* 350, route des Anges, port de l'Aber-Wrac'h, 29870 Landéda ☎ 02-98-04-90-04. Fax : 02-98-04-92-27. ✗ Chambre double avec douche et w.-c. ou bains et TV : de 420 à 560 F (64 à 85,3 €) suivant la superficie, la vue et la saison. Petit déjeuner à 60 F (9,1 €). Le patron, qui a de l'humour et de la conversation, en parle comme du plus bel hôtel du monde ! On réservera peut-être le label à quelques hôtels croisés, par exemple, du côté de Bali... Mais l'*hôtel de la Baie des Anges* tient toutes les promesses contenues dans son enseigne. Cette belle maison début de siècle à la façade jaune est posée face à la mer, juste au-dessus de la plage. Vue somptueuse donc (pour les chambres avec...) sur des couchers de soleil qui ne le sont pas moins. Des chambres à l'adorable bar avec salon, la déco fait dans le charme discret. Le petit déjeuner (d'anthologie !) est servi jusqu'à point d'heure : beau choix de cafés, viennoiseries et pain d'un boulanger voisin franchement talentueux. Belle terrasse. Un endroit où l'on aurait bien posé nos bagages plus longtemps...

Où manger ?

|●| *Cap'tain :* port de l'Aber-Wrac'h, 29870 Landéda. ☎ 02-98-04-82-03. Fermé le lundi et le mardi (hors saison) ainsi que de décembre à mi-février. Plat du jour à 44 F (6,7 €). 64 F (9,7 €) avec une entrée ou un dessert. Menu à 89 F (13,5 €). Très jolie et agréable salle dans le genre marin : du bois partout (des lambris aux tables peintes) et de grandes baies vitrées avec vue sur devinez quoi. Accueil souriant et service efficace. Et une cuisine qui, sous ses airs de ne pas y toucher, cache quelques belles surprises : des poissons cuisinés juste et bien, de bonnes crêpes, de grosses salades qui, l'été, peuvent faire un repas. Une petite table qui nous a bien plu.

|●| *Crêperie de l'Aber-Benoît :* Pors ar-Vilin, 29830 Saint-Pabu. ☎ 02-98-89-86-26. Tout au bout du village, sur le petit port. ✗ Ouvert tous les soirs les vendredi, samedi, dimanche et vacances scolaires, et midi et soir en saison. Fermé en janvier. Jolie maison de pierre avec jardin. Intérieur breton de charme. Bonne réputation pour ses crêpes. Quelques spécialités : *Coquille Saint-Jacques*, la *Gwelle* (œuf, jambon, fromage, champignons, tomates), *Paysanne*, etc. Bonnes crêpes sucrées et glaces également. Au choix, on vous offre l'apéro, le café ou le digestif sur présentation du *GDR*.

Un peu plus chic

|●| *Le Brennig* : Saint-Antoine, port de l'Aber-Wrac'h, 29870 Landéda. ☎ 02-98-04-81-12. Fermé le mardi. Menus de 98 à 196 F (14,9 à 29,8 €). Cette grande maison, face au port, ne paye pas franchement de mine. Changement de décor à l'étage avec une salle de resto décorée façon yacht-club. Moderne, élégante et chaleureuse tout à la fois. Si vous voulez profiter de la vue sur le port, réservez une table vers la baie vitrée. Cuisine d'une belle fraîcheur, suffisamment inventive sans être compliquée : *pesked ha farz*, médaillons de lotte au caramel d'épices, etc. Service efficace. Et les menus ne sont pas loin d'offrir le meilleur rapport qualité-prix du coin. Apéritif offert sur présentation du *GDR*.

Où acheter de bons produits ?

⌂ *La Maison du Boulanger* : 3, rue des Marchands, 29870 Lannilis. ☎ 02-98-04-48-05. Fermé le jeudi et le dimanche après-midi. Au cœur du bourg. Très jolie petite boutique et des pains comme on n'en faisait plus jusqu'à ce que ce boulanger s'installe ici : au levain, au seigle, au blé noir, cuit évidemment dans un four à bois. Et un pain de pays qui se conserve tellement longtemps que les marins (Kersauzon en tête) en embarquent toujours à bord.

⌂ *Huîtres Prat-Ar-Coum* : Prat-Ar-Coum, 29870 Lannilis. ☎ 02-98-04-00-12. Sur la rive droite de l'Aber-Benoît. Accès très bien fléché. Ouvert tous les jours (sauf dimanche). Resto ouvert uniquement en juillet-août. La famille Madec affine depuis la fin du XIXe siècle ses huîtres dans la baie de Carantec et les parcs de l'aber. Ces huîtres bretonnes ont, comme celles du Belon, un petit goût de noisette. On peut bien sûr en acheter ici ainsi que pétoncles, praires, bigorneaux, palourdes, etc. L'été, quelques tables sont sorties et on peut déguster la production sur place face à l'aber. Compter 190 F (28,9 €).

Où plonger dans le coin ?

Riches rias envahies par la mer, l'aber Wrac'h et l'aber Benoît méritent d'être largement explorés. La visibilité n'est pas excellente mais elle s'améliore vers le large, où l'on découvre avec étonnement les plus grandes laminaires de nos côtes. L'endroit est particulièrement abrité, mais attention au vent de nord-ouest.

Clubs de plongée

■ *Abersub* : port de l'Aber Wrac'h, 29870 Landéda. ☎ 02-98-04-81-22. ● abersub.chapon@wanadoo.fr ● Ouvert toute l'année et tous les jours en été. Levez l'ancre à bord de l'*Étoile Filante*, l'un des 2 bateaux du club (FFESSM, SNMP, SSI), où Éric Chapon et ses moniteurs d'État vous emmènent vers des plongées stars ! L'équipe propose baptêmes, formations jusqu'au niveau IV et brevets SSI, sans oublier les explorations grandioses en petits comités (14 plongeurs maxi). Stages de biologie marine et plongée aux mélanges (Nitrox). Initiation enfants dès 8 ans. Forfait dégressif pour 6 ou 10 plongées. Réservation souhaitable. Possibilité d'hébergement à prix réduit.

■ *Aber Benoît Plongée* : quai du Stellac'h, BP 68, 29830 Saint-Pabu. ☎ 02-98-89-75-66 et 06-62-16-75-66 (portable). ● www.multimania.com/aberbenoitplongee ● Ouvert de Pâques à fin novembre ; et tous les jours en été. Loin de la cohue effroyable des « clubs-usines à plongeurs », ce centre (ANMP, PADI) – parfaitement équipé – propose des plongées en petit comité (16 plongeurs maxi) pour mieux apprivoiser la nature sous-marine. Les proprios sympas – Catherine et François Leroy – tous deux moniteurs brevetés

d'État, assurent baptêmes, formations (jusqu'au niveau III et brevets PADI) et vous emmènent (bateau rapide) sur les meilleurs spots du coin. Stages biologie marine et initiation enfants dès 8 ans. Forfait dégressif pour 5 ou 10 plongées. Réservation souhaitable.

Nos meilleurs spots

🐟 *L'Amoco-Cadiz :* 23 ans après la célèbre marée noire sans précédent, l'énorme carcasse du pétrolier est aujourd'hui disloquée et recouverte de laminaires. Entre 6 et 32 m de fond, faune et flore habituelles prennent, petit à petit, possession de l'épave. En survolant les coursives et les tôles déformées, l'amertume gagne le plongeur. Plus jamais ça ! Plongée à l'étale. Niveau II confirmé.

🐟 *L'Elektra :* oubliez l'énorme tas de ferraille précédent en explorant ce charmant petit cargo grec, coulé en 1963 dans 20 m d'eau. Classiques laminaires et algues brunes, sans oublier les galathées en surnombre (également appelées « crabes du Diable » !). Ne manquez pas de saisir la grande barre à roue, pour une navigation fantôme... Plongée à l'étale. Niveau I confirmé.

🐟 *La Roche aux Moines :* « frères-plongeurs », cette roche émergente (20 m d'eau maxi), en bordure du chenal de l'Aber Wrac'h, est le sanctuaire de l'anémone-trompette (brune à reflets verts), des éponges couleur de feu et des petits crustacés (crevettes roses et galathées). Très belle prairie sous-marine âprement surveillée par un banc de lieus jaunes gourmands. Niveau I.

🐟 *Basse Plouguerneau :* un tombant bordant le chenal de l'Aber Wrac'h (de 10 à 40 m). À partir de 25 m, les roches sont littéralement recouvertes de mirabelles de mer, sortes de petites outres oranges. Deux belles ancres à jas survolées par des nuées compactes de tacauds. Niveau II. Autre belle plongée de l'autre côté du chenal, sur *les Trépieds* (de 15 à 50 m de fond), éboulis rocheux riche en faune fixée pour niveau II confirmé (présence de vieux canons...).

🐟 *Le Tombant des Œillets :* dans le chenal de l'Aber Benoît, un « caillou » entièrement recouvert d'œillets de mer blancs (20 m), où congres, homards, tacauds et galathées mènent une petite révolution paisible devant les lampes des plongeurs. Niveau I. En sortie de chenal, le spot du *Ruzwenn* (6 à 40 m) offre d'amples laminaires et des rencontres sympas dans les failles. Niveau II.

LA CÔTE DES ABERS

PLOUGUERNEAU *(PLOUGERNE)* (29232)   5 710 hab.

Bourg agréable, édifié, paraît-il, sur l'emplacement de Tolente, une ville un peu mythique qui eut son heure de gloire au IXe siècle et qui disparut après avoir été pillée par les Normands. Patrie d'Yvon Étienne, un de nos chanteurs bretons préférés. Porte d'entrée des magnifiques *plages de Lilia* et de *Saint-Michel.* Beau sable immaculé parsemé de rochers polis. Visite du *phare de l'île Vierge.*

– Pour s'y rendre : bus quotidien Brest-Plouguerneau-Lilia. Renseignements : *Les Cars des Abers,* ☎ 02-98-04-70-02.

Adresse utile

🛈 *Office du tourisme :* pl. de l'Europe, BP 23. ☎ 02-98-04-70-93. Fax : 02-98-04-58-75. ● ot.plouguer neau@wanadoo.fr ● Ouvert toute l'année tous les jours sauf le di-manche de 9 h 15 à 12 h 15 et de 13 h 30 à 17 h (18 h en juin et sep-tembre). En juillet et août, mêmes horaires mais jusqu'à 19 h et ouvert le dimanche de 10 h à 13 h.

Où dormir ? Où manger ?

🛏 *Camping du Vougot :* plage du Vougot. Bien indiqué. ☎ 02-98-25-61-51. Ouvert de Pâques à octobre. Autour de 60 F (9,1 €) l'emplace-ment pour 2 avec un véhicule. Un des campings les plus sympas et les plus secrets qu'on connaisse. Vers la grève du Zorn, soit dans un coin fort peu urbanisé, à 300 m de la plage, bien entouré et protégé par une grosse haie de conifères. Jacques Paton accueille chaleureu-sement et tient fort bien son cam-ping. Sanitaires impeccables, larges emplacements pour caravanes et mobile homes. Jeux pour enfants. Penser à réserver de mi-juillet à mi-août.

🛏 *Camping municipal La Grève Blanche :* Saint-Michel. ☎ 02-98-04-70-35. Fax : 02-98-04-63-97. ⚒ À 3 km du centre. Ouvert du 1er juin au 30 septembre. Autour de 45 F (6,8 €) l'emplacement pour 2 avec un véhi-cule (douches payantes). À 5 mn de la plage de la Grève Blanche, gardé de nuit. Sur place, épicerie, friterie, terrain de volley, jeux pour enfants.

|●| *Restaurant Trouz Ar Mor :* plage du Corréjou, Saint-Michel. ☎ 02-98-04-71-61. Accès : à 2 km au nord de Plouguerneau, par la route de Saint-Michel. Ouvert toute l'année. Fermé le lundi soir et le mercredi soir hors saison. Belle gamme de menus de 89 F (le midi en semaine) à 210 F (13,6 à 32 €). À l'extérieur, le Finistère à l'état pur et une terrasse aux beaux jours. À l'intérieur, une salle très classique, genre rustique-cossu. La cuisine est aussi soignée (comme on dit) que le décor. Traditionnelle donc, géné-reuse et on sent le métier ! Tous les menus font une place aux poissons et aux fruits de mer : ormeaux poê-lés, bar de ligne cuit sur sa peau, etc. Kir offert à nos lecteurs.

|●| *Crêperie Lizen :* route de Saint-Michel. ☎ 02-98-04-62-23. ⚒ Fermé en novembre. Service continu en saison. Compter de 70 à 80 F (10,6 à 12,2 €) à la carte. Dans une jolie chaumière du début du XIXe siècle, très « j'ai servi de décor à un conte de fées ». Salle cordialement rus-tique avec une solide cheminée du XVIIe siècle. La musique oscille entre Neil Young et traditionnels celtes. La carte des crêpes est écrite à la plume et avec application dans des cahiers d'écolier. Et le cidre se tient au frais dans des seaux de plage avec pelle et râteau. Pas à dire, l'endroit a de la personnalité. Comme le patron, solide person-nage au look de d'Artagnan rock'n roll, qui a organisé ici le premier ras-semblement international de nains de jardins ! Adorable terrasse. Et les crêpes alors ? Honnêtes... au crabe et coulis d'étrilles, aux Saint-Jacques à la crème, aux pommes et au caramel au beurre salé, etc. N'accepte pas les cartes bancaires. Apéritif offert sur présentation du *GDR*.

À voir

★ *Le musée des Goémoniers :* route de Saint-Michel. ☎ 02-98-04-60-30. Ouvert de juin à août tous les jours de 14 h 30 à 18 h 30 ; en septembre, du vendredi au dimanche de 14 h 30 à 17 h. Sur réservation le reste de l'année.

Entrée : 15 F (2,2 €) ; enfants : 12 F (1,5 €). Un petit musée dont la visite est indispensable pour mieux connaître et comprendre le pays des Abers et sa principale richesse, le goémon. De nombreux documents d'archives sur les goémoniers, des maquettes, une exposition d'anciens bateaux de goémoniers. Également des illustrations sur le phare de Plouguerneau et les massifs dunaires, ainsi que des vidéos sur la collecte et le traitement du goémon, la signalisation maritime, l'archéologie sous-marine et le milieu naturel marin. Exposition permanente sur l'utilisation actuelle des algues. Vous pourrez également faire une balade à bord d'un ancien goémonier, participer à des stages de cuisine (une journée) à date ponctuelle. Les groupes de plus de 10 personnes peuvent demander à être guidés sur les différents sites de l'écomusée.

Dans les environs

★ *Le site d'Iliz Koz :* à 2 km de Plouguerneau ; prendre la direction de Saint-Michel, puis tourner à gauche (fléché). ☎ 02-98-04-71-84. Ouvert du 15 juin au 15 septembre tous les jours sauf le lundi de 14 h 30 à 18 h. Entrée : 15 F (2,2 €). Vestiges d'une église de l'ancienne paroisse de Tréménac'h. Selon la légende, elle aurait disparu sous les sables (au début du XVIIIe siècle) à cause de trois jeunes gens facétieux : ils avaient voulu faire baptiser un chat noir par un recteur aveugle. Dommage pour eux, le chat se mit à miauler, le recteur maudit les trois garçons et le site. Ils moururent dans la nuit et Iliz-Koz disparut sous le sable. Le site a été redécouvert en 1970. Sur un petit espace : les ruines de l'église et, plus intéressant, une nécropole médiévale. Plus de 100 tombes de marchands, chevaliers, prêtres, marins. La décoration des dalles donne une idée de ce qu'était l'art funéraire en Bretagne au Moyen Âge.

★ *La Grève Blanche :* à l'ouest d'Iliz Koz. Pour les amateurs de dunes et de grandes étendues de sable blanc. Vers Guisseny, la *grève du Zorn* se révèle également bien sauvage.

★ *Le phare de l'île Vierge :* face au joli port de Lilia. Tour de granit édifiée de 1897 à 1902. Avec ses 77 m de haut, ce phare est, paraît-il, le plus haut d'Europe. C'est aussi un des derniers à être gardé. L'intérieur est entièrement tapissé d'opaline. 397 marches pour gagner le sommet : mais la vue mérite l'effort ! Accès à l'île depuis le port de Perros avec les *Vedettes des Abers* (☎ 02-98-04-74-94). Attention, le phare n'est ouvert au public qu'en juillet-août de 11 h à 12 h et de 15 h à 18 h et le nombre de personnes par visite est limité.

GUISSÉNY *(GWISENI)* (29249)   1 180 hab.

Entre Guisseny et Brignogan, nous voici au cœur du pays pagan (« pays païen »), nom donné aux gens et au pays par les missionnaires irlandais au Ve siècle. Ces *pagans* étaient de redoutables et efficaces pilleurs d'épaves, capables une nuit de décharger la cargaison d'un navire échoué. Ce qui est sûr c'est que, pour cette population extrêmement pauvre, un naufrage représentait de nombreux mois de survie.

À Guisseny, voyez l'*église* et son joli clocher à balcons superposés du XVIIe siècle. Quatre croix marquent l'entrée du cimetière. Superbe *retable* dans la chapelle de l'Immaculée-Conception. Surtout, ne manquez pas de visiter le village de Menez-Ham (voir plus bas). De Guisseny à Brignogan, vous découvrirez encore des petits coins préservés.

Où dormir ? Où manger dans le coin ?

📫 |●| *Ferme-auberge de Keralo-ret, chez M. et Mme Yvinec :* Kera-loret. ☎ 02-98-25-60-37. Fax : 02-98-25-69-88. ♿ À 4 km au sud-est de Guissény par la D10 direction Plouguerneau, puis une petite route à gauche (bien fléché). Ouvert toute l'année pour les chambres d'hôte, de mai à octobre seulement pour l'auberge. Chambre à 290 F (44,2 €) avec douche et w.-c. ou bains, petit déjeuner compris. Menus (sur réservation) à 85 et 100 F (12,9 et 15,2 €). Dans un ensemble de bâtiments an-ciens en pleine campagne. Accueil cordial et chambres agréables. À table, bonne et solide nourriture pay-sanne. Grande spécialité : le *kig ha farz*, le mardi et le samedi soir. À commander la veille ou le matin de bonne heure : les pommes de terre *diseac'h* le mercredi, le *navarin d'agneau* le jeudi. Excellent cidre bouché. Camping à la ferme égale-ment. Apéritif offert aux lecteurs du *GDR*. Bon, une adresse fort sympa-thique, disions-nous...

À voir dans les environs

★ *Le village de Menez-Ham :* à 6 km au nord-est de Guissény par la D10 jusqu'à Kerlouan, puis une petite route qui mène à la côte. L'endroit est un peu élevé, ce qui permet au regard d'embrasser une large étendue de côte et de mer. Menez-Ham est un village de chaumières traditionnelles dont les toits de paille, de seigle ou de roseaux (hormis ceux de deux maisons, mira-culeusement préservés) ont disparu depuis longtemps sous les coups répé-tés du vent et des tempêtes. Racheté par la commune, le Conseil général et un particulier, le village est en cours de restauration. Une association locale s'emploie à le faire revivre. Restaurées, les maisons devraient être ouvertes au public. À suivre donc... En attendant, on peut découvrir ces ruines lente-ment ramenées à la vie. Remarquer les fours à l'écart des habitations. Le plus éloigné est le plus intéressant. Des cheminées trônent dans la pièce unique de chacune de ces maisons. L'une d'entre elles, moderne (voire cita-dine), dénote entre ces épais murs de pierres brutes. La superficie de la pièce et la simplicité de l'architecture indiquent que ce village n'était pas des plus riches.
Aux alentours immédiats, on devine des terrains anciennement cultivés. Les pêcheurs de ce village cumulaient en effet trois activités : la pêche bien sûr, l'agriculture et la récolte des algues. Pénible labeur mais le paysage fournis-sait une très large consolation. Quel spectacle époustouflant ! La lumière les jours de vent – et il y en a souvent – change à chaque instant, les rochers ont des formes très évocatrices (certains ressemblent étonnamment à des poissons !) et puis il y a le joyau dans son écrin : au beau milieu d'un amas de rochers, à dix pas de la mer, se niche à l'abri du vent une minuscule mai-son de garde-côte tout en pierre. Mais alors vraiment tout en pierre, même le toit ! En montant sur les rochers, la vue est royale. Prudence quand même ! Dans le coin, nous vous recommandons aussi vivement de pousser jusqu'à la *plage* assez sauvage de Meneham. Sable fin et pittoresques chaos de rochers.

BRIGNOGAN-PLAGE *(BRIGNOGAN)* (29890)　　　　870 hab.

Station balnéaire familiale qui s'urbanise cependant rapidement. Alentours fameux pour leurs chaos rocheux. Sur l'une des plages, ils ont la forme de crapauds. Ne ratez pas l'*anse du phare de Pontusval*, sa longue grève de sable blanc et la charmante *chapelle Pol,* construite dans les rochers (à 2,5 km au nord de Brignogan).

Sur la route de la chapelle, curieux *menhir « christianisé »,* de près de 8 m de haut et surmonté d'une croix.

Adresse utile

🛈 *Office du tourisme :* au bourg. ☎ 02-98-83-41-08. En juillet et août, ouvert le lundi de 11 h à 19 h 30 et du mardi au samedi de 10 h à 19 h 30, le dimanche de 10 h à 13 h; de septembre à juin, ouvert du mardi au samedi de 10 h 30 à 12 h 30 et de 16 h à 18 h.

Où dormir ? Où manger ?

🛏 |●| *Hôtel Ar-Reder-Mor :* 35, av. du Général-de-Gaulle. ☎ 02-98-83-40-09. Fax : 02-98-83-56-11. ● arredermor@wanadoo.fr ● Restaurant ouvert du 1er juin au 20 septembre. Chambre double à 190 F (28,9 €) avec lavabo, de 285 à 305 F (43,4 à 46,5 €) avec douche et w.-c. ou bains. Demi-pension obligatoire en août : 280 F (42,6 €) par personne. Menus de 80 à 210 F (12,2 à 32 €). Hôtel familial dans la rue principale. Chambres à la déco un peu désuète et pour beaucoup au confort miminal (avec lavabo seulement). Salle à manger néo-rustique et immuables spécialités : salade du pêcheur, escalope de saumon à l'oseille. Apéro offert sur présentation du *GDR.*

Dans les environs

🛏 *Camping municipal :* Kerurus, 29890 Plounéour-Trey. ☎ 02-98-83-41-87. À 4 km au sud-est de Brignogan. Ouvert du 15 juin au 15 septembre. À deux pas de la mer.

Sports et loisirs

– *Char à voile :* location et initiation à partir de 6 ans.
– *Évasion pour tous :* Le Menhir, 29890 Plounéour-Trey. ☎ 02-98-83-59-13. Également kayak (mer et rivière) et VTT, tir à l'arc et fly-surf.

LA CÔTE DES ABERS

GOULVEN *(GOULC'HEN)* (29890)   460 hab.

Niché au fond d'une grande baie découvrant une immense grève sur plusieurs kilomètres. Photos superbes garanties si le soleil joue avec les nuages.

Où manger ?

|●| *Crêperie de Saint-Goulven Ar Pitilig :* Kerargroaz. ☎ 02-98-83-55-76. ✗ Dans le bourg, en direction de Brignogan (route de Kerlouan). Fermé du lundi au jeudi hors vacances scolaires et en janvier et février. Compter 65 F (9,9 €) à la carte. Crêperie aménagée dans une ferme un peu planquée derrière son jardin fleuri. Crêpes goûteuses : essayez la *Rigadell* (aux coques), l'*Allemande* (pommes de terre, crème, lardons), la *Goulvinoise* (aumônière au sorbet et fruits rouges). Quelques autres spécialités aussi : *kig ha farz*, patates au lard, poulet au cidre, etc. Exposition de photos. Bon accueil.

Où dormir ? Où manger dans les environs ?

▲ *Camping municipal d'Ode Vraz :* Ode-Vraz, 29430 Plounevez-Lochrist. ☎ 02-98-61-65-17. À environ 6 km à l'est de Goulven par la D10. Ouvert du 15 juin au 15 septembre. À 300 m de la baie de Kernic. Pas loin de la mer donc !

▲ *Camping municipal de Keremma :* Keremma, 29430 Tréflez. ☎ 02-98-61-62-79. À environ 4 km à l'est de Goulven par la D10. Ouvert du dernier week-end de juin à fin août. Au pied des célèbres dunes de Keremma. La plage est de l'autre côté.

▲ |●| *Chambres d'hôte chez Claudine Roué :* Kerséhen, 29260 Plouider. ☎ 02-98-25-40-41 ou 06-81-04-10-87. À 5 km au sud-ouest de Goulven par la D125. Chambre double de 230 à 250 F (35 à 38,1 €) avec douche et w.-c. ou bains. Table d'hôte : repas à 90 F (13,7 €) vin compris. Repas enfants (à partir de 4 ans) à 50 F (7,6 €). Un petit âne dans le jardin : pas de doute, on est à la campagne. Excellent accueil. Trois chambres confortables dans une maison néo-bretonne (comprendre : moderne mais d'architecture traditionnelle !). La chambre rose est plus spacieuse et donne sur le jardin. À la table d'hôte (sur réservation) : gratin de légumes, poissons, tartes et bavarois maison. Location de vélos. Apéro ou café offert aux lecteurs du *GDR*.

À voir

★ *L'église* de Goulven est l'une des plus belles du littoral. Clocher du XVIe siècle dans le style de Notre-Dame-du-Kreisker, à Saint-Pol-de-Léon. À droite du porche Renaissance, superbe porte de style gothique flamboyant. Remarquable autel de granit gris sculpté. Devant, un autre petit autel sculpté de scènes naïves polychromes. Ancien jubé du XVIe siècle utilisé comme tribune d'orgues.

★ *Les dunes de Keremma :* sur la côte, à 3 km à l'est de Goulven par la D10. Célèbres dunes, étape pour les oiseaux migrateurs, qui font l'objet d'un soin attentif de la part du Conservatoire du littoral. *La maison des Dunes* (☎ 02-98-61-69-69), route de Goulven, propose en juillet et août des expositions et des balades nature à thème, dans ces grands espaces sauvages, superbes mais fragiles. Possibilité de balades à cheval. On remarquera, à l'orée des dunes, un ensemble de villas, souvenirs d'un phalanstère créé ici au début du XIXe siècle suivant les principes de Fourier (assortis d'une petite dose de catholicisme...). Le nom de Keremma vient d'ailleurs du prénom de l'épouse du fondateur de ce phalanstère. Les villas sont toujours habitées l'été par leurs descendants. Longue et belle plage le long des dunes (attention, le naturisme y est parfois mal perçu). Celle de la chapelle de Saint-Guevroc n'est pas mal non plus dans son genre.

LESNEVEN *(LESNEVEN)* (29260)   6 930 hab.

Ville carrefour et centre commercial important du Léon. Renommée pour la qualité de ses pâtisseries. Qui aurait imaginé que cette paisible bourgade pût voir naître le roi du revolver et de l'argot : Auguste Le Breton, auteur à succès de tant de polars sublimes (dont 9 portés à l'écran) ?

Adresses utiles

◻ *Office du tourisme :* 14, pl. du Général-Le-Flô. ☎ 02-98-83-01-47. Fax : 02-98-83-09-93. Ouvert en été, le lundi de 9 h 30 à 18 h 30 et du mardi au samedi de 9 h 30 à 12 h 30 et de 14 h à 18 h 30, le dimanche de 10 h 30 à 12 h. Le reste de l'année, du lundi au samedi de 9 h 30 à 12 h et de 14 h à 18 h, fermé le dimanche. Petite brochure très complète sur la ville.
– *Marché :* chaque lundi de 9 h à 19 h.

Où manger ?

|●| *Couleur Pays :* 11, pl. du Château. ☎ 02-98-83-30-90. Fermé le mercredi et le jeudi ainsi que deux semaines en août, une en mars et en juin. Plat du jour à 49 F (7,4 €), 65 F (9,9 €) avec un dessert, 85 F (12,9 €) avec 1/4 de vin et café. Menu crêpes à 70 F (10,6 €) le midi. Menu à 110 F (16,7 €). Crêperie-restaurant sur une place du centre, immanquable avec sa devanture éclatante de couleur et ses géraniums aux fenêtres. Séparées par une massive cheminée, deux salles plutôt grandes mais plaisantes, fréquentées par les gens du coin. Bonne ambiance. Tables de bois, chacune peinte d'un paysage des environs. Très bonnes crêpes et des poissons et fruits de mer simplement mais joliment travaillés : filets d'espadon sauce à l'orange et au gingembre, brochette de Saint-Jacques, etc. Kir breton ou sauvignon offert sur présentation du *GDR*.

Dans les environs

|●| *Restaurant Breton :* 29260 Saint-Frégant. ☎ 02-98-83-05-33. ⚒ À 5 km au nord-ouest de Lesneven par la D25 ; au centre du village, en face de l'église. Service le midi uniquement. Fermé le dimanche et les 3 premières semaines d'août. Menu unique à 60 F (9,1 €). Petit resto qui n'a l'air de rien de l'extérieur mais, quand on aperçoit la grande salle du fond, on se dit qu'ils ne l'ont pas construite pour dix personnes. Eh bien, arrivez à 11 h 55 si vous voulez être sûr d'avoir une place ! Accueil sympa bien sûr, et atmosphère animée garantie. Peu de touristes. Ah si, vous ! Bonne et copieuse nourriture (et pas chère en plus !). Le jeudi (sur réservation), on mange soit typiquement breton *(kig ha farz),* soit carrément exotique (couscous).

À voir

★ Si la ville ne possède pas un grand charme en soi, il y a encore quelques vieilles maisons dans le centre et, surtout, un très intéressant *musée du Léon :* 12, rue de la Marne, dans la Maison d'accueil, un ancien couvent d'ursulines. ☎ 02-98-21-17-18. ⚒ Ouvert de 14 h à 18 h. Fermé le mardi (et le vendredi d'octobre à fin avril). Entrée : 15 F (2,2 €). 5 F (0,7 €) pour les 12-18 ans et les étudiants. Gratuit pour les moins de 12 ans. Parcourt toute l'histoire de cette région : préhistoire (haches de pierre et de bronze, silex taillés), période gallo-romaine (stèle gauloise, enduits muraux peints), médiévale (monnaies, statuaire). Quelques belles pièces d'art religieux également et une belle section d'art et traditions populaires : meubles, costumes traditionnels, etc. Pour les routards, entrée à 12 F (1,8 €) sur présentation du *Guide*.

| LE FOLGOËT *(AR FOLGOAD)* (29260) | 3 190 hab. |

À 2 km au sud-ouest de Lesneven par la D788, le deuxième *pèlerinage breton* en importance attire des milliers de personnes le dimanche le plus proche du 8 septembre. Étrange, un si petit village en pleine campagne, avec une basilique aussi imposante, presque une cathédrale... Une des plus belles églises de Bretagne.

Un peu d'histoire, beaucoup de légendes !

Vers 1315, dans un tronc de chêne, vivait un pauv' gars, Salaün, qui répétait sans cesse « ave Maria, ave Maria » en toutes circonstances. Il passait son temps à mendier du pain et à aller à la messe. Les gens l'avaient surnommé *Fol Goat,* le « fou du bois ». Un jour, il mourut, et plutôt que de l'emmener au cimetière, pourtant pas loin, on l'enterra sur place, comme un chien, sans prières ni curé. Dieu doit détester les injustices, car il fit pousser sur la tombe un lis blanc. Sur ses pétales s'étalaient en lettres d'or « ave Maria ». Comme le miracle dura plusieurs semaines, toute la Bretagne accourut et il fut décidé d'élever une chapelle. Jean IV, duc de Bretagne, ayant fait vœu de construire une basilique à la Vierge, décida de l'édifier au Folgoët, à l'endroit du miracle. Il posa la première pierre, partit et oublia de donner une suite. Ce n'est que 54 ans après que Jean V se rappela le vœu de son père et entama les travaux.

C'est au Folgoët que fut utilisée pour la première fois une pierre qui allait devenir fameuse ensuite dans l'architecture bretonne : le granit de Kersanton. La basilique fut achevée vers 1460. Louis XIV, qui n'aimait pas les Bretons (et qui était très mesquin, c'est connu), ravala la basilique au rang de chapelle ! Incendies, excès de la Révolution française (les apôtres du porche furent guillotinés !), puis changement de raison sociale (l'église fut transformée en porcherie, puis en caserne, c'est dans l'ordre des choses !) firent que l'édifice menaça réellement de tomber en ruine. C'est Prosper Mérimée, alors inspecteur général des Monuments historiques, qui sauva Le Folgoët, en 1835, en rédigeant un rapport favorable à sa restauration.

À voir

★ *La basilique :* flanquée de deux tours, dont l'une culmine à 56 m, elle est considérée comme l'une des plus fines de Bretagne. Très beau portail sud, de style flamboyant. Juste en face du calvaire.
À l'intérieur, le *jubé,* l'un des chefs-d'œuvre de la sculpture médiévale. Taillé dans le granit de Kersanton en d'admirables proportions : trois élégantes colonnes supportent trois arches surmontées d'ogives en flèche. Remarquable rosace du chœur. Nombreux autels du XVe siècle en granit aussi.

★ *Le doyenné :* en face de la basilique. C'est l'actuel presbytère, manoir à tourelles du XVIe siècle.

★ *La maison du Patrimoine musée Notre-Dame :* ouvert tous les jours sauf le dimanche matin de 10 h à 12 h 30 et de 14 h 30 à 18 h 30. Entrée payante. Gratuit pour les moins de 12 ans. Installée dans l'hôtel des pèlerins, construit il y a 50 ans mais dans le style néogothique. Ce qui est une bonne idée, car l'ensemble des monuments du Folgoët présente ainsi une belle homogénéité. Statues de diverses époques, mobilier traditionnel (lit clos) comme médiéval, costumes, etc.

Manifestation

– *Grand pardon de Notre-Dame-du-Folgoët :* le dimanche le plus proche du 8 septembre. L'un des meilleurs et des plus bretonnants.

LE HAUT LÉON

Le Léon est la deuxième grande région historique du Finistère avec la Cornouaille. Son nom viendrait de la contrée d'origine des immigrés venus peupler le coin, la Cambrie (pays de Galles), et plus précisément de la ville de Caer-Léon. Le Gulf Stream a transformé ce nord en sud et le haut Léon est un peu devenu le jardin potager du Finistère, sinon de France. Premier producteur national d'artichauts, de choux-fleurs, de plants de pommes de terre... Le paysage est partout planté d'interminables serres, les routes sont sillonnées par de rutilants tracteurs. Et, pour ne rien gâcher, ce vaste potager est juste au bord de la mer : superbes plages et une île-jardin (encore !), Batz.

Adresse utile

🚩 *Pays du haut Léon :* pl. de l'Évêché, 29250 Saint-Pol-de-Léon. ☎ 02-98-29-09-09. Fax : 02-98-29-00-98.

Pour tous renseignements touristiques sur le secteur.

PLOUESCAT *(PLOUESKAD)* (29430)   3 780 hab.

Gros bourg agricole où l'on cultive les tulipes et les choux-fleurs. Le marché se tient sous des halles avec une belle charpente en bois du XVIe siècle. Elles restent la seule attraction du pays depuis l'affaire du... *Zizi de pépé.* Ce gros rocher ithyphallique (dont la forme était en effet sans équivoque) n'avait jusqu'ici réussi à provoquer, depuis quelques siècles déjà, que sourires égrillards et grasses plaisanteries. La municipalité de Plouescat, suivant en cela une certaine vague moralisatrice très en vogue, l'a tout simplement fait exploser en juillet 1987. Pour se venger, les artistes locaux ont fait saillir, à coup de barbouille rouge, sur les rochers les plus polis et rebondis, un certain nombre de « Fesses de mémé ». On ne sait pas si la municipalité a voté de nouveaux crédits pour l'achat de lessive !
À part cela, *plages* évidemment superbes autour de la baie de Kernic.

Celles de **Pors-Meur,** de **Pors-Guen** allongent indéfiniment leur sable blanc très fin. Le royaume des véliplanchistes et des adeptes du char à voile. Harmonieux amoncellements granitiques.

Où dormir ?

Hôtel Roc'h ar Mor : 18, rue Armor, plage de Pors-Meur. ☎ 02-98-69-63-01. Fax : 02-98-61-91-26. À 3 km du bourg. Fermé de fin septembre à fin mars. Chambre double à 140 F (21,3 €) avec lavabo, (w.-c. sur le palier) à 160 F (24,3 €) avec douche. Tranquillement posé juste au bord de la plage. Emplacement en or donc pour ce sympathique petit hôtel. 8 chambres seulement, toutes simples mais bien tenues. Les n°s 12 et 13 (salut à toi, lecteur superstitieux) ont vue sur la mer. Un chouette petit bar. 10 % de réduction sur la chambre sauf en juillet-août pour nos lecteurs.

BERVEN (29225)

Un tout petit village un peu au milieu de nulle part (et même pas référencé par l'INSEE !) mais possédant, avec sa chapelle Notre-Dame, un intéressant **ensemble paroissial.** On y accède par une porte triomphale Renaissance à trois arches en plein cintre (ancienne entrée du cimetière) qui, curieusement, donne l'impression d'être inachevée. *Église* du XVIe siècle à l'aspect assez sévère avec clocher à lanternons ajourés et balustrades. Quelques gargouilles intéressantes. Devant la façade, entrée de l'enclos avec élégantes volutes. À l'intérieur, de belles sablières et poutres sculptées. Remarquable clôture du chœur en pierre et en bois.

Où dormir ? Où manger dans les environs ?

Hôtel le Goff : 6, rue Saint-Hervé, 29430 Lanhouarneau. ☎ 02-98-61-48-06. À une dizaine de km au sud-ouest de Berven par la D788. Chambre double avec lavabo ou douche (w.-c. sur le palier) de 165 à 190 F (25,1 à 28,9 €). Dans la rue principale de ce bourg tranquille (et lui aussi doté d'une belle église avec enclos et tout, et tout), un petit hôtel d'une autre époque franchement plébiscité par nos lecteurs ! Mercerie-épicerie (avec petites affiches de mise en garde pour les enfants qui seraient tentés de piquer quelques bonbecs) au rez-de-chaussée et quelques chambres à l'étage. Pas luxueuses mais avec leur petit charme désuet. Les proprios, mère et fils, s'emploient à les garder nickel. Et les prix sont aussi gentils que l'accueil. Parking gratuit.

|●| Hôtel des Voyageurs : 1, rue de Saint-Pol-de-Léon, 29440 Plouzévédé. ☎ 02-98-69-98-17. Fax : 02-98-29-55-91. ⚓ À 2 km au sud de Berven par la D33. En plein centre du bourg. Ouvert tous les jours. Compter 280 F (42,6 €) pour une chambre double avec douche et w.-c. ou bains. Menus de 56 F (le midi en semaine) à 180 F (8,5 à 27,4 €). Presque un monument historique : le bar est ouvert depuis 1851. Massive et très belle maison de pierres qu'un nouveau propriétaire s'est employé à rendre plus belle encore. Élégante déco, d'un rustique un peu classe, genre intérieur de club anglais. Chambres rénovées de fond en comble et de bon confort. Et au resto, une cuisine qui commence à avoir sa réputation dans le coin.

l●l *Crêperie du Château :* Kerfao, 29440 Saint-Vougay. ⚓ À 200 m du château de Kerjean. ☎ et fax : 02-98-69-93-09. Ouvert de Pâques à septembre (sauf le mardi) et les week-ends en hiver. Menu à 75 F (11,4 €). Compter 80 F (12,2 €) à la carte. Dans une ferme joliment rénovée au milieu d'un parc très fleuri (primé par le département), délicieuses crêpes préparées avec les produits de la ferme. *Kig ha farz* également au programme. La crêpière est sympathique.

l●l *Moulin de Kerguiduff :* allée du Meunier, 29440 Tréflaouénan. ☎ 02-98-29-51-20. ⚓ Accès indiqué depuis Tréflaouénan. Fermé le lundi en saison, et tous les soirs sauf les week-ends hors saison. Menus de 68 à 110 F (10,3 à 16,7 €). Dans un joli petit coin de campagne, évidemment tout à côté d'une rivière. Le meunier a cédé la place à un restaurateur qui propose, dans une salle rustique, une honnête cuisine traditionnelle. Une des spécialités du chef : la cassolette de Saint-Jacques.

À voir dans les environs

★ *Le château de Kerjean :* à Saint-Vougay (5 km au sud-ouest de Berven). ☎ 02-98-69-93-69. Fax : 02-98-29-50-17. En juillet et août, ouvert tous les jours de 10 h à 19 h ; en juin et en septembre, tous les jours sauf le mardi, de 10 h à 18 h ; pour les autres mois, renseignez-vous. Entrée : 25 F (3,8 €). Réduction enfants, étudiants, chômeurs... C'est le plus beau château du Léon, devenu propriété de l'État, géré par le département. Construit dans la seconde moitié du XVIᵉ siècle, il mélange avec bonheur l'architecture défensive et les apports somptueux de la Renaissance. Composé d'une enceinte, d'une cour carrée et de trois corps de bâtiment. Immenses cheminées. Beau mobilier breton (lit clos, coffres de mariage, huches, armoires, etc.). Tout autour, un parc splendide avec piliers de justice, fontaine et colombier du XVIᵉ siècle. En plus de la visite du château, il y a des expositions temporaires et des spectacles.

★ *La ferme-musée du Léon :* à Lanquéran, entre Plouzévédé et Tréflaouénan, au nord de Berven. ☎ 02-98-29-53-07. Ouvert tous les jours du 1ᵉʳ mai au 30 septembre, le week-end hors saison, de 10 h à 12 h et de 14 h à 19 h. Entrée : 25 F (3,8 €). 10 F (1,5 €) pour les enfants de 10 à 15 ans. Un peu paumée dans la campagne mais fléchée depuis toutes les routes qui sillonnent le coin ! Une ferme comme il y en avait autrefois dans le Léon, avec toit de chaume et lits clos. Évocation de la vie rurale au début du siècle au travers d'anciens outils et de machines agricoles. Nombreuses animations en été autour des activités traditionnelles. Bon accueil. Entrée : 20 F (3 €) sur présentation du *GDR*.

★ *La chapelle de Lambader :* sur la D69 en direction de Landerneau. Ouvert de 9 h à 19 h toute l'année. Une des plus jolies chapelles qu'on connaisse. Entourée de vieilles maisons, dans un cadre bucolique à souhait, elle lance une audacieuse flèche et quatre clochetons à 58 m. Clocher-porche avec balustrade à trèfles et corniche ciselée.
– Chaque année, en juillet (pendant un week-end), a lieu ici le plus grand *spectacle historique* du Finistère. Spectacle son et lumière racontant l'histoire de la Bretagne, de 1793 à 1950, telle qu'elle a pu être vécue dans ce petit village du Finistère nord. On y découvre la rudesse de la vie paysanne, avec ses joies et ses peines. Et, comme on est en Bretagne, korrigans et ankou ne sont jamais bien loin. Plus de 500 bénévoles (de 3 à 81 ans !), tous amateurs, participent à ce grand spectacle de qualité. Renseignements : association Avel Lambader. ☎ 02-98-61-01-04.

LE HAUT LÉON

CLÉDER *(KLEDER)* (29233) 3 720 hab.

Bourg léonard dévoilant peu de caractère, à l'inverse de ses proches environs encore pleins d'authenticité paysanne et qui recèlent bien des richesses architecturales. En suivant le chemin côtier, vous découvrirez un four à goémon niché dans les dunes, d'adorables criques, une maison de garde-côte et de surprenants rochers. La campagne est parsemée de châteaux, manoirs, moulins, vestiges enfouis dans la verdure.

Adresse utile

🛈 *Office du tourisme :* 2, rue Plouescat, BP 5. ☎ 02-98-69-43-01. Ouvert toute l'année.

Où dormir ? Où manger ?

🛏 *Camping municipal de Poulennou :* Poulennou. ☎ 02-98-69-48-37 ou 02-98-69-40-09 (mairie). Fax : 02-98-69-47-99. ✦ Ouvert du 15 juin au 15 septembre. En bord de mer.

🛏 *Chambres d'hôtes Kerliviry, chez M. et Mme Ponthieux :* dans le bourg. ☎ 02-98-61-99-37. Chambres de 320 à 350 F (48,7 à 53,4 €), petit déjeuner compris. Deux chambres doubles avec salle de bains et une « familiale » en mezzanine avec sanitaires complets. Petit déjeuner copieux avec une grande variété de produits locaux, confitures maison, céréales, fromages... Très calme. Dans un ancien manoir restauré en pleine campagne, peuplé d'animaux de la ferme qui réjouiront les petits comme les grands routards.

🛏 *Chambres d'hôte à la ferme de Kernevez :* chez Marceline et François Grall, à Kernevez. ☎ 02-98-69-41-14. À 2,5 km de Cléder. Chambre double de 200 à 250 F (30,4 à 38,1 €), petit déjeuner compris. Près du manoir de Tronjoly, dans une charmante maison léonarde. 2 chambres avec salle de bains commune ; 2 autres avec salle de bains particulière. Excellent accueil. Far breton, pain et crêpes maison au petit déjeuner.

🍽 *Entre Terre et Mer :* 9, rue de l'Armorique. ☎ 02-98-19-53-22. Fermé le lundi soir et le mardi soir de juin à septembre et les lundi et mardi toute la journée hors saison. Un seul menu à 110 F (17,9 €). Le cadre est sans réel intérêt mais le service est charmant et aux fourneaux se mitonne une jolie cuisine de marché à l'épatant rapport qualité-prix. Joues de cochons aux épices, rouget grondin, sablé breton aux fraises : le jeune chef travaille avec un joli tour de main et pas mal de pertinence tous les bons produits de ce véritable pays de Cocagne (entre terre et mer !) qu'est le haut Léon. Une petite adresse qui en vaut quelques grandes. Apéro offert sur présentation du *GDR*.

Où dormir ? Où manger dans les environs ?

🛏 *Camping municipal du Bois de la Palud :* Palue, 29250 Plougoulm. ☎ 02-98-29-81-82. Fax : 02-98-29-92-26. À 4 km au nord-est de Cléder par la D10. Ouvert du 15 juin au 15 septembre. Très belle vue sur la mer.

🛏 🍽 *Hôtel-restaurant La Marine :* port de Moguériec, 29250 Sibiril. ☎ 02-98-29-99-52. Fax : 02-98-29-89-18. ✦ (restaurant). À 7 km au nord-est de Cléder par la D10 jusqu'à Sibiril, puis à gauche la D69. Fermé le lundi hors saison. Chambre double avec douche à 165 F (25,1 €), à partir de 275 F (41,9 €) avec douche et w.-c. ou bains. Menus de 98 à 220 F (14,9 à 33,5 €). Pimpante maison face à un pittoresque port de pêche. Mais les chambres ont un peu de mal à sortir des années 1970 : papiers peints un peu chargés... et déco à l'unisson.

Bar avec une belle collection de whiskies (200 au moins !). Au resto, honnête (sans plus) cuisine de poissons et fruits de mer. Au resto, café offert aux lecteurs du *GDR*. À l'hôtel, petit déjeuner offert ou 10 % sur la chambre hors saison et vacances scolaires (et un café ou un jus de fruit offert en plus !).

À voir dans les environs

★ *Le manoir de Tronjoly :* à la sortie de Cléder (direction Plouescat par la D10), vers le parc des Amiets. Charmant manoir du XVIᵉ siècle, tapi dans le creux d'une colline. Au centre de la cour, très belle vasque monolithique. C'est une propriété privée, mais visite possible du parc et de la chapelle.

★ *Le château de Kerouzéré :* à Sibiril (à 3 km à l'ouest de Cléder par la D10). Visite extérieure libre. Pour l'intérieur, visite l'après-midi seulement, téléphoner pour connaître les heures des visites. Renseignements : ☎ 02-98-29-96-05. Entrée : 20 F (3 €) pour adultes, 10 F (1,5 €) pour étudiants, gratuit pour les moins de 10 ans. Rez-de-chaussée gratuit pour les handicapés. Impressionnant château fort du XVᵉ siècle, d'allure encore bien médiévale (surtout la façade nord) : mâchicoulis, chemin de ronde... Même si une grande part de ses fortifications et sa quatrième tour n'ont pas résisté aux guerres de la Ligue. L'été, on peut visiter la salle des gardes avec sa massive cheminée et la salle haute dotée d'une remarquable charpente.

SANTEC *(SANTEG)* (29250)   2 200 hab.

Petite bourgade typique du Léon qui plairait bien à Bugs Bunny (spécialité locale : la carotte !). Plein de plages dans les environs, dont une des plus belles de cette portion de côte : la *plage du Dossen*, très longue (demandez aux amateurs de char à voile), longée par la forêt et face à la petite *île de Sieck* qu'on peut gagner à pied à marée basse.

Où dormir ? Où manger ? Où boire un verre ?

⌂ *Chambres d'hôte chez Claudette et Jean-François Grall :* 207, route du Dossen. ☎ 02-98-29-78-49. Chambre double à 250 F (38,1 €) avec douche et w.-c., petit déjeuner compris. Dans un quartier résidentiel à 5 mn de la plage. Deux chambres convenables dans une maison récente. Barbecue dans le jardin et petite tonnelle si vous voulez grignoter un morceau. Possibilité de dîner le soir sur demande. Bon accueil. Les proprios louent également au rez-de-chaussée un studio tout équipé. Pour

les routards, 10 % de remise sur le prix de la chambre hors saison.

|●| ♟ *Le Bistrot à Crêpes :* Méchouroux. ☎ 02-98-29-73-92. Entre le bourg et la plage du Dossen. Fermé tous les mercredis, et en novembre. Accueil très sympa. Cocktails à ne plus se souvenir de rien (sinon qu'ils sont souvent préparés avec du chouchen...), étonnantes confitures, lait ribot, très bonnes crêpes (essayez la *Campagnarde*, la *Suprême* ou la *Tartiflette*), *kig ha farz* le vendredi (sur réservation la

veille). Tiens, on en oublie même que cette chouette petite adresse n'a pas le cadre qu'elle mérite. Kir breton offert à nos lecteurs.

ROSCOFF *(ROSKO)* (29680)   3 690 hab.

L'archétype du port breton d'un beau dynamisme économique mais qui a su conserver intacts tout son charme et son homogénéité architecturale. Le nouveau port a seulement été construit un peu plus loin, pour ne pas faire d'ombre à la vieille rade. Adorable front de mer que domine l'étrange et baroque clocher de Notre-Dame-de-Kroaz-Batz. À la fin du XIXe siècle, le climat doux et vivifiant de Roscoff en a fait le premier centre de repos et de soins pour convalescents et tuberculeux.

Aujourd'hui, tête de pont vers la Grande-Bretagne et l'Irlande grâce au port de Bloscon, Roscoff est une plate-forme dynamique du commerce extérieur et une destination touristique des plus fréquentées.

Un peu d'histoire

Ancien repaire de corsaires, Roscoff a eu longtemps maille à partir avec l'« Anglois », le véritable ennemi héréditaire. Nombre de batailles navales se sont déroulées au large. En 1548, Marie Stuart y a débarqué à l'âge de 6 ans pour se fiancer au dauphin. En 1746, après Culloden, l'ultime bataille et défaite des Écossais face à l'expansionnisme anglais, c'est encore à Roscoff que « Bonnie Prince Charlie », héritier de la couronne d'Écosse, est venu se réfugier. Jusqu'à la Révolution française, Roscoff a été l'un des ports français les plus prospères.

En 1828, Henri Ollivier a eu l'idée d'aller vendre à nos cousins anglais sa surproduction d'oignons roses du Léon. Ça a si bien marché qu'en 1930 près de 1 500 colporteurs, que toutes les ménagères anglaises appelaient des « Johnnies », traversaient la Manche, avec leur vélo chargé de tresses d'oignons roses. Depuis, les ventes de primeurs se sont développées considérablement. Alexis Gourvennec, ancien syndicaliste paysan, a créé une compagnie maritime, la *Brittany Ferries,* l'une des réussites de ces vingt dernières années.

Adresses utiles

❶ *Maison du tourisme :* 46, rue Gambetta, côté du vieux port. ☎ 02-98-61-12-13. En juillet et août, ouvert du lundi au samedi de 9 h à 12 h 30 et de 13 h 30 à 19 h, et le dimanche et jours fériés de 10 h à 12 h 30 ; le reste de l'année, ouvert du lundi au samedi de 9 h à 12 h et de 14 h à 18 h, fermé le dimanche. Organise des promenades en mer pour la remontée de la baie de Morlaix et le tour de l'île de Batz. Circuit touristique d'une journée avec guide en train et bateau « Léon à fer et à flot », depuis Morlaix ou Roscoff (réservations : ☎ 02-98-62-07-52), de juin à septembre. Tarifs : 100 F adulte (15,2 €), 50 F enfant (7,6 €). ■ *Location de vélos :* Desbordes, 13, rue Brizeux. ☎ 02-98-69-72-44.

Où dormir ?

Camping

⚑ *Camping municipal :* sur la pointe de Perharidy, vers Santec. ☎ 02-98-69-70-86. Fax : 02-98-61-15-74. ⚒ Ouvert de Pâques à fin septembre. Autour de 45 F (6,8 €) l'emplacement pour 2 avec un véhicule en saison. Bien situé au bord

dela plage. Pas mal équipé. Location de bungalows.

Bon marché

📫 *Auberge de jeunesse :* sur l'île de Batz. ☎ 02-98-61-77-69. Fax : 02-98-61-78-85. Accès par Roscoff. Pour le descriptif, voir plus loin.

Prix moyens

📫 *Hôtel Les Tamaris :* 49, rue Édouard-Corbière. ☎ 02-98-61-22-99. Fax : 02-98-69-74-36. 🍴 Fermé du 15 novembre au 15 mars. Chambre double de 260 à 350 F (39,6 à 53,3 €) avec douche et w.-c. ou bains (et TV). Également des chambres triples de 330 à 350 F (50,3 à 53,3 €). Bien situé, proche du centre-ville et du centre de thalasso. Séparé de la mer par la corniche, cet hôtel guettant l'île de Batz réserve un excellent accueil. Des chambres claires et confortables, et le spectacle continu des marées pour celles situées côté mer. Coucher de soleil tout l'été sur l'île de Batz. Pas de resto, mais une des hospitalités les plus chaleureuses du Finistère. Et pour les lecteurs du *GDR*, 10 % sur la chambre en octobre, novembre et mars.
📫 *Hôtel des Chardons Bleus :* 4, rue de l'Amiral-Réveillère. ☎ 02-98-

69-72-03. Fax : 02-98-61-27-86. Près de l'église, à 500 m des plages. Fermé le jeudi (sauf en juillet et août) et le dimanche soir en hiver. Chambre double de 280 à 300 F (42,6 à 45,7 €) avec douche et w.-c. ou bains (et TV). Menus de 65 F (le midi en semaine) à 215 F (9,9 à 32,7 €). Dans la rue la plus animée du centre, un des meilleurs rapports qualité-prix de Roscoff. Chambres d'une déco contemporaine un peu passe-partout mais confortables (literie de qualité, double vitrage efficace côté rue). Cuisine bien traditionnelle aussi mais goûteuse : salade tiède de Saint-Jacques, filets de sole aux champignons, montgolfière de la mer, etc. La patronne vous accueille avec chaleur. Dommage donc que le service soit un peu coincé. 10 % sur la chambre d'octobre à mars pour nos lecteurs.

Plus chic

📫 *Hôtel Talabardon :* pl. de l'Église. ☎ 02-98-61-24-95. Fax : 02-98-61-10-54. Restaurant fermé le dimanche soir (sauf pour les pensionnaires) et d'octobre à mars. Chambre double de 380 à 590 F (57,9 à 89,9 €) avec douche et w.-c. ou bains (toutes ont la TV par satellite). Petit déjeuner de 58 F (8,8 €). Menus de 100 F (formule servie en semaine) à 280 F (12,2 à 42,6 €). Menu-enfants à 60 F (9,1 €). Un hôtel de caractère, les pieds dans l'eau, tellement qu'en 1996, le rez-de-chaussée a été partiellement détruit par une tempête ! Chambres claires et propres, toutes rénovées il y a peu. Selon les étages, déco

jaune et bleu ou jaune et vert (les trois couleurs de la Bretagne). Les n°s 301, 302 et 303 ont des balcons. Petit déjeuner copieux sous forme de buffet. Belle salle de resto. La cuisine se base sur les produits que fournit en abondance la mer nourricière si proche. La carte évolue donc en fonction des saisons et de l'arrivage. Carte des vins intéressante. Un bémol : même s'il n'est pas toujours facile de se garer à Roscoff, 50 F (7,6 €) le parking de l'hôtel, ça fait cher ! Une excellente adresse pour son charme, la fraîcheur de ses poissons et la qualité de son accueil. Pour les lecteurs du *GDR*, 10 % sur la chambre en mars, avril et octobre.

Où manger ?

Bon marché

Iel *Crêperie Ti Saozon :* 30, rue Gambetta. ☎ 02-98-69-70-89. ☼ Ouvert le soir uniquement à partir de 18 h 30. Fermé les dimanche et lundi, de mi-novembre à mi-décembre et de mi-janvier à mi-mars (sauf vacances scolaires). Compter 70 F (10,6 €) à la carte. Une toute petite crêperie de caractère, près du vieux port. Cadre *cosy* et chaleureux. Pâte à crêpes battue à l'ancienne. Quelques spécialités : coquilles Saint-Jacques sauce beurre blanc, andouille et oignons, fonds d'artichauts crème d'algues, pommes caramélisées flambées au lambig, etc. Surtout, pensez à réserver et sachez que c'est une crêperie non-fumeurs. L'apéritif vous sera offert sur présentation du *GDR*.

Iel *L'Amiral :* 18, rue Amiral-Réveillère. ☎ 02-98-61-19-04. ☼ Fermé le lundi soir et le mardi (sauf en juillet et août) et en octobre et janvier. Menus de 60 à 98 F (9,1 à 14,9 €). Menu enfant à 39 F (5,9 €). Un petit resto classique mais agréable, avec ses deux salles aux couleurs chaudes. Accueil dans le même ton. Les plats proposés sont d'un honnête rapport qualité-prix pour Roscoff. Bonnes viandes juteuses à souhait. Kir offert sur présentation du *GDR*.

Prix moyens

Iel *Les Korrigans :* 31, rue de l'Amiral-Courbet. ☎ 02-98-61-22-15. Fax : 02-98-69-78-96. Fermé de fin novembre à début février. Menus à 75, 97 et 130 F (11,4, 14,7 et 19,8 €). Compter 100 F (15,2 €) à la carte. Un resto-crêperie qui, de l'extérieur, exhibe une architecture contemporaine tout en vitres assez surprenante pour Roscoff. Tenu depuis une dizaine d'années par un couple animé par un réel professionnalisme. Accueil sympathique. Certaines crêpes, comme l'*Océane* (moules, Saint-Jacques, coques et langoustines au beurre blanc) sont toutefois assez chères (ce qui correspond à la tendance inflationniste qui règne sur les restos de la ville). On peut se rabattre sur des poissons et fruits de mer frais, d'un bon rapport qualité-prix. En dessert, flambée au Grand-Marnier. À conseiller donc peut-être plus pour le côté resto que la crêperie.

Plus chic

Iel *L'Écume des Jours :* quai d'Auxerre. ☎ 02-98-61-22-83. ☼ Fermé le mardi soir et le mercredi hors saison, le mercredi midi en saison, et de décembre à janvier. Formule à 95 F (14,4 €) le midi en semaine. Menus de 130 à 230 F (19,8 à 35 €). Dans une noble demeure de granit (sûrement ancienne maison d'armateur). Une des adresses qui montent dans le Léon. Intérieur confortable, chaleureux et intime. Grande cheminée. Est-ce Boris Vian qui motive ainsi le chef dans la préparation de ses plats ? Il associe remarquablement produits locaux de la mer et de la terre, avec une inspiration rare : merveilleux petits plats comme les noix de pétoncles rôties au magret de canard fumé ou l'escalope de foie gras et Saint-Jacques.

À voir

★ *L'église Notre-Dame-de-Croatz-Batz :* ouvert tous les jours de 9 h à 12 h et de 14 h à 19 h. Visite commentée assurée par des bénévoles d'avril à septembre. Se renseigner à la Maison du tourisme. Édifiée au XVIe siècle en gothique flamboyant. Étonnant clocher à lanternons Renaissance qui fait plutôt penser à un cactus. Proportions extérieures remarquables. Dans l'enclos, deux ossuaires de la même époque. Sur les murs, tout autour, reliefs de tritons, animaux marins, navires. À l'intérieur, comme pour beaucoup d'églises « maritimes », plafond en forme de carène de navire renversée. Poutres et sablières sculptées. Magnifique retable de bois style baroque avec tabernacle à cariatides, belle chaire à baldaquin et tribune d'orgues sculptée du XVIIe siècle, baptistère du XVIIe siècle. Voir, dans la chapelle de droite, l'*Élévation du Christ* et la *Passion* en albâtre (origine anglaise, du XVe siècle).

Sur la place, en face du chevet, au n° 23, superbe demeure avec fenêtres à accolade. Noter le style du cheval, qu'on croirait sorti tout droit de *Guernica* de Picasso.

★ *Le musée-aquarium :* pl. Georges-Teissier (à deux pas de l'église). ☎ 02-98-29-23-25. Ouvert tous les jours de Pâques à la Toussaint, de 10 h à 12 h et de 13 h à 18 h (du 1er au 13 juillet et du 21 au 31 août) et sinon de 13 h à 19 h du 14 juillet au 20 août. Entrée adulte : 26 F (3,9 €). Étudiants, retraités : 22 F (3,3 €) ; enfants de 6 à 12 ans : 13 F (1,9 €). Dans une quarantaine d'aquariums, possibilité de voir évoluer, entre autres : torpilles, hippocampes, gorgones, vers spirographes, pieuvres, calmars, congres géants et échinodermes (les oursins, ophiures, astéries et holothuries, quoi !). Intéressantes expositions thématiques également.

★ *Le circuit des vieilles maisons :* autour de l'église, avenue Albert-de-Mun, rue Armand-Rousseau (la rue la plus ancienne), rue de l'Amiral-Réveillère s'élevaient les superbes demeures des riches armateurs dont il reste bon nombre d'exemples. Admirez leurs façades décorées, les lucarnes sculptées, les escaliers à vis. Face à la chapelle Saint-Ninien, rue de l'Amiral-Réveillère, deux d'entre elles se disputent le titre de *maison de Marie Stuart* pour l'avoir accueillie (en fait, elles ont été construites peu après). À côté, belle tour de guet, vestige des anciens remparts.

★ *Le figuier de Roscoff :* extrait du premier guide de la ville (1908) : « ... Dans une belle propriété particulière (ancien couvent des Capucins), on admire un figuier gigantesque qui fut, dit-on, planté... en 1621. Les branches s'étendent horizontalement de part et d'autre d'un petit mur qui soutient les troncs. Cet arbre couvre 600 m de superficie et est soutenu par un grand nombre de piliers. Ce qui le rend fort curieux, au point de vue botanique, c'est que l'arbre entier provient d'un tronc unique dont les drageons, s'étendant horizontalement sur une certaine longueur, presque au ras de terre, se sont recourbés vers le sol pour y prendre racine. Ils ont formé ainsi de nouveaux troncs, issus du premier, auquel ils restent liés par de véritables racines aériennes très volumineuses. »

Au fait, ne cherchez pas cette merveille botanique. Elle a été abattue en 1987 pour permettre la construction d'un bâtiment. Le texte est seulement là par ironie. Parlez-en aux habitants de Roscoff, ils regarderont tous le bout de leurs chaussures. Inquiets des projets du promoteur, certains d'entre eux avaient pourtant vite introduit une demande de classement. Elle arriva deux jours après le « crime ». C'était notre rubrique : « La bêtise devrait mobiliser les chercheurs autant que le sida ! »

À propos : des commerçants de la ville nous ont fait le reproche de continuer à raconter cette anecdote (alors que le figuier a été assassiné depuis longtemps). Des lecteurs nous ont demandé de continuer de parler du figuier chaque année. « C'est un devoir de mémoire. » C'était notre rubrique : « Le lecteur est roi. »

★ *La maison des Johnnies :* installée dans la chapelle Sainte-Anne (juste à côté de la Maison du tourisme et même téléphone). Ouvert de mi-juin à mi-

LE HAUT LÉON

septembre tous les jours sauf le mardi de 10 h à 12 h et de 15 h à 18 h. Entrée : 10 F (1,5 €) ; gratuit pour les moins de 6 ans. Petit musée consacré (bien sûr...) aux Johnnies, ces paysans du Léon qui sont partis au XIXe vendre leurs oignons au porte-à-porte en Angleterre. Des panneaux retracent cette étonnante saga, les traversées, le mode de vie de ces marchands ambulants. Collection de vieilles photos prêtées par les descendants des Johnnies et films vidéo dont un tourné par la BBC en 1954.

★ *Le Jardin exotique :* à 20 mn à pied du centre-ville. Du port, prendre la direction « Car-ferry, casino ». ☎ 02-98-61-29-19. Fax : 02-98-61-12-34. En été, ouvert tous les jours de 10 h à 19 h ; hors saison, de 10 h à 12 h et de 14 h à 18 h, uniquement l'après-midi en novembre, décembre et février de 14 h à 17 h 30, fermé en janvier et le mardi de novembre à mars. Entrée : 25 F (3,9 €) ; étudiants, retraités : 20 F (3,3 €) ; enfants à partir de 12 ans : 15 F (2,2 €). Plus de 2 000 variétés des quatre coins du monde s'épanouissent en bordure de mer, notamment la plus grande collection de plantes australes et de cactus cultivés sous nos climats (en plein air). Palmeraie, vue panoramique, fougères géantes, cascade, etc. Dépaysement assuré !

★ *Le Comptoir des Algues :* rue Victor-Hugo. ☎ 02-98-69-77-05. ● www.thalado.fr ● Ouvert toute l'année, tous les jours sauf le dimanche, de 9 h à 12 h et de 14 h à 19 h. Près des cures, à 300 m de l'église. Entrée gratuite. Téléphoner pour avoir les programmes qui dépendent des marées et pour réserver votre place. La Bretagne Nord, région la plus riche au monde en espèces d'algues (800 au bas mot) méritait bien ce Comptoir des Algues où Bertrand de Kerdrel, ancien directeur du centre de thalassothérapie de Roscoff, vous transmet sa passion pour cet étonnant végétal. Cet espace vous emmène à travers panneaux explicatifs, diapos, etc. à la découverte des différentes espèces d'algues marines et de leurs utilisations actuelles, des métiers d'autrefois liés aux algues... Conférences deux fois par semaine. Vente de produits à base d'algues : cosmétiques, compléments alimentaires (avec les recettes offertes). Ateliers et sorties de terrain : 35 F (5,3 €), 30 F (4,5 €) sur présentation du *GDR*.

Fêtes et manifestations

– *Pardon de Sainte-Barbe :* le 3e dimanche de juillet.
– *Gouel Rosko :* histoire et folklore, fin juin.

Quitter Roscoff

Nombreux bus et autorails pour Saint-Pol-de-Léon et Morlaix.

En bateau

Pour les Bretons et leurs voisins proches, c'est le port d'embarquement le plus pratique pour l'Angleterre et l'Irlande. Tarifs avantageux pour une traversée avec voiture jusqu'à 5 personnes, et pour des voyages à durée limitée. Possibilité de réserver l'hébergement en plus de la traversée.
– *Pour Plymouth :* 2 ou 3 départs quotidiens en haute saison. 6 h de traversée.
– *Pour Cork* (Irlande) *:* 15 h de traversée. En haute saison, 2 bateaux par semaine. Nombreux tarifs spéciaux intéressants.

■ *Brittany Ferries :* centre de réservation et demande de brochures : ☎ 0803-828-828. Fax : 02-98-29-28-91. ● www.brittany-ferries.fr ● Minitel : 36-15, code FERRYPLUS.

■ *Irish Ferries* : gare maritime. ☎ 02-98-61-17-17. Une à deux liaisons par semaine en direction de Rosslare en juin, une semaine sur deux en juillet, un départ par semaine en août.

L'ÎLE DE BATZ *(ENEZ-VAZ)* (29253)   600 hab.

Petite île adorable en face de Roscoff, qu'on atteint en 15 mn par bateau. Longue de 3,5 km, large de 1,5 km. Environ 700 habitants vivent du tourisme, de la pêche et de la culture des primeurs, ainsi que de la récolte du goémon. Peu de voitures mais 60 tracteurs complètent le travail des chevaux sur environ 35 micro-exploitations agricoles surtout bio. Un super microclimat y fait même vivre une flore quasi méditerranéenne, ce qui a permis à Georges Delaselle de créer, en 1899, un *jardin colonial* à la pointe est de l'île, donc sous le vent. Abandonné à la friche en 1937, le parc est maintenant restauré et ouvert au public. À voir, et à sentir, absolument : on se croirait aux Antilles ! Possibilité de faire le tour de l'île en 3 h. En partant vers l'ouest, vous atteindrez le *fort de Beg Seac'h,* puis le *Toul ar Zarpant* (le « trou » ou le « lieu du Serpent »), éboulis de rochers où saint Pol Aurélien aurait noyé un dragon qui terrorisait l'île. Ne dit-on pas que, depuis, la mer fait un bruit bizarre ? Comme un roulement sans cause explicable.

Le *grand phare*, édifié en 1836, se visite. Les rochers de Roc'h ar Mor, à côté, voisinent avec des plantes grasses aux noms étranges : ficoïdes, dracénas, lavatères, etc.

À l'ouest de l'île, superbe *grève Blanche* s'étirant sur 800 m de sable fin. On dérange courlis et hirondelles de mer. Au sud, de nombreuses plages de sable fin.

À propos, si un autochtone vous fait un grand sourire, c'est l'occasion d'affûter votre breton : *Nag hi zo kaer, an enez!* (« Qu'elle est belle, votre île ! »).

Comment y aller ?

■ *Compagnie de Transport maritime Armein :* ☎ 02-98-61-77-75 et 02-98-61-75-47. De fin juin à mi-septembre, bateau toutes les demi-heures dans les deux sens. Se prend du vieux port à marée haute ; de l'estacade à marée basse. Départs de Roscoff entre 8 h et 20 h. Départs de Batz entre 7 h et 19 h 30. En hiver, bateau toutes les 2 h environ. Propose aussi des visites commentées de la baie de Morlaix et le tour de l'île de Batz en été tous les jours à 14 h 15 sauf le dimanche et à la demande pour les groupes le reste de l'année. Aller-retour Roscoff-île de Batz à 34 F (5,2 €).

■ *Les Vedettes CFTM :* ☎ 02-98-61-79-66. Même service que le précédent.

Adresses utiles

🛈 *Office du tourisme :* au débarcadère. ☎ 02-98-61-75-70. En juillet et août, ouvert tous les jours sauf le dimanche, de 10 h 30 à 12 h 30 et de 14 h 30 à 17 h ; le reste de l'année, renseignements par téléphone ou par courrier.

■ *Location de vélos :* chez Jean-Yves Le Saoût, Le Rhû ☎ 02-98-61-77-65. Fax : 02-98-61-78-78. Ouvert du 1er avril aux vacances de la Toussaint. Location à la journée (environ 60 F ou 9,1 €) ou à la demi-journée. 10 % sur le forfait choisi sur présentation du *GDR*. Ou chez M. Prigent : ☎ 02-98-61-76-91 ou 02-98-61-75-25.

Où dormir ? Où manger ?

▲ *Auberge de jeunesse Île-de-Batz :* Creach ar Bolloc'h. ☎ 02-98-61-77-69 et 02-98-41-90-41. Fax : 02-98-61-78-85. Fermé du 30 septembre à Pâques. 49 F (7,4 €) la nuitée. 20 F (3 €) le petit déjeuner. 49 F (7,4 €) le repas. Carte FUAJ obligatoire. Une auberge qui a le pied marin. Superbement située d'abord, dominant la mer. Ensuite, les dortoirs installés dans cinq petites maisons ressemblent fortement à des cabines de bateau. 32 places sont disponibles sous de grandes tentes l'été. Cuisine à disposition des individuels. Enfin l'auberge organise l'été stages de voiles, balades en kayak de mer ou à la découverte de l'île. La vie au rythme des marées !

▲ |●| *Hôtel-restaurant Roch Ar Mor :* au débarcadère. ☎ 02-98-61-78-28. Fax : 02-98-61-78-12. Ouvert tous les jours d'avril à octobre. Chambre à 225 F (30,4 €). Menus de 50 à 150 F (7,6 à 22,8 €). Une petite maison face à la mer, à quelques mètres du débarcadère. Certaines chambres (toutes simples mais bien tenues) ont vue sur mer. Petit déjeuner très cher ! Salle de resto dans le genre contemporain passe-partout. Cuisine de poissons et de fruits de mer.

▲ *Chambres d'hôte chez Marie-Pierre Prigent :* Ti Va Zadou, le bourg. ☎ 02-98-61-76-91. Fermé du 20 novembre au 1er mars. À 300 m du débarcadère. Monter la petite rue vers l'église, puis tourner à droite juste avant celle-ci. Chambre double à 300 F (45,7 €) petit déjeuner compris, de 300 à 420 F (45,7 à 64 €) pour 3 ou 4 personnes. Grande et vieille maison en granit dont les fenêtres ouvrent sur les champs en pente et, au loin (pas si loin quand même), le port principal de l'île. Excellent accueil. Joli lit clos en bois dans la pièce de droite au rez-de-chaussée. Décoration très soignée. Chambres au 1er étage avec superbe vue. Nuits calmes assurées et copieux petit déjeuner. Une très belle adresse. En été, il faut impérativement réserver.

▲ |●| *Grand Hôtel Morvan :* sur le port. ☎ et fax : 02-98-61-78-06. Fermé du 1er décembre au 15 février. Chambre double à 210 F (32 €) avec lavabo, à 230 F (35 €) avec douche et w.-c. Menus de 85 F (en semaine) à 150 F (12,9 à 22,8 €). Demi-pension à partir de 255 F (38,8 €). Le petit hôtel familial dans toute sa splendeur, gentiment désuet mais sympa. Chambres simples et claires. Chouette petite terrasse où traîner un peu le matin. Fruits de mer et poissons de rigueur au restaurant, dans une salle d'un rustique millésimé années 1950. Kir offert sur présentation du *GDR*.

|●| *La Crêpe d'Or :* tout près du port et de la plage, dans une petite rue qui monte sur la droite, après le *Grand Hôtel.* ☎ 02-98-61-77-49. Ouvert en saison uniquement. Compter de 70 à 80 F à la carte (10,7 à 12,2 €). Un nom qui fait un clin d'œil à la serpe d'or de notre cher Astérix. Une bonne adresse, pour le midi comme pour le soir, où les crêpes valent bien un petit détour à bicyclette. À l'intérieur, une salle toute simple doublée d'une véranda donne sur un adorable jardin exotique niché à l'arrière de la maison. Là, ô surprise, s'épanouissent des plantes quasi tropicales, typiques de Batz. Il faut croire que cette douceur due au microclimat de l'île influence le savoir-faire de la personne qui veille sur les *biligs* de la cuisine car ses crêpes, même si elles ne sont pas en or, sont au-dessus de la moyenne. On a aimé celle au blé noir avec des champignons au beurre persillé (rarement servie dans les crêperies).

À voir

★ *Le jardin exotique Georges-Delaselle :* à l'est de l'île. ☎ 02-98-61-75-65. En octobre, ouvert le week-end uniquement, de 14 h à 18 h ; en avril, mai, juin, septembre, ouvert tous les jours sauf le mardi, de 14 h à 18 h ; en juillet et août, ouvert tous les jours de 13 h à 18 h. Fermé de la Toussaint au 1er week-end d'avril. Entrée : 23 F (3,5 €) ; enfants (de 10 à 16 ans) : 12 F (1,8 €). Visites guidées d'avril à octobre, tous les dimanches à 15 h (30 F soit 4,5 €), visites privilèges de 2 h le mardi en saison à 10 h (35 F soit 5,3 €). Beau jardin exotique en pleine Bretagne ! Delaselle est à l'origine de la création de ce lieu. Il est tombé amoureux du coin et a commencé à creuser la terre de manière à protéger ses arbres du vent. Ruiné par sa passion, il a dû vendre son jardin dans les années 1930. Ce n'est que récemment, sous l'impulsion d'une association très active, que les palmiers centenaires ont été désensablés et que le jardin a été magnifiquement réhabilité.

★ *Le phare :* ouvert de juillet à mi-septembre tous les jours de 13 h à 17 h 30. De mi-juin à début juillet tous les jours de 14 h à 17 h. Fermé le reste de l'année. Entrée : 10 F (1,5 €), 5 F (0,7 €) pour les 6-12 ans. Visites pour les groupes sur réservation (☎ 02-98-61-75-70). De là-haut, belle vue sur les environs évidemment, l'île, Roscoff, le large.

Fêtes et manifestations

– *14 juillet :* sur la plage, course de chevaux de goémoniers. Jeux bretons : lever de perche, etc.
– *Pardon de Sainte-Anne :* le dernier dimanche de juillet. Feux de joie dans les dunes, dans l'est de l'île, près de la chapelle en ruine.
– *Fête de la Mer :* mi-août.
– *Fête du Cheval :* le 10 août.

SAINT-POL-DE-LÉON *(KASTELL-PAOL)* (29250)   7 400 hab.

Des émigrants gallois ont d'abord trouvé le site sympathique, dont Pol Aurélien, qui est devenu par la suite le premier évêque de la région.
Aujourd'hui, c'est la capitale de l'artichaut breton (importé d'Italie au XVe siècle) et du chou-fleur « prince de Bretagne ». Le « marché au Cadran » de Kerisnel fait de Saint-Pol le premier marché et centre d'expédition de primeurs de France. Côté ville, un joli patrimoine architectural. Côté mer, quelques plages.

Adresse utile

🏢 *Office du tourisme :* à côté de la cathédrale, sur la place de l'Évêché. ☎ 02-98-69-05-69. Ouvert toute l'année du lundi au samedi de 8 h 45 à 12 h et de 13 h 30 à 19 h (17 h le samedi en hiver et 18 h en été) et le dimanche de 10 h à 12 h en pleine saison. Bon accueil.

Où dormir ? Où manger ?

🏕 *Camping Ar Kleguer :* rue de la Grève-du-Man, Le Vrennit. ☎ 02-98-69-18-81 ou 05-39. Fax : 02-98-29-12-84. ☖ Ouvert d'avril à fin septembre. Autour de 90 F (13,7 €) l'emplacement pour 2 avec un véhicule et en saison. Dans un coin sympa, près de la plage de Sainte-Anne. Un trois-étoiles de bon confort et bien équipé : tennis, piscine.

🛏 |◉| *Hôtel-restaurant Le Passiflore :* 28, rue Pen-ar-Pont (près de la gare SNCF). ☎ 02-98-69-00-52. Ouvert toute l'année, sauf une semaine à Noël. Fermé le dimanche soir. Chambre double à partir de 200 F (30,4 €). Menus de 55 F (le midi en semaine) à 180 F (8,3 à 27,4 €). Voilà un bien sympathique petit hôtel. Classique, sans prétention, mais sachant offrir des chambres plaisantes à prix serrés. Il faut, en outre, souligner la qualité de l'accueil et surtout l'excellent resto *Les Routiers,* au rez-de-chaussée. Le midi, c'est plein comme un œuf pour le petit menu genre « ouvrier » et personne n'en sera étonné. Fruits de mer et poissons dans les autres menus et à la carte.

🛏 |◉| *Hôtel-restaurant de Kerisnel :* route de Plouenan, ☎ 02-98-29-05-60. Fax : 02-98-29-11-26. ● www.hotel-kerisnel.com ● 🍴 À 2 km au nord-ouest du centre-ville par la D75, bien indiqué. Restaurant fermé le samedi midi et le dimanche. Chambre double de 200 à 250 F (30,4 à 38,1 €). Chambres familiales (pour 4, avec mezzanine) à 380 F (57,9 €). Studios : 320 F (48,7 €) pour 2, 420 F (64 €) pour 3 ou 4. Menus de 55 à 180 F (8,3 à 27,4 €). Presque à la campagne. Immense bâtisse sans trop de personnalité en face du marché au Cadran. Juste à côté, de drôles de petits chalets aux toits pointus qui abritent des chambres familiales. Propose également des studios avec cuisine et prestations hôtelières (ménage, etc.). Accueil franchement chaleureux et bonne cuisine. Bien pour une halte avant de prendre le ferry, par exemple. Apéro et réduction de 20 F (3 €) sur le prix des chambres et studios sur présentation du *GDR*.

|◉| *Crêperie Les Fromentines :* 18, rue Cadiou. ☎ 02-98-69-23-52. 🍴 Fermé le jeudi (sauf en juillet et août) une semaine en février, une en juin et trois semaines en octobre. Menu à 58 F (8,8 €). Compter 80 F (12,2 €) à la carte. À l'ombre de la fameuse flèche du Kreisker, savoureuses crêpes comme la *Léonarde* (artichauts, crème de roquefort) et autres spécialités originales et délicieuses. Plat du jour également. Salades et glaces. Patron sympa. Propose également des chambres d'hôte à 2 km de Saint-Pol, une petite ferme. 220 F (33,5 €) la chambre double avec douche, petit déjeuner compris. Café offert sur présentation du *GDR* à la crêperie.

|◉| *Crêperie-snack Ty Korn :* 17, rue des Minimes. ☎ 02-98-69-25-14. Ouvert tous les jours en été. Fermé le lundi soir, le mardi en hiver et en janvier. Compter autour de 80 F (10,6 €) à la carte. Dans une rue parallèle à la rue principale. Cadre agréable. Bonnes spécialités de crêpes, notamment la *Lutine* (préparation maison au poisson) ou la *Spountus* (aux pommes caramélisées, glace à la cannelle et pralines). Le jeudi : *kig ha farz,* et tartiflette (si l'air des cimes vous manque) le mercredi. Café offert sur présentation du *GDR*.

Prix moyens

🛏 *Hôtel de France :* 29, rue des Minimes. ☎ 02-98-29-14-14. Fax : 02-98-29-10-57. Chambre double de 230 à 300 F (35 à 45,7 €) avec bains, w.-c. et TV. Suite pour 3 à 4 personnes à 450 F (68,6 €). Tarifs famille nombreuse : 500 F (76,2 €) pour 1 chambre 3 personnes et 1 chambre double. À deux pas du centre, mais au calme dans son parc, imposante maison bourgeoise avec beaucoup d'allure. Rénovée de fond en comble en 1999 (on a presque fait l'inauguration). Chambres de bon confort, toutes décorées de la même façon mais plutôt coquettes. L'ambiance veut rester familiale. Sur présentation de votre *GDR*, un apéritif vous sera offert.

|◉| *La Pomme d'Api :* 49, rue Venderel. ☎ 02-98-69-04-36. Dans une rue perpendiculaire à celle du Général-Leclerc. Fermé le dimanche soir et le lundi hors saison, 2 semaines

pendant les vacances de février et les 2 dernières semaines de novembre. Menus de 85 F (le midi en semaine) à 225 F (12,9 à 34,3 €). Dans une fort jolie demeure en pierre du milieu du XVIe, un restaurant dans un vrai cadre breton de charme. Décor bois et pierre. Belle cheminée monumentale. Vous y dégusterez une bonne cuisine (c'est le meilleur bouche-à-oreille de la ville). Quelques spécialités : homard de pays rôti au naturel, dos de bar grillé au suc de volailles, etc.

Où dormir dans les environs ?

▣ *Chambres d'hôtes chez Sylvie et Alain Cazuc :* Lopréden, 29420 Plouenan. ☎ 02-98-69-50-62. Fax : 02-98-69-50-02. À 8 km au sud de Saint-Pol-de-Léon par la D75, petite route à gauche, 2 km après Plouenan. Fermé de novembre à février inclus. Chambre double avec douche et w.-c. à 240 F (36,5 €), petit déjeuner compris. Bon accueil. 3 chambres à la campagne. Pas de table d'hôte mais possibilité de se faire des repas.

À voir

★ *La chapelle Notre-Dame-du-Kreisker :* construite à partir du XIVe siècle. Rénovée de façon spectaculaire en 1993. Époustouflant clocher gothique, avec la flèche la plus haute de Bretagne (78 m). Chef-d'œuvre de légèreté et d'équilibre, et merveille de sculpture avec ses clochetons d'angle ajourés, ses balustrades et gargouilles (près d'une centaine d'ouvertures !). Intéressant portail nord, de style flamboyant, avec une multitude d'éléments décoratifs. Côté ouest, admirable verrière en plein cintre et rosace du XIVe siècle. Retable de chêne du XVIIe siècle.

★ *La cathédrale :* reconstruite à partir du XIIe siècle sur les ruines d'une église romane détruite par les Danois. Visite guidée gratuite en juillet et août. Imposants clochers hauts de 55 m. Chœur de style flamboyant avec une soixantaine de stalles du XVIe siècle superbement sculptées. Observez les dossiers finement ciselés, du travail d'orfèvre. Au-dessus, dais polychromes.

★ *La vieille ville :* nombreuses demeures anciennes pittoresques des XVIe et XVIIe siècles, notamment dans les rues du Général-Leclerc (nos 9, 12, 30 et 31), Rosière (nos 6 et 9) et du Petit-Collège (hôtel de Keroulas, avec un beau porche gothique). Visite guidée gratuite du vieux Saint-Pol le jeudi en juillet et août. Mairie dans l'ancien palais épiscopal. Place du Petit-Cloître, maison prébendale du XVIe siècle, avec exposition de peinture et sculpture toute l'année.

★ *Le marché au Cadran :* visites guidées en juillet, août et septembre, le vendredi à partir de 9 h 30. 30 F (4,5 €) par personne, demi-tarif pour les enfants de 6 à 14 ans. Renseignements à l'office du tourisme. Pour découvrir l'activité centrale de la région. La visite ouvre aussi les portes de serres, d'un centre de conditionnement et de l'exploitation d'un producteur de champignons.

À voir dans les environs

★ *Fleurs séchées :* Ty Nevez, 29670 Henvic. ☎ 02-98-62-83-21. À 8 km au sud-est de Saint-Pol par la D58, direction Morlaix. Marie-Michèle Stéphan est floricultrice et vous invite à découvrir son *jardin* rempli de fleurs et son grenier tapissé de centaines de bouquets. Possibilité d'acheter des bouquets ou des compositions. Également sur les marchés du coin, notamment celui de Morlaix.

CARANTEC*(KARANTEG)* (29660)   2 820 hab.

Station balnéaire assez chic joliment posée sur un promontoire qui domine la baie de Saint-Pol-de-Léon. Parfois (on l'a entendu) surnommée « Beverly Hills du Finistère Nord » ! Un peu exagéré même si quelques belles villas se cachent ici et là dans la végétation. Le site est hyper protégé : à l'est par la pointe du Diben, à l'ouest par la pointe de Roscoff.
Superbe plage du Kelenn dominée par la célèbre *Chaise du curé,* un rocher d'où l'on a un chouette panorama sur la baie et la pointe de Roscoff. Les prêtres de la paroisse y venaient autrefois méditer face à la mer. Nombreuses autres plages sur la pointe qui s'étire. Évidemment, beaucoup de monde en été.
L'*île Callot* s'atteint aisément à marée basse. Plages de sable fin et petite chapelle du XVIᵉ siècle, classée monument historique : *pardon* le 15 août. Agréable balade dans la verdoyante pointe de Pen Al Lann. L'*île Louet,* à quelques encablures du château du Taureau, illustre de belles affiches touristiques. Le *château du Taureau,* édifié en 1544 pour se défendre de la perfide Albion, est devenu par la suite une prison, puis un centre nautique. Maintenant, plus rien : les administrations se concertent pour lui trouver une destination et en payer l'addition. Qu'elles fassent vite car il y a péril en la demeure.

Adresse utile

◾ *Office du tourisme :* 4, rue Pasteur. ☎ 02-98-67-00-43. Ouvert toute l'année ; en saison, du lundi au samedi de 9 h à 19 h (en juillet et en août, ouvert également le dimanche de 9 h à 13 h) ; hors saison, ouvert de 9 h à 12 h et de 14 h à 18 h. Bonne documentation sur la station (et plan bien utile pour se repérer dans le dédale des rues de Carantec). Informations sur un intéressant circuit de petite randonnée d'une quinzaine de kilomètres. Organise des excursions en mer : baie de Morlaix et île de Batz.

Où dormir ?

🛏 *Chambres d'hôtes Le Manoir de Kervézec :* à l'entrée de Carantec (fléché depuis la route). ☎ et fax : 02-98-67-00-26. Chambre avec douche et w.-c. ou bains de 280 à 380 F (42,6 à 57,9 €) suivant la saison. La famille Bohic vous ouvre sa belle maison bourgeoise. Accueil chaleureux. Merveilleuses chambres, aménagées de façon très personnelle. Terrasse pour profiter à son aise de la vue sur la mer et parc boisé où paissent chevaux et lamas. 10 % de réduction sur la chambre hors juillet-août et longs week-ends pour nos lecteurs.
🛏 ◉ *Hôtel Le Relais :* 17, rue Albert-Louppe. ☎ 02-98-67-00-42. Fax : 02-98-78-30-58. Ouvert toute l'année. Chambres doubles de 145 à 205 F (22,1 à 31,2 €) avec douche et w.-c. Demi-pension à partir de 245 F (37,3 €) obligatoire en saison. Menus à 57 F (le midi en semaine) et 75 F (8,6 et 11,4 €). Petit hôtel en plein centre. Chambres toutes simples mais bien tenues et vraiment pas chères pour le coin. Au resto, cui-

sine classique pas ruineuse non plus.

♠ ◖●◗ *Hôtel du Pors-Pol :* 7, rue Surcouf. ☎ 02-98-67-00-52. Fax : 02-98-67-02-17. Fermé de fin septembre à mi-avril. Chambre double de 265 à 290 F (40,4 à 44,2 €) avec douche et w.-c. ou bains. Dans un quartier résidentiel paisible. Grande maison, très hôtel de vacances années 1940-50. Un certain charme suranné. Clientèle de fidèles. Accueil très gentil. Chambres à la déco très classique mais régulièrement rénovées, de bon confort

et surtout d'une vraie tranquillité. À deux pas de la plage, par un petit sentier parfumé. Apéro offert sur présentation du *GDR*.

♠ *Camping Les Mouettes :* route de la Grande-Grève. ☎ 02-98-67-02-46. Fax : 02-98-78-31-46. Ouvert de mai à mi-septembre. Location de mobile homes de 1 500 à 3 600 F (228,6 à 548,8 €) de Pâques à mi-septembre. Forfait : de 105 à 151 F (16 à 23 €) suivant la saison. En bord de mer, un grand quatre-étoiles superbement équipé et géré.

Où manger ?

◖●◗ *La Cambusec-Le Cabestan :* au port. ☎ 02-98-67-01-87. Fax : 02-98-67-90-49. Fermé le lundi et le mardi ; le mardi uniquement en juillet-août. Au Cabestan, menus à 120, 180 et 225 F (18,2, 27,4 et 34,3 €). Côté Cambuse, compter au minimum 200 F (30,4 €) à la carte. Ici vous avez deux restos en un pour le prix de deux : *La Cambusec* et *Le Cabestan.* Suivant votre humeur, vous choisirez l'un ou l'autre. Même chef, mais deux équipes et atmosphères très différentes. *La Cambusec* se situe à mi-chemin de la brasserie, du bar et de la taverne. En été, atmosphère animée, voire rugissante, ou même torride certains week-ends. Un des points d'ancrage populaires des jeunes. Musique rock ou *Irish*. Mélange de vacanciers, locaux, bidochons de toutes nationalités, attirés par l'ambiance et la réputation de la cuisine. Roboratifs et généreux, mais plutôt imaginatifs, ces plats dits « de brasserie » : galette de lieu et d'araignée, saucisse

des monts d'Arrée à l'ail nouveau, curry d'agneau au lait de coco. À côté, *Le Cabestan*. Ambiance plus calme, voire feutrée. Nappes en tissu, clients paisibles, amoureux qui peuvent échanger leurs mots doux entre une poêlée de langoustines au pistou, un baluchon de brandade ou un lieu jaune au beurre de loques et franges de sarrasin.

◖●◗ *La Chaise du Curé :* 3, pl. de la République. ☎ 02-98-78-33-27. ⚒ Fermé le mercredi, le jeudi midi et en février. Menus de 95 à 165 F (14,4 à 25,1 €). En plein centre. Deux petites salles mignonnes et claires et une enjouée cuisine de marché avec de la personnalité : rouleaux de saumon en crêpes de sarrasin, brandade de morue des terre-neuvas, poulet fermier au cidre, etc. *Kig ha farz* sur commande. Service charmant et ambiance familiale. Au choix, l'apéritif, le café ou le digestif est offert aux lecteurs du *GDR*.

Où boire un verre ?

🍷 *Le Bar des Sports :* ☎ 02-98-67-01-83. Repaire des jeunes et des amoureux de la voile. Atmosphère plutôt animée le soir.

🍷 *Bar Le Petit Relais :* plage du Kelenn. ☎ et fax : 02-98-78-30-03.

⚒ Bar ouvert tous les jours d'avril à septembre, brasserie ouverte en saison seulement. Organise en août des soirées tous genres à partir de 22 h. Spécialité de moules.

Fêtes

– *Fête de la Moisson :* le 1er dimanche d'août. Fest-noz.
– *Fête de la Mer :* mi-août.

LOCQUÉNOLÉ *(LOKENOLE)* (29670)   750 hab.

Enfoui dans la verdure, petit village tout mignon, dominant la baie de Morlaix. L'église du XVIIe siècle avec son clocher ajouré et son petit enclos verdoyant, le calvaire, la fontaine, la petite place, son vieux café, forment un charmant ensemble. Un arbre de la liberté s'y élève toujours. Belle vue sur le port de Dourduff, de l'autre côté.

Où dormir ? Où manger ?

l●l *L'Auberge du Vieux Chêne :* 12, pl. de la Liberté. ☎ 02-98-72-24-27. Fax : 02-98-72-25-56. ☒ Fermé le mardi soir et le mercredi hors saison. Menus de 98 à 165 F (14,9 à 25,1 €). Sur une adorable petite place, en face de l'église. Salle moderne mais agréable. Une bonne adresse avec une bonne cuisine, traditionnelle, mais qui sait faire preuve d'inventivité : *piccata* de porc, pavé de lotte au cidre, salade de magret fumé aux noix, saumon mariné aux baies roses, confit de canard, fricassée de volaille du Léon, etc.

MORLAIX *(MONTROULEZ)* (29600)   17 000 hab.

Cité portuaire agréable, carrefour géographique, historique et humain. À l'est, le Trégor et son bocage encore préservé ; à l'ouest, les espaces légumiers du Léon ; au nord, la Manche ; au sud, les monts d'Arrée. Morlaix nous a bien plu : son site assez original, entre ses trois collines, ses vieilles maisons s'étageant de part et d'autre de la rivière de Morlaix et l'immense viaduc coupant la ville en deux, lui donnent une sorte de troisième dimension. Patrie du poète Tristan Corbière *(Les Amours jaunes),* le « poète maudit » selon Verlaine, de Fanch Gourvil, spécialiste de la langue bretonne et rédacteur de l'un des premiers *Guides bleus Bretagne,* et d'Albert Le Grand, auteur de la fameuse *Vie des saints en Bretagne.*
Sa devise calembour : « S'ils te mordent, mords-les ! », daterait d'une sévère déculottée infligée à la flotte anglaise au XVIe siècle ; ayant pris Morlaix par surprise, les Anglais, sous l'emprise du vin des caves de la ville, se sont fait massacrer le soir même par les Morlaisiens. Non mais !
Ville bourgeoise, Morlaix s'est enrichie du commerce maritime grâce en particulier au lin cultivé et tissé dans l'arrière-pays. Au XIXe siècle, la manufacture des Tabacs, héritière de l'ancienne manufacture de la Compagnie des Indes a employé jusqu'à 1 800 personnes. On y fabriquait encore, il y a quelques années, plusieurs centaines de millions de cigares et quelques tonnes de tabac à chiquer chaque année. Aujourd'hui fermée, on s'interroge sur sa reconversion. Et Morlaix, dispersée dans de nombreuses activités, cherche un peu sa voie, à l'orée du deuxième millénaire. Même si les services administratifs et commerciaux et l'hôpital contribuent à maintenir la ville au troisième rang des cités finistériennes.

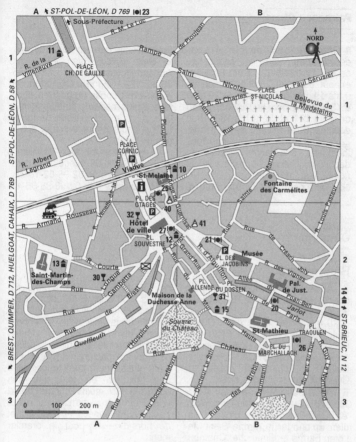

MORLAIX

■ **Adresses utiles**

🛈 Office du tourisme
✉ Poste centrale
🚂 Gare SNCF

🛏 **Où dormir ?**

10 Hôtel Saint-Melaine
11 Hôtel du Port
12 Hôtel de l'Europe
13 Greenwood Café Hôtel
14 Auberge de jeunesse
15 Chambre d'hôte Brezillon

🍴 **Où manger ?**

20 Les Bains-Douches

21 Crêperie Ar Bilig
23 Le Tempo
25 La Marée Bleue
26 Brocéliande
27 Le Lof

🍸 **Où boire un verre ?**

30 Les Danseurs de Lune
31 Ty Coz
32 Café de la Terrasse

🛍 **Achats**

40 Au four Saint-Melaine
41 La Maison des Vins

Adresses utiles

🖫 *Office du tourisme (plan A1) :* pl. des Otages. Sous le viaduc, au centre. ☎ 02-98-62-14-94. En juillet et août, ouvert du lundi au samedi de 9 h à 19 h et le dimanche de 10 h 30 à 12 h 30 ; le reste de l'année, ouvert de 9 h à 12 h et de 14 h à 18 h. Bien documenté et accueil sympathique. La MJC propose des visites guidées théâtrales, une façon originale de découvrir l'histoire de cette ville au riche passé maritime.

✉ *Poste centrale (plan A2) :* rue de Brest. Donne derrière l'hôtel de ville.

🚊 *Gare SNCF (plan A2) :* rue Armand-Rousseau. ☎ 08-36-35-35-35 (2,21 F/mn). Construite en 1864, elle dispose du poste d'aiguillage le plus moderne du réseau français, mais les 25 millions de francs qu'il a coûté se répercutent sur le prix du billet...

✈ *Aérodrome Morlaix-Ploujean :* ☎ 02-98-62-16-09. Siège de la compagnie *Brit Air :* ☎ 02-98-62-10-22.

■ *Radio-taxis :* ☎ 02-98-88-36-42.

Où dormir ?

Bon marché

🛏 *Auberge de jeunesse (hors plan par B2, 14) :* 3, route de Paris. ☎ 02-98-88-13-63. Fax : 02-98-88-81-82. À 20 mn à pied de la gare. Ouvert toute l'année. 49 F (7,4 €) la nui*. Petit déjeuner à 20 F (3 €). Repas à 49 F (7,4 €). Carte FUAJ obligatoire. Nuitée en chambres collectives. Cour fermée avec abri vélos.

🛏 Hôtel Saint-Melaine *(plan A-B1, 10) :* 75-77, rue Ange-de-Guernisac. ☎ 02-98-88-08-79. Au pied du viaduc. Emprunter la rampe Saint-Melaine. Fermé le dimanche. Chambre de 150 à 160 F (22,8 à 24,3 €). Menus à 60 et 85 F (9,1 et 12,9 €). Un petit hôtel familial dans une rue paisible de la vieille ville. Chambres comme on se les imagine : toutes simples, meublées parfois de bric et de broc, aux papiers peints désuets, mais globalement bien tenues et à des prix qui en font une des adresses les moins chères de la ville. Patron très sympa. Au resto, cuisine traditionnelle et beau buffet de hors-d'œuvre pour le premier menu.

Prix moyens

🛏 *Hôtel du Port (plan A1, 11) :* 3, quai de Léon. ☎ 02-98-88-07-54. Fax : 02-98-88-43-80. À 400 m du viaduc sur la rive gauche du port. Ouvert toute l'année. Ferme à minuit. Chambre double avec douche et w.-c. ou bains (toutes ont la TV par satellite) de 210 à 230 F (32 à 35 €). Soit un bon rapport qualité-prix pour ce petit hôtel face au port de plaisance. Chambres pimpantes et agréables (même si pas toujours très grandes). Accueil aimable.

🛏 *Chambre d'hôte chez M. et Mme Brezillon (plan B2, 15) :* 14, rue Haute. ☎ 02-98-88-05-52. Au cœur du vieux Morlaix. Ouvert toute l'année. Chambre double avec bains et w.-c. à 280 F (42,7 €), petit déjeuner compris. Une seule chambre dans une maison du XVIIe siècle à colombages. Un certain charme. Lits superposés si vous avez des enfants et cuisine à disposition si vous restez quelques jours. Accueil très sympa. 10 % de remise sur le prix de la chambre pour nos lecteurs.

🛏 Greenwood Café Hôtel *(plan A2, 13) :* 25, pl. Saint-Martin. ☎ 02-98-88-03-29. Fax : 02-98-63-97-80. À côté de l'église Saint-Martin. Un peu excentré donc. Ouvert toute l'année.

Chambre avec douche et w.-c. et TV à 250 F (38,1 €). Un nom de pub ou de bar paumé sur la route 66 pour ce qui reste un bistrot de quartier. À l'étage, des chambres d'un honnête rapport qualité-prix. 10 % de réduction sur présentation du *GDR* pour une chambre d'octobre à avril.

Un peu plus chic

â *Hôtel de l'Europe* (plan A-B2, 12) : 1, rue d'Aiguillon. ☎ 02-98-62-11-99. Fax : 02-98-88-83-38. ● www.hotel-europe-com.fr ● ♿ Ouvert toute l'année. Chambre double de 320 à 340 F (48,7 à 51,8 €) avec douche et w.-c. ou bains. Toutes ont la TV (Canal +). L'institution du centre-ville. Le hall avec son monumental escalier et sa débauche de boiseries XVII° siècle est somptueux. Les chambres rénovées sont claires et pimpantes même si un brin cossues. Les autres, pour certaines un peu fatiguées par les années, devraient gagner petit à petit en confort (changement annoncé et bienvenu de la literie). Pour les lecteurs du *GDR*, 10 % de réduction sur la chambre (hors juillet-août).

Où manger?

Bon marché

I●I *Les Bains-Douches* (plan B2, 20) : 45, allée du Poan-Ben. ☎ 02-98-63-83-83. ♿ En face du palais de justice. Fermé le samedi midi et le dimanche. Menus de 67 F (10,2 €) le midi en semaine à 135 F (20,5 €). Compter 150 F (2,8 €) à la carte. Un des restos les plus originaux de la ville. À ne pas manquer pour sa passerelle, les carrelages et la verrière de ces anciens bains-douches. On a su ici, opportunément, conserver le cadre d'origine du début du siècle. Atmosphère celtico-parisienne sympa pour une cuisine de bistrot correcte et à prix très raisonnables. On peut se régaler avec la galette de chèvre rotie et les pommes de terre moutardées. Bons desserts : gratin de poires à la coco, feuilleté de pommes caramélisées, etc. Kir offert sur présentation du *GDR*.

I●I *Crêperie Ar Bilig* (plan B2, 21) : 6, rue Au-Fil. ☎ 02-98-88-50-51. Entre la place des Jacobins et la place de Viarmes. Fermé le lundi et le dimanche, et de fin septembre à début octobre. Menu de 3 crêpes à 50 F (7,6 €). Compter de 50 à 60 F (7,6 à 9,1 €) à la carte. Le cadre n'est pas terrible-terrible mais c'est une très bonne crêperie à petits prix. Le patron va chercher à la ferme son lait et sa crème... Apéritif offert sur présentation du *GDR*.

I●I *Le Tempo* (hors plan par A1, 23) : bassin à Flot, cours Beaumont. ☎ 02-98-63-29-11. En face de l'ancienne manufacture, côté Trégor. Ouvert toute l'année. Fermé le samedi midi et le dimanche. Compter dans les 100 F (15,2 €) à la carte. Délicieuses tartes salées, belles et grosses salades ou plats du jour dans un décor plutôt design mais qui change au gré des expos. Ambiance décontractée, bar très vivant en soirée. Terrasse avec vue sur la forêt de mâts de bateaux. Une adresse qui fait l'unanimité en ville.

Prix moyens à plus chic

I●I *La Marée Bleue* (plan A1, 25) : 3, rampe Saint-Melaine. ☎ 02-98-63-24-21. Dans une rue perpendiculaire à la place des Otages. Fermé le lundi et le dimanche soir hors saison ainsi que 3 semaines en octobre. Menus de 80 F (sauf dimanche) à 235 F (12,2 à 35,8 €). À la carte, compter 190 F (28,9 €). Le bon resto de poissons et de fruits de mer de Morlaix. Cadre élégant, bois et pierre sur deux niveaux. L'adresse draine une clientèle « installée » mais l'accueil reste souriant et sincère. Cuisine de saison (la carte tourne tous les trois mois), beaux produits toujours d'une réjouissante fraîcheur et bien travaillés.

I●I *Brocéliande* (plan B2, 26) : 5, rue des Bouchers. ☎ 02-98-88-73-78. &. Après la place des Halles, remonter la rue Haute puis redescendre vers la rue des Bouchers. Ouvert toute l'année, le soir seulement. Fermé le mardi et en novembre. Menu unique à 130 F (19,8 €). Dans un quartier sympa, un petit resto qui tient dans la ville une place originale. Bon accueil. On se sent bien dans ce chaleureux décor qui rappelle un appartement traditionnel de la bourgeoisie de province. Musiques et meubles évoquent aussi l'atmosphère ambiguë des œuvres de Proust. Bonne cuisine. Goûtez au filet mignon à la compote de rhubarbe ou aux moules farcies au beurre de miel. L'apéritif est offert sur présentation du *GDR*.

I●I *Brasserie Le Lof* (plan A2, 27) : pl. Émile-Souvestre. ☎ 02-98-88-81-15. Ouvert toute l'année. Menus à 85 et 158 F (12,9 et 24 €). Dans le même bâtiment que l'hôtel de l'Europe (voir rubrique « Où dormir ? ») mais à la déco d'un tout autre genre : deux niveaux, reliés par une passerelle d'une architecture contemporaine. À l'étage, quatre toiles de Louis Garin tapissent une cloison. Cuisine bien amenée : tartare de saumon et Saint-Jacques en feuillantines de sésame, feuilleté royal de pamplemousse et le local *kig ha farz*.

Où dormir ? Où manger dans les environs ?

Bon marché à prix moyens

▲ *Chambres d'hôte Kérélisa* : 29600 Saint-Martin-des-Champs. ☎ 02-98-88-27-18. 3 km au nord-ouest de Morlaix. Chambre double à 240 F (36,5 €) avec douche et w.-c. ou bains, petit déjeuner compris. 50 F (7,6 €) par personne supplémentaire. Christian et Marie-Noëlle Abiven, exploitants agricoles, ont entièrement rénové une ancienne maison de maître. Six superbes et confortables chambres. Billard et cuisine à disposition de ceux qui veulent se restaurer. Très bon accueil. Un verre ou un café est offert à l'arrivée des routards. Le grand jardin est à la disposition des hôtes et nos lecteurs auront même le droit de cueillir des fraises en mai et juin !

▲ *Chambres à la ferme du Pillion* : 29600 Plourin-lès-Morlaix. ☎ 02-98-88-18-54. De la place Traoulen (plan B2), prendre la route de Plourin sur 2 km puis tourner à gauche, c'est indiqué. Ouvert en juillet et en août. Chambre double à 220 F (33,5 €), petit déjeuner compris ; 200 F (30,5 €) à partir de 3 nuits. Annick et Roger Quéré ont réservé pour leurs hôtes le premier étage de leur maison. Trois chambres agréables avec salle de bains commune. Copieux petit déjeuner à la mode de Bretagne (avec les produits de la ferme !). Pas de table d'hôte mais cuisine à disposition. Possibilité de visiter la ferme. Accueil chaleureux et tuyaux sur les randonnées dans la région.

▲ *Camping à la ferme Croas Men* : Croas Men, 29610 Plouigneau. ☎ 02-98-79-11-50. &. Près de Garlan, à 7 km à l'est de Morlaix (suivre le fléchage). Ouvert toute l'année. 22 F (3,3 €) l'emplacement. Vente de produits fermiers, animations, expositions. Projection de diapos sur les activités de la vieille ferme.

▲ *Chambres à la ferme chez J. et Y. Laviec* : Penavern, 29600 Plourin-lès-Morlaix. ☎ 02-98-72-52-78. Ouvert uniquement en juillet-août. Chambre double avec salle de bains commune à 220 F (33,5 €), petit déjeuner compris. Excellent accueil. C'est une belle maison bretonne, en blanc et gris, avec encadrements en granit. Chambres spacieuses. Le matin, véritable petit déjeuner breton. Cidre maison offert sur présentation du GDR.

Un peu plus chic

lol *Chambres d'hôte Domaine de Lanhéric* : Lanhéric, 29410 Plouneour-Menez. ☎ 02-98-78-01-53. De Morlaix, prendre la direction de Pleyber-Christ ; 2 km après Pleyber, tourner à droite puis encore à droite (fléchage, suivre « Domaine de Lanhéric »). Chambre double avec douche w.-c. à 300 F (45,7 €), 350 F (53,3 €) avec bains, petit déjeuner compris. 80 F (12,2 €) par personne supplémentaire. Assez difficile à trouver ; voici une adresse qui se mérite. Au sein de cet endroit calme et privilégié trône une superbe maison en granit où M. et Mme Saillour proposent 2 chambres, chacune avec leur salle de bains. Déco campagnarde avec lambris et vieux meubles. Propreté impeccable. La première chambre a une déco ocre et vert sympathique, mais elle est tout de même un peu sombre ; la deuxième, plus petite, possède une jolie capucine. Si les chambres sont intéressantes, c'est l'environnement immédiat qui fait le plus. Jugez plutôt : à l'étage, un salon indépendant avec des livres et des jeux ; au rez-de-chaussée, une cheminée monumentale devant laquelle on prend le petit déjeuner, et quel petit déjeuner ! Différents pains (blancs et noirs), confitures maison de poires et d'oranges, crêpes, fars, yaourts maison, céréales. Fait aussi table d'hôte sur réservation avec des produits bio de la ferme (pommes de terre, œufs...). Apéro et café offerts à nos lecteurs. Et superbe parc avec potagers et parterres de fleurs. Pas étonnant car M. Saillour est paysagiste ! Une bonne adresse !

■ *Chambres d'hôte du manoir de Lanleya* : Lanleya, 29610 Plouigneau. ☎ et fax : 02-98-79-94-15. Chambre double avec douche et w.-c. à 360 F (51,8 €), petit déjeuner compris. Une nature sincère entoure ce petit hameau de caractère où André Marrec a littéralement ressuscité un superbe manoir du XVIe siècle.

Intérieur de charme qui a retrouvé des meubles anciens à la hauteur de l'élégance de l'architecture. Un ravissant escalier à vis mène aux chambres, elles-mêmes précédées d'arches en granit. Cinq chambres confortables et romantiques à souhait et d'un épatant rapport qualité-prix. Un ado en rupture de parents peut même s'en offrir une dans une pittoresque tourelle. Accueil au diapason de la qualité de l'hébergement, ça va de soi. Trois gîtes fort bien aménagés à louer également à un prix intéressant. Commencer son séjour en Finistère au manoir de Lanleya est une judicieuse façon de le placer sous de bons auspices... Et nos lecteurs auront même droit à la visite de la chapelle et à la découverte de ses statues polychromes du XVIe siècle. Le propriétaire vous offre de partager une bouteille de cidre récolté et mis en bouteille dans la propriété sur présentation du GDR.

■ *Chambres d'hôte du Manoir de Roch ar Brini* : 29600 Ploujean-Morlaix. ☎ 02-98-72-01-44. Fax : 02-98-88-04-49. ● www.brittanyguesthouse.com ● À 3 km au nord-est de Morlaix, par la route qui suit la rivière (direction Le Dourduff) puis fléchage à droite. Chambre double avec bains et w.-c. à 420 F (64 €), petit déjeuner compris. Altière, vaste et superbe maison bourgeoise fin XIXe au cœur d'un parc dominant la rivière maritime de Morlaix. Elle a appartenu à Édouard Corbière, armateur, écrivain et père du poète Tristan Corbière. « Luxe, calme et volupté », aurait dit un de ses collègues ! Deux chambres spacieuses (les salles de bains aussi...) et franchement ravissantes. Possibilité de chambre individuelle supplémentaire. Salon avec un billard français. Accueil jeune et décontracté. Une belle adresse. 10 % du prix de la chambre offert sur présentation du GDR de janvier à mars et d'octobre à décembre.

MORLAIX

– Voir aussi nos adresses au Dourduff et à Plougonven dans le chapitre « le Trégor finistérien ».

Où boire un verre à Morlaix ?

T *Les Danseurs de Lune* (plan A2, **30**) : 29-31, rue Longue. ☎ 02-98-88-54-79. Ouvert de 18 h 30 à 1 h (le week-end). Fermé le dimanche. Au cœur de la vieille ville. Un très vieux café tenu par une très jeune équipe. Un bar de poche, une grosse cheminée et des salles un peu sombres qui donnent à la moindre tablée d'étudiants des airs de conspirateurs ! Bonne ambiance et musique plutôt rock. Accueil très sympa. Apéro offert sur présentation du *GDR*.

T *Ty Coz* (plan B2, **31**) : 10, venelle Au-Beurre ; près de la place des Halles (place Allende). ☎ 02-98-88-07-65. Ouvert tous les jours jusqu'à 1 h ; le dimanche, ouvert à partir de 19 h. Fermé le jeudi, du 20 mai au 5 juin et en septembre. Un lieu historique ! C'est en effet ici qu'a été tirée la première Coreff. À l'étage, les accros des *darts* (fléchettes) et du billard anglais apprécient l'ambiance bretonnante de cette taverne qui possède une cheminée six fois séculaire dont l'intérieur, qui vient d'être remis en état, date du XVe siècle.

T *Café de la Terrasse* (plan A2, **32**) : sur la place des Otages. ☎ 02-98-88-20-25. Ouvert de 7 h à minuit (1 h en été), toute l'année. Compter 85 F (12,9 €) à la carte. Superbe café du début du siècle (avec un non moins superbe escalier hélicoïdal) où le premier Tour de France fit étape. De sa terrasse, savourez Morlaix à son éveil, baignée des premiers rayons de soleil. Carte de brasserie qui a une bonne cote localement.

T Dans le quartier Saint-Mathieu *(plan B2)*, *La Cabane*, place du Marchallach, qui hésite entre pub et boîte (musique genre « euro-dance » à fond), juste en face *La Selle*, plus tranquille, plus quadra.

Allez, on se met tous à la Coreff !

En 1985 eut lieu un événement extraordinaire pour les vrais buveurs de bière (en tout cas en Bretagne) : la naissance d'une bière bretonne, la Coreff.

Contrairement à la quasi-totalité des bières françaises et allemandes, la Coreff est une bière à haute fermentation (comme la *Guinness,* les bières britanniques et celles des trappistes belges). On ne lui adjoint pas de gaz carbonique pour la refroidir ni la filtrer, ça se fait naturellement. De même, pas besoin d'en rajouter pour la tirer à la pression. Ça se fait tout seul, par aspiration à la pompe à main. Composants choisis rigoureusement : il faut de l'orge malté de Valenciennes, du houblon de Bourgogne et de Bavière, des levures anglaises de haute fermentation. La sélection des cafetiers en fonction des conditions de tirage et de stockage très précises en fera pour longtemps une bière artisanale. Ambrée à 4,5° ou brune à 7,5°, avec étiquette noire, la Coreff est une *bitter* ni filtrée, ni pasteurisée. Aujourd'hui, moins de cent cafés vendent la Coreff dans le Finistère nord et les Côtes-d'Armor. Laissons le mot de la fin à un patron de bistrot : « La Coreff étant très chargée en houblon, dont on connaît les vertus apaisantes, nous constatons que les consommateurs sont beaucoup plus calmes depuis qu'ils en boivent !... ». Merci à la revue *Ar Men* pour toutes ces infos.

Possibilité de visiter la brasserie, les salles de brassage, de fermentation et de mise en bouteille. À la sortie, dégustation !

■ **Brasserie des Deux-Rivières :** 1, pl. de la Madeleine. ☎ 02-98-63-41-92. Visites (gratuites) en juillet-août tous les jours sauf le week-end à 11 h et 14 h. Téléphoner pour prendre rendez-vous hors saison.

À voir

★ **Le circuit des Venelles :** d'abord, pour 5 F (0,7 €), procurez-vous à l'office du tourisme le dépliant décrivant différents circuits pour découvrir tranquillement les ruelles les plus secrètes de la ville et les belles maisons anciennes qu'elles cachent (avec colombages sculptés et statues d'angle). Voici, pour les pressés, les rues les plus intéressantes.

Place de Viarmes et rue Ange-de-Guernisac, *maisons* du XVᵉ siècle à pans d'ardoises. *Église Saint-Melaine,* du XVIᵉ siècle, de style gothique flamboyant. Possibilité de parvenir par la venelle aux Prêtres ou celle du Créou à l'esplanade du Calvaire (à côté du viaduc), d'où l'on embrasse le panorama sur la ville des deux côtés.
Sur le versant opposé à l'église Saint-Melaine, par la venelle de La Roche, on atteint Notre-Dame-des-Anges. Beau point de vue. De là, rejoindre la *rue Longue* (par la rue Courte !) qui offre quelques séduisantes demeures du XVIIᵉ siècle.

★ **Les maisons à lanterne :** uniques au monde ! Carrément ! Elles ont été construites à Morlaix entre le XVᵉ siècle et le début du XVIIIᵉ. Les pièces s'ordonnent autour d'une sorte d'atrium, et un escalier à vis, en général superbement sculpté, combiné à des passerelles, les relie entre elles à chaque étage. Ces passerelles, elles aussi abondamment sculptées, sont appelées « ponts d'allée » (ou *pond allez),* d'où le nom de maisons « à pondalez » aussi donné à ces bâtisses. On peut voir quelques poutres d'escalier rescapées des démolitions à la maison à Pondalez (voir plus bas). Et visiter quelques-unes de ces maisons à lanterne parmi la dizaine qui subsistent à Morlaix :

– *La maison de la Duchesse Anne (plan B2) :* 33, rue du Mur. ☎ 02-98-88-23-26. Ouvert en juillet-août de 10 h à 18 h 30. En avril et septembre, de 10 h à 12 h et de 14 h 30 à 17 h, en mai et juin de 10 h à 12 h et de 14 h à 18 h. Fermé dimanche et jours fériés. Entrée : 10 F (1,5 €). Demi-tarif étudiant. Gratuit pour les moins de 12 ans.
– *La maison à Pondalez (plan B2) :* 9, Grand-Rue. ☎ 02-98-88-03-57. Téléphoner pour connaître les horaires d'ouverture. Maximum 16 personnes. Entrée : 20 F (3 €). Enfant : 12 F (1,8 €). Gratuit pour les moins de 12 ans. Possibilité de billet groupé avec le musée des Jacobins : 35 ou 20 F (3 ou 5,3 €).
– *La maison des Vins :* 1, rue Ange-de-Guernisac (voir rubrique « Où acheter de bons produits ? »).

★ D'autres **demeures anciennes**, place des Halles (place Allende, *plan B2)* et Grand-Rue, l'épine dorsale de la vieille ville. À l'entrée de la Grand-Rue, c'est un bonhomme épuisé qui soutient un encorbellement depuis 300 ans.

★ Prolongement de la rue du Mur, les rues Haute et Basse sont également pittoresques. Rue Basse, *l'église Saint-Mathieu (plan B2)* ne possède de l'édifice original que sa tour du XVIᵉ siècle. À l'intérieur, un joyau : la statue « ouvrante » de la Vierge, du XVᵉ siècle. Panneaux intérieurs polychromes.

★ **Le viaduc :** comment ne pas le voir ? Les Anglais l'ont pourtant manqué en essayant de le bombarder massivement lors de la dernière guerre. Beaucoup de vieilles maisons y ont en revanche laissé leurs murs. Dur bilan, surtout que des dizaines d'entre elles, parmi les plus belles, avaient déjà disparu lors de la construction du viaduc. Il en reste cependant beaucoup, heureusement ! Ce viaduc impose la masse de ses larges piles pour permettre au chemin de fer de franchir le Dossen à 58 m de hauteur. Commencée en 1861, sa construction s'est achevée en 1863. Il mesure 292 m de long. Mais on ne peut plus s'y promener : le site tentait, paraît-il, un peu trop les candidats au suicide... Un peu plus en aval, le viaduc routier de la N12, à 4 voies, mesure près de 1 km de long mais n'a pas la même élégance.

★ *Le musée des Jacobins* (plan B2) : place des Jacobins. ☎ 02-98-88-68-88. De novembre à Pâques, sauf mardi et samedi matin, ouvert de 10 h à 12 h et de 14 h à 17 h (18 h le dimanche) ; de Pâques à fin juin, en septembre et octobre, ouvert tous les jours sauf le mardi et le samedi matin, de 10 h à 12 h et de 14 h à 18 h ; en juillet et août, ouvert tous les jours de 10 h à 12 h 30 et de 14 h à 18 h 30. Entrée : 26 F (3,9 €). Enfants : 13 F (2 €). Gratuit pour les moins de 12 ans. Intéressant musée régional d'histoire, d'ethnographie et de beaux arts. Installé dans une ancienne église du XIIIe siècle. Souvenirs de la mer, vieilles gravures, peintures de l'ancien Morlaix, belles statues des chapelles environnantes. Colonnes d'escalier. L'une d'entre elles, de 1557, mesure près de 11 m ; elle est sculptée dans un chêne d'un seul tenant. Coffres à grains et lits clos du XVIIe siècle. Notez les survivants des porte-cuillères en bois qu'on abaissait avec une poulie. Nombreux objets domestiques paysans (barattes, rouets, peignes à chanvre) et outils agricoles. Quelques toiles dignes d'intérêt : un beau paysage d'Hippolyte Lebas et, surtout, les œuvres d'un artiste local, Charles Penther, peintre des bouges et endroits glauques. Notez le remarquable *Une porte s'ouvrit. Silhouettes grouillant à travers la fumée.* À noter également, une récente collection d'art contemporain. Très intéressantes expositions temporaires, toute l'année.

★ *Le Télégramme de Brest* : 7, voie d'accès au port, BP 243, 29205 Morlaix Cedex. ☎ 02-98-62-11-33. Demander le service des visites. Ce journal, créé en 1944, tire à 210 000 exemplaires. On peut visiter cette importante entreprise de presse le matin du lundi au vendredi. Téléphoner pour rendez-vous (uniquement pour des groupes de 10 à 20 personnes).

Festival

– *Festival Les Arts dans la rue :* de mi-juillet à mi-août, de 17 h à minuit tous les mercredis, la ville se met en transe. Musiques, spectacles, ripailles, folklores. Toutes les sensations possibles prennent un « s » dans les rues du centre-ville, en grande liberté de création esthétique.

Où acheter de bons produits ?

⌂ *Au Four Saint-Melaine* (plan A1-2, 40) : 1, venelle du Four. ☎ 02-98-88-10-22. Fermé le lundi et le dimanche hors saison ainsi que deux semaines en février. La plus ancienne boulangerie-pâtisserie de la ville réputée pour ses excellents gâteaux bretons : far, *kouign amann* et une spécialité maison à la recette tenue secrète, l'*Armoricain*.

⌂ *La Maison des Vins* (plan B2, 41) : 1, rue Ange-de-Guernisac. ☎ 02-98-88-72-43. Fermé le lundi. Entrée libre. On entre dans cet endroit autant pour la beauté d'une vieille maison typique du vieux Morlaix que pour choisir un bon cru. En effet, cette boutique des vins a pour cadre une superbe maison à lanterne. Remarquer la statue tout en haut et la cheminée perchée à l'étage, un peu ridicule sans son sol. Dalí aurait sûrement aimé cette vision. Le mur du fond n'est autre qu'une... falaise. Du coup, la température reste constante et fraîche, et le vin se bonifie lentement...

Plongée sous-marine

La rivière de Morlaix et ses limons ont tendance à troubler les eaux du sud de la baie, qui n'en demeurent pas moins riches et propices à la plongée (pas mal de tombants somptueux !). Toutefois, nous vous proposons deux spots – plus au large – dont la réputation n'est plus à faire. Pour une clarté encore meilleure, on se mettra à l'eau, de préférence, à étale de pleine mer.

Clubs de plongée

■ *Groupe subaquatique Morlaix Trégor* : 18, route de Kernelehen à Plouhezoc'h (200 m avant le mégalithe) 29252, ou BP 145, 29204 Morlaix Cedex. ☎ 02-98-79-50-95 et 06-11-08-02-78 (portable). ● http://plongee.gsmt.free.fr ● Ouvert de mars à octobre, de 9 h à 17 h tous les jours en été, en septembre uniquement le week-end. Embarquez sur l'une des 2 barges rapides (18 plongeurs chacune) du club (FFESSM). Paul le Secq – le directeur de plongée sympa – et ses moniteurs brevetés d'État et fédéraux, proposent baptêmes, formation jusqu'au niveau III, et des explos fabuleuses dont vous garderez le plus vif souvenir. Équipement complet fourni. Forfaits dégressifs pour 5 ou 10 plongées. Réservation obligatoire.

Nos meilleurs spots

⚓ *L'Aboukir-Bay* : le naufrage de ce trois-mâts anglais en 1893 est tristement célèbre dans la région. Le maire de l'époque refusa d'inhumer dans le cimetière paroissial les 19 malheureux marins dont le seul tort fut d'être protestants. La population – profondément indignée – éjecta son élu ; un nouveau cimetière fut créé et des liens d'amitié tissés avec les familles des victimes... Par 30 m de fond, parmi les innombrables gorgones, vous abordez d'imposantes membrures, squelette ferraillant du navire. L'ancre est toujours en place dans la cale (ouverte), où évolue aujourd'hui un curieux équipage : congres solitaires et « pépères », nuages de tacauds et quelques bars chasseurs. Spot très exposé. Niveau II confirmé.

⚓ *Les Trépieds :* au nord de la baie de Morlaix, l'un des sites les mieux appréciés du coin. Les eaux souvent claires permettent – entre 15 et 50 m – une exploration sereine des canyons bordés de tombants splendides, littéralement recouverts de corynactis aux couleurs fabuleuses. Muni d'une indispensable lampe-torche, vous irez à la rencontre de la faune luxuriante, embusquée derrière les laminaires et gorgones. Site très exposé. Tous niveaux confirmés.

LE TRÉGOR FINISTÉRIEN

Si le découpage administratif en départements a séparé le Trégor entre Côtes-d'Armor (voir ce chapitre) et Finistère, historiquement, la frontière de cette grande région était marquée par la rivière de Morlaix. On se baladera ici dans le « Petit Trégor », le long de la côte encore sauvage entre Morlaix et Locquirec, et dans une jolie campagne (fort peu fréquentée) dont le relief déjà un peu marqué annonce les monts d'Arrée.

LA CÔTE DE MORLAIX À LOCQUIREC

★ *La réserve ornithologique de la baie de Morlaix :* gérée par la Société pour l'étude et la protection de la nature en Bretagne, elle abrite, sur l'île aux Dames et l'îlot Petit-Ricard, la plus belle colonie pluri-spécifique de sternes en Europe. Plus de 1 000 couples. L'approche des îles est interdite mais on voit un peu partout les oiseaux pêcher dans la baie. En hiver bernaches, chevaliers, barges, courlis, etc.

★ *Dourduff et Plouézoc'h :* une jolie route qui longe la rive est de la rivière de Morlaix conduit au charmant petit port de pêche de Dourduff. Quelques kilomètres plus loin, Plouézoc'h, qui offre une jolie vue sur l'aber et une inté-ressante *église* avec clocher ajouré et tourelle. Début août, pardon de Saint-Antoine.

★ *Le grand cairn de Barnenez :* ☎ 02-98-67-24-73. Ouvert toute l'année ; de début avril à fin septembre, tous les jours de 10 h à 12 h 30 (jusqu'à 13 h en juillet-août) et de 14 h à 18 h 30 ; d'octobre à fin mars, tous les jours sauf le lundi de 10 h à 12 h et de 14 h à 17 h. Fermé certains jours fériés. Fin de la vente des tickets 45 mn avant la fermeture. Entrée : 25 F (3,8 €). Tarif réduit (étudiants, familles nombreuses) : 15 F (2,2 €). Gratuit pour les chô-meurs et les moins de 18 ans. Vieux de 7 000 ans, l'un des plus importants sites mégalithiques de France, qui pourtant a été à deux doigts de terminer comme matériau de construction de routes départementales. Une carrière avait en effet été ouverte dans le tumulus, et ce malgré la découverte de plu-sieurs chambres intactes, d'un considérable intérêt archéologique. Seule l'obstination de quelques journalistes et de chercheurs du CNRS est parve-nue à arrêter l'exploitation de la carrière. Les travaux de restauration et de dégagement du cairn ont duré 13 ans. Le résultat est superbe. Un gag qui démontre le manque de considération dans lequel on tient science et culture en France : un ministre de la Ve République refusa de présider l'inauguration du cairn sous prétexte que les travaux avaient débuté sous la IVe !
Sur son promontoire, le cairn domine la baie comme un monument grec. Vu de loin, il produit un effet très esthétique par les harmonieuses proportions de ses terrasses en dégradé. Long de 80 m, haut de près de 10 m, il est entière-ment constitué de pierres sèches. Les chambres funéraires sont des dolmens à couloir. Au nombre de onze, quelques-unes sont ouvertes au public.

★ *De Térénez à Saint-Jean-du-Doigt :* toute une région très peu urbani-sée. Nombreuses fermes isolées dans un treillis de routes étroites. *Térénez* est un petit port de l'autre côté du cairn de Barnenez ; les couchers de soleil sur la baie de Morlaix, ses îles, le château du Taureau à l'entrée y sont somptueux. Grande plage à *Saint-Samson.* Ensuite, c'est une succession de petits ports comme *Le Diben,* cachés parmi les rochers déchiquetés et les blocs granitiques. Pittoresque *pointe de Primel,* avec son amoncellement de roches rougeâtres. De l'autre côté, le bourg de *Plougasnou* possède une intéressante église du XVIe siècle, avec une tour de flèche ornée de 4 cloche-tons. Porche Renaissance.

★ *Saint-Jean-du-Doigt :* petite commune située dans une discrète vallée. *Église* avec un pittoresque cimetière : ossuaire, arche d'entrée monumentale de style flamboyant, fontaine baroque, calvaire et chapelle du XVIe siècle, à la remarquable architecture et à la charpente sculptée, composent un ensemble exceptionnel. La relique du doigt du saint (conservée dans l'église depuis le XVe siècle) est censée favoriser de nombreuses guérisons. Grand pardon le dimanche qui suit la fête de la Saint-Jean. On y allume un grand feu de joie *(tantad)*.

Possibilité d'effectuer un circuit de petite randonnée à partir de l'église. D'une longueur de 6 km environ, il permet, à travers une jolie campagne, la rencontre de vieux moulins. Renseignements à l'office du tourisme de Plougasnou. (☎ 02-98-67-31-88) ou à la mairie (☎ 02-98-67-30-06).

– De Saint-Jean-du-Doigt à Locquirec, suivez la jolie route côtière passant par Poul-Roudou.

Où dormir ? Où manger dans le coin ?

🛏 |●| *Hôtel Roc'h Velen :* Saint-Samson, 29630 Plougasnou. ☎ 02-98-72-30-58. Fax : 02-98-72-44-57. ● roch.velen@wanadoo.fr ● Dans une rue qui descend vers la mer (accès bien indiqué). Fermé le dimanche soir (hors saison) et 15 jours en janvier. Chambre avec douche et w.-c. ou bains et TV de 220 à 310 F (33,5 à 47,2 €) suivant la saison. Menus à 90 et 120 F (13,7 et 18,2 €). Un petit hôtel de 10 chambres joliment réveillé par ses nouveaux propriétaires. Accueil vraiment emballant. Chambres mignonnes comme tout avec leur déco marine. Chacune porte le nom d'une île du ponant. Les chambres Molène, Houat, Hoedic et Sein ont vue sur la mer. Au restaurant, cuisine à base de produits de la mer concoctée par la patronne : marmite de la mer, estouffade de porc aux épices douces, etc. Sympathique initiative, l'été : Roc'h Velen accueille une fois par semaine un chanteur local. Pour nos lecteurs, 10 % de réduction sur la chambre hors saison et au choix un apéritif ou un café.

🛏 |●| *Hôtel L'Abbesse :* 20, rue de l'Abbesse, Le Diben, 29630 Plougasnou. ☎ 02-98-72-32-43. Fax : 02-98-72-41-99 ♿ Fermé de la Toussaint à Pâques. Chambre double avec douche et w.-c. ou bains de 240 à 280 F (36,5 à 42,6 €) suivant la saison. Demi-pension obligatoire en juillet-août de 240 à 285 F

(36,5 à 43,4 €). Menus de 86 à 285 F (13,1 à 43,4 €). Grosse maison un brin cossue au cœur de l'anse où est posé le petit port du Diben. Chambres d'un classicisme de bon ton (mais aux moquettes un peu chargées), confortables et finalement plaisantes. Certaines ont évidemment vue sur la mer. Poissons et crustacés de mise (de grands viviers sont juste en face) en cuisine : lotte aux ceps, gratiné de la mer sauce poulette. Belle piscine d'eau de mer, sauna, salle de remise en forme. Et un nouveau patron vraiment très accueillant. Apéro offert à nos lecteurs.

|●| *Crêperie au Goûter Breton :* 6, rue du Grand-Large, Primel-Tregastel, 29630 Plougasnou. ☎ 02-98-72-34-62. Ouvert toute l'année les vendredi, samedi, dimanche, jours fériés et vacances scolaires de 12 h à 22 h. Compter de 70 à 80 F (10,6 à 12,2 €) à la carte. Au centre de cette station balnéaire au charme désuet. La façade ressemble un peu à celle d'un saloon du Nouveau-Mexique, mais l'intérieur fait dans le genre « marin breton » : maquettes de bateaux, filets de pêche, etc. Bonnes galettes bien terroir aussi, aux Saint-Jacques à la fondue de poireaux, ou crêpes des quatre saisons (fruits et coulis). Accueil chaleureux. Apéritif maison ou café offert sur présentation du *GDR*.

|●| *Le Café du Port :* 10, route du Port, Dourduff, 29252 Plouézoc'h.

☎ 02-98-67-22-40. Sur le port, vous vous en seriez douté, avec une terrasse quasi enchanteresse. Coquillages et crustacés (comme chantait Bardot, ce qui, on l'admet, n'a aucun rapport!), petits plats sans prétention (genre moules-frites) et ambiance très sympa. Mais gardez l'adresse pour vous, le service est déjà vite débordé...

Campings

≜ *Camping de la Baie de Térénez :* 29252 Plouézoc'h. ☎ et fax : 02-98-67-26-80. ☒ À 3,5 km du bourg entre Plouézoc'h et Térénez. Ouvert de Pâques au 1ᵉʳ octobre. Autour de 90 F (13,7 €) l'emplacement pour 2. En bord de mer. Confortable. Location de mobile homes. Petite épicerie, crêperie-bar et piscine.

≜ *Camping de Kerven :* Le Diben, 29630 Plougasnou. ☎ et fax : 02-98-72-41-22. Ouvert de Pâques à octobre. Location de mobile homes pour la semaine de 1 500 à 2 500 F (228,6 à 381,1 €).

≜ Trois autres *campings* autour de Plougasnou : le camping municipal *Milin Ar Mesqueau* (☎ 02-98-67-37-45), assez chouette, bien équipé et au bord d'un plan d'eau, autour de 50 F (7,6 €) l'emplacement pour 2, *Le Trégor* (☎ 02-98-67-37-64), dans les mêmes prix et un autre camping municipal (☎ 02-98-72-37-06).

LOCQUIREC *(LOKIREG)* (29241)   1 330 hab.

Charmant petit port à la frontière des Côtes-d'Armor, bénéficiant d'une situation exceptionnelle. Le village, d'une belle homogénéité, s'étire sur un promontoire rocheux offrant pas moins de 9 plages aux estivants. Les distances étant faibles sur cette minuscule presqu'île, cela permet de varier ses habitudes de bronzage. En outre, Locquirec, bien protégé des vents, bénéficie d'un climat très doux et iodé. Superbes plages des Sables-Blancs, au nord. Face à la rade, à marée basse, s'étend l'une des plus belles grèves du Finistère, paradis des chercheurs de coques. Église du XVIIᵉ siècle avec clocher à tourelle d'escalier. À l'intérieur, arcades flamboyantes et, à la croisée du transept, lambris décorés de 1712. Admirez le talent joyeux et naïf de l'artiste qui sculpta les figures polychromes du retable du maître-autel.
Un chemin de douanier permet de faire le tour de la presqu'île.

Adresse utile

🛈 *Office du tourisme :* sur le port. ☎ 02-98-67-40-83. Fax : 02-98-79-32-50. D'avril à septembre, ouvert du lundi au samedi de 9 h à 12 h 30 et de 14 h à 19 h, et le dimanche de 10 h 30 à 12 h 30 et de 15 h à 18 h ; d'octobre à mars, ouvert de 10 h à 12 h et de 14 h à 16 h, fermé les mercredi, samedi après-midi et dimanche.

Où dormir ? Où manger ?

≜ *Camping municipal :* ☎ 02-98-67-40-85. À 1 km, sur la route de Plestin-les-Grèves. En bord de mer et bon marché.

≜ |●| *Hôtel Les Sables-Blancs :* 15, rue des Sables-Blancs. ☎ 02-98-67-42-07. Fax : 02-98-79-33-25. Fléché depuis la D64. Fermé le mercredi, le mardi (en mi-saison uniquement) et de janvier à mi-mars. Chambre double de 220 F (33,5 €) avec lavabo à 250 F (38,1 €) avec douche et w.-c. Menus à partir de 60 F (9,5 €). Une bonne petite adresse nichée dans les dunes, face à la baie de Lannion. Cadre sauvage et grandiose. Les chambres sont honnêtes mais il y a peu de douches sur le palier pour celles avec lavabo seulement, donc quelques embouteillages de couloir en été ! Les n°s 1, 2, 3, 4 et 6 offrent une superbe vue sur la mer. Petite crêperie-saladerie dans une véranda face aux flots : essayez les crêpes à l'andouille ou à la feta ou les moules au chouchen. Dégustation d'huîtres à toute heure. Apéro offert sur présentation du *GDR*.

Très chic

🛏 |●| *Le Grand Hôtel des Bains :* 15 *bis,* rue de l'Église. ☎ 02-98-67-41-02. Fax : 02-98-67-44-60. ● hotel. des.bains.@wanadoo.fr ● ♿ Ouvert toute l'année. Chambre de 550 à 1 000 F (83,3 à 152,4 €) suivant la saison et l'exposition (vue ou non sur la mer). Menus de 150 à 295 F (22,8 à 44,9 €). Demi-pension à 700 F (106,7 €). Entre plage et port, un des rares hôtels les pieds dans l'eau du Finistère. C'était l'archétype de l'hôtel familial de bord de mer (*L'Hôtel de la Plage,* aimable pochade années 1970 y a d'ailleurs été tourné). C'est désormais, après son rachat par un couple d'origine belge, une adresse de charme un brin haut de gamme. Imposante bâtisse très proustienne au milieu d'un parc planté de vénérables tilleuls. Chambres dont la déco rappelle le style balnéaire début du siècle : lambris, meubles peints, chaises en osier. Les plus chères disposent de balcons et de terrasses face à la mer. D'agréables et immenses baies vitrées éclairent la grande salle de séjour où s'éparpillent des bouquets de toutes sortes. Parmi les spécialités du resto : le homard breton à la nage de sauternes parfumé au gingembre et ses petits légumes, ou le ragoût de fruits de mer à la crème de langoustine. Bon choix dans les vins. Piscine couverte et chauffée, sauna, jacuzzi et balnéothérapie. Une adresse de qualité pour les plus fortunés de nos lecteurs...

Où manger ? Où boire un verre dans les environs ?

|●| 🍸 *Caplan and Co :* Poul-Rodou, 29620 Guimaëc. ☎ 02-98-67-58-98. Fax : 02-98-67-65-49. À 2 km du village, en sortant de Guimaëc, au 3e carrefour à droite, en direction de Plougasnou. En été, ouvert tous les jours de midi à minuit ; en hiver, ouvert le samedi de 15 h à 21 h et le dimanche de 12 h à 21 h. Assiette à 58 F (8,8 €). Au bout de la route, fouetté par le vent, lavé par les embruns, le *Caplan* est posé là, comme un défi lancé aux éléments. Alors nous avons poussé la porte pour nous protéger de la tempête. L'ambiance chaude et conviviale nous a séduits. Ce café-librairie est quasiment unique en France. Alliance ô combien réussie entre la lecture et la chaleur du troquet, ce lieu a vraiment une âme. Des rangées de livres côtoient des tables disposées çà et là... Le choix des ouvrages est effectué par les soins de Lan et de Caprini. Et les bouquins, ça les connaît ! En effet, tous deux travaillaient dans une maison d'édition. Les livres sont hétéroclites à souhait... De plus, le *Caplan* propose chaque jour une grande assiette grecque et du vin... grec. Étonnant, en Bretagne ! Un coin jeu est destiné aux enfants. En discutant, Lan nous a appris que Léo Ferré habitait à quelques pas de là durant l'après-guerre et qu'il avait voulu acheter le bar... Comme l'aurait si bien chanté Brassens, il est des lieux bien singuliers !

Fêtes

- **Pardon de Saint-Jacques et fête de la Mer :** le dernier dimanche de juillet.

À voir dans les environs

★ **Le domaine de Kervéguen :** 29620 Guimaëc. ☎ 02-98-67-50-02. Fax : 02-98-67-58-95. À 9 km au nord-ouest de Locquirec par la D64. En juillet et août, ouvert tous les jours sauf le dimanche, de 10 h 30 à 18 h 30 ; en avril, mai, juin, septembre et pendant les vacances scolaires, tous les jours sauf le dimanche, de 14 h 30 à 18 h 30 ; d'octobre à mars sauf vacances scolaires, tous les samedis de 14 h 30 à 18 h ou sur rendez-vous. Visite de la cave et dégustation gratuites. Intéressante visite d'une cidrerie à l'ancienne dans un ancien corps de ferme du XVᵉ siècle. À côté, un beau colombier ainsi qu'une authentique étable toujours munie de ses grandes dalles de schiste séparant les bêtes. Pour les minots, deux compagnons, Gribouille et Cachou. Le domaine est fournisseur de l'Élysée en cidre (élevé en fût de chêne) ! Sur présentation du *GDR*, possibilité de visiter la cave en dehors des heures de visite !

PLOUGONVEN *(PLOUGONVEN)* (29640) 3 160 hab.

Village à une dizaine de km au sud-est de Morlaix par la D9. On s'y arrêtera pour un remarquable **enclos paroissial,** paradoxalement l'un des moins connus. *Église* de style flamboyant avec clocher à galerie et tourelle. Particulièrement intéressantes sont les *gargouilles,* figures grotesques ricanantes. Très imposant *calvaire* sur une base octogonale. C'est, dit-on, le deuxième de Bretagne pour l'ancienneté (1554). Au premier niveau, on trouve toutes les scènes classiques de la vie du Christ avant la Crucifixion. Au deuxième, la Flagellation, le Couronnement d'épines, etc. À part le Christ et la Vierge, les personnages portent des costumes de bourgeois et de paysans du XVIᵉ siècle. L'un des gardes est même armé d'une arquebuse ! L'*ossuaire* présente de belles fenêtres à arcades trilobées. À l'intérieur de l'église, trois nefs voûtées en berceau. Plafond lambrissé. Lutrin de gauche de 1673 en chêne sculpté. Intéressante statuaire : saint Yves, sainte Barbe, grand Christ avec Vierge et Marie-Madeleine. *Pietà* polychrome au coup de ciseau très primitif.

Où dormir ? Où manger ?

🛏 **i●i** *La Grange de Coatélan :* Kersahet, 29640 Plougonven. ☎ et fax : 02-98-72-60-16. ♿ À 5 km au nord-ouest de Plougonven, bien fléché depuis la D109. Sur réservation uniquement. Auberge (à la ferme) fermée tous les midis (sauf le dimanche) et le mercredi soir ; également du 22 décembre au 15 janvier. Chambre double de 250 à 350 F (38,1 à 53,3 €) avec bains et w.-c., petit déjeuner compris. Compter 125 F (19 €) à la carte. Yolande et Charlick de Ternay ont rénové cette belle maison de tisserands du XVIᵉ siècle avec élégance et originalité. Au rez-de-chaussée, une toute petite auberge où sont proposés crêpes et galettes, grillades dans la cheminée, plats traditionnels préparés avec des produits fermiers, desserts maison. Charlick expose ses propres peintures aux murs de la salle à manger (hélas vite remplie : il n'y a que 6 tables). Trois ravissantes chambres d'hôte dont une située dans une adorable petite grange. N'accepte pas les cartes de paiement. Très bon accueil. D'ailleurs, l'apéritif vous sera offert sur présentation du *GDR*.

≜ *Chambres d'hôte chez Cécile et Alain Travel-Chaumet :* Trovoas, 29640 Plougonven. ☎ 02-98-88-15-84. À 8 km au nord-ouest de Plougonven par la D9 ; 4,5 km avant d'arriver à Morlaix, prendre à gauche une petite route (discrètement !) fléchée. Chambre double avec douche et w.-c. de 270 à 300 F (41,1 à 45,7 €) petit déjeuner compris. 80 F (12,2 €) par personne supplémentaire. Dans un paisible hameau, en pleine campagne. Un adorable et un peu fou jardinet où glougloute un petit ruisseau et un penty du XIX⁰ joliment rénové. L'endroit déjà est charmant. Et la chambre, installée dans une petite maison indépendante n'est pas en reste. Avec sa large baie vitrée ouverte sur la campagne, on a franchement l'impression de dormir à la belle étoile. Avec sa déco début de siècle (jusqu'à la salle de bains), on s'attend aussi à y surprendre une jeune fille en train de broder son trousseau. Mitoyen à la maison des proprios, un gîte pour 4 personnes avec deux chambres (dont une avec un lit clos) et cuisine. Il peut être loué à la nuit (hors saison). Accueil très cool. Et Cécile et Alain connaissent bien leur coin, des bonnes adresses de restos aux balades peu fréquentées.

≜ *Camping municipal de Kervoazou :* renseignements, ☎ 02-98-78-64-04.

À faire

– À proximité de Plougonven passe le *Jarlot*, un gentil chemin de **randonnée pédestre ou à vélo.** Une originalité : c'est l'ancienne voie ferrée Morlaix-Carhaix, transformée adroitement en promenade.
– *Location de roulottes : Espaces verts et bleus,* Kerdavid (vers Saint-Eutrope), 29640 Plougonven. ☎ 02-98-78-65-85.

GUERLESQUIN *(GWERLISKIN)* (29650)   1 650 hab.

À une dizaine de km de Plougonven et 24 km de Morlaix. Commune du parc naturel régional d'Armorique, ce gros bourg, hors des sentiers battus mérite le détour. Il présente, en effet, une homogénéité architecturale exceptionnelle et donne une idée assez précise de ce à quoi pouvait ressembler un village breton dans le passé. Il s'ordonne essentiellement autour d'une rue très large, bordée de maisons de caractère et qui va en s'évasant. Au milieu, différents bâtiments civils s'inscrivent harmonieusement dans cette logique architecturale. Après l'église s'étendent la place du Martray, le grand jardin, les vieilles halles, puis le *présidial,* une curieuse bâtisse carrée du XVII⁰ siècle ornée d'élégantes tourelles d'angle. Elle a jadis servi de prison.
Devant le présidial, remarquer la mesure à blé de 1539 dite *Men Gaou* ou « Pierre menteuse », puisque le marché au grain était contrôlé par le seigneur.
Église Saint-Ténénan du XVI⁰ siècle. Reconstruite au XIX⁰, mais la tour et une grande partie de la façade subsistent. Joli clocher à balustrade flamboyante, pinacles « à choux » et flèche. Tourelle sur le côté. Belles gargouilles.
Autre caractéristique de la région, elle dépend économiquement de façon quasi exclusive des *abattoirs Tilly.* Pour nombre de paysans et de familles, ce sont les seuls débouchés ou possibilités de travail. Plusieurs centaines de

milliers de poulets passent de vie à trépas chaque jour. 55 % de la production sont exportés vers le Moyen-Orient, 30 % vers l'Europe, le reste vers les DOM-TOM.

Adresses utiles

◻ **Syndicat d'initiative :** pl. du Martray (face à l'église). ☎ 02-98-72-84-20. Ouvert en juillet et août de 9 h 30 à 12 h 30 et de 14 h à 19 h (le dimanche de 10 h à 12 h 30 et de 14 h à 16 h 30).
– **Mairie :** ☎ 02-98-72-81-79.

Où dormir ? Où manger ? Où boire un verre ?

🛏 ◉ **Hôtel des Monts d'Arrée :** 14, rue du Docteur-Quéré. ☎ 02-98-72-80-44 et 64. Fax : 02-98-72-81-50. Fermé le dimanche soir, les jours fériés et 10 jours à Noël. Chambre à partir de 255 F (38,8 €) double avec douche et w.-c. et de 275 à 285 F (41,9 à 43,4 €) avec bains. Menus de 60 F (en semaine) à 155 F (9,1 à 23,6 €). Demi-pension : 255 F (38,8 €) par personne. Belle maison de granit dans la rue principale. L'hôtel, en grande partie rénové, offre des chambres, pimpantes pour certaines, d'un honorable confort. Généreuse cuisine à prix d'amis qui fait le bonheur des gens du coin : des ouvriers du midi aux banquets du week-end.

🛏 ◉ **Gîte d'étape Hent Melin Cove :** à 50 m de la poste, prendre à gauche (dans une cour). ☎ 02-98-72-80-58. Fermé le lundi après-midi et les 2 premières semaines de septembre. Autour de 45 F (6,9 €) la nuitée. Possibilité de prendre un repas. 15 places.

◉ **Crêperie du Martray :** place de l'Église. ☎ 02-98-72-83-21. Fermé le mardi et le dimanche midi hors vacances scolaires. Compter environ 80 F (12,2 €) à la carte. Menu enfants à 31 F (4,7 €). Salle au décor breton (pierres apparentes et cheminée). Arriver tôt aux heures de repas, la salle est vite complète. Délicieuses crêpes. Pas mal de choix : Complète andouille, M. Seguin (chèvre chaud, bacon, salade), Guerlesquinaise (œuf, jambon, fromage, champignons). Attention vous êtes ici chez un champion du monde de boullou pok, sport très local (mais alors très !) dont le championnat est organisé à Guerlesquin chaque année le mardi gras depuis 1850. Kir breton offert si vous prononcez « Boullou pok » !

🍷 **Bar an Toll-toul :** en face du Présidial. ☎ 02-98-72-81-96. Fermé le mardi et les 3 dernières semaines de septembre. Bistrot breton très sympa. Annick et Michel savent accueillir avec sourire et convivialité. Le rendez-vous favori des jeunes du coin. Le fantôme du grand Bernard Pouchèle, notre écrivain vagabond préféré (après Kerouac), y traînerait encore de temps à autre...

Où dormir ? Où manger dans les environs ?

🛏 **Chambres d'hôte à la ferme :** à Kerviniou, 29610 Plouigneau. ☎ 02-98-79-20-58. Parcours fléché à partir de l'échangeur de la voie express Saint-Brieuc-Morlaix. À 12 km de Morlaix. Ouvert toute l'année. Chambres avec douche ou bains (communs) de 200 à 220 F (30,4 à 33,5 €). Une chambre au rez-de-chaussée avec sanitaires privés. Petit déjeuner (copieux !) compris.

|●| *Ferme-auberge de Pen an Neac'h :* Pen an Neac'h, 29650 Plouégat-Moysan. ☎ 02-98-79-20-15. Fax : 02-98-79-22-73. ⚒ À 6 km au nord de Guerlesquin, vers Le Ponthou. En haute saison, ouvert tous les jours sauf le mardi; en basse saison, ouvert le week-end seulement. Réservation obligatoire. Menus à 70, 85 et 125 F (10,6, 12,9 et 19 €). Excellentes crêpes et galettes (*Super charolaise* extra, avec steak haché, paprika, oignons, tomates, œuf, fromage et crème fraîche), côte de bœuf pour deux, salades bretonnes, etc. Goûtez au succulent *Kig ha farz* le vendredi et le samedi midi, *bara kig* le dimanche soir. Exposition de produits régionaux.

À voir

★ *Le musée des Machines agricoles miniatures :* pl. du Présidial. ☎ 02-98-72-84-20. Ouvert tous les jours en juillet et août, hors saison à la demande auprès de la mairie (☎ 02-98-72-81-79). Entrée gratuite. Remarquable exposition du travail d'un artiste local qui fabriquait des miniatures agricoles capables de fonctionner !

À faire

– *Chemins de petite randonnée :* circuit du menhir de Kerellou (12 km) et de l'étang du Guic (13 km). Renseignements au syndicat d'initiative : ☎ 02-98-72-84-20 ; ou à la mairie : ☎ 02-98-72-81-79.

Dans les environs

★ *Le plan d'eau du Guic :* ouvert en juillet et août, de 9 h à 12 h et de 13 h 30 à 19 h. Planche à voile, dériveur, Optimist, canoë-kayak. Pour tous renseignements : ☎ 02-98-72-85-21 ; hors saison : ☎ 02-98-72-81-79.

⛺ À deux pas du plan d'eau : *camping municipal,* bon marché et bien aménagé. En juillet et août, renseignements au *bar du Guic :* ☎ 02-98-72-88-94 ; en dehors de cette période : ☎ 02-98-72-81-79 (mairie) ou 02-98-72-84-20. Fax : 02-98-72-90-64. Ouvert en juillet et août.

LES MONTS D'ARRÉE

> *Parmi les chiens bleus,*
> *Je partirai sans dire rien,*
> *Dans les marais du Yeun Élez...*
>
> Xavier Grall

Largement incluse dans le parc naturel régional d'Armorique, c'est une Bretagne hors des sentiers battus, quasi intacte. Ce fut longtemps une terre de sorcellerie : lorsque l'âme d'un défunt refusait de quitter une maison (bruits, objets déplacés, etc.), on faisait appel à un prêtre exorciste qui, par un certain rituel, faisait passer l'âme dans le corps d'un chien noir qu'on s'empressait de noyer ensuite. Ces « montagnards » bretons ont conservé intactes leurs traditions : ils dansent au son du *biniou-koz* et de l'accordéon diatonique, et s'éclatent sur de joyeuses gavottes ou *hander-dro...*

Contrée mystérieuse donc, pleine de vibrations. Le terme « monts » peut paraître un peu exagéré (le sommet culmine à 384 m), mais, sans être abrupt, le relief est réel et révèle de très beaux panoramas. Terre de contrastes où alternent bocages verdoyants et landes d'ajoncs et de bruyères, *menez* (mamelons de grès usés par l'érosion) et *roc'h* (sommets dépouillés, couverts de rochers schisteux déchiquetés). C'est une région très dépeuplée : à peine 40 habitants au kilomètre carré, du fait d'une terre pauvre soumise à un climat rude. On peut parler ici de Bretagne sauvage ! C'est tellement vrai que les 10 castors importés sur les berges de l'Ellez en 1969 y ont proliféré joyeusement (ne pas confondre le castor avec le ragondin, bien regarder la queue !).

LE PARC NATUREL RÉGIONAL D'ARMORIQUE

Créé en novembre 1969, le parc naturel régional d'Armorique couvre 39 communes, soit environ 172 000 ha (112 000 en zone terrestre, 60 000 en zone maritime) groupant 56 000 habitants. Le parc couvre en gros le centre Finistère, la presqu'île de Crozon et se termine en mer d'Iroise. Du musée du Loup du Cloître-Saint-Thégonnec à la maison Niou-Huella sur l'île d'Ouessant, en passant par la maison de la Rivière, de l'Eau et de la Pêche à Sizun ou la maison des Minéraux du cap de la Chèvre, de nombreux musées ont été créés par le parc pour vous aider à découvrir tout ce qu'il faut savoir sur le biotope, l'économie agraire, les traditions du pays, etc. Nous les citons partout où ils existent. On trouve également un hébergement collectif à Commana, au Mougau, à Saint-Éloy et à Bannalec.

– Pour tous renseignements : ***Maison du Parc :*** 15 pl. aux Foires, BP 27, 29590, Le Faou. ☎ 02-98-81-90-08. Fax : 02-98-81-90-09.

LE CLOÎTRE-SAINT-THÉGONNEC
(AR C'HLOASTR-PLOURIN) (29410)   580 hab.

Village situé à environ 12 km au sud de Morlaix, organisé autour de deux petites places. Église toute simple du XVIIe siècle, possédant un bénitier taillé dans un menhir.

Où dormir ?

⌂ ***Camping des Bruyères :*** Kergollot. ☎ 02-98-79-71-76. ⚒ À moins de 1 km à l'ouest du Cloître-Saint-Thégonnec. Ouvert de début juillet à fin août. Confort minimal mais site magnifique et hôtesse britannique vraiment charmante.

À voir. À faire

★ Le musée du Loup : au village. ☎ 02-98-79-70-36. Ouvert tous les jours en juillet-août et le dimanche jusqu'à mi-décembre, uniquement de 14 h à 18 h. Entrée payante. Unique en France. Parti pris de rigueur et d'humour de ses concepteurs qui font découvrir aussi bien l'animal légendaire que l'animal réel. Une surprenante caverne, une cheminée aux contes, un panorama sur les Monts d'Arrée ponctuent un parcours qui s'adapte aussi bien aux

CIRCUIT DES MONTS D'ARRÉE

adultes qu'aux enfants. Le musée présente aussi un superbe herbier consacré aux plantes de Bretagne.
– La Société d'étude et protection de la nature en Bretagne (SEPNB) organise des visites guidées de la *réserve biologique du Cragou* (se renseigner au musée). Elle y mène une expérience de gestion des landes où vit une faune originale. Des poneys Dartmoor occupent un gigantesque enclos de 60 ha.

À voir dans les environs

★ *L'abbaye du Relecq :* à 5 km au sud-ouest du Cloître-Saint-Thégonnec par la D111. De l'abbaye cistercienne construite au XIIe siècle, ne subsistent qu'une sobre et mignonne église romane (en cours de rénovation), une grosse fontaine et quelques vestiges. Visite guidée, de mai à septembre, tous les dimanches à 16 h ou sur réservation le reste de l'année. Grand pardon, le 15 août. Et concert le dimanche, de mai à septembre, expositions (renseignements au : ☎ 02-98-78-05-97. ● www.abbayedurelecq.com ●). Festival de musique vocale en septembre. Dans le coin, une jolie balade : le *circuit du Relecq* (12 km, 3 h). À partir de l'abbaye, suivre le balisage partiel d'une variante du GR380 : le sentier traverse de charmants petits villages, longe des calvaires, une voie romaine...

SCRIGNAC *(SKRIGNEG)* (29640)   910 hab.

C'est déjà le début des monts d'Arrée, puisque le bourg culmine à 210 m, sur une petite colline. Commune du parc régional, Scrignac a su garder vivaces ses traditions. Sur le pas de leur porte, les habitants discutent en breton. Tout autour, le bocage est intact. Et à quelques kilomètres à l'ouest s'étendent les *landes* et les *rochers du Cragou,* but intéressant de balade. Fort peu de monde. En revanche, faune très riche et possibilité de remonter vers Plougonven par le *Jarlot,* très beau chemin de randonnée qui passe à 2 km au nord de Scrignac.

Adresse utile

★ *Sur les possibilités du coin, renseignements à la mairie.* ☎ 02-98-78-20-15.

Où dormir ? Où manger ?

🛏 |🍴| *Hôtel-restaurant Le Sénéchal :* sur la place principale. ☎ 02-98-78-23-13. Fermé le dimanche soir hors saison et du 20 janvier au 20 février. Chambre double avec lavabo à 170 F (25,9 €). Menus de 79 F (sauf week-end) à 210 F (12 à 32 €). Une bonne table de campagne où le petit menu du midi (non affiché) fait chaque jour le plein. Mais cette cuisine classique et vraiment bien tournée (ragoût d'escargots au bourgueil, gigot de lotte aux pleurotes, raie aux algues, etc.) mérite qu'on dépense quelques dizaines de francs de plus. Et si vous êtes dans le coin à l'automne, ne ratez pas le menu gibier ! Quelques chambres, très simples mais bien tenues.

🛏 *Camping municipal :* ☎ 02-98-78-20-15 (mairie). Ouvert toute l'année. Tennis juste à côté.

À voir

★ *La maison de la Faune sauvage et de la Chasse :* ☎ 02-98-78-25-00. Ouvert du 15 mai au 30 septembre, tous les jours sauf le mardi de 10 h à 12 h et de 14 h à 18 h. Entrée adulte : 15 F (2,2 €) ; enfants : 8 F (1,2 €). Le musée se trouve dans l'ancienne gare de Scrignac-Berrien. Petite expo bien faite : cassettes vidéo et plus de cinquante animaux naturalisés (renards, bécassines, éperviers...).

Dans les environs

★ *BERRIEN*

À une dizaine de km au sud-ouest de Scrignac par la D42. Bourgade située sur la route Morlaix-Huelgoat (D769). C'est la capitale de la lutte bretonne *(gouren)* du Finistère. Tout autour, une jolie campagne très sauvage et préservée : collines vallonnées, landes et bocages entrecoupés de petits bois. Un morceau de vraie Bretagne profonde. Village qui devrait *a priori* attirer les féministes et les agnostiques : en effet, il y a longtemps, les femmes du village ont résisté furieusement au bourrage de crâne des missionnaires chrétiens. Ils étaient régulièrement accueillis à coups de pierres, rendus responsables, par leur enseignement, du manque d'appétit sexuel des hommes du village...

★ Intéressante **église** des XVe et XVIe siècles (porche Renaissance). Nombreux **vestiges mégalithiques** et tumulus tout autour.

– **Fête annuelle** le 1er week-end de juillet. Renseignements touristiques à la mairie : ☎ 02-98-99-01-14.

HUELGOAT *(AN UHELGOAD)* (29690)   1 710 hab.

Un site exceptionnel au cœur d'une profonde forêt : des chaos rocheux viennent s'échouer jusque dans ce gros bourg, posé au bord d'un joli petit lac. Évidemment partie intégrante du parc naturel régional d'Armorique, Huelgoat vous offrira de merveilleuses balades à travers ses nombreux sentiers sillonnant la forêt et toujours baignés d'une belle lumière dorée.
Pour expliquer ces curieux amoncellements de rochers, on raconte que, il y a très longtemps, les habitants de Plouyé et de Berrien se haïssaient tant qu'ils se jetaient sans cesse des pierres. Dans l'escalade de la haine, les pierres devenaient de plus en plus grosses et retombaient inévitablement au milieu... sur Huelgoat ! En réalité, ce paysage s'explique par l'érosion différentielle des roches soumises d'abord à un climat tropical puis semi-glaciaire. Ensuite le ruissellement a emporté les matériaux pourris et friables, tout simplement.

Adresse utile

🏠 **Office du tourisme :** pl. de la Mairie. ☎ 02-98-99-72-32 ou 02-98-99-71-55 (mairie). En juillet et août, ouvert tous les jours de 9 h à 12 h et de 14 h à 17 h 30 ; le reste de l'année, ouvert tous les jours sauf le dimanche de 11 h à 12 h et de 14 h à 16 h.

Où dormir ? Où manger ?

🛏 ▐●▌ **Hôtel-restaurant du Lac :** 9, rue du Général-de-Gaulle. ☎ 02-98-99-71-14. Fax : 02-98-99-70-91. Fermé de novembre à mi-janvier. Chambre double de 280 à 320 F (42,6 à 48,7 €) avec douche et w.-c. ou bains. Menus de 75 F (le midi en semaine) à 140 F (11,4 à 21,3 €). C'est, désormais, le seul hôtel d'Huelgoat et on trouve qu'il profite un peu de sa situation. Accueil pas terrible, terrible. Au resto, formule grill honnête sans plus. Reste les chambres : confortables, donnant toutes (sauf 2) sur le lac mais tristement fonctionnelles comme celles d'un hôtel de chaîne là ou, vu le site, on aurait aimé un peu de charme. Dommage !

🛏 **Camping municipal du Lac :** à 700 m du centre. ☎ 02-98-99-78-80. Fax : 02-98-99-75-72. Ouvert du 15 juin au 15 septembre. Autour de 60 F (9,1 €) l'emplacement pour 2. Très bien situé. Tout confort. Piscine. Tennis.
🛏 **Camping La Rivière d'Argent :** la Coudraie. ☎ 02-98-99-72-50. Fax : 02-98-99-90-61. ⚒ Autour de 60 F (9,1 €) l'emplacement pour 2. Situé à l'orée de la forêt domaniale de Huelgoat et en bordure de rivière. Le camping se trouve au carrefour de sentiers de grande randonnée (GR37 Guerlédan-Douarnenez et GR380 Plouegat-Moysan-Douarnenez). Camping familial de 80 empla-

cements, d'une propreté impeccable. Piscine. Tennis.

I●I *Crêperie de l'Argoat :* 12, rue du Lac. ☎ 02-98-99-71-72. ♿ Fermé le mardi et en janvier. Compter 60 F (9,1 €) à la carte. Au bord du lac. Crêpes délicieuses et pas chères. L'accueil est chaleureux et on sert tard le soir. Petite terrasse carrément sur le lac. Café offert sur présentation du *GDR*.

I●I *Crêperie des Myrtilles :* 26, pl. Aristide-Briand. ☎ 02-98-99-72-66. Fermé le lundi (hors saison), et de novembre à décembre. Menus de 52 à 92 F (7,9 à 14 €). Sur la grande place centrale. Bonnes crêpes sucrées au froment ou salées au sarrasin : *Saint-Jacques à la bretonne, Forestière...* Aux beaux jours, on mange en terrasse. Café offert sur présentation du *GDR*.

Où dormir ? Où manger dans les environs ?

🏠 I●I *Chambres d'hôte les Tilleuls :* Goasvennou, 29246 Poullaouën. ☎ 02-98-93-57-63 ou 02-98-93-53-88. Prendre la D769 direction Poullaouen-Carhaix, puis la D114 direction Bolazec, à 1 km, suivre fléchage base ULM puis « chambres d'hôte ». Chambre double avec douche et w.-c. ou bains à 250 F (38,1 €) petit déjeuner compris. Table d'hôte à 80 F (12,2 €) ; 45 F (6,8 €) pour les enfants. Belle propriété un peu perdue au milieu de nulle part (comme souvent dans le coin). Tranquillité garantie. Un grand jardin fleuri, un petit étang et quatre jolies chambres toutes différentes (on a bien aimé celle qui se croit au bord de la mer). Très bon accueil. Pour nos lecteurs, un apéritif offert ou 10 % de remise sur le prix de la chambre pour deux nuits consécutives (hors saison).

Où boire une bonne Coreff ?

🍺 *Ty Élise :* à Plouyé. ☎ 02-98-99-96-44. En saison, ouvert du lundi au vendredi de 14 h à minuit, le week-end à partir de midi (1 h de juin à septembre) ; hors saison, fermé le lundi et le mardi. Dans un tout petit et sympathique village, à 7 km de Saint-Herbot et de Huelgoat, *in the middle of nowhere !* Étonnant, vous y trouverez l'une de nos meilleures adresses de bistrot en Bretagne. Tenu par Byn, un Gallois truculent et bavard, qui a su donner au lieu une personnalité attachante. Décor et cadre n'ont pas changé depuis la révolte des Bonnets rouges : grande cheminée traditionnelle, comptoir de bois où l'on peut presque s'asseoir, vieilles pompes à bière d'où le patron vous tire des Kriek, Coreff et Guinness sans reproche. Bref, n'en rajoutons plus, nous vous invitons expressément à connaître cette bien sympathique planète, *Ty Élise...*

À voir

★ *Le moulin du Chaos :* rue des Cendres. ☎ 02-98-99-77-83. Mêmes horaires d'ouverture que l'office du tourisme. Propriété du parc naturel régional d'Armorique, c'est un lieu de découverte qui présente une exposition sur cette région au travers de l'archéologie, la géologie, la faune et la flore.

★ *Le jardin de l'Argoat :* impasse des Fontaines. ☎ 02-98-99-71-63. Ouvert tous les jours de 10 h à 18 h de juin à septembre et de 10 h à 17 h d'octobre à mai. Entrée : 20 F (2,2 €) pour le jardin seulement, 40 F (4,5 €)

pour le jardin et l'arboretum. Mais on peut aussi, bizarrement, s'y balader gratuitement en dehors des heures d'ouverture... Petit mais très agréable jardin, à l'origine conçu pour les pensionnaires de la maison de retraite voisine mais ouvert au public. 1 000 espèces ici et là, une végétation quasi tropicale. Franchement dépaysant ! Possibilité de visites guidées.

À faire

– L'office du tourisme propose une petite brochure détaillée des possibilités de **balades** dans la région. C'est pratiquement à la carte, avec horaire et kilométrage. Profitez-en. Mais demandez conseil car certaines pistes ne présentent plus beaucoup d'intérêt à cause du reboisement en cours.
Un petit circuit pour visiteurs pressés : à deux pas du centre du bourg, on découvrira d'abord le *chaos du Moulin,* gros amoncellement de roches, suivi de la *grotte du Diable,* puis d'un théâtre de verdure. De là, tournez à gauche vers la rivière, à la rencontre de la *roche Tremblante.* Ce caillou, de quelque 100 t, bouge si l'on appuie à un endroit très précis. Le *Ménage de la Vierge,* un éboulis de roches pittoresques, lui succède. Puis le chemin Violette, suivant toujours la rive gauche de la rivière d'Argent, mène à la route de Carhaix.
Globalement, le grand circuit des rochers de la forêt prend environ 3 h. Il permet aussi de voir le *saut du Gouffre* (chute assez spectaculaire de la rivière d'Argent), la *promenade du Fer à Cheval,* la *mare aux Sangliers,* la *grotte d'Artus* (où sommeillait le roi Arthur), le *camp d'Artus* (le plus grand espace fortifié gaulois de la région), etc. Au départ du chemin qui mène à la Roche tremblante, possibilité de visiter un rucher et de déguster du miel si vous en avez envie. ☎ 02-98-99-94-36.

Dans les environs

★ *Kerguévarec :* sur la route C2 en direction de Plouyé. Petit groupe de *fermes* vieilles de plus de deux siècles, avec puits vénérables.

★ *Locmaria-Berrien :* à peine à l'écart de la D769 vers Carhaix, petit village assoupi dans un paysage vallonné. Beaucoup de maisons de caractère, certaines, fermées ou en ruine, témoignent de la désertification de la région. Adorable *église* avec un toit très bas et un étonnant plafond bleu semé d'étoiles dorées. Devant, de gros arbres aux troncs percés.

★ *Roulottes de Bretagne :* ☎ 02-98-99-73-28. D'avril à mi-octobre, possibilité de balades en roulotte, calèche ou diligence durant un week-end, une mini-semaine (5 jours), une semaine ou plus : découverte des bords de l'Aulne par le chemin de halage ou par l'ancienne voie ferrée des monts d'Arrée. Départs de l'ancienne gare de Locmaria-Berrien (à 6 km de Huelgoat). Location de chevaux de selle.

★ *Poullaouen :* située sur la très belle route touristique Huelgoat-Carhaix (la D769). Une autre commune typique de l'Argoat. Village connu pour avoir exploité sur son territoire, jusqu'au début de ce siècle, les plus importantes mines de plomb argentifère de France. Célèbre aussi pour ses excellents danseurs et chanteurs de *fest-noz.* Les quatre *sœurs Goadec,* ces vieilles dames qui connurent leur heure de gloire dans les années 1970, étaient originaires de Poullaouen. En haut du village, très belle *église* Renaissance. Façade assez originale avec de grandes et élégantes volutes de pierre sur les côtés. Colonnes superposées et une jolie balustrade au-dessus du porche. On y trouve aussi une base ULM (☎ 02-98-93-51-19).

SAINT-HERBOT (29530)

Incroyable! Alphonse Allais rêvait que l'on construise les villes à la campagne. Au Moyen Âge, ils ne rêvaient pas, ils construisaient sans hésiter des mini-cathédrales en pleine nature. Saint-Herbot est l'une d'entre elles.

Édifiée du XIVᵉ au XVIᵉ siècle en style gothique flamboyant, dans un site sauvage à 6 km au sud-ouest de Huelgoat (par la D14), cette « chapelle » est vraiment l'un des joyaux architecturaux du Finistère. À ne pas manquer. On est tout d'abord frappé par l'énorme tour de 30 m de haut, inspirée de celle de Quimper. De très longues baies lui donnent néanmoins une certaine grâce et de la légèreté. Tout en haut, balustrade flamboyante. À son pied, le porche d'entrée, une merveille. Grand arc gothique au fin feuillage sculpté et double porte en anse de panier séparée par une colonne torsadée. Au-dessus, *statue de saint Herbot* entourée de deux anges. Côté route, un élégant escalier en fer à cheval. La partie faisant face au calvaire présente également un beau porche en accolade avec de fines sculptures. À l'intérieur, de part et d'autre, les classiques apôtres en rang serré.

Calvaire édifié en 1571. Personnages sculptés dans le granit de Kersanton. Le groupe assez compact comporte de nombreux traits originaux si on l'observe bien attentivement. Surtout, détailler les visages du Christ et des larrons. C'est à la limite de la caricature : paupières lourdes, traits bouffis. Un art étonnant, presque moderne dans sa démarche. Une liberté artistique proche de la dérision, unique en Cornouaille.

À l'intérieur de l'église, magnifique mobilier : *chancel* (clôture) en bois sculpté du XVIᵉ siècle sous un grand crucifix, 15 *stalles* ouvragées de la même époque, surmontées d'un dais avec les évangélistes, les prophètes, etc.

Notez cette *pietà* polychrome où le Christ paraît tout petit dans les bras de la Vierge. N'est-ce pas là, du point de vue symbolique, tout simplement une mère éplorée, son enfant dans les bras? Sur les deux tables de pierre, les paysans déposaient autrefois, au mois de mai, sur l'une des mottes de beurre, sur l'autre quelques crins de leurs vaches en l'honneur de saint Herbot (patron des bêtes à cornes). *Gisant* de pierre du saint près du chancel. Dans le chevet, grand *vitrail de la Passion,* du XVIᵉ siècle, avec de remarquables couleurs.

Dans les environs

★ *Loqueffret (29530) :* à 3,5 km au sud-ouest de Saint-Herbot par la D14. *Église* du XVIᵉ siècle au toit très bas. *Calvaire* édifié en 1576. Les larrons ont disparu. Fenêtres à accolade et intéressantes gargouilles. Voir aussi la *maison du Recteur* dans l'ancien presbytère. Ouvert en juillet et août tous les jours sauf le lundi, de 10 h à 12 h et de 14 h à 18 h. Renseignements : ☎ 02-98-26-44-50. Ici, on retrace l'histoire des *pilhaouerien,* ces chiffonniers des monts d'Arrée, petits paysans pauvres itinérants qui collectaient chiffons, métaux et peaux de lapins. Bien des chansons populaires racontent leurs exploits qui faisaient peur aux enfants.

★ *Lannédern (29190) :* à 3,5 km au sud-ouest de Loqueffret par la D14. *Enclos paroissial* quasi complet avec ses cimetière, ossuaire, calvaire et église. Entre ces deux derniers, au lointain, s'élève le Menez Sant-Mikael (ou Mont-Saint-Michel). Sur la façade de l'ossuaire, des têtes de morts à tibias croisés. Et puis l'*Ankou* est là, avec son sourire sardonique et ses orbites creuses, sa flèche, sur la fenêtre à gauche du porche de l'église. Sur

le calvaire, saint Edern chevauche un cerf. Dans l'église, belle grande
fenêtre. Vitrail de la Passion (avec saint Edern sur un cerf à gauche). Enfin,
un retable baroque qui ne masque pas les vitraux. Gisant de saint Edern.
Nef, à gauche, six panneaux bas-relief racontant sa vie.

AUTOUR DU YEUN ELEZ

Site naturel d'exception, le Yeun Elez est une ample cuvette creusée dans le
massif des monts d'Arrée. L'Elez, rivière qui prend sa source sur le mont
Saint-Michel-de-Brasparts (ou en Rivoal, pour ne vexer personne...), s'y
épanouit dans de vastes tourbières que l'homme a, pour partie, transformées en un lac destiné à alimenter une centrale électrique. Le site est
grandiose, sinon vaguement angoissant, si vous y passez un jour où il est
noyé dans des brumes fantomatiques. D'ailleurs, les légendes locales y
situent les portes de l'Enfer. Ce paysage désolé, planté de très peu d'arbres,
a aussi servi de cadre au tournage de *La Planète des singes.* Mais en vous
baladant dans le coin, entre landes et tourbières, vous rencontrerez plus
sûrement une foule d'oiseaux : canards-plongeurs, sarcelles, martins-
pêcheurs, courlis cendrés...
Une centaine de kilomètres de sentiers balisés permet de mieux s'imprégner
(c'est le cas de le dire : prévoir parfois des chaussures qui supportent l'humi-
dité) de la sauvage beauté de cette région. Le « circuit du Yeun » (16 km)
notamment ou le sentier « landes et tourbières » (14 km). Procurez-vous le
dépliant édité par le parc, « Circuits de petite randonnée autour du Yeun
Elez ».

BRASPARTS *(BRASPARZH)* (29190) · 1 040 hab.

Tri dra zo dic'hallus da Zoue : Kompezan Brasparzh! « Trois choses sont
impossibles à Dieu, la première, c'est aplanir Brasparts! », dit un proverbe
breton. À travers les collines recouvertes de bois, tourbières, cultures et
riches pâturages, venez donc découvrir cette autre charmante bourgade des
monts d'Arrée, mise aussi en poème par Max Jacob.

Adresse et info utiles

❶ *Office du tourisme :* ☎ 02-98-81-
47-06. Ouvert du 1er juillet au
31 août, du lundi au samedi de 9 h à
12 h et de 15 h à 19 h, et le dimanche de 9 h à 12 h 30. Ouvert le
reste de l'année.
– *Marché :* le 1er lundi de chaque
mois.

Où dormir ? Où manger ?

▲ Sur la commune, une dizaine de
*gîtes ruraux et locations de va-
cances.* Dans la région, ils sont pris
d'assaut; réserver le plus tôt possible. De 1 500 à 2 000 F (228,6 à
304,9 €) la semaine en juillet et août
(900 F, soit 137,2 €, en basse saison). Pour tout renseignement,
contacter l'office du tourisme ou la
mairie.
▲ *Gîtes et chambres d'hôte Le
Village de Garz ar bik :* ☎ 02-98-81-
47-14. À 800 m au nord du bourg
par la D785. Ouvert toute l'année.
Chambre double avec douche et
w.-c. à 260 F (39,6 €), petit déjeuner

compris. Gîtes pour 2 à 6 personnes de 1 000 à 2 600 F (152,4 à 396,3 €) suivant la taille et la saison. Marie-Christine Chaussy a réussi à créer un lieu plein de caractère. Amoureuse des vieux meubles, elle a délicieusement décoré ses chambres d'hôte. Tout, jusqu'au moindre détail, est soigné. Les deux chambres disposent d'un rez-de-chaussée où sont disposés des livres mais aussi une chaîne, des CD, des cartes pour la balade, une cuisine, etc. Petit déjeuner copieux. 3 gîtes disposant d'un confort optimal. Qui plus est, Marie-Christine est passionnément amoureuse de sa région. Elle connaît les monts d'Arrée sur le bout des doigts et possède un grand talent pour conter les histoires locales. Un petit ruisseau coule en contrebas. Grande cour centrale où l'été les enfants se lient d'amitié. Possibilité pour les résidents des chambres d'hôte de manger à la table d'hôte de sa fille (lire ci-dessous). La proprio a quelques bonnes adresses de resto dans ses carnets. Un « verre de l'amitié » ou un café vous sera offert sur présentation du *GDR*. Une adresse coup de cœur !

🛏 🍴 ***Chambres d'hôte chez Romy Chaussy :*** domaine de Rugornou Vras. ☎ 02-98-81-46-27.

Fax : 02-98-81-47-99. À 2 km au nord du bourg par la D785. Ouvert toute l'année. Chambre double avec douche et w.-c. à 260 F (39,6 €), petit déjeuner compris. Table d'hôte à 90 F (13,7 €), boissons comprises. En pleine campagne, une vieille ferme ramenée à la vie par une très jeune fille. Ses premiers clients ont d'ailleurs, semble-t-il, trouvé Romy bien jeune pour se lancer dans pareille aventure... Mais, fille de Marie-Christine Chaussy (lire ci-dessus), elle a de qui tenir ! Et de presque ruines (demandez à voir les photos « d'avant »), Romy a fait un endroit charmant. Quatre agréables chambres indépendantes à l'étage d'anciennes écuries, au confort moderne mais à la déco champêtre : poutres, vieux meubles chinés ici ou là... Au rez-de-chaussée, les repas se prennent dans une grande mais chaleureuse salle aux murs de pierre. Au programme, plats traditionnels bretons, produits fermiers et souvent bio. On ne peut qu'applaudir le résultat et saluer bien bas Romy qui (comme beaucoup le réclamaient dans les années 1970) a choisi de « vivre et de travailler au pays ». Sur présentation du *GDR*, l'apéritif ou le café est offert.

À voir. À faire

★ ***L'enclos paroissial*** propose plusieurs choses intéressantes et parfois originales. Il domine la vallée et livre le soir, quand la campagne n'est plus écrasée par la lumière, des nuances de vert tout à fait surprenantes.

Le calvaire mérite qu'on l'étudie en détail (et puis, ça ne nous arrive pas trop souvent !). Édifié au début du XVIe siècle. Des anges recueillent le sang du Christ (probable référence au Graal, le célèbre vase des légendes celtiques). Le larron qui a survécu à l'usure du temps est littéralement plié en deux, en arrière sur la croix. Au-dessus, saint Michel terrassant le dragon. Mais le plus remarquable reste la *pietà* : ces trois femmes debout (position assez rare), le visage dur, fermé, les yeux dans le vide. Noter le rythme ondoyant et harmonieux des plis des vêtements, des jambes du Christ, des doigts, contrastant avec la raideur des personnages. Un chef-d'œuvre !

L'église présente aussi un porche remarquable à trois lanternons et à contreforts obliques, avec les douze apôtres. À l'intérieur, beau retable, et quelques statues en bois, comme celle de Notre-Dame-de-la-Pitié, remarquable par son air de grande noblesse et la beauté de ses parures. À gauche du chœur, verrière du XVIe siècle. Noter également une sculpture étrange : un être cornu avec des seins de femme et une queue de serpent. Certains pensent qu'il s'agit de Morgane, la légendaire déesse des eaux.

L'ossuaire, de style flamboyant, possède, quant à lui, deux représentations de l'*Ankou* menaçant, l'une de la faux et l'autre de la flèche.

– **Centre culturel des Monts d'Arrée :** 22, rue Saint-Michel. ☎ 02-98-81-49-43. Ouvert de 15 h à 19 h sauf lundi et mardi, toute l'année. Librairie tenue par des artistes spécialisés dans le celtisme, le druidisme et bien sûr la culture bretonne. Exposition permanente d'œuvres d'artistes locaux.

– **Cahin-Cahâne :** Tromarc'h, 29190 Braspats. ☎ 02-98-81-47-45. Toute l'année, sur réservation. Randonnées pédestres non guidées accompagnées d'un âne de bât. Circuits bien faits. Ce placide et courageux compagnon de route portera enfants et bagages. Location à la journée ou plus.

LES MONTS D'ARRÉE

Fête et manifestation

– **Fête du village :** le 15 août, pendant 3 jours.
– **Grand rassemblement druidique :** le 3e dimanche de juillet. Renseignements au centre culturel. ☎ 02-98-81-49-43.

Dans les environs

★ **Le site archéologique Ti Ar Boudiged :** suivre les flèches indiquant « Sépulture en V (dolmen) ». Dolmen mégalithique datant de 3 000 ans av. J.-C., en partie enterré sous un tumulus et recouvert de trois dalles de pierre. L'une d'entre elles pèse plus de 30 t !

★ **Le mont Saint-Michel-de-Braspats :** ou *menez Sant-Mikael.* Accès par la D785, un des points culminants des monts d'Arrée (380 m). Par beau temps, la vue, superbe, s'étend jusqu'au clocher du Kreisker, à Saint-Pol-de-Léon. Jolie petite *chapelle* qui servait jusqu'à la fin du XIXe siècle de refuge aux bergers harcelés par les loups.

SAINT-RIVOAL *(SANT-RIWAL)* (29190)   170 hab.

Arriver en fin d'après-midi d'une belle journée dans ce joli village se révèle un grand moment de douceur et de quiétude. Les routes qui y mènent, à travers le paysage vallonné, sont adorables (la D30 ou la D42). On sent que, quelque part, le temps s'est arrêté, agrippé sûrement au passage par un schiste bien déchiqueté. Un peu plus loin, vers le lac du Drennec, *Saint-Cadou,* tout paisible, presque désert. On raconte qu'une fille de Saint-Cadou ne se marierait jamais avec un gars de Saint-Rivoal !

Où manger ?

|●| **Crêperie du Menez :** devant la mairie. ☎ 02-98-81-45-63. Jolie maison bretonne. Bonnes crêpes de sarrasin et de froment.

À voir

★ **Écomusée des monts d'Arrée :** ☎ 02-98-68-87-76 ou ☎ 02-98-81-40-99 (en saison). Pour les moulins Kerouat, ouvert du 15 mars au 31 mai et de septembre à fin octobre de 10 h à 18 h en semaine, le dimanche de 14 h à 18 h ; fermé le samedi. En juin, ouvert de 10 h à 18 h toute la semaine. De juillet à fin août, tous les jours de 11 h à 19 h. Pour la maison Cornec, ouvert de 14 h à 18 h en juin, de 11 h à 19 h en juillet et août, de 14 h à 18 h (sauf le samedi) la première quinzaine de septembre. Entrée : pour les moulins, 27 et 14 F pour les enfants (4,1 et 2,1 €) ; pour la maison Cornec : 18 et 12 F (2,7 et 1,8 €). Écomusée installé dans la maison Cornec, une vieille demeure paysanne du XVIIIᵉ siècle (notez l'escalier de pierre et l'« apoteiz », cette aile avancée, caractéristique des constructions des monts d'Arrée). Le sol est, comme il se doit, en terre battue. Meubles anciens dans leur disposition d'origine, étable, four à pain, etc., permettent de reconstituer les conditions de vie d'une famille paysanne au XVIIIᵉ siècle. Le village des Moulins, lui, a été construit à partir du XVIIᵉ siècle. Une quinzaine de bâtiments composent ce hameau.

★ Beaux *points de vue* de trois sommets, cibles de chouettes balades : le *Pen-ar-Favot* (sur la vallée de Nivot), le *Pen-ar-Guer* (sur la vallée des Moulins) et le *mont Saint-Michel,* dont les brochures touristiques locales s'indignent qu'elle soit attribuée à Brasparts (alors qu'elle est située sur la commune de Saint-Rivoal).

Dans les environs

★ *Le parc animalier de Menez-Meur :* ☎ 02-98-68-81-71. De juin à août, ouvert tous les jours de 10 h à 19 h, en septembre jusqu'à 18 h, fermé le samedi ; le reste de l'année, ouvert les mercredi, dimanche et jours fériés de 10 h à 12 h et de 13 h à 18 h ; pendant les vacances scolaires, ouvert tous les jours sauf le samedi, de 10 h 30 à 12 h et de 13 h à 18 h. Fermé en janvier. Entrée : 20 F (3 €) ; enfants de 8 à 14 ans : 12 F (1,8 €). Petit parc, propriété du parc d'Armorique. Sentiers de promenade où il est possible d'observer des animaux sauvages (mouflons, sangliers, cerfs, daims, renards...). *Maison du Cheval breton* qui souligne l'importance de cet animal dans la société rurale traditionnelle.

BOTMEUR *(BONEUR)* (29690)   220 hab.

Une petite commune complètement à l'écart des axes touristiques, mais sur la jolie route qui mène de Saint-Rivoal à La Feuillée. Surplombe le mystérieux Yeun Elez, à l'origine de tant de légendes. Dans les cours d'eau de la région, l'Elez, le Roudouhir et le Roudoudour, on a introduit le castor. Animations et promenade-découverte organisée par la SEPNB (☎ 02-98-49-07-18. Fax : 02-98-49-95-80).

Où dormir ?

🛏 *Chambre d'hôte et gîtes ruraux chez Marie-Thérèse Solliec :* Kreisker. ☎ et fax : 02-98-99-63-02. ● msol@club-internet.fr ● À droite (chemin de terre qui descend) juste à la sortie de Botmeur, direction La Feuillée. Ouvert toute l'année. Chambre double avec bains et w.-c. à 250 F (38,1 €), petit déjeuner compris. Dans une maison en pierre traditionnelle, une chambre agréable

(lambrissée, avec de jolis tissus) et d'un intéressant rapport qualité-prix. Bon accueil. À louer aussi, 2 gîtes fort bien aménagés dans d'authentiques petites maisons bretonnes à 2 200 F par semaine en saison (335,3 €). Grand séjour, deux chambres, lave-linge, lave-vaisselle. Apéro offert aux routards.
🛏 *Camping municipal :* ☎ 02-98-99-63-06. Ouvert du 1ᵉʳ juillet au 31 août.

Dans les environs

★ **La chaîne des monts d'Arrée :** elle s'étire entre Botmeur et Commana. Le long de la rectiligne – à l'américaine ! – D785, on s'offre une balade superbe dans cette montagne bretonne usée et déchue (mais fière d'être née avant les Alpes). D'abord, on croise le **Roc'h Trévézel** souvent invisible malgré ses petits 370 m, masqué en hiver (et même parfois en été) par la brume et les brouillards. On y bénéficie (par beau temps donc...) d'un immense panorama. Plus loin, sur le **Roc'h Trédudon** s'élève la fameuse antenne plastiquée dans les années 1970 par le Front de libération de la Bretagne. Les Bretons furent privés de télé plusieurs mois. On assista alors à un renouveau des veillées et de la vie communautaire. Intéressant sujet de réflexion, non ?

LA FEUILLÉE *(AR FOUILHEZ)* (29690)   620 hab.

Autre commune pittoresque des monts d'Arrée, l'une des plus « hautes » de Bretagne. Autrefois, l'un des grands marchés à bestiaux du Finistère. Aujourd'hui, un simple village sans histoires, au charme austère. Quelques vestiges d'une commanderie des templiers. Bons *festoù-noz*. Informations touristiques à la mairie : ☎ 02-98-99-61-52.

Où dormir ?

🛏 **Camping de Tal ar Hoat :** route de Kerbargain. ☎ 02-98-99-61-52. Fax : 02-98-99-68-55. ● mairiela feuillee@wanadoo.fr ● Un petit camping bien ombragé, calme et bon marché. Compter 35 F (5,3 €) la nuit pour 2.

À faire

– **Randonnée à la découverte des castors** qui ont été implantés dans l'Elez en 1969 (huttes, barrages, traces...) : l'occasion d'une belle balade le long de l'Argoat. En juillet et août, rendez-vous à Brennilis devant la maison de la réserve le jeudi et le samedi à 15 h. Également des randos à la **découverte des chevreuils**. Rendez-vous à l'abbaye du Relecq le jeudi à 19 h 30, en juillet et août. Visite des landes du Cragou le vendredi à 15 h, rendez-vous au musée du Loup au Cloître-Saint-Thégonnec. Renseignements à la SEPNB : ☎ 02-98-79-71-98 ou 02-98-49-07-18.

Dans les environs

★ **Trédudon :** à environ 2 km au nord-est de La Feuillée. Sur le flanc sud des monts d'Arrée, perdu dans landes et bocages, l'un de nos villages préférés. Jolie et typique architecture rurale. Sait-on que Trédudon, lors de la dernière guerre, fut le premier village résistant en France ? Malheureusement, ici la terre ne nourrit pas tous les enfants et les hivers sont longs et rudes. Le village s'est vidé. Le temps s'est arrêté. Les nobles demeures de granit se dégradent peu à peu... Il ne reste que quelques jeunes agriculteurs qui s'accrochent et des vieux un peu fatalistes devant leur porte.

🛏 ▮●▮ *La Ferme de Porz-Kloz :* à Trédudon-Le-Moine, 29690 Berrien. ☎ 02-98-99-61-65. Fax : 02-98-99-67-36. ● porz-kloz@libertysurf.fr ● ♨ Dans un hameau voisin de Trédudon. Fermé le mardi et de décembre à mars. Réservation obligatoire. Chambre avec douche et w.-c. ou bains de 260 à 400 F (39,6 à 60,9 €). Petit déjeuner : 40 F (6,1 €). Demi-pension uniquement de 270 à 340 F (41,1 à 51,8 €). Menu unique à 120 F (18,2 €). Le dîner n'est servi qu'aux résidents. Pas de déjeuner mais possibilité de se faire préparer un pique-nique. Yves et Herveline Berthou, des agriculteurs pleins d'idées et de courage, ont ouvert cette ferme-auberge il y a quelques années, pour revitaliser l'activité du hameau. Neuf chambres adorables (dont une familiale mansardée, très plaisante) attendent les amoureux de calme et d'authentique. Téléphone et TV dans chaque chambre. Délicieuse nourriture paysanne : mousse de tomates, chèvre au cumin en croûte, dégustation de fromages, bons desserts. Ne pas manquer ce rendez-vous plein de naturel et de gentillesse. Aubade de biniou à la demande. 10 % du prix de la chambre pour deux nuits consécutives hors saison sur présentation du *GDR*.

BRENNILIS *(BRENNILIZ)* (29690)   470 hab.

Le village domine le Yeun Elez et le lac de Nestavel (aussi appelé réservoir de Saint-Michel). Surtout connu pour sa centrale nucléaire, pionnière de l'atome il y a 30 ans, aujourd'hui éteinte à jamais pour non-rentabilité. Elle s'est reconvertie en fabrique de jambon et pâté (si, si!). *Église* surmontée d'un joli clocher ajouré. À l'intérieur, intéressants panneaux sculptés polychromes du maître-autel. *Calvaire* avec *pietà*, à l'exécution fort sobre, mais non dénuée d'émotion. Pour une fois, les personnages respirent la sérénité et non la douleur.

Où dormir ?

🛏 *Camping municipal de Nestavel :* base de loisirs de Nestavel-Bras ☎ 02-98-99-66-57. Ouvert du 15 juin au 15 septembre. Récemment installé au bord du lac. Absolument charmant. Les plus beaux emplacements, avec vue sur le lac, sont normalement réservés aux caravanes. Mais si vous arrivez en fin de saison, vous aurez des chances de pouvoir y planter votre tente. Petite épicerie de dépannage.

À voir

★ *Le musée-expo Youdig* (ou « le Rêve aux portes de l'Enfer ») *:* à Kerveguenet. ☎ 02-98-99-62-36. Accès fléché depuis Brennilis. Ouvert tous les jours, toute l'année ; téléphoner avant si possible. Visite : 30 F (4,5 €). Dans l'ancien atelier de mécanique générale de son mari, Annick Le Lann a reconstitué minutieusement un village des monts d'Arrée en miniature (50 m). Pour rester dans la couleur du pays de Yeun Elez (diminutif : *Youdig*), elle a ramassé des milliers de petits morceaux d'ardoise dans les anciennes ardoisières de Maël-Carhaix. Personnages en laine et fil de fer. Noter les petits détails authentiques, comme les bornes kilométriques ou les tas de fumier (mesure apparente de la richesse). Autour du village a été rassemblé un singulier mélange de lits clos, de coiffes et de vêtements de

Quimper ou de Vannes, d'outils traditionnels... La visite est commentée avec passion et un grand talent d'orateur par Annick elle-même.

Le mari d'Annick organise des randonnées dans la lande, au lever du jour : une façon originale de découvrir ce paysage désolé, aux herbes jaunies.

⬆ I●I Possibilité de se restaurer et de dormir sur place : ***chambres d'hôte*** avec douche et w.-c. à 220 F (33,5 €), petit déjeuner à 25 F (3,8 €). À l'***auberge du Youdig :*** menu à 75 F (11,4 €). Crêpes, bons plats traditionnels bretons dont (sur réservation) le *kig ha farz*. Un peu touristique, toutefois apéritif maison pour nos lecteurs.

LE CIRCUIT DES ENCLOS PAROISSIAUX

Entre Morlaix et Landerneau, au nord des monts d'Arrée, une région qui concentre les plus grands chefs-d'œuvre d'architecture et de sculpture en Bretagne. D'un enclos à l'autre par des petites routes qui musardent entre les fermes à la séduisante architecture rurale et les rangées de chênes nains, un enchantement permanent, une course folle à l'émotion, au frisson artistique...

Qu'est-ce qu'un enclos ?

L'enclos paroissial se compose généralement d'une porte ou arche monumentale et d'un mur d'enceinte, d'un calvaire, d'une chapelle funéraire ou ossuaire, et, bien entendu, d'une église. L'ensemble présente, malgré la variété des édifices, une très belle harmonie, une unité de lieu quasi théâtrale. Le nom de la porte, *porz a Maro* (« porte de la Mort »), la présence de l'ossuaire et de l'*Ankou,* cet étrange personnage féminin, symbole de la mort et de la misère, qui le décore souvent sous la forme d'un squelette tenant une faux ou un arc avec flèche, pourraient laisser croire que le Breton possédait une vision profondément morbide de l'existence. Il n'en est rien. Grâce à l'héritage celte, il pratiquait plutôt une cohabitation fantasmatique avec la mort, comme ces femmes, en Inde, qui lavent leur linge tranquillement à côté des bûchers brûlant les corps.

L'enclos est avant tout le lieu de rencontre des morts et des vivants. On ne cache pas la mort. Elle n'est pas honteuse comme à notre époque. On apprend à vivre avec, dans un rapport évidemment teinté de merveilleux, d'allégorie et de poésie.

L'origine des enclos

Aux XVIe et XVIIe siècles, la Bretagne est riche et le sentiment religieux très fort. Ces deux éléments sont donc grandement à l'origine de la prolifération des enclos. Un commerce maritime prospère (en 1533, à Anvers, le plus grand port commercial de l'époque, sur 1 000 navires enregistrés, plus de 800 sont bretons), l'adaptation des gens au sarrasin ou blé noir (qui poussaient bien en sol pauvre) permettent l'exportation du seigle et du froment. Mais ce qui rapporte le plus, à l'époque, c'est le lin, avec lequel on tisse des toiles massivement vendues en Angleterre (expansion du port de Morlaix), en Espagne et au Portugal. Les tisserands, tout à la fois agriculteurs et artisans, deviennent une classe très aisée. Pour finir, indiquons également la production de papier, largement exporté (beaucoup de moulins à papier entre Léon et Trégor).

Les paroisses, en plus du revenu des propriétés et fermes, bénéficient donc de cette prospérité. D'importants dons en nature (coupons de toile, animaux, etc.) sont faits à la sortie de la messe dominicale aux « fabriques » ou marguilliers, notables élus chaque année pour gérer les biens de la paroisse. Des ventes aux enchères ont parfois lieu tout de suite après – devant l'église – et rapportent énormément d'argent. Riches donc, avec l'accord et le soutien des fidèles, les paroisses se lancent dans l'édification d'enclos paroissiaux. Ce sont des signes extérieurs de richesse à la gloire de Dieu. Le phénomène de concurrence et d'émulation entre bourgs et villages intervient aussi. Le paysan pauvre éprouve de la fierté à posséder la plus belle église de la région, au même titre que le hobereau local. Celui-ci, en revanche, en y consacrant tant d'argent, a l'impression de se faire pardonner d'être riche, de se dédouaner en quelque sorte. Cet état d'esprit pousse naturellement les paroisses dans l'escalade de la magnificence et du démesuré. Ce qui explique, aujourd'hui, la disproportion entre la taille réduite de certains villages et l'ampleur architecturale de certains enclos paroissiaux. Il arrive souvent que telle paroisse, jalouse de l'église d'une autre, copie et édifie le même clocher quelques années plus tard, mais plus haut, et toujours plus richement décoré.

C'est Louis XIV qui amorce la chute de l'art breton en provoquant le déclin économique de la Bretagne. Pour développer la « production nationale » et le commerce des draps français, Colbert taxe lourdement les draps venant d'outre-Manche. Par mesure de rétorsion, les Anglais cessent d'acheter les toiles bretonnes, et la Bretagne connaît ainsi une crise économique dramatique. Il est évident que cette taxation n'est pas exempte d'arrière-pensée politiques, puisque Louis XIV et le pouvoir central voient aussi d'un bon œil l'affaiblissement économique de la Bretagne. Puis les guerres avec l'Angleterre font bien évidemment cesser tout commerce. La paix revenue, l'Angleterre ayant entre-temps développé ses propres industries et trouvé d'autres marchés, la Bretagne voit ses ressources financières s'amenuiser considérablement. Enfin, le coup de poignard final est un édit du roi datant de 1695 interdisant toute construction nouvelle sans nécessité reconnue. La Bretagne cesse toute production artistique de grande ampleur et Saint-Thégonnec est le chant du cygne de l'art breton.

COMMANA *(KOMMANNA)* (29450)   1 050 hab.

Charmant village sur une petite colline, au pied du Roc'h Trévezel. Il offre un beau contraste, lové au milieu de son bocage velouté, avec, en toile de fond, la masse brune des monts d'Arrée. Membre à part entière (et pour cause !) du circuit des enclos paroissiaux.

Où dormir ? Où manger ?

⌂ *Chambres d'hôte chez Danielle Le Signor* : Kerfornédic. ☎ 02-98-78-06-26. À 2 km au sud-est du barrage du Drennec. Chambre double avec douche et w.-c à 320 F (48,7 €), petit déjeuner compris. Attention : séjour minimum de deux nuits (trois en juin, juillet et août). Gîte rural : de 1 800 à 2 700 F (274,4 à 411,6 €) la semaine (électricité en plus). Sur le versant sud des monts d'Arrée, sur la petite route reliant Commana à Saint-Cadou. Hameau de quelques demeures en pleine nature. Pour ceux qui veulent vraiment fuir leurs contemporains. Dans une maison typique des monts d'Arrée, rénovée avec goût. Deux très belles chambres bien équipées, parfumées aux senteurs des fleurs des champs qui décorent toute la maison. Copieux petit déjeuner avec de bons produits. Également un superbe gîte rural (pour 4 adultes et un enfant). Un merveilleux pied-à-terre pour découvrir les monts d'Arrée. Le sentier des crêtes ne passe pas loin.

|●| *La Crêperie du Lac :* Stamadec, Commara, au bord du lac du crennec. ☎ 02-98-78-03-15. Ouvert d'avril à septembre de 12 h à 22 h. Fermé le mardi. Idéalement situé, avec une agréable terrasse. D'excellentes crêpes et salades, des prix modérés et un bon accueil. Idéal avec des mômes après la baignade !

▲ *Camping municipal Milin Nevez :* ☎ 02-98-78-05-57. Ouvert de mi-juin à début septembre. 50 emplacements avec un excellent confort en bord de rivière. Ombragé. Jeux et services. Tout à fait recommandable et pas cher.

À voir

★ *L'église Saint-Derrien :* on y parvient par une porte monumentale à lanternons. L'église date de la fin du XVIe siècle et l'enclos a conservé son cimetière. Deux calvaires s'y élèvent. Impressionnante tour-clocher de 57 m de haut. Elle donne une impression de sévérité et d'austérité. A-t-on voulu qu'elle réponde aux roches déchiquetées des monts d'Arrée ? Tout en haut, le coq, très fier d'être le plus haut de Bretagne. En effet, aux 57 m du clocher, il faut ajouter les 261,99 m de la colline (ce chiffre très précis est inscrit dans la pierre au pied de la tour).

Porche admirable de style Renaissance, copié sur celui de Saint-Houardon de Landerneau. Tout est harmonie et équilibre. Cela donne même un superbe effet de relief et de perspective grâce aux contreforts obliques de part et d'autre du portail, ornés de sculptures raffinées. Pour une fois, à l'intérieur du porche, les douze apôtres accueillant traditionnellement les fidèles dans leurs niches n'ont pas été massacrés pendant la Révolution : ils n'ont tout simplement jamais existé ! En effet, ils ne purent jamais être commandés, car les finances de la paroisse étaient exsangues après la construction de l'église, preuve que la concurrence entre paroisses coûtait une petite fortune aux villages !

À l'intérieur, plusieurs merveilles vous attendent cependant : un très beau *baptistère* sculpté polychrome, du XVIIe siècle, aux gracieuses statuettes symbolisant les grandes vertus (la Justice, la Tempérance, la Foi, la Charité, l'Espérance). À vous d'y mettre les noms. À gauche de l'autel, violent coup de cœur, souffle coupé, bouche démesurément bée... devant le style baroque exubérant du *retable de Sainte-Anne* (et encore nous modérons-nous pour éviter un décalage trop grand entre notre émotion et la vôtre !). Impossible à décrire (il faudrait deux pages de commentaires dithyrambiques). Un détail historique important pour expliquer une telle richesse : en 1675, grande révolte contre les impôts levés par Louis XIV. Les paysans de Commana soupçonnèrent leur recteur (le curé) de connivence avec le pouvoir et s'emparèrent de lui. Pour la suite, nous vous livrons quelques extraits savoureux de la déposition des témoins aux autorités (orthographe et syntaxe respectées) : « Ils l'arrachèrent hors de sa maison, le traisnant et le foulant entre leurs pieds, lui baillèrent infinité de coups, exposé au soleil tête nue, terrassé trois ou quatre fois, réduit à demander inutilement l'extrême-onction, les uns disant qu'il le fallait lapider, les autres qu'il le fallait pendre à sa porte, les autres qu'il le fallait monter en haut du clocher et précipiter une pierre au col... » Finalement, le recteur arriva à s'enfuir sur les coudes et se fit soigner à Morlaix. Devant le repentir de ses paroissiens, il retira sa plainte et ceux-ci se saignèrent aux quatre veines pour offrir, en reconnaissance à l'église, le merveilleux retable de Sainte-Anne (vers 1682). Bon, maintenant nous vous laissons devant cette profusion de médaillons, guirlandes de fleurs, angelots, etc. Chaque décor de panneau est différent. Une richesse inouïe... À notre avis, peut-être le plus beau retable de Bretagne !

Intéressant *retable des Cinq Plaies,* à côté (Christ paisible montrant ses blessures et couronné de fleurs par des anges). Superbe *chaire* sculptée à la manière des gros coffres paysans de la même époque. Bon, on arrête ! L'*ossuaire* comporte sur le côté, chose rare, les noms des « fabriciens » (mécènes constructeurs) gravés dans la pierre.

★ **Les poupées de Pascaline :** 4, pl. de l'Église. ☎ 02-98-78-01-80. Ouvert toute l'année de 9 h à 12 h et de 14 h à 19 h. Fermé le lundi hors saison. Entrée : 20 F (3 €). Demi-tarif enfants. Visite commentée d'une vingtaine de minutes dans le village des automates. Évocation des scènes de la vie d'autrefois avec de jolies petites poupées de cire et une trentaine d'automates.

À faire

– **Centre nautique de l'Arrée :** ☎ 02-98-78-92-91. Affilié à la FFV, propose des stages en Optimist, planche à voile et kayak.

Foire

– **Foire de Commana :** fin septembre. Beaucoup d'acheteurs d'ânes, de chevaux, poneys, moutons, lapins et volailles diverses.

Dans les environs

★ **L'allée couverte du Mougau-Bihan :** appelée *al lia ven* en breton (« la loge de pierre »), c'est l'un des ouvrages mégalithiques les plus significatifs de la région. Situé dans un petit hameau perdu à moins de 2 km au sud de Commana, dans un très bel environnement. La tombe mesure 14 m de long et daterait de 2500 à 3000 av. J.-C. À l'intérieur, quelques traces de gravures dans la pierre. Selon la légende, ce serait un tombeau de géants.

🛏 Possibilité de dormir dans un *gîte d'étape* animé par le parc naturel régional d'Armorique. ☎ 02-98-81-90-08. Fax : 02-98-81-90-09.

★ **Le lac du Drennec :** à environ 3 km de Commana. Belle balade de 7 km autour de ce petit lac de barrage. En cours de route, quelques vieilles maisons pittoresques et de beaux points de vue. Activités nautiques, camping. Location de VTT.

★ **Les moulins de Kérouat :** ☎ 02-98-68-87-76. De mi-mars à fin octobre, ouvert du lundi au vendredi de 10 h à 18 h, et les dimanches et jours fériés de 14 h à 18 h (le samedi en plus en juin) ; en juillet et août, ouvert de 11 h à 19 h. Entrée : 27 F (4,1 €), réductions. Dans un très beau site, à 4 km à l'ouest de Commana. Un hameau d'une quinzaine de bâtiments édifié du XVIIe au XXe siècle. Cinq générations, meuniers, agriculteurs, fourniers puis éleveurs de chevaux, y ont vécu. Deux moulins, une grange, deux fours à pain, le logis principal avec son ameublement traditionnel ont été restaurés par le parc naturel régional d'Armorique. Cet écomusée donne une bonne idée de l'activité et des traditions de la région au temps passé.

★ À environ 2 km au sud des moulins de Kérouat, ne pas manquer la visite de l'*expo Art et Nature*, au petit village de Kervelly. De mi-juillet à fin août, ouvert tous les jours de 10 h à 18 h ; le reste de l'année, le dimanche de 14 h à la tombée de la nuit. Sur rendez-vous pour les groupes : ☎ 02-98-78-03-43. Visite guidée de 1 h 30. Entrée : 40 F (6,1 €). Enfants : 25 F (3,8 €). Reconstitution, par des tableaux représentant les 4 saisons, de la faune et de la flore des monts d'Arrée. Animaux en liberté (blaireaux, sangliers, paons, faisans, etc.). Plusieurs « maisons » : maison des oiseaux, passage du chevreuil, maison de la forêt. Cascades, étangs.

SIZUN *(SIZUN)* (29450)   1 910 hab.

Ce village paisible, à l'orée des monts d'Arrée, abrite l'un des plus beaux enclos paroissiaux. Curieusement, pourtant, pas de calvaire, juste une croix sur l'arche d'entrée.

Adresse utile

🖩 *Office du tourisme des monts d'Arrée :* 3, rue de l'Argoat. ☎ 02-98-68-88-40. Ouvert de Pâques à fin septembre. En juillet-août, du lundi au samedi de 9 h à 12 h 30 et de 14 h 30 à 19 h, le dimanche de 10 h à 12 h 30. Le reste de l'année, s'adresser à Landivisiau (☎ 02-98-68-33-33).

Où dormir ? Où manger ?

🛏 *Camping municipal Le Gollen :* ☎ 02-98-24-11-43 ; hors saison : ☎ 02-98-68-80-13. Fax : 02-98-68-86-56. Ouvert de Pâques à fin septembre. Situé au bord de la rivière. Propre et pas cher (environ 45 F, soit 6,8 €). Douches chaudes, lavabos et w.-c.

🛏 I●I *Le Clos des 4 saisons :* 2, rue de la Paix. ☎ 02-98-68-80-19. Fax : 02-98-24-11-93. ● jr.gilette @wanadoo.fr ● À l'entrée de Sizun. Fermé la 1re semaine de septembre. Chambre de 150 à 250 F (22,8 à 38,1 €) suivant le confort. Menus de 69 à 139 F (10,5 à 21,1 €). Chambres toutes simples mais pas désagréables dans une maison entourée d'un petit jardin. Resto de l'autre côté de la rue, fermé les vendredi, samedi, dimanche soir hors saison : honorable cuisine traditionnelle avec un large choix entre carte et menus. L'apéritif ou le café vous est offert sur présentation du *GDR*.

🛏 I●I *Hôtel des Voyageurs :* 2, rue de l'Argoat. ☎ 02-98-68-80-35. Fax : 02-98-24-11-49. Ⴞ À côté de l'enclos. Fermé le samedi et le dimanche soir (hors saison), de début septembre à début octobre. Chambre à 280 F (42,7 €) avec douche et w.-c. ou bains. Menus de 78 F (en semaine) à 155 F (11,8 à 23,6 €). Les chambres rénovées, confortables dans l'ensemble, sont celles, classiques, d'un hôtel de campagne un peu cossu. En revanche, à moins que vous n'ayez un faible pour les coquillettes trop cuites (dans un menu qui avoisine les 100 F), on ne vous conseille pas trop le resto. Accueil en demi-teinte.

Où dormir ? Où manger dans les environs ?

🛏 ▮●▮ *Chambres d'hôte chez Élisabeth Soubigou :* Mescouez. ☎ 02-98-68-86-79. Fax : 02-98-68-83-39. De Sizun direction Landerneau par la D764. À environ 4 km, tournez à gauche. C'est fléché. Faire ensuite 1,4 km. Chambre double à 275 F (41,9 €) avec salle de bains et w.-c., petit déjeuner compris. Table d'hôte (sauf entre le 15 juillet et le 15 août et sur réservation) à 95 F (14,4 €), vin compris. Les propriétaires sont des Bretons qui savent faire partager leur amour du pays. Leur belle maison abrite 5 chambres de charme, confortablement arrangées comme chez nos grands-parents : décoration rustique, couleurs claires et vieux meubles. Petit déjeuner avec gâteau maison. À l'étage, un joli mannequin porte une robe des années 1930 ayant appartenu à une arrière-grand-tante. Bonne cuisine familiale. Loue également des gîtes ruraux dans des bâtiments anciens autour d'une cour intérieure (environ 2 300 F, soit 350,6 €) la semaine en été. Cuisine avec frigidaire à disposition. Parking couvert.

À voir. À faire

★ *L'enclos* s'ouvre sur la plus imposante des *entrées* monumentales du Finistère. Longue de 15 m, percée de trois grandes arcades et surmontée d'une balustrade à lanternons. Dommage que le monument aux morts des dernières guerres gâte l'harmonie (historique) du site.
– Tout à côté, l'*ossuaire,* de la même époque (1585) et du même style que l'entrée. Baies en plein cintre, ornées de spirales et de cariatides, colonnes corinthiennes, exemple typique de style Renaissance bretonne. Dans leurs petites niches, les douze apôtres (tout étonnés de ne pas être sous le porche, pour une fois !). À l'intérieur, petit *musée d'Arts et Traditions populaires.* ☎ 02-98-68-87-60. Ouvert le week-end de Pâques et du 1er mai au 30 septembre, tous les jours de 9 h à 19 h. Entrée gratuite. On y trouve de belles statues anciennes, costumes régionaux, lit clos breton, vaisselier, jolies broderies, etc., à acheter.
– *Clocher-porche* à la flèche élancée (construite au XVIIIe siècle sur le modèle du Kreisker de Saint-Pol-de-Léon). À l'intérieur, retables intéressants, belles poutres et sablières sculptées.

★ *La Maison de la Rivière, de l'Eau et de la Pêche :* moulin de Vergraon. ☎ 02-98-68-86-33. En contrebas du village, accès fléché. Ouvert tous les jours en été de 10 h à 18 h 30 et pendant les vacances scolaires de 14 h à 17 h 30, sauf le samedi ; le reste de l'année, ouvert de 10 h à 12 h et de 14 h à 17 h. Entrée : 25 F (3,8 €). Pour tout savoir sur l'eau et ses... problèmes, réels en Bretagne, où, comme le rappelle cette expo, 65 cantons sont en excédent de déjections animales, même si, en 30 ans, le taux d'épuration est passé de 15 à 80 %. Présentation très didactique (pour « d'un passant aveugle devenir promeneur éclairé » !) : panneaux, maquettes, vidéo, diaporama, etc. Reconstitution d'habitats de loutres (qu'on préfère là plutôt qu'en toque sur la tête d'une élégante...) et de castors ; et aquarium avec brochets et gardons pour découvrir toutes ces bestioles qui peuplent rives et eaux des rivières bretonnes. Histoire de la renaissance de l'Elorn ou comment sauver une rivière. Petit circuit d'interprétation le long de la rivière qui faisait autrefois tourner le moulin.
– *Milin Kerroch :* à 1 km de Sizun, un petit centre de loisirs près d'un étang, pour familles. ☎ 02-98-68-81-56. Dans un vieux moulin restauré, un bar-crêperie-grill. Pédalos, pêche, booling de plein air.

– **Randonnées à cheval :** balades de gîte en gîte, à partir d'une demi-journée et jusqu'à plusieurs jours, suivant la demande. Sportif et sympa. Renseignements : *Rando Loisirs,* Kerinizan, 29450 Sizun. ☎ 02-98-68-89-98.

Fêtes

– **Fête de la moisson :** le 14 juillet.
– **Pardon de Loc-Ildut :** le dernier dimanche de juillet.

LES MONTS D'ARRÉE

SAINT-THÉGONNEC *(SANT-TEGONEG)* (29410)   2 320 hab.

Peut-être le plus imposant des enclos paroissiaux, apogée de l'art breton du XVIIᵉ siècle. Fusion du style Renaissance et des premières influences du baroque qui arrive d'Italie. « Thégonnec » vient du gallois *Connog,* l'un des moines ayant fui au VIᵉ siècle le pays de Galles, devant l'avance des Scots et des Angles. L'ensemble, de la première pierre jusqu'au dernier élément du retable à l'intérieur de l'église, demanda près de deux siècles de construction. On pénètre dans l'enclos par une porte triomphale (1587) qui a, elle, largement emprunté au style Renaissance, notamment dans la partie supérieure avec les deux lanternons.

Adresses utiles

■ **Mairie de Saint-Thégonnec :** ☎ 02-98-79-61-06. Pour tous renseignements. Également un point d'information en juillet et août.
■ Ou bien contacter la **SPREV** *(Sauvegarde du patrimoine religieux en vie)* : ☎ 02-98-79-61-06. Organise en juillet et août des visites guidées de monuments religieux. Gratuit. Programme envoyé sur demande.

Où dormir ? Où manger ?

▲ |●| **Chambres d'hôte Ar Prespital Coz :** chez M. et Mme Prigent, 18, rue Lividic. ☎ 02-98-79-45-62. Fax : 02-98-79-48-47. À Saint-Thégonnec, suivre le fléchage. Chambre double à 270 F (41,1 €), petit déjeuner compris. Table d'hôte à 95 F (14,4 €) le soir. Dans l'ancien presbytère de Saint-Thégonnec. Six chambres spacieuses et confortables, destinées aujourd'hui à accueillir les férus des enclos paroissiaux. Pour nos lecteurs, apéritif et café offerts.
▲ **Chambres d'hôte chez Marie-José Boderiou :** 1 A, rue des Genêts (à 400 m de l'église). ☎ 02-98-79-43-14. Ouvert toute l'année.

Chambre double à 200 F (30,4 €), petit déjeuner compris. Jolie maison accueillante comptant deux chambres avec salle de bains et w.-c. communs. Parking assuré et grand jardin à l'arrière de la maison. Sur le circuit des enclos paroissiaux (GR380).
▲ **Chambres d'hôte chez Mme Kergadallan :** 20, av. Kerizella, entrée rue des Cyprès. ☎ 02-98-79-65-30 et 02-98-79-63-86. ♨ Chambre double à 220 F (33,5 €), petit déjeuner compris. Trois chambres tout confort, dont deux avec salon commun. Possibilité de se faire des repas froids. Possède également une boutique *An Ty Korn,* bijoux celtes et artisanat local.

🛌 *Chambres d'hôte au moulin de Kerlaviou :* chez M. et Mme Cornily. ☎ 02-98-79-60-57. De Saint-Thégonnec, prendre la D712 vers Landivisiau, puis c'est indiqué sur la gauche. Ouvert de Pâques à la Toussaint. Réservation conseillée. Animaux non admis. Chambre double avec bains à 260 F (39,6 €), petit déjeuner compris. Petite ferme bordée d'une rivière, à côté d'un vieux moulin, dans une campagne fleurie. Pas mal de charme, donc. Le proprio connaît bien le coin. Seul détail qui nous chiffonne, les horaires spartiates du petit déjeuner !

l●l *Restaurant du Commerce :* 1, rue de Paris. ☎ 02-98-79-61-07. Fermé le samedi, dimanche et 3 semaines en août. Menu à 60 F (8,9 €). Menu-enfants à 35 F (5,3 €). Petit déjeuner à 20 F (3 €). Resto routier ouvert le midi seulement. Accueil sympa. Bonne et copieuse nourriture bon marché. Le menu propose potage, hors-d'œuvre, plat du jour,

fromage et dessert (boisson comprise « ouvriers », non comprise « passage », est-il précisé sur le menu !). Quelques spécialités : pot-au-feu, choucroute, *kig ha farz,* couscous. Possibilité de petit déjeuner également. Salle à manger agréable avec mur en pierre sèche. Ambiance animée.

l●l *Crêperie Steredenn :* 6, rue de la Gare. ☎ 02-98-79-43-34. Fax : 02-98-79-40-89. ♿ Ouvert de 11 h 30 à 22 h. Fermé les lundi et mardi et de décembre à janvier. Menus de 61 à 70 F (9,3 à 10,6 €). Compter dans les 70 F (10,6 €) à la carte. Accueil agréable des patrons Christine et Alain. Feu de bois dans la cheminée. 150 crêpes différentes, bonnes et bon marché. Nos préférées : la crêpe *Douarnenez* (beurre de sardine au poivre vert), la *Saint-Thégonnec* (oignons, tomates, fromage, jambon, curry), la *Druidique* (confiture d'orange, amandes, Grand Marnier), etc. Cidre de fabrication maison.

Plus chic

🛌 l●l *L'Auberge de Saint-Thégonnec :* 6, pl. de la Mairie. ☎ 02-98-79-61-18. Fax : 02-98-62-71-10. ● auberge@wanadoo.fr ● ♿ Service midi et soir jusqu'à 21 h. Fermé le lundi et le dimanche soir de mi-septembre à mi-juin, et du 20 décembre au 10 janvier. Chambre double avec douche et w.-c. ou bains (et TV) de 380 à 450 F (57,9 à 60 €). Menus de 120 à 250 F (18,2 à 38,1 €). Une des meilleures étapes du « circuit des Enclos » sinon du Finistère ! Bonne table d'abord. Cadre élégant et raffiné, mais pas pesant. Service

impeccable. Et une cuisine de marché et de saison, de tradition aussi mais joliment tournée : filet de lieu jaune en tian d'aubergines et coulis de tomates fraîches, mignon de veau braisé aux morilles, aumônière de ris de veau aux pleurotes et à la graine de moutarde, terrine d'orange au muscat et à la menthe, etc. L'addition grimpe vite à la carte mais le chef a la sagacité de proposer un premier menu très abordable. Pour dormir, de belles chambres tout confort, et le matin, petit déjeuner dans un confortable salon.

Où dormir dans les environs ?

🛌 *Chambres d'hôte et gîtes ruraux chez Jean et Annie Martin :* Ty-Dreux, 29410 Loc-Éguiner-Saint-Thégonnec. ☎ 02-98-78-08-21. À une dizaine de km de Saint-Thégonnec par la D18, puis à gauche par la D111 (direction Plounéour-Menez). Chambre double avec douche et

w.-c. à 270 F (41,2 €), petit déjeuner compris. Gîtes de 1 490 à 3 200 F (213,4 à 487,8 €) par semaine selon la saison. En pleine campagne, voici Ty-Dreux, ancien village de tisserands. En marge de toute circulation, une bienheureuse tranquillité et la ferme de Jean et Annie dont l'accueil nous fait encore chaud au cœur. Ils ont aménagé deux chambres d'hôte de charme avec des objets familiers et de beaux meubles (lit à baldaquin dans l'une). Également trois gîtes confortables (pour 6 personnes) à louer, avec meubles bretons et grande cheminée de pierre. Tout autour, de nombreuses occasions de balades (le GR380 passe à deux pas) et, au loin, l'appel romantique du roc Trévézel. Le chien de la maison pratique même un sport populaire, mais on vous laisse la surprise de le découvrir. Une Bretagne conviviale, loin de la frime et du faux-semblant, comme on l'aime ! Digestif (fait à la maison) offert à nos lecteurs.

À voir. À faire

★ *L'église :* paraît d'un style plus austère que l'ossuaire. Le clocher est la partie la plus ancienne (1565). L'imposante sacristie date, quant à elle, de 1690. L'église reste ouverte aux visites malgré l'incendie qui l'a ravagée le 8 juin 1998, détruisant notamment le retable de Notre-Dame-de-Vrai-Secours, endommageant l'orgue. En attendant une rénovation (toute la population s'échine à en assurer le financement), échafaudages et bâches masquent plus ou moins les parties qui ont échappé à l'incendie : chœur en bois sculpté polychrome, splendide chaire, démontrant bien l'importance de la parole en cette fin du XVIIe siècle, grand *retable du Rosaire* où la Vierge remet un rosaire à sainte Catherine et à saint Dominique. Sur l'une des colonnes, *niche ouvrante de saint Thégonnec.* Enfin, notez, dans la nef, à droite au-dessus de la porte d'entrée, une autre niche ouvrante, avec une remarquable *Vierge* trônant sur un arbre de Jessé. Cette église a été le théâtre d'agissements étranges : durant une épidémie de typhus entre 1740 et 1743, on inhuma 750 cadavres sous ses dalles.

★ *L'ossuaire :* probablement le plus beau, le plus monumental de Bretagne. Construit entre 1676 et 1682. Façade latérale : riche composition et ornementation parfaitement harmonieuses. Colonnes corinthiennes, niches à coquille, etc. À l'intérieur, sous la crypte, une *Mise au tombeau* en bois, du sculpteur de Morlaix Lespagnol (également auteur du *retable du Rosaire*).

★ *Le calvaire :* l'un des derniers grands calvaires bretons. Édifié en 1610. La base présente neuf scènes de la Passion. Si le style des personnages en costumes d'époque se révèle plutôt simple (et même assez naïf), en revanche, les visages et attitudes des personnages actifs sont expressifs. Quelques détails : l'un des deux individus qui fouettent Jésus tire la langue comme un débile, ceux qui le giflent ont l'air plus bêtes et méchants que nature. Expression douloureuse de Véronique qui tient la Sainte Face, ainsi que des femmes à côté.

– *Randonnée pédestre :* Saint-Thégonnec se situe sur le GR380, de Lampaul-Guimiliau à Morlaix.

GUIMILIAU *(GWIMILIO)* (29400)   840 hab.

L'un des quatre plus importants enclos du Finistère doit son nom à saint Miliau, descendant des anciens rois de Bretagne. À notre avis, il est plus spectaculaire que celui de Saint-Thégonnec, du fait de l'environnement moins ostensiblement touristique. Quand on s'en approche, on découvre peu à peu tous les éléments qui le composent dans un même champ : porte monumentale, église, calvaire et ossuaire ; quel travelling pour un cinéaste !

Où dormir?

🛏 **Chambres d'hôte chez Christiane Croguennec :** Croas-Avel. ☎ 02-98-68-70-72. Chambre double avec douche et w.-c. à 250 F (38,1 €), petit déjeuner compris. Ce ne sont, à vrai dire, ni cette grosse maison à peine à l'écart du bourg, ni les chambres (à la déco un brin simpliste mais d'une propreté méticuleuse) qui nous ont ici le plus emballés, mais bien l'accueil de l'énergique et sympathique propriétaire. Copieux petit déjeuner avec crêpes, quatre-quarts, etc. Apéritif maison offert sur présentation du *GDR*.

À voir

★ Après la **porte triomphale** s'élève le grand **calvaire :** édifié de 1581 à 1588, il présente plus de 200 personnages. L'un de ceux que l'on préfère. Beaucoup de mouvement. Foisonnement de personnages. On s'y perd quelque peu. Les scènes sont plus travaillées, plus fines qu'à Saint-Thégonnec. Plusieurs sont admirables : la *Mise au tombeau* où une Vierge peu orthodoxe porte habit et coiffe d'une femme noble de l'époque (composition originale très maîtrisée). Pathétique *Descente de croix* avec un Christ tordu en deux (style et rythme très modernes). Enfin, notez la scène dite de *La Gueule de l'Enfer.* Toute la symbolique de l'Enfer (le Léviathan, monstre avalant les hommes), plus une histoire locale : Katell (Catherine) Gollet aurait pris un amant qui, en fait, était le Diable. On peut la voir, le visage désespéré, corde au cou, menacée d'une grosse fourche. Les gros seins dénudés sont là pour nous rappeler la nature de la faute...

★ **L'église :** de style gothique flamboyant, avec quelques réminiscences Renaissance. Façade richement ornée avec un porche superbe, l'un des plus beaux du Finistère. Deux portes en plein cintre à l'entrée, avec bénitier au milieu, encadrées par une belle série d'*Apôtres* sous leur dais flamboyant. Facilement reconnaissables : Pierre et sa grosse clé, Jacques le Majeur, couvert de coquilles (Saint-Jacques), Jean, le seul sans barbe, etc. Notez la finesse du drapé de leurs vêtements.
L'intérieur vaut l'extérieur, la musique en plus. D'abord, le magnifique *baptistère* en chêne sculpté, époustouflante œuvre baroque de 1675. Du vrai travail d'orfèvre. Huit colonnes torsadées soutiennent un élégant baldaquin. *Chaire* de la même époque que le baptistère, présentant une égale richesse de décor sculpté. Dans la foulée, notez la remarquable *balustrade de chœur* et le *lutrin.* À droite, le *retable* au décor polychrome somptueux. *Bannières de procession* du XVIIe siècle, brodées d'or. Enfin, sous les voûtes de l'église, jolies poutres et sablières finement sculptées représentant animaux et scènes de la vie paysanne. L'*orgue,* construit par Thomas Dallan en 1677, tombé en ruine, démonté et entreposé dans le grenier de la mairie, a repris sa place au terme de trois années de restauration, moyennant 20 millions de francs. Gérard Guillemin, facteur d'orgues à Malaucène au pied du Ventoux, a rendu son âme au vénérable instrument, qui a repris de la voix, et quelle voix dans ce superbe décor! Pour une fois, il ne manquera rien à l'environnement de votre piété à la messe dominicale!

★ **L'ossuaire :** petit chef-d'œuvre de classicisme et d'harmonie; abrite la boutique-librairie de l'enclos. En face, on note la grande sacristie en forme d'abside, rajoutée, comme pour beaucoup d'églises bretonnes, à la fin du XVIIe siècle (au moment de la Contre-Réforme).

LAMPAUL-GUIMILIAU *(LAMBAOL-GWIMILIO)* (29400)   2 080 hab.

Moins spectaculaire que ceux de Saint-Thégonnec ou de Guimiliau, offrant un calvaire bien moins important, l'enclos paroissial de Lampaul-Guimiliau possède quand même une personnalité qui lui est propre et, surtout, une ornementation intérieure d'église plus riche. C'est le plus ancien de la « série » où d'importants travaux de restauration sont mis en œuvre jusqu'en 2001. Là aussi sont réunis tous les ingrédients de l'enclos : porte triomphale, calvaire, église et ossuaire. Les architectes ont également veillé à ce qu'ils apparaissent bien en perspective dans l'axe de l'arche.

La tour-clocher supportait une flèche de 70 m de haut qui fut abattue par la foudre en 1809. Porche gothique quasiment semblable à celui de Guimiliau. Normal, à l'époque, les architectes et artistes passaient leur temps à copier sur les voisins en essayant de faire mieux. Or, celui de Lampaul est de 70 ans plus ancien que celui de Guimiliau. On y trouve les *douze apôtres,* surmontés de leurs dais gothiques.

★ *L'église* est l'une des plus anciennes (1553), l'une des plus homogènes aussi. Grande harmonie des proportions. L'un de nos « coups de chœur ! ». À l'intérieur, à travers le chœur, l'une des plus belles *poutres de gloire* du Finistère. *Crucifixion* en bois polychrome. La Vierge, à gauche, semble supplier du regard l'audience des fidèles. Attitude extatique de Jean. Naïveté et vigueur de la frise qui court sur la poutre. Noter le mouvement extrêmement violent du flagellateur de droite.

Beau *baptistère* polychrome. Moins séduisant que celui de Guimiliau, mais il faut savoir que, le construisant quelques dizaines d'années après celui de Lampaul, les paroissiens de Guimiliau voulaient que le leur écrase tous les autres. Pourtant, ici, on aime cette simplicité, teintée de ferveur.

Dans la foulée, belles stalles et balustrade du XVIIe siècle, mais plus remarquables sont les retables. Notamment celui de gauche, l'*autel de la Passion,* intéressant par le sens du détail, la finesse de l'exécution (remarquer le soldat donnant un coup de pied au Christ). Panneau peu ordinaire : une *Nativité* avec la Vierge couchée. On en voit une douzaine en Bretagne.

Au milieu de l'église, à gauche, une *pietà* du XVIe siècle, sculptée dans un seul et même morceau de bois. Plus loin, belle *Mise au tombeau* en pierre.

Fête

– **Grand pardon de Sainte-Anne :** l'avant-dernier dimanche d'août.

Dans les environs

★ *Locmélar* (*Lokmelar*, 29400) *:* à 8 km au sud de Lampaul-Guimiliau. Enclos paroissial qui vaut le détour. Dans le cimetière, très jolie croix à double traverse du XVIe siècle. Clocher à galerie à balustrade. Au chevet, la « sacristie-sanction » au moment de la Contre-Réforme. Porche Renaissance avec les douze apôtres. On y trouve encore le personnage tirant l'épée (les églises devaient commander leur statuaire sur catalogue!). Très beaux *retables* à l'intérieur. Dans celui de *Saint-Hervé,* nos lecteurs entraînés traqueront les gentilles fautes d'orthographe. Charmante composition montrant saint Hervé accompagné d'un loup qu'il a apprivoisé. Enfin, jetez plus qu'un œil sur les bannières ornées d'or, du XVIe siècle, la chaire, le baptistère, la *Vierge de Pitié,* etc.

★ *Landivisiau* (*Landivizio,* 29400) *:* à part le fait d'être le lieu de naissance du grand poète et journaliste Xavier Grall, gros bourg présentant peu d'intérêt. La nouvelle église, bâtie au XIXe siècle, sans aucun charme, a cependant conservé le beau porche du XVIe siècle de la précédente. Encadrement de la double porte d'une grande finesse. De la place de l'Église, la petite rue Saint-Thivisiau mène à une très vieille fontaine ornée de bas-reliefs du XVIe siècle également. Dans son prolongement, un vieux lavoir agréablement restauré et, plus haut (près de la bibliothèque), trône la statue de Xavier Grall. Un endroit paisible au centre de Landivisiau. Enfin, l'ossuaire dédié à sainte Anne, du XVIe siècle, a été remonté entièrement au cimetière de la ville.

Landivisiau a longtemps été un important centre d'élevage du postier breton (c'est un cheval pas un employé de La Poste !). Grande foire aux chevaux au printemps et à l'automne. La nouvelle activité se concentre autour d'une base aéronavale.

🛈 *Point d'information :* ☎ 02-98-24-60-01.

🍴 *Le Terminus :* 94, av. Foch. ☎ 02-98-68-02-00. Sur la route de Morlaix, à la sortie de la commune. Ouvert toute l'année. Fermé le dimanche soir, vendredi soir et samedi midi. Menus à 60, 80 et 110 F (9,1, 12,2 et 16,7 €). Quelques chambres à 130 F (19,8 €) avec lavabo et à partir de 190 F (28,9 €) avec douche. L'un des meilleurs « routiers » du Finistère. Du nord au sud, on vous vantera son très copieux menu ouvrier comprenant deux entrées (dont fruits de mer), plat et légumes à volonté, salade, fromage, dessert, café et... le *kil* de rouge sur la table ! Imbattable. D'ailleurs, le nombre de camions sur le parking témoigne du succès de la formule. Sinon, salle de restaurant à côté avec des menus plus traditionnels et plateau de fruits de mer.

BODILIS *(BODILIZ)* (29400) — 1 400 hab.

Tout petit village, à quelques kilomètres au nord de Landivisiau, qui possède pourtant une *église* parmi les plus séduisantes du Léon. On est d'abord frappé par l'énorme tour-clocher de style flamboyant, puis par les proportions harmonieuses de l'église, enfin fasciné par le *porche,* admirable en tout point (à notre avis, plus beau que celui de Guimiliau, c'est tout dire !). Le granit ici a pris des couleurs, des teintes très expressives grâce à l'utilisation de la pierre de Kersanton dans certaines parties et pour les statues. De part et d'autre du portail aux lignes romanes, la Sainte Vierge et l'archange Gabriel. À l'intérieur du porche, les douze apôtres traditionnels sous leur dais. Frises et scènes inférieures d'une extrême richesse, mêlant symboles, signes chrétiens et ésotériques. Regardez attentivement : une foule de détails intriguent, comme cette femme bizarrement enlacée par un homme-serpent. En tournant autour de l'église, d'ailleurs, on remarquera bien d'autres choses, notamment de mystérieux médaillons et des gargouilles étranges. Belle sacristie rajoutée au XVIIe siècle, œuvre de l'architecte qui construisit également la sacristie de La Martyre.

À l'intérieur, voûte en forme de carène de navire renversée. Nombreuses poutres et sablières sculptées (figures souvent intéressantes au bout de certaines d'entre elles), notamment dans la nef à droite. Somptueux *retables* (dont celui de l'autel principal) par l'auteur de la chaire de Saint-Thégonnec. Noter celui dit *de la Sainte Famille,* avec l'Enfant Jésus donnant la main à ses parents pour traverser la rue ! Enfin, toujours côté droit, jouxtant la liste des morts de 14-18, une *Mise au tombeau* polychrome superbe. Baptistère en pierre du pays.

Dans les environs

★ **Saint-Servais** : à 4 km au sud de Bodilis par la D30. Là encore, un enclos paroissial du XVIIe siècle mais joliment rénové, avec (vous commencez à en avoir l'habitude) son église entourée de l'ossuaire, du calvaire et du cimetière. Remarquez le beau et haut (36 m) *clocher à jour* pas mal copié aux alentours. Superbe *porte polychrome* historiée de la fin du XVIe : sur le panneau de gauche, un homme est plongé dans un chaudron (et comme la scène évoque l'Inquisition, ce n'est pas pour lui faire prendre un bain...). Si vous avez aimé les toiles de Yan' d'Argent qui décorent tout l'enclos (mention spéciale au grand et un peu macabre tryptique de l'ossuaire), un petit *musée* attenant est consacré à ce peintre originaire de Saint-Servais : ouvert de début juillet à fin septembre, tous les jours de 14 h à 18 h, le matin sur rendez-vous. ☎ 02-98-68-15-21 ou 02-98-68-10-72. Entrée : 15 F (2,2 €). Visite guidée (par le conservateur) du musée et de l'enclos. Ancien dessinateur aux chemins de fer de l'Ouest, Yan' d'Argent a tout plaqué en 1850 pour se consacrer à la peinture. Exposant régulièrement à Paris, il lui faudra attendre 1861 pour accéder à une certaine notoriété. Il commence à décorer les églises bretonnes vers 1870 et consacre six années pleines à peindre les chapelles latérales de la cathédrale de Quimper. Une nouvelle expo (dessins, toiles, livres illustrés) est, chaque été, consacrée ici à son œuvre, largement inspirée par la Bretagne.

LES MONTS D'ARRÉE

LA ROCHE-MAURICE *(AR ROC'H-MORVAN)* (29800)   1 740 hab.

Dans un site magnifique, vous trouverez d'abord les ruines d'un château du XIIe siècle, chargé de surveiller la vallée de l'Élorn. Puis l'*église Saint-Yves,* d'une architecture fort simple, mais son toit à longs pans semble la faire fusionner avec la terre. Superbe clocher. Le portail mêle harmonieusement styles gothique et Renaissance. C'est cependant à l'intérieur que vous admirerez les plus belles réalisations. D'abord le *jubé,* datant de la Renaissance et qui servait de séparation entre la nef et le chœur. Certaines lectures se déroulaient de la galerie. Entièrement en chêne polychrome, c'est l'un des plus beaux du Finistère. Notez les petites arcades, au pittoresque décor, sur chapiteaux corinthiens, les superbes panneaux côté chœur. Plafond à caissons. Au-dessus du jubé, Christ en croix avec la Vierge et saint Jean. Il faut s'attarder sur toutes les sculptures, tous les détails. Profusion de personnages et de symboles. Richesse de la polychromie.
Belles sablières sculptées et chaire du XVIIe siècle. Niche avec saint Yves entre le pauvre et le riche (devinez vers qui va la préférence!).
Admirable *vitrail du chœur,* aux armes de la famille de Rohan, présentant, en d'éclatantes couleurs, pas moins de quatorze scènes de la Passion. Commencez la lecture en bas, à gauche, par les Rameaux.
Dans l'enclos, *ossuaire* aux harmonieuses proportions et aux fines sculptures. Avant la première fenêtre, au-dessus du bénitier, l'*Ankou* (la mort) menace de sa flèche : « Je vous tue tous ! ».

Où manger ?

|●| **Crêperie Milin An Elorn** : sur la D712 en direction de Landivisiau, juste après La Roche-Maurice. ☎ 02-98-20-41-46. Fermé le lundi. Près d'un moulin à eau sur l'Élorn, dans un cadre rustique. Feu de bois, vieilles pierres, pour déguster de fort bonnes crêpes.

I●I *L'Auberge du Vieux Château :* 4, Grand-Place. ☎ 02-98-20-40-52. Fax : 02-98-20-50-17. ♿ Fermé tous les soirs en semaine (sauf, sur réservation, pour groupes à partir de 10 personnes). Menus de 58 F (le midi en semaine) à 170 F (8,8 à 25,9 €). Sur la place de ce paisible village, près de l'église et à l'ombre des ruines du château du XIe siècle, voici une bonne auberge qui présente sans doute le meilleur rapport qualité-prix de la région de Landerneau. Le surprenant premier menu réunit chaque jour au coude à coude paysans et VRP, cadres et employés. Les autres menus (servis dans une salle climatisée) alignent terrine de noix de Saint-Jacques au coulis de homard, sole périgourdine, filet de saint-pierre au coulis de langoustines et autres poissons et fruits de mer.

LA MARTYRE *(AR MERZHER-SALAUN)* (29800)   610 hab.

Situé à une dizaine de kilomètres de Landerneau, encore un petit village fleuri qui cache jalousement un enclos original, le plus ancien du Léon, une vraie merveille. Sur l'origine du nom, on possède curieusement peu d'éléments, personne ne connaît cette « Martyre ». Des historiens rapportent le martyre dans l'église, au IXe siècle, d'un roi de Bretagne du nom de Salomon (d'où l'église Saint-Salomon). Ce qu'on sait, en revanche, c'est que le bourg fut le théâtre d'une grande foire du drap au Moyen Âge, qui déplaçait des acheteurs de Hollande, d'Angleterre et de la lointaine Irlande. Fons De Kort, un Hollandais amoureux de La Martyre et des enclos, découvrit dans une pièce de Shakespeare une référence au *daoulas,* un tissu renommé et fabriqué près de La Martyre. Or le père de Shakespeare, négociant en drap, vint souvent à la foire de La Martyre...

Où dormir ?

🛏 *Camping du Bois-Noir :* ☎ 02-98-25-13-19 (mairie). Fax : 02-98-25-14-02. Ouvert toute l'année. 6 emplacements.

À voir

★ *L'arche monumentale :* au milieu d'un haut mur, percée de trois portes un peu de guingois, néanmoins ornées d'une balustrade de style flamboyant. L'enclos est si petit qu'on y a aussi perché le calvaire.

★ *L'église :* admirable *porche* du XVe siècle en forme de panier. Un des plus vénérables du Finistère. Il a acquis au fil des siècles, grâce à la pierre de Kersanton, une humanité profonde, une douce patine, une multitude de tons nuancés. Il donne même l'impression de s'enfoncer un peu sur le côté. Richement décoré, il présente sur son tympan une *Nativité* curieuse. La Vierge est, chose rare, couchée dans un lit. Le kidnappeur d'enfants du Léon a encore frappé : le petit Jésus a disparu, de même que la poitrine opulente de la Vierge, massacrée à coups de marteau par l'un des recteurs de la paroisse, particulièrement refoulé. On retrouve sous le porche l'*Ankou,* comme à La Roche-Maurice, sous forme de bénitier, qui semble étrangler quelqu'un. Quand on examine l'ensemble de l'église, il se dégage une agréable impression d'architecture de bric et de broc, tant elle fut remaniée, enrichie de nouveaux apports au cours des siècles. Derrière s'élève la superbe *sacristie,* construite par les Kerandel de 1697 à 1699, présentant un dôme sur une base carrée, avec des cercles en compositions inscrites. À l'intérieur : dans la nef, à gauche, intéressante charpente en bois avec poutres et sablières sculptées et polychromes. Vitraux du XVIe siècle dont le plus beau a servi de modèle à plusieurs dizaines d'églises dans le Finistère. Les 8 colonnes du jubé supportent un arc couronné par le Christ en croix. Pour une fois, l'autel moderne en avant du chœur n'en détruit pas l'harmonie.

★ **L'ossuaire :** construit en 1619. Notez l'étrange morte en forme de cariatide et bandée comme une momie (sirène d'un nouveau genre pour un voyage dans l'au-delà?). Inscription en breton : *An, Maro, Han,* etc. (« La mort, le Jugement, l'Enfer froid, quand l'homme y pense il doit trembler. Fou est celui dont l'esprit ne prend garde qu'il faut tous trépasser »). On remarquera que les Bretons n'utilisent absolument pas la métaphore des flammes de l'Enfer, mais plongent plutôt dans la mythologie celtique : les eaux glacées des mers, les lacs brumeux, etc.

Dans les environs

★ **Ploudiry :** l'église, moins intéressante que celle de La Martyre (reconstruite au XIXe siècle), n'en possède pas moins un porche digne d'intérêt. Belles voussures sculptées. Ossuaire édifié en 1635 où frappe encore l'*Ankou*. Elle brandit de façon agressive une énorme flèche. Au-dessus des baies, cinq personnages sculptés assez finement, représentant toutes les classes sociales et symbolisant l'égalité de tous devant la mort.

LANDERNEAU *(LANDERNE)* (29800)   15 100 hab.

Grosse ville commerçante, carrefour sur la rivière Élorn, à cheval sur le Léon et la Cornouaille. Un dicton local précise même que les citoyens de Landerneau ont « le nez en Léon et un autre appendice en Cornouaille ». Pendant la période romaine, c'était déjà un lieu de passage important. Aux XVIe et XVIIe siècles, l'un des plus importants ports bretons. Chef-lieu du Finistère sous la Révolution française. Au début du XXe siècle, l'agriculture et le commerce ont pris le pas sur l'industrie textile. Et Landerneau est devenue le siège de la plus grosse coopérative agricole de France. Est-il étonnant, dans ces conditions, que la ville ait aussi été le cadre d'une des plus fantastiques aventures commerciales de ce demi-siècle et ait produit le phénomène Édouard Leclerc, connu également sous le surnom d'« épicier de Landerneau »? On doit le célèbre : « Ça fera du bruit dans Landerneau » à une réplique théâtrale dans la pièce à succès d'un auteur breton. Référence au tapage qu'effectuaient les amis d'une veuve qui se remariait, pour empêcher un éventuel retour de l'esprit jaloux du mari défunt ! L'expression « la lune de Landerneau » trouve son origine dans une légende : le prince de Rohan, devenu célèbre, fut invité à Versailles par le Roi-Soleil. Sur ses armoiries figuraient le soleil et la lune. Par déférence, il offrit au roi le plus illustre des astres et conserva la lune... Le prince s'inclina donc (« Roi ne puis, Prince ne daigne, Rohan suis »), mais le bon peuple se mit à dire en raillant : « Il ne nous reste que la lune de Landerneau. » D'ailleurs, on retrouve de nombreuses représentations de la lune à travers les rues de la ville (église, place Saint-Thomas...).

LES MONTS D'ARRÉE

Adresse utile

🅸 *Office du tourisme :* pont de Rohan. ☎ 02-98-85-13-09. Ouvert toute l'année du lundi au vendredi de 9 h à 12 h 30 et de 13 h à 19 h ; le samedi de 9 h à 12 h et de 14 h à 19 h, les dimanche et jours fériés en saison, de 10 h à 13 h. Fermé le dimanche hors saison. Ouvert en juin, septembre et vacances scolaires, le lundi après-midi, de 14 h à 18 h, du mardi au vendredi de 9 h 45 à 12 h 30 et de 14 h à 18 h, le samedi de 9 h 45 à 12 h 15 et de 14 h à 18 h, le reste de l'année, le lundi après-midi, du mardi au vendredi de 9 h 30 à 12 h 15 et de 14 h à 17 h, et le samedi matin de 9 h 30 à 12 h 15.

Où dormir ? Où manger ?

Bon marché

|●| *Le Guantanamera :* 11, rue de Brest. ☎ 02-98-21-41-00. ♿ Fermé le dimanche, sauf le soir de juin à septembre. Menu du jour à 56 F (8,5 €). Compter 100 F (15,2 €) à la carte. Comme son enseigne l'indique, un petit resto sympa où le chef propose des plats sud-américains ou créoles. À la carte, on trouvera aussi salades, pizzas et moules-frites. Le tout dans un cadre convivial et exotique. Les plus pressés pourront déguster les plats chez eux puisqu'on leur propose également tous les plats en « vente à emporter ». Café offert à nos lecteurs.

|●| *Crêperie L'Épi d'Or :* 4, rue de la Libération. ☎ 02-98-85-09-86. Ouvert de 11 h 30 à 21 h. Fermé le dimanche midi et le lundi (sauf jours fériés). Compter de 50 à 60 F (7,6 à 9,1 €) à la carte. Accueil très sympathique. Service continu (et rapide !) de 11 h 30 à 21 h. Idéal donc pour les petits creux entre la visite de deux enclos. Prix gentils.

|●| *Restaurant de la Mairie :* 9, rue de La-Tour-d'Auvergne. ☎ 02-98-85-01-83. Fax : 02-98-85-37-07. ♿ Sur les quais face à la... mairie. Ouvert toute l'année. Fermé le mardi soir. Plat du jour (et tous les jours midi et soir) à 59 F (9 €). Menus de 59 F (le midi en semaine) à 185 F (8,9 à 28,2 €). Compter 120 F (18,2 €) à la carte. Sympathique bar-restaurant tout en longueur. Déco chaleureuse avec sa verrière, sa moquette rouge et ses plantes luxuriantes. La patronne tient cette maison depuis près de 30 ans avec un engouement communicatif. Pour les enfants, une tortue nommée Nono se cache dans le patio. Parmi les spécialités, la *Marmite Neptune* vaut son pesant d'or : les coquilles Saint-Jacques, la lotte, les crevettes et les gambas sont savamment mitonnées avec de la crème, du cognac. Pour ce plat, compter 30 mn d'attente, car bien sûr il n'est pas préparé à l'avance. Sinon, selon la saison, moules « à notre façon », à la léonarde ou fricassée de rognons de veau, plats à la carte d'un bon rapport qualité-prix. Le vin peut être servi au verre. Excellent accueil. Pour nos lecteurs, un kir maison est offert.

|●| *La Duchesse Anne :* 9, pl. du Général-de-Gaulle (pont de Rohan). ☎ 02-98-85-12-19. Fermé le dimanche. Formules à 60 et 70 F (9,1 et 10,6 €) le midi en semaine. Menus de 100 à 200 F (15,2 à 30,4 €). Cadre superbe puisque ce resto est installé dans l'ancienne maison de la Sénéchaussée (XVIIᵉ siècle). Pour la cuisine, c'est comme vous voulez, toute simple, toute bonne avec les formules du midi, plus gastro (plus chères aussi, logique !) avec les menus : homard, foie gras et tout, et tout. Mêmes proprios pour la pâtisserie sise à la même adresse.

Prix moyens à plus chic

🏠 🍴 *Hôtel-restaurant L'Amandier :* 53-55, rue de Brest. ☎ 02-98-83-10-89. Fax : 02-98-85-34-14. À 500 m du centre-ville sur la route de Brest, au 1er feu à droite en descendant de la gare. Fermé le lundi et le dimanche soir pour le resto uniquement. Chambre double avec douche et w.-c. ou bains (TV) de 270 à 300 F (41,1 à 45,7 €). Plat du jour à 55 F (8,3 €) le midi. Menus de 105 à 180 F (16 à 27,4 €). Un hôtel présentant un remarquable rapport qualité-prix. Cadre d'une grande élégance sans être tape-à-l'œil. Beaux tableaux, décor et ameublement raffinés. Chambres particulièrement plaisantes et d'un très bon confort. La cuisine s'affiche comme de tradition et de terroir mais s'offre quelques réjouissantes audaces modernistes : roulades de pieds et jarrets de cochons rôtis, croustade de pétoncles au beurre blanc, etc.

Encore plus chic

🏠 🍴 *Le Clos du Pontic :* rue du Pontic. ☎ 02-98-21-50-91. Fax : 02-98-21-34-33. ● clos.pontic@wanadoo.fr ● ⚓ Dans une rue perpendiculaire à l'Élorn, côté Cornouaille (venant de Quimper, c'est donc à droite). Resto fermé le vendredi, le samedi midi et le dimanche soir (sauf pour les pensionnaires) hors saison. Réservation obligatoire. Chambre double à 340 F (51,8 €) avec douche et w.-c. ou bains. Menus de 95 F (sauf dimanche) à 230 F (14,4 à 35 €). Grande villa cossue au milieu d'un parc. Cadre confortable et ambiance un peu chicos. Au resto, cuisine un brin raffinée (jusqu'aux intitulés des plats...), entre terre et mer : rosace d'andouille et pommes de terre au vinaigre de cidre ou au soufflé léger à la poire Williams, salade de Saint-Jacques tièdes en chapelure de bacon, langoustines royales grillées. Apéritif offert à nos lecteurs. Mais aussi, une coupe de champagne vous est offerte à la fin du repas sur présentation du *GDR* !

Où dormir dans les environs ?

🏠 *Aire naturelle de camping Coat-Bihan :* Guerrus, 29800 La Forest-Landerneau. ☎ 02-98-20-26-49. Fax : 02-98-20-24-39. À 4 km au sud de Landerneau ; prendre la route de Brest, puis tourner plein sud vers Relecq-Kerluhon. Autour de 40 F (6,1 €) l'emplacement pour deux personnes avec un véhicule. Bien située dans la vallée de l'Élorn. Forêt à deux pas.

À voir. À faire

★ *Le pont de Rohan :* construit en 1510 pour franchir l'Élorn. C'est le plus important des sept ponts habités de l'Europe. On y trouve la maison Gillart (de 1639). Pour immortaliser le côté le plus photogénique en amont, il vaut mieux venir le matin.

★ *Les vieilles demeures :* rive sud, à l'angle de la place Poul-Ar-Stang et de la rue Saint-Thomas, belles maisons médiévales dont la maison *Notre-Dame de Rumengol* (de 1668), ancienne auberge. En face, demeure à pans de bois de 1670. À deux pas de là, *église Saint-Thomas*, du XVIe siècle, et ossuaire.
Rive nord, place du Général-de-Gaulle (ex-place du Marché), superbe *maison de Sénéchaussée* (à l'enseigne de La Duchesse Anne), de 1664 ; d'autres belles maisons dans la rue Fontaine-Blanche. Devant le Monoprix

(lui-même ancien hôtel du XVIIIᵉ siècle) débute la rue du Commerce avec, là aussi, quelques demeures anciennes pittoresques. Dans le coin aussi, la petite chapelle des Capucins et, tout à côté, le hangar où a commencé l'aventure Leclerc.

★ *L'église Saint-Houardon :* de l'édifice initial déplacé ici en 1860, ne subsistent que quelques éléments, dont un remarquable porche Renaissance de 1604, ayant servi de modèle pour bien d'autres églises de la région. Sur la place l'ancien domaine des Ursulines abrite désormais le lycée. Voir aussi, sur l'autre rive, l'église Saint-Thomas (Thomas Becket de Cantorbéry), du XVIIᵉ siècle.

– *Comptoir des produits bretons :* 3, quai de Cornouaille. ☎ 02-98-21-35-93. Exposition et vente des produits artisanaux de toute la région. Galerie de peinture.

– *Promenades en mer :* promenades d'une journée à destination de l'archipel des Glénan. De juin à septembre. Informations à l'*association Gouelia* : 6, rue Jean-Baptiste Bousquet, 29000 Quimper. ☎ 02-98-65-10-00. Week-end sur l'*île de Groix*. Croisière voiles traditionnelles. Également avec le *Notre-Dame-Rumengol* (association An Test). Infos à l'office du tourisme.

Dans les environs

★ *Pencran :* petit village certes, mais possédant un bel enclos paroissial. À 2 km au sud de Landerneau. *Calvaire* original : les deux larrons sont séparés de la croix centrale et encadrent l'entrée du cloître, avec ses pierres arrondies que l'on enjambe. Beau drapé de Marie-Madeleine en dessous. *Église* avec clocher à double galerie. Voir les douze apôtres du porche (1552). Voûte à clé pendante sous un dais au gothique flamboyant finement sculpté. Porche en anse de panier surmonté d'un fronton en accolade. Fragment de Nativité au tympan, finesse des petits personnages dans l'encadrement du portail. *Ossuaire* de 1594, ayant subi plus d'un avatar : il a été successivement école, bureau de tabac, habitation ; il sert maintenant de caveau familial à la famille de Rosmorduc.

LA PRESQU'ÎLE DE PLOUGASTEL

Au sud-ouest de Landerneau, la presqu'île de Plougastel s'avance dans la mer comme les cinq doigts d'une main. Trop proche de Brest, peut-être, ne possédant pas de plage à la mode, cette presqu'île voit la plupart des visiteurs foncer plein sud vers celle de Crozon. Bon, ce n'est pas vraiment une erreur, parce que Crozon c'est super (voir le *Guide du routard* Bretagne Sud). Mais si vous avez le temps, allez vous perdre au milieu du bocage, dans un incroyable enchevêtrement de routes pas plus larges que votre voiture. De croquignolets petits ports vous attendent au bout. La presqu'île de Plougastel est aussi connue pour ses fraises, importées du Chili au XVIIᵉ siècle par un certain M. Frézier (ça ne s'invente pas !). Si la plus cultivée est la célèbre gariguette, Plougastel a créé une variété locale en 1940, la... général-de-Gaulle. De nombreuses chapelles jalonnent aussi la presqu'île, symboles de la christianisation profonde du coin.

PLOUGASTEL-DAOULAS *(PLOUGASTELL-DAOULAZ)* (29470)   12 500 hab.

Gros bourg commerçant qui a été cruellement bombardé lors de la dernière guerre, du fait de la proximité de Brest. Reconstruite, cette bourgade a évidemment perdu son charme d'autrefois. Elle reste célèbre pour son *calvaire* de plus de 150 personnages dont la restauration a été financée par les aviateurs américains, auteurs du bombardement.

Il a été construit en 1602, sur le modèle de celui de Guimiliau, en action de grâce parce que la peste n'avait pas tué tout le monde dans le coin. C'est donc une *kroaziou ar vossen* (« croix de peste »), reconnaissable aux boules qu'on peut voir sur le fût de la croix et qui symbolisent les bubons de la maladie. Les 181 personnages, cependant, apparaissent assez figés. De même qu'à Guimiliau (voir ce chapitre), on retrouve la légende de Katell Gollet sculptée dans la pierre. Une curiosité : les deux tons de la pierre, granit de Kersanton et pierre ocre, dus probablement à la restauration.

On regrettera toutefois la récente construction, à proximité du calvaire, d'un centre commercial dont la présence ne s'imposait pas là. Il se fait heureusement discret : la résistance des gens de bon goût, et un bon jugement du tribunal de Quimper ont évité le pire. Ouf ! Merci.

Adresse utile

🅱 *Office du tourisme :* pl. du Calvaire. ☎ 02-98-40-34-98. Fax : 02-98-40-68-85. Ouvert toute l'année ; en juillet et août, du lundi au samedi de 9 h à 12 h 30 et de 14 h 30 à 19 h, et le dimanche de 10 h à 12 h. Hors-saison, du mardi au samedi de 9 h à 12 h et de 14 h à 18 h, fermé les dimanche et lundi.

Où dormir ? Où manger ?

🛏 *Camping Saint-Jean :* Saint-Jean. ☎ 02-98-40-32-90. Fax : 02-98-04-23-11. Ouvert toute l'année. Autour de 80 F (12,2 €) l'emplacement pour 2. Au bord de l'estuaire de l'Élorn. Piscine couverte et chauffée. Bar avec restauration rapide. Location de mobile homes.

I●I *Crêperie de Kertanguy :* 22, rue du Champ-de-Foire, Croix de Kertangu. ☎ et fax : 02-98-40-33-48. À 80 m du bourg. Fermé le lundi hors saison et en octobre. Menu à 74 F (11,2 €), et à 40 F (6,1 €) pour les enfants. Compter 80 F (12,2 €) à la carte. Plus de 100 sortes de crêpes à déguster. Dommage qu'elles ne soient pas très consistantes. Quelques spécialités : *Ogresse, Pâturage, Exotique*, ou la crêpe aux fraises de Plougastel. Salades composées, glaces. Kir offert aux routards sur présentation du *GDR*.

I●I *Le Chevalier de l'Auberlac'h :* 5, rue Mathurin-Thomas. ☎ 02-98-40-54-56. Fax : 02-98-40-65-16. À 400 m du calvaire. Fermé le dimanche soir et le lundi soir. Menus de 78 F (en semaine) à 180 F (11,8 à 27,4 €). Menu-enfants à 55 F (8,4 €). C'est la bonne table de la presqu'île. La vaste salle à manger n'est pas mal dans le genre rustique-chic. Cuisine traditionnelle relevée d'une touche personnelle. Parmi les spécialités, la choucroute de poissons et le foie gras de canard au torchon tiennent le haut du pavé. Bons desserts maison. Café offert sur présentation du *GDR*.

Où manger dans les environs ?

|●| *Crêperie An ty Coz* : Ty Floch, pointe de l'Armorique, 29470 Plougastel-Daoulas. ☎ 02-98-40-56-47. Ouvert tous les jours, toute l'année. Réservation conseillée le week-end et en été. Dans un hameau, juste avant la pointe, petite maison joliment décorée. Cadre vraiment agréable. Véranda et jardin sous les saules pleureurs. L'endroit idéal pour goûter une crêpe aux fraises (de Plougastel évidemment). Accueil fluctuant, dommage.

À voir

★ *Le musée du Patrimoine* : rue Louis-Nicole. ☎ 02-98-40-21-18. De juin à septembre, ouvert du lundi au vendredi de 10 h à 12 h 30 et de 14 h à 18 h 30, et les samedi, dimanche, uniquement l'après-midi ; en avril, mai, octobre et pendant les vacances scolaires, ouvert du mardi au dimanche de 14 h à 18 h ; ouvert toute l'année en semaine pour les groupes sur réservation. Entrée : 25 F (3,8 €). 15 F (2,2 €) pour les moins de 18 ans. Gratuit pour les moins de 10 ans. Vaste espace sur plusieurs niveaux qu'on quitte en sachant tout ou presque de la presqu'île ! Géologie, histoire (remarquez la statue gallo-romaine d'un dieu de la fécondité dont la représentation est sans ambiguïté sur ses pouvoirs supposés !). Intéressante section consacrée aux traditions populaires très riches dans ce coin aux nombreux particularismes : reconstitutions d'un bel intérieur paysan et de cette curieuse cérémonie locale de l'arbre aux pommes. Instructif aussi l'espace consacré à l'histoire de la fraise en France du XIVe au XXe siècle. Panorama de toutes les espèces, de tous les modes de conditionnement au fil des siècles. Et quelques étonnantes anectodes : au Moyen Âge, par exemple, une certaine sainte Hildegarde de Bingen, abbesse d'un couvent de bénédictines, déconseillait à quiconque de manger des fraises, fruit poussant à son goût trop près du sol dans ce qu'elle appelait un « air confiné » ! Un centre culturel (bibliothèque) portant le nom de Louis-Marie Bodenes, une célèbre famille du cru, se trouve également dans l'enceinte du musée.

À voir dans les environs

★ *La chapelle Sainte-Christine* : à 4 km du bourg sur la route de la pointe de l'Armorique et de l'anse de Caro. Jolie et du XVe siècle. La sainte est représentée avec une meule autour du cou. À l'intérieur, belle statuaire en bois polychrome. Pardon très fréquenté le dernier dimanche de juillet.

★ *La chapelle Saint-Adrien* : au fond de la baie de Lauberlac'h. Chapelle et calvaires du XVIe siècle. À l'intérieur, riche mobilier. Une messe y est encore célébrée chaque dimanche et le pardon du 2e dimanche de mai est un des plus festifs du coin. Après avoir demandé dix fois votre chemin, vous aboutirez ensuite au minuscule et adorable port de Lauberlac'h.

★ *La chapelle Saint-Guénolé* : sur l'autre rive de la baie de Lauberlac'h. Chapelle du XVIe siècle au bord d'un étang. Beau retable de bois polychrome. Montez ensuite au *point de vue de Keramenez* pour bénéficier du panorama sur une grande partie de la presqu'île, la rade de Brest et Crozon. Belle route jusqu'au petit port de *Tinduff*.

★ *La chapelle Saint-Claude* : à l'est de Plougastel, au-dessus de l'anse de Pensoul. Du XVIe siècle. Un peu perchée, elle porte un petit clocher incliné (par la force du vent ?).

★ *La chapelle de la Fontaine-Blanche :* du XVe siècle. Grand pardon le 15 août, le plus connu pour ses costumes traditionnels. Doubles portes en plein cintre et petit clocher à lanterneau. On plaindra en face le majestueux prieuré qui tombe en ruine.

★ *La chapelle Saint-Jean :* au nord du bourg, au bord de l'Élorn. Du XVe siècle. Étonnant : toutes les statues sont peintes en blanc.

★ *La pointe de l'Armorique :* le bout de la presqu'île. Zone militaire d'un côté, plein de petites propriétés privées de l'autre, impossible d'y accéder ! Pour la vue, contentez-vous donc des points de vue qu'on trouve dans le coin : Kerdéniel et Keramenez (lire ci-dessus). Qui plus est, Job Larmor est parti boire des coups avec Brassens (qui évoquait ce sacré bonhomme dans une de ses chansons) et son vieux café sympa a fermé ses portes. Alors la pointe de l'Armorique...

DAOULAS *(DAOULAZ)* (29460)   1 840 hab.

Situé à une vingtaine de kilomètres au sud de Brest, ce bourg a connu au Moyen Âge une grande renommée grâce au *daoulas,* une toile de grande qualité qu'on venait acheter des quatre coins de l'Europe. L'un des clients réguliers était le père de Shakespeare, marchand drapier de son état. Aujourd'hui, le visiteur s'y arrête pour les vestiges de son abbaye, fondée en l'an 500, et son cloître roman, unique en Bretagne.

Adresse utile

🅸 *Point Information :* place du Valy. En juillet et août.

Où manger ? Où boire un verre ?

|●| *La Ferme du Cloître :* au hameau du Cras. ☎ 02-98-25-80-56. ♿ 300 m après l'abbaye. Fermé le lundi après-midi et le mardi hors saison, et de mi-novembre à mi-décembre. Compter de 60 à 70 F (9 à 10,6 €) à la carte. Goûter breton à 35 F (5,3 €). Crêperie installée dans une ancienne ferme (évidemment). Jardinet et décor tout aussi évidemment rustique : grosses poutres, cheminée. Accueil gentil. Bonnes crêpes toutes simples. Et si dans l'après-midi vous avez un petit creux après la visite de l'abbaye : goûter avec gâteau breton, crêpe sucrée,

café, thé ou cidre... Une petite halte sympathique.

♟ *Café Paul :* 1, route de Quimper. ☎ 02-98-25-85-41. À l'angle de la rue qui mène à l'abbaye. Pas mode, pas classé momument historique, juste un bon vieux bistrot d'habitués où l'on a, en deux secondes, l'impression d'habiter Daoulas depuis toujours. Un comptoir pris d'assaut les jours de marché, quelques tables et chaises sur le plancher de bois, une patronne avenante. Véranda, plus moderne, qui donne sur la rivière Mignonne (c'est son nom...).

À voir

★ *Le porche du cimetière :* là aussi, cette porte monumentale de style gothique est assez rare. Ancien porche sud de l'église. Date du XVIe siècle. Admirer la richesse de la sculpture. Au fond du cimetière, calvaire très ancien. Le tout compose, avec les pittoresques demeures des XVe et XVIIIe siècles alentour, un tableau assez touchant et homogène.

★ *L'église :* construite au XIIe siècle. Longue nef sans transept. Beau type de roman breton. La pierre ocre utilisée donne à l'ensemble une chaleur inhabituelle. On notera aussi les harmonieuses proportions des colonnes voûtées, alliance de force et de grâce. Au chevet de l'église, l'ancien ossuaire sert aujourd'hui de sacristie. En contrebas, *chapelle Sainte-Anne,* de style Renaissance (ouverte tous les jours).

★ *Le cloître :* visite incluse dans celle du centre culturel (lire ci-dessous). Seul exemple complet d'architecture romane dans le Finistère, 32 arches à colonnettes, avec chapiteaux finement sculptés de feuillages. Au milieu, un lavabo orné de têtes et de motifs géométriques. Dans le parc, un jardin de plantes médicinales, exotiques ou « magiques » a été reconstitué.

★ *Le centre culturel :* ☎ 02-98-25-84-39. Ouvert toute l'année, avec en basse saison des interruptions d'un mois minimum, le temps de démonter et remonter les expositions. Téléphoner avant pour vérifier la date d'ouverture. En saison, pendant les expos, ouvert tous les jours de 10 h à 19 h ; en basse saison, du lundi au vendredi de 10 h à 12 h et de 13 h 30 à 17 h 30, ouvert les week-ends et jours fériés. Entrée : 35 F (5,3 €) ; étudiants, chômeurs : 25 F (3,8 €) ; moins de 18 ans : 20 F (3 €). Gratuit pour les moins de 10 ans. Il accueille de prestigieuses expos saisonnières sur les grandes civilisations mondiales.

– *Le marché de Daoulas :* agréable marché du dimanche matin, place Saint-Yves, près de la rivière de Daoulas. On y trouve tout ce qui est produit dans la région, entre autres de très jolis bouquets de fleurs séchées, à prix extrêmement compétitifs, et des plantes médicinales.

IRVILLAC *(IRVILHAG)* (29460)   1 030 hab.

À 4 km de Daoulas, ce village conserve une intéressante église gothique et Renaissance.

Où manger ?

|●| *Ti Lannig :* dans la rue principale. ☎ 02-98-25-83-62. Ouvert le midi seulement, du lundi au samedi. Samedi midi sur réservation. Fermé le lundi et mercredi après-midi et la 1re semaine d'août. Menus de 58 F (en semaine) à 285 F (8,8 à 43,4 €). Petit resto populaire. Le menu ouvrier fait le plein chaque midi. Même cuisine saine, savoureuse, abondante et bon marché dans les autres menus. Accueil sympa.

À voir

★ *L'église :* si l'intérieur ne présente rien de bien exceptionnel (à part une émouvante *pietà* du XVe siècle), en revanche on notera le très curieux clocher à contrefort garni de tourelles de type baroque. Frappé par la foudre au XVIIIe siècle, le clocher fut reconstruit par des ouvriers italiens, ce qui expliquerait peut-être son côté exubérant.

★ *La chapelle Notre-Dame-de-Lorette :* à 3 km au sud-est. Pour s'y rendre, emprunter la route d'Hanvec jusqu'au carrefour de Malenty (à 2 km environ). De là, un petit chemin mène à la chapelle. Là aussi, un détail assez insolite, quasi unique en Bretagne : un calvaire en forme d'ancre de marine stylisée (d'autres y verraient plutôt une sorte d'arbre de pierre). Fontaine sous le calvaire : les pieds de la Vierge à l'Enfant écrasent une femme-serpent !

L'HÔPITAL-CAMFROUT *(AN OSPITAL)* (29460)   1 700 hab.

Petit bourg à mi-chemin entre Daoulas et Le Faou (voir *le Routard Bretagne Sud*). Les gens du coin vous expliqueront volontiers que le nom bizarre et un peu rébarbatif du bourg vient de la léproserie qui y était installée au Moyen Âge.

Où manger ?

I●I *Restaurant Hamery-Les Routiers :* 68, rue Émile-Salaün. ☎ 02-98-20-01-21. Fax : 02-98-20-06-60. ⚒ Sur l'axe principal qui traverse le bourg. Fermé le soir sauf le samedi, 1 semaine mi-février et la 2ᵉ quinzaine d'octobre. Menus de 61 F (le midi en semaine) à 180 F (9,3 à 27,4 €). Routier classique offrant, outre son traditionnel petit menu du midi (et l'ambiance masculine qui va avec...) et son accueil souriant, cinq autres bons et généreux menus au large choix.

Où dormir ? Où manger dans les environs ?

🛏 I●I *Le Moulin de Poul-Hanol :* Poulhanol, 29460 Hanvec. ☎ 02-98-20-02-10. À environ 3 km, par la D770 vers Le Faou, sur la droite (fléché). Restaurant fermé le lundi hors saison et le lundi midi seulement en juillet et août. Réservation conseillée. Chambre double de 120 F (18,2 €) avec lavabo à 200 F (30,4 €) avec bains. Menus de 70 à 120 F (10,6 à18,2 €). Au bord de l'anse de Kérouse, soit dans l'un des coins les plus adorables de la région. Ancien moulin tout en pierre, plein de charme. 8 petites chambres moyennement entretenues. L'une d'elles est même une petite suite baptisée le « Grenier de Jane » en l'honneur de Jane Birkin qui estive dans le coin. Prix très raisonnables. Dans l'agréable salle à manger, goûtez aux délicieuses crêpes maison ou, dans les menus, à une cuisine plus traditionnelle. Apéritif offert à votre arrivée sur présentation du *GDR.*

🛏 *Camping municipal :* Roz, 29460 Logonna-Daoulas. ☎ 02-98-20-67-86. Fax : 02-98-20-68-59. À 5 km au sud-ouest de L'Hôpital-Camfrout. Ouvert de mi-juin à mi-septembre. En bord de mer. Sympathique cadre naturel donc. Bons sanitaires et emplacements convenables. Belles balades tout autour vers la pointe et les îles du Bindy, par exemple.

À faire

– *Randonnée à pied avec âne de bât :* avec l'*Association Bretâne,* Coat Forest, 29460 Hanvec. ☎ 02-98-21-91-04. Pour découvrir la nature bretonne, avec la complicité d'un âne comme porteur et compagnon de route! 200 F (30,4 €) la journée, 350 F (53,3 €) le week-end et 50 F (7,6 €) de cotisation à l'association. Camping, chambres d'hôte, table d'hôte et gîte d'étape sur place. Le café est offert aux lecteurs sur présentation du *GDR.*

Le plein de campagne

Plus de 1 700 adresses, dont 100 inédites,
le fermes auberges, chambres d'hôtes et gîtes,
sélectionnés dans toute la France.

Le Guide du Routard

Hachette Tourisme

Les conseils
nature
du Routard
avec la collaboration du WWF

Vous avez choisi le Guide du Routard pour partir à la découverte et à la rencontre de pays, de régions et de populations parfois éloignés. Vous allez fréquenter des milieux peut être fragiles, des sites et des paysages uniques, où vivent des espèces animales et végétales menacées.

Nous avons souhaité vous suggérer quelques comportements simples permettant de ne pas remettre en cause l'intégrité du patrimoine naturel et culturel du pays que vous visiterez et d'assurer la pérennité d'une nature que nous souhaitons tous transmettre aux générations futures.

Pour mieux découvrir et respecter les milieux naturels et humains que vous visitez, apprenez à mieux les connaître.

Munissez vous de bons guides sur la faune, la flore et les pays traversés.

❶ Respectez la faune, la flore et les milieux.

Ne faites pas de feu dans les endroits sensibles - Rapportez vos déchets et utilisez les poubelles - Appréciez plantes et fleurs sans les cueillir - Ne cherchez pas à les collectionner… Laissez minéraux, fossiles, vestiges archéologiques, coquillages, insectes et reptiles dans la nature.

❷ Ne perturbez d'aucune façon la vie animale.

Vous risquez de mettre en péril leur reproduction, de les éloigner de leurs petits ou de leur territoire - Si vous faites des photos ou des films d'animaux, ne vous en approchez pas de trop près. Ne les effrayez pas, ne faîtes pas de bruit - Ne les nourrissez pas, vous les rendrez dépendants.

❸ Appliquez la réglementation relative à la protection de la nature, en particulier lorsque vous êtes dans les parcs ou réserves naturelles. Renseignez-vous avant votre départ.

❹ Consommez l'eau avec modération,

spécialement dans les pays où elle représente une denrée rare et précieuse.

Dans le sud tunisien, un bédouin consomme en un an l'équivalent de la consommation mensuelle d'un touriste européen !

❺ **Pensez à éteindre les lumières, à fermer le chauffage et la climatisation** quand vous quittez votre chambre.

❻ **Évitez les spécialités culinaires locales à base d'espèces menacées.** Refusez soupe de tortue, ailerons de requins, nids d'hirondelles…

❼ **Des souvenirs, oui, mais pas aux dépens de la faune et de la flore sauvages.** N'achetez pas d'animaux menacés vivants ou de produits issus d'espèces protégées (ivoire, bois tropicaux, coquillages, coraux, carapaces de tortues, écailles, plumes…), pour ne pas contribuer à leur surexploitation et à leur disparition. Sans compter le risque de vous trouver en situation illégale, car l'exportation et/ou l'importation de nombreuses espèces sont réglementées et parfois prohibées.

❽ **Entre deux moyens de transport équivalents, choisissez celui qui consomme le moins d'énergie !** Prenez le train, le bateau et les transports en commun plutôt que la voiture.

❾ **Ne participez pas aux activités dommageables pour l'environnement.** Évitez le VTT hors sentier, le 4x4 sur voies non autorisées, l'escalade sauvage dans les zones fragiles, le ski hors piste, les sports nautiques bruyants et dangereux, la chasse sous marine.

❿ **Informez vous sur les us et coutumes des pays visités,** et sur le mode de vie de leurs habitants.

Avant votre départ ou à votre retour de vacances poursuivez votre action en faveur de la protection de la nature en adhérant au WWF.

Le WWF est la plus grande association privée de protection de la nature dans le monde. C'est aussi la plus puissante :

- **5 millions de membres ;**
- **27 organisations nationales ;**
- **un réseau de plus de 3 000 permanents ;**
- **11 000 programmes de conservation menés à ce jour ;**
- **une présence effective dans 100 pays.**

Devenir membre du WWF, c'est être sûr d'agir, d'être entendu et reconnu. En France et dans le monde entier.

Ensemble, avec le WWF

Pour tout renseignement et demande d'adhésion, adressez-vous au WWF France :
188, rue de la Roquette 75011 Paris ou sur www.panda.org.

Dans nos ateliers, 600 000 victimes...

...amputées de leurs **droits.**

Depuis 20 ans, dans nos ateliers, nous fabriquons des béquilles et des prothèses pour aider 600 000 victimes des mines antipersonnel à remarcher.

Mais pour les aider à "Vivre Debout", nous devons aussi réparer l'injustice qui leur est faite.

HANDICAP INTERNATIONAL

Tapez 3615 HANDICA (1,28 F/min)
ou www.handicap-international.org

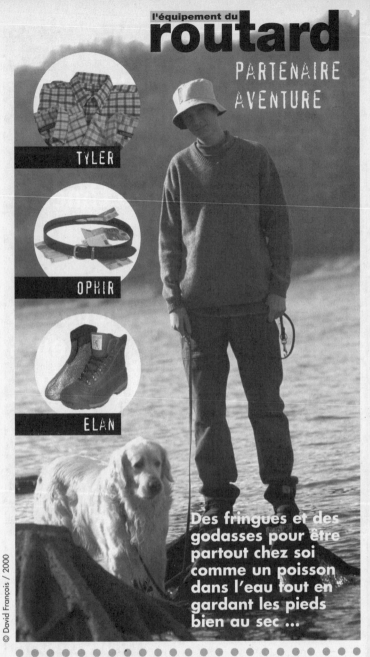

attention
touristes

Le tourisme est en passe de devenir la première industrie mondiale. Ce sont les pays les plus riches qui déterminent la nature de l'activité touristique dont les dégâts humains, sociaux ou écologiques parfois considérables sont essuyés par les pays d'accueil et surtout par leurs peuples indigènes minoritaires. Ceux-ci se trouvent particulièrement exposés: peuples pastoraux du Kenya ou de Tanzanie expropriés pour faire place à des réserves naturelles, terrain de golf construit sur les sites funéraires des Mohawk du Canada, réfugiées karen présentées comme des "femmes-girafes" dans un zoo humain en Thaïlande... Ces situations, parmi tant d'autres, sont inadmissibles. Le tourisme dans les territoires habités ou utilisés par des peuples indigènes ne devrait pas être possible sans leur consentement libre et informé.

Survival s'attache à promouvoir un "tourisme responsable" et appelle les organisateurs de voyages et les touristes à bannir toute forme d'exploitation, de paternalisme et d'humiliation à l'encontre des peuples indigènes.

Soyez vigilants, les peuples indigènes ne sont pas des objets exotiques faisant partie du paysage !

Survival est une organisation mondiale de soutien aux peuples indigènes. Elle défend leur volonté de décider de leur propre avenir et les aide à garantir leur vie, leurs terres et leurs droits fondamentaux.

Survival
pour les peuples
indigènes

Le Polar du routard

Le jeune Edmond Benakem (surnommé Eddie), français de souche tuniso-bretonne, grand reporter au Guide du routard, voudrait bien faire paisiblement son job de globe-trotter fureteur. Mais c'est compter sans la redoutable force des choses qui, pour chaque nouvelle destination, l'entraîne dans d'invraisemblables tribulations. Confronté à des situations folles, Eddie réagit avec ses tripes, son cœur, son humour et sa sensibilité.
Dans chaque polar, un long voyage coloré au pays des embrouilles carabinées.

Parus et disponibles :
- Fausse donne à Lisbonne de Bertrand Delcour
- Les Anges du Mékong de Patrick Mercado
- Prise de bec au Québec de Hervé Mestron
- Transe amazonienne de Dagory
- Les Mystères de l'oued de Caryl Férey
- Des pépins dans la grosse pomme de Grégoire Carbasse
- Dans le pétrin à Pétra de Gérard Bouchu
- Sussex and Sun de Michel Leydier

31 F seulement

Avec Club-Internet, découvrez le Web du Routard et l'univers passionnant d'Internet

Connectez-vous sur www.routard.com, le Web du Routard

Ce site permet au «Routarnaute» de préparer gratuitement son voyage à l'aide de conseils pratiques, d'itinéraires, de liens Internet, de chroniques de livres et de disques, de photos et d'anecdotes de voyageurs...

- Une sélection de 40 destinations, avec une montée en charge d'une destination par mois.
- Le Manuel du Routard (tout ce qu'il faut savoir avant de prendre la route, de la taille du sac à dos à la plante des pieds) et la Saga, pour mieux connaître les petits veinards qui font les Guides du Routard.
- L'espace «Bons Plans», qui propose tous les mois les meilleures promotions des voyagistes.
- Des rubriques à votre libre disposition : l'espace forum, l'espace projection et les petites annonces.
- Une boutique pour les plus fortunés....
- ...et plein d'autres rubriques.

Surfez sur www.club-internet.fr, le portail riche en service et en information de Club-Internet

- **De l'information** en continu avec EuropeInfos et les reportages de la rédaction de Club-Internet.
- **De nombreux outils** de recherche, pour tout trouver sur le web :
  - le moteur de recherche : que cherchez vous sur Internet ?
  - les guides : plus de soixante fiches pratiques pour vous aider dans votre vie quotidienne.
  - l'annuaire : une sélection de sites classés par thèmes.
- **Des services** toujours plus de services pour vous simplifier la vie :
  - Météo
  - Finance
  - Emploi...
- **Un espace abonné**, une rubrique réservé aux abonnés de Club-Internet pour gérer à distance votre compte, pour bénéficier d'avantages partenaires...

Bénéficiez du meilleur de l'Internet avec Club-Internet !

LES FORFAITS ZEN

Nous avons conçu plusieurs forfaits correspondant à tous les types de consommation Internet : ces forfaits incluent le coût des communications téléphoniques liées à l'Internet.

Tout est compris, vous maîtrisez votre budget Internet.

> **FORFAIT 47F – 5H**

2 MOIS GRATUITS
5H d'Internet gratuites par mois, pendant 2 mois,
pour toute souscription au forfait 47F-5H avant le 31/12/00.
Offre réservée aux nouveaux abonnés.
Au-delà des 5H, la minute supplémentaire est à 0,22 F.

> **FORFAIT 97F – 20H**

> **FORFAIT 157F – 40H**

> **FORMULE SANS ABONNEMENT *à 0.22F la minute*.**

LES AVANTAGES EXCLUSIFS DES ABONNÉS

- Le site Surfez Disney, www.club-internet.fr/surfezdisney, réservé aux membres de Club-Internet, vous ouvre les portes d'un monde merveilleux : des jeux, des activités, des histoires le tout en musique.

- la carte de membre Club-Internet, elle donne droit à des réductions auprès des partenaires Club-Internet.

- Netclubber, le magazine des abonnés Club-Internet.

- 5 adresses électroniques à personnaliser.

- 100 Mo pour votre page personnelle.

Pour vous abonner ou pour plus d'informations :
0 801 800 900 (appel local)

LE GUIDE DU ROUTARD ET VOUS

Nous souhaitons mieux vous connaître. Vous nous y aiderez en répondant
à ce questionnaire et en le retournant à :

Hachette Tourisme - Service Marketing
43, quai de Grenelle - 75905 Paris cedex 15
Chaque année, le 15 décembre, un tirage au sort sélectionnera
les 500 gagnants d'un Guide de Voyage.

NOM : .... Prénom : ....

Adresse : ....

.... Routard Fr.

1 - VOUS ÊTES :

a - ❏ 1 Un homme   ❏ 2 Une femme

b - Votre âge : _____ ans

c - Votre profession : _____

d - **Quels journaux ou magazines lisez-vous ?**
Indiquez les titres.

_____

_____

e - **Quelles radios écoutez-vous ?** *Précisez.*

2 - VOUS ET VOTRE GUIDE :

a - **Dans quel guide avez-vous trouvé ce questionnaire ?** *Précisez le titre exact du guide.*

_____

b - **Où l'avez-vous acheté ?**

❏ 1 Librairie   ❏ 2 Fnac/Virgin/Grands mag.   ❏ 3 Maison de la Presse   ❏ 4 Hypermarchés
❏ 5 Relais H : ○ aéroport ○ gare   ❏ 6 Ailleurs   ❏ 7 On vous l'a offert

c - **Combien de jours avant votre départ ?** _____ jours

Pour un séjour de quelle durée ? _____ jours

d - **Quels sont, d'après vous, les points forts du GDR :** _____

- **Quels sont, d'après vous, les points faibles du GDR :** _____

e - **Que pensez-vous du Guide du Routard ?**
   Notez les points suivants de 1 à 5 *(5 = meilleure note).*

Présentation	1 2 3 4 5	Adresses	1 2 3 4 5
Couverture	1 2 3 4 5	Cartographie	1 2 3 4 5
Informations culturelles	1 2 3 4 5	Rapport Qualité / prix du livre	1 2 3 4 5

Précisez vos réponses _____

f - **Depuis quelle année utilisez-vous le Guide du Routard ?** _____

g - **Pensez-vous que le guide vous propose un nombre suffisant d'adresses ?**

d'hôtels ?	tous prix confondus	< 200 F la nuit	200 à 280 F la nuit	> 280 F la nuit
suffisamment				
pas assez				
trop				

de restos ?	tous prix confondus	< 100 F le repas	100 à 149 F le repas	> 150 F le repas
suffisamment				
pas assez				
trop				

3 - VOUS ET LES VOYAGES :

a - Dans le cadre de vos voyages, utilisez-vous :

☐ Le GDR uniquement
☐ Le GDR et un autre guide   **lequel ?** ....
☐ Le GDR et 2 (ou +) autres guides   **lesquels ?** ....

Cochez, par destination, les voyages de 3 jours au moins, que vous avez effectués au cours de ces 3 dernières années et précisez les guides que vous avez utilisés (tous éditeurs confondus).

	Vous êtes allé...	avec quel(s) guide(s) ?		Vous êtes allé...	avec quel(s) guide(s) ?
FRANCE			**AMÉRIQUE**		
Tour de France			Canada Est		
Alsace			Canada Ouest		
Auvergne			Etats-Unis Est		
Bretagne			Etats-Unis Ouest		
Corse			Argentine		
Côte-d'Azur			Brésil		
Languedoc-Roussillon			Bolivie		
Midi-Pyrénées			Chili		
Normandie			Equateur		
Paris - Ile de France			Mexique - Guatemala		
Pays de la Loire			Pérou		
Poitou - Charentes			Autres :		
Provence					
Sud-Ouest					
Autres :			**ASIE / OCÉANIE**		
			Australie		
EUROPE			Birmanie		
Allemagne			Cambodge		
Autriche			Chine		
Belgique			Hong-Kong		
Bulgarie			Inde		
Danemark			Indonésie		
Espagne			Japon		
Finlande			Laos		
Grande-Bretagne			Macao		
Grèce			Malaisie		
Hongrie			Népal		
Irlande			Sri Lanka		
Islande			Thaïlande		
Italie			Tibet		
Norvège			Vietnam		
Pays-Bas			Singapour		
Portugal			Autres :		
Rép. Tchèq. / Slovaquie					
Russie					
Suède			**ILES**		
Suisse			Antilles		
Autres :			Baléares		
			Canaries		
AFRIQUE			Chypre		
Maroc			Crète		
Tunisie			Iles anglo-normandes		
Afrique Noire			Iles grecques		
Autres :			Maurice		
			Madagascar		
PROCHE-ORIENT			Maldives		
Egypte			Malte		
Israël			Nlle Calédonie		
Jordanie			Polynésie-Tahiti		
Liban			Réunion		
Syrie			Sardaigne		
Turquie			Seychelles		
Yemen			Sicile		
Autres :			Autres :		

INDEX GÉNÉRAL

INDEX

INDEX

OÙ TROUVER LES CARTES ET LES PLANS ?

— les **Routards** *parlent aux* **Routards** —

Faites-nous part de vos expériences, de vos découvertes, de vos tuyaux pour que d'autres routards ne tombent pas dans les mêmes erreurs. Indiquez-nous les renseignements périmés. Aidez-nous à remettre l'ouvrage à jour. Faites profiter les autres de vos adresses nouvelles, combines géniales... On adresse un exemplaire gratuit de la prochaine édition à ceux qui nous envoient les lettres les meilleures, pour la qualité et la pertinence des informations. Quelques conseils cependant :

– Envoyez-nous votre courrier le plus tôt possible afin que l'on puisse insérer vos tuyaux sur la prochaine édition.

– N'oubliez pas de préciser sur votre lettre l'ouvrage que vous désirez recevoir.

– Vérifiez que vos remarques concernent l'édition en cours et notez les pages du guide concernées par vos observations.

– Quand vous indiquez des hôtels ou des restaurants, pensez à signaler leur adresse précise et, pour les petites villes, les moyens de transport pour y aller. Si vous le pouvez, joignez la carte de visite de l'hôtel ou du resto décrit.

– À la demande de nos lecteurs, nous indiquons désormais les prix. Merci de les rajouter.

– N'écrivez si possible que d'un côté de la lettre (et non recto verso).

– Bien sûr, on s'arrache moins les yeux sur les lettres dactylographiées ou correctement écrites !

Le Guide du routard : 5, rue de l'Arrivée, 92190 Meudon

E-mail : routard@club-internet.fr

— **36-15,** *code* **Routard** —

Les routards ont enfin leur banque de données sur Minitel : 36-15, code ROU-TARD. Vols superdiscount, réductions, nouveautés, fêtes dans le monde entier, dates de parution des *GDR,* rancards insolites et... petites annonces.

— **Routard Assistance** *2001* —

Vous, les voyageurs indépendants, vous êtes déjà des milliers entièrement satisfaits de Routard Assistance, l'Assurance Voyage Intégrale sans franchise que nous avons négociée avec les meilleures compagnies, Assistance complète avec rapatriement médical illimité. Dépenses de santé, frais d'hôpital, pris en charge directement sans franchise jusqu'à 2 000 000 F + caution + défense pénale + responsabilité civile + tous risques bagages et photos + 500 000 F. Assurance personnelle accidents. Très complet ! Le tarif à la semaine vous donne une grande souplesse. Chacun des *Guides du routard* pour l'étranger comprend, dans les dernières pages, un tableau des garanties et un bulletin d'inscription. Si votre départ est très proche, vous pouvez vous assurer par fax : 01-42-80-41-57, mais vous devez, dans ce cas, indiquer le numéro de votre carte bancaire. Pour en savoir plus : ☎ 01-44-63-51-00 ; ou, encore mieux, Minitel : 36-15, code ROUTARD.

Imprimé en France par Aubin n° L 61090
Dépôt légal n° 7901-01/2000
Collection n° 13 - Édition n° 01
24-3337-3
I.S.B.N. 2.01.243337-5
I.S.S.N. 0768.2034